S.I. WITKIEWICZ
WEBSTER'S

品读经典名著　汲取人生智慧
通览人类文明　阅尽天下好书

理想家庭藏书 最佳彩色读本

人一生要读的书

桑楚 主编

中国华侨出版社

图书在版编目(CIP)数据

人一生要读的书 / 桑楚主编 .—北京：中国华侨出版社，2013.8
ISBN 978-7-5113-3887-7

Ⅰ.①人… Ⅱ.①桑… Ⅲ.①推荐书目 — 世界 Ⅳ.① Z835

中国版本图书馆 CIP 数据核字（2013）第 188407 号

人一生要读的书

主　　编：桑　楚
出 版 人：方　鸣
责任编辑：彬　彬
封面设计：王明贵
文字编辑：李翠香
美术编辑：王静波
经　　销：新华书店
开　　本：720mm×1020mm　1/16　印张：27.5　字数：700 千字
印　　刷：北京市松源印刷有限公司
版　　次：2013 年 10 月第 1 版　2018 年 8 月第 5 次印刷
书　　号：ISBN 978-7-5113-3887-7
定　　价：29.80 元

中国华侨出版社　北京市朝阳区静安里 26 号通成达大厦 3 层　邮编：100028
法律顾问：陈鹰律师事务所
发 行 部：（010）58815875　　传　　真：（010）58815857
网　　址：www.oveaschin.com
E-mail：oveaschin@sina.com

前言

Preface

书籍是传承文明的桥梁，是延续文化的中介。在人生的道路上，我们所见的风景是有限的，是书籍让我们看得更远、更清晰。充分而有意义的人生，应该伴随着读书而发展。孔子“十五而志于学，三十而立，四十不惑”，不断通过读书求学充实自己，终成万世师表；清代左宗棠曾写下“手释万卷，神交古人”以铭心志，成就伟业；匡衡凿壁、车胤囊萤、孙康映雪、李密牛角挂书……古今中外，那些才高德隆的人，无一不是以读书来开启人生之路，打开事业之门的。读书虽然不能改变人生的长度，但可以改变人生的宽度；读书虽然不能改变人生的起点，但可以改变人生的终点。

读一本好书，就像和许多高尚的人交谈，能从中获取无穷的知识、智慧和能量。现如今，有些人之所以思想贫乏、精神颓废，甚至颠倒黑白，很重要的一点就是因为读书太少。一个人在其一生中，一些书不能不读。通过阅读这些书，可以完善自身知识结构，全面提升人文素质，为迈向辉煌成功的人生打下坚实的基础。然而人生匆匆，一个人要想在短暂的一生中遍阅古今中外所有佳作，既不现实，也不经济。在一切讲求快节奏的今天，每个人都希望能在最短的时间内获得最多的知识，为了帮助广大读者朋友寻找到一种省时而且有效的方式，去阅读那些能经受住时间考验的、许多人都从中得到过特别启迪的作品，我们在参考诸多名家推荐的必读书目的基础上，组织编撰了这本《人一生要读的书》。

本书分为“世界卷”和“中国卷”两部分，收录了近200部中外价值高、影响大、流传广的经典作品，它们是政治学、经济学、社会学、军事学、成功学、教育学、文学、美学等各个领域的集大成者，思想性、艺术性俱佳。这些经典之作叩击着一代又一代人的心灵，给人们以精神上的享受和艺术上的熏陶，了解并阅读这些经典，必将给每一位读者以智慧的启迪。

在体例编排上，本书从“作者简介”、“背景提示”、“内容提要”、“作品评价”等多个角度解读经典佳作。“作者简介”以简练的文字对作者的生平、文学成就和影响等做扼要的介绍，使读者对作者有一个清晰概括的了解；“背景提示”简要介绍了作品创作的时代背景，帮助读者更加深入地了解作品的内涵；“内容提要”简要介绍了每一本书的梗概；“作品评价”则着重介绍每一本书的重大意义和深远影响。书中还设有“名家点评”、“相关链接”、“深度阅读”等专题，多角度解读经典佳作，提炼作品精髓和主旨，扩大读者的阅读空间。

尽管本书是一部工具书，我们仍没有忽视它的审美要求，力图为读者打造一个立体的、彩色的、极具文化魅力的阅读空间。首先，书中选配了300多幅精美图片，这些图片有经久流传的经典作品的书影，有艺术大师阐释经典作品内容情节的雕塑和绘画，有记录作家容貌的图片和照片等，图文联袂，相得益彰，全方位演绎经典作品。其次，创新的版式设计将每部作品所依托的文化底蕴和现代审美理念融合在一起，不仅使读者直观地领略每部作品的神韵，而且还能深入感受作品与社会文化、艺术的内在联系，获得更多的审美享受。

全新的视角、精练简洁的文字、科学的体例、创新的版式设计和精美的图片等多种元素有机结合，引领读者从一个崭新的层面进行阅读，让读者在色彩缤纷的世界里享受读书的快乐，同时获得更多的审美感受和文化熏陶——用读书滋养的人生，必然是一个拥有丰富精神世界的人生，必定是一个充实、自信、高尚的人生。

目录

Contents

世界卷

中国卷

世界 卷

□荷马史诗

/古希腊/荷马/高华宏阔的史诗典范

⊙作者简介

相传荷马为古代希腊两部著名史诗《伊利亚特》（又名《伊利昂纪》）和《奥德赛》的作者。根据史诗的语言和它的内容描写，西方学者一般认为他可能生活在公元前8～前9世纪之间，但对荷马本人的情况却知之甚少，实际上有关他生平的资料也不确切。上溯到早期的希腊年代，就有一个家喻户晓的古老传说认为荷马是个盲人，大约出生在爱奥尼亚、爱琴海东岸的一个地区。作为一个行吟诗人，他的情况可能同《奥德赛》里那位朗诵诗人谛摩多科斯差不多，经常带着竖琴在各地吟唱特洛伊战争英雄事迹的歌子。在长期的生活过程中，他广征博采，巧制精编，荟前人之长，避众家之短，以大诗人的情怀、大艺术家的功力，创作了《伊利亚特》和《奥德赛》这两部瑰丽的诗篇，使这两个在古希腊流传很久的故事终于形成史诗的规模。但现在一般的研究者都倾向于认为荷马可能只是这两部史诗的最初或最好的综合加工者，此后两大史诗还有若干古代学者进行过许多改动，最终形成今天我们所见到的版本。

⊙背景提示

根据地下发掘，地中海东岸小亚细亚地区在古代确曾有过特洛伊人及伊利昂城。可能是在公元前12世纪末，在希腊半岛南部地区的阿凯亚人和小亚细亚北部的特洛伊人之间发生了一次为期10年的战争，最后希腊人毁灭了特洛伊城。这是一次部落之间的战争。战争结束后，在小亚细亚一带便流传着许多歌颂这次战争中的氏族部落首领的英雄事迹的短歌。在传诵过程中，英雄传说又同神话故事交织在一起，由民间歌人口头传授，代代相传；每逢盛宴或节日，就由这些民间诗人在贵族的官邸中吟唱。大约到了公元前八九世纪时，一位盲诗人荷马以短歌为基础，加以搜集整理，最后形成了具有完整的情节和统一风格的两部史诗——《伊利亚特》和《奥德赛》。这就是荷马史诗形成的大致情况。至于用文字把它们写定下来，大约是在公元前6世纪左右。

⊙内容提要

《伊利亚特》题名的原意是“伊利昂的故事”，写的是希腊人围攻特洛伊城的故事，当时的希腊人称特洛伊为“伊利昂”。关于这次战争的起因，在神话故事“不和的金苹果”里有详细的说明。根据这则神话所述，特洛伊战争是为了争夺一个名叫海伦的希腊女子而引起的。不和女神阿瑞斯因忌恨自己没有被邀请参加阿喀琉斯（希腊方面的主要英雄）父母的婚礼，便肆意挑起事端。她把一个金苹果扔在宴会桌上，上面写着“给最美的女神”，这就引起了赫拉、雅典娜、阿佛洛狄忒3位女神的争抢，宙斯让她们去找特洛伊王子帕里斯评判。3位女神向帕里斯许了愿。帕里斯把金苹果判给了阿佛洛狄忒，因为她答应让帕里斯娶到世间最美的女人。事后，阿佛洛狄忒把帕里斯引到斯巴达，骗走了

表现特洛伊战争的想象图

希腊军队采用了奥德修斯的计策，军士们藏在巨大的木马之中，特洛伊人把木马拖进城，希腊人破马而出，里应外合，攻下了伊利昂城，长达10年之久的特洛伊战争结束。

斯巴达王墨涅拉俄斯的妻子——美丽的王后海伦，从而爆发了特洛伊与希腊之间长达10年之久的战争。到了第10年，希腊联军统帅阿伽门农和阿凯亚部族中最勇猛的首领阿喀琉斯争夺一个在战争中掳获的女子，由于阿伽门农从阿喀琉斯手里抢走了那个女俘，阿喀琉斯愤而退出战斗。《伊利亚特》的故事就以阿喀琉斯的愤怒为开端，集中描写那第10年里51天的事情。由于阿凯亚人失去最勇猛的将领，他们无法战胜特洛伊人，一直退到海岸边，抵挡不住伊利昂城主将赫克托尔的凌厉攻势。阿伽门农请求同阿喀琉斯和解，请他参加战斗，但遭到拒绝。阿喀琉斯的密友帕特罗克洛斯看到阿凯亚人将要全军覆灭，便借了阿喀琉斯的盔甲去战斗，打退了特洛伊人的进攻，但自己却被赫克托尔所杀。阿喀琉斯感到十分悲痛，决心出战，为亡友复仇。他终于杀死赫克托尔，并把赫克托尔的尸首带走。伊利昂的老王（赫克托尔的父亲）普里阿摩斯到阿喀琉斯的营帐去赎取赫克托尔的尸首，暂时休战，为他举行盛大的葬礼。《伊利亚特》这部围绕伊利昂城的战斗的史诗，便在这里结束。

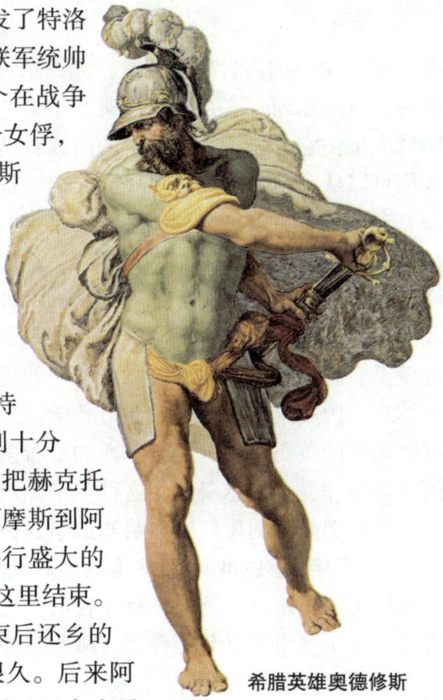
希腊英雄奥德修斯

《奥德赛》写的是希腊英雄奥德修斯在特洛伊战争结束后还乡的故事。赫克托尔死后，围绕伊利昂城的战争还继续打了很久。后来阿喀琉斯被帕里斯用箭射死，希腊英雄奥德修斯便献计造了一只大木马，内藏伏兵，特洛伊人把木马拖进城，结果希腊人里应外合，攻下了伊利昂城，结束了这场经历10年的战争。离开本国很久的阿凯亚首领们纷纷回国，奥德修斯也带着他的伙伴，乘船向他的故乡伊塔克出发，但他们在回国途中却遇到种种艰难险阻。《奥德赛》前13卷采用倒叙的方式讲述奥德修斯到菲埃克斯岛以后向国王阿尔基诺斯讲述他的遭遇。奥德修斯一行先到了喀孔涅斯人的住地，攻下了王城。后来他们到了一个食迷莲的国家，吃了迷莲便忘了故乡。之后他们又被独眼巨人关在巨人岛上的一个山洞里，奥德修斯用酒灌醉巨人，用烧着的木棒灼伤了巨人的眼睛才得以逃脱。此后，神女喀尔刻要他留在一个岛上，并把他的同伴变成了猪。他还躲过了女妖迷惑人的歌声，逃过怪物卡律布狄斯和斯库拉。最后女神卡吕普索同意他返回家乡。与此同时，奥德修斯的妻子珀涅罗珀在故乡苦苦等待丈夫，奥德修斯在家中的儿子忒勒马科斯也已经长大成人，出去打听他的长期失踪的父亲的消息。许多人以为奥德修斯已死，为夺取奥德修斯的财产，纷纷向珀涅罗珀求婚，追求他的妻子的求婚人还占据着他的王宫，大吃大喝。珀涅罗珀则拒绝了所有的求婚者。奥德修斯经过10年颠沛流离，回到家乡。他装扮成乞丐进入王宫，同儿子一起杀死了所有的求婚者，处死了帮助求婚者的奴隶，一家人终于团聚。奥德修斯重新做了伊塔克的国王。

名家点评

恩格斯说，“荷马史诗以及全部神话——这就是希腊人由野蛮时代带入文明时代的主要遗产”，这既反映了荷马史诗在描述战争中不可避免地具有一些历史局限性，如杀戮、残暴的野蛮屠城，视女人为奴隶主的私有财产等等，但另一方面也证明了荷马史诗在反映人类早期历史文化形态，特别是在由原始公社到奴隶制过渡过程中出现的诸如政治、经济、军事、文化等方面的各种情况具有不可比拟的价值。

而柏拉图也在《理想国》里提到，“荷马教育了希腊人”，这反映了荷马史诗在希腊文化教育及文化传承方面所起的重要作用很早就被人们意识到了。

⊙作品评价

荷马史诗的内容非常丰富，无论从艺术技巧或者从历史、地理、考古学和民俗学方面都有许多值得探讨的东西。它在西方古典文学中一直享有最高的地位。从公元前 8 世纪起，就已经有许多希腊诗人摹仿它，公认它是文学的楷模。两千多年来，西方人一直认为它是古代最伟大的史诗，因此我们可以从阅读荷马史诗中直接去领悟古希腊的文化和精神。

就《伊利亚特》来说，它是一部描写战争的英雄史诗。这部史诗着重是要歌颂氏族领袖的英雄品质，所以塑造了众多的英雄形象，并通过这些形象表现了那个“英雄时代”的英雄主义理想。全诗 2/3 以上的篇幅都在描写阿喀琉斯休战期间两军的阵势。作者以恢宏的彩笔气势磅礴地描绘了古战场的人喊马嘶、群雄争斗、刀光剑影、血雨腥风。这一幕幕惊天动地、气贯长虹的战争场面，本身就是展现英雄雄姿的诗篇。而书中的这些英雄都是久经战阵、英勇无畏的战士。在他们身上既集中体现了氏族集体所要求的英勇品质，又初步显示出了每个人的个性特征，如阿伽门农的刚愎自用，阿喀琉斯的英勇善战，奥德修斯的足智多谋，赫克托尔的诲人不倦，说话语重心长等等。特别是在阿喀琉斯和赫克托尔身上，这种英雄品质表现得更加明显。作为特洛伊军中最勇猛的将领，赫克托尔身负保卫全城的重任。他明知战争是由弟弟的不义行为引起，同时自己也必然逃脱不了命运的安排，但他依然视死如归，毅然勇敢地迎战阿喀琉斯。这是一个意识到自己光荣职责的光辉英雄形象。而希腊第一英雄阿喀琉斯，感于神的意志，把在战场上获得荣誉看做第一生命。他在战场上既勇敢善战、奋不顾身，又暴烈鲁莽，刚强任性，表现出一种崇高的英雄主义悲剧色彩，而这也正是荷马所要力图表达的时代精神。

而《奥德赛》这部史诗在风格上却与《伊利亚特》有着不同的特点。《伊利亚特》由于主要描写的是战争，因此情调显得过于高亢和急促。《奥德赛》故事的前半部分主要描写主人公在海上的离奇遭遇。主人公 10 年惊心动魄的经历，包含了许多远古的神话和很多经过作者幻想加工所写成的奇妙自然现象，所以显得色彩斑斓，富有非常浓厚的浪漫色彩；故事的后半部分主要描写主人公同其他贵族青年争夺和维护私有财产的斗争，里面涉及很多家庭生活的描写，所以又显得比较细致和深刻，具有一定的现实主义精神。

荷马史诗的伟大成就还在于它对西方文学传统的深远影响。荷马是一位功底深厚、想象丰富、善于创新的语言大师。荷马史诗辞章华丽、妙语迭出，诗中生动、形象的用词和比喻俯拾皆是。仅就文学因素来看，荷马史诗也不愧为世界上最为优秀的文学著作之一。

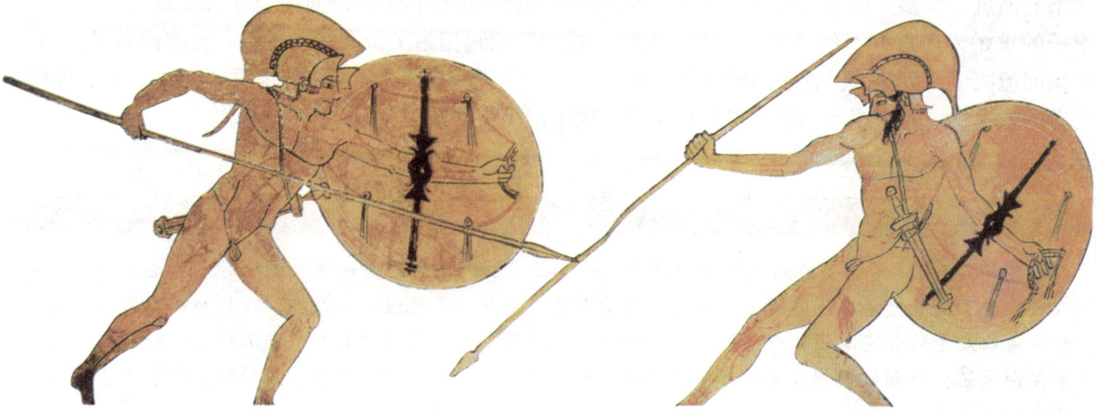

英雄与英雄的决斗

内心燃烧着复仇的欲望，阿喀琉斯正向特洛伊最高贵的武士赫克托尔猛刺过去。荷马史诗对特洛伊战争的描述，没有好人与坏人的判断。杀死赫克托尔的阿喀琉斯是英雄，同样，被杀的赫克托尔也是英雄。

□伊索寓言

/ 古希腊 / 伊索 / 西方寓言的始祖

⊙作者简介

伊索可能是公元前 6 世纪的人，出生于小亚细亚的弗律基亚，曾在一个名叫克珊托斯的主人家为奴。古希腊历史学家希罗多德（约公元前 484 ~ 前 430 年）在其撰写的《历史》第二卷中记述道：“罗多皮斯是萨摩斯人赫菲斯托波利斯之子雅德蒙的女奴，并且与写作寓言的伊索为同一个主人的奴隶。”伊索由于聪颖智慧，被解除奴隶身份并获得自由。他曾游历各地，给人们讲述寓言故事。据说小亚细亚的吕底亚国王克洛索斯（公元前 560 ~ 前 546 年）对他相当信任，派他出使德尔斐，但结果是伊索遇害身亡。

《伊索寓言》插图

描绘了经典故事《鹿和狮子》的情节。

⊙内容提要

《伊索寓言》意为“伊索的寓言集”，大部分产生于伊索生活的时代，并且多为伊索所作。一小部分是后人创作，记在伊索这位大师名下。

它作为古希腊人生活智慧的结晶，反映的内容非常广泛，绝大部分篇章都是讲做人的道德准则方面的问题。《伊索寓言》里著名的篇章很多，其中以《狼和小羊》、《农夫和蛇》、《龟兔赛跑》、《狐狸和葡萄》最为脍炙人口。《狼和小羊》讲的是：狼想吃小羊，道貌岸然地想掩饰自己的恶行，但当纯朴的小羊戳穿它虚伪的面孔时，狼便露出了强横的本性。《农夫和蛇》讲的是：农夫在冬天见到一条蛇冻僵了，于是将它放到怀中暖热。蛇醒后咬了恩人一口，农夫中毒而死去。《龟兔赛跑》讲的是：乌龟和兔子进行比赛，乌龟依靠坚持不懈的努力战胜了一路懈怠的兔子。《狐狸和葡萄》讲的是：狐狸看见架上的葡萄，但是它又摘不到，临走时，说葡萄是酸的。

⊙作品评价

《伊索寓言》是古希腊口头流传的民间文学作品，通俗易懂，文字简练，被誉为西方寓言的始祖，它的出现奠定了寓言作为一种文学体裁的基石。它早已越出地理的界限，在欧洲文学史上产生过深远而广泛的影响，成为作家创作的源泉和蓝本。后世的拉封丹、莱辛、克雷洛夫在寓言创作中明显受它的影响。世界各国的文学作品，甚至政治著作中，《伊索寓言》也常常被引用，作为论证时的比喻、说理时的名言、讽刺时的武器、抨击时的矛头。

《伊索寓言》同时也是流传到中国最早的外国文学作品之一，这可以上溯到 16 世纪末 17 世初。意大利传教士利玛窦、庞迪我将伊索及其寓言引译至中国。清末，随着文化交流的频繁，各种译本的《伊索寓言》相继出现。1955 年，人民文学出版社出版了中国第一个由古希腊文直接翻译过来的《伊索寓言》。近年来，这本书的版本更是种类繁多。可以说，《伊索寓言》是在中国影响最广、最受读者欢迎的西方文学作品之一。

被缚的普罗米修斯

/ 古希腊 / 埃斯库罗斯 / 古典悲剧的经典

埃斯库罗斯雕像

⊙作者简介

埃斯库罗斯（约公元前 525 ～前 456 年），古希腊三大悲剧作家之一，被称为“悲剧之父”。他生于雅典附近，生活在雅典奴隶主民主制度兴起的时期。埃斯库罗斯出身贵族，政治上拥护民主派。他除了是悲剧作家和诗人外，还是一位爱国者，参加过抗击波斯的战争。他曾在马拉松战役中负伤，后来又参加过萨拉米斯战役。他一生写了 70 多部作品，传世剧本 7 部，分别为:《乞援人》、《波斯人》、《七将攻忒拜》、《被缚的普罗米修斯》、《俄瑞斯忒亚》三部曲。

⊙背景提示

埃斯库罗斯生在雅典由贵族统治向民主制过渡的时期，当时雅典贵族和平民展开激烈斗争。《被缚的普罗米修斯》取材于希腊神话中宙斯与普罗米修斯的传说，剧中普罗米修斯的悲剧就是宙斯滥施暴力的结果，作者对此进行演绎正反映了作者的民主精神。同时，该剧也流露出古希腊人对于人类命运的悲剧性意识。

⊙内容提要

故事发生在古老的神话时代。

遥远的高加索山区，寒风凛冽、重峦叠嶂。锁链和镣铐撞击山石发出的沉重丁当声由远而近，4 个巨大的身影出现在一座峭壁前。普罗米修斯被锁链和镣铐绑缚着，他的左右两边是奉宙斯之命押解他的威力神和暴力神，宙斯的儿子匠神赫淮斯托斯手拿铁锤跟在后边。威力神催促赫淮斯托斯迅速执行宙斯的命令，用锁链把普罗米修斯缚在峭壁上，以便让他接受教训，服从宙斯的统治，不再庇护人类。赫淮斯托斯不忍心这样对待普罗米修斯，因为他们都是神的后裔，论辈分普罗米修斯还长他一辈。然而他更惧怕宙斯的惩罚，于是便向普罗米修斯表白，自己执行命令是出于不得已。他说，宙斯的心是冷酷无情的，眼前的苦难是普罗米修斯将天火盗给人类的报应。“得了！你为什么推延时间，白费你的同情？这个众神憎恨的神，他曾把你的特权出卖给人类，你为什么不恨他？”威力神一脸铁青地责问赫淮斯托斯，催他赶紧动手。匠神叹着气，暗暗恼恨着自己的这行手艺。但他还是把普罗米修斯的双手铐了起来，钉在岩石上，接着把钢楔钉进他的胸膛，最后又把他的腰和腿用链条箍起来钉好。

普罗米修斯经受着巨大的痛苦，然而却不因此而屈服。3 个神灵离开后，普罗米修斯呼吁天地万物来看看他所受的迫害，他说：“只因我太爱人类，才成了宙斯的仇敌，成了那些臣服于宙斯的神们所憎恨的神，因为这点过错，我受罚受辱，在这露天之下戴上脚镣手铐。”

长河神忒提斯的女儿们闻声而来，她们个个为普罗米修斯的惨状心痛流泪。普罗米修斯十分感激，向众神女宣布：“别看那宙斯现在侮辱我，给我戴上了结实的镣铐，他终会需要我来告诉他，一个什么新的事件会使他失去王杖和权力。我不会受他的甜言蜜语的欺骗，不会因为害怕他的凶恶的恫吓而泄露那秘密，除非他先解了这残忍的镣铐，愿意赔偿我所受的侮辱。”众女神询问他被宙斯这样侮辱的原因，普罗米修斯回答说，不相信朋友是暴君的通病。当初，在神界权力争夺中，自己作为提坦神之一，本来处于宙斯的对立面，但由于看到提坦神们自恃强大，不改横暴本性，普罗米修斯便转到宙斯一边，帮助他打败了以他父亲克罗诺斯为首的老一辈神，夺得了统治世界的权力。

然而宙斯登上权力的宝座后，很快变得残暴起来。他不仅不关心人类，反而想毁掉人类。普罗米修斯怜悯人类，将“火”从天上带给人类，使他们开始了文明的生活，他为此受到了宙斯的惩罚。

这时，长河神忒提斯乘飞马前来，劝普罗米修斯要有自知之明，向宙斯屈服，免得灾难加重。他愿意代普罗米修斯向宙斯求情。普罗米修斯讥讽他说：感激他的好意，但请他不要劳神了，劝他还是保全自己，当心别惹恼了宙斯。长河神讪然离去。

被缚的普罗米修斯　意大利　米开朗基罗

朱庇特为了惩罚普罗米修斯给人间带去了火，把他吊在高加索山的悬崖上，让一只鹰天天啄食他的肝脏。

普罗米修斯又告诉长河神的女儿们，是他为人类发明了数学、创造了文字，教给人类驯养家畜、修筑房屋、驾船航行等知识和技艺。这时，河神伊那尔科斯的女儿，被天后赫拉变做母牛的伊娥，疯狂地跑过来。伊娥应长河神的女儿们的请求，讲述了自己苦难的经历。原来宙斯爱上了她，经常在她的梦中显现，引诱她，要她满足他的欲望。她将此事告诉了父亲，父亲出于无奈，遵照神示把她赶出家门。天后赫拉出于嫉妒，将她变成了牛，并派了无数牛虻不停地追逐她，叮咬她。河神的女儿们听了她的遭遇，不禁浑身战栗。普罗米修斯感叹她遇上了一个残忍的追求者。他告诉伊娥：她还得继续漂泊，直到尼罗河口的沙洲。她将在那里居住下来，宙斯将会使她恢复理智，用手轻轻地触她，使她生下一个儿子，儿子以后将会重新返回希腊。而她的第十三代后裔（赫拉克勒斯）将来拯救自己。这时牛虻又来追赶伊娥，使她陷入狂乱。伊娥呻吟着离去，继续命定的漂泊。

忒提斯的女儿们感慨说，但愿命运女神不要让她们成为宙斯的妻子。普罗米修斯却说，不管宙斯多么专横，他都不会屈服。他预言，宙斯将很快会被自己新的婚姻推下宝座，因为他会生一个比他自己更强大的儿子。忒提斯的女儿告诉普罗米修斯说话要小心，劝他向惩戒之神告饶。普罗米修斯轻蔑地说：“我一点儿也不把宙斯放在眼里！”这时神使赫尔墨斯奉宙斯之命前来，要普罗米修斯说明白是什么婚姻会使宙斯失去权力。普罗米修斯让赫尔墨斯滚回去，并明确告诉他，他仇恨所有受过他的恩惠，又对他进行迫害的神。普罗米修斯奚落赫尔墨斯一番，并声称无论宙斯用什么苦刑或计谋，都不可能迫使他把那秘密道破，除非宙斯首先解除侮辱他的镣铐。赫尔墨斯劝普罗米修斯向宙斯屈服，恫吓他说，如果他不听规劝，宙斯将会用雷电劈开峡谷，把他压在悬崖底下，还会派嗜血的苍鹰每天来啄食他的肝脏。普罗米修斯毫无畏惧之色，他呼唤注定的灾难快些来临。赫尔墨斯认为普罗米修斯的心灵已陷入疯狂，劝长河神的女儿们赶紧离开，免遭霹雳的无情打击。

赫尔墨斯离去后，大地开始震颤，雷电闪耀，狂风大作。普罗米修斯在苦难面前，大声疾呼：“啊，我那无比神圣的母亲啊，啊，普照世间万物的光亮大气啊，请看我正遭受怎样不公平的虐待！”随后，悬崖崩塌，地面开裂，普罗米修斯和众女神消失在宙斯的雷电中。

⊙作品评价

埃斯库罗斯的作品题材大都来自神话，他的悲剧对后来西方戏剧有深远影响。《被缚的普罗米修斯》反对暴君的统治，普罗米修斯成为民主派的化身，表现出为正义事且而顽强斗争的崇高精神。

理想国

/ 古希腊 / 柏拉图 / 古希腊文化的最高代表

柏拉图学园
柏拉图鼓励学生进行独立思考和争论辩驳。

⊙作者简介

柏拉图（公元前427 ~ 前347年）是古希腊最重要的唯心主义哲学家，是苏格拉底的学生，亚里士多德的老师。他一生大部分时间居住在古希腊民族文化中心的雅典。他热爱祖国，热爱哲学。他的最高理想是哲学家应为政治家，政治家应为哲学家。哲学家不是躲在象牙塔里的书呆子，应该学以致用，求诸实践。他出身于雅典一个大贵族家庭——克德里达家族，原名亚里士多克勒，据说因为他额头很宽，肩也很宽，所以得了个绰号叫“柏拉图”（就是“宽阔”的意思），后来人们就这样称呼他了。柏拉图早年在数学和文学方面受过很好的教育，曾经学习写诗，创作过悲剧。在他20岁时，被父亲送到苏格拉底那里受教，先后跟随苏格拉底学习8年，直到公元前399年苏格拉底被处死才离开雅典，旅居麦加拉和意大利南部等地区，40岁时返回雅典。这时希腊世界日趋没落。柏拉图买了一块园地，在那里建立学园。由于“园地”地处纪念希腊英雄阿加德穆斯的圣殿附近，因此他的学园就取名“阿加得穆”（Academy）。柏拉图一面讲学，一面从事著述，前后长达41年之久，公元前347年逝世于一个婚礼的筵席上。在西方古代哲学家中，柏拉图是第一个留有大量著作的哲学家，其中有对话35篇，书信13封，但有不少是伪作，如书信大多均属此类；至于各篇对话之真伪，考证出入甚大，不过也有一些是没有多少分歧的，如《苏格拉底的辩护》、《巴门尼德篇》、《泰阿泰德》、《美诺篇》、《法律篇》、《理想国》等。

⊙背景提示

柏拉图生于雅典城邦衰落的时期，那时疫疠盛行，大政治家伯利克里染疾去世后，群龙无首，伯罗奔尼撒战争爆发，危机四伏。战争后的雅典奴隶制每况愈下，陷入了严重的政治危机。这种危机一方面表现为奴隶和奴隶主之间的阶级斗争更加尖锐，另一方面表现为统治阶级的斗争，即奴隶主民主派与奴隶主贵族派争夺政权的斗争。柏拉图坚决地站在贵族派的立场上反对民主政体，反对普通的自由民参政，极力主张由奴隶主贵族上层来把持国家机器。因而柏拉图为了巩固奴隶主贵族的统治而设计了理想国。

⊙内容提要

《理想国》以对话形式写成，共分10卷，基本上包括三个部分。第一部分：第一卷到第五卷，主要是论述理想国的具体组织；讨论正义、教育、道德、理念等问题。其中在第一卷中提出贯穿全书的两个问题，即什么是公正；公正是否优于不公正。第二部分：第六卷和第七卷，主要是论述与

相关链接

柏拉图不但写了《理想国》，还写了《政治家》、《法律》篇。《政治家》叙述在一个城邦里可能存在着不同政治组织，而可能有的政治组织的性质由统治者的人数和他们的统治方法来决定，其中每种政治是按法律或不按法律发挥作用。如果没有法治，政权在众人手里为害较小，如果有法治，民主政治是最坏的政体。在《法律》篇中，柏拉图认为“哲学王”好像找不到，比较好的方式是在法治下，把君主政治和民主政治结合，并对这种制度如何组织，以及官吏如何推选作了详细地说明。

政治学相对的纯粹哲学问题，即论述统治者必须是哲学家，从而给哲学家下定义。第三部分：第八卷到第十卷，主要是对各种实际存在的政治体制及其优缺点的讨论。

为了实现公正，柏拉图在《理想国》中设计了一个真、善、美相统一的政体。他认为，国家就是个人的放大，而个人就是国家的缩小。在他看来，人的灵魂有三种：理性、意志和性欲；与之相适应的有智慧、勇敢和节制三种道德。如果这三个部分协调一致，就体现了人的第四种道德：正义。一个国家也是如此，统治者、卫士和群众这三个阶层各有自己的职能，各具自己的德性。如果这三个阶层安守己位，各司其职，则国家就达到了和谐和公正，社会处于最佳状态，即是至善。

柏拉图还用宗教神话来论证等级秩序的永恒性。他说神用不同的东西造出不同的等级：统治者是用金子做的，武士是用银子做的，农夫和手工业者是用铜和铁做的。他极力反对雅典的奴隶主民主制，他的理想国是斯巴达式的贵族专政制度。

柏拉图还详细地分析了他所处时代的四种不完善的政体。一是斯巴达和克里特政体，重军事、重勇气、重纪律、重献身，但失去了哲学精神的光辉；二是寡头政体，重财富、轻美德，少数有钱人掌权，统治者唯利是图；三是民主政体，重自由、重公民的发言权、选举权和表决权，否认统治者的知识和品质；四是僭主政体，对内镇压，对外战争，是暴政。

柏拉图认为，最适合的政体是既非君主政体、又非民主政体的混合政体。在这种国家中，应实行财产公有，共妻共子，男女平等。因为财产私有引起了国家分裂和党派之争，只有劳动者为了生产才允许有一定的个人财产。

通过一系列的分析，柏拉图认为建立理想国的关键在于让把握了善的哲学家成为国家之王，或国王成了哲学家。所以他在这里用大量的篇幅，讨论了他的“理念论”，提出了一系列后来被认为是柏拉图哲学所不可缺少的组成部分的内容。在他看来，停留于不真实的感官世界只能得到意见，认识了理念才是知识。唯有借助于辩证法领略到理念世界光辉的哲学家，才能仰观俯察，荡垢涤瑕，将社会和人生引向至善至美的境界。

《理想国》是一部综合性的著作，书中讨论到优生学问题、节育问题、家庭解体问题、婚姻自由问题、独身问题、专政问题、独裁问题、共产问题、民主问题、宗教问题、道德问题、文艺问题、教育问题（包括托儿所、幼儿园、小学、中学、大学研究院以及工、农、航海、医学等职业教育）加上男女平权、男女参政、男女参军等等问题。

雅典公民投票时使用的陶片

陶片上刻有将要被放逐（逐出雅典）的公民的名字。公元前5世纪，雅典为限制个人权力而滥用陶片放逐制度，表现出公元前5世纪时，雅典城公民已有了民主的投票权。

⊙作品评价

《理想国》是第一部系统地论述政治哲学的著作，也是西方思想史第一部乌托邦著作，近代莫尔的《乌托邦》、康帕内拉的《太阳城》以及空想社会主义的理想的政治学说都曾受到《理想国》的洗礼。西方哲学家们将《理想国》誉为“他那个时代文化的最高代表”，“代表着那个时代的最佳世俗思想”。

□几何原本

/ 古希腊 / 欧几里得 / 科学史上的“圣经”

⊙作者简介

欧几里得像

欧几里得（活动时期约为公元前 300 年）亚历山大学派前期的三大数学家之一。是希腊伟大的数学家，关于他的生平现在知道的很少。欧几里得早年在雅典的柏拉图学园受过教育，学习希腊古典数学和其他科学文化。由于雅典的衰落，数学界和其他科学一样处于低迷状态。公元前 300 年，欧几里得崭露头角，后来应统治埃及的托勒密国王的邀请客居亚力山大城，从事数学工作。他治学严谨、谦虚，是一位温良敦厚的数学教育家，他提倡在学习上刻苦钻研，弄懂弄通，反对投机取巧，急功近利。据普罗克洛斯在书中记载，托勒密王曾问欧几里得，有没有学习几何学的捷径。欧几里得回答说：“在几何学里，没有专为国王铺设的大道。”斯托贝乌斯在书中记述了另一则有趣的故事，说一个学生才开始学第一个命题就问欧几里得学了几何之后将得到些什么，欧几里得给了他三个钱币，说他就能得到这点利益。由于在希腊后期失去了独立性，导致雅典的学术文化中心向日益昌盛的埃及都城——亚历山大城转移。此时此刻的欧几里得，以流亡者的心境旅居亚历山大，内心燃起一股热情，要将以雅典为代表的希腊数学成果，运用前人曾经部分地采用过的严密的逻辑方法重新编纂成书。惊世鸿著《几何原本》就是这样于公元前 300 年前后诞生了。欧几里得著有许多关于数学、物理、天文方面的著作，其中最伟大的著作就是流芳千古的《几何原本》。

⊙背景提示

公元前 3 世纪的亚历山大城是当时地中海东部的经济、科学与文化的中心，这里建有称誉世界的藏书 70 万卷的图书馆，以及博物馆、实验室、天文台等文化科学设施。当时有大批数学家在亚历山大工作，他们的一些独创性著作，直到今天仍然闪闪发光。欧几里得将前人生产实践中和科学研究中长期积累的几何知识，加以整理总结，形成演绎体系，写出了历史上理论严密、系统完整的第一部数学著作《几何原本》。

⊙内容提要

《几何原本》的希腊原始抄本已经流失了，它的所有现代版本都是以希腊评注家泰奥恩（约比欧几里得晚 700 年）编写的修订本为依据的。《几何原本》的泰奥恩修订本分 13 卷，总共有 465 个命题，其内容是阐述平面几何、立体几何及算术理论的系统化知识。《几何原本》按照公理化结构，运用了亚里士多德的逻辑方法，建立了第一个完整的关于几何学的演绎知识体系。所谓公理化结构就是：选取少量的原始概念和不需证明的命题，作为定义、公设和公理，使它们成为整个体系

名家点评

英国的数学家罗素在《西方哲学史》中是这样评价他的：欧几里得的《几何原本》毫无疑义是古往今来最伟大的著作之一，是希腊理智最完美的纪念碑之一。

瑞典诗人 C.M. 贝尔曼写道：“甚至到了现在一想到欧几里得，我都得擦擦满是汗水的前额。”

相关链接

几何学起源于测量距离、面积与体积。在这些测量过程中，人们逐渐地积累出许多经验，对此，常常要求给予超出经验的理论上的证明。而将逻辑学的思想方法引入几何学，对几何问题进行逻辑推理证明，这项具有划时代意义的工作起始于公元前 7 世纪的希腊，完成于公元前 3 世纪的欧几里得。

的出发点和逻辑依据，然后运用逻辑推理证明其他命题。《几何原本》成为两千多年来运用公理化方法的一个绝好典范。

中译版《几何原本》书影

第一卷首先给出了一些必要的基本定义、解释、公设和公理，还包括一些关于全等形、平行线和直线形的熟知的定理。该卷的最后两个命题是毕达哥拉斯定理及其逆定理。

第二卷篇幅不大，主要讨论毕达哥拉斯学派的几何代数学。

第三卷包括圆、弦、割线、切线以及圆心角和圆周角的一些熟知的定理。这些定理大多都能在现在的中学数学课本中找到。

第四卷则讨论了给定圆的某些内接和外切正多边形的尺规作图问题。

第五卷对欧多克斯的比例理论作了精彩的解释，被认为是最重要的数学杰作之一。

第七、八、九卷讨论的是初等数论，给出了求两个或多个整数的最大公因子的“欧几里得算法”，讨论了比例、几何级数，还给出了许多关于数论的重要定理。

第十卷讨论无理量，即不可公度的线段，是很难读懂的一卷。

最后三卷，即第十一、十二和十三卷，论述立体几何。目前中学几何课本中的内容，绝大多数都可以在《几何原本》中找到。

《几何原本》原先一直是以手抄本的形式广为流传，几个世纪中，许多数学家对它进行了大量的注释和评论。尽管欧几里得受当时重理论、轻实践的哲学思想的影响，《原本》中全部是抽象的定义、公理和定理，没有解决实际问题的内容，但由于它有严谨的理论体系，因此在数学教育和数学研究上仍然受到人们的重视。12 世纪以后，《几何原本》被采用为大学教材，公元 1500 年左右印刷术出现后，这部著作迅速大量翻印，出现了 1000 多种版本，其发行量与传播之广，仅次于《圣经》，成为西方世界历史上翻版和研究最多的书。在 17 和 18 世纪，欧几里得的著作是西方数学教学的基础。

雅典学园（局部） 意大利 拉斐尔

⊙作品评价

《几何原本》是一部划时代著作，出现在两千多年前，更难能可贵的是，它对数学发展所起的作用仍是任何其他著作所无法比拟的。今天，它的主要内容仍在我们中学几何教材中占有很大比重，并被公认是学习几何知识和培养逻辑思维能力的必不可少的内容。诚然，《几何原本》存在着一些结构上的缺陷，但这丝毫无损于这部著作的崇高价值。它的影响之深远，使得“欧几里得”与“几何学”几乎成了同义语。它集中体现了希腊数学所奠定的数学思想、数学精神，是人类文化遗产中的瑰宝。

□罗摩衍那

/印度/蚁垤仙人/印度心灵的镜子

⊙作者简介

《罗摩衍那》是蜚声世界的印度两大史诗之一，被称为“最初的诗”。成书时间大约为公元前4～前2世纪。史诗的作者相传是蚁垤仙人（音译为“跋垤”）。实际上，在当时，如此庞大的作品，不可能出自一人之手。无疑最初是流传于民间的口头创作，经过无数歌手和诗人的整理加工，最后由某个人对全书进行编纂而成，这个人或许就是蚁垤。

⊙背景提示

作为婆罗门教、印度教的经典和印度人民的圣书，《罗摩衍那》同《摩诃婆罗多》一样，表明了印度人关于宇宙统一性的观念。天上、人间和大地是相互沟通的，天神、人和其他动物是互相转化的，人间的英雄与天神本质上是同一的，整个宇宙处于一种生死流转的循环状态。而人世间则是天神导演下的一个人生大舞台。在这个舞台上不断上演着一幕幕的人生戏剧。但是显然，《罗摩衍那》没有《摩诃婆罗多》那样古老。有人认为，《摩诃婆罗多》反映的是印度西部比较原始的文化，《罗摩衍那》则展示了印度东部比较进步的文化。站在文明进化的角度看，《罗摩衍那》所反映的一夫一妻制、宗法制家庭关系及其道德理想和《摩诃婆罗多》相比是一种进步；站在文学角度看，《罗摩衍那》也不像《摩诃婆罗多》那样夹杂了那么多的非文学成分。《罗摩衍那》的时代离我们已经很远了，但这部史诗仍有深刻的认识价值。通过罗摩流放、悉多遭劫、罗波那败亡、悉多得救和罗摩复国登位等主要情节，我们可以形象地看到当时社会的政治风貌：宫廷内部争夺王位的阴谋、罗摩等英雄英勇地抗暴斗争、史诗作者所宣扬的忠、孝、节、悌、义的封建伦理道德观念，以男性为中心的家长制，以及第一篇《童年篇》的第六章中所反映出的种姓制度的存在及各种姓之间的严格区别。

罗什曼使昏倒的罗摩苏醒

⊙内容提要

在名为《童年篇》的第一篇里，蚁垤仙人把自己创作的长诗教给两个学生（后来说是罗摩的双生子），让他们唱给罗摩听。而罗摩的故事则从这篇的第五章开始，由罗摩二子朗诵出来。内容以罗摩的出生和结婚为主，说罗摩是十年王经过祭祀天神后所生的长子，他因武艺超群，折断神弓而娶得邻国的公主悉多为妻。悉多是邻国的国王遮那竭耕地时在犁沟里发现的（悉多即犁沟之意），她的母亲是大地，父亲就是遮那竭。

第二篇《阿逾陀篇》主要讲十年王宫中的矛盾与罗摩的被流放。十年王年老后，决定立罗摩为太子，但他的小王妃吉迦伊却在驼背侍女的煽动下，以过去老王曾答应要给她两项恩赐为借口，胁迫老王流放罗摩十四年，立自己的儿子婆罗多为王。十年王痛苦地应允后，不久即死去。罗摩出走后，弟弟婆罗多在位期间，供奉着罗摩交给他的一双作为替身的鞋子执政14年。

第三篇到第六篇的主要内容是：罗摩夫妇和弟弟罗什曼那被流放到森林后，悉多不幸被十首罗刹王罗波那抢去，罗摩兄弟四处寻找未获。后来，罗摩帮助一个猴王夺回王位，并结成联盟。神猴哈奴曼侦察到悉多被囚禁魔宫后，猴子们立即为征讨罗刹国的罗摩大军造桥过海。罗摩大败十首魔王罗波那后，派人从魔宫接回悉多一并启程返国。罗摩回国登基后，他统治的时代出现了太平盛

相关链接

两千多年以来，《罗摩衍那》及其各种译本和改写本在印度各地广泛流传，对印度社会生活各个方面产生了深远的影响。在文学方面，尤其是在长篇叙事诗方面，则成为后代写作者写作的典范和题材的源泉。在印度国外，它经过印度教徒和佛教徒之手传到南亚和东南亚的广大地区，甚至还从陆路传到了蒙古和中国的西藏、新疆等地。史诗中的许多故事，在十五六世纪传入西亚地区。18 世纪后，又被陆续译为欧洲各种文字，使西方学者眼界大开，并成为许多学者潜心研究的对象。

世，全诗到此本已结束。

第七篇估计是后加的，在这一篇里，罗摩的形象发生了很大的变化，即从一个被迫害的受难者变成了封建专制暴君。如其中谈到罗摩即位若干年后，听信了所谓人民的意见，怀疑悉多居魔宫不贞而将她遗弃；十几年后，悉多的不白之冤仍得不到昭雪，最终不得已求救于地母，让大地裂开，纵身跳了进去。作品的最后结局是全家在天堂重新相聚。

⊙作品评价

《罗摩衍那》形象地反映了宫廷内部争夺王位的阴谋和罗摩等英雄人物抗暴的斗争，表达了一系列进步的、符合人民心愿和顺应当时历史发展趋势的政治主张，同时也宣扬了作者的那种忠、孝、节、悌、义的伦理道德观念和种姓制度的思想。史诗成功地塑造了各种各样的典型形象。特别是悉多，作为贤淑、忠贞的妇女形象的代表，一直受到印度人民的尊敬和喜爱。神猴哈奴曼也是人们所敬爱的形象，直到今天，在印度的农村还可以看到他的塑像。同时，景物描写多姿多彩、有声有色，语言修饰美而不怪、恰如其分。作品结构错综复杂，然而布局又井然有序，风格朴实无华、简明流畅。

罗摩和悉多团聚以后，一起去造访蚁垤仙人的情景。

□希腊波斯战争史

/ 古希腊 / 希罗多德 / 人类史上第一部世界性的通史著作

⊙作者简介

希罗多德（约公元前 484 ~前 425 年），古希腊第一个著名史学家，西方史学的奠基人，被人们尊称为“历史之父”。他出生于小亚细亚南海滨的哈利卡那苏城的一个名门望族。他的父亲是一个巨富的奴隶主，叔父是本地一位著名诗人。希罗多德从小勤奋刻苦，酷爱史诗。约公元前 461 年，在哈卡利那苏城发生的一次内战中，他叔父被本城僭主吕格达米斯杀害，希罗多德全家受株连，被迫移居萨摹斯岛，并且开始长期漫游，其足迹东至巴比伦，西至意大利南部，北到黑海北岸，南到埃及最南端。在此期间，他访查传闻逸事，凭吊历史遗迹，了解风土人情，收集了大量资料，为以后写《历史》作了准备。公元前 447 年，他来到雅典，结识伯里克利和索福克利斯等学者，成为伯里克利小圈子里的人物。希罗多德对波斯希腊战争中希腊诸城邦打败波斯侵略的英雄业绩十分钦佩，收集了许多有关史料，在伯里克利和友人们的鼓励和支持下，他决心写一部完整叙述希波战争的历史著作。公元前 443 年，他迁居意大利南部的图利瓮城邦，开始专心写作《历史》。可惜《历史》没有最终完稿，希罗多德便于公元前 425 年离开了人间。希罗多德明确地划出了史前历史与古代历史的分界线。他对历史学的贡献，在古代世界是无人可比拟的，他综括一切的能力也是后人难以望其项背的。他一生除了写作《历史》外，还写了《亚述人故事》，但已失传。

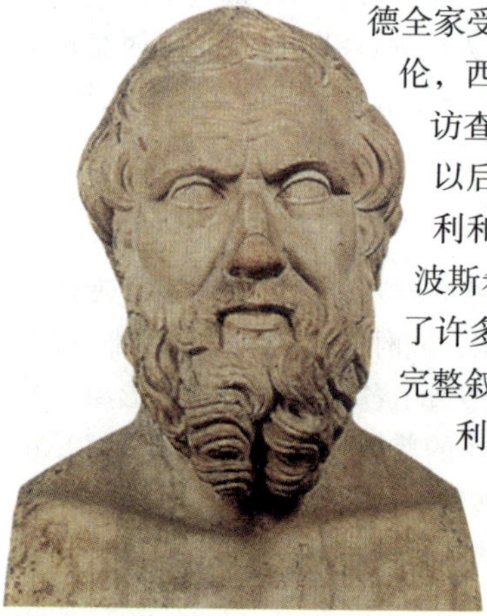
希罗多德像

⊙背景提示

希罗多德看到的雅典是：希波战争的硝烟刚刚散去，以雅典为首的希腊诸城邦以小敌大，以弱胜强，打败了庞大的东方帝国波斯，重新掌握整个爱琴海世界。战争的洗礼使雅典在政治、经济和文化等方面迅速发展，高度繁荣。

⊙内容提要

《希腊波斯战争史》常称为《历史》，共九卷，按内容基本上可以分为两大部分，第一部分是序文，叙述了黑海北岸的西徐亚人、希腊城邦及波斯帝国的历史、地理、民族和风俗习惯，导引出东西双方冲突的起源，并记述了希腊波斯战争爆发的历史背景。第二部分是主要部分，集中叙述希波战争的经过和结果，从公元前 549 年小亚细亚的爱奥尼亚人反波斯统治的起义写到公元前 478 年希腊人占领色雷斯的赛司托斯城。后来亚历山大里亚的注释家把全书分为九卷，还根据当时的惯例，用古希腊神话中掌管文学和艺术的九位缪斯女神的名字给各卷命名，所以这部书有时又被称为《缪斯书》。第一卷主要叙述波斯帝国的创立者居鲁士先后征服美地亚、小

希腊人在海战中使用的舰船

希波温泉关战役

公元前480年，希腊与波斯的一次交锋，英勇的希腊人仅300名士兵守关，杀死了波斯20000士兵，最终没有顶住强大的敌人。

亚细亚地区的希腊城邦、新巴比伦王国，直到最后战死于中亚的经过。同时还详细地描述了小亚细亚、巴比伦尼亚、美地亚、波斯和西亚各地的历史、地理、居民和风俗。此外，还提到了当时雅典和斯巴达国内的情况。第二卷描写的是埃及，主要写埃及的历史兴衰、政治经济文化发展、金字塔等文物名胜。第三卷叙述刚比西斯征服埃及，伪斯美尔迪斯（高墨达）的短暂统治以及大流士夺得政权后的内外政策。此卷中首次提出了民主政治的优点之一是“在法律面前人人平等”。第四卷叙述大流士攻克巴比伦之后，亲自率军征伐斯奇提亚人，但是遭到惨败，回师时又派兵征服色雷斯和利比亚（北非）。此卷中还介绍了斯奇提亚人的情况和利比亚的风土人情。第五卷主要叙述大流士的主将美迦巴佐斯于公元前499年至前494年率军政府领导的色雷斯以及米利都等伊奥尼亚城邦的历史。第六卷开头继续叙述波斯调动一支庞大的海、陆军进攻米利都以及伊奥尼亚人。此卷主要描绘了大流士派兵侵犯希腊和雅典人的马拉松之战的情况。第七卷主要叙述第二次希波战争时，波斯王克尔谢斯亲率大军远征希腊，在铁尔摩披莱与希腊人激战的情景。第八卷主要叙述阿尔铁米西昂战役和撒拉米斯海战。第九卷主要叙述希腊人在普拉提那陆地战役和米卡列海角战役中的胜利。

《希腊波斯战争史》一书内容丰富，非常生动地叙述了西亚、北非以及希腊等地区的地理环境、民族分布、经济生活、政治制度、历史往事、风土人情、宗教信仰、名胜古迹等，宛如古代社会一部小型“百科全书”。书中不仅着重叙述了希波战争的史实，而且把范围扩展到当时作者所了解的希腊及其周边世界。

⊙作品评价

《希腊波斯战争史》是人类历史上第一部具有世界性的通史著作，是第一部用历史叙述体写成的历史著作。此书构思宽广，主题是希波战争，但实际上包括当时希腊人所知道的整个世界的历史，叙述巧妙，引人入胜。全书以希波战争为骨架，嵌入细致的情节和一些动人的故事，而且史料丰富，不仅有大量的政治、经济、法律、历史文献和许多传说、神话、宗教材料，还有丰富的遗物古迹、现实材料和各种民族学、人类学以及农学、医学和地质学的资料。希罗多德创立的以史实为中心的记叙体成为后来欧洲历史著作的正规体裁。

这幅陶瓶画表现了一个希腊人被击倒后反戈一击——举剑砍向波斯人的情景。

□伯罗奔尼撒战争史

/古希腊/修昔底德/开狭隘政治军事史之先河

⊙作者简介

修昔底德（约公元前460～前396年）是古希腊伟大的历史学家。他生于雅典的一个显贵家庭，父亲名叫奥罗拉斯，在色雷斯沿海地区拥有金矿开采权。修昔底德青少年时代是在雅典度过的，受过良好的教育。当时已值雅典城邦政治和文化全盛时期，他对伯里克利的政治演说、三大悲剧作家的戏剧、希罗多德的历史著作、智者学派的哲学都有所了解。在古希腊哲学、逻辑学、修辞学、雄辩术和文学思想的影响下，修昔底德具有比较成熟的史学思想和修史方法。在伯罗奔尼撒战争前期，公元前424年被选为雅典十大将军之一，率舰队游弋于色雷斯沿岸一带抵抗斯巴达。同年冬，斯巴达进攻色雷斯的安菲波利斯，修昔底德率舰队救援不及，城陷敌手，因此，他以援救不力的罪名被控告并遭放逐。此后他在色雷斯流居20年，来往于色雷斯和伯罗奔尼撒之间，搜集有关这次战争的第一手材料。战争结束后，他于前403年回到雅典继续修订他的著作。修昔底德去世的确切年代无法断定，可能是在公元前399年至前396年之间，不会晚于公元前396年，因为公元前395年厄特那火山爆发，公元前393年科浓重修雅典城墙，他都没有记载。他留下的著作，存有来不及修补的痕迹，并且他所写的最后一个句子是不完整的，表明修昔底德是猝然死亡的。

修昔底德头像

⊙背景提示

当时雅典正处于城邦政治、经济和文化的全盛时期。雅典自组成海上同盟后逐步加强对同盟国的控制，把同盟国降于附庸地位。公元前454年同盟的金库犹提洛岛移往雅典，同盟贡金的用途由雅典公民大会决定。公元前449年希波战争结束，雅典不但不解散海上同盟，反而利用它发展海上霸权，这便和另一个企图称霸全希腊的城邦斯巴达发生了日益尖锐的矛盾。以斯巴达为首结成的伯罗奔尼撒同盟同以雅典为首的提洛同盟形成两大敌对阵营，两者之间矛盾激化，导致“伯罗奔尼撒战争”爆发。

伯罗奔尼撒战争绘画　公元前5世纪

充满神话意味的战斗场面，常是艺匠着力表现的题材。城邦间不休的战争，为希腊文明打上了一道深深的烙印。

⊙内容提要

《伯罗奔尼撒战争史》以伯罗奔尼撒战争为主题，按年代顺序记叙了战争。现在流行的版本，共分八卷，其内容可以分为五个部分。

第一部分即第一卷，是绪论，共11章。其中第一章是序言，说明早期希腊的历史及作者著

相关链接

《罗马帝国衰亡史》是英国18世纪杰出的史学家爱德华·吉本的代表作，此书共6卷，71章。在这一史著中，“罗马帝国衰亡”的概念贯穿了自公元2世纪到16世纪罗马以至欧洲的重大史事。前三章是全书的开篇，将公元98年到180年罗马帝国历史上的事件，进行了简要的概括。从第四章开始，以180年为开端，按照时间顺序详细叙述了罗马帝国的衰亡史。此书可以与希罗多德、修昔底德等人的名著相媲美。

作历史的方法和目的。在第一章中作者考察远古直到他生活的那个时代为止的希腊历史时，曾明确指出：“过去的时代，无论在战争方面，或在其他方面，都不是伟大的时代。”这反映出修昔底德具有历史进化论思想的萌芽。第二章至第十一章说明这场战争的远因和近因。他在论述了雅典与伯罗奔尼撒同盟之间的矛盾的基础上，指出战争的原因是由于希波战争后雅典势力的增长引起斯巴达的恐惧和科林斯等城邦的不满。

第二部分是第二卷至第五卷第二章，叙述公元前431年至公元前421年的10年战争的情况。第二卷由10章组成。第一章叙述第比斯人进攻普拉提亚，伯罗奔尼撒战争开始。第二章至第四章记述战争第一年的情况，主要描写伯罗奔尼撒人第一次侵入亚狄迦受挫情况——第五章至第七章记述第二年战争情况，伯罗奔尼撒人第二次侵入亚狄迦。第八章至第十章记述战争第三年情况——伯罗奔尼撒人又围攻普拉提亚。第三卷由8章组成。第一章记述战争第四年的情况，第二章至第六章开头部分记述第五年的情况。第六章至第八章记述第六年的情况。第四卷由10章组成。第一章至第三章前半部分记述第七年的情况，第三章后半部分至第八章记述的是战争第八年的情况。第九章记述战争具体情况。第十章简述了战争第九年的情况。第五卷由7章组成。第一、第二章记述第十年战况及订立尼西阿斯和约的情况。

第三部分包括第五卷第三章至第七章。记述订立尼阿斯和约至西西里远征之间五年半的历史。

第四部分包括第六、第七两卷。记载公元前415年至前413年间雅典人的西西里远征及其全军覆没的情况。第六卷由9章组成，即在战争的第十七年雅典人的第一次远征西西里的情况。第七卷由7章组成，记载战争的第十八年雅典人的第二次西西里远征全军覆没的情况。

第五部分即第八卷，由8章组成，记载战争的最后阶段最初两年间的历史，写到公元前411年冬季突然中断。

⊙作品评价

《伯罗奔尼撒战争史》作为西方古典史学名著，开创了狭隘政治军事史的体例。修昔底德对史料采取科学的处理原则，不是任何一则材料尽信之，而是考证真伪，对史实叙述采取冷静客观的态度，同时还采用人本主义史观，没有把超自然的力量看成是决定人类命运的神秘力量。在书中还体现了历史进化论思想的萌芽，这在西方史学著作中尚属首次。由于时代局限，无法说明历史的终极原因，同时推崇英雄史观，夸大个人的作用，对历史因果性理解狭隘，《伯罗奔尼撒战争史》开创了狭隘政治军事史的体例。

伯罗奔尼撒战争形势图。战争使几乎所有的希腊城邦卷入其中，希腊城邦制由此衰落下去。

□政治学

/古希腊/亚里士多德/开创了西方传统政治学体系

⊙作者简介

亚里士多德（公元前384～前323年）是古希腊著名的哲学家、思想家、法学家、政治学家、最渊博的学者。马克思称他是“古代最伟大的思想家”，恩格斯称他是“思想巨人”。亚里士多德出生于希腊北方色雷斯的斯塔吉拉城。父亲是马其顿王阿明塔的御医。亚里士多德早年丧父，在他的监护人普罗克塞那抚养下长大。他早年学习医学和自然科学，17岁时赴雅典，进入柏拉图学园学习，后来兼任教师工作。公元前348年，应马其顿王腓力二世之召，任王子亚历山大的教师。公元前335年，他重回雅典，在城东郊一个名叫吕克昂的体育场开办学园，经常在阿波罗太阳神庙的林荫小道上一边散步，一边向弟子们讲学论道，因而有人称亚里士多德学园为“逍遥学派”。公元前323年，亚历山大在远征途中染病身亡，雅典发生了反马其顿运动，亚里士多德也受株连，被控“亵神罪”，成为政治打击的对象，因此他不得不把学园交给弟子主持，逃离雅典，前往伏比亚岛上的阿尔西斯避难，并于次年病逝，终年63岁。亚里士多德一生著述繁多，但历经战火，流传下来的大约占四分之一。多数研究者一般把亚里士多德的现存著作分为五大部分：一、自然科学，主要有《天文学》、《气象学》、《植物学》、《动物学》、《论灵魂》等；二、哲学，主要有《形而上学》、《物理学》等；三、政治伦理学，主要有《尼各马可伦理学》、《政治学》等；四、美学，主要有《诗学》、《修辞学》等；五、逻辑学，主要有《工具论》等。亚里士多德的著作内容丰富，思想深刻，言简意赅，是西方公认的各门学科的必读书，长期具有法典的权威。

⊙背景提示

希腊城邦在马其顿的统治下，唯物论和唯心论的斗争不断深化。在政治上，亚里士多德作为奴隶主集团的代言人，提出建立由中产阶级为基础的共和政体，以调和社会矛盾，挽救处于瓦解中的奴隶主城邦国家。

⊙内容提要

《政治学》插页

《政治学》中，亚里士多德讲授的内容包涵对青少年的教育，诸如史学、军事、艺术、宗教等项目。

《政治学》以卷和章为体，分八卷，113章，共38万字。第一卷，主要讨论了家庭和城邦国家的起源。亚氏先从说明人类社会组织入手，说明人类的社会团体的目的是善，而政治性的社会团体的目的在于最高尚的善，其次，追溯城邦的起源，城邦先于家庭，先于个人，并且高于一切；第三，详细论述家庭生活的诸要素。家庭的组成与主仆、夫妇和父子三伦，家务主要在于治产。治家依靠工具，而家务工具有两类：一为有生命工具，一为无生命工具。家庭关系中夫妇和父子至为重要，国家如同家庭，夫妇关系类似政治家统治自由民，父子关系类似君主统治臣民。家务重在培养道德，其目的在善。第二卷，讨论理想的城邦和好的城邦。首先评论柏拉图的理想城邦，其次评论了法勒亚的法制；再次评论希朴达摩的法制。在对各种理想城邦进行评论之后，亚里士多德开始对现实世界的城邦展开讨论。他第一个论及的是斯巴达城邦的政体，第二个论及的是克里特政体，第三个论及的是迦太基政体，最后他对雅典政治家梭伦大加赞叹，认为梭伦怀有民主抱负，完成一代新政而又能保全道德，不弃优良传统。第三卷，关于公民和政体理论。首先是讨论公民问题。政治权利是公民资格的真正条件，而居住权和诉讼权或者血统都不足以构成公民身份。在理想城邦中，好公民不必都是善人。但在政治体制为轮流执政的城邦中，公民必须兼有统治者和被统治者的品德，好公民就同于善人。其次，对政体依据设立的宗旨和政权的形态而加以分类，正宗政体可分为君主制、贵族制或共和制三种政体；变态政体可分为僭主、寡头和平民政体三种。亚氏还论述了关于寡头和平民政体建制的原则，着重论述了君主制。第四卷，关于现实政体的类别。除君主制和贵族制外，共和制和变态的平民、僭主和寡头制四类型是讨论的主要内容，通过分析来说明它们各自适合于什么样的公民团体，以及各种政体如何建立又如何毁灭，如何维护和保全。第五卷，关于政变和革命。城邦一般都是以正义与平等观念为原则建立，城邦内有不同观念的部分会试图推翻这种政体，这是引起政变和革命的一般原因。政变的三要素：一般心理状态、变革者的企图以及事变发生的动机。平民政体常常因群众领袖所持劫富政策而引起变革，或激成富人政变，或群众领袖乘机自立为僭主。寡头政体的变革常常由于政府不善待民众，或统治集团内讧。在贵族政体中，如果统治集团的门户过于狭隘，常常引起变动和内讧。第六卷，建立较为稳定的平民和寡头政体的方法。平民政体由性质不同的人民和不同的职司机关组合而成，平民政体以自由为宗旨，对于政事应由人民轮流参加。军事机关对寡头政治的影响特别大。一般政体都应慎重建立各种职能部门。第七卷，政治理想和教育原则。世上有三善：身外之善、身体之善、灵魂之善。幸福在于灵魂诸善。城邦与个人相同，修善才快乐。幸福是善的极致和完全实现。欲达到幸福，一个城邦和其中的公民须有健康的身体、适当的财富和生活条件。在具备幸福条件的城邦中，立法者可以运用其智慧引导公民行善。习惯和理性必经培养才能发展，所以治国者应重视教育。第八卷，关于教育和训练青年。城邦应有统一的教育制度，每个公民受同样教育。教育初期，先施体操，同时施以音乐。音乐教育有三题：课程制定、乐调和韵律选择、乐器的选择。

亚里士多德与亚历山大

哲学家亚里士多德正在辅导他的学生、天才少年亚历山大大帝，后者曾征服了当时整个已知的世界。

⊙作品评价

《政治学》一书开创了西方传统政治学体系，使政治学在体系上从哲学、伦理学中分离出来，成为一门独立学科。亚氏在《政治学》中阐述的理论和方法，在西方乃至世界政治法律思想史上占有重要的地位。这种研究方法为后来的许多思想家和研究者所效仿。《政治学》中的许多政治主张，尤其是关于政体的分类理论，对后世影响极大，西方思想家都直接或间接沿用亚里士多德的政体理论。

相关链接

哈罗德·D. 拉斯韦尔的《政治学：谁得到什么？何时和如何得到》是美国政治学行为主义学派的一部早期代表性著作。全书分为 4 篇，共 10 章，约 12 万字。第一章《精英》为第一篇，阐明拉斯韦尔所主张的新的研究方法，可以理解为全书的导言。第二篇《方法》由第二至五章构成，结合历史和现实分别具体分析了精英是如何使用象征、暴力、物资和实际措施等方法获取和维护自己的特殊利益的。第三篇《结果》由第六至九章构成，分析了各种精英人物在技能、阶级人格和态度等方面的不同特点，以及在这些方面具有不同的精英之间价值如何分配，并根据这些特点对精英人物进行了分类。第四篇《概论》由第十章构成，是全书的总结，指出要对权势人物作出令人满意的分析，就不能使用某个单一的标准，不同的政治分析方法采用不同的标准会得出不同结果。

高卢战记

/ 古罗马 / 盖乌斯·尤利乌斯·恺撒 / 文学与史学的典范作品

⊙作者简介

恺撒像

“我来！我看见！我征服！”从恺撒的豪言中，我们可以感受到这位罗马英雄的威风。

盖乌斯·尤利乌斯·恺撒（约公元前 100 ~ 前 44 年），是罗马共和制末期著名的政治家、军事家和文学家。恺撒出生于一个贵族家庭，从少年时代起就热衷于权力和荣誉。斯巴达克起义后，罗马奴隶主阶级内部出现了两个尖锐对立的集团——民主派和贵族元老派。恺撒站在民主派一边，并通过与贵族派的斗争来抬高自己的声望。公元前 60 年，为了取得更大的权势，恺撒与庞培、克拉苏组成“前三头联盟”。依靠同盟，恺撒得以在公元前 59 年担任罗马执政官，公元前 58 年出任高卢行省总督。在高卢期间，恺撒造就了一支忠于自己、骁勇善战的军队，积累了巨额财富，也捞取了更多的政治资本。公元前 53 年克拉苏在远征亚洲时战死，恺撒与庞培和罗马元老院的矛盾不断激化，导致内战爆发。恺撒率军攻占了意大利，消灭了庞培的军队。在内战期间及其后，恺撒获得了终身独裁官、执政官等职，将军政大权集于一身，成为名副其实的军事独裁者。在恺撒统治下，元老院被降为咨询机构，旧的贵族共和政体被摧毁，独裁专制政体基本上建立起来。恺撒的所作所为激起了旧贵族共和派的强烈不满，公元前 44 年 3 月 15 日，他被人刺杀于元老院。恺撒统辖高卢期间可谓戎马倥偬，军务繁忙。他征服了山外高卢，越过莱茵河深入日耳曼地区，又曾两次渡海入侵不列颠。偶有闲暇，他并没有忘记用舆论去回答和攻击政敌，替自己辩护，这是他写作《高卢战记》的最主要的目的。此外，恺撒还写有《内战记》、《亚历山大里亚战记》、《阿非利加战记》《西班牙战记》，合起来被统称为《恺撒战记》。

⊙背景提示

恺撒生活的时代是罗马共和国严重危机的时代。公元前 2 世纪至前 1 世纪，罗马奴隶制高度发达，疆域不断拓展，社会分工加速，改革运动接连不断。罗马奴隶制社会各种矛盾激化，军人专横，海盗猖獗，奴隶不断进行反抗斗争。著名的斯巴达克大起义给罗马奴隶制社会以沉重的打击，使罗马统治阶级感到原有的共和政体已经不适应奴隶主统治的需要，从而促使古罗马由共和向专制过渡。在这样的情况下，古罗马出现了一位著名的独裁者恺撒。

⊙内容提要

《高卢战记》是恺撒任高卢总督期间在高卢的战争实录。这部书的写作时间大约是在公元前 52 ~ 前 51 年。此书共 7 卷，主要记述恺撒在高卢作战的经过，也记述了他的各种见闻。从公元前 58 年至公元前 52 年，每年的事迹写成 1 卷。之所以每年分为 1 卷，据推测可能是他每年要向元老

名家点评

西塞罗称该书“朴素、直率和雅致”。

院写出书面汇报。后来在镇压了高卢人民反抗及对外战争相对缓和之后，约在公元前 52 年至前 51 年又将每年的汇报重新加工，使之连成一气，就成了 7 卷本的《高卢战记》。恺撒在公元前 50 年才离开高卢的，因此后面缺了两年的记叙。恺撒死后，他的幕僚续写了第八卷，补上了这段空白。

第一卷开头介绍了高卢的地理和居民，高卢全境分为三部分，其中一部分住着比尔及人，另一部分是阿奎丹尼人，第三部分住着克勒特人，比尔及人住在高卢的东北，阿奎丹尼人住在高卢的西南，其余广大地区住着克勒特人。第一卷着重记述了在公元前 58 年恺撒征服厄尔维几人，歼灭进入高卢的日耳曼人，从而占领高卢中部的经过。

第二卷记叙了公元前 57 年，恺撒征服高卢东北部的比尔及诸部落的情况。比尔及人结成联盟，反对恺撒的征服，恺撒几次率军打败了比尔及人的联军。

第三卷记述了公元前 56 年恺撒镇压布列塔尼和诺曼底的文内几人起义和阿奎丹尼人起义的经过。为镇压文内几人的起义，恺撒命令建造大量战舰，终于获胜，并把文内几人的长老全部处死。

第四卷记述了公元前 55 年歼灭从莱茵河东岸进入高卢北部的日耳曼部落，并第一次进军莱茵河东岸和第一次远征不列颠的战事。恺撒军队进抵日耳曼人居住区，日耳曼人曾两次派使者与恺撒谈判，但又乘机偷袭恺撒的骑兵。在日耳曼人第三次派使者谈判时，恺撒扣下全部使者，命令进攻日耳曼人。日耳曼人战败，恺撒乘胜渡过莱茵河对日耳曼人各部落进行威胁、报复，几支日耳曼人被迫前来要求和平，表示臣服。

第五卷记述了公元前 54 年恺撒第一次远征不列颠的始末和镇压比尔及诸部落反罗马起义的战况。

第六卷记述了公元前 53 年春恺撒对比尔及人的讨伐和第二次渡过莱茵河的经过。

第七卷记述了维钦及托列克斯领导的高卢农民起义和公元前 53 年恺撒同起义军进行战斗的过程。全书以高卢起义被镇压，维钦及托列克斯投降而结束。

《高卢战记》的写作和纪事内容有两个十分鲜明的特点：其一是该书叙事平铺直叙，不加雕饰，看似漫不经心，字里行间却隐藏着深刻的意义；其二是《高卢战记》叙事翔实精确，史料价值高，文笔清晰简朴，文学价值也很高。恩格斯的一些论著如《家庭、私有制和国家的起源》、《论日耳曼人的古代历史》曾大量引用《高卢战记》的记载。

⊙作品评价

《高卢战记》比较真实地反映了历史，成为后世了解高卢战争的唯一原始记载，同时也是后世研究公元前 1 世纪高卢人和日耳曼人的社会制度、经济状况、宗教信仰、风俗习惯的重要历史文献。《高卢战记》在写作风格上，文字清新简朴。不刻意修饰，不拘形式，摆脱了当时写作方法上的陈规陋习，因而成为古典拉丁文学的典范作品，受到后世人们的青睐。

罗马士兵浮雕

高卢地域辽阔，土地肥沃，长期以来一直是罗马招募新兵的重地，战略地位十分重要，因此恺撒一心要征服高卢。他在爱都依人贵族骑兵支持下击溃了厄尔维几人。

□编年史

/ 古罗马 / 普布里乌斯·塔西佗 / 古罗马史学的代表作

⊙作者简介

普布里乌斯·塔西佗（约公元 55 ~ 120 年）是古罗马伟大的历史学家、散文家和演说家。关于他的生平几乎没有什么记载流传下来。仅从他的巨著和他与朋友的书信中获知。他大概出生在山南高卢或那滂高卢，也就是今天意大利北部或法国南部，各国学者一致认为他出生于行省骑士等级的富裕家庭，他的父亲曾任低级官职和军团参将。公元 77 年，他和罗马显贵、执政官阿古利可拉的女儿结婚，从此官运亨通，先后担任过一个行省的财务官、行政长官。公元 89 年到 93 年期间，他离开罗马，可能去北方一个行省做官，在这段时间，他游历了罗马帝国的北部边境一带，他对日耳曼人的知识了解大概就是这时得到的。直到公元 93 年，他的岳父去世才返回罗马。此后，在多米提安的淫威下战战兢兢地过着缄默的生活。公元 97 年，塔西佗首次担任执政官，公元 100 年，他和小普林尼共同弹劾了阿非利加总督马利马斯·普利斯库勒的勒索罪行。约在公元 105 年，他在罗马开始了他的历史名著——《历史》的写作。公元 112 至 113 年，塔西佗出任亚细亚行省总督，随后开始写作他的最后一部历史著作《编年史》，他大概在公元 120 年左右去世。塔西佗的其他著作还有：《演说家对话录》、《阿吉利可拉传》和《日耳曼尼亚志》。

⊙背景提示

塔西佗撰写《编年史》的时代，正是安东尼王朝统治的初期，这段时间也是罗马帝国相对稳定和繁荣的时代，元老出身的涅尔瓦本是经元老院的选举而当上皇帝的，因此他对元老院表示和好，而且尽量披着共和制的外衣。涅尔瓦死后由他的养子，行省高级军事长官图拉真即位，图拉真继承了涅瓦尔的统治政策，为缓和贫民不满情绪，他发放抚恤金；为恢复农业，加大投入；对外则实行侵略政策，总之这个时代罗马帝国政局相对稳定，君主专制的统治比较缓和，对残余的共和势力比较宽容，在这样的背景下，塔西佗才能创作出触及帝制弊端、带有鲜明的共和倾向的《编年史》。

⊙内容提要

《编年史》又名《罗马编年史》，共有 16 卷，主要记载了从公元 14 年奥古斯都去世至公元 68 年著名昏君尼禄死去半个世纪之间的罗马历史，内容包括罗马早期帝国时代的专制统治、政治变故、权力斗争、对外战争、君王生活等等，基本上是罗马帝国早期的一部政治史。他在书中所叙述的空间和对象的范围比较狭小，其注意力主要是集中于大权在握的君王、帝国统治的中枢——皇宫和徒具虚名的元老院。

古罗马科罗塞奥姆竞技场。公元前 2 世纪，野蛮的人兽决斗就在这里上演。

《编年史》的内容如下：大约第一至第六卷为提比略时代，第七至第十二卷为阿古利

罗马神庙

神庙是人们为他们最崇信的神灵建起的，不止是信仰者的集合地，更是人们智慧的象征。圆形神庙是罗马人自己的神庙样式，精致小巧。

科拉和克劳狄时代，第十三卷至第十六卷为尼禄时代。但现尚存一至六卷和十一至十六卷的大部分，关于提比略统治的最后两年，阿古利科拉的全部统治时期，克劳狄统治的早期及尼禄统治末期的记述已经失传。

塔西佗生活于帝制时代，不得不为帝制服务，但他是一位旧贵族共和派的代言人，对帝制和那些暴君，从思想上是难以接受的。因此，《编年史》一书突出地体现了塔西佗旧贵族共和派的思想，对专制帝王的憎恶之情常常流露于字里行间。如塔西佗写道："皇帝在证人的亲临之下戴上了新娘的面纱，在那里不但有嫁妆、有结婚用床，还有婚礼的火把。总之，甚至在一次正常结合的情况下，需要黑夜来掩蔽的东西，在这里也完全公开了。"在《编年史》一书中，不仅记录了种种史实，而且还从旧贵族共和派思想的立场出发，在叙述史实之后常常加上自己的解释和分析，做出道德的评判。可以说，罗马史中的道德史观，在塔西佗的《编年史》中得到了充分体现。

⊙作品评价

《编年史》是塔西佗最后一部著作，也是最有名的一部历史著作。这部著作是塔西佗思想和文笔最成熟时期的作品，无论在史学和文学方面都有其重要的价值。塔西佗除了揭露黑暗外，还注重道德的教化作用，在写作风格上，文风简洁有力，独具一格，用语含义深刻，生动形象，文字的表现力和感染力很强，但由于受阶级和时代的局限，使他不能联系社会的发展和当时的物质生产条件来分析他所看到的现象，深刻揭露历史发展的基本原因；由于他的政治思想的倾向性，导致取材片面，同时书中还常流露出对下层民众的藐视，表现作者奴隶主贵族的立场。

《编年史》语言词汇精炼典雅，丰富多彩，含义深刻。书中对许多场面和人物的描绘细致入微，富有文采，读后给人以很深刻的印象。有些文字描写还充满诗情画意，有些语句充满哲理成为令人回味无穷的格言。《编年史》是罗马史学方面一部有代表性的著作，体现了罗马史学中的求真传统。作为一个史学家，塔西佗认为历史是崇高的、有尊严的，其作用不应是记录轶闻故事，而在于记载有价值的事迹。因此，史学家应审慎地对待所得到的各种材料，必须有所批判、有所选择。自己所记述下来的东西，均应有据可考。对那些可憎帝王的记述，也应如此。正是由于这种史识，他所撰《编年史》材料翔实，史料价值较高，成为罗马早期帝国时代最为重要的文献史料。

名家点评

恩格斯说，塔西佗是罗马早期帝制时代具有"贵族气派和共和思想"的共和派"当中最后的一个人"。

天方夜谭

/阿拉伯世界的百科全书

⊙背景提示

《一千零一夜》在西方被称为《阿拉伯之夜》，在中国却有一个独特的称呼——《天方夜谭》。据说《天方夜谭》名字来源于中国明朝以后称阿拉伯国家为“天方国”；阿拉伯人喜欢在夜间举行晚会，书中的故事又都是在晚间讲述的，所以就翻译成这个书名。“夜谭”就是“夜谈”的意思。

《天方夜谭》的故事来源主要有三大部分：一是波斯故事集《赫左尔－艾夫萨乃》(意为“一千个故事”)，这部分是《天方夜谭》的基础，据说其本身来源于印度，3世纪被翻译成波斯文，几百年后又被翻译成阿拉伯文；二是来自以巴格达为中心地区的阿巴斯朝流行的故事，也称为“巴格达故事”；三是来自埃及麦马立克王朝流行的故事。因此《天方夜谭》的形成可以说是集中了东方民族的智慧成果。

阿拉伯文版的《一千零一夜》

⊙内容提要

传说从前有两个兄弟，他们是萨桑国的国王山鲁亚尔和萨姆尔甘特的国王沙宰曼。有一次，哥哥让弟弟到国中相聚，在半路上，弟弟想起忘了给哥哥带礼物，便返回宫中去取，却发现王后趁他外出之际和宫中的乐师鬼混。他怒火中烧，便挥剑杀了王后和乐师。

弟弟来到哥哥的王宫后，发现哥哥的王后也趁哥哥不在时和宫女们一起纵情玩乐。他把看到的一切告诉了哥哥，哥哥也亲眼看到了，怒不可遏，便杀了王后。经过这件事后，哥哥再也不相信天下的女人了，发誓向她们报复。他每晚娶一个女子为妻，第二天早上就把她杀掉。就这样持续了3年，被他杀掉的女人很多，老百姓都非常恐惧，纷纷带着女儿躲避，王城上下人心惶惶。

当时，有一个美丽而又聪明的女子，名叫山鲁佐德，她是宰相的女儿。善良的她不忍见到越来越多的女子被残忍的国王杀掉，便自告奋勇地嫁给国王。结婚那天晚上，她请求国王允许她为他讲个故事，国王同意了。她讲的第一个故事是《商人和魔鬼的故事》：

从前有个商人，在外地做生意。途中歇息时，随手掷出一个枣核，却惹来一个手执利剑的巨魔，声言枣核击中其子胸部，立刻将他打死了，为此魔鬼定要报仇。商人要求回家料理好后事后再来听候处理，魔鬼答应了。商人在规定的日子践约而来，想到自己的险恶的处境，不禁悲从心来，放声痛哭，这哭声引来了3位老人，老人们对商人的境遇深表同情。突然间狂风骤起，魔鬼现身，呼喊着要杀死商人为其子报仇。第一位老人挺身而出，向魔鬼求情，说愿意讲一段他和自己牵着的这只羚羊的故事，如魔鬼认为讲得离奇古怪，便请将商人的罪过免掉1/3。于是他开始了自己的故事。

名家点评

《天方夜谭》的故事一经产生，便广为流传。在很早的时候就传到了欧洲。《天方夜谭》对后世文学也产生了深远的影响。18世纪初，法国人加朗第一次把它译成法文出版，以后在欧洲出现了各种文字的转译本和新译本，一时掀起了“东方热”。法国著名启蒙学者伏尔泰说：“我读了《天方夜谭》四遍之后，算是尝到故事体文艺的滋味了。”著名作家司汤达希望上帝使他忘记《天方夜谭》的故事情节，以便再读一遍，重温书中的乐趣。

她讲的这个故事不仅十分有趣而且十分神奇，国王被深深地吸引住了。可当故事讲到精彩之处时，天已经大亮，她就故意留下悬念。国王为了接着听故事只好不杀她，让她晚上接着讲。以后每天都是这样。她讲了一个又一个有趣的故事，然后总是在清晨时留下悬念，让国王舍不得杀她。她就这样讲了一千零一夜，共讲了大小故事近200个，其中最长的十夜二十夜才能讲完。有些精彩的故事，情节起伏跌宕，曲折离奇，扣人心弦。比如《阿里巴巴和四十大盗的故事》：

古代波斯国某城里住着两兄弟，哥哥高西睦和弟弟阿里巴巴。阿里巴巴生活贫困，靠打柴为生。

一天，阿里巴巴上山打柴。在山中他偶然间遇到一伙打劫归来的强盗，在一块大石头前强盗头子说："芝麻芝麻，开门吧！"大石头就开了，原来里面是一个藏宝的大洞。阿里巴巴乘强盗出去时，模仿强盗开门的暗语开了门，发现里面有大量的金银财宝，他搬了几袋金币回家。阿里巴巴的老婆因为从来没有见过这么多金币，就去她嫂子那儿借量器量金币有多少，不料多心的嫂子在升子底贴了蜜蜡，由此，哥哥高西睦发现了金币，逼着阿里巴巴说出了金币的来源和开石门的方法。贪心的高西睦带着雇来的10匹骡子去山中强盗的藏宝洞，说了开门的暗语，进了洞，他收集了够10匹骡子运回的金币准备回家，但由于被金币迷昏了头脑，竟忘了开门的暗语，强盗回来把他砍成碎尸。

阿里巴巴再次进山，从洞中运回哥哥的尸体，又搬了几袋金币回家，在女仆马尔基娜的帮助下非常秘密谨慎地料理了哥哥的丧事。强盗们对有人再次撞入藏宝洞并搬走大量金币大为恐慌和震怒，派了一个匪徒入城打听，偶然地从给高西睦缝尸体做丧服的裁缝巴巴穆斯塔发那里得知了阿里巴巴的住处，于是他在门上画了记号，但被聪明机智的马尔基娜发现，她把附近所有住户的门上都画上了相同的记号，结果强盗们扑了个空。第二天强盗又按第一个方法找到的阿里巴巴家，他在门上重新做了不同于第一次的记号，然而这次又被马尔基娜发觉，强盗们再次失望而归。强盗头子亲自出马，他不再去做什么记号，而是仔细地观察了阿里巴巴家的环境以后，乔装打扮，伪装成商人，用瓦瓮把37个强盗运进阿里巴巴家，准备夜里杀死阿里巴巴，但又被马尔基娜发觉。马尔基娜烧滚了强盗带来的一瓮菜油，烫死了除强盗头子以外的其他强盗。强盗头子越墙而逃。为了报仇，强盗头子真的干起了经商的行当，与阿里巴巴的侄子渐渐混熟。一天，在阿里巴巴的侄子的邀请下，强盗头子装扮一番，乘机来到阿里巴巴家作客。然而不幸的是，聪明的马尔基娜再次识破了强盗头子的阴谋，她利用跳舞的机会，杀死了强盗头子。

最终，国王受到了感动，便改变了原来的做法，把她留下来做了真正的王后，和她白头偕老。她讲的故事后来汇编成册，就是《天方夜谭》。

《一千零一夜》插图：山鲁佐德给国王讲故事

⊙作品评价

《天方夜谭》这本故事集总共叙述了180篇故事（长、短篇难以分别计算），其形态大致可分3类：冒险故事，爱情故事，寓言。这本书中最为人知晓的大概就是《辛

相关链接

《天方夜谭》又名《一千零一夜》，是古代阿拉伯民间故事集。它的成书经历了一个漫长的过程。有的故事很早就在阿拉伯地区的民间口头流传，至少可以追溯到6世纪左右。约在八九世纪之交出现了早期的手抄本，到12世纪，埃及人首先使用了《一千零一夜》的书名，但直到15世纪末16世纪初才基本定型。这些故事不是某一个作者独立创造的，也不是一时一地形成的，而是中东地区阿拉伯世界广大市井艺人和文人学士经过几百年收集、加工、整理的结果，其中也包括波斯等其他民族的智慧成果。

巴达历险记》，它是属于第一类型的冒险故事。其他如《神灯》、《阿里巴巴与四十大盗》亦属此类。关于以天鹅为题材的《巴斯拉的天鹅》，可称之是冒险与爱情故事的综合篇。此外还有《挑夫与三个少女》、《表黑痣的阿拉丁》，虽亦是冒险与爱情故事的综合篇，却带有较重的现实意味。在爱情故事中，除了较具波斯风格的《巴斯拉的天鹅》外，还包括有伊朗风格的爱情故事。后者的代表作品有《亚利夏尔与斯妮得》、《卡梅尔沙曼》等故事，其内容多以现实和虚构相配合，添入了许多讽刺性的情节，是其一大特征。第三类型的寓言小说，除了印度系列的动物寓言(伊索式寓言)，以及略带色情意味的波斯寓言、埃及寓言外，还有以巴格达全盛时期哈尔斯拉希得及其他著名人物为主角的传说轶事。

从内容上来看，《天方夜谭》可以说是中世纪阿拉伯社会生活的历史画卷，作品描写的人物纷繁复杂，上至帝王、贵族，下至渔夫、仆人、普通妇女等，所涉及的场景既包括那些具有传奇色彩的奇异幻景，也包括典型的阿拉伯市井乡村。作品所用的语言具有通俗化、口语化、民族化的特点，里面不乏一些幽默的讽刺，因而深受阿拉伯人民的喜爱。尤为难能可贵的是，作品对劳动人民的正直优良品质给予充分肯定和歌颂，通过故事中的情节向人民指出了人生所应有的生活理念和人生追求，具有一定的教育意义。

《天方夜谭》的结构非常具有特色，它采用大故事套小故事的写法，将不同主题、不同内容的故事串联成一个整体，这成为东方民间口头文学创作的一个重要成果，对后来的很多作家都具有重要的启发意义，如意大利薄伽丘的《十日谈》、英国乔叟的《坎特伯雷故事集》等。它在艺术上的突出特点还有浓郁丰富的浪漫主义的想象，大胆的夸张，离奇的情节，故事中常常出现具有神奇力量的宝物，如能自由飞翔的乌木马、飞毯，可以驱使神魔的手杖、神灯等。其中不少故事都是流传很广的名篇，如《阿里巴巴和四十大盗》、《辛伯达航海旅行的故事》、《阿拉丁和神灯》、《渔翁的故事》、《驼背的故事》等。它不仅是古阿拉伯文学成果的主要代表之一，在世界文学史上也具有很高的地位。

《天方夜谭》插图

□源氏物语

/ 日本 / 紫式部 / 日本的“红楼梦”

⊙作者简介

紫式部（约 973 ~ 1014 年），日本女作家、歌人。紫式部本名无可考，她出身于书香门第。父亲藤原为时是有名的中国文学学者，擅长和歌和汉诗，曾担任过地方官，地位不高。紫式部自幼从父亲学习中国诗文和和歌，熟读中国典籍，并擅乐器和绘画，信仰佛教。约 22 岁时，她和比自己年长 20 多岁、已有妻室子女的地方官藤原宣孝结婚，因而亲身体验了一夫多妻制家庭生活的滋味。婚后 3 年，丈夫逝世。在寡居生活中，因创作《源氏物语》而文名远扬，受到藤原道长等高官显贵的器重。宽弘二到三年（1005 ~ 1006 年）间入后宫，任藤原道长之女、天皇皇后彰子的女官，为她讲授《日本书纪》和《白氏文集》等汉籍古书。因其官名为藤式部，所以后改称紫式部。据传，紫是《源氏物语》的主人公的名字，式部源于她父亲的官名“式部丞”。1013 年紫式部离开后宫。《源氏物语》直到她逝世前才成书，被誉为日本古典文学的高峰。她还另有《紫式部日记》和《紫式部集》等其他著作。

⊙背景提示

《源氏物语》从体裁上看属于日本 10 世纪左右形成的一种“草纸文学”。草纸文学的含义有两种说法：一说指用假名（日本字母）写成的物语、日记、随笔等散文，以区别于用汉字写的文学作品；另一说是指日本中世和近世文学中的一种群众读物，一种带插图的小说，多为短篇。前说物语、日记和随笔与民间口语相结合，发展成为新鲜的更具有日本民族特点和具有文学意味的散文。而紫式部的《源氏物语》的出现则标志着这种文学形式的成熟。

《源氏物语》绘卷及早期版本

《源氏物语》的社会背景是藤原道长执政下的平安王朝贵族社会盛极而衰的转折时期。小说艺术地再现了贵族内部的尔虞我诈的权利斗争，揭露了贵族统治阶级的腐朽和罪恶及其必然崩溃的趋势，是日本从奴隶社会过渡到封建社会的历史画卷。

⊙内容提要

《源氏物语》共 54 回，近百万字，可分为前后两大部分。41 回之前是前半部，写的是源氏的故事。源氏本是天皇桐壶与一爱嫔生下的儿子。桐壶帝对小皇子非常疼爱，因为考虑到他没有靠山，将其降为臣民，赐姓源氏。源氏长大后相貌堂堂，多才多艺，极受天皇宠爱，并让他与左大臣的女儿葵姬结婚，但源氏并不喜欢葵姬，逐渐开始追逐其他的贵族女性。他凭着他的才情与特殊权势，前后染指妇女近 20 位。不久他竟与桐壶帝新纳的皇妃藤壶（亦即源氏的继母）私通，并生下一子，取名冷泉。桐壶天皇不知道真情，把冷泉立为太子，同时源氏在仕途上也平步青云，官至近卫大将。桐壶帝逝世后，源氏异母兄长接任皇位，这便是朱雀帝。源氏开始一落千丈，被逐山乡。然而朱雀帝很快就病逝了，冷泉天皇（即源氏与藤壶的私生子）登基。冷泉帝在服丧期间得知源氏是自己的生父，从此源氏东山再起，执掌朝政，享尽荣华富贵。他为自己建造了一座富丽堂皇的六条院，把过去结识的与之有情爱关系的十多位女子迎入其中，与其同享荣华富贵。晚年源氏为了保持自己的权势，娶了朱雀帝的女儿三公主为妻。谁料他竟然发现三公主与葵姬的侄子柏木私通并生下了一子，取名薰君。懊丧的源氏视为上苍报应，不久正妻死去，万念俱灰的源氏痛感人生无常，遁入空门。

原小说到42回结束，后十几回主要写的是源氏之子薰与宇治山庄女子及少女浮舟之间的情感瓜葛。薰爱上了八亲王的大女儿，但她的早逝使得薰极为悲痛。他得知少女浮舟系八亲王的私生女且容貌与死去的大女儿相似，便决定移情于她。然而不幸的浮舟却被他人玷污，她夹在两个男子之间不能自拔，最后投湖自杀。虽然人们将她及时救起，但她已看破红尘，决意出家。薰屡次想与浮舟见面，均未能如愿。

⊙作品评价

《源氏物语》的故事涉及三代，历70余年，所涉人物400多位，其中印象鲜明的也有二三十人。人物以上层贵族为主，也有下层贵族、宫女及平民百姓等等。从中反映出了平安时代的社会现实，揭露了贵族之间争权夺利的尖锐矛盾。全书以源氏家族为中心，上半部写源氏公子与众妃及其他女性的种种爱情生活；后半部以源氏公子之子熏君为主人公，铺陈了复杂纷繁的男女纠葛事件。从体裁看，该书颇似中国唐代的传奇、宋代的话本，但行文典雅，很具散文的韵味，加上书中大量引用汉诗，及《礼记》、《战国策》、《史记》、《汉书》等中国古籍中的史实和典故，并巧妙地隐伏在迷人的故事情节之中，使该书具有浓郁的中国古典文学的气氛，中国读者读来，有读本国小说那种强烈的亲近感。而且该书与《红楼梦》一样，所涉人物都是皇族，虽然所展示的场景是日本的贵族阶层，但对爱情生活的着墨点染却与《红楼梦》有异曲同工之妙，因此，被认为是日本的“《红楼梦》”。

《源氏物语》在艺术上的成功之处除塑造了源氏及众多女性形象之外，还在于通过这些形象反映了物哀、幽情等日本民族普遍的审美意向。书中的源氏生为皇子却不得不降为臣籍，空有济世之才却无心仕途，酷爱紫姬却不断拈花惹草，一世风流却落得剃度为僧的结局。他的一生伴随着许多矛盾和烦恼。作者大写特写这些生活中无法摆脱的矛盾所造成的苦闷以及精神上接连不断的碰撞所形成的无奈，正是要说明人生的苦痛和悲哀，显露了作者以哀动人、以悲感人的美学观。而作者在诠释这些观点时，又不可避免地掺入了“人生无常”、“四大皆空”等佛学观念，使得这部著作在写实的基础上具有了形而上的哲学内涵。虽然这种观点可能是肤浅的，但它所创立的物哀等美学传统，却一直被后世作家继承和发展，成为日本文学民族化的一大因素。

《源氏物语》被认为是3000万日本家庭不朽的国民文学，也是世界文学史上的里程碑。它问世于11世纪，是日本文学中一部伟大的古典名著，也一直对日本文学的发展产生着巨大影响。即使在今天，《源氏物语》仍是日本作家的灵感之源。同时，《源氏物语》也被公认为是世界文学史上最早的一部长篇写实小说。因此它无论对于日本文学还是对于世界文学，都具有特殊的意义。

当冷泉（源氏和其继母藤壶所生的儿子，也是后来的天皇）的妻子偷偷地站在冷泉的身后时，他正读一封信，这封信是他极力追求的一个女子的母亲写来的。在小说中，他的妻子走上前来，从他抓着信的双手的空隙间扫视这封信，冷泉鼓励她道：“读吧，如果你感到如此好奇。它像一封情书吗？它不是与你所期望的信一样吗？”冷泉得逞了，紫式部写道：“他并不想露出他的手遮盖的部分，他的妻子也不能使自己读到这些话。”

□马可·波罗游记

/意大利/马可·波罗/世界第一大奇书

⊙作者简介

马可·波罗（1254 ~ 1324年）是中世纪伟大的旅行家，是世界上第一个向西方系统地介绍中国和亚洲诸国情况的欧洲人，也是中国和意大利人民友好往来的先行者。马可·波罗出生在意大利北部著名的“水城”威尼斯。他出身于富商家庭，父亲尼克罗·马可和两个叔叔都是从事中间贸易的商人，自1260年左右开始，他的父亲和叔父马飞阿在君士坦丁堡和中亚哈拉从事商业活动。1271年，年仅17岁的马可·波罗在他父亲和叔父的带领下，从威尼斯启程前往中国，他们从地中海东岸阿迦登城登陆，到达亚美尼亚后，便沿着公元前1世纪初中国古代人民和西南亚各族共同开辟的“丝绸之路”东行，历时三年半，在1275年到达蒙古大汗驻所上都，并朝觐了大汗忽必烈。从1275年至1291年，马可·波罗和他的父亲、叔父长期在元朝政府供职。马可·波罗深得忽必烈的器重，几次被指派到国内各地巡视、游览或出使一些邻国。马可·波罗在中国旅居和任职的17年间，经常被召进宫内，直接向皇帝报告在中国或赴邻国考察的实况，并讲述欧洲诸国的历史与现状，大汗也常派他出使各地执行机密使命。马可·波罗及其父、叔长年客居在外，想回归故土。1291年初，他们利用护送被聘为波斯阿鲁浑汗王妃的元室公主去波斯完婚的机会，离开了大都，从福建泉州出海，历经千辛万苦，于1295年回到了阔别24年的故乡威尼斯。1294年威尼斯同热那亚发生战争，1298年马可·波罗也参加了战事。双方在亚德里亚海发生激战，威尼斯大败，马可·波罗受伤被俘，被投入热那亚狱中，在狱中他口述东方见闻，狱友鲁思梯谦笔录成《马可·波罗游记》。1298年七八月间，马可·波罗获释，回威尼斯定居。1324年马可·波罗病逝，葬在威尼斯圣洛伦索教堂墓地。

马可·波罗画像

⊙背景提示

马可·波罗生活的年代，正是意大利北部城市繁荣、工商业发达和资本主义逐渐萌芽，孕育早期文艺复兴的时代。13世纪初，威尼斯在地中海航运和贸易的作用更加显要。第四次十字军东侵后，威尼斯垄断了地中海东部的贸易，威尼斯的势力范围逐渐同亚洲西部的蒙古汗国连接起来，方便了威尼斯人前往亚洲经商。

⊙内容提要

《马可·波罗游记》又名《东方见闻录》分序言、正文4卷，共223章。《游记》主要是用旅游沿途记叙的形式，简介了亚洲各地的情况。它记录了13世纪时中亚、西亚以及东南亚许多国家和地区的经济、政治情况、习俗和自然概貌，而其重点则是叙述中国。《游记》记述了中国无穷无尽的财富资源、完善的交通驿站制度以及华丽的宫殿、昌明的文教和许多名城的繁荣景象。书中还有两个专章描述汗八里城的建筑格局，大加赞颂元世祖忽必烈。

序言部分共6章，记述的是马可·波罗之父尼克罗·波罗和他的叔父马飞阿兄弟二人自1260年至1269年前往东方的过程以及自1271年至1295年期间波罗兄弟和马可·波罗三人前往中国的旅途与寄居中国的梗概。

第一卷记述马可·波罗等人从小亚美尼亚东行来到中国元朝大汗上都沿途各地的见闻，共分61章。

第二卷记载了中国元朝初年的政事及忽必烈所进行的战争，叙述了朝廷、宫殿、节庆、游猎等内容，还介绍了自大都南行至缅甸、交趾等地沿途各地的概况，以及中国东南沿海诸名城的繁华景象。本卷是全书的重点，共包括82章。

马可·波罗向忽必烈可汗呈递罗马教皇格雷古瓦十世的文书。是可汗的好奇，想要更多地了解西方，才允许马可·波罗作为交换去了解当时的东方。

第三卷记述中国邻近的一些国家和地区的情况，包括印度、日本、印度支那和印度洋的一些岛屿，以及非洲东部等地的历史和当时的状况，共40章。马可·波罗对本卷提到的某些国家的描叙，是从海道的归途中短期取得的片断印象，而对另一些国家因马可·波罗本人从未去过，仅是凭传闻叙述的。

第四卷是讲成吉思汗的后裔蒙古各汗国、王公之间的战争，以及俄罗斯和亚洲北部的情况，共34章。本卷所述的事实并非马可·波罗亲身的经历，而是他在中国期间听到的传闻的回忆。马可·波罗最后概括了写《游记》的目的是“为了人民能通过我们了解到世界上的许多事物”。

以叙述中国为主的第二卷共82章，在全书中分量很大。在这卷中有很多篇幅是关于忽必烈和北京的描述。还对杭州有详细的记述。书中称杭州为“行在”，“天城”，称苏州为“地城”。“行在”是南宋时代对杭州的一般称呼，指帝皇行幸所在的地方；而“天城”、“地城”，也就是我国谚语“上有天堂，下有苏杭”的一种译称。对于号称天堂的杭州，马可·波罗更是赞不绝口，他记载杭州人口稠密，房屋达160万所，商业发达，说“城中有大市10所，沿街小市无数”。并说杭州人对来贸易之外人很亲切，“待遇周到，辅助及劝导，尽其所能”。又讲到杭州市容整齐清洁，街道都用石铺筑；人民讲究卫生，全城到处有冷热澡堂，以供沐浴之用。户口登记严密，人口统计清楚。对西湖的美丽和游览设施，书中更有详细的记述，马可波罗称赞“行在城所供给之快乐，世界诸城无有及之者，人处其中自信为置身天堂”。由于他对杭州特别赞赏，所以几次来到这里游览。

在《马可·波罗游记》中，还有专门的篇章谈元代通行的纸钞和中国使用已久的煤。马可·波罗记述忽必烈在京城设有造币局，先以桑树皮制造纸张，然后以它制印纸币，这种纸币不但通行国内，就是在和外商贸易中也有流通。

《马可·波罗游记》对亚洲其他地方，也有大量篇幅的描述。马可·波罗东来中国，主要经过西亚，中亚等地，因此游记里载有不少这些地方的见闻。

⊙作品评价

《马可·波罗游记》是世界学术名著之一，是历史和地理的重要典籍。它在世界史、中西交通史等许多方面都有重要的历史价值。本书沟通了东西方文化的交流，向西欧介绍了东方辽阔的土地、众多的国家和富庶的中国，引起了欧洲人民对东方的向往，给十三十四世纪欧洲的知识界、工商界、航海界带来了新的知识。《游记》的流传，对15世纪末欧洲航海事业的发展起了促进作用。

□神 曲 /意大利/但丁/从地狱到天堂的旅程

⊙作者简介

但丁（1265 ~ 1321 年），欧洲由中世纪过渡到近代资本主义那个时期的文学巨匠、意大利文艺复兴的先驱。但丁诞生在意大利佛罗伦萨一个颇受当地人尊敬的小贵族家庭里，幼年丧母，大约在他 18 岁那年，父亲也去世了。不过，但丁还是得到了良好的教育。他从小喜欢读诗，曾经拜著名学者为师，学过拉丁文和古代文学，而且特别崇拜古罗马时期的一位重要诗人维吉尔，把维吉尔当做自己的精神导师。青年时期的但丁还积极参加佛罗伦萨的政治活动，担任过公职，还曾经参加过粉碎基白林党的冈巴地战役。1302 年，他因为反对教皇及其在佛罗伦萨的追随者干涉城邦内政，被判没收全部家产，终生放逐。在此后的近 20 年里，但丁虽然也作过多次努力想重返故里,但都没有成功,最后终于客死他乡。大约在 1307 年，在流亡生活最痛苦的时候，但丁开始了《神曲》的创作，这是他长期酝酿和构思的一部巨著，也是他最重要的一部代表作。但丁其他的作品还有《飨宴》、《论俗语》等。

天才之子但丁

⊙背景提示

但丁少年时曾在一次宴会上见到一位容貌清秀、美丽动人的姑娘贝阿德丽采。但丁非常喜欢她，宴会后常找机会去看望她。随着年龄的增长，但丁对贝阿德丽采的感情逐渐成了一种近乎骑士式的精神之爱。这种爱情给但丁以神奇的力量，为他以后的创作产生了深远的影响。他为她写下了一系列抒情诗篇。但不幸的是贝阿德丽采却与一位银行家结婚，不久死去。但丁为此悲伤万分。他把自己自 1283 年以来为贝阿德丽采所写的抒情诗收集在一起，用散文串连起来，取名《新生》。诗中但丁追求纯洁的爱情，把贝阿德丽采看作是上帝派来拯救他灵魂的天使，一个神化的女性。从此之后，贝阿德丽采成了但丁作品中一个象征性的理想人物，也成为《神曲》中引导但丁进入天堂的天使。

但丁介绍他的神曲

颇具创新精神的但丁质疑在经院哲学和神学教育及骑士风度爱情的矫揉造作下的既定文化传统。

但丁创作《神曲》的时期，意大利还处于分裂状态。但丁自己说过他写《神曲》的目的是“要使生活在这一世界的人们摆脱悲惨的遭遇，把他们引到幸福的境地”。显然，但丁是想从这里寻找意大利民族的出路，渴求祖国和平统一，人民安家乐业。这种理想和愿望在作品中还是可以见到的。

但丁与其终身热恋的贝阿德丽采相会于“旧桥”

贝阿德丽采成为但丁作品中一个神化的女性，并在《神曲》中引导但丁“游历天堂”。

⊙内容提要

经过长期酝酿和构思，但丁开始创作《神曲》。《神曲》写作的准确年月难以确定，根据文学史家们的考证，大约始于1307年前后，《地狱》、《炼狱》大约完成于1313年左右，《天堂》在但丁逝世前不久脱稿，历时10余年。

《神曲》采用中世纪文学特有的幻游形式，但丁以自己为主人公，假想他作为一名活人对冥府——死人的王国进行了一次游历。全诗分《地狱》、《炼狱》、《天堂》三部。

诗中叙述但丁在“人生旅程的中途”，即1300年4月7日、但丁35岁那年的复活节时，偶然迷失于一个黑暗的森林。他竭力寻找走出迷津的道路，黎明时分来到一座洒满阳光的小山脚下。他正一步步朝山顶攀登，忽然三只猛兽（分别象征淫欲、强暴、贪婪的豹、狮、狼）迎面扑来。但丁高声呼救。这时，古罗马诗人维吉尔突然出现了，他受贝阿德丽采的嘱托前来帮助但丁走出迷途，并引导他游历地狱和炼狱。

地狱共分9层，形似一个上宽下窄的漏斗直达地心。罪人的灵魂按生前罪恶的大小被发配到不同的狱层，接受不同的刑罚，罪行愈大者愈居于下层。其中第一层是候判所，那些生于基督之前，未能接受洗礼的古代异教徒，在这里等候上帝的审判。在其余8层，罪人的灵魂按生前所犯的罪孽（贪色、饕餮、贪婪、愤怒、信奉邪教、强暴、欺诈、背叛），分别接受不同的严酷刑罚。但丁按照基督教的观点，把贪色、贪吃、易怒和邪教徒看作是严重的罪犯，让他们在地狱中受苦，但他更把那些社会上各种作恶的人放在地狱的下层，如第八层里受罪的是淫媒和诱奸者、阿谀者、贪官污吏、买卖圣职者、占卜者、高利贷者、伪君子、盗贼、诱人作恶者、挑拨离间者、诬告害人者、伪造者以及罗马教皇。在第九层受罪的则是叛国卖主的人，他们是但丁最痛恨的人。

游完地狱，维吉尔带着但丁通过地心，顺着盘旋曲折的岩洞小径，走出地球，到了净界山下。这座高山直矗在海面上，是炼狱所在。炼狱（又称净界）共7级，加上净界山和地上乐园，共9层。生前犯有罪过，但程度较轻，已经悔悟的灵魂，按人类7大罪过（傲慢、忌妒、愤怒、怠惰、贪财、贪食、贪色），分别在这里修炼洗过，而后一层层升向光明和天堂。途中，但丁看到各种罪恶一一被净化；例如在第二层犯了羡慕他人之罪者，被用铁线缝上双眼。第六层犯了口腹之欲的罪犯，他们眼前会出现许多美食、水果之幻影然后又趋于消失。在净界山顶的地上乐园，维吉尔隐退，圣女贝阿德丽采出现。

贝阿德丽采责备但丁迷误在罪恶的森林，希望他忏悔，并让他观看表示教堂种种腐败的幻景，饮用忘川水，以遗忘过去的过失，获取新生。随后，贝阿德丽采引导但丁游历天堂九重天。这里是幸福的灵魂的归宿；他们是行善者、虔诚的教士、立功德者、哲学家和神学家、殉教者、正直的君主、修道者、基督和众天使。在九重天之上的天府居住着上帝和在天国享福的灵魂，但丁得见上帝之面，但上帝的形象如电光之一闪，迅即消失，于是幻象和《神曲》也戛然而止。

⊙作品评价

《神曲》是一部充满隐喻性、象征性，同时又洋溢着鲜明的现实性、倾向性的作品。说它是一部隐喻性、象征性的作品，是因为《神曲》全诗中包含了很多神学和烦琐哲学的知识，有很多难解的象征和隐喻，神秘色彩浓厚。作品中幻游三界的构思，处处烙有中世纪宗教神学、伦理学的痕迹。例如《神曲》共3篇，每篇33章，天堂、地狱、炼狱各9层，通篇结构布局，符合中世纪宗教神学对神秘数字“3”的崇拜。诗中的诸多人物或意象都具有非常浓厚的象征意味，例如维吉尔象征理性和哲学，贝阿德丽采象征信仰和神学；维吉尔引导但丁游历地狱和炼狱，象征人凭借理性和哲学认识罪恶的后果从而改过自新等。作者构思这个幻游三界的故事，其目的也是为了给人们指明一条符合宗教哲学的由黑暗走向光明的道路。但同时，《神曲》中也具有强烈的现实性和鲜明的政治倾向性。这部长诗触及了一系列重大的社会政治问题，极广泛地反映了当时意大利的社会政治和文化方面的情况，具有百科全书的性质；同时，但丁本人的思想政治倾向也在这部书中有着鲜明的体现，诗中明显的反封建反教会倾向和渴望祖国统一的爱国主义热情，集中地反映了作品的现实意义。例如，诗人对于那些造成分裂和混乱的人格外痛恨。他也看清了这一切都是那些历任的罗马教皇造成的，因此诗人在作品中对罗马教皇们，特别是包尼法西八世进行了猛烈的鞭挞，愤怒地揭露了他们对世俗政权的野心。诗人甚至在诗中为当时还没死的包尼法西八世在地狱里定好了位置，预言他死后将被倒栽在石穴里受火刑的惩罚。他的思想在客观上与人民反封建反教会的情绪是一致的，具有进步意义。

《神曲》在艺术上也有很高的成就。《神曲》的结构巧妙而严整：全诗共分3部，各部的诗行也大致相等，看起来匀称、工整，一直为文学史家所称道。《神曲》塑造的人物形象也显得个性鲜明，栩栩如生，给人留下很深的印象。而《神曲》的创作不是用当时意大利作家们常用的拉丁语、法语或普罗旺斯语，而是用意大利人民常用的意大利俗语写成，这对于意大利文学语言以及民族语言的形成和发展都起到过重大的作用，并使得但丁超越了在他之前的一切意大利作家，成为第一位意大利民族的诗人。

《神曲》自完成之日起就一直备受人们的推崇，人们将它原来的书名加上“神圣”二字，这本身就反映了它在世人心目中的地位，无数作家都或多或少地从《神曲》当中汲取过艺术的养料，使其无愧于世界文学名著之誉。

但丁的小舟　德拉克洛瓦　法国

此图描绘了《神曲》的《地狱》中的一节，表现了但丁（戴红头巾的男子）同维吉尔乘小舟渡过地狱之湖，受到永久惩罚的死亡者企图爬到小舟上的情景。

十日谈
/ 意大利 / 薄伽丘 / 时代的先声

薄伽丘，意大利作家、人文学者。著名作品有《十日谈》、《但丁传》等。

⊙作者简介

薄伽丘（1313 ~ 1375 年），14 世纪著名的人文主义者和意大利文艺复兴运动的先驱。据说他是佛罗伦萨一位商人的私生子，因此从小就在商人和小市民的圈子中长大，对市民阶层具有很深的思想感情。他喜爱文艺，多才多艺，是第一个通晓希腊文的意大利人文主义者。他留传下来的作品有传奇、史诗、叙事诗、十四行诗、短篇故事集、论文等。其中传奇《菲洛柯洛》、《亚梅托的女神们》、《菲娅美达的哀歌》，长诗《苔塞伊达》、《菲洛斯特拉托》、《爱情的幻影》、《菲埃索勒的女神》等，显示了中世纪传统观念和骑士文学的痕迹，但充满对人世生活的热爱和对幸福的追求，谴责禁欲主义，对人物充满激情的心理状态的刻画也比较成功。薄伽丘最出色的作品是故事集《十日谈》，晚年还著有传奇《大鸦》和学术著作《但丁传》等。

⊙背景提示

1348 年，意大利的佛罗伦萨发生了一场可怕的瘟疫。每天，甚至每小时，都有大批大批的尸体运到城外。3 ~ 7 月，病死的人达 10 万以上，昔日美丽繁华的佛罗伦萨城，变得坟场遍地，尸骨满野，惨不忍睹。这件事给当时意大利一位伟大作家薄伽丘以深刻影响。为了记下人类这场灾难，他以这场瘟疫为背景，写下了一部当时意大利最著名的短篇小说集《十日谈》。之所以将这部短篇小说集取名为《十日谈》，是因为书中主要描写了 7 个美丽年轻而富有教养的小姐和 3 个英俊而富有热烈激情的青年男子结伴到郊外的一座小山上的别墅里去躲避瘟疫的故事，他们在这 10 天的避难时间中商定每人每天必须讲一个优美动听的故事，以此来愉快地度过一天中最难熬的时光，最后这 100 个故事结成了集子就叫《十日谈》。

⊙内容提要

《十日谈》总共由 100 个各自成篇的短篇故事组成，故事与故事之间也并没有一定的逻辑关联。但如果我们将这一百个短篇故事集中起来进行分类，还是可以发现这些故事大致上可以分为以下几类：

第一类是对当时思想界占统治地位的天主教会的讽刺和揭露的故事。《十日谈》开头接连几个故事都是对当时炙手可热的天主教会的讽刺和揭露，例如第一天故事第二的“杨诺劝教”故事，讲述基督教徒杨诺劝说一个犹太商人抛弃犹太教，改信正宗的基督教，结果却使这个犹太商人彻底看穿了罗马教廷的寡廉鲜耻和藏垢纳污。这篇故事带有提纲挈领的意义，《十日谈》中接下来的许多批判性的故事都是对这一故事的丰富和补充。例如第二天故事第一的“瘸子求医”故事主要批判封建教会的蒙昧主义，第六天故事第十和第三天故事第八这两个故事则批判修道士的欺骗和荒淫无耻等等。

第二类主要描写反对禁欲主义的故事，大力提倡个性解放。《十日谈》中有一组“修道院里的故事”着重揭露“修道院的内幕”，其中第九天故事第二写女修道院院长和自己的情人幽会却道貌岸然地批评犯奸的小修女的可笑故事，而第三天故事第一的“哑巴的故事”则干脆揭露全体修女全都犯了色戒。这些对以禁欲主义为核心思想的天主教教义进行了沉重打击。而第三天故事第十和第六天故事第六等故事则从另一方面描写了人性的解放。

第三类是对妇女的同情与尊重的一系列故事。作者在序言中就声明这部作品是为妇女而写作、是献给“整天守在闺房的小天地内”的妇女的，因此里面有许多故事都是赞扬妇女的善良、深情、机智。例如“绮思梦达殉情记”、“洗冤记”（第二天故事第九）、“母鸡宴”（第一天故事第五）等都是这类故事中的精品。

15世纪时，T.克里威里为薄伽丘《十日谈》手抄本所绘的细密画。

第四类是一些有关幽默和笑声的故事。例如第六天的一组故事，一般篇幅短小，有的只是一些生活片断的描写，但其中却充满了现实生活中的幽默感，让人觉得非常亲切，反映了作者记录社会现实和描摹场景的能力。

⊙作品评价

《十日谈》的故事来源非常广泛，分别取材于意大利中世纪的《金驴记》、法国中世纪的寓言和传说、东方的民间故事、历史事件、宫廷里的传闻、以至街头巷尾的闲谈，和当时发生在佛罗伦萨等地的真人真事等等。但由于薄伽丘注进了人文主义的新思想新观点，因此这些辛辣而幽默的小故事，竟然带出了一个轰天动地的人类文化史上未曾有过的大运动——文艺复兴。

《十日谈》将矛头公然直指神圣的教会，猛烈地抨击和无情地揭露了教会僧侣的种种丑行；作品对中世纪的禁欲主义也勇敢地提出了挑战，因此在《十日谈》全书中，可以说是处处闪耀着新兴资产阶级人文主义的光芒。1353年该书出版后，立即风靡西欧各国。不仅在当时，而且对后来的文艺复兴乃至18世纪的启蒙运动都产生了深远而巨大的影响。其作者也因此被公认为是人文主义的先驱，文艺复兴运动最早的代表人物。凡此种种，都使这部著作在西方乃至世界文学史上占有极为重要的地位。

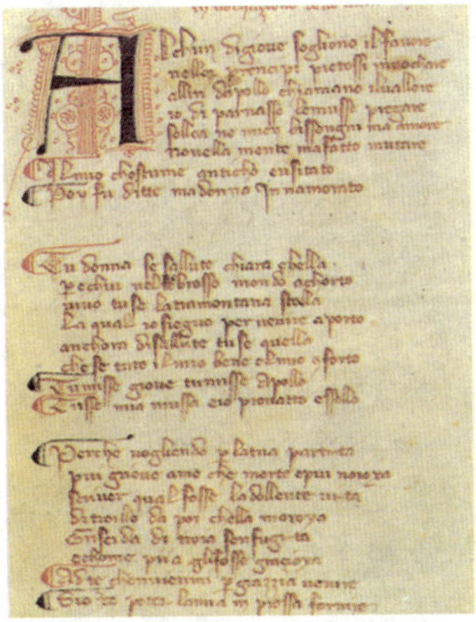
薄伽丘于1340年以前在那不勒斯期间完成了两部著作：《菲洛斯特拉托》和《苔塞伊达》，前者改编自12世纪诺曼籍叙事诗人圣·摩列的《特洛城的罗曼》。正是这两部著作使薄伽丘获得殊荣。此为出版于14世纪的《菲洛斯特拉托》诗集的首页。

《十日谈》开创了西欧短篇小说的先河，是欧洲文学史上第一部现实主义杰作，其框架结构和故事格局对后来的很多作家作品都具有非常重要的影响。乔叟、莎士比亚、拉封丹、莫里哀等人都曾从这部作品中受益或直接取材于这部伟大作品中的部分素材。《十日谈》文笔精练，语言丰富，善于刻画人物心理，描绘自然，也奠定了意大利散文创作的基础。

当然，像任何历史上的优秀作品一样，《十日谈》自然也不免打上了时代的烙印，有它的局限性。在薄伽丘身上，他对于封建势力和思想的斗争，既有战斗的一面，也有妥协的一面和落后的一面。例如书中也存在着一些封建说教气味很浓厚的东西和一些赤裸裸的情欲描写；作者极力宣扬的某些谦卑柔从的“美德”和男尊女卑等落后思想也还存在批判的必要。但在当时而言，其达到的思想高度是很难让人企及的。所以虽然该书从一出版开始就不断遭到封建教廷的憎恨和焚毁，但它的光芒却一直照耀着人类思想解放的道路。

□君主论 / 意大利 / 尼古拉·马基雅维里 / 欧洲各国君主的案头书

⊙作者简介

尼古拉·马基雅维里（1469 ~ 1527 年）是意大利佛罗伦萨的政治家、外交家；同时是一位政治思想家。他出生于佛罗伦萨，马基雅维里家族从 13 世纪起就是佛罗伦萨富有的世家大族。他的父亲是一名律师，家境不堪富有，但非常重视儿子的教育。马基雅维里 7 岁上学，12 岁时被送往一著名教师门下接受正规教育，而后进入佛罗伦萨大学完成他的教育，在那里受到人文主义者语言学家马尔切洛·阿德里亚尼的古典文学训练。马基雅维里熟悉拉丁文和意大利的古典文学、史学，尤其是熟悉古罗马－罗马共和国政制以及西塞罗等人的论辩和社会哲学。他在 30 岁时进入执政团秘书处，并承担过多种行政和军事使命，数次前往法国晋见路易十二，撰写了《法国情况报告》。马基雅维里是佛罗伦萨终身行政长官彼埃罗·索代里尼的朋友，曾跟他处理政务。1512 年 11 月，马基雅维里被剥夺了一切职务，他只好被迫隐居圣·卡夏诺乡间，在闲暇之中撰写了《君主论》和《论提徒斯·李维》的前十卷；1519 年至 1520 年又写了七卷本的《军事艺术》。马基雅维里经常参加奥尔蒂·奥里切拉里花园的文人聚会，而且还受托撰写了《佛罗伦萨史》，但 1527 年佛罗伦萨举行反对梅迪奇家族的起义，重建共和国时，马基雅维里想恢复他在国务厅的职务，遭到自由共和国卫士的拒绝，他忧郁成疾，怏怏死去。

尼古拉·马基雅维里像

⊙背景提示

14 ~ 15 世纪，意大利是世界上最早出现资本主义萌芽的国家。意大利地处地中海中部，地理位置优越，扼亚欧贸易的枢纽，但处于分裂状态；14 ~ 15 世纪也是意大利文艺复兴的重要时期，这时候产生了一批伟大的博学多识的人文主义学者，他们摆脱中世纪神学的桎梏，对希腊古典著作和艺术进行研究和鉴赏，在文学、艺术、政治学、科学等领域进行了新的创造。马基雅维里的故乡佛罗伦萨是 15 世纪意大利文艺复兴的中心。

⊙内容提要

《君主论》以章为体，共 26 章，其内容大致可以分为两大部分：(一）关于政体的学说（第 1 章至第 14 章）他把政府的形式分为两种：共和国和君主国，而君主国又具体分为三种类型，即世袭君主国、混合君主国和新式君主国。(二）关于君主的统治术（第 15 章至第 23 章)，这是《君主论》最著名的部分，他对君主的统治权术进行了全面的研究。第 24 章至第 26 章是专门谈及那些“丧失了自己国家的意大利君主们”的问题。

各章主要内容如下：

第 1 章，君主国有多少种类，是用什么方法获得的。从古至今，统治人类的一切国家，不是共和国就是君主国。

第 2 章，世袭君主国。在世袭君主国里保持政权比在新的君主国里容易得多，因此人们已经习惯了在世袭君主统治下的生活。

第 3 章，混合君主国。在新君主国里会出现许多困难，首先如果不完全而只是一部分是新的君主国，新旧变化的原因是人民本希望通过变化改善自己的境地，但后来的经验告诉他们，生活的

拿破仑加冕仪式　达维特　法国

《君主论》对后世影响十分深远，特别是“政治无道德”的思想，对欧洲很多君主的执政起到指示作用。

境地比以前更坏了，这样新君主就有麻烦了。

第 4 章，为什么亚历山大大帝所征服的大流士王国在亚历山大死后没有背叛其后继者。

第 5 章，对于占领前在各自的法律下生活的城市和君主国应当怎样统治。要保有被征服的国家办法有三，其一是把它们毁灭掉，其二是亲自前往驻在那里，其三是允许它们在自己的法律下生活，同时要它们进贡并且在那个国家里建立一个听话的寡头政府。

第 6 章，论依靠自己的武力和能力获得新君主国。在一个全新的君主国里，有的君主以能力登位，有的以幸运登位，可是最不倚靠幸运的人却是保持自己的地位最稳固的人。

第 7 章，论依靠他人的武力或者由于幸运而取得的新君主国，这些国家的君主发迹时不很辛苦，但保持时就辛苦劳瘁了。

第 8 章，论以邪恶之道获得君权的人们，从平民成为君主的方法有两个：一个靠某种邪恶卑鄙的方法，一个靠他的同胞们的帮助，前者在夺取一个国家时，应审度自己必须从事的一切损害行为，并要立即毕其功于一役。

第 9 章，论市民的君主国。如果一个平民，不是靠邪恶之道或凶暴行为，而是由于获得本土人民的支持而成为本国的君主，这种国家称之为市民的君主国。

第 10 章，应该怎样衡量一切君主国的力量，人口众多或财力充裕能够募足军队的君主在疆场依靠自己的力量屹立不动，如果不能决战疆场，被迫躲在城墙后防御，应使城市森严壁垒，备足粮草。

第 11 章，论教会的君主国。这种国家的困难来自取得这种国家之前，因为他是依靠人类智力所不能达到的力量支持的，是由上帝权威维护的。

第 12 章，论军队的种类与雇佣军。一切国家的主要基础是良好的法律和良好的军队。君主用来保卫本国的军队，或是自己的军队，或是雇佣军、援军、混合军队。

第 13 章，论援军、混合军和本国军队。援军带来的危险比雇佣军还多，英明的君主应谢绝使用援军，转而依靠自己的军队。

第 14 章，君主关于军事方面的责任。君主除了战争、军事和训练之外，不应有其他的目标，在和平时期要比战争时期更注意军事训练。

第 15 章，论世人特别是君主受到赞扬或受到责难的原因。

相关链接

中世纪后期法国著名政治学家、法学家让·布丹的《国家论》是行政国家政治理论的奠基之作。这部著作探讨问题之广、论点之复杂、提出前景之新颖，可以同亚氏的《政治学》媲美。布丹认为，政治学的起点不是君主，也不是公民，而是拥有最高权、不从属于其他权力的国家。他认为主权是保障国家内聚力和国家独立的前提，但必须把作为主权的“国家”同具体实施这一权力的“政府”区别开来，每一种国家形式可以有不同的政府类型，有君主制、贵族制和民主制，并认为君主制是最适时宜的政治形式，布丹把君主制区分为“领主的”君主制、“暴君的”君主制和“主权的”君主制，并详细加以阐述。《国家论》开创了以具体的法学方式阐述政治学的先例，对政治科学的发展有重要的历史意义。

第16章，论慷慨与吝啬。慷慨与吝啬在不同的情况下会得出不同的结果。

第17章，论残酷与仁慈。每一位君主一定希望被人誉为仁慈而不是残酷，但必须提防不要滥用仁慈。

第18章，论君主应当怎样守信。

第19章，论应该避免受到蔑视与憎恨。君主应表现伟大、英勇、庄严和坚韧不拔，才会使人们不蔑视与憎恨。

第20章，堡垒以及君主们每日做的事。堡垒是否有益要看情势，堡垒可建也可不建，但君主不能只建堡垒而不顾及人民的憎恨。

第21章，君主为了受人尊敬应当怎样为人。君主应公开表明自己的态度，应做出伟大的事业，并适时使人们欢度节日和赛会。

第22章，论君主的大臣。大臣是否贤明，取决于君主的明智，好的大臣应以君主的利益为重。

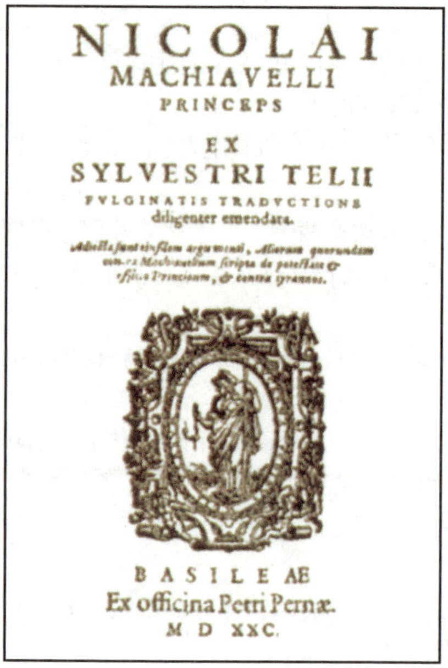
NICOLAI
MACHIAVELLI
PRINCEPS
EX
SYLVESTRI TELII
FVLGINATIS TRADVCTIONE
diligenter emendata.
BASILEAE
Ex officina Petri Pernæ.
M D XXC.

《君主论》扉页

《君主论》(1513)旨在成为统治者的指南，它提出了统治者要在政治上取得成功，应该做些什么，说些什么。许多人都认为，马基雅维里心目中的理想君主就是狡猾而又肆无忌惮的塞萨尔·博尔吉亚。

第23章，应该怎样避开献媚者。贤明的君主应在国家内选拔一些有识之士，单独让他们有讲真话的权力，但只是就他们询问的事情。

第24章，意大利的君主们为什么丧失了自己的国家，原因就在于没有自己的军队。

第25章，命运在人世事务有多大力量和怎样对抗。命运是我们行动的半个主宰，其余一半由我们自己主宰。

第26章，奉劝将意大利从蛮族手中解放出来，解救意大利的第一件事就是组建自己的军队。

⊙作品评价

《君主论》这本“惊世骇俗”的小册子，在当时一版再版，影响极大，1559年在欧洲被列为禁书。几百年来，人们对其褒贬不一。马基雅维里的权术思想，对后世影响较大。他的“政治无道德”论被后人称为马基雅维里主义，并作为一种政治理论流传开来。由于马基雅维里从人出发，第一次把政治问题看成是纯粹的权力和权术问题，西方学者一般认为，他为近代政治学开辟了道路。由于书中为君主们提出了一整套统治策略和政治权术，因而《君主论》成为欧洲各国历代君主和统治者的案头书。

乌托邦

/ 英国 / 托马斯·莫尔 / 空想社会主义体系的奠基之作

⊙作者简介

托马斯·莫尔（1477 ~ 1535 年）是西欧第一个伟大的空想社会主义者，英国人文主义者、反异端作品的多产作家、政治家。莫尔生于伦敦一个法官的家庭，曾在牛津大学学习拉丁语和形式逻辑学，以后改学法律。1501 年正式成为律师。1523 年被选为下议院议长，1529 年被任命为内阁大臣。由于对国王的离婚案持异议，而且在教会问题上与国王意见分歧，于 1532 年辞职。1534 年莫尔被诬陷入狱，1535 年，由于他拒绝承认英国国王为英国国教最高首领，被判处死刑。莫尔一生著述很多，代表作除《乌托邦》外，还有《关于异端的对话》、《国王理查三世的历史》、《驳斥廷得尔的回答》等。

托马斯·莫尔像

⊙背景提示

欧洲社会到了 14、15 世纪，无论是社会生产还是意识形态都陷入了自身难以解脱的困境。封建农奴制度严重束缚了生产者的积极性，社会经济在低水平上循环，已没有发展出路。封建领主、国王和教皇政权多元并立，严厉控制着领地并互相争权夺利。基督教垄断着社会的精神生活，人性被过度压抑和扭曲，整个社会思想文化生活被窒息。社会全面停滞发展的现实迫使人们设法突破困境，文艺复兴首先在古罗马的摇篮和中世纪神权统治的中心意大利兴起，然后波及到欧洲其他国家。

⊙内容提要

《乌托邦》的全名是《关于最完美的国家制度和乌托邦新岛的既有益又有趣的全书》。《乌托邦》采用的是对话体的故事形式，以航海家希斯拉德独自来到“乌托邦岛”的见闻，写出了莫尔的“空想社会主义”蓝图。由于莫尔的时代是地理大发现的时代，新航路、新大陆、新人民“层出不穷”，所以，这个航海家口里的“乌托邦”故事，使读者大感兴趣，几乎以假为真。

全书分为两个部分。第一部分是批判当时的英国社会，揭露资本原始积累给劳动人民带来的无穷无尽的灾难。当时英国毛纺织业发展很快，导致羊毛价格猛涨，养羊比种粮更有利可图。于是贵族、地主纷纷把耕地改为牧场，把自己领地上的佃农大批赶走，残酷拆毁和焚烧大批村庄，世代安居的农民被迫到处流浪，沦为乞丐饿死沟壑……在《乌托邦》中，莫尔借主人公之口，愤怒地指责道：“你们的绵羊本来就是那么驯服，吃一点点就满足，现在据说变成很贪婪也很野蛮，甚至要把人吃掉，把你们的田地、家园、城市要蹂躏完了。”莫尔的这句不朽的名言——“羊吃人”，是对资本原始积累时期的英国社会最简洁、最真实、最形象的概括，也是无产阶级的先驱对资本主义罪恶的最早控诉，马克思在《资本论》中，就曾引用过《乌托邦》里关于“羊吃人”的悲惨情景。

《乌托邦》第二部分描绘的是“乌托邦”这个理想国，它的完美与第一部分的罪恶形成鲜明的

名家点评

贝卡说，“这本书的基本思想深深地触动了我，以致每当我合起来，总不得不认真地思索一下共产制度的问题”。“乌托邦的一些基本原则是人类智慧最伟大的进步，对人类未来命运也作了最伟大的贡献”。

对照。乌托邦是个新月形海岛，岛上有54座城市，巨大而壮丽，居民有共同的语言、传统风俗和法律。乌托邦人不分男女都以务农为业。乌托邦实行计划经济和按需分配，财产公有，任何地方都没有一样东西是私产，连住房也每隔10年用抽签的方式相互交换。一切行政长官均由选举产生，实行彻底的民主管理……总之，这是一个没有剥削、没有压迫、实现共产主义制度的无比美妙、快乐的理想社会。莫尔敏锐地观察出私有制是罪恶的根源。在《乌托邦》中，他写道："我深信，只有完全废止私有制度，财富才可以得到平均公正的分配，人类才能有福利。如果私有制度仍然保留下来，那么，大多数人类，并且是最优秀的人类，会永远被压在痛苦难逃的悲惨重负下。"在这里，莫尔破天荒地提出了一个全新的原则——"完全废除私有制"，于是，人们第一次看到了共产主义思想的微光。他认为，邪恶只能缓解，不能根治，因为人的本性总是会犯错误的。由于在乌托邦岛上实行了基本共产主义，而没有受到西方邪恶势力的影响，所有的公民在饮食、住房、教育、哲学、政治战争甚至宗教方面的活动中，享有完全的平等，唯一的例外是一夫一妻制受到严格的法律保护。全部公民义务的共同标准是信仰善良和公正的上帝，上帝统治着这个世界并在不朽的来世给人们奖赏或惩罚。

⊙作品评价

《乌托邦》是近代第一部尖锐批判资本主义并设计出取而代之的空想社会主义的力作，它第一次系统地幻想了人类的远景，是空想社会主义思想体系的伟大奠基之作。该书反映的彻底废除私有制的思想超越了西方历史上均贫富的社会历史理想，成为近代社会主义理论的思想来源之一。本书不仅批判了资本主义社会，表现了对美好社会的追求，而且还涉及刑罚学、优生学、离婚、女权、农本位、成人教育、国家管理、宗教多元论和生态学等领域，因而产生了巨大影响。游记体裁和对话形式的文学样式，以隐蔽假托的方式来表述观点，语言生动，浅显易懂。

英国画家庚斯勃罗的油画《安德鲁斯夫妇》，从画面背景中可以看到多块圈地，见证了英国农业方式的演变。

□天体运行论

/波兰/尼古拉斯·哥白尼/自然科学的“独立宣言”

⊙作者简介

尼古拉斯·哥白尼（1473 ~ 1543年），伟大的波兰天文学家，日心说的创立者，近代天文学的奠基人。1473年2月19日哥白尼生于波兰维斯瓦河畔的托伦城，10岁丧父，由舅父瓦琴洛德抚养，18岁时进克拉科夫大学，在校受到人文主义者、数学教授布鲁楚斯基的熏陶，抱定献身天文学研究的志愿，三年后转回故乡。当时已任埃尔梅兰城大主教的瓦琴洛德，派他去意大利学教会法规。1497 ~ 1500年他在波洛尼亚大学读书，除教会法规外，还同时研究多种学科，尤其是数学和天文学。对他最有影响的老师是文艺复兴运动的领导人之一、天文学教授诺法腊。1497年3月9日，他在波洛尼亚作了他遗留下的第一个天文观测记录：月球遮掩金牛座（毕宿五）的时刻。哥白尼在意大利的时候，因他舅父的推荐，于1497年被选为弗龙堡大教堂僧正。1501年他从意大利回国，正式宣誓加入神父团体，但随即又请假再次去意大利。在帕多瓦大学，哥白尼同时研究法律与医学。1503年，在费拉拉大学获得教会法博士学位。1506年，哥白尼从意大利回到波兰。1512年他舅父死后，他就定居在弗龙堡。作为僧正的哥白尼，职务是轻松的，他把大部分精力都用在天文学的研究上。哥白尼用了“将近四个九年的时间”去测算、校核、修订他的学说。他曾写过一篇《要释》，简要地介绍他的学说。这篇短文曾在他的友人中间手抄流传。但是，他迟迟不愿将他的主要著作——《天体运行论》公开出版。当哥白尼听从朋友们的劝告，将他的手稿送去出版时，他想出一个办法，在书的序中写明将他的著作大胆地献给教皇保罗三世。他认为，在这位比较开明的教皇的庇护下，《天体运行论》也许可以问世。

哥白尼头像

⊙背景提示

当时的欧洲正处在黑暗的中世纪的末期。亚里士多德—托勒密的地球中心说早已被基督教会改造成为基督教义的支柱。然而，由于观测技术的进步，在托勒密的地心体系里必须用80个左右的均轮和本轮才能获得同观测比较相合的结果，而且这类小轮的数目还有继续增加的趋势。当时一些具有进步思想的哲学家和天文学家都对这个复杂的体系感到不满。

⊙内容提要

《天体运行论》于1543年在德国纽伦堡用拉丁文出版。原稿无书名，由出版者命名为《论天体旋转的六卷集》，后人简称《天体运行论》，四百多年来这部著作已被译为多种语言在世界各国出版。全书共六卷。

第一卷为宇宙论，简述了整个宇宙的结构，是全书的精髓。这一卷分四章，先后论述了“宇宙是球形”、“大地也是球形”、“天体的运动是均匀永恒之圆运动或复合运动”。哥白尼说，“天体的这种旋转运动对于球来说是固有的性质，它反映了球形的特点。球这种形状的特点是简单、没有起点、也没有终点，旋转时不能将各部分相区别。而且球体形状也正是旋转作用本身造成的。”

第二卷运用三角学论证天体运行的基本规律，其中哥白尼首创了平面三角和球面三角的演算

名家点评

恩格斯在《自然辩证法》中称“从此自然科学便开始从神学中解放出来”，“科学的发展从此便大踏步前进”。

爱因斯坦称哥白尼“对于西方摆脱教权统治和学术统治枷锁的精神解放所作的贡献几乎比谁都要大”。

方法；第三卷为恒星表；第四卷叙述了地球绕轴运行和周年运行；第五卷阐述了地球的卫星月球；第六卷是关于行星运行的理论。

有关哥白尼的《天体运行论》的描述

哥白尼在《天体运行论》中还详细讲解了地球的三种运动（自转、公转、赤纬运动）所引起的一系列现象——岁差现象、月球运动、行星运动的规律及金星、水星的纬度偏离和轨道平面的倾角。《天体运行论》的诞生使当时所知道的太阳系内天体的位置和运状况更为完整了。

哥白尼分析了托勒密体系中的行星运动，发现每个行星都有三种共同的周期运动，即：一日一周、一年一周和相当于岁差的周期运动。他认为，如果把这三种运动都归到被托勒密视为静止不动的地球上，就可消除他的体系里不必要的复杂性。因此，哥白尼建立起一个新的宇宙体系，即太阳居于宇宙的中心静止不动，而包括地球在内的行星都绕太阳转动的“日心体系”。离太阳最近的是水星，其次是金星、地球、火星、木星和土星。只有月球绕地球转动。恒星则在离太阳很远的一个天球面上静止不动。哥白尼把统率整个宇宙的支配力量赋予太阳，而各个天体则都有其自然的运动。他系统而明晰地批判了地球中心说，并且从物理学的角度对日心地动说可能遭到的责难提出了答复。

⊙作品评价

哥白尼的主要贡献是创立了科学的日心地动说，写出“自然科学的独立宣言”——《天体运行论》。哥白尼的学说不仅改变了那个时代人类对宇宙的认识，而且根本动摇了欧洲中世纪宗教神学的理论基础。然而，值得注意的是，哥白尼的太阳中心说并不是无懈可击的。他不能解释：为什么人们感觉不出地球的运动？地球既然自转，地球上的物体下落何以不产生偏斜？哥白尼还不能摆脱亚里士多德哲学的束缚，他接受了圆运动是天体最完善的运动方式的观念。

古罗马人相信宇宙是由天神艾特拉斯扛在肩上运转的。

蒙田随笔

/法国/蒙田/欧洲近代哲理散文经典

⊙作者简介

蒙田画像

蒙田（1533 ~ 1592年），文艺复兴后期法兰西杰出的思想家、散文家和教育家。蒙田出身贵族，祖上是波尔多人，他早年学习拉丁文，在波尔多市念完中学后，在相当长的时期内深居简出，闭门读书思考。后来，他在政府部门任职，成为波尔多市议员，并两度被选为波尔多市市长。1562年他皈依天主教；1572年在他父亲死后才开始撰写《随笔集》。他熟读古代大家如普鲁塔克、塞涅卡、塔西佗等人的著作，在作品中大量引用，作为他的思辨和怀疑论的佐证。他在出版了《随笔集》的前两部之后，便游历意大利和德国，因此在他随后的随笔中又添进了许多旅游见闻。1585年蒙田的故乡鼠疫盛行，蒙田被迫暂时离开他的城堡，1587年他重回旧居续写他的随笔。在这期间，蒙田结识了对他狂热崇拜的德·古内小姐，他俩之间的关系一直维持到作家逝世。蒙田晚年在政治上效忠法国国王亨利四世，国王也曾到他的城堡作客数次。1578年蒙田的肾结石发作，影响了他的写作，我们今天所见的《蒙田随笔全集》是由德·古内小姐在他生前出版的随笔集的基础上，根据他在笔记上写下的大量注释和增添内容集结而成的。蒙田自1572年开始，直至他逝世的1592年，在长达20年的岁月中，他一直断断续续地在写他的随笔。他以对人生的特殊感受力，记录了自己在智力和精神上的发展历程，为后代留下了极其宝贵的精神财富。在此期间，随着作者思想的不断发展、变化，作品的内容也陆续加以修改与补充。他行文如水银泻地，飘忽不定，变化多彩，所以他的散文内容庞杂纷繁，经常从一个主题跳到另一个主题，枝蔓丛生，标题也常常与内容不大相干，仿佛作者漫不经心一挥而就似的。他的主要著作有《论文》3卷，其中论述教育、学校和教师的文章有《论学究气》和《论儿童的教育》等。

⊙背景提示

蒙田生活在法国封建制度解体的时代，各种哲学思潮流行。蒙田在哲学上是个怀疑论者，反对封建文化和封建专制，对旧的信条失去信心而对新事物又缺乏热情。蒙田对当时流行的狭隘人文主义教育进行了嘲讽和批判，他指责学究气的人文主义者以空洞的、死板的书本上的东西去填塞儿童的记忆，这种教育所培养的只是迂腐的学究，而不是在各方面都得到发展的有文化修养的绅士。

⊙内容提要

《蒙田随笔》全书朴实无华，作者摈弃了当时颇为流行的华丽堆砌的写作手法，直接采用单线条的咏叹与勾勒，陈述自己对于自身个体、人类生活方式与现实世界等重大问题的思考，循序渐进地将读者引入一泓恬淡清澈的湖水之中。

原作共分3卷，其中第一卷收录作品57篇，内容短小精悍。其余两卷内容不等，分别是13篇与37篇。法文版的《蒙田散文》主要按两种方式编排：第一种是按作者写作的先后顺序依次排列，第二种是将内容相关的部分集中起来。今天我们所见到的《蒙田随笔》共分两部分：第一部分22篇，第二部分5篇。主要内容包括以下3个方面：1. 作者所感觉的自我。2. 他所体会的人类的生活方式和思想感情。3. 他所理解的现实世界。下面重点介绍第二部的5篇文章。

在《众师之师》中，作者认为古希腊哲学家苏格拉底是“众师之师”，因为他认识到“我一无

蒙田在《随笔集》中说："如果没有一定的主意占据心灵，把它约束住，它必定无目标漂流……灵魂没有目标，它就会丧失自己。"米勒这幅《晚钟》与蒙田的想法不谋而合。听到远方教堂晚钟响起，田地里的农民夫妇丢掉手中农活默默祈祷。在米勒看来，信仰就是"追求道德"、"向善"。

所知"。认识世界是从认识自己无知开始的，在阿波罗神庙的门楣上就镂刻着"人人应有自知之明"的名言，可见刚愎自用与固执己见是愚蠢无知的鲜明标志。在日常生活中，我们要善于区分两种情况：一是"走自己的路，休管别人议论"，一是"固执己见、自以为是"。

在《论不同的方法可以收到同样的效果》中，作者指出："当我们所冒犯的人手操我们的生死大权，可以任意报复时，最普遍的感化他们的方法自然就是投降以引起他们的怜恤和悲悯。可是相反的方法，勇敢与刚毅，有时也可以收到同样的效果。"他在书中总结道："恻隐而动心，是温柔、驯良和软弱的标志，由勇敢神圣影响而起尊敬之心，则是一种倔强不挠的灵魂的标志，他们都崇尚大丈夫的刚毅气概。……对于比较狭隘的灵魂，钦羡与惊异亦可以发生同样的效力。"他告诫人们在危急时刻，应随机应变，区别对待各种险情。

在《论闲逸》中，作者以为："如果没有一定的主意占据心灵，把它约束住，它必定无目标到处漂流，入于幻想的空泛境域里。灵魂没有目标，它就会丧失自己。"从中可以看出蒙田是反对虚无主义的，提倡人是应该有点精神的，即使在闲逸时，也不可使灵魂丧失目标，否则，最终会导致"产生无数妖魔与怪物，无次序、无目的，一个个接踵而来"。

在《热爱生命》中，作者认定"生活乐趣的大小取决于我们对生活的关心程度"，而不是任何外物的影响。只有自己才是生命的主宰，因为"我们的生命是自然的恩赐，它是优越无比的。如果我们觉得不堪生之重压或虚度此生，那也只能怪我们自己"。尽管作者当时身患重病，但他并没有沉沦气馁，而是采取积极乐观的人生态度去拥抱生命，感受生活的乐趣。最后，作者引用罗马哲学家塞内卡的话指出："糊涂的人一生枯燥无味，躁动不安，却将全部希望寄托于来世"，希望后来者从一开始就做一个明白人。

在《论死后才能断定我们的幸福》中，作者引用苏龙的警告："人世变幻无常，只要轻轻一动，便可能面目全非，前后迥异。"在感叹生命的变幻无常之外，他给自己定义"幸福"的标准是："希望我可以善终，就是说，安然逝去，不声不响。"一个人无论生命怎样美丽辉煌，地位、权力与财富对他来说只不过是一件偶然的附属品。在生命的末日来临时，重要的是问心无愧，安然逝去，才能称之为幸福，功过是非留与后人评说。

⊙作品评价

蒙田以博学著称。他对随笔体裁运用娴熟，开创了近代法国随笔式散文之先河。他的语言平易通畅，不加雕饰，文章写得亲切活泼，妙趣横生。全书充满了作者对人类情感的冷静观察。《蒙田随笔》于 1580 ~ 1588 年分 3 卷在法国先后出版。自此以后，他的作品就再也没有绝版过。到今天，世界上所有的书面语言都可以读到它。它与《培根人生论》、《帕斯卡尔思想录》一起，被人们誉为欧洲近代哲理散文三大经典。

□堂吉诃德

/西班牙/塞万提斯/骑士风尚的飘逝

⊙作者简介

塞万提斯（1547 ~ 1616 年），出生于一个破落的西班牙贵族家庭。由于家庭经济困难，塞万提斯只接受过简单的中学教育，但他非常喜欢读书，利用有限的机会饱览古今文学名著并受到了人文主义的影响。青年时期的塞万提斯是个爱祖国、爱自由的热血青年。他于 1570 年从军，翌年便抱病参加抗击土耳其军队的勒班多海战，失去左臂。战后返国途中，被土耳其海盗俘虏至阿尔及尔，1580 年被赎回国。为谋生计，曾任军需官及税吏达 15 年，往返跋涉于西班牙全国各地，亲眼目睹社会不平及人民苦难。

从 1582 年开始，塞万提斯决心用他的笔来揭露西班牙社会的罪恶。在他创作的作品中，以《堂吉诃德》最为著名，影响也最大，成为文艺复兴时期西班牙和欧洲最杰出的作品。《堂吉诃德》上卷于 1605 年问世后，风靡全欧，读者竞相争读。在不到三星期的时间，西班牙就出了三种盗印本。以至在他的下卷还没有出版之时，就有人企图化名出版《堂吉诃德》的续集。但该作品严重歪曲原著的本意，丑化原著的主人公。这使得塞万提斯义愤填膺，他赶紧彻夜创作，终于在 1615 年出版了该书的下卷，继承了原书的人文传统。

塞万提斯其他的重要作品还有短篇小说集《惩恶扬善故事集》（1613）、剧本选《八出喜剧和八出幕间短剧》（1615）等。

⊙背景提示

塞万提斯说他创作《堂吉诃德》的目的是要消除骑士小说在社会上，在群众之间的声望和影响。骑士制度、骑士精神、骑士道德是西欧封建社会的一种产物。骑士的任务是“忠君、护教、行侠”，他们要求“文雅知礼”，不仅要忠实地为主人服务，还要效忠和保护女主人。为“心爱的贵妇人”去冒险和获得成功，是骑士最大的幸福。骑士文学即表现骑士“忠君护弱”的冒险生活，为博得贵妇人的厚爱所表现的忠贞和武侠精神。骑士主人公都是理想化的人，侠义而崇高。故事虚构、惊险离奇，充满魔法、挑战、创伤、以及荒诞不经的情节。骑士文学与时代精神相差太远，在文坛和读者中影响极坏。塞万提斯为了打击和讽刺骑士文学，以其人之道还治其人之身，巧妙地利用骑士小说的形式，借题发挥，成功地塑造出堂吉诃德的形象，把骑士制度、骑士精神、骑士道德漫画化。从客观效果来看，《堂吉诃德》发表后，骑士小说的确在西班牙销声匿迹了。

塞万提斯像

⊙内容提要

《堂吉诃德》是一部讽刺灭亡了的骑士制度的长篇小说。小说主人公是居住在拉·曼却村的一个乡绅，原名阿伦索·吉哈达。他读当时风靡社会的骑士小说入了迷，自己也想仿效骑士出外游侠，帮助被侮辱者和被压迫者，于是从家传的古物中，找出一付破烂不全的盔甲和一根长矛，然后骑上一匹瘦马悄悄离家出走。他给自己取名堂吉诃德，又选中了邻村一个挤奶姑娘，取名杜尔西内娅，作为自己终生为之效劳的意中人。

堂吉诃德的第一次出马很不顺利，他把客店当作城堡，让老板娘给他举行授封仪式。一路上，他单枪匹马地蛮干，向一队不相识的过路商人挑战，结果身受重伤，被乡亲们抬回家来。家人看到他被骑士小说害到这种可怜程度，便把满屋子的骑士小说一烧而光。第二次旅行，他说服邻村一个名叫桑丘的农夫做他的侍从，随他一同去游侠，并且答应人家有朝一日便可任命他为某个岛上的总督，于是主仆两人又偷偷地上了路。堂吉诃德还是按他脑子里的古怪念头行事，把风车看作巨人，把羊群当作敌军，把苦役犯当作受害的骑士，把酒囊当作巨人头，不分青红皂白，乱砍乱杀，又干出许多荒唐可笑的事情，直到同村的神父和理发师设计把他装进笼子送回家来，才结束了他的第二次游侠。

第三次出游，主仆二人碰到了各种奇遇。他们原计划去萨拉戈萨参加比武，途中遇到一位公爵。这位公爵听说了堂吉诃德和桑丘的游侠故事之后，故意寻他们开心，将他们请到自己的城堡做客，并且让桑丘担任一个镇上的“总督”。堂吉诃德迫不及待地要实现他的改革社会理想，但结果这主仆二人却受尽折磨，险些丧命。堂吉诃德的邻居参孙，为了骗他回家，假装成“白月骑士”与他比武，堂吉诃德失败，不得不听从对方的发落而回家。他到家后即卧床不起，临终才明白骑士小说的危害。他立下遗嘱，嘱咐唯一的继承人侄女千万不要嫁给读过骑士小说的人，否则就取消其继承权。

⊙作品评价

不久前，在诺贝尔文学院和瑞典图书俱乐部联合举办的一次民意测验中，来自 54 个国家和地区的一百位作家推选《堂吉诃德》为人类史上最优秀的文学作品。这似乎从一个方面说明了《堂吉诃德》在世界文学史上的不朽地位，无论是在中国还是在西方国家中，堂吉诃德这个奇想联翩、滑稽可笑的光辉艺术形象都拥有亿万读者。

堂吉诃德与桑丘

《堂吉诃德》这部小说以堂吉诃德企图恢复骑士道来扫尽人间的不平的主观幻想与西班牙社会的丑恶现实之间的矛盾作为情节的基础，巧妙地把堂吉诃德的荒诞离奇的游侠与 16 世纪末 17 世纪初的西班牙社会现实结合了起来，以史诗般的笔力向我们展示了一副恢宏的时代社会画卷，同时也强烈地讽刺、嘲笑和鞭挞了西班牙上层统治阶级，而对人民的苦难则寄予了深切的同情。更主要的是，作者为我们塑造了一个“不畏强暴，不恤丧身”、立志扫尽人间不平的人物形象——堂吉诃德。堂吉诃德是个涂抹着喜剧油彩的悲剧主人公。一方面，他向往自由，具有高尚的人文主义精神；一方面，他又是个天才的幻想家，在自己的白日梦中，不断幻想着用过时的骑士精神来改造现实，因而屡屡上演闹剧，引爆了无数让人捧腹的笑料。可见，堂吉诃德是个被幻想放大了的英雄，虽然他的信仰是不合时宜的，他的行为是疯

名家点评

诗人海涅认为："塞万提斯、莎士比亚、歌德在叙事、戏剧、抒情方面分别达到登峰造极的地步。"俄国著名批评家别林斯基亦精辟地指出："在欧洲一切著名文学作品中，把严肃和滑稽，悲剧性和喜剧性，生活中的琐屑和庸俗与伟大和美丽表现得如此水乳交融，这样的范例仅见于《堂吉诃德》。"

陀斯妥耶夫斯基在评价《堂吉诃德》的时候说："全世界没有比这更深刻、更有力的作品了，这是目前人类思想产生最新最伟大的文字，这是人所能表现出的最悲苦的讥讽。例如到了地球的尽头问人们：'你们可明白了你们在地球上生活吗？你们怎样总结这一生的生活呢？'那时候人们就可以默默地递过《堂吉诃德》去，说'这就是我给生活作的总结，你难道能因为这个责备我吗？'"

狂的，但是他的动机却高尚得足以令我们每个人惭愧不已。《堂吉诃德》利用文学形式将理想与现实这对人类普遍存在的矛盾揭示得如此深刻而生动，可说淋漓尽致，使得每代人都感受颇深，予以认同。正是这种具有"永恒"与"普遍"意义的深层蕴涵，才使得《堂吉诃德》千百年来长盛不衰，具有永恒的艺术魅力。

《堂吉诃德》的伟大成就也可以体现在它对现代小说的影响方面。北京大学的赵德明教授认为塞万提斯通过《堂吉诃德》的创作奠定了世界现代小说的基础。这不仅仅因为塞万提斯早在17世纪初期就写出了《堂吉诃德》这部轰动一时的长篇作品，成为西欧历史上的"第一人"，更重要的还是他在这部伟大的作品中尝试了多种与中世纪传统小说有别的艺术写作手法，如真实与想象、严肃与幽默、准确与夸张、故事中套故事等等，并且取得了巨大的成功，完成了小说艺术上的改革。

《堂吉诃德》插图

此外，《堂吉诃德》在表现人性及社会现实的同时，还表现了作者对文学创作的思考。例如他认为"描写的时候模仿真实，模仿得愈亲切，作品就愈好"，"凭空捏造越逼真越好，越有或然性和可能性，就越有趣味"等等，这些都可以作为小说创作的原则指导。小说第二部还描写了人们对小说第一部的反映和批评，从人物对堂吉诃德的不同态度表现了社会各个阶层不同人物的形象。因此，小说揭示了文学作品对读者的影响，揭示了作家、作品和人物的相互关系，表现了作者对文学创作的强烈自我意识。诸如此类，在其他的小说中都是不常见到的。

《堂吉诃德》在西班牙文学中具有崇高的独一无二的地位。它的出现，标志着西班牙古典艺术已经达到了一个高峰，同时，它也使塞万提斯本人成为欧洲近代小说的先驱。这些成就对西班牙文学、欧洲文学，乃至整个世界文学的影响都是不可估量的。

罗密欧与朱丽叶

/ 英国 / 莎士比亚 / 莎士比亚版"梁祝"

⊙作者简介

莎士比亚（1564 ~ 1616 年），16 世纪后半叶到 17 世纪初英国最著名的戏剧家和诗人，欧洲文艺复兴时期人文主义文学的集大成者。出生于沃里克郡斯特拉特福镇的一个富裕市民家庭，曾在当地文法学校学习，从小就对戏剧表演深感兴趣。13 岁时家道中落辍学经商。约 1586 年前往伦敦，先在剧院打杂，后凭借自己的努力逐渐成为剧院的演员和剧作家。1608 年前后，回到故乡定居。1616 年 4 月 23 日逝世。

莎士比亚在戏剧和诗歌创作方面都作出了巨大的贡献。自 1590 ~ 1612 年，他共写有 37 部戏剧，154 首 14 行诗，两首长诗《维纳斯与阿多尼斯》（1592 ~ 1593 年）和《鲁克丽丝受辱记》（1593 ~ 1594 年）以及其他诗歌。在诗歌创作上，莎士比亚的主要成就是 14 行诗。但他一生最主要的文学成就还是体现在戏剧创作上。根据他的作品和作者思想变化的情况，他的戏剧创作一般可分为 3 期：早期是历史剧与喜剧创作时期，代表作有历史剧《理查三世》（1592）、《亨利四世》（1597）等 9 部以及喜剧《仲夏夜之梦》（1596）、《第十二夜》（1600）、《皆大欢喜》（1600）等 10 部，此外还有《罗密欧与朱丽叶》（1595）等 3 部悲剧；中期是悲剧创作时期，代表作有悲剧《哈姆雷特》（1601）、《奥赛罗》（1604）、《李尔王》（1606）、《麦克白》（1606）等 7 部作品，此外还有《终成眷属》、《一报还一报》等 4 部具有悲剧色彩的喜剧；后期为传奇剧创作时期，代表作有传奇剧《辛白林》（1609）、《冬天的故事》（1610）、《暴风雨》（1611）等 3 部以及一部历史剧《亨利八世》。

莎士比亚像

⊙背景提示

由于从事戏剧创作和演出的工作在当时还属于不入流的低级职业，因此现存有关莎士比亚的生平资料极少，这使得有些人甚至开始怀疑是否真有莎士比亚这一人物的存在。有人推测出这些剧作可能是培根所写，支持这种说法的有马克·吐温和精神分析学的创始人弗洛伊德等人。还有人认为这些作品都是与莎士比亚同时代的一位才子马洛所作，可惜一直未能找到确凿的证据。因此，有关这些作品著者的真相，恐怕还有待于研究的继续深入。

然而无论如何，莎士比亚的作品在世界上的地位是不容怀疑的。在西方世界，一般人家必备有两本书，一本是《圣经》，另一本就是《莎士比亚全集》。1984 年选举世界 10 名伟大作家时，莎士比亚名列第一。这些都说明莎士比亚是有史以来最负盛名的作家之一。他被誉为"奥林匹亚山上的宙斯"。英国还有句谚语："宁可不要 100 个印度，也不能没有莎士比亚。"由此可见一斑。如今，"莎学"已成为一门世界性的学问，其作品已被译成 70 种文字，成为仅次于《圣经》的印刷品。

⊙内容提要

凯普莱特家与蒙太古家是意大利维洛纳城的两个大族。两家自古以来便不和睦，彼此纷争不断。有一天，蒙太古家的儿子罗密欧与朋友一块儿化装混入凯普莱特家举办的舞会中，不料却与主人家的小女儿——朱丽叶一见倾心。当夜，他就潜入她的后花园中，经过一连串缠绵的互表爱慕后，私订终身。第二天下午，经劳伦斯神父帮助，两人秘密在修道院中举行了婚礼。但家族之间的仇杀使他们之间的恋爱受到阻力。正当他们还沉浸于新婚快乐时，两家的冲突不可避免地爆发了。罗密欧在街头遇见朱丽叶的表哥提拔特，提拔特有心挑衅，罗密欧的好友墨枯修忍不下去，愤而与他交手，不幸死在提拔特的剑下。罗密欧为了给好友报仇，当即拔出剑来刺死了提拔特。于是，亲王下令放逐罗密欧。罗密欧万念俱灰，幸有劳伦斯神父的指点，心情才略为开朗。深夜，他偷偷爬进朱丽叶的闺房，与她共度了一个真挚而快乐的夜晚，次日往曼多亚出发，离开了维洛纳城——他心爱的地方。

与此同时，朱丽叶也面临着被逼婚的窘境，老凯普莱特大人逼着朱丽叶要嫁给巴里斯伯爵。朱丽叶在进退两难之际，想到了劳伦斯神父。在劳伦斯神父的安排下，朱丽叶喝下了假死之药。不明真相的巴里斯伯爵以为她真的死了，只得将婚礼改为葬礼。同时，劳伦斯神父又派人通知罗密欧赶在朱丽叶苏醒之前立即返回，但这位送信人却误了期。不明真相的罗密欧听到朱丽叶的死讯，立刻买下毒药悄悄赶回家乡，准备在朱丽叶身边自杀殉情。在墓地，罗密欧看到了巴里斯伯爵。巴里斯伯爵误以为他是来败坏朱丽叶的尸身，拔剑与之决斗，最终也倒在罗密欧的剑下。罗密欧随后饮药而亡。朱丽叶苏醒之后，见爱人已死，悲痛之余，也用匕首结束了自己年轻的生命。

闻讯而来的两家族人，看到这一对相拥而卧的灵柩，不胜感慨。劳伦斯神父把所有情形说出来后，两家才后悔由于自己的自私而害死了这两个无辜的小儿女。鉴于世仇造成的恶果，在罗密欧与朱丽叶的灵柩前，多少世纪不共戴天的两个家族最后终于和解。

⊙作品评价

《罗密欧与朱丽叶》是莎士比亚早期创作的一部充满诗意的悲剧。这部悲剧叙述一对青年男女为了追求爱情自由，不顾家庭的重重阻力，最终以死来反抗阻碍他们结合的封建势力。剧本从两家的械斗开始，又以主人公之死换来两家的和好结束。作者显然是想借此来谴责封建家族的内讧和婚姻包办制度。这对当时的反封建斗争无疑起了一定的积极作用。因此剧本从整体上看反映了人文主义者对于爱情、婚姻以及家庭理想等方面的看法，成为莎剧中最为人所熟悉的爱情经典名著。

这部作品虽然在情节上属于悲剧，但无论是主题思想还是艺术风格，都和他早期的喜剧风格相似。剧本中充满了喜剧作品中常有的对生活的热爱、对幸福的向往和对未来的信心，全剧洋溢着积极向上的乐观主义气氛，实际是一首青春与爱情的赞歌。尽管主人公为此付出了生命的代价，但隔阂却消除了，爱情、理想最终得胜，至少可以说是在最坏的情况下与读者的阅读期望值达成了一致。因此阅读这部悲剧作品往往并不像阅读莎士比亚中后期创作的几部悲剧那样经常给人以一种慨叹或抑郁感，反而能够鼓舞人们追求幸福，张扬个性，向往美好的未来。这一点是需要读者予以注意的。

从艺术上看，这部作品不仅为我们塑造了罗密欧与朱丽叶这两个不朽的艺术形象，其作品的诗化语言也给我们留下了非常深刻的印象。莎士比亚的戏剧语言具有诗的特征，不仅形式整齐，格律谨严，而且情思强烈，修辞得体。剧本中的很多台词，如朱丽叶等待罗密欧前来赴约的优美独白、第二幕第二场中罗密欧与朱丽叶的经典对白，都具有典型的诗意美。如果我们能够将这些语言的诗化形式与人物的思想感情结合起来，那么赏读这部话剧就能达到一种体验人生、享受艺术的美妙境界。

罗密欧的好友墨枯修与朱丽叶的表哥提拔特在街头决斗，不幸死在提拔特剑下，罗密欧为给好友复仇，一剑刺死了提拔特。

□仲夏夜之梦

/ 英国 / 莎士比亚 / 充满浪漫色彩的抒情喜剧

莎士比亚小画像

⊙背景提示

16 世纪下半叶至 17 世纪上半叶为文艺复兴晚期，莎士比亚此时的创作还秉承着文艺复兴的核心思想——人文主义。《仲夏夜之梦》是莎士比亚早期最为人关注的喜剧之一。该剧通过一场轻松的婚姻闹剧，歌颂了人间真爱和本善的人性，表达了作者的人文主义理想。

⊙内容提要

年轻的雅典公爵忒修斯在准备自己的婚礼，而此时正在忙着向心上人表白的他，又不得不倾听一桩婚姻纠纷事件。

事情说起来其实很简单。赫米娅是一个美貌纯情的姑娘，她爱上了一个名叫拉山德的青年。然而父亲伊吉斯却想将女儿嫁给另外一个青年狄米特律斯，赫米娅不肯听从父亲的命令。固执的老父伊吉斯便来到公爵处控告女儿。按照雅典的法律，违背父命者是要被立即处死的。公爵不得不告诉赫米娅，如果她坚决拒绝与狄米特律斯结婚，就得准备一死，除非她立誓终身不嫁。

后来，拉山德劝说赫米娅和自己一起到离雅典二十里路的拉山德姑妈那儿去，那里不在雅典法律的管辖之内。赫米娅将这个决定告诉了好朋友海伦娜。海伦娜热恋着狄米特律斯，狄米特律斯之前也曾对她表露过爱慕之情，但后来却移情赫米娅了。为了讨好心上人，痴情的姑娘将好朋友出走的事告诉了狄米特律斯。

拉山德和恋人所走的路线正好经过一片森林。这个森林是一群小仙子们的王国。此时，仙王奥布朗与仙后提泰妮娅为了争夺从印度偷来的小王子而吵得不可开交。为了报复妻子，仙王令爱专搞恶作剧的小精灵迫克，采来一种名为爱懒花的花汁去涂在仙后的眼皮上。这种花汁有一种神奇的魔力，只要在睡着的人的眼皮上滴上它，这个人醒来后便会爱上自己睁眼看到的第一样东西。仙王想迫使仙后用小王子来交换解除魔力的草汁。迫克轻松地完成了任务。这时，森林中来了一帮业余演员，他们都是从附近村子里来的手工艺人，正在这块隐蔽的地方排练节目，希望能够在公爵的婚礼上表演，以便得到一些赏赐。令迫克笑破肚皮的是，这些人对表演一窍不通，即使是他们的主演织布工玻特。这又激起了迫克爱搞恶作剧的心理，他找来一只死驴的头壳罩在了织布工玻特的头上。伙伴们看到一个怪物出现在眼前，都吓得四散而逃，他们的呼叫声惊醒了正在美梦中的仙后。事情歪打正着，仙后睁开眼后，看到的第一个人就是这只戴着驴头的怪物，然后便狂热地爱上了他，弄得笑话百出。

在这天晚上，狄米特律斯追踪赫米娅来到森林里。而迷恋着他的海伦娜也紧随而来，并且对他倾诉着自己的爱慕之情。而心烦意乱的狄米特律斯，对海伦娜十分粗暴。此时仙王正好经过两个年轻人的身边，他听到了两人的对话，十分同情美丽动人的海伦娜，他下决心要帮助这位姑娘。于是他命令迫克跟着狄米特律斯，趁他熟睡的时候，将爱懒花汁滴在他的眼皮上。

此时在森林的另一处，会合在一起的赫米娅与拉山德因为赶路，走得太疲惫了，他们决定先睡一会儿。赫米娅是一个非常正派守礼的姑娘，她坚持要拉山德与自己保持一大段距离。十分尊重自己心上人的拉山德便在稍远处睡下了。迫克奉命在寻找狄米特律斯的时候，经过了拉山德的身旁。他将同是一身雅典装束的拉山德误认成了狄米特律斯，便将神奇的花汁滴在了这个年轻人的眼皮上。海伦娜因找不到狄米特律斯而四处乱撞，不久她来到了拉山德休息的地方。姑娘的呼唤声吵醒了拉山德，小伙子一睁眼，花汁魔力便起作用了，他疯狂爱上了正在近旁的海伦娜。于是，他丢下了赫米娅，狂热地向海伦娜表示爱恋之意。海伦娜深知拉山德对赫米娅的感情，便以为这个年轻人在故意嘲讽自己。

仙王发现迫克弄错了，便立即让他去寻找狄米特律斯。在离拉山德不远处，迫克发现因疲惫而熟睡的狄米特律斯，完成了仙王交给的任务。海伦娜为了躲避拉山德，恰巧跑到了狄米特律斯身边。狄米特律斯被吵醒了，他睁开眼第一个见到的就是海伦娜，便疯狂地爱上了她。此时，拉山德也赶了过来，两个小伙子竟为了博得海伦娜的爱而争吵起来，甚至要大打出手。海伦娜弄不清两人为什么在那么短的时间内会发生这么大的变化，以为这是两人与赫米娅串通好了来戏弄自己的，心中充满怨恨。此时赫米娅也被吵醒了，她发现了睡觉前还对自己一往情深的恋人，现在却移情别恋，她既伤心又困惑。

《仲夏夜之梦》场景图

《仲夏夜之梦》是莎士比亚早期的浪漫喜剧作品，雅典附近的森林是个奇特的世界，年轻的男女承受爱情的磨难终成眷属。

四个人的吵闹声，弄得仙子王国失去了原有的安宁。仙王令迫克立即将四个人分开。迫克赶忙模仿他们的声音插入这场争吵中，四个年轻人循声在黑暗中互相追逐着，他们不停地绕着林子奔跑，最后累得精疲力竭，倒头睡去了。迫克急忙将解除魔力的草汁滴在了拉山德的眼皮上。

在仙后的宫殿附近，仙王遇见了和驴头怪物在一起的仙后。被丈夫看到自己与别人亲近，仙后十分羞愧，为了弥补自己的错误，她令人将印度小王子送给仙王做侍童。仙王也不忍再戏弄妻子，便恢复了她的理智，两人重归于好。

天亮了，森林里又恢复了平静。拉山德在清晨第一缕阳光的照耀下睁开了眼睛，恢复理智的他急忙去寻找赫米娅。狄米特律斯也醒了，醒来后的他依然对海伦娜保持着热烈的爱情。此时，公爵和伊吉斯因狩猎来到森林，他们看到了这些情景。在公爵的劝说下，伊吉斯不得不同意了女儿的婚事。几对情侣在一片祝福声中，举行了自己的婚礼。众工匠的喜剧也在婚礼中上演了。

相关链接

与剧本一样，乐曲《仲夏夜之梦》也同样为人所熟知。1826 年，德国作曲家门德尔松首次为莎士比亚喜剧《仲夏夜之梦》配乐。该乐曲调明快、欢乐，充满着古典浪漫主义色彩，是门德尔松最典型的梦幻童话音乐。可以说该乐曲与莎翁剧作“珠联璧合”。

威尼斯商人

/ 英国 / 莎士比亚 / 讽刺与抒情的巧妙结合

⊙背景提示

16 世纪末，英国资本主义经济迅速发展，阶级和社会关系也面临着新挑战。该剧描写了威尼斯商人安东尼奥与保守的高利贷者夏洛克的矛盾冲突，反映了资本主义发展初期英国的社会情况，同时也寄托了早期莎士比亚关于仁爱、友谊、爱情等的人文主义理想。

⊙内容提要

在威尼斯城中，安东尼奥十分受人尊敬，他不但是一个拥有一支远洋贸易船队的成功商人，还是一个慷慨好施、重义气的人。犹太人夏洛克是个爱钱如命的高利贷者，安东尼奥借钱给人从不收利息，损害了他的利益，夏洛克为此对安东尼奥十分不满。安东尼奥也看不惯贪婪刻薄的夏洛克，曾经当众指责过他。夏洛克总在找机会报复安东尼奥。

安东尼奥的好友巴萨尼奥，听说贝尔蒙特城有个名叫鲍西娅的才貌双全的姑娘，对其十分倾慕。这个家道中落的年轻人，急需要 3000 块钱向心上人求婚，便来找安东尼奥帮忙。此时的安东尼奥因货船全在海上未归，手中没有流动资金，于是他便向夏洛克筹借。夏洛克终于找到了报复的机会，他先是奚落了安东尼奥一番，然后表示可以不收利息将钱借给他。正当安东尼奥对他这种突然的善行感到纳闷的时候，夏洛克提出了一个要求：他要安东尼奥和他一起到公证人那儿签署一份合同，上面注明如果安东尼奥不按期还钱的话，他将会从安东尼奥身上割下一磅肉。大家都认为夏洛克不怀好意，然而为了朋友的幸福，安东尼奥还是不假思索地签下了这个合同。

贪婪势利的夏洛克不允许女儿杰西卡和清贫的恋人克里斯汀·罗伦佐结婚，为了争取爱情，杰西卡带着一些钱和心上人私奔了。人才两失的夏洛克气得满街诅咒女儿。有好事者告诉他杰西卡正在热那亚疯狂地消费，视钱如命的夏洛克心疼地叫道：“你将一把刀戳进了我的心里。”这时在海上传来了安东尼奥商船全部沉没的消息，而此时距借约到期只有半个月的时间。气恼的夏洛克终于找到了发泄的途径，他决定借这件事“出出这口恶气”。

在贝尔蒙特城，鲍西娅的父母双双过世。父亲留下了金、银、铅三个盒子，其中有一个藏有鲍西娅的照片。鲍西娅的父亲在遗嘱中说，有谁能猜中照片在哪个盒子，便可以做女儿的丈夫。求婚者

相关链接

13 世纪到 17 世纪初的文艺复兴运动，最早发源于意大利，后来在欧洲许多国家相继发展起来，是一次由封建社会向近代资本主义社会过渡时期的思想解放运动，主要特点是反封建、反宗教神权。从 4 世纪起基督教文化统治欧洲长达一千年，宣扬神权思想和禁欲主义，使人民长期处于穷困和愚昧的落后状态。13 世纪，新兴的资产阶级与封建制度的矛盾日益尖锐。1453 年，东罗马帝国灭亡，大批学者逃到意大利，掀起了搜集、研究古籍抄本和古代艺术作品的高潮，声称要“回到希腊”，把久被淹没的古典文化复兴起来。“文艺复兴”也因此得名。其实他们是借着古人的亡魂宣扬新的思想意识，即“人文主义”。文艺复兴在自然科学和哲学艺术等多个方面都取得了巨大成就，在文学方面也涌现出了但丁、莎士比亚、塞万提斯、拉伯雷等一批大师。

盛期文艺复兴威尼斯建筑代表桑索维诺的作品《查嘉宫殿》于 1535 ~ 1537 年间完成。

莎士比亚故居

从世界的四面八方云集到这儿，都希望能娶到美丽而富有的鲍西娅。巴萨尼奥在安东尼奥的帮助下也来到贝尔蒙特城。他与鲍西娅一见钟情。在选盒子时候，众多地位高贵的求婚者都选择了外表华丽的金盒子或银盒子，只有巴萨尼奥选中了质朴无华的铅盒子。巴萨尼奥成了鲍西娅的未婚夫，二人都沉浸在甜蜜的爱情中。

这时巴萨尼奥收到了安东尼奥的信。他得知安东尼奥已经破产，而且夏洛克正在逼债。想到正处于重重困境中的朋友，巴萨尼奥心情十分沉痛，他如实地向未婚妻说出了整个事情的经过。鲍西娅被巴萨尼奥的真诚以及安东尼奥为朋友两肋插刀的举动感动了，立即和巴萨尼奥举行了婚礼，这样巴萨尼奥就可以带着自己的钱，回威尼斯解救朋友了。

巴萨尼奥虽然带着充足的钱回到了威尼斯，但还是过了说好的还钱时间。夏洛克要将安东尼奥告上法庭，要他履行合同规定。巴萨尼奥赶到，提出可以加倍偿还借款。平日里爱钱如命的夏洛克此时却表示对钱不感兴趣，只能从安东尼奥身上割肉。一向喜欢安东尼奥的公爵，也出面为他说情，夏洛克都一口拒绝了。

正当事情没办法解决时，法庭上出现了一位眉清目秀的年轻律师。他向公爵出示了当时一名在威尼斯很有权威的律师的推荐信。正不知如何是好的公爵十分高兴，便让他来主持审判。其实这个突然出现的律师，正是鲍西娅扮成的。而她所说的那位很有名的律师正是姑娘的表哥。情急之下的巴萨尼奥根本想不到妻子会来到这里，没有认出她来。鲍西娅先劝夏洛克原谅安东尼奥，夏洛克当然神气地拒绝了。“律师”又问他是否愿意让对方以三倍的钱来偿还。迫切想报复安东尼奥的夏洛克仍然摇头。于是“年轻的审判者”宣布在威尼斯谁也无权改变法律，安东尼奥理所当然要按合同让夏洛克割肉。听到审判结果，夏洛克得意极了，他高呼“啊，公平正直的法官！啊，博学多才的法官！”安东尼奥只好心情沉痛地和朋友们一一诀别，大家处于一片悲痛之中。得意洋洋的夏洛克拿出早已准备好的、磨得雪亮的刀子，摇头晃脑地走到了安东尼奥的身边，他早已想好了在什么地方下手，可以将这个曾经“羞辱”过自己的人置于死地。

正当他举起刀子的时候，鲍西娅突然喝止了他。她指着借款合同对夏洛克说，借约上只写着让他“割一磅肉”，并未允许他取一滴血，因而如果他在割肉的同时，让安东尼奥流了血，将按照威尼斯的法律，他的财产将全部充公。夏洛克手中雪亮的刀子悬在了半空，他当然无法做到这一点，于是他立刻反悔，表示可以接受安东尼奥三倍的还款。鲍西娅立即说“犹太人必须得到绝对的公道，除了照约处罚之外，不能接受其他赔偿。”法庭上响起一片欢呼声。大家都学着刚才夏洛克的声调高呼：“啊，公平正直的法官！啊，博学多才的法官！”

贪婪恶毒的夏洛克，不但没有如愿以偿地报复安东尼奥，还因为“蓄意谋害公民”罪得到了应有的处罚：他的财产一半充公，一半归了安东尼奥。安东尼奥立即表示，将这一半财产转赠给夏洛克的独女杰西卡。

就这样，鲍西娅巧妙地挽救了安东尼奥的性命。真相大白以后，巴萨尼奥对夫人佩服得五体投地，朋友们都为鲍西娅的才智发出了由衷的赞美。一对年轻人开始了自己美满的新生活。

⊙作品评价

《威尼斯商人》是沙士比亚的喜剧代表作之一，也是他最成功剧作之一。作者通过相互联系的情节冲突，成功地塑造了夏洛克这样一个鲜明生动而又复杂矛盾的典型形象。该剧曾多次被搬上舞台、拍成电影，成为经久不衰的戏剧经典。

□ 哈姆雷特

/ 英国 / 莎士比亚 / 莎士比亚悲剧艺术的最高峰

⊙背景提示

该剧的故事取材于1200年的丹麦历史，丹麦王子为父复仇的故事曾被许多人改编与再创作，但莎士比亚却以他的天才为这个古老的故事注入了时代的气息与哲理的灵魂。《哈姆雷特》写于1601年，虽然是以4个世纪以前的丹麦宫廷为背景，但他通过哈姆雷特为父复仇的故事却真实地描绘并反映了文艺复兴晚期欧洲社会的广阔图景。

文艺复兴是欧洲文明史上极为重要的一页，从此开始，欧洲文明突然发现了“人”的尊严与价值，发现了这个世界的主宰是人而并不是所谓的上帝。于是，人类的自我意识逐步觉醒，个性的张扬成为这个时代永不倾覆的大旗。然而，到了文艺复兴的晚期，人性的张扬逐渐变成了“为所欲为”，私欲的泛滥与世风的浇薄成为像莎士比亚这样的人文主义者所痛心疾首的社会现实。《哈姆雷特》正是作者对这种社会状态的艺术反映。

⊙内容提要

哈姆雷特是丹麦年轻的王子，他刚从德国威登堡留学回来，而他的父亲在他回国时突然死去了，母亲乔特鲁德也在两个月后改嫁给了他的叔父——新王克劳狄斯。国内对此事议论纷纷，都觉得有些蹊跷，刚回来的哈姆雷特也是颇多疑忌，加上他在宫廷里看到了许多丑陋的事情，使得他极为苦闷。

这时，他的朋友霍拉旭与兵士在守夜时，竟见到了已故国王的鬼魂。正当霍拉旭想上前询问时，鸡鸣了，那国王的鬼魂也随之不见。哈姆雷特听到这个消息后决定亲自去看看。在新王与廷臣们寻欢作乐的又一个夜晚，他来到城上，果然见到了老王的阴魂。鬼魂告诉哈姆雷特，他的死是出自最卑鄙的谋杀，而他的弟弟就是那伤天害理的凶手：克劳狄斯趁他午睡时，把毒汁灌进了他的耳朵，却谎称他是被毒蛇咬死的。老王命令哈姆雷特为自己复仇，但不要他伤害王后。

哈姆雷特决定复仇，但他一来并不敢完全相信鬼魂的证词，二来也怕引起新王的怀疑，于是便决定装疯。对于他的发疯，国王与王后都在猜测其原因。新王的亲信大臣波洛涅斯则认为是因为爱情，

奥菲丽娅像

19世纪杰出的画家密莱斯描绘的奥菲丽娅在河中漂浮、直到被淹没的情景，她是莎士比亚的著名悲剧《哈姆雷特》中的一个不幸的少女。

哈姆雷特一直热恋着他美丽的女儿奥菲丽娅。为了证实这一猜测，他们设计让二人相遇，偷听他们会说些什么。哈姆雷特这时正困在对人生、对罪恶的思考之中，同时也为了不至于泄露机密，所以，对自己所爱的人仍然是说些颠三倒四的疯话。然而，国王听后却认为，他的发疯并非因为爱情，而是也许有极危险的原因。这时，恰有一个戏团进宫廷演出，哈姆雷特特意安排上演谋杀窃位的戏。果然，克劳狄斯看过后大失常态，这就证实了他的罪行。就在克劳狄斯惶恐万分地向上帝祷告时，哈姆雷特来了，他拔出剑来想乘机杀了他，但又觉得在他祷告赎罪时杀他不好，于是他放弃了这次机会。

《哈姆雷特》舞台剧照

悲剧讲述了哈姆雷特为父报仇的故事，故事以王子寡不敌众最后失败而告终。这一戏剧中人物的悲剧，作者赋予了多重含义，既有古希腊悲剧中命运的捉弄，也带有近代悲剧的特征。

王后叫哈姆雷特到自己寝宫来，波洛涅斯偷偷在帷幔后窃听，哈姆雷特以为是国王，便一剑刺去，误杀了波洛涅斯。国王乘机决定把哈姆雷特送到英国去，又暗中给英王一封信，要他帮忙除掉哈姆雷特。后来哈姆雷特在无意中看到了这封信，并调了包。几经周折，哈姆雷特终于回到了丹麦。但与此同时，奥菲丽娅经受不住失去父亲与情人的双重打击而精神崩溃，她带着自己编织的花冠落水而亡。哈姆雷特回来时正赶上她的葬礼。

恐慌的克劳狄斯精心安排了一次宫廷的比剑大会，想让复仇心切的波洛涅斯之子雷欧提斯杀死哈姆雷特。为了保险起见，他不但准备了毒酒，而且给雷欧提斯的剑上淬了毒药。后来，王后误饮毒酒而死，比剑的双方也均中毒剑，临死前的哈姆雷特终于以雷霆万钧之势刺死了克劳狄斯，完成了自己的复仇使命。这时挪威王子福丁布拉斯正率军路经此地，便就此继承了丹麦王位。

⊙作品评价

由于哈姆雷特本人的个性特征与表现方式的特点，独白成为这部剧作中最为关键的部分。作者正是通过哈姆雷特内心那丰富而充满了多种潜台词与阐释可能性的独白来展示他的思想与欲望、决心与游移、坚定与懦弱、爱恨与生死。这些内心独白的精彩篇章都值得反复品味与咀嚼，其艺术感染力与深刻的哲理都令人惊叹。

相关链接

“莎士比亚化”是马克思提出的一个重要论点。所谓“莎士比亚化”就是不把“个人变成时代精神的单纯的传声筒”，我们已看到过许多为了表现时代精神而创作出的高大人物，但事实上真正能体现时代精神的不是这种在某种观念的支配下臆造的人物，而是从社会的土壤里诞生并成长起来的人物。只有这样的人物，才能真正传达出一个时代、一个民族的精神脉搏。哈姆雷特就是这样的人物，他的痛苦与彷徨其实是凝聚了那个时代整个人类的痛苦与彷徨。与莎士比亚同时代的大作家本·琼生评论莎士比亚时说：“他不属于一个时代而属于所有的世纪。”由于哈姆雷特的痛苦都是集中在对人的本质的追问中，所以这句话也可以移用在他身上。

□ 伪君子

/ 法国 / 莫里哀 / 欧洲古典主义戏剧的最高峰

⊙作者简介

莫里哀像

莫里哀（1622 ~ 1673 年），原名让·巴蒂斯特·波克兰，17 世纪法国著名古典主义喜剧家。他出身于宫廷室内陈设商家庭，父亲是宫廷室内陈设商。他自幼喜爱戏剧，1643 年和朋友组成了剧团，亲自参加演出，并为此放弃了继承权。1650 年起任剧团负责人并开始喜剧创作。1659 年公演的《可笑的女才子》嘲讽当时贵族矫揉造作的风气，也奠定了莫里哀喜剧家的地位。他的主要作品还有讽刺天主教会的《伪君子》，批判修道院妇女教育的《太太学堂》、《丈夫学堂》、《屈打成医》、《吝啬鬼》（一译《悭吝人》）、《乔治·唐丹》、《唐璜》、《恨世者》、《史嘉本的诡计》、《无病呻吟》，舞蹈剧《布索那克先生》、《醉心贵族的小市民》等。其中，《太太学堂》的演出标志着法国古典主义喜剧的诞生。莫里哀是法国现实主义喜剧的首创者，他对喜剧形式作了多方面的探索，主要讽刺对象是上层资产者和没落贵族，提出了各种严肃的社会问题，用喜剧的形式揭露封建制度、宗教与一切虚假的事物。在艺术手法上，他大胆吸收了很多民间艺术手法，语言自然，把生活中的矛盾和人物性格都表现得很透彻，法国人评价他是“无法模仿的莫里哀”。

⊙背景提示

在路易十四的统治期间，法国那表面的繁荣其实更深化了它事实上的危机，而僵硬腐朽的制度也带来了同样窒息的古典主义文学。就在这个时候，冷嘲热讽、刺破伪善的《伪君子》问世了。剖析当时的社会背景，我们就会发现，它的诞生注定了是一次难产。由于它攻击一切不合理的现象，攻击经院哲学，攻击富商的不择手段，攻击天主教的危害多端，所以，在 1664 年这出戏初次上演时就遭到了天主教的攻击，路易十四便命令禁演。第二年又被最高法院下令禁演，巴黎大主教甚至宣布：凡看此剧者均逐出教门。直到 1669 年，莫里哀第三次向国王陈情，才最终获准公演。

名家点评

古典主义是 17 世纪初产生于法国的一种文艺思潮，后在欧洲各国都产生很大影响，一直持续到 18 世纪初。法国古典主义在 17 世纪中叶形成，以笛卡儿的唯理主义为哲学基础，其主要特征是具有为君主专制王权服务的鲜明倾向，注重理性，模仿古代，重视格律。创作实践上以古希腊罗马文学为典范。布瓦洛的《诗艺》是古典主义理论的重要著作，集中阐述了许多古典主义原则性的创作理论，比如戏剧创作的“三一律”原则，即要求时间、地点、情节三者的单一，就是说一出戏只演一件事，剧情必须发生在同一地方，一昼夜之内。这其实是对亚里士多德的“三一律”的一种曲解。古典主义在欧洲流行了 200 多年，文学创作上的主要成就是高乃依和拉辛等人的悲剧。古典主义虽然范围狭窄，但对法国文学的影响十分深远。

⊙内容提要

莫里哀的晚期作品《伪君子》中的插图

富商奥尔恭把一个叫答尔丢夫的教士带回了家，他母亲和他都认为答尔丢夫是一个虔诚敬奉上帝的道德君子，并要家族成员都服从他。但家里的其他人都反对，奥尔恭的儿子达米斯说答尔丢夫是一个假仁假义的人，女仆桃丽娜说他对奥尔恭的妻子欧米尔有坏心，但奥尔恭并不相信。这是因为他曾看到了答尔丢夫的许多善行，所以他才把答尔丢夫接到家里来。并且，他还想把自己的女儿玛丽雅娜与瓦赖尔的婚事退掉，把她嫁给答尔丢夫。

玛丽雅娜当然不愿意，但又不敢反对，女仆桃丽娜却替她出面，并与瓦赖尔等人一起商议如何挽回这桩事。达米斯想用蛮干来阻止此事，桃丽娜却看出答尔丢夫对欧米尔的念头，所以她认为可以由欧米尔出面。果然，答尔丢夫一见欧米尔就大献殷勤甚至调情，这一切都被达米斯看到了，他告诉了奥尔恭，欧米尔也证实了此事，可奥尔恭还是被答尔丢夫的伪善所蒙蔽，他撵走了儿子，并剥夺了他的继承权；而且让答尔丢夫多亲近欧米尔，还把全部财产都赠给了答尔丢夫。玛丽雅娜跪在父亲面前，苦苦哀求不要把自己嫁给一个自己深为厌恶的人，而奥尔恭还是固执己见。

欧米尔责备丈夫瞎了眼，成见太深。她问如果他亲眼看到了又会怎样，奥尔恭说如果这样他就相信他们所说的。于是，她让丈夫钻到桌子底下等着，然后叫来了答尔丢夫。在这时，答尔丢夫真相毕露，奥尔恭终于看清了这个伪君子，并把他赶出了家门。然而，奥尔恭已经把家业赠给了他，而且更为重要的是他与一个在逃犯的秘密文件也落在答尔丢夫手中。果然，答尔丢夫不仅要霸占家产，还到王爷那里告了奥尔恭。所幸的是王爷极为圣明，他早就看穿了答尔丢夫的所作所为，并把他投进了监狱。

⊙作品评价

各种喜剧手法的综合应用是《伪君子》一剧的突出特色。在阅读过程中，读者应该注意到这一点，奥尔恭刚从外面回来，竟来不及与妻舅克雷央特打招呼，先问桃丽娜大家是否平安，然而下文中连用了4个“答尔丢夫呢”的问句和4个“真怪可怜的”的答句,这让我们看到他的所谓“大家”不过是答尔丢夫一人罢了，而且他连妻子的病充耳不闻。每在桃丽娜讽刺性地说答尔丢夫如何好时，他总是说“怪可怜的”，这里的喜剧效果便极为强烈。

□唐璜

/法国/莫里哀/独具一格的古典主义喜剧

⊙背景提示

17世纪下半叶，法国封建制度日益腐朽，贵族生活腐败。该剧借当时非常流行的一个西班牙故事，塑造了“恶棍大贵人”唐璜的形象，表现了作者对封建社会的抨击和对贵族的讽刺。

⊙内容提要

唐璜是西班牙塞维利亚古城的一个贵族公子，被他诱骗又遭抛弃的女人不计其数。他看中了塞维利亚城修道院骑士团长温柔美丽的女儿艾维尔，在他疯狂的追求下，这位贵族小姐离开修道院与他结了婚。然而，婚后不久，唐璜便又开始寻找新的目标。一次偶然的机会，他看到一对热恋中的男女青年，二人心心相印的样子使得他妒火中烧，他决心把那位美丽的姑娘抢到手。于是唐璜对新婚妻子不辞而别，带上他的亲随，追随这对恋人直到西西里岛。

艾维尔小姐伤心之极，她追到西西里岛，欲挽回爱情。见到艾维尔小姐，唐璜不但没有一点儿惭愧，反而还劝她赶紧穿上修女的衣服重回修道院。

听说他追逐的那位小姐当日要和恋人坐船到海上游玩，唐璜便带人乘小船去抢劫。结果小船遭遇一场大风，唐璜落水。附近渔民皮艾罗将他救起，带回村中，村民们热心照顾着他。年轻美丽的村姑玛度丽娜吸引了唐璜，他向姑娘甜言蜜语，诱她上了钩。然而，当他看到救命恩人皮艾罗的未婚妻莎绿蒂姿色出众时，又转而追求，并很快骗取了她的爱情。皮艾罗知道后，气愤地与唐璜理论，结果却被他毒打一顿。玛度丽娜和莎绿蒂被谎言迷惑，一心想嫁唐璜，二人争吵起来。整个村子被搅得鸡犬不宁。正当唐璜寻找新的目标时，他的剑术教师匆匆来报告，有12名骑手追赶而来，劝唐璜赶紧躲避。唐璜赶忙与斯嘎纳莱勒换了衣服，匆忙离去。

追赶唐璜的是艾维尔小姐的两位兄长喀尔劳、阿龙斯及其随从，他们来找他复仇。不料喀尔劳与众人走散，在树林中迷途遇盗。正在危急时刻，唐璜恰巧路过，救下了他。阿龙斯等人很快赶到，要杀唐璜。喀尔劳为报救命之恩，力主给唐璜一个悔过的机会，如果他肯给艾维尔以正式夫人的名分，就可以得到宽恕。阿龙斯同意推迟复仇日期，众人离去。

唐璜路过树林中一座陵园。他得知此陵园是为纪念被自己杀死的一个武士所建，便进去参观。武士石像雕得形象逼真，屹立于园子正中。唐璜对自己犯下的罪行毫无悔过之意，还对武士嘲弄一番，请他共进晚餐。当晚，石像真的来赴宴，并回请唐璜第二天晚上到他那里吃饭。

第二天，唐璜坦然地在自己的房间大睡时，有人来敲门。首先是他的债主，来讨他久欠不还的债，他用花言巧语将其糊弄走了。接着，父亲路易怒冲冲地来找他，斥责他一连串的下流行为。唐璜表现得出人意料的乖顺，他垂手而立，表现出一副可怜的样子，说自己一定会努力做一个好人。父亲一走，他就原形毕露，对自己刚才的表现大笑不止。对他一片痴情的艾维尔小姐也来找他，规劝他改邪归正。唐璜不但毫无悔过之心，还又起邪念，想把她留下来继续玩弄。

一个鬼魂走来警告他：唐璜要指望上天发慈悲，没有再多的时辰留给他了；假如他不马上忏悔，他的毁灭是定了。斯嘎纳莱勒从中看到不祥的征兆，劝主人赶紧忏悔。唐璜却说：“我不能叫人家说我也会悔过”，“世上没有东西能让我害怕”，说着拔剑砍向鬼魂。晚上石像终于来邀请他了，大声宣布：“唐璜作恶到底，必有横死，拒绝上天的慈悲，得到的便是震怒。”接着，风雨大作，雷电轰鸣。一个霹雳过去，烈焰落在唐璜身上。他被焰火卷进了地狱。他的死对一切都有了交代：被践踏的法律，被祸害的家庭，被诱奸的姑娘，被逼得走投无路的丈夫……倒霉的只有斯嘎纳莱勒，他被拖欠多年的工钱是没有着落了！

自然哲学的数学原理

/英国/艾萨克·牛顿/近代科学的奠基之作

⊙作者简介

艾萨克·牛顿像

艾萨克·牛顿（1643 ~ 1727 年），英国著名的科学家。牛顿出生在英格兰林肯郡小镇沃尔索浦的一个自耕农家庭里，他出生前三个月父亲便去世了。大约从 5 岁开始，牛顿被送到公立学校读书。1661 年，19 岁的牛顿以减费生的身份进入剑桥大学三一学院，1665 年获学士学位。这一年内，牛顿开始想到研究重力问题，并想把重力理论推广到月球的运动轨道上去。他还从开普勒定律中推导出使行星保持在它们的轨道上的力必定与它们到旋转中心的距离平方成反比。1667 年 ,26 岁的牛顿晋升为数学教授，并担任卢卡斯讲座的教授。1707 年，牛顿的代数讲义经整理后出版，定名为《普遍算术》。他在 1736 年出版的《解析几何》中引入了曲率中心，给出密切线圆 (或称曲线圆) 概念，提出曲率公式及计算曲线的曲率方法，并将自己的许多研究成果总结成专论《三次曲线枚举》，于 1704 年发表。此外，他的数学工作还涉及数值分析、概率论和初等数论等众多领域。公元 1668 年，他制成了第一架反射望远镜样机，公元 1671 年，牛顿把经过改进的反射望远镜献给了皇家学会，因此名声大振，并被选为皇家学会会员。随着科学声誉的提高，牛顿的政治地位也得到了提升。1689 年，他被选为国会中的大学代表。作为国会议员，牛顿逐渐开始疏远给他带来巨大成就的科学。晚年的牛顿开始致力于对神学的研究，他否定哲学的指导作用，虔诚地相信上帝，埋头于写以神学为题材的著作。1727 年 3 月 20 日，艾萨克·牛顿逝世。同其他很多杰出的英国人一样，他被埋葬在了威斯敏斯特教堂。

⊙背景提示

古希腊的灿烂文化在漫长的黑暗中世纪中埋没尘封，黯然失色。15 世纪，文艺复兴的大旗飘扬在欧洲大陆上，自然科学获得新的生命，蓬勃成长。科学巨匠哥白尼、第谷、开普勒、伽利略以及笛卡儿等先后驰名于欧洲。一场科学革命冲破了中世纪封建势力和经院哲学的层层罗网，不断取得胜利。

⊙内容提要

《自然哲学的数学原理》(简称《原理》) 第 1 版问世，距 1664 年牛顿开始思考并进行草算已 23 年。《原理》第 2 版于 1713 年出版，第 3 版于 1725 年出版。《原理》原用拉丁文写成。牛顿逝世后 2 年由 A. 莫特译成英文付印，即今所见的流行的《原理》英文本。可以说，《原理》一书的中心内容是论述了牛顿在数学上的伟大创造即微积分术，并且应用这个创造去解决天体运动以及其他相关物理问题。《原理》第一编之前有两部分重要的论述。第一部分为定义。定义共 8 条，其中有关向心力的有 5 条。在第一编之前，除定义一章，还有公理或称运动定理一章。在这章里牛顿阐述著名的运动三定律。

牛顿的办公桌

一、关于引力定律：我们用引力解释天空和海洋的种种现象，但还没有指出这种力的本源。可以肯定的是，产生这种力的本源透入太阳和行星的中心时，力量没有丝毫减弱；不是根据它作用于其上的物质微粒的表观量的大小，而是根据他们所含有的坚实物质的量而发生作用，并且在所有方向上总是按距离平方反比减弱的规律向无穷远传播。太阳的引力是由组成太阳整体的各个微粒的引力所构成的。我们不妨进而来谈一下某种能渗透和隐匿在所有大块物体之中的极其微妙的“气精”（spirit)。由于这种气精的力和作用，近距离的物体微粒互相吸引，若彼此接触则互相黏合；带电物体作用到更远一些的距离，排斥或吸引其附近的微粒。由于气精的作用，光波发射、反射、折射、弯曲，并使物体发热。

二、关于行星系统的轨道：由于恒星相互之间是静止的，我们可以认为，太阳、地球和其他行星是一个在它们之间存在忽彼忽此各种运动的天体系统；所有天体的公共重心或者是静止的、或者是沿着直线匀速地向前运动，在后一种情况下，整个系统将同样沿着直线匀速地向前运动，太阳和木星的公共重心落在太阳表面上，即使全部行星都放到木星轨道的某一地方，太阳和全部行星的公共重心也不会从原有位置移到距太阳中心 2 倍远处；因此，虽然太阳受到的扰动随着行星位置的不同而不同，但总是以很慢的速度往复地晃动，迄今太阳离开了整个系统静止中心的距离从来未达到其本身直径那么远。行星围绕着受到扰动的太阳作椭圆轨道运动，从行星指向太阳的半径扫过的面积差不多与时间成正比。若太阳是静止的，且行星之间没有相互作用的话，则它们的轨道是椭圆的，半径扫过的面积将精确地与时间成正比。实际上，行星之间的相互作用比起太阳对行星的作用是微乎其微的，并不会产生明显的误差。如果太阳是静止的，而且行星之间没有相互作用，则它们轨道的远日点与交点同样是静止的，并且其椭圆轨道的长轴是它们周期平方的立方根，于是给出了周期也就给出了椭圆轨道的长轴。然而，由于太阳的运动，每个轨道的半长径将有所增加，其增加量大约是从太阳和行星公共重心到太阳中心的距离的 1/3，同时，由于外行星对内行星的作用，内行星的周期多少要被延长，虽然增加量几乎觉察不到，结果，它们的远日点也以很慢的速度移动，行星在绕太阳公转的同时，也带着其他天体如卫星绕行星本身转动。但是，由于太阳的作用，月球肯定要以较大的速度运行，这样就必定使其轨道曲率变小。

三、关于潮汐：由于太阳、月亮的相互吸引与，海洋每日应两次涨潮和两次落潮，而且最大潮将在每日的第 6 小时之前和前面一日的 12 小时后出现。由于周日运动的延缓，涨潮时间缩至第 12 小时；又由于往复运动的力，它被推迟至更靠近次日第 6 小时的时刻。虽然日月这两个天体产生的两种运动呈现不出明显的区别，但将构成某种混合运动。在天体冲和合时，它们的引力将结合在一起产生最大涨潮和落潮。又因为月球对潮汐的引力大于太阳的引力，潮水的最大高度将在第三太阳时左右出现。天体对潮汐的影响取决于它们离地球的近远，当它们距离较近影响较大，距离较远则影响较小，并且与它们的视直径的三次方成正比。因此，在冬季太阳位于近地点时，对地球有较大的效应；每个月，月球在近地点会产生比在 15 天前后即月亮在远地点时更大的潮水。

□鲁滨逊漂流记

/ 英国 / 笛福 / 引人入胜的历险小说

⊙作者简介

笛福（1660 ~ 1731 年），出生在伦敦的一个信奉新教的家庭，父亲是屠夫（一说是油烛商），在王政复辟时期曾因为追随不肯宣誓效忠国教的牧师而举家迁徙。按照父母的安排，笛福本应成为一名教士，但是他在 21 岁时思虑再三决定“下海”经商。此后，他投身工商业，参与政治甚至间谍活动，还写文章办刊物。他曾周游欧洲列国。他屡败屡战，事业大起大落，忽而发财，忽而破产，一时受国王赏识，一时被捕入狱。年近 60 岁时他开始动笔写虚构作品《鲁滨逊飘流记》（1719），不想却大获成功。这促使他数月后便推出了该书的续集，并在短短 5 年内一鼓作气写出《辛格尔顿船长》、《摩尔·弗兰德斯》、《罗克萨娜》等好几部小说。

笛福的一生大起大落，悲喜交集，充满了传奇色彩，这也是为什么他将鲁滨逊的经历看作是自己一生的写照的原因。

⊙背景提示

1719 年，《英国人》杂志刊登了一则新闻：有位苏格兰水手赛尔科克与船长发生冲突，被抛弃在荒岛上，孤独地生活了 4 年多，变成了一个忘记了人类语言的野人。后来，一位航海家发现了他，把他带回英国。这则轰动一时的奇闻，激发了英国作家笛福的灵感，他以此为素材，匠心独运地创作了一部举世闻名的冒险小说《鲁滨逊漂流记》。

⊙内容提要

鲁滨逊出身于一个体面的商人家庭，渴望航海，一心想去海外见识一番。他瞒着父亲出海，第一次航行就遇到大风浪，船只沉没，他好不容易才逃出性命。第二次出海到非洲经商，赚了一笔钱。第三次又遭不幸，被土耳其人俘获，当了奴隶。后来他划了主人的小船逃跑，途中被一艘葡萄牙货船救起。船到巴西后，他在那里买下一个庄园，做了庄园主。他不甘心于这样的发财致富，又再次出海，到非洲贩卖奴隶。

船在途中遇到风暴触礁，船上水手、乘客全部遇难，唯有鲁滨逊幸存，只身漂流到一个杳无人烟的孤岛上。他用沉船的桅杆做了木筏，一次又一次地把船上的食物、衣服、枪支弹药、工具等运到岸上，并在小山边搭起帐篷定居下来。接着他用削尖的木桩在帐篷周围围上栅栏，在帐篷后挖洞居住。他用简单的工具制作桌、椅等家具，猎野味为食，饮溪里的水，克服了最初遇到的困难。

他开始在岛上种植大麦和稻子，自制木臼、木杵、筛子，加工面粉，烘出了粗糙的面包。他捕捉并驯养野山羊，让其繁殖。他还制作陶器等等，保证了自己的生活需要。虽然这样，鲁滨逊一直没有放弃寻找离开孤岛的办法。他砍倒一棵大树，花了五六个月的时间做成了一只独木舟，但船实在太重，无法拖下海去，只好前功尽弃，重新另造一只小船。

鲁滨逊在岛上独自生活了 17 年后，一天，他发现岛边海岸上都是人骨，生过火，原来外岛的一群野人曾在这里举行过人肉宴。鲁滨逊惊愕万分。此后他便一直保持警惕，更加留心周围的事物。直到第 24 年，岛上又来了一群野人，带着准备杀死、吃掉的俘虏。鲁滨逊发现后，救出了其中的一个。鲁滨逊把被救的土人取名为“星期五”。此后，“星期五”成了鲁滨逊忠实的仆人和朋友。接着，鲁滨逊带着“星期五”救出了一个西班牙人和“星期五”的父亲。不久有条英国船在岛附近停泊，船上水手闹事，把船长等三人抛弃在岛上，鲁滨逊与“星期五”帮助船长制伏了那帮水手，夺回了船只。他把那帮水手留在岛上，自己带着“星期五”和船长等离开荒岛，回到英国。此时鲁滨逊已离家35年。他在英国结了婚，生了3个孩子。妻子死后，鲁滨逊又一次出海经商，路经他住过的荒岛，这时留在岛上的水手和西班牙人都已安家繁衍生息。鲁滨逊又送去新的移民，将岛上的土地分给他们，并留给他们各种日用必需品，才满意地离开了小岛。

《鲁滨逊漂流记》第一版插图

⊙作品评价

《鲁滨逊漂流记》是一部著名的冒险小说。这部小说虽然取材于真人真事，但其中也融合了作者本人的丰富阅历，它表现了强烈的资产阶级进取精神和启蒙意识。作品所创造的主人公鲁滨逊与以往的欧洲小说所塑造的人物形象完全不同，完全是个新人，成了当时中小资产阶级心目中的英雄人物，是西方文学中第一个理想化的新兴资产者形象。

鲁滨逊出身于中产阶级，而且有多次机会成为人人羡慕的富翁，但他不安于现状，雄心勃勃，决心舍弃安逸舒适的平庸生活出海冒险。这种勇于进取的冒险精神，表现了当时新兴的资产阶级不满足于现状，要开拓世界、占有世界的欲望。在他被困荒岛期间，他通过自己的双手与大自然作斗争，表现出惊人的毅力。全书的主要部分就是描写鲁滨逊如何在这个荒岛上利用自己的双手和智慧来为自己的生存创造条件。虽然在这个过程中他遇到过很多困难，甚至曾一度绝望过，但在他多年的努力下，最后他竟然有了自己的种植园、牧场、两处住所、许多家具，甚至还建立了一个包括狗、猫、羊、鹦鹉在内的热闹家庭。这种实干和不屈不挠的精神显然正是作者所要着力颂扬的形象。多少年来，正是这种形象激励了无数的西方历险者勇敢地去未知的新大陆开创自己的新生活，对于资本主义在全球的扩张起到了巨大的作用。当然，反映在鲁滨逊身上的一些负面影响因素也不可忽视，作为一个殖民者，他贩卖过奴隶，具有剥削掠夺的本性。这些都是我们在阅读中需要注意的。

从艺术上看，《鲁滨逊漂流记》具有典型的现实主义风格，但其中的惊险经历又很吸引人，因而使得全书具有很大的艺术吸引力。这部小说是用第一人称写的，语言上也通俗易懂，虽然有些地方还不成熟，但对英国的小说创作产生过重大影响。

笛福在政治上树敌甚多，加之其匿名小册子《惩治新教教徒的捷径》的出版，因而遭到新教徒的逮捕，被处以空前的刑罚——巨额罚款、连续三天在伦敦三个不同的地点带枷示众。笛福非但没有屈服，还靠朋友印出了他的《枷刑颂》。笛福的勇敢和幽默赢得了许多人的同情，他被示众时，群众向他投来的不是石头，而是鲜花。

格列佛游记

/ 英国 / 斯威夫特 / 奇幻的历险

⊙作者简介

斯威夫特像

斯威夫特（1667 ~ 1745 年），英国启蒙运动中激进民主派的创始人，18 世纪英国最杰出的政论家和讽刺小说家。他出生于爱尔兰都柏林的一个贫苦家庭，由于父亲早逝，从小由叔父抚养长大。15 岁时就读于都柏林三一学院，获学士学位；1692 年获牛津大学硕士学位，1701 年获三一学院神学博士学位。他在大学里的主业是哲学和神学，但他个人更偏爱文学和历史。1699 年，斯威夫特曾回到爱尔兰，在都柏林附近的一个教区担任牧师，并担任过《考察报》主编。此后，他曾积极支持并投入争取爱尔兰独立自由的斗争，但一个个美好的梦想最后都破灭了。

斯威夫特的文学才能很早就显露出来，他写过一些诗和文章，但真正使他扬名的是讽刺散文《一只澡盆的故事》（1704），在这篇故事中他讽刺和抨击了英国各教派的虚伪和无耻。此后他又写了《布商的信》（1724 ~ 1725 年），抨击英国政府对爱尔兰的货币政策；《一个小小的建议》（1729），讽刺英国对爱尔兰人民利益的压榨和情感的欺侮。斯威夫特一生写的大量作品几乎都是不署名出版的，只有《格列佛游记》例外。

⊙背景提示

《格列佛游记》表面上酷似奇幻而诙谐的儿童读物，实际上却是一部对当时英国政治、社会、法律、风俗、习惯暴露深刻、极富战斗性的现实主义作品。他曾经提出过一个文学创作主张，认为“有许多事不能用法律去惩罚，宗教与道德的约束也都不足以使这些干坏事的人改正；只有把他们的罪孽以最强烈的字眼公之于世，才能使他们受人憎恶。”显然，《格列佛游记》这部讽刺文学巨著正是作者文学创作主张的体现。据说这本书的构思源于作者与朋友的一次聚会，斯威夫特在席间对当时的社会政治经济嬉笑怒骂，信笔开始了本书第一卷的创作。成书后经过多次的删改，终于在 1726 年底发表。

⊙内容提要

雷米尔鲁·格列佛生于洛丁加姆州，从 14 岁开始在英国与荷兰的大学中念书，后来以外科医生的身份到船上工作，经过数次航行后在伦敦定居，和一位叫做玛丽·巴尔顿的女孩结婚。1699 年 5 月 4 日，他乘着“羚羊”号轮船向南太平洋出航。

格列佛第一次出航，船起初平安无事，后来便遭到狂风暴雨的袭击，不幸在顺达列岛遇难，漂流到全国居民身高仅 20 厘米左右的小人国里里帕岛上。岛上居民身高都只有 6 寸左右，因此，和这些小人相比较，他就像是一座“巨人山”。当他苏醒时，发现自己全身被细绳捆绑，牢牢地钉在地上不得动弹。但是，当格列佛获得这群小人们的信任后，他们便将他解开，引领他到宫廷中，殷勤地招待他，他也逐渐熟悉了小人国的风俗习惯。不久，邻国布列弗斯卡帝国以战舰进攻小人国，格列佛独自发动攻击，把敌国最大的 50 艘战舰拖回小人国的港口，立下了大功。但是，这次胜利并没有给他本人带来更好的运气，因为接连在几件事情上得罪了国王，国王决定刺瞎他的双眼，将他活活饿死。格列佛得知消息，仓皇逃向邻国，修好一只小船，起航回家。

格列佛回家不久，又随“冒险号”再次出航。但这一次船却阴错阳差地在居民全是高壮的巨人岛——布罗布丁鲁那克岛搁浅了。那里的国王身高有 60 尺之巨，只要用食指和拇指，便能将他举到半空中。这会儿格列佛又变成“小人”了。该国有一名农夫将格列佛捉住，带着他到处“卖艺”，供人观赏，把他累得奄奄一息，这样的生活一直延续了两年之久。最后，农夫将他送入宫廷。他在同大人国国王交谈中，竭力夸耀英国社会各方面的完善和优越，但是大人国国王对此一一作了尖锐地抨击。到了在巨人国的第三年，思乡心切的格列佛趁陪同国王视察边疆的机遇企图逃跑。但是藏在木箱中的格列佛被一只巨鹰抓起又丢落海中。幸好，一艘路过的船发现了他并最终带他回到自己的家乡。

格列佛回家待了一段时间，又随“好望”号进行了第三次出海历险。这一次，他乘坐的船被日本海盗船攻击而在海上漂流。不久，他来到了一座叫“勒皮他”的飞岛，那是个与世隔绝的世界。这里的人们相貌非常奇特，观念也很闭塞。在岛上盘桓数日后，格列佛来到巴尔尼巴岛上进行访问，参观了那里的“拉格多科学院”。随后，他又到过日本，也到过那古那古国。在那古那古国又见到另一个奇怪的民族，这些人无论死神怎么纠缠，他们只需发出一种奇怪的哀鸣就不会死了。格列佛对这种情形感到十分惊讶！

在第三次航行结束数月后，格列佛进行了最后一次的航行。这次他受聘为“冒险家”号的船长，但是在航行途中却遭到水手叛变，他被这一群海盗船员们囚禁了几个月，最后被流放到具有优异理性和语言能力的慧国。这里的人外形好像马，有高度的智慧、自制力、礼节，就像生存在幻境中似的。格列佛知道他们是亚佛族，对人类十分排斥。在慧国，格列佛被当成家畜般饲养，幸亏有一个马民替他解了围，于是他开始学习这里的语言。最后，他竟然爱上了这个理想的国度，并期望能在此安度余生。然而，慧国决定驱逐格列佛。所以他只得无奈地重返英国。回到故乡之后，他竟被传染似的，一辈子都与马为友，连他的家人他都觉得十分怪异。

⊙作品评价

《格列佛游记》通过里梅尔·格列佛船长之口，叙述了周游四国的奇特经历，因此该书也一共由四部分组成。第一卷小人国游记和第二卷大人国游记写于 1721 ～ 1722 年。第四卷慧国游记先于第三卷，写于 1723 年。第三卷比较松散，铺的面较开，以勒皮他（飞岛）游记为主，兼及巴尔尼巴比、拉格奈格、格勒大锥和日本 4 个地方的游记，从 1724 ～ 1725 年写了两年。四个部分应该可以说是相互独立的，表面上的某种联系或者对照也许只存在于第一卷和第二卷之间；格列佛由小人国中的“巨人山”，一下变为大人国中的可怜的矮子。

总体来看，不论从正面歌颂，还是从反面讽刺，斯威夫特的情感和思想在四个部分中都是一以贯之的，那就是不留情面地对 18 世纪前半期的英国社会进行全面的批判，尤其对统治阶级的腐败、无能、无聊、毒辣、荒淫、贪婪、自大等做痛快淋漓的鞭挞。这种批判和鞭挞的声音在第四卷慧国游记中甚至达到了凶野暴烈的程度，批判和鞭挞的范围也似乎要越出 18 世纪初期的英国，而将矛头直接指向罪孽深重、愚蠢肮脏、毫无理性的整个人类。有评论者据此认为作者是一个“厌世主义者”，但这种情绪显然是作者对其所处时代和人性本质不满的认识和宣泄。其中的部分内容即使是在今天也是具有一定的参考价值的。

《格列佛游记》的艺术魅力也倾倒了很多读者。作者以神奇的想象、夸张的手段、寓言的笔法、不留情面的批判，为我们塑造出一个个丰富多彩的、童话般的幻想世界，而这种幻想和现实又是和谐统一的，使得读者有身临其境的感觉，并常常会为其中的故事情节发出会心的一笑。凡此种种，都使该书成为世界各国人民所喜爱的常备书，里面的很多有趣的故事，也成为世界人民共同的艺术财富。

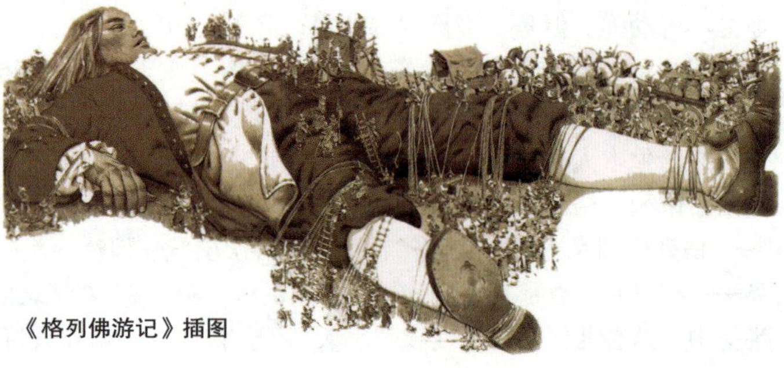

《格列佛游记》插图

□论法的精神

/法国/孟德斯鸠/理性和自由的法典

⊙作者简介

孟德斯鸠（1689 ~ 1755 年），法国资产阶级启蒙思想家，古典自然法学派的代表人物，资产阶级法学理论和“三权分立”学说的奠基人。孟德斯鸠出生于波尔多附近的一个贵族家庭，幼年学过古希腊语和拉丁语，后来专攻法律。19 岁取得法学学位并担任讲师。1715 年，他和一位有钱的军官之女茵·德·拉特丽格结婚。1716 年，孟德斯鸠继承伯父的子爵爵位和法院院长职务，在工作中，他认识到封建法律是为王权服务的，开始怀疑法律能否做到真正公允。1728 年，他辞去法院院长的职务，开始长途学术旅行，他周游奥、匈、意、德、荷、英等国。他除专攻法律之外，还涉猎各类学科，获得了广博的学识。他曾先后被选为法兰西学院院士，英国皇家学会会员和柏林皇家科学院院士。1722 年，他化名“波尔·马多”发表《波斯人信札》一书，一跃成为全国瞩目的人物。1734 年，他发表了《罗马盛衰原因论》，1748 年，经过 20 年的精心的酝酿和准备，《论法的精神》问世。1750 年，他在日内瓦发表了《为<论法的精神>辩护》，但尽管作了辩护，还是被列入了当年教会的禁书目录。1755 年 8 月 11 日，孟德斯鸠在巴黎去世，终年 76 岁。

孟德斯鸠头像

⊙背景提示

孟德斯鸠所处的时代是 17 世纪末和 18 世纪前叶，此时正是法国封建主义和君主专制从发展高峰急剧走向没落的时期，长期的战乱、苛政使农民起义此起彼伏，经济、政治危机愈演愈烈。工业革命在法国逐渐兴起，工业资产阶级的利益与专制主义的冲突日益尖锐，资产阶级革命的时机进一步成熟，同时一大批进步的史学家、科学家、哲学家和作家和进步人士为新兴的资产阶级奔走呼吁，英国资产阶级革命的思想也被广泛接受。这一切都为《论法的精神》的问世打下了坚实的基础。

⊙内容提要

《论法的精神》分上、下两卷，长达 60 余万字。除一短序外，分六卷 31 章。第一卷（第 1 章至第 8 章）着重论述了法律的定义、法律和政体的关系、政体的种类以及它们各自的原则。第二卷（第 9 章至第 13 章）论述了自由的概念、法律自由与政体的关系，尤其是通过著名的“分析说”深刻地揭示了以上关系。他将国家政体的权力归结为立法权、行政权和司法权三种，并且通过英格兰实行“三权分立”的经验以及罗马等国家行使三种权力的教训，从正反两方面深刻地论述了三种权力之间相互依存、相互制约，不可相互代替的关系。第三卷（第 14 章至第 19 章）主要阐述作者关于法律与地域气候的关系的观点。他认为人的性格、嗜好、心理、生理特点的形成与人所处的环境或气候有密切的关系。因而不同环境的民族有不同的精神风貌和性格特点。第四卷（第 20 章至第 23 章）阐述了法律与贸易、货币与人口的关系。他认为贸易的发展应当有章可循，有法可依，只有这样，贸易活动才能为人类社会创造出更多的财富。作者力求倡导建立适合于各类贸易活动的法

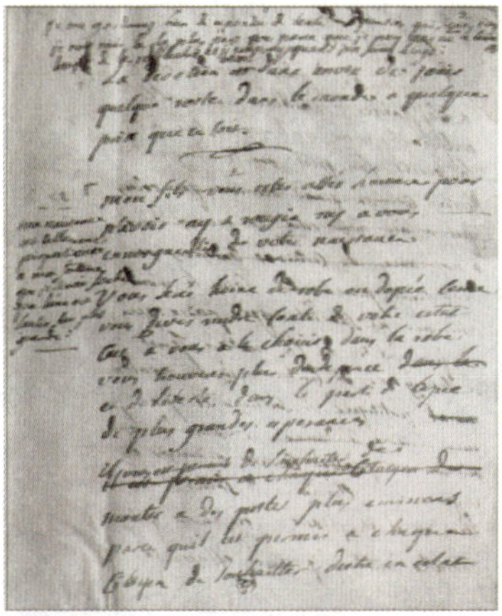

孟德斯鸠创作手稿

律法规。作者从货币的性质出发，着重论述了货币在贸易活动中所扮演的角色和所起的作用，强调货币的发行和兑换应受国家机器的控制，并遵循贸易市场的客观需求。作者从立法的角度着重论述了“天赋人权”的重要性，并详细阐述了各阶层的人们的社会地位。第五卷（第 24 章至第 26 章）详细论述了基督教、天主教、新教等宗教各自的特点和各自相应的国家政体，并从古代的一些宗教派别的发展过程出发，阐述了宗教对国家尤其是对国家的统治者的重要性。同时，在本卷中较为详细地论述了民事法规与宗教法规从内容到实施的不同之处。第六卷（第 27 章至第 31 章）着重对欧洲各国法律的起源、人物和事件进行了深入细致的探讨和研究，并对建立这些法律的理论根据、历史渊源、人物和事件进行了考证和甄别。

《论法的精神》体现了以下四个方面的内容：（一）自然法理论，认为自然法是人类在自然状态中所接受并遵循的一种规律，自然法是永恒的。（二）分权学说，认为政治自由应是民主宪政制度的直接目的，要保障公民的政治自由，就要让立法权、行政权、司法权分掌在不同的人、不同的国家机关手中，并且相互制约，保持协调的行动；三权不仅要分立，更重要的是通过分立以权力制约权力。（三）法治思想，强调法律在治理国家中的作用。主张以法治国，建立法治国家。（四）整体学说，他集中在英国的宪法制度上探讨了政府形式的问题，认为重要的不是看权力掌握在一人手中、多数人手中还是全体人民手中，而是看权力是如何由政府实施的，有可能出现一人单独统治的专制主义，也可能出现全体人的专制主义。只有宪法才能保障一个国家的公民政治自由。

⊙作品评价

《论法的精神》是法学发展史上为数不多的鸿篇巨著之一，以法律为中心，涉及经济、政治、历史、宗教、地理等领域，包罗万象，内容极为丰富充实，被称为一部资产阶级法学的百科全书。至为关键的是全面提出并论述了三权分立理论，可以视孟德斯鸠为三权分立学说的真正创始人，而三权分立的思想直接体现在 1789 年法国的《人权宣言》和 1791 年法国宪法以及 1787 年美国宪法。当然这部作品也有其局限性，如在宪政上主张与封建势力妥协，夸大自然环境的作用等。

法国《人权宣言》

《人权宣言》是人类自由权利的基本宪章之一。1789 年法国大革命胜利后，议会通过的基本原则是“人人生而自由，权利平等”、“宗教自由和言论自由”等。其中三权分立的概念正是来自于孟德斯鸠的《论法的精神》。

社会契约论

/法国/让—雅克·卢梭/世界政治史上最著名的文献之一

⊙作者简介

卢梭塑像

让—雅克·卢梭（1712 ~ 1778 年），是法国伟大的启蒙思想家，在法国的哲学、政治学、文学、音乐、戏剧等许多领域里都做出了卓越的贡献，而且在世界上产生了深远的影响。他出生于瑞士日内瓦一个贫穷的钟表匠家庭，他的祖先原籍法国的蒙莱里，为了躲避法国政府对新教徒的迫害，于 1549 年逃难到日内瓦定居。他的父亲是个钟表匠，母亲在其出生几天后去世了，卢梭由姑妈抚养。卢梭喜欢读书，吃过晚饭常和父亲一起阅读，靠父亲的指导学会了识字、读书。他 10 岁时，父亲在打猎时用剑刺伤了一个当过军官的牧场主，只得逃离日内瓦，于是卢梭由其舅舅照顾。他先后当过学徒、随从、家庭教师、乐谱抄写人、秘书、作家和乐师等，屡屡变换社会角色。31 岁时，卢梭定居巴黎，很快成为了百科全书派的重要人员。1749 年他应征第戎科学院征文，以《论科学与技术》一文获奖，一举成名。但他多次因著作、思想而被迫流亡。他很多时候依附于贵妇人，但更多的是靠乐谱编写度日。1778 年 7 月贫困交加的卢梭孤独地逝世。卢梭虽然没有受过系统的教育，但他的勤奋和钻研获得了渊博的学识，取得了辉煌的成就。卢梭一生命运多舛，饱受迫害，常遭非议。他著述丰富，有《论人类不平等的起源和基础》、《社会契约论》、《爱弥尔》、《忏悔录》、《新爱洛伊丝》、《漫步遐想录》等。

⊙背景提示

卢梭在法国谋生与著书立说的时候，正是路易十五执政的年代，那时专制君主政权从强盛走向衰落，国家表面上繁荣昌盛，实际已是国库空虚，民不聊生。当时的法国人分为三个等级：僧侣和贵族是一、二等级，百分之一的人口却占有大量的土地；农民、城市贫民和手工业者是第三等级，政治上没有任何地位，经济上受种种剥削和压迫。因此当时法国的主要矛盾是农民与封建主的矛盾。随着资本主义的发展，第三等级中的资产阶级壮大起来，与教会、贵族明争暗斗，扩大经济实力，但政治上却仍受排挤和压迫。于是他们与第三等级中的其他阶级联合起来，力图推翻封建专制制度，最终导致法国大革命的爆发。

⊙内容提要

《社会契约论》又名《政治权力的原理》，全书四卷共 48 章，每章都论述一个很大的题目，但文字篇幅有限，言简意赅。

第一卷包括 9 章。第一章的题目是《第一卷的题旨》，开门见山地提出了一个著名的命题即“人是生而自由的，但却无往不在枷锁之中”，接下来各章都是论述社会的，他指出家庭是唯一自然的社会，维护自身的生存是人性的首要法则。强力并不构成权利，不能迫使人民服从。他认为“放弃自己的自由，就是放弃自己做人的资格，就是放弃人类的权利”。由于人类碰到了不利生存的障碍，需要在维护自身的同时，聚集全体的力量，这就需要每个人及其自身的一切权利全部都转让给整个的集体，并且作为全体不可分割的一部分，但同时人类丧失了天然的自由，获得了社会的自由。

第二卷包括 12 章，论述的是主权、法律和人民。卢梭认为众意和公意是有区别的，众意是个别意志的总和，着眼于私人利益，公意着眼于公共利益，永远是公正的，主权是公意的运用，因而主权是不可转让的和不可分割的。他认为要把权利和义务结合起来，就需要有法律和约定，而法律只能是公意的行为。卢梭把立法权看作是人民主权的主要形式，因而法律是应该由服从法律的人民来制定的。

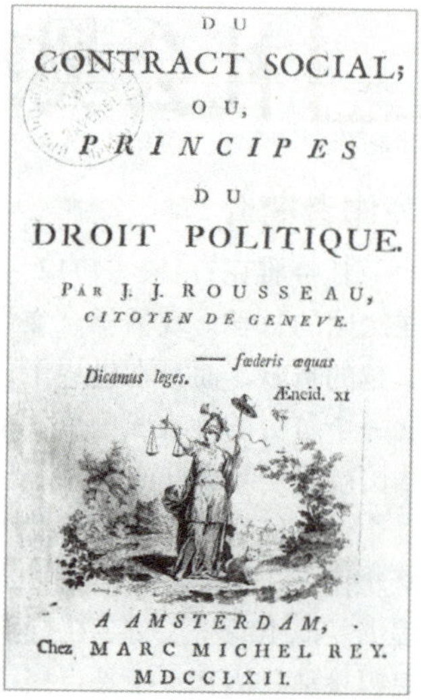

《社会契约论》封面

第三卷包括18章，论述的是政府的体制。卢梭首先对政府这一概念的含义作了说明，他认为“政府就是在臣民与主权者之间所建立的一个中间体，以便两者得以相互结合，它负责执行法律并维护社会的以及政治的自由”。政府可以分为民主制、贵族制和国君制。这三种政府形式或者至少前两种形式是或多或少可以变动的。因为民主制可以包括全体人民，也可以缩小到人民的半数，而贵族制则可以由人民的半数缩小到极少数的人。即使是国君制，有时也可以在父子之间或弟兄之间或其他人之间分成几部分，至于哪种形式的政府最好，他认为每一种形式的政府都可以在某种情况下成为最好的政府，而在另外一种情况下成为最坏的政府。他坚决反对贵族制和国君制，主张民主共和制，不过他又认为真正的民主制是从来不曾有过、也永远不会有的。

第四卷包括9章，论述与选举有关的制度。他认为既然每一个人生来是自由的，并且是自己的主人，所以任何人在任何情况下都不能寻找借口，在未经本人许可的条件下奴役别人。因此无论如何都不能剥夺公民的投票权。卢梭介绍了罗马的人民大会，论述了罗马选举平民担任的保民官制、在紧急情况下采用的独裁制和从退职的执政官中选出的监察官制，最后论述了公民宗教。他认为公民的宗教服从本国的神及其教义，把对神明的崇拜与对法律的热爱结合在一起，君主就是教主，因而这种宗教全是谬误和谎话，是欺骗人民的空洞仪式。

⊙作品评价

《社会契约论》是卢梭最为深刻和成熟的政治理论著作，是世界政治学史上最著名的古典文献之一，标志着民主思想史上的一个重要阶段。此书内容并不很多，但思想深刻，意蕴丰富，创见迭出，语言也十分机智幽默，确实是一部百读不厌的经典政治学和法哲学著作。卢梭在这部著作中关于自由、平等、天赋人权、主权在民、公民选举领袖的共和制度，在《独立宣言》、《人权宣言》中都有所体现，但由于这是一部推论性的著作，提出的理想社会模式不是具体的革命纲领，而只是逻辑推论，几乎不可能适用于一种历史事实，因而具有明显的局限性。

1789年法国国民议会废除封建权力
随着资本主义的发展，资产阶级力量日益增强，爆发法国大革命，推翻了封建专制制度。

□爱弥尔 /法国/卢梭/介于小说与说教文之间的教育专著

⊙内容提要

《爱弥尔》分为5卷，叙述爱弥尔从出生到长大成人的各个时期，卢梭把人在成年之前的年龄分为5个阶段，分别提出了针对不同年龄的教育原则。

第1卷首先论述了教育的作用。他把教育分为3种：自然的教育、人的教育和事物的教育。他主张培养人的家庭教育或自然教育。这一卷论述的是2岁以前不会说话的婴儿时期，他主张婴儿从出生的那一天起，就开始从大自然受到教育，在这个阶段，教育的主要内容是体育教育，要使婴儿获得自然发展，解除一切身体上的桎梏，锻炼他们的体格，促进他们的身体健康。他同时指出锻炼儿童的器官要注意方法，要注意儿童的心理健康，不要使其沾染任何恶习。

第2卷论述的是约从2～12岁的儿童，他把这个阶段的儿童看作是“理性的睡眠”时期，这时的儿童智力处在蒙昧状态，缺乏思维能力，因而主要应当对他们进行感官教育，锻炼他们的视觉、听觉、触觉等感觉器官，不要强迫他们去思考，不要强迫他们死记硬背。他从感觉论出发，表示儿童在这个阶段绝对不要读书，以防止他的心沾染罪恶，防止它的思想产生缪见。由于儿童在这个时期还没有形成道德观念，因而也没有必要讲述道德理论或强迫他接受道德原则，但他不否认示范对教育儿童和培养高尚的品格有着重大作用和意义。他反对对儿童的错误，为了惩罚而惩罚，而要使他们知道不良行为会造成的自然后果。

第3卷论述的是12～15岁的少年，他们开始进入青春期，涉及宗教信仰、社交伦理等与他人的关系。这个时期应向少年进行智力教育和劳动教育。智力教育的基本任务在于发展儿童对智力的倾向，培养他们对科学的兴趣，教给他们以研究科学的方法，但对他们实施教育的内容应当有所选择，趣味性和有用性相兼容，同时，他强调实行实物教育，尽可能地用直接观察来替代书本知识，发展他们的独立精神、观察能力和灵敏性。他要求重视劳动和劳动教育，学习农业劳动，把智力教育和劳动教育结合起来，使身体锻炼和思想锻炼互相调剂。

第4卷论述的是15～20岁的青年，他们的身体发育成熟，产生欲望，这是人的第二次诞生。在这一阶段应对男女青年进行道德教育和爱情教育，包括正确的性教育。在道德教育方面，他宣传博爱，提倡爱一切人。道德教育是培养善良的情感、善良的意志和善良的判断。爱是相互的，把自爱之心扩大到爱别人，自爱就可以成为美德。这一卷还包括专章《信仰自由，一个萨瓦省的牧师自述》，系统地阐述了卢梭的宗教观。

第5卷叙述了接受自然教育的爱弥尔从农村返回城市，开始享受社会教育，为了增长知识需要游历，研究其

卢梭像

1762年卢梭的《爱弥尔》出版，惹怒了法国最高法院中的詹森教派教徒，在巴黎，他们下令焚书、逮捕作者，卢梭的好朋友卢森堡帮助他逃离法国。从此，卢梭开始了像亡命徒一样从一个避难处到另一个避难处地颠沛流离。

卢梭认为儿童在两岁到12岁之间处于“理性的睡眠”时期，孩子们应该锻炼自己的听觉、视觉、触觉等感觉器官，到大自然中用心感受，而不要过早开始受书本影响。

他的国家和人民，爱弥尔用两年时间游历了欧洲的几个大国和许多小国，学会了两三种主要的语言，并且经历恋爱结婚了。

精彩语段

真正的教育不在于口训而在于实行。

以世界为唯一的书本，以事实为唯一的教训。

人之所以走入迷途，并不是由于他的无知，而是由于他自以为知。

⊙作品评价

《爱弥尔》既是一部论教育学的著作，也是一部哲理小说，作者广泛涉及了哲学、伦理学、美学、宗教学等领域中的重要问题，成为卢梭阐述自己思想最丰富的一个宝库。书中作者提倡的自然教育思想对当时封建专制教育和宗教教规是有力的批判，对启发第三等级特别是资产阶级的反封建斗争意识有相当大的鼓舞作用。书中渊博的学识、深邃的思想和独到的见解给世界教育带来了全新的研究课题。对以后的教育发展起到了很大的指导作用。全书语言流畅，内容丰富，层次分明，以简明的事例说明了晦涩的问题，具有很高的文学价值。但卢梭过分强调在自然界中传授知识的重要性，忽视了系统传授知识的必要性，这表现了一定的局限性。

相关链接

1762年，卢梭的《爱弥尔》出版，这是一部讨论教育问题的小说，书中虽然讨论教育问题，实际上却贯穿着反封建的内容，引起封建王朝和僧侣们的不安。巴黎大主教发下禁书令，巴黎高等法院判决烧毁，并扬言要烧死作者，以致使卢梭不得不过着长期流亡生活。1764年12月，出现一本题为《公民们的感情》的小册子，对卢梭进行了激烈的诽谤。令人痛心的是，这一攻击并不是来自敌人的营垒，而显然是友军之所为。卢梭腹背受敌，处境极为孤立。他怀着悲愤的心情于1766～1770年写成自传性作品《忏悔录》。

□百科全书

/法国/丹尼斯·狄德罗/人类历史上第一部百科全书

⊙作者简介

丹尼斯·狄德罗（1713 ~ 1784 年）是 18 世纪法国唯物论的领袖人物，法国 18 世纪启蒙运动中杰出的人物、唯物主义哲学家、著名的文学家。他出生在法国东北部的朗格城，早年生活贫苦，作过私人记室、商店司帐和家庭教师。他早年还写过一本反宗教的著作《哲学沉思录》，触怒了教会与当局，结果书被焚毁。1749 年，已经发展成彻底无神论者和唯物论者的狄德罗，又发表了《供明眼人参考的论盲人的信》，他借盲人之口指出，如果要一个盲人相信上帝，那就要让他摸到上帝。当局以“思想危险”的罪名，将狄德罗关进了监狱。然而，这非但没有使狄德罗屈服，反而更激起他反抗封建势力和宗教蒙昧主义的斗争意志。出狱后，从 1750 年起，狄德罗与达郎贝一起主编了一部卓越的巨著——《百科全书，或科学、艺术、手工业详解辞典》(简称《百科全书》)。狄德罗团结和组织了一大批杰出的思想家、科学家、医生、工艺师等参加编纂工作，其中有伏尔泰、卢梭、爱尔维修、霍尔巴赫等。虽然他们的哲学观点不尽相同，政治主张也不完全一致，但是在反对天主教会和经院哲学、反对封建等级制度这一点上，却是同样地坚决。他们在《百科全书》中传播了许多进步的思想和理论，并在编纂过程中团结在一起，因而被称为“百科全书派”。作为《百科全书》的主编，狄德罗除负责编辑、出版以外，还为全书撰写了数以千计的条目。他不愧为“百科全书派”的领袖，不仅比较全面地发挥了这派哲学家各方面的思想，而且比他的战友们具有丰富的辩证法思想，在一些重大问题上提出了一些较全面、较正确的看法，如关于世界万物的普遍联系和进化发展的思想等。

丹尼斯·狄德罗像

⊙背景提示

从土地结构和农业生产的观点来看，18 世纪的农业经历了一场极为深刻的变革。18 世纪后半期，“封建反作用”加强了，领主法权变得愈来愈严苛。18 世纪新兴资本主义主要是商业资本主义，资产阶级人物的财富、威信和权势正值上升阶段，而 18 世纪社会关系深刻而缓慢的动乱引起了生活环境和方式的瓦解。

⊙内容提要

1751 年,《百科全书》第一卷（全书共 35 卷）在法国出版，但是出版到第二卷时，就遭到了迫害，被迫移到国外出版。全书详尽地记述了法国各种工场手工业、农业以及最好的生产典型，反映了法国的经济和社会的发展，反映了当时科学文化的最高成就。正因为如此，该书编写过程中一再受到反动当局和天主教会的围攻、迫害，出版工作曾数度被迫中止，不少人（包括副主编达郎贝）纷纷辞退了编撰任务，但狄德罗毫不动摇，以惊人的毅力，克服了重重困难，不懈奋斗 30 年，终于在 1780 年出齐了这部罕见的巨著。

《百科全书》系统地概括了 18 世纪中叶所积累的各科知识，对政治革命（在世俗的非循环的意义上的革命）以及作为几何学、天文学、地质学和钟表学中的一个术语的“革命”进行了相当多的讨论。狄德罗编写的条目形成作品的结构和基础，概括起来，可把条目分为几类：1. 含有假

狄德罗和达朗贝编写的《百科全书》第一版，后成为法国国王路易十六的私人藏品。

天真和含沙射影内容的条目（如圣经，封斋期等条目）；2. 含有狄德罗设置陷阱的条目；3. 介绍一种贵族和“开明专制制度”的拥护者所能接受的改良主义，以及对宽容、自然和非宗教伦理加以赞扬的文章；4. 最后是真正大胆的条目，它们包含着对既定秩序的批判等。

在《百科全书》（1751 年出版）的“引言”中，简短地概括近代科学的兴起，或者说与近代科学密切相关的哲学的兴起时，达朗贝引入了革命的概念。但是，该篇短论的目的是要概括出对所有知识包括科学的一种方法论的和哲学的分析，这在他的计划中占据了主要位置，而不是描述科学本身。

《百科全书》第 6 卷 1756 年在巴黎出版，其中收有达朗贝写的词条“实验”。前面的一卷（第 5 卷，巴黎，1755 年）收入了狄德罗关于科学中的革命的讨论；这个讨论见于他所写的“百科全书”这个条目中。狄德罗注意到这样一个事实：科学中正在发生变革，所以，以前出版的所有辞典都会缺少科学发明或放在显著地位并赋予新的意义和重要性的新的词汇。因此比较旧的辞典里“电流”这个条目可能只会有一条线或两个给出的“虚假的概念和古老的偏见”。狄德罗认为，即使如此，“科学和文理科学（包括艺术、自然科学、社会科学及人文学科）中的革命也许并不如在力学中发生的革命那样有力和被人强烈地感觉得到；但是，在科学和文理科学中都发生了革命”。

⊙作品评价

《百科全书》以其怀疑论、注重科学决定论和对当时政府、司法和教会的弊端的批判而产生了广泛的影响，成为法国大革命的思想前奏。这部巨著的重要性不但在于宣传了自然科学的知识，而且在于把这些知识作为反宗教和“旧制度”的全部老朽思想体系的最有力武器。人们选择了《百科全书》作为工具，来宣传他们自己的理论并应用到一切知识对象中去。

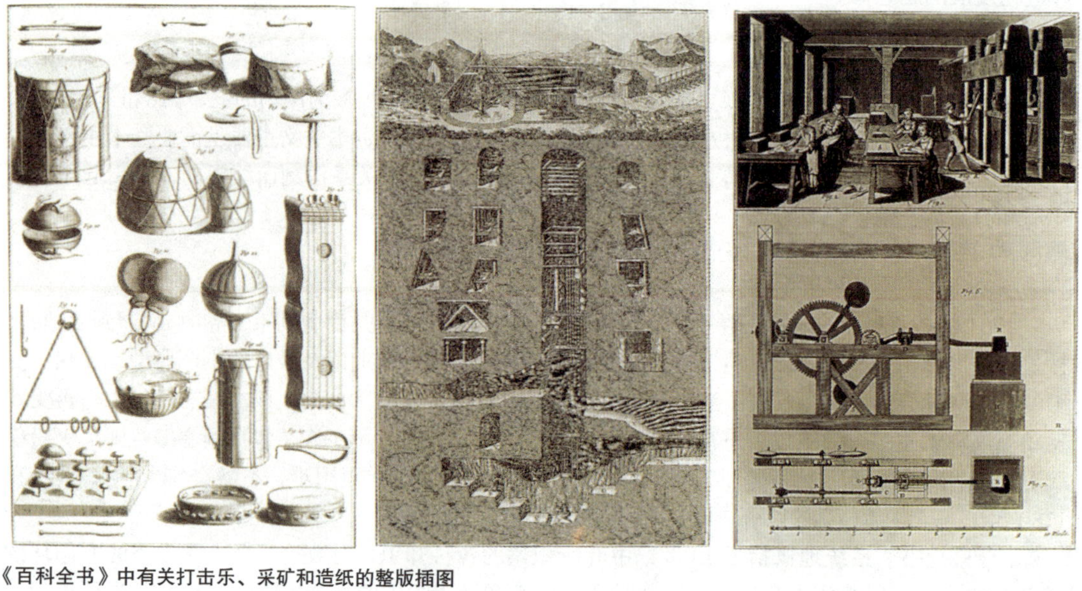

《百科全书》中有关打击乐、采矿和造纸的整版插图

《百科全书》是展示 18 世纪一切思想活动中各种新思潮学派代表人物的窗口，以其宽容和自由主义态度和对手工业及机械科学的新观点而著称。

少年维特之烦恼

/ 德国 / 歌德 / 青涩的恋曲

⊙作者简介

歌德（1749 ~ 1832 年），德国诗人，欧洲启蒙运动后期最伟大的作家。他的父亲是法学博士，得到皇家参议的头衔，母亲是市议会会长的女儿。1765 年，他去莱比锡大学攻读法律，1768 年因病辍学。1770 年，进斯特拉斯堡大学继续攻读，次年获法学博士学位。他在 1773 年写了一部戏剧《铁手骑士葛兹·封·伯里欣根》，蜚声德国文坛。1774 年发表了《少年维特之烦恼》，更使他声名大噪。1775 年，他应邀到魏玛，次年被任命为魏玛公国的枢密顾问。在随后直到 1786 年这段时期，他成了魏玛公国的重臣，曾在一段时间里主持公国大政，力图进行一些改革。然而随着各方面阻力的增强，加上他对科学研究与文学创作的爱好，他陷入一种矛盾的痛苦之中，这导致他在 1786 年秋不辞而别，化名潜往意大利，直到 1788 年 6 月才返回魏玛。回到魏玛之后，他辞去重要的政治职务，只负责文化艺术方面的工作。此后直到 1794 年这段时间，他先后完成了戏剧《哀格蒙特》、《托夸多·塔索》，并着手写第一部《浮士德》。1794 年，歌德开始与席勒合作，他俩以各自的创作，把德国文学推向历史上一个前所未有的新高度。歌德先后创作了小说《威廉·迈斯特的学习年代》、叙事诗《赫尔曼与窦绿苔》（1797），重新写《浮士德》第一部。席勒在 1805 年的逝世标志着从 1786 年开始的德国古典文学时代的结束。此后的近 30 年，是歌德创作上的鼎盛时期。他完成了小说《亲和力》（1809），诗集《西东合集》（1819），《威廉·迈斯特的漫游年代》（1829），自传性著作《诗与真》（1831），《意大利游记》以及耗尽他毕生心血的巨著《浮士德》第二部（1831）。1832 年 3 月 22 日，歌德在魏玛逝世。

歌德手持夏绿蒂的剪影，眼中充满无限深情。

⊙背景提示

《少年维特之烦恼》作为歌德最重要的一部代表作，为我们诉说了一个凄婉动人的爱情故事。这部以歌德的亲身经历为素材，在短短的 4 周之内就创作出来的书信体小说所产生的社会影响是难以估量的。它曾经深深震撼了与歌德同时代的年轻人的心灵，他们不但模仿作品主人公“维特”的言谈举止以及衣着服饰，甚至于同样因失恋而步“维特”的后尘，轻易就结束了自己青春的生命。为此，歌德不得不在本书再版时的扉页上题诗告诫。据说，当年横扫欧洲大陆的拿破仑皇帝也曾对此书青眼有加，即便是烽火连天的征战也不忘将其带在身边，以便随时阅读。1808 年，拿破仑率大军攻破魏玛公国之后，亲下谕旨召见了歌德，并跟歌德大谈特谈他本人对《少年维特之烦恼》的意见。无形之中，这本小书的地位又被抬高了许多。

⊙内容提要

初春之际，刚刚经历了一场爱情波折的少年维特离开家乡，到一处僻静的地方隐居。他写信给朋友威廉，描绘当地风光，在那儿他逐渐忘却了早先郁闷不乐的生活。维特生长于富裕阶级的家庭，靠着父亲的遗产过着自由自在的生活。在一次乡村舞会上，他邂逅了住在城镇郊外、一位代替母职照顾八位弟妹的法官的女儿夏绿蒂。夏绿蒂长得非常漂亮迷人，虽然她已经订婚了，可维特却对她一见钟情，不能自持。他丝毫不理会别人的告诫，对她充满了爱意，想尽办法吸引她的注意力。然而就在夏绿蒂的未婚夫亚伯特旅行回来之后，维特立即感受到生活蒙上了一层阴影。随着寒秋来临，维特的精神亦陷入萎靡状态。威廉写信劝他放弃这种无望的爱情，最后他不得不下决心离开瓦尔海姆，离开夏绿蒂和亚伯特。

维特在距离遥远的某一座公使馆谋得书记官的工作。但是随着时光消逝，他渐渐讨厌这份无聊的工作。到了严寒的冬天，亚伯特与夏绿蒂没有通知他便悄悄地举行了婚礼。他深受打击，更感到无比的羞辱。翌年春天，维特为了治愈所受的创伤决心回到故乡，回到心上人夏绿蒂身边。这对夫妇仍把维特当成老朋友来接待，夏绿蒂还依然对他保留从前的那份天真活泼和温柔多情。然而这一切却加倍刺痛了维特的心。当他感受到自己和夏绿蒂之间爱情无望时，他内心的忧愤使他的言行举止变得非常古怪。这时，恰好有一位长工因为暗恋房东寡妇而杀掉了房东后雇的工人。这件事使得他开始对人生感到厌倦，萌生了辞世的念头。

圣诞前夜，维特违背了夏绿蒂之意，趁亚伯特外出之际，来到夏绿蒂身边。这时，他感觉即将熄灭的爱情之火，于一瞬间又重放光芒，于是对着夏绿蒂朗诵奥希安之诗，同时忘情地拥着感动不已的夏绿蒂。次日，他以外出旅行为由，向亚伯特借手枪并于当日午夜自杀。消息传来，夏绿蒂当场昏倒在地。亚伯特担心她的安危，也没有参加他的葬礼。最终，他的送葬行列中竟无一位神职者同行，只好如此凄凉地告别了人世和他所眷念的心上人。

⊙作品评价

《少年维特之烦恼》这本书的构思来源于作者的一段真实的人生经历，它直接反映着青年歌德的生活经历，字里行间处处打下了他的思想感情的烙印，所以读来才觉得如此情真意切、感人至深。虽然书中的主人公与作者有很多相似的地方，但他也只是一个艺术的创造，绝不等同于作者个人。

小说是用书信体写成的，主人公维特是一个出身市民的青年。他向往自由、平等的生活，对爱情充满了炽热的幻想。但周围的现实却一步步地击碎了他的希望：无望的爱情、庸俗的官场势利、傲慢的贵族对他的轻视和压迫，迫使他最终走向自我毁灭的道路。维特这个形象实际上反映了当时德意志青年一代普遍存在的烦恼、憧憬和苦闷，有着异常强烈的时代精神，所以它所提出的问题也自然带有时代的普遍启蒙意义。主人公对于自由爱情的渴望和对受上层社会歧视的不满正与当时欧洲盛行的“个性解放”和“感情自由”等口号联系起来，因此具有非常积极的意义。但另一方面，书中所流露出的悲观厌世等思想也对当时的青年产生了一定的消极影响，一时间在文学作品中描写伤感多愁竟变成为一种时髦。这恐怕也是作者始料未及的。

《少年维特之烦恼》插图：维特初识夏绿蒂

从表现形式来看，这部小说受了一度在德国很流行的英国理查生的小说和卢梭的《新爱洛绮丝》的影响。但无论在思想的深刻或艺术的精湛方面，歌德都超过了他的前辈。此外，本书的语言也充满了浓浓的诗意，书中的很多景物描写都与主人公的情绪结合起来，描写得感伤而优美，使得全书读上去更像是一首长篇的叙事抒情诗。这种巨大的艺术魅力也使它当之无愧地成为德国文学史上的一个重要的里程碑。

国富论

/英国/亚当·斯密/西方经济学的“圣经”

⊙作者简介

亚当·斯密（1723 ~ 1790 年），英国古典政治经济学的主要代表人物之一。他出生于苏格兰克科第的一个海关官员家庭，在出生前几个月父亲就去世了。他与母亲相依为命，终生未娶。14 岁进入格拉斯哥大学学习哲学和数学，而后结识了大卫·休谟。17 岁时转入牛津大学，1751 年返回格拉斯哥大学讲授逻辑学，第二年担任道德哲学讲座。他的伦理学讲义经修订后在 1759 年以《道德情操论》出版，为他赢得了声誉，并被列为英国第一流的学者。1764 年，他辞去大学的职务，担任年轻的贝克莱公爵的私人教师，于 1764 ~ 1766 年陪贝克莱游览于法国和瑞士。在巴黎，他认识了法国启蒙学派代表人物伏尔泰，重农学派主要代表人物魁奈和杜尔阁等名流，这对他的经济学说的形成有很大影响。1767 年结束了对贝克莱的教学后，他返回家乡专心致力于《国富论》的写作，经过 10 年的刻苦努力，终于在 1776 年完成了这部巨著。《国富论》的出版受到了英国资产阶级的热烈欢迎和赞扬，因为这本书为实行自由放任的经济政策提供了理论基础，于是他成为当时英国最著名的经济学家。1778 年，他担任爱丁堡海关专员，1787 年被推选为母校格拉斯哥大学的校长。他的著作除《国富论》、《道德情操论》外，还有《哲学问题论集》。

亚当·斯密头像

许多年来，亚当·斯密作为一个社会哲学家的光辉经受了其他第一流的政治经济学家们的风吹雨打而不褪色。虽然，他是为他的一代人写作，但他知识的渊博，他的概括性论述的锐利锋芒，他的高瞻远瞩，始终博得一切社会学家们特别是经济学家们的赞赏。

⊙背景提示

英国是欧洲资本主义制度产生和发展最早的国家之一，在 18 世纪上半叶，英国已经成为资本主义世界的霸主，在国际上，不管在政治还是在经济方面都领先于其他各国。亚当·斯密生活的时代，英国工场手工业仍然是资本主义生产的主要形式，但这个时期手工技术向机器生产过渡的趋势已经日益明显，资本原始积累已经完成。然而由于封建势力仍然在政治上占据主要地位，封建经济也大量存在，严重阻碍了资本主义经济的进一步发展，于是资本主义需要一种反对国家干预，宣扬自由主义经济的理论，而亚当·斯密的《国富论》恰好就是这种理论。

⊙内容提要

《国富论》主要研究国民财富的性质以及增加国民财富的原因和途径，揭示生产发展与财富增长之间的内在联系及其规律，最终达到富国裕民的目的。该书的中心思想是基于人性论和自利心的自由放任思想，也就是经济自由思想。斯密认为经济自由是资本主义发展规律的要求，最符合人们利己的本性，让每个人都自由地追求个人利益，最终就能够最好地实现社会的总利益。因此，斯密强烈反对国家干预经济生活，主张充分实现经济自由，就是要实现自由经营、自由贸易和自由竞争。这些主张实际上反映了处在工业革命初期的资产阶级的要求，他们要求清除一切束缚资本主义发展的封建残余和国家对经济干涉的政策，从而完全确立资本主义的自由经济秩序。

斯密根据研究国民财富这条主线，精心设计了全书的篇章结构，并在本书的“绪论及全书设计”

中作了简要的说明。除“绪论及全书设计”外,《国富论》分为上、下两卷，共5篇32章。《国富论》最先建立了资产阶级政治经济学比较完整的理论体系。在“绪论及全书设计”里，斯密明确地指出，所谓国民财富，就是指供给国民每年消费的一切生活必需品和便利品。

18世纪60年代，工业革命开始于英国，这场空前规模的技术革命，使英国先后建成了纺织、钢铁、煤炭、机器制造和交通运输五大工业部门，到19世纪50年代取得了世界工业和贸易的垄断地位。

第一篇为“论劳动生产力增进的原因，并论劳动生产物自然而然地分配给各阶级人民的顺序”，斯密认为增加财富的具体途径主要有两条：一是加强劳动分工以提高劳动生产率；二是增加资本积累，从而增加从事生产的劳动者人数。从这些观点出发，该书首先说明分工能够提高劳动生产率和增加国民财富，进而论述分工的原因，斯密认为交换是分工的起因，于是就接着分析了交换，认为人类天生就有互通有无的倾向；同时斯密还考察了交换和分工的相互关系；因为要实现交换，必须得借助货币这个媒介才能顺利实现，所以接着便论述了货币的起源和功能，由于商品和货币之间的交换又引起了价格和价值的问题，于是接下来就阐述了衡量价值的尺度和价格的构成及变动。因为斯密坚持认为工资、利润、地租是价格的三个组成部分，所以随后他便研究了工资、利润、地租的性质及其变动规律。

第二篇为“论资本的性质及其蓄积和用途”，主要研究了资本的性质、构成、积累和用途。在这一篇中，最先明确地说明了资本的构成可分为固定资本和流动资本，区分了生产劳动和非生产劳动，论述了资本的各种形态，即借贷资本、工业资本和商业资本之间的区分。前两篇基本上包括了斯密政治经济学理论的所有内容。

第三篇为“论不同国家中财富的不同发展阶段”，从经济史的角度，对促进或阻碍国民财富发展的原因作了分析，主要考察了罗马帝国崩溃到18世纪后期的经济发展史，研究了国家的经济政策对财富生产发展的作用。从历史的角度出发，论证了只有采用自由放任的经济政策，才会有利于分工和国民财富的发展。

第四篇为“论政治经济学体系”，从经济思想史的角度出发，对阻碍国民财富增长的重商主义和重农主义的理论和政策作了分析、比较和批判。考察了不正确的政策主张和学说怎样妨碍国民财富的增长，实际上进一步论证了采取自由放任政策的必要性。

第五篇为“论君主或国家的收入”，研究的是国家财政收支对国民财富发展的影响。斯密强调了必须采取合理的财政制度，使国家的收入大于支出，促使资本的积累，才能增进国民财富。

《国富论》的内容极为丰富，涉及了许多方面的经济理论，但是对政治经济学的发展来说，最重要的贡献还在于斯密所论述的劳动价值论和三个阶级三种收入的学说。

⊙作品评价

亚当·斯密的《国富论》汇集和大大发展了在他以前一个多世纪以来的经济思想的优秀成果，对政治经济学的研究对象、方法、范围和内容做了全新的、带有创造性的阐述，使政治经济学这门“最古老而又最新颖的艺术”第一次成为真正独立的社会科学，所以《国富论》就成为一部继往开来的划时代的伟大著作。

□忏悔录

/法国/卢梭/个性解放的宣言书

⊙背景提示

法国文学史称18世纪为“光明世纪”，意思就是启蒙运动的世纪。启蒙运动是思想运动，启蒙运动的文学家多数以思想家的面目出现。对于他们来说，文学作品只是表达思想的一种辅助手段，但是，他们在文学上的成就也是不能忽视的。启蒙运动作家孟德斯鸠、伏尔泰、狄德罗等人文学创作的主导思想，在于揭露和讽刺世俗人情，针砭时弊。他们的文笔简练明晰，深入浅出，饶有风趣。卢梭的艺术特点在着重抒写个人情感。他的代表作《新爱洛绮丝》（1761）和《忏悔录》，都是文学名著，这些作品被认为是19世纪初期浪漫主义文学的先兆。

⊙内容提要

我将把我的一生赤裸裸地剖析给你们看，我是让－雅克·卢梭。

1712年，我出生于日内瓦的一个普通家庭。父亲是钟表匠，母亲是牧师的女儿。母亲因为生我难产而死。我儿时对书有一种罕见的兴趣，崇拜希腊和罗马的先贤。我也有一些缺点，贪吃，喜欢恶作剧。我性情温和柔静，怀有爱人之心，也希望得到别人的爱。11岁那年，我喜欢一个22岁的姑娘，但她并未在意，我感到十分气愤。

16岁时，我在安那西做学徒时结识了一位年轻温婉的贵族孀妇华伦夫人。她对我产生了莫大的吸引力，对她的迷恋构成了我以后流浪生活里的精神支柱。后来，我不甘心做学徒，来到意大利谋生。因为一文不名我进了都灵的一所宗教收容院。后来我又做过店铺的小伙计和伯爵夫人的秘书。当秘书时我偷了伯爵夫人一条让我迷恋的小丝带，为逃避罪责栽赃给清白的女仆。这件事始终让我的良心受到谴责。为了达到淫邪的目的，我调戏过打水的姑娘，被人逮住时，我又靠谎言脱身。

19岁时，我回到魂牵梦萦的华伦夫人身边。她像母亲和大姐一样关怀着我，替我谋求出路。我在她的身边度过了一段美好的时光。我开始全神贯注地学习数学、几何、绘画和音乐。后来，我痴迷于音乐，无法安心当丈量员。这时，华伦夫人向我敞开心扉，虽年龄悬殊，我们终究走到了一起。

除了音乐之外，文学和哲学也使我产生了浓厚的兴趣，尤其是伏尔泰的文章更是一篇不漏。我拼命地读书，身染沉疴也坚持不懈，虽然有华伦夫人的精心照料，但我已经预感到力不从心。

相关链接

图中，一些知名的启蒙主义思想家在乔弗朗夫人著名的文艺沙龙交流思想。

启蒙运动指18世纪欧洲资产阶级继文艺复兴后进行的第二次民主主义思想文化运动，反对教会神权和封建专制。“启蒙”（Enlightenment）一词指当时进步的思想家提倡的用近代文化启迪人们的理性和智慧，照亮被基督教会和贵族专制迷信所愚昧的封建社会。启蒙运动最先开始于法国，孟德斯鸠、伏尔泰、狄德罗、卢梭等人是当时涌现出的卓有成就的启蒙思想家。启蒙运动对文学的影响主要表现在很多思想家直接以文学为宣传的武器，如伏尔泰的哲理小说，卢梭的《新爱洛绮丝》等。这些文学作品冲破古典主义的束缚，为近代现实主义文学开辟了道路，具有鲜明的倾向性和教诲性，重视文学的教育功能。为了更好地面向广大平民，启蒙思想家还创造了很多新形式，如哲理小说、严肃喜剧、书信体小说等。启蒙运动的影响范围广，持续时间长，被视作德国“狂飙突进”的前奏，为俄国的民主革命起了思想准备的作用。

我开始投身于音乐研究，但诸事不顺，新发明的记谱方法遭到法兰西科学院的否定。与此同时，我结交了一些文学界的名人，和狄德罗、伏尔泰和布丰等人结成朋友。这中间，我还重返意大利，在水城威尼斯担任法国驻意大利大使的秘书，虽工作勤勤恳恳，但开罪了一些小人，终于我失望地离开官场，重新开始对音乐的研究和创作活动。后来，狄德罗因为《哲学思想》一文遭捕，我设法救他脱险，因此我们之间的感情愈加深厚。

1750 年，我的一篇应征论文《论科学与艺术》获得极大成功，以惊世骇俗的思想震惊了巴黎文化界，同时也遭致非议。1752 年，当歌剧《乡村小师》在王宫上演时，我故意不修边幅以示怠慢，演出获得巨大成功，国王欲赐年金以示奖掖时，我断然拒绝，坚持不受。为此，我和狄德罗发生争执，封建卫道士们众口一词的责难和谩骂使我忧心忡忡，备感孤独和空虚。我又找了一个伴侣戴莱丝。为便于构思，我们一起做了 8 天的旅行。

1756 年，我结束了在巴黎郁郁的生活，入住一位夫人赠送的“隐士之家”，在那里沉浸在小说的创作中。我受到一些人的攻击，连一向令我尊重的狄德罗也和我分道扬镳。《新爱洛绮丝》的出版在巴黎掀起一阵狂潮，我又接着出版了《音乐辞典》和《社会契约论》。但《新爱洛绮丝》的出版使我备受指责，连朋友也纷纷回避我，到处有人咒骂我，“隐士之家”的主人也驱逐我。我又一次开始我的流浪生涯，未来吉凶未知。

⊙作品评价

《忏悔录》是一部特殊类型的回忆录或自传小说。卢梭曾对后人传言，嘱托他们等到书中人物业已作古时再发表，但实际上 1789 年小说就出版了。作品的写作动机按作者说，是“要把一个人的真实面目赤裸裸地暴露在世人面前”。暴露的方法，不是描写周围的人物、环境，而主要是以一种前所未有的细腻入微的心理分析和自我剖析，坦率、诚实地对自己加以描述与评介。卢梭以真诚坦率的态度，毫不隐讳地向读者袒露自己的高尚之处与卑劣之处。但是，他说明自己本性善良，是污浊、罪恶、不合理的社会使自己染上了种种恶习。

作品第一部文笔流畅优美，有意无意的错失之处较第二部也少得多，这是因为当时心境宁静，且内容本身多涉及他前半生那些平静纯洁、诗情画意的岁月。第二部执笔时卢梭的病症日趋严重，况且回忆写作内容本身就是再尝生活的苦涩，所以充满了火药味，但并没有损害全书真诚坦率的一贯文风，读者仍能读到一些优美的描写。虽然《忏悔录》两部之间有这些差异，但正如卢梭自己在第二部开头所说，此书有一个忠实的向导，那就是“感情之链”。确实，这种诉诸内心的忠实的心灵历史记录是很少有人不为之震撼的。但卢梭并没有沉溺于感情放纵，而是让我们透过心灵的倾诉，感受到他在哲学、艺术、审美等方面的真知灼见。在许多事件的追述中，他用那种时而从容不迫、缓缓道来，时而趣味横生、幽默过人的笔调让我们同时领略了他剪裁题材的高超技巧以及他广博深邃的学识。卢梭在书中还流露出一种感伤倾向。和多种多样的环境、各个阶层人物的广泛接触使他较一般人更多地感受到社会矛盾的尖锐，他无法找到摆脱这些矛盾的适当途径，便转向主观感情世界，发展自然的感情，深刻分析人的内心，力图把自己放在大自然中，远离自私狡诈的城市去过简朴的生活。虽然这种哲学思想带有宗教情绪，但这是他对社会不平等现象的愤懑态度的暴露，也是他这个平民作家特有的倾向。卢梭的独特性还体现在他的思想常比同时代人领先一步。

名家点评

马克思评论《忏悔录》:“书页上还散发着油墨味道的时候就震惊了全人类——因为他的思考、真诚和那些几乎不加掩饰的人类的缺点。”

法国学者勒塞尔克称《忏悔录》是“一首抒情的诗歌，一首世界文学中最美妙的诗”。

□人口原理

/ 英国 / 马尔萨斯 / 西方人口理论史上第一部系统之作

⊙作者简介

马尔萨斯（1766 ~ 1834 年）是英国早期的庸俗经济学派的创始人。马尔萨斯出生于英国萨立州附近的一个乡村绅士的家庭。马尔萨斯从小就受教于学识渊博、思想激进的父亲。1784 年马尔萨斯进入剑桥大学学习哲学、神学、文学和古代史。大学毕业后，他先在家中闲居，后又进入剑桥大学继续研究学习，1796 年到萨立州的奥尔巴当牧师（1804 年因结婚而失去神职）。1798 年马尔萨斯匿名发表了《人口原理》的小册子，引起了很大社会反响。在小册子一举成名之后，马尔萨斯于 1799 年到欧洲各地搜集资料，回到英国后，作了修改和补充，在 1803 年用真名发表了《人口原理》第二版。1805 年，马尔萨斯被聘为东印度学院的历史和政治经济学教授，成为大英帝国所设的政治经济学教授职位的第一个获得者。1819 年马尔萨斯被选为皇家科学协会会员，1821 年他与大卫·李嘉图、詹姆斯·穆勒共同发起成立了经济学会。1833 年他出席了英国学术协会剑桥大会，被选为英国道德及政治科学协会会员、英国帝国学士会会员。1834 年，马尔萨斯发起组织成立统计协会，同年 12 月 29 日因心脏病死于任教达 30 年之久的东印度大学，终年 69 岁。他的著作除《人口原理》之外，其他著作还有《当前粮食涨价原因的分析》（1814 ~ 1815），《地租的性质与发展的研究》（1815），《政治经济学原理》（1820），《价值的尺度》（1823），《政治经济学定义》（1827）等。

马尔萨斯像

英国经济学家，近代人口问题研究的先驱。

⊙背景提示

英国从 18 世纪中叶开始的产业革命到 18 世纪末达到高潮，逐渐完成了工场手工业向机器手工业的过渡。机器大工业的发展又造成了小生产者的破产和劳动群众的大量失业和贫困。与此同时，法国爆发的资产阶级大革命也对英国发生广泛的影响。在英国，土地贵族掌握着英国的政权，他们制定各种法令、政策来限制工业资本主义经济的发展。于是一场激烈的人口问题论战就爆发了：华莱士的观点是人口必然过剩；而英国乌托邦主义者威廉·葛德文则认为贫困并不是由人口增长引起的，而引起贫困的最终原因是当时的私有制的社会制度，因而对私有制进行了批判。马尔萨斯写了《人口原理》对葛德文的观点进行了反驳。

⊙内容提要

马尔萨斯的《人口原理》第二版包括一个序言（第二版著者序）和四卷。

名家点评

马克思称马尔萨斯是“第一位剑桥经济学家”。

马克思恩格斯全集中说：“这（《人口原理》）是一本歌功颂德的小册子，它维护现有制度，反对历史的发展。”

第一卷题为“世界文化较落后地区及过去时代的人口抑制”，共14章。前两章包括了他人口理论的大部分内容，其中包含两个公理：一是食物为人类生存所必须的；二是两性间的情欲是必然的，且几乎会保持现状；两个级数理论：人口，在无所妨碍时，以几何级数率增加；生活资料，只以算术级数率增加。他算到，人口以1，2，4，8，16，32，64，128，256的比数增加，而生活资料则按1，2，3，4，5，6，7，8，9的比数增加，在两个世纪的人口与生活资料比率将是256对9；关于对人口数量抑制的两种方法：一是积极性抑制：缩短生命的因素包括因贫困引起的死亡、战争、瘟疫、地震等自然灾祸，他同时认为这种方法是罪恶的；二是预防性限制：预防出生的因素，如追求独身生活，不生育或少生育。预防性限制又可分为：道德的限制，主动节制结婚生育；不道德的限制，被动节制生育。通过对上述理论的论述，马尔萨斯又提出了三个命题：第一，人口必然地为生活资料所限制；第二，只要生活资料增长，人口一定会坚定不移地增长，除非受到某种非常有力而又显著的抑制的阻止；第三，这些抑制，全部可以归纳为道德的节制，罪恶和贫困。后12章论述所谓文化发展落后的地区和过去时代的人口抑制，文中主要引用了印第安人、南洋群岛人、北欧古居民、近代游牧民族及非洲、中国、日本、希腊等国的历史资料。

国家、地区	1500年	1600年	1700年	1800年
西班牙 葡萄牙	9.3	11.3	10.0	14.6
意大利	10.5	13.3	13.3	18.1
法国（包括洛林、萨伏伊）	16.4	18.5	21.0	26.9
尼德兰	1.9	2.9	3.4	5.2
不列颠群岛	4.4	6.8	9.3	15.9
瑞典、挪威、丹麦	1.5	2.4	2.8	3.2
德国	1.5	2.4	2.8	3.2
瑞士	0.8	1.0	1.2	1.8
俄国	9.0	15.5	17.5	
共计	65.8	86.7	93.5	110.2
				（不包括俄国）

1500～1800年欧洲人口简表（以百万为单位）

第二卷题为“近代欧洲各国对人口的抑制”，共13章，是第一卷的继续。分别对挪威、瑞典、俄国、瑞士、法国、英格兰等国近代的人口发展状况进行考察，并证明了“道德抑制”和“积极抑制”在历史发展阶段作用不同。在古代社会，由于生产力水平的低下，人们缺少理性，“积极抑制”起主要作用；在近代社会中，生产力大大提高，理性作用加强，“道德抑制”逐渐代替了“积极抑制”起着主要作用。从而说明了人口的抑制在欧洲近代也是显而易见的现象。

第三卷题为“论各种已经提出或已在社会上流行的制度或权宜办法对各种由于人口的因素而产

马尔萨斯认为，任何幻想的平等，任何大规模的农业条例，不可能解决人口问题。要社会上全体人的生活都安逸、幸福，不顾虑生活资料的供给是不可实现的。

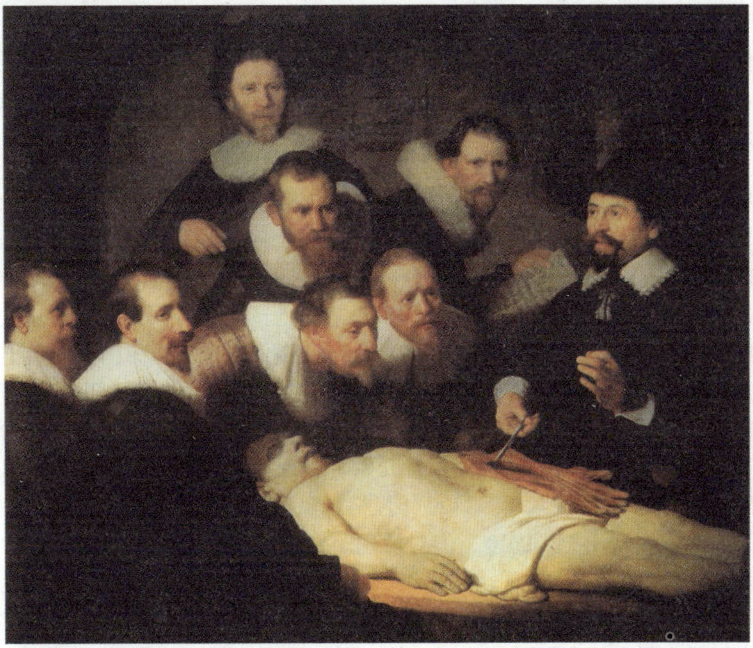

杜普教授的解剖课　荷兰　伦勃朗

医学的发展最大可能地挽救了人的生命，并且保证越来越多的人健康生活，这也是人口数量有增无减的重要原因。

生的祸害的影响”，共14章。马尔萨斯依据他的人口原理，反对葛德文等人的社会改革思想，试图证明平等制度是不可能建立的，而只有私有制才是社会发展的最好形式。同时，马尔萨斯反对恤贫法，反对废除谷物法，比较不同经济状况下财富和人口增长情况。马尔萨斯指出，恤贫法不可能解决贫困的问题，对贫困的救济是一种犯罪，最后他分别论述农业制度、商业制度、谷物法等对社会进步的影响。该卷的中心思想是：只有抑制人口增长方可能改善贫民状况，要取消对人口的抑制，那是根本办不到的。

第四卷题为“论消除或减弱由人口因素所产生的灾害的前景”，全卷共14章，在这卷中马尔萨斯宣称，与其他改进人口状况以消除人口过剩灾害性的方法相比，道德的节制不失为一个较好的办法。只有“道德抑制”才可能消除贫困和罪恶，给人类带来光明的前景。同时他还对社会将来的改进提出了设想和期望，认为社会和文化的进步将抑制人口的增进。在这卷的最后，他指出，财产的不平等不是社会贫富差距的直接原因，穷人无权向富人索要。

⊙作品评价

马尔萨斯的《人口原理》是200多年来社会科学领域中争议最多的一部著作，是西方人口理论史上第一部比较系统的著作。由于《人口原理》一书的出版，人口问题逐渐引起人们的重视，并日益发展成为社会科学中一门独立的科学。从总体上看，马尔萨斯《人口原理》所表达的人口规律是错误的，因为他将人口规律看作仅仅是自然规律，但人在本质上是自然性与社会性的统一，其中社会性占主导；另一方面，马尔萨斯看到了社会化大生产条件下，经济生活的各个方面都必须保持一定的比例，而且比例不平衡必然引起一系列社会问题等，这些有其正确的一面，对后人有很大的启发作用。

相关链接

马尔萨斯的有效需求不足论：他认为商品的价值在市场上的实现取决于市场上有否充分的“有效需求”。“有效需求”是人们的购买欲望加上实现这一欲望的购买能力。如果“有效需求”不足，生产出的商品就不能全部售出，社会商品的总价值就不能实现，这样就会出现资本主义生产普遍过剩，产生经济危机。同时，他也提出了解决危机的办法：有一种购买者队伍来增加有效需求，充分适应供给，这样资本主义的生产普遍过剩才可能避免。这种购买者——不生产的消费者包括地主、僧侣、官吏、年金领养者、军队和其他所属者如仆役等等。

□美学

/德国/黑格尔/资产阶级美学的高峰

⊙作者简介

黑格尔（1770 ~ 1831年），德国近代客观唯心主义哲学的代表、政治哲学家，对德国资产阶级的国家哲学作了最系统、最丰富和最完整的阐述。黑格尔生于德国符腾堡公国首府斯图亚特一个官吏家庭。1780年起就读于该城文科中学，1788年10月去图宾根神学院学习，主修神学和哲学。黑格尔青年时代恰逢法国大革命，卢梭的思想对他产生了极大影响，他被法国革命崇尚的自由精神深深打动。他反对封建专制和民族分裂，渴望德国在政治上实现统一，把德意志民族的复兴与资产阶级革命联系起来，把立宪政治制度视为理想的国家制度。1815年拿破仑战争的失败、欧洲封建势力的复辟，使他的政治态度发生变化，放弃了激进的政治主张，开始赞颂现存的普鲁士王国，主张以此为基础而建立君主立宪制政体。1829年黑格尔当选柏林大学校长。黑格尔晚年对普鲁士王国表现出忠顺态度，但对法国革命始终持有好评，对德国保守派——历史法学派持反对态度。1831年11月14日病逝于柏林。黑格尔一生撰有大量政治论著，生前发表的有《评1815年和1816年符腾堡王国等级议会的讨论》、《法哲学原理》、《论英国改革法案》。后人编辑出版的有《德国法制》、《黑格尔政治和法哲学著作》等。

黑格尔像

⊙背景提示

黑格尔所处的资本主义时代，一般社会情况与文艺活动之间的矛盾在于个人与社会的脱节，在于主观主义和唯我主义的猖獗，是个人性格中不能体现有理性内容的带有普遍性的社会理想。黑格尔针对这种情况，企图纠正时弊，指出正确的方向。在文艺方面，当时正是浪漫主义刚兴起就逐渐转入反动的颓废主义的转折点，因而黑格尔针对这一情况发表了自己的看法。

⊙内容提要

《美学》又名《美学讲演录》,共三卷,全书以“美是理念的感性显现”为中心概念,并由此衍化、生发出包括基本原理、艺术史、艺术分类在内的严密的美学思想体系。

总序阐明了美学的对象和研究方法，在黑格尔看来，美学的范畴在于艺术美，而不是自然美。美和艺术的科学的研究方式：一方面，从经验出发，对个别艺术作品进行观照和评价，认识艺术作品产生的历史环境；一方面，从理念出发，认识它们的自在本体、普遍性。

第一卷探讨艺术美的理念或理想。黑格尔认为,理念包含着概念的普遍性和客观实在的具体性，因而既是本质和内容，又是现象和形式，是两者的具体统一。他还提出了美的生命在于显现的观点。所谓“美是理念的感性显现”，就是借感性形式使理念放出光辉。艺术的一切感性形式，都是为了显示一种内在的精神。

名家点评

恩格斯称：“黑格尔的体系包括了以前的任何体系所不可比拟的巨大领域，而且没有妨碍它在这一领域中发展了现在令人惊奇的丰富想象……人们只要不是无谓地停留在它们面前，而是深入到里面去，那就会发现无数的珍宝，这些珍宝在今天也还具有充分的价值。”

第二卷论述艺术发展的历史类型。美的理念的一些重要差异显现为艺术的各种特殊的类型，它们是美的理念在不同历史阶段的发展，这三种不同类型的艺术为象征主义艺术、古典主义艺术和浪漫主义艺术。象征型艺术是艺术的开始阶段，是过渡到真正艺术的准备阶段。象征型艺术的理念与形象不和谐，但其神秘色彩表现出崇高风格。古典型艺术是艺术的中心，是恰当的实现了艺术概念的真正的艺术。古典型艺术达到了理念与形象之间自由完美的协调，理念在感性形象中得到充分的显现。浪漫型艺术的基本原则是精神离开肉体，返回到本身。这也就是内在主体性的原则。浪漫型艺术的精神内容压倒了物质的表现形式，自由的心灵活动成了这种艺术的主要对象。但由于各人的独立性和环境的偶然性之间的矛盾日益尖锐，浪漫型艺术的衰亡是不可避免的。

米洛斯的阿佛洛狄忒石像

第三卷详尽地讨论了各种艺术门类的体系。黑格尔认为，第一阶段的艺术主要是建筑，建筑是最早的艺术，实现了艺术的最初任务。建筑只是根据客观基础创造出一种外在形式，以象征方式暗示具有精神性和主体性的意义。东方民族的建筑是典型代表，其特点是物质超过精神，理念处于朦胧状态。因此建筑属于象征型艺术。第二阶段的艺术主要是雕刻。雕刻用物质的东西，把精神表现于与之相适宜的肉体形象，使精神和肉体呈现为一个整体。它的特点是物质和精神吻合，理念被感性形象显现出来变为实有，因此，雕塑属于古典型艺术。第三阶段的艺术主要是绘画、音乐、诗歌。其特点是精神压倒物质，理念逐渐以物质中挣扎出来开始向自由的、无限的方向发展，因此，近代绘画、音乐、诗歌属于浪漫型艺术。艺术发展到了浪漫型就达到了最高峰。

⊙作品评价

黑格尔的美学是马克思主义以前资产阶级美学的高峰，它虽然在形式上是唯心主义的、神秘的，却在内容上包含了历史主义和辩证法的合理内核，成为马克思主义美学的重要来源之一，并为各种不同的美学思潮和流派留下了广阔继承、吸收和发挥的余地。

18 世纪风靡欧洲的家庭音乐会

□浮士德

/德国/歌德/沉淀60年的光辉史诗

此为歌德作品《浮士德》中的几幕，描绘出人类所受的诱惑。

⊙背景提示

浮士德又称浮士塔斯、浮士德博士，是德国中世纪民间传说中的人物。据说他冒充学者、魔术师、星相家和算命者到处漫游，自夸精通炼金术。他曾把自己的灵魂出卖给魔鬼，以换取知识和权力，晚年生活贫困。在德国民间故事《浮士德博士的一生》（1587）中，第一次完整地记载了浮士德与魔鬼靡菲斯特之间的联盟。后世进步作家都肯定了浮士德追求知识的高尚行为，并将浮士德的传说改编成各种文艺作品。可是，直到德国诗人歌德的诗剧《浮士德》出版后，浮士德的形象才为世界所熟知。据说作者于1770年开始创作这部诗剧，最后在1832年才完成,前后耗费了62年的光阴。当歌德完成《浮士德》后不久便去世了，所以这一部作品可视为歌德的最后巨作，事实上也是歌德最著名、最重要的一部作品。马克思、列宁等人都对这部伟大的作品给予非常高的评价。这部作品也因此跟荷马史诗、但丁的《神曲》和莎士比亚的《哈姆雷特》并列称为欧洲文学的四大古典名著。

⊙内容提要

上帝与魔鬼辩论。恶魔靡非斯特认为世界是一片苦海，而且永远不会变；人只能终身受苦，像虫鱼一样，任何追求都不可能有什么成就。上帝坚信像浮士德这样的人类代表，虽然在追求中难免有失误，但在理性和智慧的引导下，最终会找到有为的道路。于是靡非斯特与上帝打赌，要将勤学精进的饱学之士浮士德引入邪路，让他堕落。

靡非斯特找到浮士德时，这个老学究正在一个中世纪的书斋里坐卧不安。他深感自己知识渊博但却毫无用武之地，渴望投身宇宙，承担起世上的一切苦乐。于是靡非斯特趁机同浮士德定约：靡非斯特今生愿做浮士德的仆人，为他解愁除闷，提供寻欢作乐的一切条件，满足他的一切需要；但当浮士德表示满足的一瞬间奴役便解除，浮士德就属恶魔所有，来生便做恶魔的仆人。浮士德根本不相信人会知足，便毫不犹豫地同意了。

定约后，靡非斯特带着他四处云游。他们首先来到一家酒店饮酒作乐，但浮士德对此并不感兴趣。于是靡非斯特就带着浮士德来到魔女之厨，意欲用爱情生活来引诱他。他利用魔女的丹药使浮士德变年轻，并让浮士德爱上了美貌的少女玛甘泪。在他的帮助下，浮士德与少女偷情成功，但他们却在无意间害死了少女的母亲和哥哥。玛甘泪悲痛欲绝，身陷囹圄。浮士德救人不得，被靡非斯特强行拉走。

疲惫不堪的浮士德在阿尔卑斯山麓昏昏欲睡，醒来之后忘却了一切悲痛，重新恢复了生活的勇气。他们来到了神圣罗马帝国的宫廷，发现该国已陷入严重的经济和政治危机。该国君臣只知道寻欢作乐，对政局一筹莫展，整日惶恐不安。浮士德积极为国王献计献策，建议发行纸币，使王朝暂时度过了财政危机。国王高兴之余，竟异想天开地想见古希腊美人海伦和美男子帕里斯，并催促浮士德去办。浮士德借靡非斯特的魔法招来了这对美男女，但他自己也被海伦的美貌所吸引，不慎引起爆炸，使美人变成烟雾消失。

浮士德的学生瓦格纳正在进行"人造人"的实验，他被靡非斯特请来帮忙制造小人，并让这个小人带领他们飞向古希腊去寻找海伦。在那里，他们找到了海伦。海伦和浮士德一见钟情，结成夫妻。他们很快生了一个儿子欧福良。这个孩子是个天才，酷爱高跃和飞翔，但不慎从空中坠地身亡。海伦听到儿子在地底下的呼唤，抱吻浮士德后消逝了，只留下一件白色衣裳在浮士德手中。

在回国途中，浮士德俯视大海，决心成就一番大事业。他发现国内正在发生内战，于是帮助国王平息叛乱，得到了一块海边的封地作为赏赐。他希望在这里移山填海，建造一个平等自由的乐园。但有一对老夫妻不愿意搬迁，靡非斯特便派人采用暴力手段捣毁了他们的家园，烧死了他们。于是忧愁女神趁机吹瞎了浮士德的眼睛，恶魔也召来死灵，为浮士德挖掘墓穴。瞎眼的浮士德听到掘土的声音，以为人民已经响应他的号召开始动工兴建家园，非常高兴，满足而死。

魔鬼赢得了誓约，正想夺取浮士德的灵魂，但就在这时，天上的光明圣母派来一群天使守护他的灵魂进入天国。

⊙作品评价

《浮士德》取材于德国16世纪关于浮士德博士的传说，作者给以加工改造，把浮士德写成一个不断追求、积极进取的理想人物形象。该书结构庞大而复杂，主要围绕浮士德一生对于知识的追求、对爱情的迷恋、对权势政治的向往、对艺术（美）的执著和为人类幸福事业的不懈努力这5大发展阶段来分别描述。这个过程实际上包括了宗教改革、文艺复兴以来一直到19世纪初期300年间欧洲和德国资产阶级知识分子精神探索的道路。因此很显然，浮士德博士所经历的这5个阶段是有明显的象征与隐喻意味的。他的这5种追求不仅是那个时代人类的5种精神向往，也成为今天西方社会所普遍信奉的人生5大理想境界。浮士德的灵魂最后被天国所拯救，这也表明了作者对于人生和人类未来的美好希望。这种积极向上、乐观实践的精神成为欧洲资产阶级上升时期资产阶级先进人士不断探索、追求的艺术概括，感染了无数的读者，被称为"浮士德精神"。

作为一部史诗般的作品，《浮士德》所涵盖的内容也是非常深邃、繁杂的。书中既有对德国社会政治宫廷的现实主义描绘，又有诸如希腊寻海伦、天使拯救浮士德等天马行空的浪漫主义想象。就书中所描写的人物形象来看，也各自具有不同的象征意味，例如海伦象征着古希腊的艺术之美，浮士德与海伦之子"欧福良"象征着拜伦等浪漫派诗人等等。除了主人公浮士德之外，魔鬼靡非斯特也是这部巨著刻画得较为成功的重要人物形象之一，他既代表了那种叛逆性的否定精神，也具有尖锐的批判眼光。特别是他的语言，充满了睿智和俏皮，给人留下非常深刻的印象。

在艺术上，这部作品具有非常严谨的整体结构，主要环节利用对比的形式，通过"正—反—合"的变化来推动剧情发展，里面充满了无数的象征和隐喻。在语言表达上，这部诗剧又具有非常浓厚的抒情色彩和辛辣的讽刺意味。此外，这部诗作还广泛运用了各种诗体，开头为自由韵体，后来逐渐转到牧歌体和抑扬格，显得变化多端，错落有致。作品中对某些大自然的景物或场面描写也给人一种艺术震撼力。这些都使得这部作品成为德国文学史上空前伟大的艺术杰作。

靡菲斯特再访浮士德　德拉特洛瓦　现藏于伦敦瓦勒斯博物馆

□傲慢与偏见 /英国/简·奥斯汀/年轻女性的爱情宝典

⊙作者简介

简·奥斯汀像
19世纪初，英国的小说创作渐衰，正是华特·司各特和简·奥斯汀的作品扭转了这一局面。

简·奥斯汀（1775 ~ 1817年），英国女小说家。生于乡村小镇斯蒂文顿，父亲是当地教区牧师。兄弟姐妹共8人，她排行第六。奥斯汀从没有上过正规学校，只是9岁时曾被送往她姐姐所在的学校随读，但她在父母指导下阅读了大量文学作品。1811年出版的《理智和情感》是她的处女作，随后又接连发表了《傲慢与偏见》（1813）、《曼斯菲尔德庄园》（1814）和《爱玛》（1815）。《诺桑觉寺》和《劝导》（1818）是在她去世后发表的，并署上了作者真名。

奥斯汀终身未婚，家道小康。由于居住在乡村小镇，接触到的是中小地主、牧师等人物以及他们恬静、舒适的生活环境，因此她的作品里没有重大的社会矛盾。但她以女性特有的细致敏锐的观察力，对英国乡村中产阶级家庭的日常生活进行了细致入微的洞察，真实地描绘了她周围世界的小天地，尤其是绅士淑女间的婚姻和爱情风波，并塑造出了一批有个性，独立思考的新女性。她的作品格调轻松诙谐，富有喜剧性冲突，因此深受读者欢迎。

⊙背景提示

根据英国广播公司2003年12月13日公布的“英国人最喜爱的小说”的调查结果，托尔金的长篇巨著《指环王》荣膺“英国人最喜爱的小说”桂冠。紧随其后的，便是简·奥斯汀创作的这部《傲慢与偏见》。它也是进入最后角逐的5部作品中唯一的非魔幻小说。奥斯汀的作品之所以长期受到读者的欢迎，与她作品中存在的幽默诙谐的语言风格是分不开的。相传她每次完成这部作品的部分初稿之后，总是先朗读给家里人听，常惹得她的侄女们大笑不止。由此可见这部作品的艺术魅力。

⊙内容提要

小乡绅班纳特家有五个待字闺中的千金，班纳特太太整天操心着为女儿物色称心如意的丈夫。当年轻、富有的单身汉彬格莱先生租下附近一处庄园——尼日斐花园时，轻浮的班纳特太太立即激动起来，开始筹划该将哪个女儿许配给彬格莱。

在一次舞会上，班纳特家的女儿们结识了彬格莱先生。但彬格莱的好友达西却似乎对这一家子极其傲慢，认为她们都不配做他的舞伴。自尊心极强的伊丽莎白立即对他产生偏见，甚至在另一次舞会中当众拒绝了他的邀请，令达西狼狈不堪。但这反而使相貌英俊、家财万贯的达西对她产生了好感。

彬格莱和洁英·班纳特成了朋友，但当他的妹妹发现达西有意于伊丽莎白时，这位一心追求达西的女士出于嫉妒，就与看不起班纳特太太还有班纳特家好些年幼的姑娘们的达西极力怂恿彬格莱离开本地，然而洁英对他还是一片深情。

这时候，班纳特先生的继承人柯林斯前来拜访。这位粗鄙无知、仅靠趋炎附势当上牧师的表兄向伊丽莎白求婚，但连续遭到她的拒绝。柯林斯先生并不感到羞愧，紧接着就和伊丽莎白的女友夏绿蒂·卢卡斯订了婚。

达西的一位熟人是附近小镇的一位年轻军官，名叫乔治·韦翰。伊丽莎白对他很有好感，于是韦翰趁机诽谤达西的为人，称自己应得的一大笔财产曾被达西侵吞，于是伊丽莎白对达西的恶感又增添了一层。

柯林斯夫妇请伊丽莎白去他们家做客，伊丽莎白在那里遇到达西的姨妈凯瑟琳，不久，又见到了达西。达西再次为伊丽莎白所吸引。他向她求婚，但因态度傲慢，遭到拒绝。他开始认识到骄傲自负所带来的恶果，于是写信给伊丽莎白，承认自己曾阻挠彬格莱与洁英接触，并坚决否认做过对不起韦翰的事。伊丽莎白读信后十分后悔，也开始消除自己对达西的偏见。

第二年夏天，伊丽莎白来到达西的庄园游览，在这里她对达西的为人有了进一步的了解。不久她又听说小妹妹同韦翰私奔，开始担心达西会因此而看不起她。但出乎他意料的是，达西不仅替韦翰还清赌债，还给了他一笔巨款，让他与丽迪雅完婚。自此以后，伊丽莎白往日对达西的种种偏见统统化为真诚之爱。

达西的姨母、傲慢的凯瑟琳夫人蛮横地要求伊丽莎白放弃达西，但这一无理要求遭到伊丽莎白的拒绝。受到这样的鼓舞，达西再次诚恳地向伊丽莎白求婚。至此，一对曾因傲慢和偏见而延搁婚事的有情人终成眷属。而彬格莱先生和洁英经过一番周折也终于言归于好。

⊙作品评价

从 18 世纪末到 19 世纪初，庸俗无聊的“感伤小说”和“哥特小说”充斥英国文坛，而奥斯汀的小说破旧立新，一反常规地展现了当时尚未受到资本主义工业革命冲击的英国乡村中产阶级的日常生活和田园风光，尽管反映的广度和深度有限，但对改变当时小说创作中的庸俗风气起了好的作用，在英国小说的发展史上有承上启下的意义。

奥斯汀在这部小说中通过伊丽莎白姐妹对待终身大事的不同处理，向我们展示了乡镇中产阶级家庭出身的少女对婚姻爱情问题的不同态度，从而阐明了作者的恋爱婚姻伦理道德观：婚姻绝对不能仅仅建立在金钱、财产或地位的基石上，如果没有真挚的感情，那么这种婚姻是不可能持久的。但作者对待金钱和地位的态度又不是绝对排斥，这显然与她自身所处的地位和家庭生活经历有关。书中的女主人公伊丽莎白出身于小地主家庭，她之所以会对富豪出身的达西产生偏见，主要还是由于他的傲慢，但这种傲慢实际上也是达西优越身份的自然反应。

伊丽莎白是《傲慢与偏见》中最惹人喜爱的一个人物。她机智聪敏，生气勃勃，有胆识，有远见，善于分析问题，同时也是一个具有反抗精神的人物。她以她的聪明才智、优越的精神境界处处与瞧不起她的上流社会挑战，最终在爱情上获得了成功和幸福。这种举动在当时是难能可贵的，因此这一人物形象也具有一定的进步意义。作者奥斯汀也特别喜欢这个人物。在小说出版时，她给姐姐卡桑德拉的信中说：“我必须承认，伊丽莎白是自有书籍以来十分讨人喜欢的人物，我竟不知道我怎能忍受不喜欢伊丽莎白的读者。”她颇为自负地称伊丽莎白是自己的“宝贝女儿”，可见这一人物在全书中的地位和影响。

《傲慢与偏见》（1924 年版）插图

从艺术成就上看，奥斯汀能把“日常平凡事”写得具有较强的艺术感染力，以塑造人物形象鲜明著称。她善于用喜剧讽刺的手法反映现实社会生活，常常能够一针见血地把事情的本质给揭露出来，使故事在轻松幽默的戏剧风格中达到较高的艺术深度，给人以深刻的印象，并且深受广大读者尤其是青年女性读者的喜爱，成为她们的“爱情宝典”。

□唐璜

/英国/拜伦/一部反映18世纪末欧洲现实生活的讽刺长诗

⊙作者简介

乔治·戈登·拜伦（1788 ~ 1824年）是苏格兰贵族。1788年1月23日出生于伦敦。他相貌英俊，但天生跛一足，所以十分敏感。10岁时即继承了其叔祖的爵位，1805 ~ 1808年在剑桥大学学习文学及历史，毕业后进入贵族院，经常发表一些自由主义言论。20岁时，他出国到东方游历，先后去过许多国家。这次旅行大开他的眼界，使他看到西班牙人民抗击拿破仑侵略军的壮烈景象和希腊人民在土耳其奴役下的痛苦生活。他在旅途中写下并发表的长诗《哈洛尔德游记》第一至第二章，震动了欧洲诗坛。

拜伦画像

1811 ~ 1816年，拜伦一直生活在不断的感情旋涡中。他的婚姻很不成功。整个社会也转而采取敌对态度，对他进行恶意的诽谤和诬蔑。拜伦不愿继续忍受这种侮辱，他离开了英国，从此一去不复返。这时期的痛苦感受，也使他写出像《普罗米修斯》那样的诗，表示与压迫者反抗到底的决心。

拜伦在旅居国外期间，陆续写成《恰尔德·哈洛尔德游记》（1816 ~ 1817）、故事诗《锡雍的囚徒》（1816）、历史悲剧《曼弗雷德》（1817）、长诗《青铜世纪》（1923）等。其中《别波》、《审判的幻景》和《唐璜》这三部作品使他成为当之无愧的伟大诗人。同时，拜伦对欧洲人民为争取民主自由的斗争也寄予了深切的关注，并曾亲自前往希腊参加那里的民族解放斗争，直至1824年4月19日逝世，成为希腊人所悼念的一位民族英雄。

⊙背景提示

唐璜在很多著名作家和艺术家的作品中都出现过。据西班牙传说，唐璜是14世纪时塞维利亚一位贵族的儿子，诱奸了一个女子并杀死她的父亲，还嘲弄地邀请她父亲的石像赴宴；石像显灵把唐璜带到地狱里去。这个唐璜的领地是特诺里奥，称为唐璜·特诺里奥。但其它许多城市也都各有它们自己的唐璜。每一个在开始时都有自己的传说，随着时日流逝，所有这些传说逐步融合成为一个人物的故事。这个人物在意大利语中一般被称为唐·乔万尼。

首次把唐璜这个人物写成戏剧的是莫利纳的《塞维利亚的淫棍和食客》，莫里哀也于1665年写过五幕喜剧《唐璜》，随后莫扎特还于1787年为两幕歌剧《唐璜》作曲，歌词是洛伦索·达·庞特撰写的。喜剧和歌剧《唐璜》都是杰作。但这些作品主要讲述的都是唐璜追逐女性的故事，并没有多少积极的意义。拜伦选择唐璜这个传奇人物作自己的诗歌主人公，利用他的"知名度"和冒险经历来阐述自己的理想，无疑是一种重新的艺术创造。

⊙内容提要

唐璜出生于西班牙南部名城塞维尔，他的父亲是一位名叫唐·何塞的大贵族。唐璜小时候就长得活泼可爱，长大后更是一表人才，受到贵族少女的喜爱。他生性风流，喜欢同这些姑娘们胡搅蛮缠，甚至在16岁时就同贵妇唐娜·朱丽亚发生了性关系。这使得上流社会舆论哗然。无奈之下，他只得离开祖国到欧洲去旅行。

唐璜的航船在驶往意大利的途中遭到了大风暴的袭击，但在他的指挥和努力下，船终于没有沉没。然而不久船上便发生饥荒，船上水手被迫以人相食。唐璜不愿意像这些人般残忍，便奋勇跳船逃生，最终被一位年轻貌美的姑娘救上了岸。这位姑娘名叫海黛，是希腊大海盗兰布洛的女儿。她深深地喜欢上了这个英俊的男子，于是把他藏在海边一个山洞中同居。不久，他们听说兰布洛已经在海上出事身亡，便开始筹划婚礼。但正当他俩相偕准备进洞房的时候，兰布洛突然出现。他命令侍从把唐璜打倒，捆绑上船，押送到土耳其首都君士坦丁堡出售。

海盗的女儿海黛发现唐璜

唐璜经历了长时间的海上漂流，后被海浪冲到了希腊的一个岛屿上被海黛救起，从而引发了一段恋情。图中地上躺着的男子是唐璜，他身旁俯身的女子为海黛，而最左边站立者为海黛的女仆。

土耳其王宫的黑人太监看中了年轻英俊的唐璜，便把他买下来送进后宫供一位王后享用。但是，唐璜一心思念天真纯洁的海黛，于是他想方设法逃出了王宫，最后辗转到了土耳其部队。他认为战斗是英雄的事业，便非常卖力地打仗，并因战功显赫而最终投靠了沙俄统帅苏沃洛夫。沙俄占领君士坦丁堡之后，苏沃洛夫有意派遣唐璜去彼得堡向女沙皇报捷。生活放荡的女皇果然看上了他，留他在宫中供自己享用。时间一长，唐璜被折磨得身心憔悴，女皇也不再需要他了。

此时，沙俄同英国正准备结盟以共同对付拿破仑。女皇决定派他做外交使节前往英国进行谈判。于是，他离开了俄国。到了英国，唐璜刚开始被其虚假的繁荣表象所迷惑，以为这里是自由乐土，但不久他便在伦敦的大道上遭到光天化日之下的抢劫，于是立刻回复了自己先前对英国的厌恶之情。同英国的王室和贵族见面以后，他对英国社会的罪恶认识得更加深刻，但他的行为又恰恰同他的认识相违背，依旧忍不住同这里的贵族妇女勾勾搭搭，打得火热，甚至连英国最具权势和最风流美丽的、众所周知的国王情妇弗芝·甫尔克公爵夫人也竟然对他产生了强烈的兴趣。

⊙作品评价

《唐璜》是一部长篇诗体小说，也是一部反映当时欧洲现实生活的讽刺长诗。它所描写的是18世纪末期西班牙一个贵族青年游历欧洲各国的冒险故事。诗人大胆而独创性地运用了英国人民的语言，描写了唐璜的出生地、虚伪而守旧的封建君主制的西班牙，描写了海上遇险、饿死的恐怖、牧歌式的恋爱、奴隶市场、土耳其皇帝的禁宫、残酷的战争、俄国女皇的宫廷、伦敦的上流社会等等一系列精彩的场面和片段。诗歌正是通过其主人公在这些地方的不同经历，从多方面向我们再现了当时欧洲的社会历史生活。同时诗人也将其讽刺的矛头直接指向了“神圣同盟”和其他一些欧洲反动势力，辛辣地讽刺了那些暴君的所作所为，并且无情地揭开了笼罩在各国王室身上的一层神秘面纱，将他们的罪恶、无耻和荒淫赤裸裸地展示在读者面前，因此具有极大的震撼力。这也从一方面表现了诗人自己的激进态度和鲜明立场。

唐璜这一人物形象也给读者留下了比较深刻的印象。这一形象延续了作者“拜伦式英雄”的一贯风格，既具有与生俱来的、惊世骇俗的叛逆精神，又具有对于自由的无限向往，所以使得这首长诗成为具有浓厚个人主义色彩的作品。唐璜的经历与作者本人也有些相似，因此我们不难从这个人物形象中去体会诗人个人的情感特点和个性特征。

拜伦和他的诗友雪莱一样，都是杰出的革命浪漫主义诗人，虽然拜伦很少谈到想象力，但这并不等于他缺乏想象。他的作品主要以感情取胜，而且感情非常充沛，具有强力。例如《哀希腊》兼具沉雄悲壮与慷慨激昂之情，很能震撼人们的心弦，这成为其浪漫主义精神的特质。而《唐璜》除了具有这种震撼人心的激情之外，尤以讽刺艺术最为世人称颂。这一点读者也可以从阅读中加以体会。

古代社会

/ 美国 / 摩尔根 / 第一部用人类学材料写成的原始社会发展史

⊙作者简介

摩尔根（1818~1881 年）是美国人种学家和科学人类学的创始人，尤其是以建立亲属关系系统的研究和社会进化的综合理论著称于世。他出生于美国纽约州奥罗拉镇附近的一个农庄，父亲是个富裕的农庄主。1840 年，摩尔根以优异的成绩毕业于罗彻斯特联合学院。1842 年获得律师资格，两年后，在罗彻斯特开设律师事务所，直至去世。摩尔根在美国学术上享有很高的声誉，1873 年获得美国联合学院的名誉博士学位，1875 年当选为美国国家科学学会会员，1880 年任美国科学促进会主席。摩尔根一生勤奋好学，酷爱钻研，从小就对家乡附近的易洛魁人的风俗感兴趣，大学毕业后，组织了一个研究印第安人的学会——大易洛魁社。他作为律师竭力为印第安人辩护。1846 年，摩尔根被易洛魁人塞内卡部落鹰氏族收为养子，这就为他进一步了解易洛魁印第安人的社会组织和文化生活，考察他们的宗教信仰、民族习俗和婚姻状况提供了条件。1851 年，他写成了第一部专著《易洛魁联盟》，是世界上第一部以科学态度研究印第安人的著作。而后他对世界各民族的亲属制度进行了广泛调查了解，经过近十年的不懈努力，掌握了人类 139 个部落和民族的近 20 种亲属制度的资料。从 1862 年到 1865 年，他整理写出了第二部著作《人类家族的亲属制度》，创立了完整的家庭发展史。自此以后，他埋头撰写最重要的著作《古代社会》。在晚年时他仍不辞劳苦进行实地考察，并把自己长期积累的有关印第安人房屋的图画和照片等资料整理成书，也就是他的最后一部著作《美洲土著的房屋和家庭生活》，这本书可视为《古代社会》的补编，用房屋建筑的发展来印证美洲印第安人部落社会的发展。摩尔根抱病写完最后一部著作之后，于 1881 年 12 月 17 日病逝。

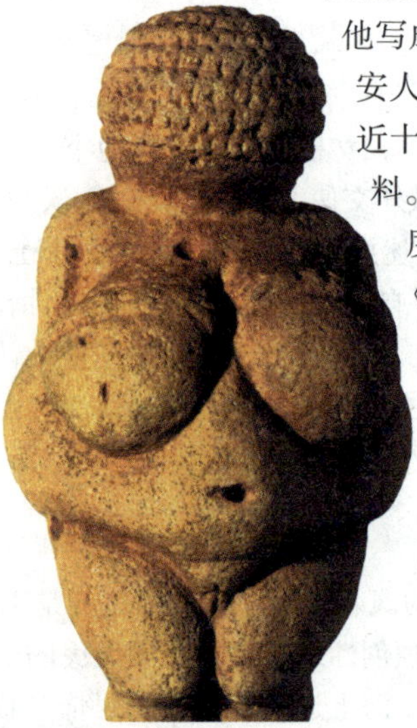

威兰多夫的维纳斯

这尊石灰石女性雕像出土于奥地利，约制作于公元前 35000 年 ~ 前 8000 年间，丰满的身材显示出年龄和怀孕状态的影响，两条细长的手臂搭在胸部。是丰产仪式中女神的代表。

⊙背景提示

摩尔根生活的时代，正是资本主义制度发展中的一个重要阶段。在美国，南北战争消灭了南方的奴隶制，工农业资本主义蓬勃发展，引起了思想领域的巨大变化。在学术领域里，生物进化论和社会进化论普遍流行，在达尔文的影响下，许多社会科学家开始用进化论的观点解释人类社会，对原始社会史研究提出了一些有价值的见解。1861 年，瑞士学者巴霍芬的《母权论》的出版，标志着人类家庭史研究的开端。另外，考古学、人种学、地质学等学科的迅速发展，也提供了大量的参考资料。摩尔根对上述科学成果极为关注，并对

名家点评

托卡列夫认为，摩尔根是第一个具有专门知识而想给人类的史前史建立一个确定的系统的人，他所提出的分期法，在没有大量增加的资料认为需要改变以前，无疑依旧是有效的。

摩尔根《古代社会》一书是对马克思主义奠基人的历史理论的极其重要的补充。摩尔根关于“古代”社会即阶级以前的社会是以氏族联系、血缘联系为基础，以原始民主原则为基础的社会的学说，正好填补了历史过程观中的空白。“氏族社会”概念取代了过于广泛的“亚细亚生产方式”概念，“随着阶级以前社会制度概念的出现，一切就各得其所了”。

进化论产生了浓厚兴趣，并深受其影响，同时，傅立叶和欧文的空想社会主义理论也影响到了摩尔根，他对未来社会的共产主义要求的思想大概源于此。既需要工人阶级自身力量的不断壮大，更需要有科学的理论指导。

⊙内容提要

《古代社会》一书全称是《古代社会，或人类从蒙昧时代经过野蛮时代到文明时代的发展过程的研究》。全书分为四编，共26章，从原始人类生产技术发明和发现的发展、社会组织结构的发展、婚姻家庭形式的发展以及财产制度的发展这四个方面深入探讨了人类早期社会发展的规律。

第一编《各种发明和发现所体现的智力发展》共3章，主要根据生活资料和生产的进步，把历史划分为蒙昧、野蛮和文明三个时代，把前两个时代又划分为低级、中级、高级三个阶段。阶级社会以后的历史属于文明时代。作者提出了"生存技术"理论，详细论述了五种依次相接的"生存技术"，阐明了物质生产力是人类社会进步的决定性因素。同时，摩尔根将人类在近代社会、中世纪、希腊和罗马的文明时代、野蛮时代、蒙昧时代的主要成就分门别类，予以比较，得出了"人类发展进度成几何比例"的结论。

第二编《政治观念的发展》共15章，占全书60%的篇幅，也是最重要、最精彩的部分。摩尔根阐述了他的原始社会学说的核心部——氏族的组织结构及其基本特征。他以易洛魁人和希腊人、罗马人为例，分别剖析了母系氏族、父系氏族的典型形式，并以非洲、亚洲、澳洲和欧洲等众多民族的资料为依据，论证了氏族制度的普遍意义。概言之，此编以大量资料深刻阐述了社会形态的发展过程，即由血缘关系组成的氏族社会过渡到以地域和财产为基础组成的政治社会即国家。

第三编《家庭观念的发展》共6章，从研究各民族的亲属制度入手，论述了人类婚姻和家庭发展史，提出了从杂交经群婚到一夫一妻制的家庭进化理论。摩尔根采用从亲属制度追踪婚姻家庭形式的科学方法，阐述了人类历史上顺序相承的五种婚姻家庭形式：血婚制（血缘）家庭、伙婚制（普那路亚）家庭、偶婚制（对偶）家庭、父权制家庭（特殊形态）和专偶制家庭即一夫一妻制，分析了每一种家庭形式的基本特征及其发生、发展的情况。

第四编《财产观念的发展》共2章，是全书的总结。追述了财产关系在原始社会各个阶段直到阶级社会的发展变化，阐明了历史上存在着两种财产所有制，即公有制和私有制，以及由前者向后者的转变。作者指出，原始社会曾出现过三种财产继承法，第一种必须留在本氏族内，第二种是通过男性追溯到同一祖先的人，死者的子女居之首位，第三种是由已故所有者的子女继承。在此基础上，作者对私有制财产的作用做了深刻论述，并在本书的末尾揭露了资本主义社会的本质和它必然灭亡的命运。预见未来的社会"将是古代氏族的自由、平等和博爱的复活，但却是在更高形式上的复活"。

⊙作品评价

《古代社会》是以进化论思想为指导，通过几十年的调查研究写出的一部综合性的人类学著作，也是学术史上第一部用人类学材料写成的原始社会的发展史。它在科学史上第一次比较系统全面的阐明了原始社会的生产生活、社会结构、婚姻家庭等主要制度的基本特征及其发展情况。恩格斯评价《古代社会》在论述社会的原始状况方面，像达尔文学说对于生物学那样具有决定性的意义。由于历史条件的限制，摩尔根是自发的唯物主义者，而不是自觉的唯物主义者，并且所使用的有些材料不完整或不准确，影响了作品的科学性，但瑕不掩瑜，《古代社会》仍是一部伟大著作。

伊拉克的挤牛奶石

格林童话

/德国/格林兄弟/影响人类心灵的旷世杰作

《格林童话》英文版封面

⊙ 作者简介

雅各布·格林（1785 ~ 1863 年）和威廉·格林（1786 ~ 1859 年）是兄弟俩，文学史上称为“格林兄弟”，他们经历相同，并且始终一起从事研究工作。雅各布·格林于 1829 年在哥廷根大学任考古学教授，1837 年他与其他六位教授抗议汉诺威国王破坏宪法，被免去职位，这就是著名的哥廷根七教授事件。威廉·格林于 1814 年至 1829 年在卡塞尔图书馆工作。1831 年任哥廷根大学教授，是著名的被免职的七教授之一。1841 年，两人一起成为柏林科学院院士。

两人是日耳曼语言学的创始人，更是整理发掘德国民间文学的重要学者。他们的《儿童与家庭童话集》(即《格林童话》)完成于 1812 至 1815 年，最初两卷，后于 1819 至 1822 年增补成三卷。1816 至 1818 年，两人整理收集的《德国传说》出版，共两卷 585 篇。从 1819 年起，两人开始编汇《德语语法》和大型《德语词典》。这两部书堪称现代日耳曼语言的奠基之作和丰碑。1857 年，格林兄弟出版了生前最后一版《格林童话集》，共收集童话 216 篇。

⊙ 内容提要

《格林童话》原名《格林兄弟所收集的给孩子与家庭的故事》。从 1812 年到 1857 年，格林兄弟先后数次对内容进行增删修改，到他们生前的最后一版，也就是第七版时，共收录了 216 篇故事。被普遍翻译介绍的《格林童话》均出自第七版。

《格林童话》的内容大致可以分为三种：第一种是神巫童话，讲述神力和巫术，以此推动故事情节，如《白雪公主》、《熊皮人》等。第二种是关于动物的故事，如《狼和七只小山羊》、《猫和老鼠交朋友》等。第三种是常人童话，接近人类的现实生活，讽刺人的丑行和弱点，幽默诙谐，如《三兄弟》、《月亮》等。

《灰姑娘》和《白雪公主》是其中最有名的童话作品，几乎达到了尽人皆知的地步，流传极广。以下节选《白雪公主》部分内容：

天色完全黑下来时，小屋的主人回家了。他们是七个矮人，经常在山里开矿。他们点起七盏小灯，小屋一亮，他们就看出已有人来过，因为屋子里的一切东西已不像离开时那样井井有条了。

相关链接

《莱辛寓言》是德国作家莱辛收集整理的一部寓言童话集，在世界儿童文学作品中占有极其重要的地位，著名的《狼和绵羊》是其中最广为人知的篇目。

《豪夫童话全集》是德国 19 世纪著名小说家威廉·豪夫(1802 ~ 1827)创作的童话集。该书模仿《一千零一夜》的形式，取材于民间故事和传说，思想内容深刻，故事情节生动。

《小狗钱钱》是德国当代作家博多·舍费尔的作品，是成人与儿童都爱读的童话。该书以童话故事为载体，帮助孩子从小学会理财，积累资产，是对孩子进行启蒙的优秀读物。

名家点评

赫尔曼·黑塞说："在记录它们时所表现的高贵的忠诚，我们尽可心安理得地写进德国人的光荣册中。就童话的内容本身，很容易归纳出某些德意志民族的特点，但却不应该这样做。恰恰是童话民间传说这样的文学向我们表明，以其常常是惊人的相互一致有力地向我们表明：文学是一种超越疆界的东西，人类这个概念对它正合适。"

席勒称："更深的意义不在生活所教的真实，而在我童年所听的童话。"

第一个矮人问："谁坐过我的小椅子呀？"

第二个矮人问："谁吃过我小盆子里的东西？"

第三个矮人问："谁咬过我的小面包？"

第四个矮人问："谁吃过我的蔬菜？"

第五个矮人问："谁用过我的小叉儿？"

第六个矮人问："谁动过我的小刀子？"

第七个矮人问："谁在我的小杯子里喝过酒？"

第一个矮人向四周看了看，发现自己的床上有一个小窝，便说："谁在我的床上睡过觉？"

另外几个矮人也跑了过来，嚷道："我的小床上也有人睡过呢。"

第七个矮人往自己的床上一看，发现了白雪公主，她正躺在那儿呼呼大睡。于是他招呼别的矮人，他们急急忙忙跑了过去，惊异得大喊大叫。他们擎起了七盏小灯，照着白雪公主的脸。"哎，老天爷！"他们大声嚷嚷，"这个娃娃多漂亮啊！"他们非常快乐，不去叫醒她，让她在小床上继续睡觉。第七个矮人只好在他的同伴那儿挨次各睡上一小时。夜晚就这样过去了。

⊙ 作品评价

在当今世界，可以说，有孩子的地方就有《格林童话》，有人的地方就有《格林童话》，其中的《小红帽》、《灰姑娘》、《青蛙王子》、《大拇指》、《睡美人》、《白雪公主》可以说是伴随我们长大的童话，也是父亲和老师给孩子讲述的最初的、最完美的故事。据统计，历来以德语印行的书，除马丁·路德 1521 年译的《圣经》外，《格林童话》就是最多的了。它自 19 世纪诞生以来，已被译成世界上 140 多种文字，可算是流传最广的儿童文学作品。同时，它也对世界文学产生了深远的影响，启迪了著名文学家普希金、席勒等人的创作。

《格林童话》插图

勇敢的小裁缝踏上旅途，在路上遇见了一个巨人。

□叶甫盖尼·奥涅金

/俄国/普希金/辉煌的长篇叙事诗

⊙作者简介

普希金（1799 ~ 1837 年），俄国浪漫主义文学的杰出代表，现实主义文学的奠基人，现代标准俄语的创始人。他的作品是俄国民族意识高涨以及贵族革命运动在文学上的反映。普希金生于莫斯科一个贵族家庭，从小受到文学的熏陶，13 岁开始写诗，15 岁公开发表诗作。1817 年在皇村学校毕业后进外交部任职，广泛结交优秀的贵族青年，写下了一些歌颂自由、反对专制暴政的充满激情的诗篇。1820 年被沙皇政府流放到南方。1826 年从流放地回到莫斯科，在沙皇监视下埋头写作。1837 年在决斗中被杀害。

普希金像

普希金抒情诗内容之广泛在俄国诗歌史上前无古人，既有政治抒情诗《致恰达耶夫》（1818）、《自由颂》（1817）、《致西伯利亚的囚徒》（1827）等，也有大量爱情诗和田园诗，如《我记得那美妙的一瞬》（1825）和《我又重新造访》（1835）等。普希金一生创作了 12 部叙事长诗，其中最主要的是《鲁斯兰和柳德米拉》、《高加索的俘虏》（1822）、《青铜骑士》（1833）等。普希金剧作不多，最重要的是历史剧《鲍里斯·戈东诺夫》（1825）。此外，他还创作了诗体小说《叶甫盖尼·奥涅金》（1831）、散文体小说《别尔金小说集》（1831）及关于普加乔夫白山起义的长篇小说《上尉的女儿》（1836）等。

⊙背景提示

《叶甫盖尼·奥涅金》是作者用诗体写成的一部长篇小说，因此也可以算得上是一部长篇叙事诗。作为俄罗斯伟大的抒情诗人，普希金在叙事诗方面的成就也是有目共睹的。他的叙事诗大致可分为两大部分：从《鲁斯兰和柳德米拉》到《茨冈人》（《叙事诗一》）是他的南方诗篇。这些诗歌洋溢着浪漫主义的缤纷色彩，反映了诗人对自由的热烈追求；其中的《高加索俘虏》、《茨冈人》等更可以视为诗体长篇小说《叶甫盖尼·奥涅金》的补充。《叙事诗二》中的诗主要是普希金流放北方之后创作的，诗歌的创作方法已逐渐从浪漫主义过渡到现实主义，其中的《青铜骑士》完美地体现了浪漫主义与现实主义的结合。在这些诗歌中，诗人思考得更多的是俄罗斯人民的命运问题。

⊙内容提要

叶甫盖尼·奥涅金在贵族的传统环境中长大。他风度翩翩，聪明机智，在青年时期就已是一

相关链接

普希金逝世前一年发表了一部真实而深刻地反映普加乔夫农民起义的中篇小说《上尉的女儿》。这部小说不仅在他的全部创作中占有极重要的地位，而且也是最早介绍到中国来的俄国文学作品。清光绪二十九年（1903 年），这部小说被译为《俄国情史》，成为中俄文学交流的第一位使者。小说以贵族青年军官格里尼奥夫的个人遭遇为线索，再现了普加乔夫起义的历史。格里尼奥夫到边防炮台就职，中途为暴风雪所阻，偶然和普加乔夫结识，并送给他一件兔皮袄。后来，格里尼奥夫爱上了驻地上尉司令米隆诺夫的女儿玛丽亚。普加乔夫率领农民起义军，攻破炮台，杀死了司令夫妇，格里尼奥夫也被义军俘获。普加乔夫很重旧情，把他释放，并成全他的婚事。普加乔夫起义失败后，格里尼奥夫因此事受到怀疑，被政府逮捕。上尉的女儿玛丽亚谒见女皇叶卡捷琳娜二世，澄清了怀疑，格里尼奥夫被释放。这部小说语言朴素，简洁，把 18 世纪俄罗斯的风俗人情通俗流畅地展现在读者面前，因而被果戈理誉为“俄罗斯最优秀的一部叙事作品”。

《叶甫盖尼·奥涅金》插图：奥涅金和连斯基的决斗

位老于世故的社交能手，深受太太小姐们的喜爱。但事实上他对这些庸俗浮华的生活早已经厌倦，于是希望能够通过阅读书籍来打发时光。他梦想能做一位诗人，但从来没有写出过一个字。

叶甫盖尼的父亲病故。正当他要宣布破产时，他却得到他的伯父快要去世的消息。由于伯父之死而获得庞大遗产的奥涅金，离开了社交界，而成为管理田地及工厂的领主。他虽衷心欢迎新生活的来临，但自第三天起，那刻板的生活即令他厌倦不已。他完全无法融入自然的美景里。不久他就获得一个古怪人的名声，经过一段时期，邻居们都不再理睬他了。

正当他百无聊赖的时候，一位从德国返乡的乡绅连斯基闯入了他的世界。他那德国人的气质使他与众不同，于是与连斯基见面，讨论时事，就成为叶甫盖尼惟一的快乐了。而他们俩人也因此而成为挚友。

有一天，连斯基带着奥涅金去拜访拉林家，并将奥涅金介绍给他的女友奥尔加及其姊达吉雅娜。奥尔加长得很漂亮，人缘也好。她虽然年纪最小，但却是姑娘群中的领袖。达吉雅娜则沉默寡言，落落寡合，无意参加乡村的社交生活。当她们家听说这两位青年即将来访时，立刻把叶甫盖尼想象为达吉雅娜的求婚者。但叶甫盖尼对这次访问却感到极为厌烦，对达吉雅娜根本没有怎么注意。谁料他走后达吉雅娜竟然发现自己深深喜欢上了叶甫盖尼。她给叶甫盖尼写了一封充满激情的情书，然而，年纪轻轻就成为社交界宠儿，且历经放纵、浮华的奥涅金，虽被达吉雅娜充满少女梦想的言语所感动，但仍无意与她深交，于是婉言谢绝了她。

1815 年 1 月 8 日公开学术演讲会上的普希金

那年冬季，拉林家要庆祝达吉雅娜的命名。奥涅金被邀请参加了，但他由于一时兴起，并且仿佛故意做给别人看似的和奥尔加跳舞，而这种行为终于引起连斯基的妒忌与愤怒，于是他决定向奥涅金下决斗书。第二天，奥涅金在射击时打中了连斯基的胸膛。他追悔莫及，当即启程前往彼得堡。以后数年里，他一直过着流浪的生活。奥尔加不久和一个军官结了婚，而达吉雅娜最终也接受了一位公爵的求婚。

叶甫盖尼经过两年多的漫

名家点评

别林斯基赞誉普希金的诗："所表现的音调的美和语言的力量到了令人惊异的地步；它像海波一样柔和、优美，像松脂一样鲜明，像水晶一样透明、洁净，像春天一样芬芳，像勇士剑击一样坚强有力。"高尔基说："我开始读普希金的诗，如同走进了一片树林的草地，到处盛开着鲜花，到处充溢着阳光。"普希金的创作对俄罗斯现实主义文学及世界文学的发展都有重要影响，被高尔基称为"一切开端的开端"，"伟大的俄罗斯文学之始祖"。诗体长篇小说《叶甫盖尼·奥涅金》在普希金的作品中占有非常重要的地位，被称为"俄罗斯生活的百科全书和最富有人民性的作品"，受到各国读者的重视；恩格斯曾把《叶甫盖尼·奥涅金》的个别章节译成德文，可见其影响力。

游以后又回到了莫斯科，他在格雷明公爵的舞会上偶然发现年轻而美丽的公爵夫人竟是曾经爱上他的达吉雅娜。这时，他的心终于被她那女王般毅然的美震撼了，从此经常去她家里，并几次用信向达吉雅娜倾诉内心的痛苦与感受。但是，达吉雅娜已不再是从前那位做梦般的少女了，她虽然仍旧强烈地被奥涅金吸引，却仍为实践自己对丈夫的忠诚，而拒绝了他的爱。

⊙作品评价

为写《叶甫盖尼·奥涅金》，诗人整整用了8年时间。这是一部杰出作品，它成功塑造了俄国文学史上第一个"多余人"叶甫盖尼·奥涅金的形象。小说的主人公奥涅金是俄国封建农奴制社会贵族的一个典型，他虽然受过资产阶级思想的启蒙，不满于贵族社会的庸碌、自负，与周围的人格格不入，但他又是在这种贵族生活方式的典型环境中长大的，因此摆脱不了那种花花公子式的浪荡生活，整天周旋于酒宴舞会和恋爱当中。面对无聊的现实，他也曾想寻找出路，但贵族的教养不仅使他毫无实际工作能力，同时也缺少毅力和恒心，所以最终一事无成，成为社会的"多余人"。这个形象表现了当时俄国进步贵族青年思想上的苦闷，同时也揭示了贵族青年知识分子脱离人民群众这一重要的社会问题，因此具有很强的现实意义和艺术价值。

小说女主人公达吉雅娜是作者心目中理想的俄罗斯贵族妇女形象，几乎集中了俄罗斯优秀妇女的种种德行。她温柔敦厚，感情丰富而纯真，而且美丽善良，敏感多思，沉湎于美丽的大自然景色当中，在俄国民间传说和童话世界的幻想里生存，是俄罗斯大地真正的精灵。此外，她深受启蒙主义运动影响，敢于大胆表达自己的爱情，要求解放个性，这些都使她不同于一般的俄罗斯妇女，成为俄罗斯文学史上最光辉动人的女性之一。

《叶甫盖尼·奥涅金》这部长篇小说是用诗体写成的，这在当时是一个伟大的创新。作者本人也很重视这个特点。它反映了俄罗斯文学由韵文时代向散文时代过渡的历史状况，成为这二者结合的产物。从艺术成就来看，这部作品拥有优美的旋律和动人的故事情节，充分表现了诗人的艺术功力，成为俄罗斯语言文学的经典。

莫斯科普希金纪念雕像

昆虫记

/法国/法布尔/科学与文学的完美结合

⊙作者简介

法布尔（1823 ~ 1915 年），出生在法国南部的农民家庭。他在农村度过童年，从小就对乡间的花草和虫鸟非常感兴趣。由于家中贫困，他连中学也没有读完。但他天性好学，依靠自己的努力，先后取得了数学学士学位、自然科学学士学位与自然科学博士学位。1849 年，法布尔在阿雅克修中学教书，开始潜心研究昆虫的习性和生活特征。1878 年，他发表《昆虫记》第一部，此后陆续出版，至 1909 年完成。1915 年，法布尔病死于家中。

法布尔像

⊙内容提要

法布尔把毕生从事昆虫研究的成果和经历用大部分散文的形式记录下来，详细观察了昆虫的生活和为生活以及繁衍种族所进行的斗争，以人文精神统领自然科学的庞杂实据，虫性、人性交融，使昆虫世界成为人类获得知识、趣味、美感和思想的文学形态。

《昆虫记》是一本讲昆虫生活的书，涉及到蜣螂、蚂蚁、西绪福斯虫等 100 多种昆虫，共分为 10 卷。在这个世界上，人类现在已知的昆虫种类约 100 万种，占所有已经知晓的动物种类的 5/6；并且仍有几百万的未知晓的昆虫仍待人类去发现和认知。法布尔在 19 世纪中期，于学校教课之余，和自己的孩子一起在田野间观察各类昆虫，为之定名，为之讴歌。法布尔也由此获得了“科学诗人”、“昆虫荷马”、“昆虫世界的维吉尔”等桂冠。

⊙作品评价

法布尔具有“哲学家一般的思、美术家一般的看、文学家一般的感受与抒写”，他的《昆虫记》是为昆虫谱写的生命乐章，也是一部不朽的世界名著。它将作者对昆虫的细心观察、潜心研究和人生体会熔于一炉，不仅使人们在阅读时获取相关的科学知识，而且睿智的思想哲理跃然纸上，让读者获得一次独特的审美过程。可以说，《昆虫记》是一部有知识、有趣味、有思想、有美感的史诗性的作品。这部书自 19 世纪末出版以来，立刻在世界上引起一片赞叹声，先后被翻译成 60 多种文字，一版再版，至今在世界读书界还能引起一次又一次的轰动，堪称奇迹。法国 20 世纪初的著名作家、《约翰克利斯朵夫》的作者罗曼·罗兰称赞道：“他观察之热情耐心、细致入微，令我钦佩，他的书堪称艺术杰作。我几年前就读过他的书，非常地喜欢。”英国生物学家达尔文夸赞道：“他是无与伦比的观察家。”当时法国和国际学术界称赞法布尔为“动物心理学的创始人”。

法布尔的实验室

□红与黑

法国 / 司汤达 / 法国批判现实主义文学的奠基之作

⊙作者简介

司汤达（1783 ~ 1842 年）是 19 世纪法国批判现实主义文学的创始人之一。司汤达出生在法国格勒诺布尔城一个富裕律师的家庭。早年丧母，父亲是个保皇党人，家庭教师是个思想保守的神父。司汤达与他们格格不入。在家里，他只敬爱尊崇伏尔泰的外祖父甘尼永大夫。13 岁那年，他进了由当地革新派创办的中心学校读书，并深受雅各宾党人数学老师格罗的科学和民主思想影响，为其世界观的形成奠定了基础。1799 年，司汤达以优异的成绩毕业于当地的中心学校，来到巴黎，在军部谋到一个职务。从此，他跟随拿破仑的大军，参加了两种力量、两种制度在整个欧洲的大搏斗。直到 1814 年，拿破仑垮台，波旁王朝复辟，司汤达于是被“扫地出门”，不得已离开巴黎，侨居意大利的米兰。在米兰期间，他读书，旅行，研究意大利的音乐和美术，与从事意大利民族解放战争的烧炭党人有所交往。1815 年,他的第一部作品《音乐家传记》问世，从此开始了他的写作生涯。1821 年，意大利烧炭党人的起义遭到镇压，司汤达被当局视为危险分子，被迫离开米兰回巴黎。在巴黎，他一面写作，一面认真观察复辟时期的社会生活，对自己所处时代的社会矛盾有了深刻的认识，终于写出了深刻反映七月革命前的法国社会现实的长篇小说《红与黑》，使他成为 19 世纪杰出的批判现实主义作家。司汤达其他重要的作品还有《红与白》、《巴马修道院》等。

司汤达像

⊙背景提示

《红与黑》的创作取材于当时的一则社会新闻。1827 年司汤达读到《司法公报》上登载的一个家庭教师杀害女主人的刑事案件，铁匠的儿子安杜扬·贝尔特经神甫推荐，去米苏家担任家庭教师。不久他和孩子的母亲发生了暧昧关系，真相暴露后，出于怨恨和绝望，贝尔特在教堂枪杀了米苏夫人，因此被判死刑。司汤达根据这条社会新闻，构思了一部题名为《于连》的小说，但两年后还没有写成，因为这桩普通的刑事案件无法体现他痛恨封建复辟的政治见解。于是他重新构思并着手改造情节，把保皇党的阴谋活动作为中心事件写进了小说，1830 年 5 月，他在校印期间又把书名改为富有象征意义的《红与黑》，再加上副标题“1830 年纪事”。小说中有一段出版家与作家的对话：

名家点评

司汤达生前并不为广大读者和评论家所理解，正如高尔基在为《红与黑》一书写的序言中所说：“司汤达是作家被批评界歪曲得面目全非的一个极鲜明的例证。”但历史证明了他的价值。高尔基曾经指出他在文学历史上的重要价值：“司汤达是在资产阶级胜利之后，立即就开始敏锐而明确地表现它的特征的第一个文学家，他揭示出资产阶级社会内部腐化的不可避免和它的愚蠢的短见。”而另一位文学评论家路易·阿拉贡则明确肯定司汤达在文学创作上的成就：“他对小说，对写作，从而也是对作家是什么，作家的任务是什么等一系列问题的认识上，体现了一个真正的转折点。”

法文版《红与黑》插图：于连初进瑞那夫人家

自幼在乡下长大、未见过世面的于连，第一次到瑞那夫人家，胆怯得不敢伸手按门铃，瑞那夫人和善地为他打开院门。瑞那夫人姣美的外貌、温柔的声音、白皙的肤色、端庄的举止，使于连倾倒，而于连俊美的长相、腼腆的举动、焕发的容光，也使瑞那夫人对他产生了好感。两人刚一见面，彼此的心田就萌发了爱情的种子。

“如果您的人物不谈论政治，那么，他们就不再是1830年的法国人了，而您的书也就不再是一面镜子，如同您所希望的那样……”可见司汤达毫不隐讳这部小说的政治倾向，他要认真写出“19世纪最初30年间压在法国人头上的历届政府所带来的社会风气，1830年前夕教会和国家的欺骗、厚颜无耻和虚伪”。虽然这部作品问世之后遭到多数人的误解，但作者本人却坚信这部书的价值。时至今日，这部作品已经成为杰出的批判现实主义文学名著。

⊙内容提要

《红与黑》主要描写主人公于连·索黑尔野心勃勃的短促一生。于连·索黑尔是法国外省小镇维利叶尔一个木材商人的儿子，虽然他是拿破仑的崇拜者，但是，他以为在王政复辟的社会中，神职是平民惟一可行之路，于是下定决心谋此一职。不久他又凭着他的聪明过人被聘为市长德·瑞那先生孩子们的家庭教师。在此期间，他与德·瑞那夫人产生了炽烈的爱情，并希望借控制她而进入上流社会，但风声很快便传遍了整座城市。一个靠受贿发财的地方官哇列诺对于连当上市长家的家庭教师十分嫉妒，他也曾追求过德·瑞那夫人，但遭到了拒绝，正巧发现了他们的奸情，便向德·瑞那先生写了一封信告发。于是于连只能离开德·瑞那夫人家而进入贝桑松的神学院，德·瑞那夫人则受到良心的折磨，转而笃信宗教。

于连在神学院生活得很不愉快，没人喜欢他，但却受到院长彼拉先生的赏识。彼拉院长因支持德拉木尔侯爵的一件诉讼案件而失去了院长的职位，于是侯爵把院长弄到巴黎为他谋了个职业，于连也因受到院长的推荐而得以出任侯爵的私人秘书。于连离开神学院，兴奋异常，随即回到了维利叶尔，半夜里他翻越层层围墙，在离别14个月后重见德·瑞那夫人。于连在她的卧室中度过了整整一天，后被人发现才仓皇逃走。

前往巴黎的于连巧妙地掩饰了自己对于共和主义的向往，而在社交界广结人缘，其交友的手腕也日趋纯熟与超然。于连在公务上很能干，最终成为侯爵的心腹，与侯爵家里的人混得也很熟。他对侯爵的女儿玛特儿很有好感，希望能够通过控制她而达到控制侯爵全家的目的。尽管他们等级差得很多，自尊心极强的玛特儿还是深为这位身份虽低却傲骨凛然、精力旺盛的于连所吸引并委身于他。事后玛特儿发现自己怀孕了，便强迫父亲应允她与于连的婚事。侯爵知道此事后先是恼怒，但由于侯爵过度溺爱公主，在无计可施之余，他只好给了于连一笔财产、一个贵族头衔和一个军官职位。没想到于连得到这些后得意忘形，对玛特儿反而不屑一顾了。

正当于连与玛特儿公主的婚期将届之际，一件意想不到的事发生了。德·瑞那夫人给侯爵来了一封信，揭露了于连道德败坏的事，侯爵大怒，拒绝了女儿同于连的婚事。这将意味着于连再也不能进入上层社会。于连气急败坏，忿恨之余，骑马回到维利叶尔，以手枪射击正在教堂祷告的德·瑞那夫人，事后当场被捕。伤愈后的德·瑞那夫人去狱中看望于连，而狱中的于连这时也从一切庸俗的野心中获得解放，他觉得自己只有对德·瑞那夫人的爱是真挚的，二人因此又相爱如初。另一方面，玛特儿依然爱着于连，她赶到维利叶尔，企图贿赂检察官；他的朋友福格也劝于连从狱中逃跑，但于连对这些都无动于衷。不久，当于连来到法庭接受审判时，他坦然地说："死刑是我应得之罪。"最终被法庭处以死刑。

行刑的那一天终于到了，于连镇定地走向了刑场，他的穷朋友福格收殓了他的尸身，把他葬于山间的一个墓穴中。痴情的玛特儿决心效仿她的一位先人，她抱着于连的头颅，为他举行了盛大的葬礼。德·瑞那夫人没去参加葬礼，在于连死后第三天，她因悲痛欲绝，也去世了。

⊙作品评价

《红与黑》自1830年问世以来，赢得了世界各国一代又一代青年读者的心。作品所塑造的"少年野心家"于连·索黑尔是一个具有高度典型意义的人物形象，已成为个人奋斗的野心家的代名词，就像世界文学长廊中的其他典型形象一样脍炙人口。正如这本书的书名所要展示的一样，野心勃勃的于连不甘心久居人下，他少年时代就立下宏愿："在拿破仑统治下，我会是一个军曹；在未来的神父当中，我将是一位主教。"而"红"是军服的颜色，"黑"则是神父长袍的色彩。这种"红"与"黑"的野心和梦幻，渗透到了于连的灵魂，左右着他的一切言行，直至他走上断头台。然而，于连是一个伪善的钻营者和野心家，他性格中那种强烈的自尊和自觉的反叛意识使他与当时的一般人区别开来，成为正处在上升阶段然而依旧饱受落后的封建主义压制的小资产阶级青年的代表。因此小说对于连双重人格、矛盾性格和悲剧命运的描写，客观上也揭露了法国王政复辟时期的残酷现实状况以及由此产生的对青年一代的腐蚀和摧残。小说的副标题名为"1830年纪事"，实际上我们也可以由此而深刻地了解"19世纪初30年间压在法国人民头上的历届政府所带来的社会风气"和现实状况。

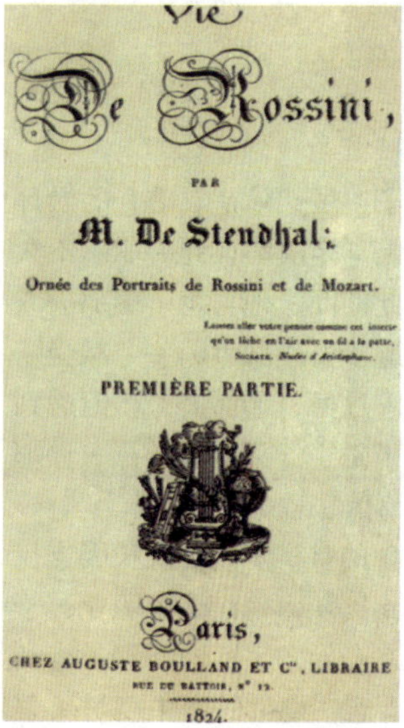

司汤达《罗西尼传》的扉页

作为一部优秀的批判现实主义小说，《红与黑》没有冗长的环境描写，但对人物内心思想的刻画却不吝笔墨。而事实上，《红与黑》在心理深度的挖掘上远远超出了同时代作家所能达到的层次。小说以深刻细腻的笔调充分展示了主人公的心灵空间，广泛运用了独白和自由联想等多种艺术手法挖掘出了于连深层意识的活动，特别是对于书中人物爱情心理的描写更是丝丝入扣，动人心弦。并开创了后世"意识流小说"、"心理小说"的先河。所以司汤达又被评论家称为"现代小说之父"。由此可见本书在艺术上的成就和地位。

相关链接

《巴马修道院》是司汤达继《红与黑》之后又一部批判现实主义杰作，也是他生前惟一获得成功的作品。小说以意大利的巴马公国为背景，以贵族青年法布里斯的富有浪漫色彩的爱情故事为线索，通过法布里斯的社会理想和个人野心的幻灭过程来反映19世纪神圣同盟统治时期的宫廷斗争和封建专制。但小说表面上描写的是意大利民族解放运动，实际上却是在影射当时的法国社会。因此小说一出版后，便受到很多人的关注。巴尔扎克对本书推崇备至，立即写了一篇长达72页的评论《贝尔先生研究》，承认司汤达是"当代高人之一"。他在给司汤达的一封信中说："《修道院》是一部伟大的巨著。"这些评论在司汤达生前是很少见到的。

□战争论

/德国/卡尔·克劳塞维茨/西方近代军事理论的经典

⊙作者简介

卡尔·克劳塞维茨像

卡尔·克劳塞维茨（1780 ~ 1831 年），德国军事理论家和军事历史学家，普鲁士军队少将。他出生于普鲁士王国马格德堡附近的一个小税务官家庭，他还不满 12 岁时，就被父亲送进波茨坦的一个步兵团，1792 年，参加了普鲁士军队，1795 年晋升为军官，并自修了战略学、战术学和军事历史学。1803 年克劳塞维茨毕业于柏林普通军校，同年起任普鲁士奥古斯特亲王的副官，参加过 1806 ~ 1807 年普法战争。1808 年起在普军总参谋部任职。1808 ~ 1809 年任军事改革委员会主席办公室主任。1810 年 10 月起任军官学校战略学和战术学教官。同年 5 月，克劳塞维茨到俄军供职，1812 年俄罗斯卫国战争期间，克劳塞维茨先后任柏林骑兵军和乌瓦罗夫骑兵军的作战军官，参加过奥斯特罗夫诺、斯摩棱斯克和博罗季诺等会战。克劳塞维茨研究了 1566 ~ 1815 年期间所发生过的 130 多次战争和征战，撰写了论述荷兰独立战争 、古斯塔夫二世·阿道夫战争、路易十四战争、腓特烈二世战争、拿破仑战争、1812 年卫国战争、1813 年德意志解放战争等许多军事历史著作。克劳塞维茨的主要著作是《战争论》。

⊙背景提示

克劳塞维茨所生活的时代，正是近代欧洲工业革命、民族革命和民族解放运动相继发生的时代。法国资产阶级革命和拿破仑战争的实践，宣告了封建专制主义陈腐落后的旧战争学说的彻底破产，在军事上引起了巨大变革。法国大革命、历次拿破仑战争和 19 世纪初欧洲各国人民的民族解放运动，对于克劳塞维茨世界观 、军事观的形成，产生了决定性的影响。克劳塞维茨虽然对法国大革命持反对态度，但他同时也清楚地看出了这次革命在军事上引起的根本性变化，对封建主义军事理论进行了尖锐的抨击。

⊙内容提要

《战争论》全书共 3 卷 8 篇 124 章，共约 70 万字。作为资产阶级军事科学的奠基之作，该书的内容极为丰富，对战争性质、战争理论、战略、战斗、军队、防御、进攻、战争计划等诸多方面阐发了一些“在战争理论中引起一场革命的主要思想”。第一篇“论战争的性质”，第二篇“论战争理论”，第三篇“战略概论”，第四篇“战斗”，第五篇“军队”，第六篇“防御”，第七篇“进攻”，第八篇“战争计划”。其基本的思想观点是：

一、战争是政治的继续。克劳塞维茨认为，战争就如同一条变色龙，千变万化，各不相同。但战争的暴烈性，战争的概然性和偶然性却是其根本属性之一。从战争与政治的关系看，政治是战争的母体，因而不应把战争看成独立的东西，而要看作是政治的工具，是为政治服务的。军事观点必须服从于政治观点。任何企图使政治观点从属于军事观点的做法都是错误的。战争爆发之后，仍是政治交往的继续，是政治交往通过另一种手段的实现，是打仗的政治，是以剑代笔的政治。

二、战争的目的就是消灭敌人。克劳塞维茨认为，战争的政治目的即是消灭敌人，而消灭敌人必然要通过武力决战，通过战斗才能达到，它是一种比其他一切手段更为优越、更为有效的手段。消灭敌人包括物质力量和精神力量两个方面。

三、战略包括精神、物质、数学、地理、统计五大要素。精神要素指精神力量及其在军事行动中的作用。物质要素指军队的数量、编制、各兵种的比例等。数学要素指战线构成的角度、向心运动和离心运动等。地理要素指制高点、山脉、江河、森林、道路等地形的影响。统计要素指一切补给手段等。克劳塞维茨认为，“这些要素在军事行动中大多数是错综复杂并紧密结合在一起的。”其中精神要素占据首位，影响战争的各个方面，贯穿于战争始终。“物质的原因和结果不过是刀柄，精神的原因和结果才是贵重的金属，才是真正锋利的刀刃。”

四、战略战术的基本原则。克劳塞维茨认为，数量上的优势在战略战术上都是最普遍的制胜因素。虽然在实际作战时，通常不可能处处形成优势，但必须在决定点上通过巧妙调遣部队，造成相对优势。一切军事行动或多或少地以出其不意为基础，才能取得优势地位，使敌人陷入混乱和丧失勇气，从而成倍地扩大胜利的影响。战略上最重要而又最简单的准则是集中优势兵力。用于某一战略目的的现有兵力应同时使用，越是把一切兵力集中用于一次行动和一个时刻越好。会战是战争的真正重心，由几个战斗所形成的大规模会战能有效地消灭敌军，所取的成果最大，故高级将领应当重视这种双方主力之间的战争，视其为挫败敌国交战意志的重要手段。

五、战争中的攻防。克劳塞维茨认为，进攻和防御是战争中的两种基本作战形式。二者是相互联系、相互转化的。整体为防御，局部可能为进攻。进攻中含有防御因素，防御中也含有进攻因素。进攻可转变为防御，防御也可以转变为进攻。一般说来，防御有离自己的兵员和物资补给地较近，能依靠本国民众的有利条件，但它的目的是消极据守。进攻具有“占领”这一积极目的，并通过占领来增加自己的作战手段。

六、要积极向战争史学习。克劳塞维茨认为，战争理论是成长于战争经验土壤里的果实。战争史是最好的、最有权威、最能说服人的教师。战争理论和原则的提出，应当在研究战争史的基础上进行。当然，战争理论也要随着时代和军队的变化而变化，要适应特定国家的需要，具有时代的特点。

克劳塞维茨认为“每个时代均应有其特定的战争”，军事学术的变化是由“新社会条件和社会关系”引起的。这些判断是正确的。但他并不理解究竟是什么决定了军事学术的发展，所以他对这一点的解释是相当矛盾的。

东欧君主瓜分波兰

克劳塞维茨主张“战争无非是政治通过另一种手段的继续”，否定战争本身就是目的。

克劳塞维茨在研究军事学术理论及其组成部分——战略学和战术学方面做了大量工作。他反对军事学术中的“永恒的原则”，认为战争现象是不断发展的。同时，他又否定在军事发展上存在规律性，并且断言“战争是一个充满偶然性的领域，是一个充满不确定性的领域”。

《战争论》的结论是：“战争是政治的工具；战争不可避免地具有政治的特性……战争就其主要方面来说就是政治本身，政治在这里以剑代表，但并不因此就不再按照自己的规律进行思考了。”对于克劳塞维茨的这一论点，列宁曾给予极高评价。

⊙作品评价

克劳塞维茨的《战争论》被誉为西方近代军事理论的经典之作，对近代西方军事思想的形成和发展起了重大作用。克劳塞维茨本人也因此被视为西方近代军事理论的鼻祖。克劳塞维茨是第一个在西方军事科学中明确提出了交战、战局乃至整个战争的一些实施原则，揭示了精神因素的制胜作用，这也是他对军事理论的重大贡献。

□安徒生童话

/丹麦/安徒生/世界文学宝库中的珍贵遗产

⊙作者简介

安徒生（1805 ~ 1875 年）全名汉斯·克里斯蒂安·安徒生，是丹麦 19 世纪著名童话作家，世界文学童话创始人。他生于欧登塞城一个贫苦鞋匠家庭，早年在慈善学校读过书，当过学徒工。受父亲和民间口头文学影响，他自幼酷爱文学。11 岁时父亲病逝，母亲改嫁。为追求艺术，他 14 岁时只身来到首都哥本哈根。经过 8 年奋斗，终于在诗剧《阿尔芙索尔》的剧作中崭露才华。因此，被皇家艺术剧院送进斯拉格尔塞文法学校和赫尔辛欧学校免费就读，历时 5 年。1828 年，他升入哥本哈根大学。毕业后主要靠稿费维持生活。1838 年获得作家奖金。安徒生终身未娶，1875 年 8 月 4 日病逝于朋友家中。

安徒生文学生涯始于 1822 年。早期主要撰写诗歌和剧本。进入大学后，创作日趋成熟，曾发表游记和歌舞喜剧，并出版诗集和诗剧。1833 年出版长篇小说《即兴诗人》，为他赢得国际声誉，是他成人文学的代表作。安徒生的童话创作可分早、中、晚三个时期。早期童话多充满绮丽的幻想、乐观的精神，体现现实主义和浪漫主义相结合的特点。代表作有《打火匣》、《小意达的花儿》、《拇指姑娘》、《海的女儿》、《野天鹅》、《丑小鸭》等。中期童话，幻想成分减弱，现实成分相对增强。在鞭挞丑恶、歌颂善良中，表现了对美好生活的执著追求，也流露了缺乏信心的忧郁情绪。代表作有《卖火柴的小女孩》、《白雪皇后》、《影子》、《一滴水》、《母亲的故事》、《演木偶戏的人》等。晚期童话比中期更加面对现实，着力描写底层民众的悲苦命运，揭露社会生活的阴冷、黑暗和人间的不平，作品基调低沉。代表作有《柳树下的梦》、《她是一个废物》、《单身汉的睡帽》、《幸运的贝儿》等。

纽约中央公园的安徒生和丑小鸭塑像

⊙背景提示

安徒生小时侯决心献身于舞台艺术事业，希望能当一个芭蕾舞或歌剧演员，但由于现实生活的折磨，最终他放弃了这个愿望而立志成为文学家。他创作的文学种类很多，但以童话闻名于世界。他从 30 岁时开始“为了争取未来的一代”而决定给孩子写童话，当年出版了《讲

相关链接

孕育了安徒生的丹麦人民，不仅仅产生了一个安徒生，还为人类贡献了更多优秀的作家作品。在丹麦文学史上，具有世界级声誉的作家除了当之无愧的安徒生之外，还有一位较为重要的无产阶级作家马丁·尼克索（1869 ~ 1954 年）。尼克索从 1893 年便开始发表作品，一生著作颇丰，其中《征服者贝莱》、《蒂特——人的女儿》和《红莫尔顿》这三部曲是他的代表作。《征服者贝莱》描写了穷孩子贝莱成长为工人运动领袖又演变为工人贵族的过程；《蒂特——人的女儿》讲述了渔家女儿蒂特苦难的一生；《红莫尔顿》则是丹麦工人斗争的真实写照。作家通过这三部宏伟的作品，概括了 19 世纪末至 20 世纪 30 年代近半个世纪里丹麦工人阶级的革命斗争。这些作品广泛涉及了工人运动所面临的迫切问题，为作者赢得了国际声誉，使他被誉为北欧无产阶级文学的奠基者，“丹麦的高尔基”。

名家点评

安徒生的童话老少皆宜，在中国也受到众多读者的喜爱，著名作家张晓风认为："如果有人5岁了，还没有倾听过安徒生，那么他的童年少了一段温馨；如果有人15岁了，还没有阅读过安徒生，那么他的少年少了一道银灿；如果有人25岁了，还没有品味过安徒生，那么他的青年少了一片辉碧；如果有人35岁了，还没有了解过安徒生，那么他的壮年少了一种丰饶；如果有人45岁了，还没有思索过安徒生，那么他的中年少了一点沉郁；如果有人55岁了，还没有复习过安徒生，那么他的晚年少了一份悠远。"由此可见安徒生童话在读者心目中的地位和作用。

给孩子们听的故事》。此后数年，每年圣诞节都出版一本这样的童话集。其后又不断发表新作，直到1872年因患癌症才逐渐搁笔。近40年间，共计写了童话160多篇。正如他自己所说，"这才是我的不朽工作呢"，自觉地把童话创作当成了毕生从事的事业。也正是他，首次将"童话"从幼稚粗糙的民间传说与故事，发展成为优美的、饱含作者内心情感的文学童话，为后世作家的创作留下了经典范文。1954年国际儿童读书联盟第三次大会上设立以安徒生的名字命名的世界儿童文学大奖——国际安徒生奖，这个奖项至今仍是儿童文学界最高的荣誉。

⊙内容提要

安徒生创作的许多童话可谓妇孺皆知，《皇帝的新装》、《卖火柴的小女孩》、《夜莺》、《丑小鸭》、《海的女儿》等名篇更是受到各国人民的欢迎，这里将择要将几部名篇向大家简单介绍一下。

《皇帝的新装》：很久以前有一位酷爱漂亮衣服的皇帝。一天，两个骗子来到了皇宫，他们声称自己可以织成世界上最美的衣服，而且这种衣服的特点是那些不称职或是愚蠢的人都看不见。皇帝很高兴，给他们最好的金丝，并且让朝中的大臣参与监工。虽然这些大臣们个个看不见衣服，但是为了掩饰自己的愚蠢，他们便假装看得见，于是最后竟然连皇帝也假装看见了。皇帝穿着这件莫须有的"衣服"参加游行大典，让一个孩子揭了底，受到了全国的嘲笑。

《丑小鸭》：夏天，鸭妈妈在她的巢里孵蛋，最后出来的那只竟然是最丑的小鸭，因为他长得太丑了，所以不论在鸭群里还是在鸡群里都受到排斥，最后连鸭妈妈也开始讨厌他了，于是他只好到处流浪。在流浪途中，丑小鸭见过野鸭和大雁，也遇到过很多危险，甚至在冬天还被冻得和冰块结在一起。但是到了春天，这只丑小鸭终于变成了一只美丽的天鹅，原来他本身就是一只天鹅。

《坚定的锡兵》：一个作装饰品的锡兵和一位苗条的女芭蕾舞演员，从没有机会接近，只是在各自固定的位置上遥遥相望，心心相印。他们的恋情是沉默的，从没有用语言表达过。由于客观环境的种种偶然，锡兵被迫和沉默的恋人分开了，但是由于另外一个偶然的机会，他又回到了原来的位置上，最后一阵嫉妒的妖风把他们吹进一个火炉里，他们共同火化了，但那个锡兵在烈火中却凝成了一颗心，一颗对他的恋人永远忠诚的心。

《卖火柴的小女孩》插图

《海的女儿》：美人鱼的皮肤又光又嫩，像玫瑰的花瓣，她的眼睛像海水般蔚蓝，她是海王的公主，从深深的海底宫殿升到水面上来，欣赏外界广阔的天地。她渴望获得纯真的爱情和高等动物人类才有的灵魂，因为美人鱼这些海里的生物原是没有灵魂的，他们寿命终结，便将化为波涛的泡沫，消失在海面上。于是，她不惜一切牺牲，以自己的金嗓子为代价向女巫求助，换取了“人”的形体，来到她所爱的王子身边，可是，她不能发声，没法向王子示爱，互相不能沟通，美人鱼终于没有得到王子的心,也无法得到“人”的灵魂。最后，王子结婚了，美人鱼走向死亡，化为波涛的泡沫，飘浮着，飘浮着。

《海的女儿》插图

⊙作品评价

安徒生把他用40年心血所精心编织的164篇童话故事，可用一个丹麦字“EVENTYR”加以概括。它的意义要比我们所理解的童话广泛得多。它不仅包括“故事”，还涉及以浪漫主义幻想手法所写的儿童散文、散文诗、小品、寓言和以现实主义手法所写的儿童小说等。除了文体丰富外，安徒生著作中浓厚的文学性、绘画性与艺术表现，亦如世纪交响乐般，展现出安徒生独特的个人生命特质。

由于安徒生童话写作的灵感来自于幼年时代的回忆、从长辈处听来的民间故事与传说以及旅游世界各地的经历，因此他经常以祖国丹麦的城镇为背景，或以遥远的东方如中国或圣经中的伊甸园为背景讲述故事。读者走进安徒生世界，不仅可以一览19世纪丰饶的人文景观，还可见识到百年前纯朴旖旎的欧陆风光及世界各地的民俗风情。同时安徒生童话也有令人心动的幽默和鲜明的讽刺。篇篇故事，都是藏诸本族他乡的人间缩影，不到终篇，无法预知剧情与人物的发展，因此它可以跨越文化藩篱、超越年龄限制，堪称一部老少咸宜的“不朽传世经典”，值得每一个人细细品味。

安徒生写的童话，从不像其他一些童话作家那样，以居高临下的姿态模仿儿童的腔调，利用童话的包装塞给幼小读者一些生硬的道德教训。恰巧相反，他的每篇童话都是在一片天然的幽默的涟漪中浮现出一颗像莲花一样纯洁的、不受任何世故干扰的童心。凭着这颗童心，他在儿童身上发现了诗人，他发现儿童感受自然、认识真理往往比成人更高明(在《皇帝的新装》中，敢于道破皇帝什么衣服也没有穿这个“秘密”的，不就是一个天真的声音吗)。而且，凭着这颗童心，他自己也变成了一个儿童，用儿童的眼睛观察自然，带着儿童的微笑描述自然，把他一面感受、一面生发的儿童感情传染给我们，从而把我们引进一个和我们所生活的现实世界大不一样而又非常相像的儿童世界。但是,安徒生的童话也不单是专为丰富孩子们的精神生活的,它同样也为了启发成年人,因此,它不仅为儿童，也为成人所喜爱。而他的童话具有一般成人文学所欠缺的特点：丰富的幻想、天真烂漫的构思和朴素的幽默感。这些都植根于现实生活。他的许多脍炙人口的童话都具有这种特色。如《夜莺》、《豌豆上的公主》、《皇帝的新装》、《牧羊女》、《扫烟囱的人》等都充满了浓郁的生活气息。在他的童话中，他以满腔热情表达了他对人间的爱，对人间的关怀，对人的尊严的重视，对人类进步的赞颂，如《海的女儿》等。所以，安徒生的童话已经超越了童话创作的一般境界，不但成为童话文学界的骄傲，也成为丹麦文学的最伟大代表。

□巴黎圣母院

/法国/雨果/愤怒而悲壮的命运交响曲

⊙作者简介

维克多·雨果（1802 ~ 1885年）是法国19世纪浪漫主义文学运动的领袖和最杰出的代表。雨果于1802年2月26日出生在法国贝桑松城的一个军官家庭，他的父亲早期是拿破仑的部下，母亲却是王室的热烈拥护者，因此他少年时代思想保守，崇拜法国早期浪漫主义作家夏多布里昂，作品多以歌颂王政与宗教为主。但后来雨果在思想上开始转向资产阶级民主主义并积极参加浪漫主义文学运动，1827年发表的《〈克伦威尔〉序言》被称为法国浪漫主义戏剧运动的宣言，1830年发表的《欧那尼》及其公演则标志着浪漫主义对古典主义的决定性胜利。雨果也因此成为法国浪漫主义运动的领袖，此后雨果的思想一直追随时代步伐前进，并曾因反对路易·波拿巴的反革命政变及其独裁统治而被迫流亡国外。

雨果像

雨果几乎经历了19世纪法国的一切重大事变，贯穿他一生活动和创作的主导思想是人道主义、反对暴力、以爱制恶，他的创作期长达60年以上，作品包括26卷诗歌、20卷小说、12卷剧本、21卷哲理论著，合计79卷之多，但主要成就在诗歌与小说方面，给法国文学和人类文化宝库增添了一份十分辉煌的文化遗产。雨果的代表作品有诗歌集《惩罚集》（1853）以及长篇小说《巴黎圣母院》（1831）、《悲惨世界》（1862）、《笑面人》（1869）和《九三年》（1874）等。

⊙背景提示

1828年，雨果与书商戈斯兰签订协议，答应为他写一部沃尔特·司各特式的小说。作者为此查阅了大量的历史文献和书籍，看过巴黎一些旧址遗迹，并从历史的角度考察了15世纪的巴黎。一天，雨果在巴黎圣母院的北钟楼暗角里，发现墙上刻着一个希腊单词：命运。这个单词触动了他的灵魂，激发了他的灵感，于是他写下了《巴黎圣母院》这部包含着历史、建筑艺术、神权、宗教、爱情和暴动等诸多内容的，并且与这座教堂一样不朽的著作。

⊙内容提要

《巴黎圣母院》讲述了一位美丽迷人的吉卜赛跳舞女郎爱斯美拉达在巴黎的出现及其所引发的一场震撼人心的轩然大波。这部书以15世纪路易十一统治下的法国为背景，艺术地再现了400多年前的历史真实，反映了宫廷与教会如何狼狈为奸压迫人民群众，人民群众又怎样同两股势力英勇斗争的故事。

故事开始于1482年的愚人节。在格雷弗广场上，靠街头卖艺为生的吉卜赛女郎爱斯美拉达带

相关链接

中国现代文学史上的一位文学巨匠巴金深受雨果作品的影响，他曾说："在我幼年的时候，法国小说家雨果的作品很流行，比方他的 Les Mis é rables, Les Travailleurs de la Mer(《海上劳工》), Notre Dame(《巴黎圣母院》)，以后我都找到了翻译本的。"正是从雨果等人那儿，他学到了"爱真理，爱正义，爱祖国，爱人民，爱生活，爱人间美好事物"的品质，学到了"把写作和生活融合在一起，把作家和人民融合在一起"。这反映了包括《巴黎圣母院》在内的雨果作品对中国作家的深刻影响。

着小羊加里以精彩表演吸引了不少围观的群众，但她的美艳也引起了巴黎圣母院的副主教克洛德·弗洛罗的贪婪欲望。这位道貌岸然的伪君子夜间打发自己的养子，也即巴黎圣母院的敲钟人卡西莫多去劫持少女，但少女最终却被少年英俊的御前侍卫队长弗比斯救出，并捉住了敲钟人。姑娘也因此爱上了弗比斯。第二天，敲钟人被带到广场受众人鞭笞。克洛德路经此地，为了保全自己的身份，他竟无动于衷；而爱斯美拉达却给他送来水喝，这使得敲钟人感动得流下眼泪。

《巴黎圣母院》插图

满怀嫉妒的克洛德掏出暗藏的匕首向幽会中的弗比斯刺去。

在弗比斯和爱斯美拉达的一次幽会中，满怀嫉妒的克洛德竟掏出暗藏的匕首刺死了弗比斯。然而，真正的杀人元凶逍遥法外，纯洁善良的爱斯美拉达却被教会法庭判为杀人罪犯要送上绞刑台。在临刑之际，善良的卡西莫多从执刑人员手中救出爱斯美拉达，并带她躲入具有避难权的巴黎圣母院避难。然而邪恶的克洛德仍在打姑娘的主意，在屡次不能得手之后，他勾结司法机关大理寺破坏圣殿避难权，最终把可怜的波希米亚女郎爱斯美拉达送上绞刑台处以极刑。深爱着爱斯美拉达的卡西莫多对此义愤填膺，怒气冲冲，他在剧烈的悲痛和愤怒中把克洛德推下钟楼，亲手结束了克洛德罪恶的生命，自己则到公墓里面找到少女的尸体，死在她身旁。大约两年以后，人们在鹰山地穴埋葬绞死犯人的墓地中意外地发现了一男一女的骷髅，那就是以奇特姿态搂抱着的卡西莫多和爱斯美拉达。

⊙作品评价

《巴黎圣母院》的情节，始终围绕着三个主要人物展开：波希米亚女郎爱斯美拉达、圣母院副主教克洛德·弗洛罗和敲钟人卡西莫多。而作者将爱斯美拉达塑造为善与美的化身，让她心灵的美与外在的美完全统一，以引起读者对她的无限同情，从而对封建教会及王权产生强烈的愤恨。至于那位敲钟人卡西莫多的形象，则与克洛德副主教恰恰相反。他外表丑陋，内心崇高。他爱慕着爱斯美拉达，但这是一种混合着感激、同情和尊重的柔情，一种无私的、永恒的、高贵朴质的爱，完全不同于副主教那种邪恶的占有欲，也不同于花花公子弗比斯的逢场作戏。这种推向极端的美丑对照，绝对的崇高和邪恶的对立，使小说具有一种震撼人心的力量。

《巴黎圣母院》也是作者雨果小说创作的里程碑，它是作者的第一部长篇小说作品。这部小说描写的虽然是 15 世纪的巴黎生活，贬斥的却是作者所处的社会现实，通篇充满了反封建、反教权和反对社会黑暗压迫的浪漫主义战斗精神。作者在创作这部小说时有意借鉴了司各特历史小说的写法，出色地记录了巴黎城市的壮丽图景和中世纪阴暗生活的风貌，使得作品具有浓厚的历史厚重感。同时，它也具有了浪漫主义小说所应具有的一般要素，如曲折紧张的情节结构，引人入胜的大型时代历史场景以及像浮雕一般的、充满戏剧性意味的人物形象等。此外，作者在这部书中歌颂了下层劳动人民的善良、友爱、舍己为人，反映了雨果的人道主义思想。这使之成为一部气势宏大的艺术杰作。

《巴黎圣母院》被多次改编成电影或戏剧等其他不同艺术形式演出，在世界上广泛流传，受到了亿万观众的欢迎。这也从另一方面说明了它的巨大艺术生命力。

□高老头 / 法国 / 巴尔扎克 / 一幅庞大的社会场景画

⊙作者简介

巴尔扎克（1799 ~ 1850年）于1799年出生于法国中部图尔城一个中产者家庭，于1816年进入法律学校学习。在校期间，他曾去律师事务所当文书。这使他开始认识到巴黎的真实面目，了解了很多不为法律所治的万恶之事，这为他日后的创作积累了大量的素材。

巴尔扎克毕业后不顾父母反对，毅然走上文学创作道路，但是第一部作品五幕诗体悲剧《克伦威尔》却完全失败。尔后他与人合作从事滑稽小说和神怪小说的创作，曾一度弃文从商和经营企业，出版名著丛书等，均告失败。商业和企业上的失败使他债台高筑，拖累终身，但也为他日后创作打下了厚实的生活基础。1829年他发表了一部历史小说《朱安党人》，这是他的成名作。此后20年是他创作的鼎盛时期，他集中精力，进行了规模宏大的《人间喜剧》的创作，但终因劳累过度，于1850年逝世。

巴尔扎克一生创作甚丰，仅《人间喜剧》就多达91部，为人类留下了丰富的文学遗产。特别是《高老头》、《欧也妮·葛朗台》以及《幻灭》的发表，集中体现了巴尔扎克对现实观察之仔细，对社会本质揭露之深刻，对人物形象塑造之生动，艺术手法之高超，使他无可争议地跻身于世界文学史中一流作家之林。

⊙背景提示

《高老头》成书于1834年，是《人间喜剧》中最出色的小说，也是巴尔扎克的主要代表作之一，《人间喜剧》的基本主题在此得到体现，其艺术风格也最能代表巴尔扎克的特点。在这篇小说中，作者第一次使用他创造的“人物再现法”——让一个人物不仅在一部作品中出现，而且在以后的作品中连续不断地出现，不仅使我们看到人物性格形成的不同阶段，而且使一系列作品构成一个整体。在此，一些主要人物如拉斯蒂涅、鲍赛昂子爵夫人、伏脱冷纷纷登场亮相，为《人间喜剧》拉开了序幕。

⊙内容提要

伏盖太太在巴黎的郊区开了一家客店，取名伏盖公寓。公寓里住有穷大学生拉斯蒂涅、面粉商人高里奥、身份不明的伏脱冷、被赶出家门的泰伊番小姐、老处女米旭诺等人。

高老头在6年前结束了他的生意后，住进了伏盖公寓。他在公寓里成为了人们取笑的对象，每逢开饭的时候，大家都要拿高老头开心。高老头开始住进公寓时，住在一套上等的房间，是公寓里最体面的房客，老板娘为有这样一个房客高兴万分，时常向高老头搔首弄姿，想嫁高老头做一名阔太太。没想到，高老头住进来的第二年，就要求换一套次等的房间，冬天屋子里甚至没有生火取暖，这一来，引起了房客们的纷纷议论。谁都不明白高老头葫芦里卖的什么药。

巴尔扎克笔下的著名人物形象——高老头，一个在物欲横流的资本主义社会中被金钱毁灭了的父亲的典型形象。

但是，在看望高老头的人们中，有两个贵妇人经常来。人们认为高老头有了艳遇。高老头告诉房客，那是他的两个女儿雷斯多伯爵夫人和银行家纽沁根的太太。三年之后，高老头又提出换到最低等的房间里居住，在他的家什中，值钱的行李不见了，人也越来越瘦，活像一个可怜虫。房客们此时也不尊重他了，从称他高里奥先生，到直呼高老头。

不久，高老头这个令房客们猜疑的谜终于被穷大学生拉斯蒂涅发现了。拉斯蒂涅是从外地来巴黎读书的学生，原本想做一个清廉正直的法官。但他生活在灯红酒绿的巴黎，看着上流社会的公子们花钱如流水，享尽花天酒地的生活，他的理想动摇了。拉斯蒂涅不甘心贫穷，一心一意想挤进上流社会。在姑母的引荐下，他结识了一位远房表姐——在巴黎地位显赫的鲍赛昂子爵夫人。很快，拉斯蒂涅以鲍赛昂夫人的表弟的名义引起了女人们的注意。在一次舞会上，拉斯蒂涅结识了雷斯多伯爵夫人。拉斯蒂涅得意地向公寓里的房客讲述着雷斯多伯爵夫人的事情。高老头时时插嘴问一些问题，引得老板认定高老头是给那些婆娘弄穷的。

拉斯蒂涅来到雷斯多伯爵夫人的家。他的穷酸相引起了仆人们的蔑视，他又不慎提到“高老头”三个字，惹得伯爵夫妇十分恼火，将拉斯蒂涅赶出了家门。鲍赛昂夫人告诉拉斯蒂涅，雷斯多夫人就是高里奥家的小姐，她的父亲在法国大革命时候，靠买卖面粉起家。高里奥中年丧妻，所以把自己全部的爱都倾注在女儿身上。高老头为了让女儿挤进上流社会，从小让她们受到良好的教育，并且在她们出嫁时，给了她们 80 万法郎的陪嫁。大女儿嫁给了雷斯多伯爵，小女儿嫁给了银行家纽沁根。高老头原以为女儿嫁给了体面的人家，自己理所应当地可以受到尊重。谁想，封建王朝复辟了，雷斯多伯爵、银行家纽沁根一方面认为高老头在大革命期间与公安委员会过往甚密；一方面做面粉生意有伤他们的尊严，便对高老头冷漠起来。为此，高老头不惜出卖财产，又分给了两个女儿，以获得女儿女婿的欢心，而自己搬进了伏盖公寓。拉斯蒂涅急于爬进上流社会，又得到鲍赛昂夫人的指点，想找一个贵妇人做情妇。于是，拉斯蒂涅开始注意纽沁根太太了。

伏脱冷对拉斯蒂涅的心思了如指掌，为此，伏脱冷告诉拉斯蒂涅去追求泰伊番小姐。这个阴险又敏锐的家伙还告诉拉斯蒂涅，只要答应他的条件，他可以叫同党杀死泰伊番小姐的哥哥，从而继承遗产。拉斯蒂涅放弃了这一计划。几个月后，拉斯蒂涅结识了纽沁根太太，但他发现纽沁根太太经济上完全被丈夫控制着。纽沁根太太非但拿不出钱来，还让拉斯蒂涅出钱为她去赌场赢回她的赌资。拉斯蒂涅转而向泰伊番小姐调情了。

伏脱冷让同党寻衅与泰伊番的哥哥决斗。他的这一计划，已经被警察当局识破。米旭诺小姐按照警察当局的指示，在伏脱冷喝的饮料中下了药。伏脱冷醉倒后，米旭诺脱下他的衣服，终于发现伏脱冷原来是一个“苦役犯”。

泰伊番小姐的哥哥在决斗中死亡。警察包围了伏盖公寓，活捉了伏脱冷，特务长将伏脱冷的假发打落在地，伏脱冷当着众人的面承认了自己叫雅克·柯冷，浑名“鬼上当”，是个苦役犯。伏脱冷得知是米旭诺小姐告的密时，临走时还说他有办法算账。

伏盖公寓来了一辆车，从车上走下来的是纽沁根太太，她急匆匆地走进高老头的房间里，哭诉丈夫剥夺她的所有权。雷斯多夫人也来了，她哭着向父亲和妹妹说，丈夫卖掉了昂贵的项链为情人还债，她的财产被丈夫夺走了。高老头受到了巨大的打击，但他现在已经无力再帮助女儿了，高老头为此想到死，直往墙上撞去。鲍赛昂夫人决定到乡下去生活，以便告别灯红酒绿的上流社会。其实，

名家点评

著名评论家周煦良认为《高老头》“严格摹写现实”，而且还“指出产生这些现象的多种原因或一种原因，阐明隐蔽在这一大堆人物、热情和事件中的意义”。所以堪称批判现实主义的代表作。著名文学史家朱维之认为本书“为我们认识资本主义社会提供了丰富的形象材料，但作家的思想弱点也在作品中留下了印记。保守的贵族意识使巴尔扎克对衰亡中的贵族倾注了深切的同情”。

《欧也妮·葛朗台》的情景绘画，表现了老葛朗台用女儿来作诱饵，诱惑那些求婚者，以便从中渔利。

真正使鲍赛昂夫人到乡下去生活的原因是，她的情夫娶了一个有钱的小姐，抛弃了她。鲍赛昂夫人举行告别舞会，会场壮观，赴会者云集。雷斯多夫人和纽沁根太太为了出席舞会，又去找高老头要钱置办舞会服装。

可怜的高老头快要咽气了，他多么希望女儿能来见他最后一面，拉斯蒂涅派人去请雷斯多夫人和纽沁根太太，可是她们始终没有来看高老头。拉斯蒂涅看着高老头闭上眼睛，亲自张罗丧事。他目睹人间这一幕悲剧，决心要不择手段地进入上流社会。

⊙作品评价

《高老头》以伏盖公寓和鲍赛昂夫人的沙龙为主要舞台，以高老头和拉斯蒂涅两个人物基本平行而又间或交叉的故事为主要情节，同时在叙述的过程中也将伏脱冷等人的故事串联起来，组成了一幅宏大的社会场景画面，真实地勾画出了波旁王朝复辟时期法国社会的风貌。它的思想内容丰富深刻，艺术技巧也显得圆熟精湛。

《高老头》之所以有如此强大的艺术表现力，首先是因为作者在描写的过程中塑造了典型环境中的典型人物。全书对典型环境的描写非常精细。如同《欧也妮·葛朗台》中对索漠城的描绘一样，作品的开头就对主要人物生活的环境——伏盖公寓作了精雕细刻的描写，既写了它的位置，也写了它的外貌和内部陈设。“整个公寓是一派毫无诗意的贫穷，那种锱铢必较的、浓缩的、百孔千疮的贫穷。”这个贫穷肮脏的公寓与圣·日耳曼区贵族金碧辉煌的豪华住宅形成鲜明的对比。这正是促使拉斯蒂涅决心向上爬的客观原因，也是被女儿遗弃的高老头在穷病交加中悲惨地死去的典型环境。这段典型环境的描写使我们充分领略了巴尔扎克惊人的观察力和深邃的艺术表现力。本书对人物形象的塑造也显得血肉丰满，生动鲜明。比如拉斯蒂涅就是一个个性鲜明、真实可信的形象。作者对他在资产阶级思想腐蚀下一步步堕落的过程描绘得非常细致具体。他毕竟受过农村宗法道德的影响，良心并未完全泯灭。他在向上爬的过程中常常出现内心矛盾。后来他接受了鲍赛昂夫人、伏脱冷和高老头给他上的“人生三课”，才逐渐变得麻木、冷酷，向上爬的欲望战胜了他的良心。他的性格特点是名利思想严重，想出人头地，不择手段地向上爬。与此同时，作者还塑造了鲍赛昂夫人、高老头等一系列精彩的人物形象。此外，《高老头》在结构安排、语言个性化、心理描写等方面，都达到了一定的高度。细心的读者可以在阅读中慢慢品味。

相关链接

巴尔扎克一生要完成的伟大事业就是《人间喜剧》这座巍峨的文学里程碑。《人间喜剧》原定书名为《社会研究》，1842 年，巴尔扎克受但丁《神曲》谓之“神的喜剧”的启发，遂改此名。根据 1845 年巴尔扎克亲笔写的《人间喜剧总目》可知，《人间喜剧》分为三大部分：风俗研究、哲理研究和分析研究。其中风俗研究内容最为丰富，包括小说最多。因此这一部分又分为 6 个门类：1. 私人生活场景，2. 外省生活场景，3. 巴黎生活场景，4. 政治生活场景，5. 军队生活场景，6. 乡村生活场景。第二部分哲理研究和第三部分分析研究规模都很小，不再分门别类。《人间喜剧》有“社会百科全书”之称，它真实地反映了当时的社会生活，全书共塑造了 2400 多个人物。

□经济学原理

/英国/阿尔弗雷德·马歇尔/新古典主义经济学理论的源泉

⊙作者简介

阿尔弗雷德·马歇尔（1842 ~ 1924年）是近代英国最著名的资产阶级经济学家，剑桥学派（新古典学派）的创始人。马歇尔出生于英国西部克拉芬地方的一个中产阶级家庭，父亲是英格兰银行的职员。1865年马歇尔以优异的数学成绩毕业于剑桥大学圣约翰学院，并留校任数学教师。不久，他加入该校道德哲学讲座教授约翰·格洛特组织的晚餐研究会。他研究的范围涉及英国政治、经济、社会等方面的问题。在此期间，达尔文的《物种起源》和斯宾塞的《第一原理》相继出版，马歇尔深受他们思想影响。1868 ~ 1877年，马歇尔任剑桥大学圣约翰学院道德科学特别讲座的讲师，主讲经济学，兼讲逻辑和近代哲学，在此期间，他曾赴德国研究康德哲学和黑格尔的历史哲学，并接触了德国历史学派罗雪尔的经济学，还到美国考察过保护政策。回国后，他又研究了约翰·穆勒的《政治经济学原理》，而后，马歇尔的学术重点就从研究数学、哲学和伦理学转向了经济学研究。1877年，马歇尔与其学生柏蕾结婚，婚后离开剑桥大学圣约翰学院到布里斯托尔大学任院长兼经济学教授，后因病离职到意大利休养。1883 ~ 1884年，他接替牛津大学逝世的著名经济史学家A.汤恩比任牛津大学巴里奥学院讲师，讲授经济史。1885年，马歇尔又回到剑桥大学任经济学教授。1924年，马歇尔去世，终年82岁。

⊙背景提示

马歇尔所处的时代是西方主要资本主义国家向垄断资本主义过渡的时代。在英国，周期性的经济危机经常威胁着资本主义经济的正常运行；在国外，德国和美国工业的迅速发展，很快成为英国在国际贸易上的有力竞争对手。往日素有“世界工厂”称号的英国，如今经济实力已相对削弱，英国的统治阶级为了保障其国内外的经济地位，加强资本主义经济的发展，迫切需要一种新的经济学说来为他们自己服务，马歇尔的经济学说就是为了适应这个新的需要而产生的。

⊙内容提要

《经济学原理》一书，以均衡价格论为核心，分为消费论、生产论、交换论和分配论四大部分。全书除第一版和第八版两篇著者序言外，分为上下两卷，共6篇55章，最后还有13种附录（包括数学附录在内）。马歇尔在第一版序言中，着重阐述了本书的一个特点，即“注意对连续原理的各种运用”，并对经济学著作中如何使用数学符号和图表作了说明。在第八版序言中，阐述了本书的研究范围，认为该书是研究经济学的基础的作品，不涉及通货、市场组织这一类特殊的论题。该书也研究工业组织、就业和工资问题这一类论题的正常状态。他也强调要运用社会达尔文主义来分析社会经济现象，并阐述了该书所使用的静态的、边际的分析方法。

第一篇为序论，他把经济学定义为研究财富及人类欲望关系的一门应用学科，认为其目的在于解救贫穷和增进福利。第二篇，着重阐述了若干概念，说明财富、价值、土地、所得、工资、地租、利息、利润、准地租等等。第一篇和第二篇可以看作全书的绪论，主要论述了经济学的研究对象、方法、目的和主要课题，并对若干概念作了解释。前两篇是为均衡价格论打基础准备的。第三篇是欲望与其满足（消费论），这是对均衡价格论中需求的分析。第四篇为“生产要素——土地、劳动、资本和组织”，是对均衡价格论中供给的分析。他把萨伊等人的生产三要素论（土地、劳动和资本）扩充为生产四要素论，即把企业家组织生产的能力列为第四个生产要素。第五篇为“需求、供给与价值的一般关系”，由于马歇尔把商品价值与其价值的货币表示——价格混为一体，所以他的均衡价格论也就是他的价值论。该篇是全书的核心，是全书篇幅最大的，共用了 15 章。第六篇为“国民收入的分配”，是第五篇的延伸和进一步的运用。可以看出，马歇尔的经济学说体系是以均衡价格论为核心展开的。书后的 1—12 附录是对正文中各篇有关问题的补充论述；第 13 个附录即“数学附录”，则是对正文各篇有关的经济原理或规律运用数学公式和几何图形作了进一步的分析和论证。下面就上述主要内容作简要的介绍：

马歇尔经济学说体系和方法论的六大特点：1. 以心理分析为基础，认为人类的动机会“最有力、最坚决地影响人类行为，并支配人类的经济活动”。2. 赞成渐进的社会改良主义，马歇尔认为资本主义私有制是符合人类本性的社会制度，自由竞争是最好的和最有效的经济制度。3. 强调所谓“连续原理”。4. 强调“边际增量”分析方法。5. 强调“均衡”分析，主要是强调局部均衡分析方法的运用。6. 强调静态的观点和分析方法。

马歇尔的需求理论的出发点是人的欲望，而人的欲望是有边际效用递减规律的，具体地说，一种物品对任何人的边际效用随着其每一次增加量而递减。但是，边际效用递减规律存在着一个假定条件，即人的主观感觉没有随时间而变化。在现实生活中，每种商品都存在着需求价格，指消费者在购买一定量的商品时所愿意支付的价格，在其他条件不变的情况下，一个人所拥有的某种物品的数量越大，则他对此种物品多消费一点，他愿意支付的价格就越低，由此马歇尔提出了需求理论。

马歇尔还讨论了供给理论，是以一个产业部门为研究范围，研究了各个企业的内部经济和外部经济，分析了它们的生产费用；另外通过对土地报酬递减规律的运用，着重分析了供给因素。土地报酬递减规律是指：在技术条件不变的条件下，收益的增加只能保持在一定的限度内，要是超过了这个限度，伴随着投资量的增加，虽然收益的绝对量仍然可能增加，但增加的投资量单位收益却呈递减趋势，以致造成得不偿失的结果。价值理论是马歇尔经济学说中最重要的部分，这一理论主要是通过均衡价格来说明的，而均衡价格是指一种商品供求相一致时的价格。

约翰·斯图加特·穆勒像

英国哲学家和经济学家约翰·斯图加特·穆勒的著作也许是有史以来捍卫个人自由的最重要的著作。

⊙作品评价

《经济学原理》对当代西方经济学有着重大的影响，是当代西方经济理论的奠基石。本书出版后，被认为是一部可与亚当·斯密的《国富论》和李嘉图的《政治经济学和赋税原理》相提并论的划时代巨著。

相关链接

约翰·穆勒的《政治经济学》是一本经济学巨著，同时也是西方最流行的三本教科书中的第一本，全书分为绪言和 5 篇正文，另外还有穆勒在各版问世时所作的序言。全书在内容上主要对生产、分配、交换等几个经济学领域进行了研究。另外也对政府在经济活动中的作用及影响进行了分析。

近现代西方经济学主要流派简表

流派	代表人物	创立时间	基本学说
边际效用学派	杰文斯（英） 门格尔（奥地利） 瓦尔拉斯（法）	19世纪70年代～20世纪初	以边际效用价值论为理论基础；商品价值是人对商品效用的主观心理评价，价值量取决于物品满足人的最后的亦即最小欲望的那一单位的效用。
奥地利学派	门格尔（奥地利） 维塞尔（奥地利） 柏姆·巴维克（奥地利）	产生于19世纪70年代，流行于19世纪末20世纪初	奥地利学派反对德国历史学派否定抽象演绎的方法，以及否定理论经济学和一般规律的错误态度，也反对英国古典学派及其庸俗追随者的价值论和分配论，特别是反对李嘉图的劳动价值论。它认为社会是个人的集合，个人的经济活动是国民经济的缩影。通过对个人经济活动的演绎、推理就足以说明错综复杂的现实经济现象。
剑桥学派	马歇尔（英）	19世纪末20世纪初	继承19世纪初以来的英国庸俗经济学传统，兼收并蓄，用折衷主义的方法把供求论、生产费用论、边际效用论、边际生产力论等融合在一起。建立了一个以完全竞争为前提，以“均衡价格论”为核心的完整的庸俗经济学体系。
制度学派	米切尔（美） 凡勃伦（美） 康蒙斯（美）	19世纪末20世纪初	该学派以研究“制度”和分析“制度因素“在社会经济发展中的作用为标榜，并因此得名。他们强调资本主义制度本身的缺陷和局限性，强调有必要调整资本主义的各种经济关系，对之进行改良，并预言美国资本主义的唯一出路在于社会改良。
新制度学派	加尔布雷思（美） 博尔丁（美） 缪达尔（瑞典）	20世纪50年代	它一方面继承了制度学派的传统，以制度分析、结构分析为标榜，并主张在资本主义现存生产资料所有制基础上进行改革；另一方面又根据第二次世界大战结束以后的新的政治经济条件，比过去的制度学派更加注意资本主义的现实问题，批判资本主义的缺陷，并提出更为具体的政策建议。它在政策目标和价值准则问题上所涉及的范围也要广泛得多。
货币主义	弗里德曼（美）	20世纪50～60年代	货币学派在理论上和政策主张方面，强调货币供应量的变动是引起经济活动和物价水平发生变动的根本的和起支配作用的原因，布伦纳于1968年使用“货币主义”一词来表达这一流派的基本特点，此后被广泛沿用于西方经济学文献之中。
供给学派	拉弗（美）	20世纪70年代	生产的增长决定于劳动力和资本等生产要素的供给和有效利用。个人和企业提供生产要素和从事经营活动是为了谋取报酬，对报酬的刺激能够影响人们的经济行为。自由市场会自动调节生产要素的供给和利用，应当消除阻碍市场调节的因素。

□呼啸山庄

/英国/艾米莉·勃朗特/令人痛苦而又充满激情的骇世之作

⊙作者简介

《呼啸山庄》的作者是英国19世纪著名诗人和小说家艾米莉·勃朗特（1818～1848年）。她与《简·爱》的作者夏洛蒂·勃朗特（1816～1855年）和她们的小妹妹——《爱格尼斯·格雷》的作者安·勃朗特（1820～1849年）号称勃朗特三姊妹，在英国19世纪文坛上焕发着异彩。艾米莉出生于贫苦的牧师之家，曾在生活条件恶劣的寄宿学校求学，也曾随姐姐夏洛蒂去比利时学习法语、德语和法国文学，准备将来自办学校，但未如愿。艾米莉性格内向，娴静文雅，从童年时代起就酷爱写诗。1846年，她们三姐妹曾用假名自费出过一本诗集。《呼啸山庄》是她唯一的一部小说，这部小说与《简·爱》、《爱格尼斯·格雷》同时发表于1847年12月，但只有《简·爱》获得成功，《呼啸山庄》的出版并不为当时读者所理解，甚至她自己的姐姐夏洛蒂也无法理解艾米莉的思想。除《呼啸山庄》外，艾米莉还创作了193首诗，被后人认为是英国一位天才的女作家。1848年，这位女作家在世界上仅仅度过了三十年便默默无闻地离开了人间。

艾米莉·勃朗特的画像

⊙背景提示

艾米莉·勃朗特生前寂寞、自小内向、缄默又总带着几分以男性自居感，诚如夏洛蒂所说的："她比男人还要刚强，比小孩还要单纯，她的性格是独一无二的。"在少女时代，当她和姐妹们关在家里"编造"故事、写诗的时候，她就显现出一种内涵更深的倾向，收录在她们诗歌合集中的艾米莉的作品总是如同波德莱尔或爱伦·坡的那样困惑于恶这一问题，在那纯洁的抒情风格之间总徘徊着死亡的阴影。到《呼啸山庄》动笔时，这种困惑与不安变得更加急不可耐，她迫切需要创造一个虚构的世界来演示它，把自己心底几近撕裂的痛苦借小说人物之口倾吐。因此这本可怕的、令人痛苦的、强有力的而又充满激情的书，与它年轻的作者本身的性格与才华实在是不无关系的。

⊙内容提要

英格兰山峦起伏的北部，有一座几乎与世隔绝的山庄。这座山庄由于经常受烈风侵袭，所以被称为"呼啸山庄"。有一天这座山庄的农场主人安休由利物浦带回一个孤儿，取名希斯克里夫，并让他与儿子辛德礼和女儿凯瑟琳一起生活。希斯克里夫与凯瑟琳朝夕相处，萌发了爱情，但辛德礼从一开始便敌视希斯克里夫，凡事虐待他。安休死后，辛德礼成了这座山庄的主人，他不仅禁止希斯克里夫与凯瑟琳交往，还经常对他进行百般虐待和侮辱。这种迫害的结果，加剧了希斯克里夫对辛德礼的仇恨，但也因此从反面使得他对凯瑟琳的情意加深了。

辛德礼结婚后，生下黑尔顿，但他对自己的妻子也很暴虐。凯瑟琳在一次偶然机会中来到画眉山庄，认识了它的主人林顿，并见识了林顿家富裕的生活。虚有其表的富家子弟林顿被凯瑟琳的美貌所吸引，向她求婚；而天真的凯瑟琳为了摆脱辛德礼所控制的黑暗生活，接受了林顿的求爱，同时也想利用他家的财富，帮助希斯克里夫摆脱哥哥的迫害。但希斯克里夫在无意中听到这个惊人的消息后，痛不欲生，而后便突告失踪。凯瑟琳多次寻找未获结果，不久就和埃德加·林顿结婚了。

三年之后，希斯克里夫回到呼啸山庄。此时他已是富裕的绅士，但他内心仍燃烧着对凯瑟琳的热爱和对辛德礼及其他人的仇恨，他这次回乡的惟一目的，就是要向曾经迫害过他，夺走他心上人的人进行报复。他逼迫辛德礼，使他自暴自弃，更引诱他出没赌场，把老安休留下的产业挥霍殆尽，然后趁机夺走他的财产，使他沦为自己的奴仆。同时，他也虐待辛德礼的儿子，以报复他过去对自己的暴虐行为。

希斯克里夫逐渐成为画眉山庄的常客。出于报复，他引诱林顿的妹妹伊莎贝拉和他一起私奔，把她囚禁在呼啸山庄并折磨她，以发泄心头的怨愤。伊莎贝拉无法忍受希斯克里夫的折磨，趁凯瑟琳去世之际离家出走，并在儿子林顿十二岁那年去世。凯瑟琳去世没到半年，辛德礼也在失意中过世。为了谋夺林顿家的财产，希斯克里夫逼迫自己的儿子林顿和凯瑟琳的女儿凯蒂结婚。但过了不久，林顿和埃德加相继过世。至此希斯克里夫复仇的念头才逐渐消退。

凯蒂与黑尔顿之间产生了纯洁的爱情，希斯克里夫原本希望拆散他们，但最终却是爱战胜了仇恨，不忍再报复。一个风雪之夜，他怀着对凯瑟琳的思念而离开人世，而发生在呼啸山庄里历经三代的爱和复仇的恩怨故事，至此也算结束了。

⊙作品评价

在英国文学史上，艾米莉·勃朗特的《呼啸山庄》是一部惊世骇俗之作，被认为是一部“最奇特的小说”和“神秘莫测的怪书”。虽然说现在已经得到世人的认同，但在1847年小说出版时却备受冷落。《呼啸山庄》中所展现出来的阴郁的环境以及其中所发生的故事，似乎在描写一种病态的生活，又似乎在述说一种异教的思想。从这一点上说，《呼啸山庄》中所表现的主题和内容偏离了维多利亚时期小说的主旋律，即作品要能够成为“最高级的道德教诲工具”，“给普通大众带来欢乐”等。即使是与它同时代的以爱情为创作主题的英国小说相比，它也一改流行的伤感情调，而代之以强烈的爱和疯狂的恨。那是人性中对爱情的热烈拥抱，对不平等的强烈报复。没有孰是孰非，只有血和泪，黑暗和火焰。正如这部书的书名所预示的一样，这里发生的一切，就像是一场风暴。

在《呼啸山庄》中，希斯克里夫和凯瑟琳的爱情故事同样也给我们留下了非常深刻的印象。他们曾经是忠实的伙伴，但导致他们最终不能在一起的原因的确是很复杂的。在他与凯瑟琳之间隔着的不仅是凯瑟琳一直不愿意面对的身份差异，还有各自与生俱来的性格弱点，因此他们虽然相互知道一切，了解对方的一切，却又总是不信任，从而使他们各自成为对方的负担，谁也不能解脱自己。当凯瑟琳在虚荣与真爱之间徘徊着，痛苦着时，也连带着希斯克里夫的徘徊和痛苦；而相对于希斯克里夫的恨而言，他对她的爱也是同样地炽烈。在这本书的结局，死后的希斯克里夫和凯瑟琳这两个不肯安息的灵魂“在走来走去：有些人说见过他在教堂附近，在旷野里，甚至在他们的老房子里”。也许正如“梁祝”或者“朱丽叶与罗密欧”对爱情结局的处理一样，他们只有在天堂里才有可能享受到真正的爱情。

从艺术成就上看，《呼啸山庄》的最主要特色在于它的结构布局。女作家放弃了那种从头说起、原原本本的叙事手法，而19世纪的女作家，像她姐姐写《简·爱》，奥斯汀写《傲慢与偏见》，都采用的是这样一种易于为大众所接受的传统手法。艾米莉则为了讲清楚发生在两代人身上的复杂故事，别出心裁地采用了当时少见的“戏剧性结构”，借用了一位闯入呼啸山庄的陌生人洛克乌先生之耳目从故事的中间切入，这时候，女主人公凯瑟琳已死去，希斯克里夫正处于极度暴虐地惩罚两家族的第二代的时候，这就设置了一个巨大的悬念，使读者急于追索事情的前因，又时时关注着人物未来的命运。当然，对于当时读惯古典小说的人们来说，接受这种叙事系统是有些吃力的，以致于有人指责此书“七拼八凑，不成体统”。这也从反面证明了它的确走在时代的前列。

呼啸山庄的原型——哈沃斯基荒原深处的一座古宅

□简·爱

/ 英国 / 夏洛蒂·勃朗特 / 一部影响世界女性心理的杰作

夏洛蒂·勃朗特像

⊙作者简介

夏洛蒂·勃朗特（1816 ~ 1855 年），英国小说家，生于英国北部一个贫苦的牧师家庭，曾在寄宿学校学习，后任教师和家庭教师。1847 年，夏洛蒂·勃朗特出版著名的长篇小说《简·爱》，轰动文坛。1848 年秋到 1849 年，她的弟弟和两个妹妹相继去世。在死亡的阴影和困惑下，她坚持完成了《谢利》一书，寄托了她对妹妹艾米莉的哀思，并描写了英国早期自发的工人运动,同样获得了巨大成功。她另有作品《维莱特》（1853）和《教师》（1857），这两部作品均根据其本人生活经历写成。从 1854 年开始，夏洛蒂·勃朗特着手开始小说《爱玛》的创作，不幸未能完成便因病去世。夏洛蒂·勃朗特善于以抒情的笔法描写自然景物，作品具有浓厚的感情色彩。她与艾米莉·勃朗特、安妮·勃朗特和勃朗宁夫人构成那个时代英国妇女最高荣誉的完美的三位一体。

⊙背景提示

由于 19 世纪的英国对妇女从事文学创作仍有极大的偏见和抵触情绪，在发表《简·爱》时，夏洛蒂不得不使用了一个男性化的化名柯勒·贝尔。《简·爱》得到广泛欢迎后，对这位作家性别的猜测一时间也成为热门话题，当时已驰名文坛的萨克雷一眼看出："它是一个女人写的，但她是谁呢？"而当时一篇从道德思想方面猛烈攻击《简·爱》的评论也这么断言："除了一个女人，谁肯冒极少成功希望的风险，写满八开本三大卷，来讲一个女人的心史？"夏洛蒂之所以用男性化名发表自己的杰作《简·爱》，是在于她深感在英国没有女作家的地位。然而《简·爱》的意义不仅在于使英国文坛发现了女作家夏洛蒂·勃朗特，而是使全世界千千万万的女性从女主人公简·爱身上找到了追求平等与自立的精神资源。

⊙内容提要

简·爱是个孤女，出生于一个穷牧师家庭。父母由于染上伤寒，在一个月之中相继去世。幼小的简寄养在舅父母家里。舅父里德先生去世后，舅母和表兄妹对她百般虐待。简寄人篱下痛苦度日达十年之久。一天，表兄把她打倒在地，她回手反抗，却被舅母关进黑暗的红房子里。这个想象力

名家点评

《简·爱》中对于具有浪漫主义色彩的爱情描写在当时引起了轩然大波，1848 年 12 月号英国教会《每季评论》上所载的伊丽莎白·里格比的《评 < 简·爱 >》认为"简·爱从头到尾都是未经改造、未经教化的精神的体现，尤其危险的是，借用原则和自制的崇高威望来表现它，很容易迷惑一些人的眼睛，使他们看不到它立足的基础是薄弱而不牢固的。诚然，简·爱做对了，并且付出了很大的道德力量，但这种道德力量仅仅是出自一种异教的思想，它对它自己是法律。在她身上看不到一点基督的神恩。她全盘承受了我们堕落了的本性中最坏的罪恶——骄傲罪……按简·爱本人的说法，她没有任何东西是受惠于天上的神和地上的人，罗切斯特先生是个蓄意暗中企图违犯上帝和人间律法的人。整个说来，简·爱自传是一部突出的反基督教的作品"。这也从反面证明了这本书所描写的爱情的价值。

极强的孩子吓晕过去，重病一场，幸好保姆柏西精心照料，才慢慢恢复健康。

从此以后，她再也不想呆在里德太太家了，里德太太就把她送进达罗沃德孤儿院。严酷的孤儿院生活使得简·爱非常苦恼，但她得到了一位名叫坦普尔小姐的友善帮助，功课学得很快。不久一场时疫夺走了她的好友海伦的生命，从此简·爱更为孤独。在该校就学六年后，简又当过两年教师。十八岁那年她受聘为罗切斯特家的家庭教师，于是来到了桑费尔德庄园。

一天黄昏，简外出散步时遇到她的雇主罗切斯特先生。不久，她被丑陋却傲慢的男主人吸引，他们默默地相爱了。经过一系列的考验，简摒除了身份和地位的差异而和对方订婚了。然而就在婚礼举行的当天，一个不速之客闯进了教堂，声称婚礼不能进行，因为罗切斯特 15 年前就有一个发疯的妻子，一直被藏在家里。罗切斯特承认了事实，并渴望简能够谅解这一切，继续他们的幸福。顿时，简·爱跌入痛苦失望的深渊之中。她虽然对愤世嫉俗的罗切斯特满怀同情，但还是带着沉痛的心情离开了。

简离开桑费尔德庄园后，在英格兰中部荒原上四处漂泊，徒劳地求职。濒临崩溃时，被教士里瓦斯所救，并为她找到一份工作，担任乡村小学女教师。在此期间，她意外地获得一位远方叔叔的遗产，并执意要与里瓦斯及其姊妹分享这笔遗产。但当里瓦斯向她求婚时，她仿佛听到罗切斯特在遥远的地方呼喊她的名字，于是决定回到罗切斯特身边。

当简回到桑费尔德庄园时，整个庄园已变成一片废墟。她得知罗切斯特太太已死，而罗切斯特为了救她，也被烧瞎了双眼。她找到罗切斯特，向他吐露自己的爱情，他们终于结婚了。两年以后，他们的第一个孩子出生，而罗切斯特的眼睛也看到了光明。

⊙作品评价

《简·爱》是英国 19 世纪著名的女作家夏洛蒂·勃朗特的代表作，人们普遍认为《简·爱》是夏洛蒂·勃朗特“诗意的生平”的写照，是一部具有自传色彩的作品。

这部现实主义小说带有浓厚的浪漫主义色彩。夏洛蒂塑造了一个外表不美，但有着火热的激情和不屈不挠的性格的女性形象。她出身贫寒，但养成了勇敢、正直、为争取平等权利而奋斗的坚强性格。在慈善学校，面对挨打、受饿和罚站示众，她总是倔强地昂起头来，不肯让泪水涌出眼眶。当家庭教师期间，在刚毅、傲慢而富有的大地主罗切斯特面前，她不卑不亢。当她了解罗切斯特平时的怪癖和玩世不恭是由于深沉的内心痛苦和愤世嫉俗时，她逐步由好感发展到爱情，此时她又能冲破年龄、门第和传统观念束缚，去追求真正的爱情。作者能够把一个来自社会下层的觉醒中的新女性摆到小说的主人公地位，并对主人公为反抗压迫和社会偏见、力争独立的人格和尊严、为追求幸福生活所作的顽强斗争加以热情歌颂，这在当时的文学作品中是难能可贵的。而小说也正是要以简·爱和罗切斯特之间的爱情来批判当时以金钱为基础的婚姻和爱情观，并始终把他们之间的爱情描写为思想、才能、品质与精神上的完全默契。

《简·爱》插图：简·爱与罗切斯特初次相遇

从艺术上看，《简·爱》还是以其感动人心的对于一位“灰姑娘”式人物的奋斗史的刻画而取胜的。它具备了一部出色的小说所应有的素质：诗情画意、激情、生活知识。故事有一种自然展开的、始终不渝的趣味、紧紧地抓住你的注意力不放松，加上受哥特式小说的影响所具有的那种神秘的气氛，更使读者的想象欲得到相当的满足。除此之外，本书语言简朴生动，景物描写也显得具有地方色彩。

□茶花女

/法国/小仲马/19世纪法国最优秀的作品之一

⊙作者简介

小仲马像

法国小说家、戏剧家小仲马（1824 ~ 1895年）系著名作家大仲马同一个女裁缝的私生子。小仲马的身份直到7岁时才被大仲马承认，但大仲马仍拒不认其母为妻。这种精神上的创伤影响了他的创作，使他一生都把探讨资本主义社会的道德问题作为自己创作的中心主题。他曾说："任何文学，若不把完善道德、理想和有益作为目的，都是病态的、不健全的文学。"这是他文学创作的基本指导思想，也是贯穿其文学创作的中心内容。1848年小说《茶花女》的问世，使小仲马一举成名。1852年，根据小说改编的同名话剧演出，引起了更大的反响。从此，他就致力于戏剧创作，一生写过20多个剧本，比较有名的如《半上流社会》（1855）、《金钱问题》（1857）、《私生子》（1858）、《放荡的父亲》（1859）、《欧勃雷夫人的见解》（1867）、《阿尔丰斯先生》（1873）、《福朗西雍》（1887）等，其中大多以妇女、婚姻、家庭问题为题材，比较真实地反映了资本主义社会的生活。作品真切自然，结构严谨，语言流畅，抒情气息浓郁。

⊙背景提示

历史上流传的关于著名青楼女子的故事，各国都有，例如中国就有杭州的苏小小、南京的李香君等，而在法国，那就要数茶花女了。历史上的茶花女，原名叫阿尔芳辛·迪普莱希。她12岁就跟着一个卖艺老头四处流浪，耳濡目染，显得比一般女孩早熟，随后只身来到巴黎打工，在巴黎灯红酒绿环境的熏染下，她很快便靠卖笑跻身巴黎上流社会，成为风月场上耀眼的明星。这时，她觉得自己的名字太土气了，便改名为玛丽·迪普莱希，成为当年巴黎交际界红极一时的"女王"。玛丽生性偏爱茶花，每逢外出，随身必带茶花，其颜色时红时白。传说这茶花的颜色，是她暗示客人的信号：红色表示这一天不能接待客人，白色则意味着欢迎来访，或许这正是"茶花女"得名的由来。

小仲马认识玛丽是在1844年9月，两人互为对方的气质所吸引。然而不容置疑的是，小仲马的性格中毕竟还有纨绔子弟的一面，他生活的环境是世风日下的巴黎，而玛丽又是一位风尘女子，这一切都决定了他们之间的感情是相当复杂的。1845年8月30日深夜，小仲马给玛丽·迪普莱希写去一封表示绝交的信。从此之后，两个人就再也没有见过面。1846年10月，小仲马获悉了玛丽的死讯，这位多情的作家深深地被触动了。在玛丽去世四个月之后，他闭门写作，花了不到一个月的工夫便写出了这本小说，并在玛丽去世一周年公开发表，在巴黎引起了巨大的轰动。

⊙内容提要

1847年3月12日，作者在偶然的机会下，介入了一场遗物的拍卖会中。这些遗物的主人玛格丽特在三个星期前已经去世。她曾是一个贫穷的乡下姑娘，来到巴黎后沦落风尘，由于生得花容月貌，加上人又伶俐，很快便成了巴黎交际界红极一时的"女王"。因为她的装饰总也少不了一束茶花，因此人们都称她为"茶花女"。作者从这些遗物中，得到一本署名亚芒·第瓦尔的书籍。亚芒获知他送给玛格丽特的书落在作者的手中之后，便造访作者。原来，这位青年急欲再见玛格丽特一面，正从亚历山大赶来，然而，他不仅未能及时见她最后一面，也错过了拍卖会。同时，作者也从亚芒的口中了解了他与玛格丽特之间的爱情故事。

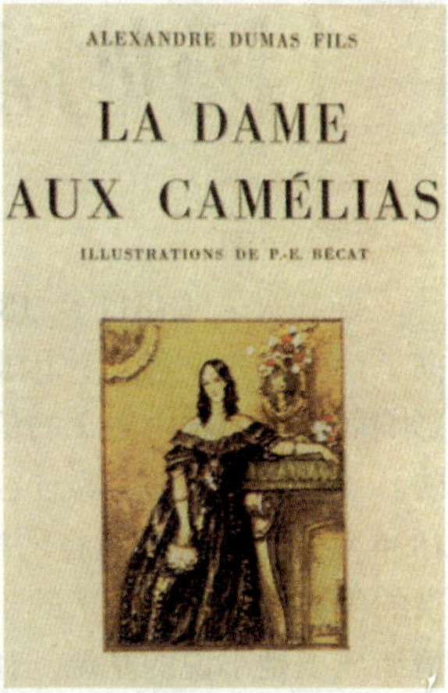

《茶花女》封面

青年亚芒是一个穷小子，但也是玛格丽特惟一真正爱过的人。他曾经在两年前经由朋友介绍得以接近玛格丽特，但是，却没有受到玛格丽特的注意。两年之后，当他再次遇见玛格丽特时，他发现自己对她的爱有增无减。有一次，玛格丽特不幸得了肺病，追求玛格丽特的亚芒开始对她表示由衷的关心，同时倾吐了沉淀已久的恋慕之情。这一切深深打动了玛格丽特。于是，初尝真情的玛格丽特决心与亚芒幸福地生活在一起。

然而好景不长，玛格丽特想方设法想打发掉那些讨厌的客人，但她过惯了奢华的生活，开销太大，不得不穷于应付各种各样的债主；而亚芒也开始不断地去赌博和借债以维持他们的幸福生活。不久，这一切都被亚芒严厉的父亲获悉，他便气极败坏地赶往巴黎，企图阻止他们的关系。虽然他最终被她们之间的真情打动，但他还是恳求玛格丽特能够顾及自己家庭的名誉和亚芒的前途而离开亚芒。伤心的玛格丽特答应了亚芒父亲的要求，不辞而别，并且留言和他一刀两断。亚芒被她的言行激怒，决意对她进行报复，使玛格丽特受到巨大的精神伤害。不幸的玛格丽特在爱情与疾病的双重打击下终于含恨与世长辞了。

亚芒终于从玛格丽特的遗物中明白了真相。他追悔莫及，痛心疾首，但这一切都无济于事了。

⊙作品评价

在众多描写风尘女子的爱情故事中，这个爱情故事也许并没有什么新意，但它的成功之处就在于塑造了主人公玛格丽特这个人物。她美丽、聪明而又善良，虽然沦落风尘，但依旧保持着一颗纯洁、高尚的心灵。她充满希望和热情地去追求真正的爱情，而当这种希望破灭后，又甘愿自我牺牲去成全他人。这一切都使为人们所不齿的烟花女子的形象闪烁着一种圣洁的光辉。当人们提及“茶花女”时，首先想到的不是什么娼妇，而是一位美丽、可爱而又值得同情的女性。所以这个故事虽然是悲剧，但留给读者的却不止是感伤，因为崇高的爱情就在那里、永远在那里，只要你翻开书，你就能读到玛格丽特的心声，就能看到玛格丽特的凄艳身影。

当然，造成这个悲剧的因素是很复杂的。从大的社会层面看，巴黎奢华淫糜的社会风气显然深深地影响了他们。而一个靠卖笑为生、受人供养的女子，在贵族的眼中充其量不过是一个玩物罢了。因此一旦当上帝允许一个妓女萌生爱情的时候，这种爱情起初似乎是一种宽恕，后来几乎总是变成对她的惩罚，于是嫉妒、嘲讽、贫困接踵而来。当老练的资本家亚芒之父出现时，他便可以轻易地使其认清残酷的现实而不得不放弃对理想爱情的向往。从个人层面来看，无论是玛格丽特还是亚芒，他们显然又都有其自身所无法克服的性格缺陷，而这种性格缺陷对其爱情悲剧的形成也是非常致命的。因此，虽然这本书中在很大程度上可以被看做是揭露一个社会是如何对一个追求爱情的女性进行迫害的故事，但它也显然在此之上揭示了一个重要的哲理，那就是再如何相爱的人也可能因其自身的原因而造成不可挽回的爱情悲剧。我们可以看到，正是在这双重的打击下，玛格丽特如同一件艺术品一样被毁坏了。

《茶花女》自发表之日起便感染了许许多多的读者。在中国，《茶花女》也可以说是读者最熟悉、也最喜爱的外国文学名著之一。早在 100 多年以前，即 19 世纪 90 年代，著名翻译家林纾便用文言体翻译、出版了小说《茶花女》(中文译本的书名是《巴黎茶花女遗事》)。直至今日，有关这本书的译本也有不少。这也从另一个角度充分地说明了这本书的艺术价值。

□汤姆叔叔的小屋

/ 美国 / 斯托夫人 / 酿成一场大战的书

⊙作者简介

斯托夫人（1811 ~ 1896 年），美国女作家，生于康涅狄格州。她的父亲是著名牧师革曼·比彻，信奉加尔文教派，因此斯托夫人早年也深受其影响，但青年时期却因其叔父萨缪尔·福特的影响而接受了自由主义的信仰。斯托夫人喜欢读司各特的浪漫小说，这在她后来的著作中有明显反映。1832 年，她随全家迁往辛辛那提市，在一座女子学校教书，写了一些关于新英格兰生活的随笔。1836 年，她与父亲所在的神学院的 C.E. 斯托教授结婚。其间，她访问了肯塔基州，目睹了那里奴隶的生活，这为她后来的小说提供了素材；她又受到父亲学校中强烈的反奴隶制情绪的影响。这种情绪成了她小说的基调。1850 年，她随丈夫迁至缅因州，那里关于反奴隶制的讨论使她无比激动，于是利用空闲时间写出了《汤姆叔叔的小屋》（1852）。这部小说在当时引起了强烈反响，使她一举成名。为了反驳保守势力的攻击，1853 年她发表了《〈汤姆叔叔的小屋〉题解》，引用法律、法院档案、报纸和私人信件等大量材料证明她的小说所揭露的事实。她的其他主要著作有：《德雷德，阴暗的大沼地的故事》（1856）、《奥尔岛上的明珠》（1862）、《老镇上的人们》（1869）、《粉色和白色的暴政》（1871），以及一些宗教诗，收入 1867 年出版的《宗教诗选》。她还写过一篇虚构的维护女权的论文《我妻子和我》（1871），今天常常被女权主义者引用。斯托夫人晚年主要住在佛罗里达，在《棕榈叶》（1873）一书中描写了她在那里的宁静生活。

书商做的关于《汤姆叔叔的小屋》的广告

⊙背景提示

《汤姆叔叔的小屋》出现在美国内战前 10 年，其间正是美国废奴运动开展得如火如荼的时代。作者及丈夫都是坚定的废奴主义者，她本人就曾去过南方，亲自了解那里的情况。1850 年，美国国会通过了“妥协法案”，该法案加重了黑人奴隶的悲惨命运，斯托夫人因此决心用自己的文学创作来让人们充分意识到黑奴的悲惨处境。此书于 1852 年首次在《民族时代》刊物上连载，立即引起了强烈的反响，受到了人们无与伦比的欢迎，其单行本仅第一年就在国内印了 100 多版，销售 30 多万册，后来被译为 20 多种文字在世界各地出版。评论界认为本书在启发民众的反奴隶制情绪上起了重大作用，被视为美国内战的起因之一。

⊙内容提要

19 世纪初叶肯塔基州的谢尔比农场上，一群黑奴在充满温情、关怀的主人家中过着平静幸福的生活。但不幸的是谢尔比家族经商失败，偌大的家业随之溃散。黑奴悲惨的命运也随之开始。为了还债，谢尔比被迫决定把两个奴隶卖掉。这两个奴隶一个是汤姆，他是种植园主谢尔比家的“家生”奴隶，童年时就当伺候主人的小家奴，成年后当上了家奴总管，颇得黑奴的尊重和主人的欢心，连主人的儿子也非常喜欢他，称他为汤姆叔叔。另一个要卖掉的奴隶是黑白混血种女奴伊丽莎的儿子哈利。伊丽莎偶然听到主人要卖掉汤姆和自己的儿子哈利的内幕后，把这个消息告诉了汤姆夫妇，并决定连夜带着她的儿子逃走。

在奴隶贩子的追捕下，伊丽莎冒着生命危险跳下浮冰密布的俄亥俄河，并在好心人的帮助下逃到了一个保护逃亡黑奴的村庄。不久她丈夫乔治·哈里斯也伺机逃了出来，与妻子会合。他们带着孩子，历经艰险，终于在废奴派组织的帮助下，成功地抵达了自由的加拿大。

汤姆却是另一种遭遇。对主人要卖他抵债，他没有怨言，也没有出逃，甘愿听从主人的摆布，最终被转卖到新奥尔良，成了奴隶贩子海利的奴隶。在一次溺水事故中，汤姆在船上救了一个奴隶主的小女儿伊娃的命，于是孩子的父亲圣·克莱出于感激从海利手中买下了汤姆。汤姆在圣·克莱家当了家仆，并与小女孩成了好朋友。伊娃甚至帮他写了一封家信，在信中汤姆还是希望旧主人能够将他赎回去。但不久小女孩突然病死，临死前恳求父亲解放汤姆，圣·克莱答应将汤姆和其他黑奴解放。可是当还没有来得及办妥解放的法律手续时，他却在一天晚上被人杀死了。冷酷的圣·克莱太太没有解放汤姆和其他黑奴，而是将他们送到黑奴市场拍卖。从此，汤姆落到了一个极端凶残的“红河”种植园主莱格利手中。在莱格利庄园里，所有的黑奴被逼成年累月地干着沉重的工作，过着非人的生活。莱格利只把黑奴当作“会说话的牲口”，任意鞭打，横加私刑。汤姆忍受着这非人的折磨，但却热心于帮助其他黑奴。一天，这个种植场有两个女奴为了求生暗中逃走，莱格利断定汤姆知道她们的藏身之处，把汤姆捆绑起来，严刑逼供。但是汤姆最后什么都没有说。

就在汤姆奄奄一息的时候，他过去的主人、第一次卖掉他的奴隶主谢尔比的儿子乔治·谢尔比赶来赎买汤姆，但是汤姆已经无法领受他过去的小主人的迟来的援手，遍体鳞伤地离开了人世。但他能够在临死前看到乔治，还是深感安慰。乔治·谢尔比狠狠地揍了莱格利，然后悲伤地埋葬了汤姆。他发誓要铲除这可恶的奴隶制，因此回到家乡肯塔基后，小谢尔比就以汤姆大叔的名义解放了他家里的所有黑奴，并提醒他们不要忘记他们的自由归功于汤姆大叔。他对他们说：“你们每次看见汤姆大叔的小屋，就应该联想起你们的自由。”

⊙作品评价

就像一般的19世纪小说一样，这本书所讲述的故事起源于一个家族，随后在这个家族中分出两部分（当然是指黑奴们）：一部分人逃向自由的北方，一部分人则不幸地到了暴虐的南方。以后的故事就是分别叙述个人的历险和从痛苦以及从危险之中所获得的体验等等。虽然这些黑奴分散在各地，但往往他们的命运会有奇妙的吻合——常常以悲剧收场。全书45章中描写向北方加拿大逃亡的乔治·哈里斯和伊丽莎这一部分占了10章。而被卖到路易斯安那州新奥尔良城的汤姆叔叔这一部分占27章。显然，故事的重点放在汤姆叔叔的苦难和爱心之上，而这种不幸的结局显然又代表了广大黑奴的悲惨命运。

这本小说的艺术成就集中地体现在汤姆和伊丽莎这些奴隶人物形象的塑造上面。汤姆的悲剧性来自于他性格上的复杂性与矛盾性，他忠诚勤奋，富有正义感，但也接受了奴隶主灌输的基督教精神，成为逆来顺受者的典型。而伊丽莎和她的丈夫乔治·哈里斯这一对敢于反抗、敢于斗争的夫妇最终则得到了新生。通过这种鲜明的人物形象对比，这本书的现实意义也就不言而喻了。但它也显然不是一本纯粹的政治宣传品，书中对于美国南方社会的客观描写以及对各种奴隶主形象的刻画表明了该书作者对于现实及生活有着极为深刻的认识，也体现了她较高的现实主义写作功底。

《汤姆叔叔的小屋》中的一个场景

《汤姆叔叔的小屋》以生动、逼真的描写，饱满、激昂的政治热情，赢得了广大读者的热烈赞扬，也使其成为美国第一部具有鲜明的民主倾向的现实主义作品。它在美国文学史及世界文学史上理应占有一席之地。

□包法利夫人

/法国/福楼拜/世界文学史上不朽的丰碑

⊙作者简介

福楼拜（1821 ~ 1880年），19世纪法国批判现实主义作家，生于世代为医的家庭，学过法律。他一直住在家乡卢昂从事创作。

福楼拜生活在七月王朝和第二帝国时期，即法国资本主义社会由上升阶段逐渐转向腐朽的阶段。他对资本主义的丑恶现实感到憎恨和失望，因而毫不容情地揭露现实，但也流露出悲观情绪。《包法利夫人》是福楼拜用了将近5年的时间于1857年完成的。这部作品开创了文学史上的一个新纪元，也成为他的代表作。随后他又创作了《萨朗波》（1862）、《情感教育》（1869）和《三故事》（1877）。福楼拜继承了现实主义的传统，以刻画人物的精神状态细致入微和毫不留情著称，他在解剖人物和现实时，力求不流露自己的感情。福楼拜还是法国文学的语言巨匠，他的文字被看做法语的典范。他主张“用几句话就把一个人或一件事表现得特点分明”。为了锤炼语句，他总是苦心推敲，务必达到洗炼、贴切。

⊙背景提示

福楼拜创作的基本主题是对资产阶级的揭露，其艺术特点基本上是现实主义。《包法利夫人》的副题是“外省风俗”，小说描写外省一个富裕农民的独生女爱玛悲剧的一生，控诉了恶浊鄙俗的社会。爱玛本是一个纯洁的小资产阶级女子，但修道院的禁欲生活和浪漫小说培养了她的不安现状以及耽于幻想、脱离实际的品格。待她走进社会后，单调闭塞的外省环境和缺乏精神生活的家庭不能满足她感情生活的需要，而淫靡享乐的社会风气进一步腐蚀了她的心灵，使她最终走上堕落的道路。小说通过爱玛的悲剧既控诉了资本主义社会金钱关系的罪恶，又有力地揭露了资本主义社会精神生活的空虚和堕落。

⊙内容提要

查尔斯·包法利是在一个名叫托斯特的小镇行医的医生。有一天，他去鲁奥先生家出诊，因这位先生一条腿骨折。在那里，包法利见到了这位农庄主的女儿爱玛，一个美丽的但总是不安静的姑娘。她早年在法国女修道院里受过的教育使她对开扩生活经历有着难以抑制的渴望。她的美貌和风度迷住了这位年轻医生，为了见到她，他发现去看望病人是他最好的借口。但他那爱嘀咕的妻子埃卢伊丝很快就开始怀疑他去访问鲁奥农庄的真正原因。她生气地流着眼泪，要查尔斯发誓今后不再去鲁奥家。查尔斯后来发现埃卢伊丝的所谓家产并不存在。她的欺骗行径激发了一场她和查尔斯父母之间的猛烈争吵。而这场争吵又引起她的旧病复发，不久她就安静地死去了。

查尔斯感到有些内疚，因他对妻子的去世并不感到难过。经老鲁奥邀请，他又去他们农庄，又被爱玛的魅力左右。老鲁奥观察到查尔斯已深深地爱上他女儿时，他确定这位年轻医生是可以信赖、完全正派的。因此他迫使查尔斯表态，并告诉他可以和爱玛结婚，接着就为他们的结合祝福。 在

名家点评

法国作家左拉对《包法利夫人》推崇备至：“以《包法利夫人》为典型的自然主义小说的首要特征，是准确复制生活，排除任何故事性成分。作品的结构仅在于选择场景以及某种和谐的展开程序……最终是小说家杀死主人公，如果他只接受普通生活的平常进程。”

李健吾先生在《福楼拜评传》中说：“司汤达深刻、巴尔扎克伟大、但是福楼拜，完美。”

关于《包法利夫人》的绘画

婚后的最初几周中，爱玛专心于改变他们的新家庭，整天忙着能想到的一切家务事，以避免感到原来的幻想完全破灭。爱玛认识到即使她认为她爱查尔斯，但结婚并没有带给她应有的欢乐。早年她读过的所有那些浪漫小说使她盼望从婚姻生活中能得到比已经得到的更多的东西，而她的极其平静的感情却意味着痛苦的失望。而婚后的性生活又使她感到厌恶。她发现和她结合的不是位穿着丝绒服装、佩以饰带、洒过香水的英俊的爱人，而是一个散发着浓烈药味的笨丈夫。

正当她要放弃从新生活中寻找欢乐的一切希望时，查尔斯曾经为其治过病的一位高贵人物邀请他们去他的别墅参加一次舞会。在舞会上，爱玛和十多人跳过舞，喝香槟酒，接受人们对她的美貌的恭维。包法利家的生活和这位贵族家庭生活的鲜明对照使她很痛苦。她对查尔斯愈来愈不满意。他想讨好她的一切徒劳、笨拙的努力只使她感到绝望，因为他永远不能理解她。她坐在窗前，梦想着巴黎，闷闷不乐，结果病倒了。

查尔斯希望通过改变环境来改善爱玛的健康状况，就带她到荣维尔去，在那儿开设了新诊所。爱玛则准备孩子的诞生。

当她的女儿降生后，爱玛对孩子的主要兴趣局限于她的服饰上的花边和丝带。而孩子则被送往一个奶妈家喂养，爱玛有时去看望一下。在那儿她偶然遇到了莱翁·迪普伊，一位厌倦城市生活，正在寻找娱乐的律师助理。他被这位年轻的母亲吸引，在暮色苍茫中，陪她一路走回家。爱玛发现他对她有关生活的浪漫主义思想持同情态度。后来，莱翁由镇上的药剂师霍梅陪同去访问了包法利一家。霍梅常在本地饭馆里搞一些小型的晚会，招待本地镇民。在这些晚会上，爱玛与莱翁的关系逐渐密切。镇民们在背后对这一对议论纷纷，但查尔斯·包法利却感觉迟钝，没有察觉爱玛对莱翁感兴趣。

莱翁对荣维尔，对没有结果的爱情感到厌倦，就回巴黎去完成他的学业。非常伤心的爱玛悲叹自己的怯弱：没有委身于莱翁，感到又无聊又烦躁，又使自己病倒了。

但是，她没有来得及像以前有过的那样忧愁，因另一位陌生人鲁道夫·布朗热来到了该镇。有一天，他把他的佃农带来请查尔斯为他放血。鲁道夫是一位熟练的情场老手。他一眼就看出他未来的快乐大可寄托在爱玛身上。当他开始求爱时，爱玛认识到如果她委身于他，这将是不道德的行为。但她对自己的疑虑又作自我辩解，她使自己相信：像爱情那样浪漫和美妙的事情不可能是罪恶的。

爱玛瞒着查尔斯，和鲁道夫幽会，和他在乡间骑马，倾听他情切切的爱恋表白，最后终于屈服于他那具有说服力的恳求。最初，她感到有罪，但后来她把自己比做小说中犯有通奸罪的女主人公，并相信，像她们那样，已经领略到富有浪漫色彩的真正爱情。鲁道夫确信已获得爱玛的爱以后，认为已无必要继续扮演他那温柔的情人的把戏。他和爱玛的幽会不再费心地力求准时了。虽然他继续会见她，但她开始怀疑他对她的恋情已在逐渐冷却。

这时，查尔斯参与了霍梅的一次实验：使用他自己设计的一种机械装置来治疗一个孩子的畸形足。两人都深信他们这一试验若成功，就会提高他们将来在社会上的地位。但这孩子经过几周的痛苦折磨后，却感染了坏疽，他的腿不得不截去。霍梅的名誉没有受到损害，因为他的职业只是一名

《包法利夫人》电影剧照

药剂师；但作为医生的包法利却因此受到人们的怀疑。他的业务开始衰落下去。

爱玛对查尔斯的失败非常反感。为了保持与鲁道夫的关系，她对自己过去的贞操观念不屑一顾，并在珠宝、首饰和服装方面挥金如土，从而使她丈夫债台高筑。最后她终于得到鲁道夫把她带走的许诺。但就在她即将私奔的前夕，她收到鲁道夫的一封信。他在信中是如此伪善地忏悔他们的罪恶行为，竟使她先是对之嗤之以鼻，继而醒悟她已失去了他时又感到无比恐惧，她几乎要跳窗自杀。由于查尔斯叫她，才救了她。但她又因脑炎病得很厉害，躺了好几个月，几乎病死。

她的康复很缓慢，后来终于复元，能去卢昂看戏了。戏台上那些情意绵绵的爱情场面使爱玛为之神往。她再次梦想着浪漫的爱情。在卢昂，她又遇到了莱翁·迪普伊。

这一次，莱翁决心要占有爱玛。他同情地倾听她的诉苦，安慰她，并带她去驾车游玩。这时，对爱情的渴望仍在煎熬着爱玛，因此她完全顺从了他的要求，还不无遗憾地想到早就该如此。

查尔斯·包法利对他的不断增加的债务开始关心起来。他父亲的去世对他的经济方面更是雪上加霜，母亲则对家庭的产业情况毫无所知。爱玛借口为婆婆请律师去卢昂找莱翁，因为他在那儿开办了一家律师事务所。经他提议，她从查尔斯那儿获得了一份委托书，凭这张证书，她可以自由地花费他的钱财而不用让他知道她买了些什么。

随着自己的不断堕落，爱玛开始认识到她把情夫也拖了下去。 她不再尊敬他。当他无法支付她需要偿付的账单时，她嘲笑他对她的忠诚。她的名字被公布于众：她负债好几千法郎。副司法官准备出售查尔斯的产业以解决债权人的要求。公布时，查尔斯正好去外地。爱玛作最后努力，低声下气地恳求鲁道夫的帮助，不料他也拒绝借钱给她。

爱玛·包法利知道她欺骗查尔斯的整套谎言即将破产，就决定像一个英雄那样死去。她吞下了从霍梅商店买来的砒霜。查尔斯从外地回来已为时太晚，来不及把她从缓慢而痛苦的死亡中救出来。

可怜的查尔斯非常悲痛。当她的棺材钉上盖子时，他简直无法忍受那铁锤敲打的声音。当爱玛的死给他带来的痛苦有所缓和以后，他打开了她的书桌抽屉，发现了莱翁和鲁道夫给她的、经过仔细捆扎起来的情书。查尔斯得知妻子对他不忠后伤心极了，加上债务的折磨，醒悟后茫然不知所措，不久也就随妻子之后一命呜呼了，给他的孤苦伶仃的孤女只留下 12 个法郎的遗产作为养育费。包法利一家的遭遇是一出无以复加的悲剧。

⊙作品评价

福楼拜花了五年的时间写成《包法利夫人》，他曾逐字逐句地进行推敲，精心地雕琢小说的艺术结构，讲究细节的准确无误。他重视观察分析和客观的描写，避免在小说中发表自己的主观见解。总之，福楼拜把当时盛行的科学精神引进文学领域，提出了“小说应当科学化”的主张，在创作上又刻意追求艺术的完美。《包法利夫人》也因此而达到艺术上极其完美、精致的程度。小说的这些特点正代表了巴尔扎克之后法国现实主义文学发展的趋势，因而被人们视为典范。

恶之花

/ 法国 / 波德莱尔 / 现代主义诗歌的奠基之作

⊙作者简介

波德莱尔（1821 ~ 1867 年），法国著名诗人，现代派诗歌的先驱，象征主义文学的鼻祖。出生在一个受过法国大革命洗礼的巴黎美术教师家中，6 岁丧父，母亲改嫁，继父欧皮克上校后来擢升将军，在第二帝国时期被任命为法国驻西班牙大使。他不理解波德莱尔的诗人气质和复杂心情，波德莱尔也不能接受继父的专制作风和高压手段，于是欧皮克成为波德莱尔最憎恨的人。这种不正常的家庭关系，不可避免地影响了诗人的精神状态和创作情绪。波德莱尔曾在巴黎路易大帝中学就读，成绩优异，但不守纪律，后被开除。从此他陷于孤独，在苦闷中写诗，但发表的不多。1848 年革命中参加过武装起义，但起义失败，路易·波拿巴称帝，使他圣西门式的空想社会主义破灭。

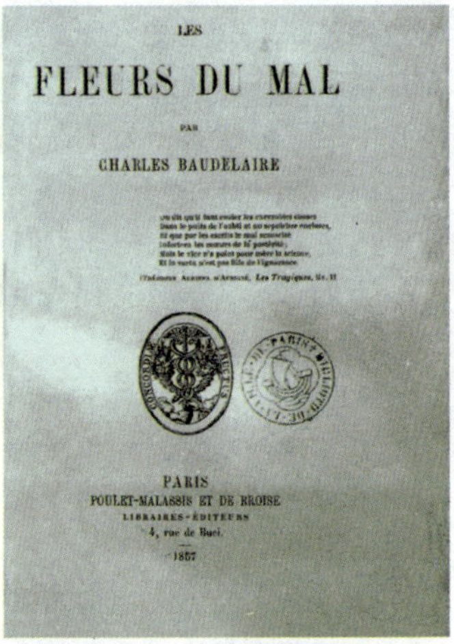
LES

FLEURS DU MAL

PAR

CHARLES BAUDELAIRE

PARIS

POULET-MALASSIS ET DE BROISE

LIBRAIRES-ÉDITEURS

4, rue de Buci.

1857

波德莱尔诗集《恶之花》扉页

波德莱尔从 1841 年开始诗歌创作，早期曾受美国诗人爱伦·坡的启发。1857 年发表传世之作《恶之花》。此书一出，舆论大哗，波德莱尔也一举成名。除诗集《恶之花》以外，波德莱尔还发表了独具一格的散文诗集《巴黎的忧郁》（1869）和《人为的天堂》（1860）。他的文学和美术评论集《美学管窥》（1868）和《浪漫主义艺术》在法国的文艺评论史上也有一定的地位。波德莱尔还致力于翻译美国诗人爱伦·坡的作品，译有《奇异故事集》和《奇异故事续集》等。

⊙背景提示

1857 年 6 月 25 日，《恶之花》经过多年的蓄积、磨砺，终于出现在巴黎的书店里。它仿佛一声霹雳，刹那间震动了法国诗坛，引起了沸沸扬扬的议论。它的作者波德莱尔因此书而一举成名，但在当时，这本诗集给他带来的却主要是“恶之名”。当时的诗歌评论界对这本诗集进行了猛烈的抨击，作者波德莱尔在他们的眼中成了“恶魔诗人”。在舆论的压力下，法兰西帝国法庭竟然也介入其中，并且以“有伤风化”和“亵渎宗教”的罪名起诉作者，最终，波德莱尔被判处罚款，而《恶之花》也被勒令删减其中的六首诗歌。此后，有关这本诗集的评论还继续了下去，在相当长的时间里可以说是毁誉参半，相持不下。而且毁中有誉，誉中有毁，迷离惝恍，莫衷一是，竟使得波德莱尔在法国文学史上的地位久久不能确定。但读者对这本诗集的兴趣却一直未减，1978 年 11 月 1 日，法国《快报》周刊（第 1426 期）公布了一份“法国在读书”的调查报告，报告表明：百分之四十六的读者喜欢阅读波德莱尔的作品。此类调查报告几乎年年都有，而波德莱尔和他的《恶之花》也几乎总是名列前茅。

名家点评

对于波德莱尔以及《恶之花》的评价一般来说总是毁誉参半，但时间越往后，他所得到的肯定则越多。路易·阿拉贡认为：“没有一个诗人能比波德莱尔引起人们更多的热烈情绪。”维克多·雨果说他的诗歌“灼热闪烁，犹如众星”；阿尔弗莱德·德·维尼则说他所看到的分明是“善之花”；更有甚者如阿尔杜尔·兰波称作者为“真正的上帝”；T.S. 艾略特则奉之为“现代所有国家中诗人的最高楷模”。

⊙内容提要

1857年《恶之花》初版时，收诗一百多首，另有《致读者》一首。主要分为五大部分，第一部分名为《忧郁与理想》，共七十七首；第二部分名为《恶之花》，共十二首；第三部分名为《叛逆》，只有三首；第四部分名为《酒》，收五首诗歌；最后一部分名为《死亡》，也只有三首。1861年再版时，根据法庭的判罚，书中删去了六首禁诗，另外增补三十五首，分为六大部分，即《忧郁与理想》、《巴黎风光》、《酒》、《恶之花》、《叛逆》、《死亡》。作者之所以这样安排，是因为这些作品中不仅自成系列，而且紧密相连，在逻辑上构成了一个秩序井然的序列。其中第一部分《忧郁与理想》主要叙述诗人内心中的忧郁状态，为了摆脱这种忧郁，诗人走向现实世界；但是《巴黎风光》只给诗人带来无穷的失望，于是他陶醉于《酒》；当酒也不能解决诗人的苦闷时，诗人走向颓废的《恶之花》中放纵自己；他《叛逆》过，但最终却走向《死亡》。这便是诗人的命运。

下面选择几篇具有代表性的作品：

感应

自然是座庙宇，那里活的柱石，不时说出模模糊糊的语音。
人们穿过象征的森林，森林投以亲切的目光注视着行人。

远方传来的悠久的回声汇合为一个混沌而深邃的统一体，
像茫茫黑夜连着无际的光明，芳香、色彩、声音在互相应和。

有的清爽芳香如儿童的肌肤，柔声如双簧管，翠绿如草场，
——还有的腐败、浓郁、涵养了万物，像无极限的东西飘散着飞扬，
如琥珀、麝香、安息香和乳香，在歌唱精神与感觉的欢狂。

阳台

回忆间的乳娘，情人中的情人，
你啊，我的欢娱，你啊，我的苦差！
有朝一日你会记得爱的抚摸，记得内室的静和黄昏的绮丽。
回忆间的乳娘，情人中的情人。

黄昏给大城的煤火照得通红；
在凉台上，沉浸玫瑰色烟雾中，你的胸脯是多么温，心灵多么柔，
我们曾低诉那样隽永的话语。黄昏给大城的煤火照得通红。

炽热黯光里的夕阳绚烂无比；
空间无比深沉，心灵无比健壮，俯身向你，你，令我心倾的天仙，
我自觉闻嗅到你赤血的芳香，炽热黯光里的夕阳绚烂无比。

夜色逐渐变浓，凝成一道厚墙，
黯里我的眼光寻索着你的双眸，渴饮你的气息，啊，甘露，啊，毒汁！
你的脚倦憩在我紧握的手里，夜色逐渐变浓，凝成一道厚墙。

我有追叙那欢乐时刻的才能，

我的过去卷伏在你的双膝前。无需到他处去寻觅你的美质，
它在你的肉体上，也在你的柔情里！我有追叙那欢乐时刻的才能。

啊，誓言，啊，芳香，啊，无尽的热吻！
它们将在无底的深渊中再生么？宛若那些在大海底浸浴过的
回春之阳，它们再度飞升晴空……
啊，誓言，啊，芳香，啊，无尽的热吻！

⊙作品评价

在19世纪中叶文学史的转折时期，传统的诗歌创作也面临着一个变革的命运，而对这一变革起到决定性作用的人物，当首推法国诗人波德莱尔。波德莱尔宣称：“大名鼎鼎的诗人早已割据了诗的领域中最华彩的部分。因此我要做些别的事。”波德莱尔做了什么事呢？他认为“18世纪流行的是虚伪的道德观，由此产生的‘美’也是虚伪的。所以18世纪是一个普遍盲目的时代”。因此，他对诗的性质作了激烈的变革：“什么叫作诗？什么是诗的目的？就是把善同美区别开来，发掘恶中之美。”“透过粉饰，我会掘出一个地狱！”波德莱尔所创作的这一新世界，就在这部传世名作《恶之花》之中。

波德莱尔的一生是充满矛盾、痛苦、反抗和颓废的一生，他的诗歌中写进了大量的丑恶、颓废等与传统诗歌写作对象完全不同的内容，但他本人并不是一个颓废的诗人，而只能算是一个颓废时代的诗人。他对当时生存的时代充满了愤怒和鄙夷，并向往和追求着光明。因此他的苦闷、忧郁，正是当时存在的“世纪病”的反映，有其深刻的社会根源。在他的作品里，大城市的丑恶现象一览无余，巴黎风光是如此阴暗而神秘，处处是被社会抛弃的穷人、盲人、妓女，甚至不堪入目的横陈街头的女尸。但这些意象却是最真实的、最富有表现力而且最能给读者以震撼的意象，因此从诗歌审美角度来看，波德莱尔首次发现了“审丑”这一巨大的艺术空间，无疑是具有特殊意义的。此外，他的作品中处处充满了作者个人的苦闷心理，爱情的失意、精神的孤独、政治上的失落这些病态的精神状态和情感既是个人的真实写照，又反映了整个时代的情绪。后来的很多诗人都从这些诗句中发现了现代人生存的最本质特征，因此波德莱尔又被人称为是“现代主义”诗歌的鼻祖。

波德莱尔在艺术上主要运用的是象征主义的手法，即以具体意象去表现抽象的观念，并通过意象与意象之间的内在联系来向读者暗示全诗所蕴涵的深层次内容。在他笔下，时间、美、死亡、偶然、羞耻、愤怒、仇恨……都在诗人的想象中具体化和拟人化了，所以他也被看做是法国象征派诗歌的先驱。此外，他的诗作想象奔放，构思精巧，格律谨严，形式完美，同它内容的悲观、苦闷恰好形成鲜明的对比，具有无穷的艺术魅力。而他诗中所蕴涵的反抗精神也深深感染了包括中国作家在内的很多读者，影响是非常深远的。

波德莱尔的女友

□双城记

/英国/狄更斯/反映法国大革命时期社会历史现实的杰作

⊙作者简介

《双城记》的作者狄更斯（1812 ～ 1870 年）是英国著名小说家，他出生于一个海军小职员家庭，12 岁时因父亲债务全家被迫迁入负债者监狱，因此很小就承担起繁重的家务劳动。他曾在一家皮鞋油公司当学徒，15 岁时又到一家律师事务所当缮写员，后担任报社采访记者，因此经历特别丰富。1837 年狄更斯出版了《匹克威克外传》，这使他一举成名，从此开始进行专门的文学创作。他一生共创作了 14 部长篇小说，还有许多中、短篇小说和杂文、游记、戏剧、小品。其中最著名的作品是描写劳资矛盾的长篇代表作《艰难时代》（1854）和描写 1789 年法国革命的另一篇代表作《双城记》（1859）。其他著名作品有《奥列佛·特维斯特》（又译《雾都孤儿》1838）、《老古玩店》（1841）、《董贝父子》（1848）、《大卫·科波菲尔》（1850）和《远大前程》（1861）等。

⊙背景提示

早在创作《双城记》之前很久，狄更斯就对法国大革命极为关注，反复研读英国历史学家卡莱尔的《法国革命史》和其他学者的有关著作。他对法国大革命的浓厚兴趣发端于对当时英国潜伏着的严重的社会危机的担忧。1854 年底，他说："我相信，不满情绪像这样冒烟比火烧起来还要坏得多，这特别像法国在第一次革命爆发前的公众心理，这就有危险，由于千百种原因——如收成不好、贵族阶级的专横与无能把已经紧张的局面最后一次加紧、海外战争的失利、国内偶发事件等——变成那次从未见过的一场可怕的大火。"可见，《双城记》这部历史小说的创作动机在于借古讽今，以法国大革命的历史经验为借鉴，给英国统治阶级敲响警钟；同时，通过对革命恐怖的极端描写，也对心怀愤懑、希图以暴力对抗暴政的人民群众提出警告，幻想为社会矛盾日益加深的英国现状寻找一条出路。

R.W. 布士所绘的《狄更斯的梦》

⊙内容提要

《双城记》是一部以法国大革命为背景的历史小说。小说描写了法国贵族厄弗里蒙地侯爵兄弟恣意蹂躏良家妇女并且杀害了她的弟弟，但这一罪行被厄弗里蒙地侯爵强虏来就诊的梅尼特医生目睹，于是他暗中写信向朝廷告发，不幸的是这封信最终落到了侯爵手里，梅尼特医生反被诬陷，被关进巴士底狱，从此与世隔绝，杳无音讯。两年后，妻子心碎而死。幼小的孤女路茜被好友劳雷接到伦敦，在善良的女仆普洛斯抚养下长大。

梅尼特医生获释之后，曾一度被他以前的仆人得伐石收留。不久，他的女儿来到这里接他到伦敦居住。在他们去伦敦的旅途中，他们结识了法国青年查理·代尔纳，并受到他的细心照料。

名家点评

在英国文学史上，狄更斯是 19 世纪英国现实主义文学的最主要代表，他在道德寓言、流浪汉小说、个人成长小说、历史小说、社会小说乃至当时少有人涉及的悬念小说等广泛的艺术领域都有很高的成就。英国著名的文学家萨克雷评价他为"了不起的天才"，而马克思也曾把他和萨克雷等称誉为英国的"一批杰出的小说家"。

很快路茜和查理·代尔纳之间便互生好感，他们订婚了。

这时有一位律师席多尼·卡顿先生因为一个偶然的机会认识了露茜，并对她逐渐产生了爱慕之情。根据查访得来的消息，他得知查理·代尔纳竟然就是梅尼特医生的仇人侯爵的侄子。原来代尔纳因为憎恨自己家族的罪恶，毅然决定放弃自家财产的继承权和贵族的姓氏，移居伦敦，靠一份法语教师的工作自食其力。梅尼特为了女儿的幸福，决定埋葬过去，欣然同意了他们的婚事。

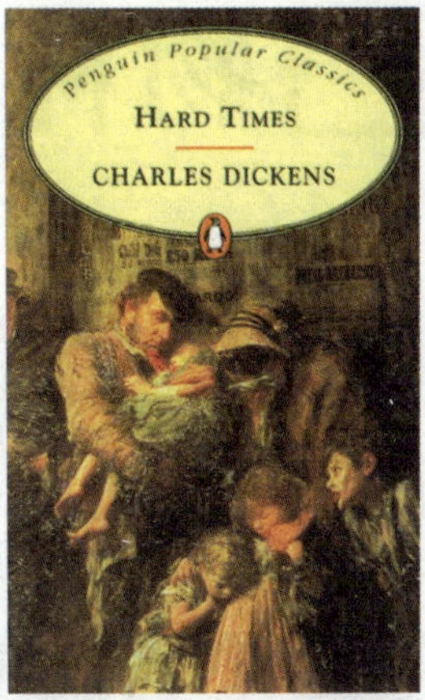

狄更斯《艰难时代》封面

在法国，代尔纳父母相继去世，叔父厄弗里蒙地侯爵继续为所欲为。当他那狂载的马车若无其事地轧死一个农民的孩子后，终于被孩子父亲用刀杀死。一场革命的风暴终于在巴黎如火如荼地展开了，而曾经帮助过梅尼特的得伐石一家正是革命活动的联络站。经营酒吧的得伐石夫妇，尤其得伐石夫人，因为一家曾受侯爵的凌辱，所以非常诅咒一般的贵族。他们率先高喊革命的口号来煽动民众，最后导致侯爵家的佣人卡贝尔及他的女儿玛莉被无辜逮捕。代尔纳得知这种不合理的逮捕之后，非常气愤，于是冒着生命危险回到巴黎搭救他们，但不久也遭到革命政府的逮捕。梅尼特父女闻讯后星夜赶到。医生的出庭作证使代尔纳回到妻子的身边。但得伐石从巴士底狱的墙壁中找到了梅尼特医生当年在狱中写下的揭露厄弗里蒙地侯爵兄弟罪行的血书，他们要求代尔纳必须为厄弗里蒙地家族的罪行赎罪，于是很快代尔纳又被逮捕并被法庭判处死刑。

断头台上行刑的声音，令人感到十分恐怖。对于即将失去丈夫的露茜，其心情的悲痛可想而知。而卡顿也打算结束他长期的游荡生活，想为露茜救出她的丈夫，当他发现自己和代尔纳的外表酷似，于是设法进入牢中，替代昏迷的代尔纳上了断头台。而梅尼特父女一家，便在这革命的迷雾中迅速逃离了巴黎。

⊙作品评价

作为现实主义的历史小说，《双城记》在反映社会历史现实的广度和深度上是其他同类描写法国革命的小说无法比拟的。这部作品深刻地揭露了法国大革命前激化了的社会矛盾，强烈地抨击了贵族阶级的荒淫残暴，并对下层人民的苦难寄予了深切的同情。小说揭示了一条真理，即压抑在法国农民心头的愤怒，必将像火山一样爆发出来，不可避免地要发生一场革命。显然，狄更斯是从人道主义的立场出发，阐明了法国革命的合理性。但在革命真正爆发之后，他又清醒地看到了革命的某些阴暗面，如过度的暴力和无休无止的杀人复仇等等。在狄更斯笔下，整个革命被描写成一场毁灭一切的巨大灾难，它无情地惩罚罪恶的贵族阶级，也盲目地杀害无辜的人们。

这篇小说也塑造了很多具有典型意义的人物形象。作者痛加鞭挞的厄弗里蒙地侯爵兄弟成为本书中落后的封建贵族的代表，他们胡作非为，犯下了种种罪行；而代尔纳作为贵族的叛逆者恰与他们形成了鲜明的对比。书中的得伐石夫妇等革命群众的形象是较为复杂的，他们一方面受到封建贵族的残酷压迫，具有下层人民的一般美德，但一旦在革命深入之后，隐藏在他们身上的悖逆人性也不可遏止地显现出来，最终也死于自己所一手倡导的革命。而作者真正想颂扬的还是代尔纳和卡顿这两个具有人道主义精神的理想人物。尤其是卡顿这个人物，他对露茜的深沉的爱是催人泪下的，他崇高的人格也是撼人心魄的。这些人物形象的塑造使得本书具有非常动人的艺术感染力。

总体来看，这部小说把冤狱、爱情与复仇三个互相独立而又互相关联的故事交织在一起，情节错综，头绪纷繁，而又以两个地名将整个故事连接起来，为我们展示了一幅恢弘的历史画卷。这部小说虽然没有作者早期创作阶段所特有的幽默、讽刺等特色，但其肃穆浓郁的历史积淀还是使本书具有超凡的艺术魅力，成为作者此类艺术风格的代表作。

物种起源

/ 英国 / 达尔文 / 进化论确立的标志

⊙作者简介

达尔文（1809 ~ 1882 年），是英国著名生物学家，生物进化论的最主要奠基人。其创立的生物进化论被恩格斯誉为 19 世纪自然科学三大发现之一。达尔文出生在英国的施鲁斯伯里，祖父和父亲都是当地的名医，家里希望他将来继承祖业。但从幼年起，达尔文酷爱博物学，迷恋于收集鸟类、昆虫、贝类与植物，养成了观察与系统记录的习惯。1825 年，其父送他到爱丁堡大学学医，但达尔文对此毫无兴趣，继续在课外积极进行科学活动。1828 年他父亲送他到剑桥大学改学神学，希望他将来成为一个“尊贵的牧师”。1831 年达尔文毕业，获学士学位。他放弃了待遇丰厚的牧师职业，依然热衷于自己的自然科学研究。经博物学家汉斯极力推荐，达尔文于 1831 年参加英国海军贝格尔舰环绕世界的考察航行，历经 5 年。1836 年返回英国，他一面整理这些资料，一面又深入实践，同时，查阅大量书籍，为他的生物进化理论寻找根据，先后发表了有关生物学及地质学的考察报告。1858 年，他与华莱士的论文在林奈学会上由别人宣读，但当时未引起普遍注意。1859 年，他出版巨著《物种起源》，在社会上引起极大反响。此后，达尔文的著作大多是对生物进化学说的进一步阐述和发展，有《动物和植物在家养下的变异》、《食虫植物》、《人类的起源》、《人类和动物的表情》、《蚯蚓对园田土壤形成的作用》等。达尔文长期多病，1882 年卒于肯特郡。

达尔文像

⊙背景提示

达尔文年轻时代，正是生物学领域处于“神创论”与生物进化思潮激烈斗争的时期。当时占统治地位的宗教神学认为，地球上各种生物都是按上帝的意志、计划创造出来的，地球上的生物物种被上帝创造出来，其种类永远不会变化。这就是“物种不变论”。相反，无神论者和坚持唯物主义的自然科学家则认为，地球上的各种生物不是上帝创造的，而是在一定外界条件、环境的影响下，逐渐进化、演变而来的。这就是“进化论”。同时正是英国资产阶级完成工业革命，进一步扩张掠夺海外殖民地的时期，英国政府派遣大量舰船和探险队到世界各地进行探险和科学考察。

⊙内容提要

《物种起源》全书共 15 章，另有“本书第一版刊行前，有关物种起源的见解的发展史略”和绪

名家点评

英国著名动物学家赫胥黎写信给达尔文说：“为了你的理论，我准备接受火刑”，“正在磨砺爪和牙，为对付他们作准备。”

李卜克内西对达尔文著《物种起源》作过生动的比喻：“达尔文远离大城市的繁嚣，在他宁静的庄园里准备着一个革命，马克思自己在世界嚣攘的中心所准备的也正是这种革命，差别只在杠杆是应用于另一点而已。”

恩格斯将达尔文的进化论与细胞的发现、能量守恒和转化定律誉为“19 世纪自然科学的三大发现”。

论两部分。“史略”对18世纪中叶起，生物进化论的萌芽时期作了详细、科学的回顾。“绪论”对该书成书过程作了交待。全书系统的阐述了他的生物进化学说。其核心——自然选择原理的大意如下：生物都有繁殖过剩的倾向，而生存空间和食物都是有限的，所以生物必须为生存而斗争。在同一群体中的个体存在变异，那些具有能适应环境的有利变异体将存活下来，并繁殖后代，不利变异体则会被淘汰。如果自然条件的变化是有方向的，则在历史过程中，经过长期的自然选择，微小的变异就得到积累而成为显著的变异，由此可能导致亚种和新种的形成。

达尔文在航行途中收集的燕雀标本，被称作“达尔文雀”。

达尔文在《物种起源》中阐明了这样的科学原理：自然界中生物的物种不是不变的，而是由低级向高级逐渐进化发展的。进化学说包括以下几点：1. 多数变异是微小的，在自然状态下显著的偶然变异是少见的，即使出现也会因为杂交而消失；2. 自然界的变异是连续过渡的，从个体差异到轻微的变种、显著的变种、亚种和新种；3. 自然选择：生物都有按几何级数增加个体数目的倾向，但是资源（如空间、食物等）又是有限的，因而，同一物种内的不同个体以及不同物种之间为获得生存机会而斗争（竞争），并导致大量个体的死亡。4. 一些经过修改和发展的概念，主要为性状分歧（达尔文从家养动植物中看到，由于按照不同的需要进行选择，一个原始共同祖先类型，即野生品种，可以被培养成许多形态特征显著不同的家养品种。同样，自然界的同一个种内个体之间的形态、习性差异越大，则适应不同环境方面越是有利，因而将会繁育更多的个体，分布更为广泛。随着差异的积累，分异（歧异）越来越大，原先的一个种就会逐渐变为一系列变种、亚种乃至不同的新种。这就是性状分歧（分异）的原理。达尔文还阐述了地理隔离对性状分歧和新种形成的促进作用，被大洋隔离的岛屿上山雀和海龟的变异就是典型的例子。在一个地域内，由于资源（如空间、食物等）是有限的，因此每一个地区所能维持（支持）的物种数量及生物个体数量是有限的。生存斗争、自然选择的结果便导致具有有利变异的类型个体数目增加，相对劣势类型个体数目则减少直至被淘汰或灭绝。随着性状分歧的加大，新种不断形成、老种灭绝，特别是由于中间过渡类型的灭绝，不同物种之间形态差异逐渐扩大。而在生物分类的实践中，相同的物种归于一个属，相近的属归于一个科，相近的科归于一个目。如果从时间和空间两个方面来看，生物的分类系统形成过程就好像一株不断分叉的大树，对此，达尔文曾用一株大树对自然选择的原理做过生动形象的描绘。

⊙作品评价

《物种起源》第一次把生物学建立在完全科学的基础上，以全新的生物进化思想，推翻了“神创论”和物种不变的理论。《物种起源》是达尔文进化论的代表作，标志着进化论的正式确立。尽管也有缺陷与不足之处，但它无疑是一本划时代的科学巨著，是科学领域中的一场大革命，以至直到现在人们还是把全部生物学的历史分为达尔文以前和达尔文以后两个时期。经过100多年的论争，《物种起源》胜利了，这是科学对宗教的胜利，进化论学说已经成为人类进步的世界观的一个不可分割的组成部分。

精彩语段

我的生活过得像钟表那样有规则，当我的生命告终时，我就会停在一处不动了。

完成工作的方法是珍惜每一分钟，敢于浪费哪怕是一个钟头的，说明他还不懂得珍惜生命的全部价值。

悲惨世界

/法国/雨果/人类苦难的“百科全书”

⊙背景提示

《悲惨世界》是雨果的代表作之一，也是法国最著名的文学作品之一，据说是以真实的事件为蓝本而创作的。1801年，一个名叫彼埃尔·莫的贫苦农民因偷了一块面包被判5年苦役，出狱后又因黄色身份证而不能就业，这深深触动了雨果，他把这个事件作为小说主人公冉阿让的故事蓝本，并让冉阿让终生遭到法律的迫害，以此构成小说的主要线索与内容。此外，他又以芳汀、珂赛特、德纳第等其他社会下层人物的不幸与苦难作为补充。在“作者序”中雨果指明了创作目的：揭露因法律和习俗造成的压迫，暴露这个世界如何因贫困使男子潦倒、因饥饿使妇女堕落、因黑暗使儿童羸弱，企图使小说对社会问题的解决有所裨益。雨果花了17年的时间完成了这部巨著，并最终于1862年发表了这部作品，但它的主要部分应该是在其流亡期间写成的。这部小说所描写的事件开始于1815年，并以大革命时期和拿破仑时期的历史事件作为历史背景，而结束时已经是七月王朝时期了，可见其时间跨度之大，所以小说实际上反映了整个19世纪前半期法国的社会政治生活。《悲惨世界》集中地体现了雨果作品中所要表达的“仁爱万能”的人道主义思想。这种人道主义在《巴黎圣母院》中还只是表现在揭露宗教黑暗势力和封建统治者的罪恶方面，到了《悲惨世界》则已经发展为对近代资产阶级社会道德以及法律等社会制度的深层次批判了。

⊙内容提要

《悲惨世界》全书共有5大部分：《芳汀》、《珂赛特》、《马吕斯》、《卜吕街的儿女情和圣丹尼街的英雄血》及《冉阿让》，但小说的主要情节还是主人公冉阿让的悲惨生活史。

冉阿让原是个诚实的工人，一直帮助穷困的姐姐抚养7个可怜的孩子。有年冬天他找不到工作，为了不让孩子饿死便偷了一块面包，结果被判5年徒刑；又因不堪忍受狱中之苦4次逃跑，刑期加到19年。冉阿让直到46岁才被释放出来，这一年恰好就是滑铁卢战役的那一年，但苦役犯的罪名永远地附在他的身上，他找不到工作，连住宿的地方都没有。这时一位仁慈的主教米里哀先生招待了他，但染上了恶习的冉阿让，却偷了主教的银器，然而主教不但原谅他，而且还把银器当作礼物送给他。冉阿让由此受到感化，决心重新做人。于是他化名马德兰埋头工作，由于对城市的开发尽心尽力，深得人望，被人们选为市长。可是当时的习俗规定犯有前科的人是不能被社会认可的，而参与过冉阿让往事的警官沙威，对这个市长的身份产生怀疑，决心查出究竟。不久，冉阿让便因暴露自己的身份而再次被捕下狱。

《悲惨世界》英文版封面

冉阿让逃离了监狱之后，从一个坏蛋手中救出已故女工芳汀的孤女珂赛特，并带着她前往巴黎生活。可是他们后来又不断受到警探沙威的追捕，只好潜回修道院中躲避。在那儿，珂赛特成长为亭亭玉立且美丽的青年女子，并爱上了青年马吕斯。这时已经是1832年6月了，正值共和党人在巴黎举行革命起义，马吕斯也参加了这场战斗。在战斗中，起义者逮捕了被当作是间谍的沙威，但冉阿让却不计前嫌，趁机把沙威放走，这使得沙威非常感动。革命失败之后，冉阿让把受伤的马吕斯从地下水沟救出来，就在地下水沟出口处，他们再次碰见为当局效力的沙威，但这次沙威也因为良心的觉醒而放走了他们。沙威在他们二人走后，感受到自己的良心与自己所遵从的法律之间存在着难以调和的矛盾，他最终选择了自杀。伤愈后的马吕斯和珂赛特顺利结婚，他们过上了幸福的生活；而单独被留下的冉阿让，也渐渐地衰老了。当马吕斯明白自己的救命恩人就是冉阿让时，他彻底抛弃了自己对冉阿让的成见，经常和珂赛特一起去看望这位既有正义感又非常慈爱的老人。在这两个人的挚爱照顾下，冉阿让终于幸福地死在亲人的怀里。这时，那台由米里哀主教所赠的银制烛台正在散发着圣洁的光辉。

《悲惨世界》插图：沙威警长

⊙作品评价

《悲惨世界》可以称作人类苦难的“百科全书”。世间的一切不幸，雨果统称为苦难。作者在这本书中向我们展示的这些苦难，如因饥饿偷面包而成为苦役犯的冉阿让、因穷困堕落为娼妓的芳汀、童年受苦的珂赛特、老年生活无计的马伯夫、巴黎流浪儿伽弗洛什，以及甘为司法鹰犬而最终投河的沙威、沿着邪恶的道路走向毁灭的德纳第等等，这些在人类的历史上时有发生。但作者在向我们展示这些人类普遍存在的苦难时，并没有停留在简单的揭露或无助的慨叹上。他在《悲惨世界》中更多地倾注的，恐怕还是自己对善的向往和对爱的追求。全书以苦役犯冉阿让由恶到善、由恨到爱、由恶魔到天使的转变为主线，为我们揭示了人性美好的一面，他最终成为集人世的善良和爱心于一身的伟人，一个大写的人。与冉阿让一道进入人类永恒境界的，还有正直善良的米里哀先生、历经磨难而不改其纯真善良的珂赛特小姐、不懈追求正义和爱情的马吕斯等人。他们通过不同的途径，磨炼了自己的肉体，净化了自己的灵魂，给这个充满苦难、愚昧和困苦的世界赎了罪。平心而论，雨果在《悲惨世界》中所讲述的故事并不新奇，但是，正是由于在这些故事后面饱含着作者对于人类苦难命运的关心和对未来坚定不移的信念，才使得这部书具有一般小说所不具备的感人力量。

《悲惨世界》插图：小珂赛特

雨果的浪漫主义风格在这部小说中也得到了较为完美的体现。虽然这部小说取材于现实生活中的真人真事，书中的很多章节也闪烁着现实主义的光辉，如冉阿让被迫害的经历、芳汀的悲惨命运以及滑铁卢战役、巴黎的街垒战等场面的描写，都显得比较真实。但浪漫主义的因素在书中还是随处可见，例如在人物形象的塑造上，作者赋予冉阿让这个人物以超人的体力和惊人的自我牺牲精神，使得他明显不同于一般的人物；在小说情节的安排上，作者也创设了很多戏剧化的场面，描写了一些“非凡”的事件，如冉阿让与珂赛特走投无路之际竟然可以绝处逢生隐入修道院，以及巴黎街垒战时冉阿让与马吕斯在地下水道里的经历等等，都显得有些离奇，不过有一点可以证明的是作者安排这些情节显然并不是为了哗众取宠，而是为了更好地突现全书的主题；此外，全书在语言上也表现出浓厚的浪漫主义风格，大量的经典摘录纷至沓来，这些优美的语句中包含了极为高昂的热情和哲理，使得这部小说从整体上看显露出一种史诗般的语言风格。这些都是需要读者在阅读中慢慢体会的。

笼罩在《悲惨世界》全书中的人道主义光辉是值得我们加以继承的人类宝贵精神财富。正如高尔基所说，伟大的雨果“作为一个讲坛和诗人，像暴风一样轰响在世界上，唤醒人心灵中一切美好的事物”，“他教导一切人爱生活、美、真理和法兰西”。

□罪与罚

/ 俄国 / 陀思妥耶夫斯基 / 生命的禁锢与放逐

⊙作者简介

陀思妥耶夫斯基（1821 ~ 1881 年），生于莫斯科一个平民家庭。父亲是一家贫民医院的医生，他在这种凄惨悲凉的医院气氛中度过了童年。1834 年，陀思妥耶夫斯基和哥哥被父亲送到莫斯科一家寄宿学校读书，在这里培养了他对文学的浓厚兴趣。1838 年遵父愿入大学学工程，但他对学校开设的课程毫无兴趣，毕业后不久即弃工从文。1845 年 3 月底，陀思妥耶夫斯基完成了他的处女作《穷人》，表现了生活在底层的小人物的悲惨命运，并揭示了他们身上高尚、善良纯洁的感情和灵魂。该作品次年在别林斯基主编的《祖国纪事》上发表，使他一举成名。但他随后发表的《双重人格》（1846）、《女房东》（1847）、《白昼》（1848）和《脆弱的心》（1848）等几个中篇小说却使他与别林斯基在思想观点和文学观点上分歧日益加剧，乃至关系破裂。

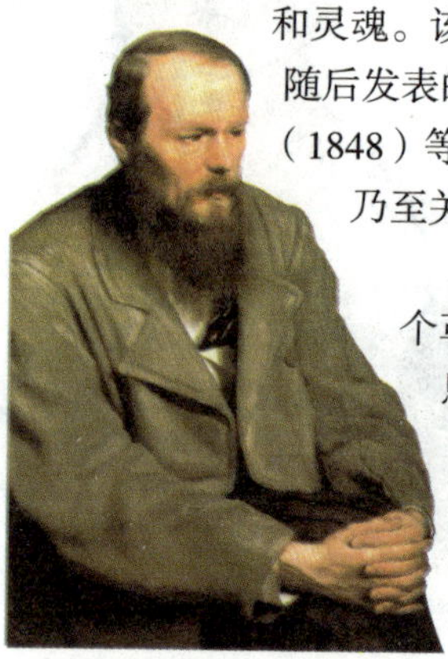

陀思妥耶夫斯基半身像

1847 年 2 月，受法国资产阶级革命思潮影响，陀思妥耶夫斯基参加了一个革命团体，并开始于空想社会主义思想的宣传活动。1849 ~ 1859 年，陀思妥耶夫斯基因参加革命活动被沙皇政府逮捕，并判处死刑，后改判流放西伯利亚。这些经历在《死屋手记》（1861 ~ 1862 年）中得到了反映。重返文坛之后，陀思妥耶夫斯基相继发表了《被侮辱与被损害的》（1861）、《罪与罚》（1866）等作品，后者使其获得世界声誉。陀思妥耶夫斯基晚年创作了大量作品，包括《白痴》（1868）、《群魔》（1871 ~ 1872 年）、《卡拉马佐夫兄弟》（1880）等举世闻名的长篇小说。

⊙背景提示

据说作者最初构思这部小说时，主人公是马尔美拉道夫，主要想谈一下穷人的酗酒问题，以此来反映俄罗斯下层人民的悲惨生活和某些道德上的缺陷。这与他早期擅长描写“小人物”的写作风格也是很相近的，所以书名也不叫《罪与罚》。拉斯柯尔尼科夫的故事是后来才产生的，但作者这个时候对于社会的认识又深了一层，他看到农奴制改革的失败以及那些准备寻找改革道路的青年正在进行着一种个人主义的、毫无结果的反抗。这种悲观失望的情绪对作者有很深的影响，也反映在这部作品中。于是作品完成的时候，原来的次要人物拉斯柯尔尼科夫反而成了这部作品的核心，而最初的主人公马尔美拉道夫已经退居到次要地位了。

⊙内容提要

在彼得堡一家公寓里，住着一个穷大学生拉斯柯尔尼科夫。他原在法律系就学，因交不起学费而被迫辍学，现在靠母亲和妹妹从拮据的生活费中节省下来的钱维持生活。房东不断向他催讨房租，这使他整日提心吊胆，希望用行动来改变自己目前的困境。

距他住所不远的一座楼上住着一个开当铺的老太婆。拉斯柯尔尼科夫拿一块旧表去典当，受到这个老太婆的贪婪压榨，因此恨透了这个残酷苛刻的老板娘。恰好他在一家小酒馆喝酒时听到一个学生与军官正在谈论到底要不要杀死这个老太婆的事，于是受到启发，准备精心策划这场谋杀案，以此来摆脱自己和全家当前的经济困境。

次日晚六点，拉斯柯尔尼科夫乘老太婆一人在家，闯入室内，把她杀死，且偷得些许金饰。作案之后，尽管没留痕迹，拉斯柯尔尼科夫却深深陷入恐怖与烦躁之中，像得了大病一样。他的神

《罪与罚》英文版封面

情引起了警方的怀疑。病好之后，有一天，他来到街上，发现一个名叫马尔美拉道夫的退职文官被马车撞死，拉斯柯尔尼科夫看到这可怜的一家大小，将母亲寄来的25卢布送给了马尔美拉道夫的妻子和女儿索尼娅。拉斯柯尔尼科夫回到住处后，发现母亲和妹妹杜尼娅来了。一见到她们，拉斯柯尔尼科夫就心慌意乱。妹妹为了他的前程，答应和律师卢仁订婚。但卢仁却是一个道貌岸然的伪君子，因此遭到拉斯柯尔尼科夫的极力反对。卢仁怀恨在心，企图诬陷拉斯柯尔尼科夫行为不端，将父母给他的钱送给身为妓女的索尼娅。拉斯柯尔尼科夫当众揭穿了卢仁的无耻行为，令索尼娅十分感激。

索尼娅为全家人的生活而不惜牺牲自己的行为，深深地打动了拉斯柯尔尼科夫的心。他来到索尼娅的住处，一下子跪倒在她的脚下，对她说："我不是向你膜拜，我是向人类的一切苦难膜拜。"他让索尼娅为他念《新约全书》，并向她供认了自己的罪行，承认他杀害了两个妇女实际上也毁灭了自己。索尼娅劝他自首赎罪，并答应将终生陪伴他。

将妹妹托付给深爱他的人之后，拉斯柯尔尼科夫向警方投案自首，被判处8年苦役。索尼娅跟着他来到西伯利亚，他们紧紧地拥抱在一起，迎接自己的新生。

⊙作品评价

《罪与罚》的故事发生在19世纪60年代中期的彼得堡。当时俄国农奴制刚刚废除，俄国正处在旧基础迅速瓦解，资本主义迅猛发展的过渡时期。贵族阶级的腐朽没落，资产阶级事业家和冒险家正走上社会舞台，令人触目惊心的赤贫现象出现，这是时代的特征。小说的中心内容是大学生拉斯柯尔尼科夫的"犯罪与惩罚"。拉斯柯尔尼科夫是一个从外省到京城求学的大学生。他聪明敏锐，性格高傲，孤独忧郁，穷困潦倒。在走投无路的情形下，酒馆中大学生和军官关于杀死高利贷老太婆的言谈、马尔美拉道夫家的悲惨处境、远方家中的艰难处境等促成他酝酿已久但又犹豫再三的杀人计划。他形成一套"理论"，认为人有两类：平凡的人和不平凡的人。前者天生保守、循规蹈矩，听命他人；后者为达到自己的目标，有权逾越某些障碍，可以为所欲为，包括消灭妨碍者或阻挠者的生命。他为了证实这种理论而杀死老太婆，目的是看一看自己是否属于不平凡的人。杀人后，他的灵魂遭受到严重的精神压力。他精神的崩溃，证明他的"为所欲为"理论的破产，也向我们揭示了一个具有形而上意义的道德困惑，即为了一个崇高的目的究竟能不能杀死一个低微的生命。拉斯柯尔尼科夫最后在索尼娅虔诚信仰的感召下投案自首。这经历了一个艰难反复的心理抗拒过程，也反映出作者的宗教观和人生观。但总体来看，通过对人物心理危机和困境的描述，这部小说将人性展示得极为深刻，其精神力量是不容忽视的。

《罪与罚》不是一部恐怖小说，但小说情节却充满了恐怖、紧张和险象环生，令人无法轻易地读懂这部巨著。如果没有巴赫金的那本名著《陀思妥耶夫斯基诗学问题》，我们也许不会把《罪与罚》这样的小说和"复调理论"联系起来。作者对叙事方式的独创使得陀思妥耶夫斯基被后人公认为是"现代主义"小说的开山鼻祖。但尽管作者参与开创了现代主义小说的叙事传统，却并未像后世的现代主义作家那样，完全抛弃"戏剧性"的情节。相反，"戏剧性"恰恰是作者叙事中必不可少的重要组成部分。陀思妥耶夫斯基喜欢描述充满戏剧冲突的大场面，这在这部小说中可以说是显露得淋漓尽致。

《罪与罚》在心理描写上也取得了极为重要的成功，其中尤以内心独白最为出色。梦境、幻觉、无意识流露和下意识冲动等描写手法成功地衬托出主人公在非正常情况下的心理精神状态，比较全面地显示了陀思妥耶夫斯基关于"刻画人的心灵深处的奥秘"的特点。此外，这部小说场面转换快，场景推移迅速，主要情节过程只用了几天时间，在浓缩的时空中容纳了丰富的思想内容，小说的时代色彩和政论色彩也显得十分鲜明。

□资本论

/德国/卡尔·马克思/马克思主义的精髓

⊙作者简介

卡尔·马克思（1818 ~ 1883 年），无产阶级的伟大导师，马克思主义创始人之一，伟大的革命家、科学家、思想家、科学社会主义的奠基人。马克思于 1818 年 5 月 5 日出生于普鲁士莱茵省的特利尔城的一个律师家庭。1835 年在家乡特利尔中学毕业后进入波恩大学学习法律，一年后转入柏林大学法律系学习，但马克思在此期间研究最多的是历史和哲学，他志向远大，立志造福于全人类。1838 年，马克思参加了青年恩格尔派的“博士俱乐部”，并立刻成了这个团体的精神中心。在 1841 年大学毕业时写的毕业论文题目为《德谟克利特和伊壁鸠鲁的自然哲学的区别》，并由此而获得耶拿大学博士学位。1842 年为《莱茵报》撰稿并成为该报的主编，由于该报的革命民主倾向越来越明显，于 1843 年 4 月被当局查封。马克思于 1845 年移居布鲁塞尔，在此期间与恩格斯结下了深厚的友谊。1846 年创立共产主义通讯委员会。1847 年与恩格斯一起加入正义者同盟，并将该同盟变成共产主义同盟，同年 12 月与恩格斯撰写《共产党宣言》，并指导国际共产主义运动的开展，1864 年成为第一国际的创始人和领导者。1883 年 3 月 4 日，马克思逝于英国伦敦。马克思的其他著作还有：《1844 年经济哲学手稿》、《德意志意识形态》、《哲学的贫困》、《共产党宣言》等。

卡尔·马克思像

⊙背景提示

在 19 世纪中期，资本主义经济已发展到较高水平，资本主义世界中的主要矛盾由原先的资产阶级和封建地主阶级之间的矛盾转化为资产阶级和无产阶级之间的矛盾，这个矛盾随着资本主义经济的发展而变得更加严峻和突出。无产阶级在资产阶级的剥削和压迫下，开始自发地进行反抗和斗争，但是他们以最初砸坏机器、焚烧厂房等形式带来的并不是胜利，相反资产阶级却加重了对他们的剥削。从反抗中可以看出无产阶级的斗争意识开始出现，也预示着新的革命即将到来，然而这是个漫长的过程，既需要工人阶级自身力量的不断壮大，更需要有科学的理论指导。

⊙内容提要

《资本论》是马克思对资本主义社会的各种现象做了大量深入研究后完成的，集中反映了马克思的经济思想。1867 年 9 月第一卷问世，马克思逝世后，恩格斯编辑出版了第二卷和第三卷。

《资本论》第一卷《资本的生产过程》的核心内容是剩余价值的产生，马克思是按劳动价值论、剩余价值论、工资理论、资本积累理论这四个部分来论述这一核心的，从而揭示出资本主义产生矛盾的实质。

一、劳动价值论：商品是一切以交换为目的而生产的劳动产品，它有使用价值和价值的二重性。

名家点评

恩格斯说：“自地球上有资本家和工人以来，没有一本书像我们面前这本书那样，对于工人具有如此重要的意义。资本和劳动的关系是我们现代全部社会体系所赖以旋转的轴心，这种关系在我们这里第一次作了科学的说明，而这种说明之透彻和精辟，只有一个德国人才能做到。”

商品的二重性由生产商品的劳动的二重性即具体劳动和抽象劳动决定。商品的价值从量上看是由社会必要劳动时间决定的，但从本质上看是人类无差别劳动的凝结。商品的价值只有通过商品之间的相互交换才能表现出来，在商品的交换过程中，随着商品经济矛盾的发展，出现了一般等价物——货币。货币具有价值尺度、流通手段、贮藏手段、支付手段和世界货币五种职能。价值在货币出现后，就以价格价值规律即劳动决定价值和等价交换的规律起作用。

精彩语段

资本来到世间，从头到脚，每一个毛孔都流着血和肮脏的东西。

金银天然不是货币，但货币天然是金银。

二、剩余价值论：资本最初是表现为一定量的货币，但在流通结束时会发生增值，而货币则不会。资本能够增值的原因在于劳动力成为商品。劳动的消费过程也是资本主义的生产过程，它具有二重性，即一方面它是一个劳动的过程，另一方面它又是价值形成和增值的过程，工人的劳动分为必要劳动和剩余劳动。而在剩余劳动时间内创造的价值则形成被资本家无偿占有的剩余价值。资本主义剥削的秘密在于把工人的劳动时间延长到必要劳动时间上，从而生产剩余价值。

三、工资理论：资本主义工资实际上是劳动力的价值或价格。工资的形式有多种多样，其中主要有计时工资和计件工资。工资制度是资本家剥削工人的主要工具。

四、资本积累理论：资本主义生产是再生产过程，在这一过程中不仅生产出一定的物质资料，而且再生产出资本主义的生产关系。资本主义扩大再生产的源泉是资本积累，而资本积累就是剩余价值的资本化，其实质就是用无偿占有的剩余价值的一部分。

《资本论》第二卷《资本的流通过程》分析了剩余价值的实现条件，进而更进一步地揭示了资本主义的基本矛盾。1. 资本循环和周转理论。资本在运动过程中依次通过三个阶段：购买、生产和销售三个阶段，一次采取三种职能形式：货币资本、生产资本和商品资本，并各自完成一种特殊职能，

表现马克思与恩格斯一起探讨问题的绘画。

相关链接

《共产党宣言》是马克思、恩格斯于 1847 年 12 月至 1848 年 1 月共同写成，以“共产主义者同盟”党纲的形式于 1842 年 2 月发表。它的诞生为人类开辟了一个无产阶级的新纪元。在《共产党宣言》中，进一步论证和发展了关于资本主义发生、发展和灭亡的规律，指出资本主义生产关系比旧的生产关系大大促进了生产力的发展。同时从资本主义生产力与生产关系的矛盾中深刻地揭露了经济危机的根本原因，并把危机与资本主义的崩溃联系起来，从而大大发展了经济危机学说。《宣言》深刻地揭示了资产阶级社会生产关系的特征，论证和发展了关于无产阶级生产、发展及其伟大历史使命的学说。

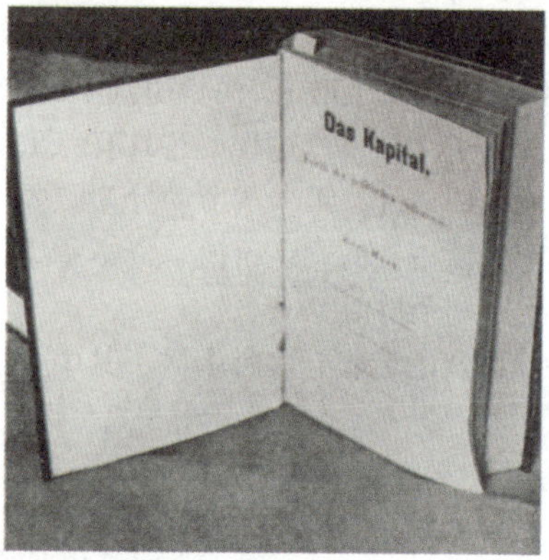

《资本论》书影

《资本论》不仅是一部经济学著作，也是一部划时代的哲学著作，是一部对人类历史进程有着深刻影响的百科全书。

最后回到原来的起点，这一过程就是资本的循环。资本循环周而复始，不断重复进行就是资本周转。2. 社会资本再生产理论。相互联系、相互依存的单个资本的综合就是社会资本，社会总产品是考察社会资本再生产的起点。社会总产品在价值形态上由 C+V+M 构成（C 是不变资本，V 是可变资本，M 是剩余价值），与此相应，社会生产分为生产资料的生产和消费资料的生产两大部分。

《资本论》第三卷《资本主义生产的总过程》分析了剩余价值的各种现实形态，从而说明工人不仅受到单个资本家的剥削，而且受到整个资产阶级的剥削，工人阶级要改变自己的地位只能推翻整个资产阶级的统治。

⊙作品评价

《资本论》的问世完成了马克思政治经济学说史上的一次巨大飞跃，它所展示的伟大思想实现了革命性和科学性的统一，至今对全世界都产生着重大影响。马克思是资本主义制度的掘墓人，他在经济学上的最大贡献在于揭露了资本主义基本的矛盾，在总结前人经济学成果的基础上创建了新的政治经济学。马克思的经济理论揭示了资本主义制度的矛盾，对共产主义事业具有指导作用，构成了马克思主义的一个重要组成部分，成为无产阶级反对资产阶级的一个强大思想武器。

全世界无产者联合起来

工业革命的到来，使欧洲产生了悲惨的工人阶级，而马克思则成了所有无产者的代言人。

海底两万里

/法国/凡尔纳/“硬科幻”的代表作

⊙作者简介

凡尔纳像

凡尔纳（1828 ~ 1905 年），生于法国西部海港南特城一个法官家庭里。18 岁以前，他在这个美丽的海港城市读书，但他从来不拘泥于书本知识，自幼便热爱海洋，向往远航探险。1848 年，凡尔纳来到巴黎学习法律，可是他对法律毫无兴趣，却爱上了文学和戏剧。毕业后在大仲马的鼓励下，开始了诗歌与戏剧的创作，先后写了 20 个剧本（未出版）和一些充满浪漫激情的诗歌。这期间，他结识了阅历深广的探索家阿拉戈，对游历冒险与科学知识产生了浓厚的兴趣，于是如饥似渴地学习各类知识，为他以后科幻创作打下了扎实的科学基础。

1857 年，凡尔纳与已有两个小女孩的寡妇奥诺里结婚。婚后开始创作他的第一部科幻小说《气球上的五星期》。大仲马阅读了他的手稿，鼓励他在自己开创的这条科幻小说道路上坚持走下去。这部作品于 1863 年出版，获得巨大成功，从而宣告了科幻小说的诞生。此后，凡尔纳与大出版家儒勒·赫泽尔合作，以每年 3 卷作品的速度最终完成了他的系列科幻小说作品《奇异的漫游》，其中包括《地心游记》、《从地球到月球》、《环绕月球》、《海底两万里》、《神秘岛》等优秀作品，囊括了整个陆地、海洋和天空。1886 年，凡尔纳自认“进入垂老之年”，但为了完成“描绘整个地球”的雄伟目标，他以惊人的毅力战胜了病魔而潜心写作。1904 年，他完成了自己的最后一部作品《世界主人》。1905 年 3 月 25 日，凡尔纳去世。

⊙背景提示

好的科幻小说必须有科学的理论或精神做基础。在一些科幻小说中作者从科学理论延展出的幻想可能成为科学预言，甚至是科学指导，这样的作品被称作是“硬科幻”。凡尔纳这些倾注了作者对科学精神无限热爱的小说中的许多幻想就已成为活生生的现实。例如《从地球到月球》发表 100 年后，人类第一艘登月飞船就是从小说描写的发射地点——美国佛罗里达卡纳维拉尔角升空的，而且其到达月球所用的时间、着陆地点及航行速度等也与小说描述的相差无几。《海底两万里》中描写的酷似潜水艇的“水下船”也比现实中的潜水艇早了几十年，而且这艘“水下船”起了“鹦鹉螺”号的名字，而鹦鹉螺正是以自身薄薄的几毫米螺壳而承受下潜到百米深海后所面临的巨大水压的唯一螺壳动物。这一细节充分表现了凡尔纳广博的科学知识。

⊙内容提要

《海底两万里》写于 1870 年，描述发生在 1866 年的一桩奇事：海上发现了一个被认为是独角鲸的大怪物，他撞沉了好几艘船只。法国生物学家阿隆纳克斯应邀参加追捕。追捕过程中，阿隆纳克斯、他的仆人孔塞伊和渔叉手尼德兰三人不幸落水，他爬到怪物背上，发现这个怪物并不是什么独角鲸，而是一艘构造奇妙的潜艇。潜艇船长尼摩，是个不明国籍、自称“跟整个人类断绝了关系”的神秘人物。这艘被称为“鹦鹉螺”号的潜艇是一个令人惊叹的现代工业杰作，它利用海浪发电，供给船上热、光、动力；它所需的一切都取自于海洋。它是尼摩在大洋中的一个荒岛上秘密建造起来的。阿隆纳克斯及其他同伴乘“鹦鹉螺”号，从太平洋出发，开始了海底探险旅行。

他们从太平洋出发，经过珊瑚岛、印度洋、红海、地中海，进入大西洋，看到许多罕见的海生动植物和水中的奇异景象，还发现了一座被海水淹没的名城，又经历了许多危险，如到过未开化的岛屿，经受乌贼的攻击，被困冰海等等。但在尼摩船长的带领和众位船员的努力下，他们终于克服了这一切困难。最后当潜水船到达挪威海岸时，阿隆纳克斯不辞而别，把他所知道的海底秘密公诸于世。

《从地球到月球》封面 1865 年

凡尔纳主要写关于海洋、山脉及山脚下的深谷等的作品，但这部著作却表现了太空探险的情节。

⊙作品评价

《海底两万里》是凡尔纳具代表性的作品之一。书中的主人公尼摩船长是一个带有浪漫、神秘色彩，非常吸引人的人物。尼摩根据自己的设计建造了潜水船，潜航在海底进行大规模的科学研究，但这好像又不是他这种孤独生活的唯一目的。他躲避开他的敌人和迫害者，在海底探寻自由，又对自己孤独的生活深深感到悲痛。由于这三部曲在情节上紧紧连接在一起，这个神秘人物的谜底直到三部曲的第三部才被揭开，所以读者如果对这部作品感兴趣，最好能将这三部曲都放在一起阅读，这样你才会充分领略凡尔纳早期为我们所创造的海洋科幻历险系列的超凡艺术魅力。

这部小说最能代表他丰富多彩的想象和缜密细腻的行文特点。小说中情节设置古怪离奇，生动形象地描绘了充满神秘色彩的海底世界。语言生动有趣，既是艺术的语言，又是科学的语言，对各种海底事物的说明入木三分，惟妙惟肖，特别是那艘“鹦鹉螺”潜艇，它诞生在真正潜艇之前，不仅让读者如痴如醉，事实上也给后来的工程师们在制造真实实用潜艇提供了有益的启发。从这个意义上说，凡尔纳不愧是天才预言家。

法文版《海底两万里》插图：漫步海底世界

“鹦鹉螺”号潜艇航行至北太平洋区域时，尼摩艇长友好地邀请阿隆纳克斯等人作一次海底徒步旅行。他们身着潜水服，在海底漫步了近四个小时，一路他们欣赏了美不胜收的海底景致，观看了形形色色的海底生物，大饱了眼福，开阔了视野。

凡尔纳呕心沥血 40 年，给人类留下宝贵的文化财富：80 部科幻小说。他的作品被译成 50 多种文字，在世界各地流传，是除《圣经》之外发行量最多的书籍。文学大师托尔斯泰深爱他的作品，曾亲自为凡尔纳的作品绘制 17 幅插图，并热情赞扬凡尔纳“是一个了不起的大师”。所以凡尔纳被人誉为“科学幻想小说之父”，是当之无愧的。但他的作品价值也不仅仅在科幻小说成就这一方面，1884 年教皇在接见凡尔纳时曾说：“我并不是不知道您的作品的科学价值，但我最珍重的却是它们的纯洁、道德价值和精神力量。”可见他的作品所具有的普遍性价值。

□社会学原理

/英国/赫伯特·斯宾塞/社会学理论的开山之作

⊙作者简介

斯宾塞像

赫伯特·斯宾塞（1820 ~ 1903 年），19 世纪下半期英国功利主义哲学家，社会学家和教育家。他出生于英格兰德化郡的一个风景秀丽的乡村里，其祖父、父亲、叔父都是教师。斯宾塞少年时代在家庭接受父亲的教育，但一生没上过大学，完全靠自学成才。他自小身体虚弱，主要在家里养护，13 岁时才被送到叔父家接受更严格的科学训练，经过三年的学习，他掌握了欧几里得几何学、三角学、拉丁文、希腊文、机械学、化学和政治经济学等课程的知识，他特别喜欢数学和机械学，最感兴趣的是独立观察、分析、探讨问题。1837 年，17 岁的斯宾塞按照父亲希望的那样开始了他的教学生涯，到了一所学校做代课教师，同年因其优异的数学成绩而被其父亲的好友邀去参加筑路工程。1837 ~ 1846 年，斯宾塞一边担任筑路工程技术员，一边继续钻研力学、机械学、测量学、地质学以及有关工程技术。后来他还接触到了达尔文的进化论，并产生了浓厚的兴趣，力图运用进化论思想，考察社会政治问题。1848 ~ 1853 年，斯宾塞担任了《经济学家》杂志编辑。1850 年写出《社会静力学》，1852 年出版《进化的假说》。1855 年他出版了《心理学原理》，1858 年，开始撰写《综合巨著》，这部巨著共十卷，内容包括《第一原理》、《生物学原理》、《心理学原理》、《社会学研究》、《伦理学原理》、《社会学原理》，1896 年完成。在此巨著撰写和出版前后，斯宾塞还在杂志上发表了《智育》、《德育》、《体育》以及《什么知识最有价值》四篇教育论文，1861 年将之汇集成册在美国出版，引起了欧美各国的普遍重视，该书先后被译成法、俄、德、拉丁、荷兰、丹麦等几十种文字，发印数百万册，其中《什么知识最有价值》的一文影响最大。1903 年 12 月斯宾塞病逝，享年 83 岁。

⊙背景提示

斯宾塞生活的时代正是英国经过产业革命后资本主义迅速发展的时代，所谓“日不落”帝国时代。但由于英国资本主义在产业革命后逐渐形成，缔造了英国社会结构的新面貌，中产阶级脱颖而出，不仅是社会改革的思想浪潮逐渐形成发展的年代，而且是科学知识具体应用于人类生活方式而使之改变的一个时代。在斯宾塞的思想中，可以清晰地发现他对科学知识的极度偏爱。他是这个时代资产阶级的代表、讴歌者，他把资本主义看作是最理想、最合理、最完美的制度，称资本主义是人类的“黄金时代”。

⊙内容提要

《社会学原理》共三卷，于 1876 ~ 1896 年之间出版。在这部社会学著作中，斯宾塞深入地阐发了社会有机体论和社会进化论的思想。

第一卷，主要论述各种形成和影响社会现象的因素，如气候、地形、土地肥沃程度等外部因素和社会成员的体质、耐力、情绪、知识、思想取向等内部因素，以及社会人口、语言、法律、风俗等其他因素对社会形成发展的影响。他认为，在各种因素中，社会成员的智力对社会的影响是主要的。在该卷中斯宾塞花了很大篇幅探讨社会是什么，比较了社会和生物有机体的异同，阐明了社会有机体论观点。

19 世纪中期的德国工厂

第二卷，斯宾塞着重研究政治组织的起源和发展，把它看作是总的进化的一部分。他认为，政治组织处理公众事务，同时又限制各分子的关系。政治制度的范围包括统治者和被统治者的关系，以及国家的职能。

第三卷，在对职业制度的研究中，斯宾塞论述了社会上各种职业如医生、音乐师、舞蹈家、史学家、演员、教师等的演化情况。在对工业制度的研究中，分析了功能分化和劳动分工、生产、交换，以及工会合作、社会主义等方面的问题。

《社会学原理》中所论述的社会进化的两种理论：社会是从基于强制合作的军事型社会向基于自愿合作的工业型社会进化。社会是通过功能分化从简单社会向复杂社会进化的思想。斯宾塞在第一卷中将社会与生物有机体进行了 6 项类比，得出 3 个结论：即社会是一个体系，一个由相互联系的各个部分构成的紧密整体；这个体系只能从其结构运转的意义上去理解；体系要存在下去，它的需求就必须得到满足。

《社会学原理》中，斯宾塞提出他的进化三阶段论：1. 分散的个体形成群体。2. 个体分化、特化和专门化。3. 特化的个体与整个群体的平衡。

斯宾塞认为社会各个部分虽然是独立的单位，但却不是偶然凑在一起。而是具有某种“长期”的“关系”。因此社会学要对一般社会所表露出来的结构和功能加以研究。据此，斯宾塞提出了社会生活中的共存现象。

斯宾塞把家庭的发展放在社会学首位，政治组织的起源和发展居次位，还有宗教、社会控制及工业。除此之外，斯宾塞更指出社会学应该研究结合、社区、分工、社会分化等方面，并研究社会各部分的相互关系。斯宾塞认为人与人之间、民族与民族之间、国家与国家之间必然要进行“生存竞争”，竞争的结果就是“适者生存”，优胜劣汰，政府不宜立法干涉社会的自然进步，他的理论实质上是提倡资本主义的自由竞争和维护资本主义的现存秩序。

⊙作品评价

《社会学原理》是第一次阐明社会学分析的系统著作。它的最大价值在于斯宾塞所强调的功能思想，进而提出共存现象。正是由于斯宾塞认真地对待了来自自然科学的启发，并以社会哲学的形式将之理论化，所以他的理论是哲学和社会科学界在接受进化论方面最集中的体现，由于他的提炼，加速了进化论在哲学和社会科学界的传播。美国学者 M. 哈里斯说“社会达尔文主义”应该叫“斯宾塞主义”或“生物学斯宾塞主义”，前苏联学者托卡列夫称斯宾塞是一切进化论者中最高的理论家。

安娜·卡列尼娜

/俄国/托尔斯泰/批判现实主义文学的丰碑

⊙作者简介

托尔斯泰（1828 ~ 1910年），19世俄国最伟大的作家。出生于一个古老贵族家庭，父母早亡。1840年进入喀山大学东方语文系学习，受到卢梭、孟德斯鸠等启蒙思想影响。1847年退学回故乡从事农奴制的改革，失败后，于1851 ~ 1854年间在高加索军队中服役，参加过克里米亚战争。其间开始写作。几年军旅生活不仅使他看到上流社会的腐化，而且为以后在其巨著《战争与和平》中能够逼真地描绘战争场面打下了基础。此时，托尔斯泰开始发表其自传体小说三部曲：《童年》（1852）、《少年》（1854）、《青年》（1857），这些作品反映了他对贵族生活的批判态度，“道德自我修养”主张和擅长心理分析的特色。

托尔斯泰像

1857年托尔斯泰出国旅行，看到资本主义社会矛盾重重，但找不到消灭社会罪恶的途径，只好呼吁人们按照“永恒的宗教真理”生活。这些观点反映在其短篇小说《琉森》（1857）之中，后又创作了探讨生与死、痛苦与幸福等问题的《三死》、《家庭幸福》。1860 ~ 1861年，为考察欧洲教育，托尔斯泰再度出国，结识赫尔岑，听狄更斯演讲，会见普鲁东。他认为俄国应在小农经济基础上建立自己的理想社会；农民是最高道德理想的化身，贵族应走向“平民化”。这些思想鲜明地体现在其中篇小说《哥萨克》（1852 ~ 1862年）之中。

1863 ~ 1869年，托尔斯泰创作了长篇历史小说《战争与和平》，这是其创作历程中的第一个里程碑。1873 ~ 1877年，他经12次修改，完成其第二部里程碑式巨著《安娜·卡列尼娜》。70年代末，托尔斯泰的世界观发生巨变，写成《忏悔录》（1879 ~ 1882）。1889 ~ 1899年创作的长篇小说《复活》是他长期思想、艺术探索的总结，也是对俄国社会批判最全面深刻、有力的一部著作，成为世界文学不朽名著之一。托尔斯泰晚年力求过简朴的平民生活，主动要求放弃贵族称号，1910年10月从家中出走，11月7日病逝于一个小站。

⊙背景提示

《安娜·卡列尼娜》的构思于1870年，到1873年才开始动笔。这是作者一生中精神困顿的时期。最初，托尔斯泰是想写一个上流社会已婚妇女失足的故事。但随着写作的深入，原来的构思不断被修改。小说的初步创作不过仅用了短短的50天时间便得以完成，然而托尔斯泰很不满意，他又花费了数十倍的时间来不断修正，前后经过12次大的改动，迟至4年之后才正式出版。这时，小说

名家点评

罗曼·罗兰赞扬托尔斯泰是“俄罗斯的伟大的心魂，百年前在大地上发着光焰的，对于我的一代，曾经是照耀我们青春时代的精纯的光彩。在19世纪终了时阴霾重重的黄昏，他是一颗抚慰人间的巨星”。这部著作一出版就引起了读者的强烈关注，陀思妥耶夫斯基评论说该书“是一部尽善尽美的艺术杰作，现代欧洲文学中没有一部同类的东西可以和它相比”。他甚至在书信中，亲切地称托尔斯泰为“艺术之神”。

废弃的手稿高达1米多！“全部都应当改写，再改写”，这是托尔斯泰经常挂在嘴边的一句话。显然，一部《安娜·卡列尼娜》与其说是写出来的，不如说是改出来的。

正是在作者近乎苛刻的追求中，小说的重心有了巨大的转移，安娜由最初构思中的“失了足的女人”（她趣味恶劣、卖弄风情、品行不端），变成了一个品格高雅、敢于追求真正的爱情与幸福的“叛女”形象，成为世界文学中最具反抗精神的女性之一。

⊙内容提要

安娜·卡列尼娜是彼得堡大官僚卡列宁的妻子。为了拯救哥哥奥勃朗斯基与其妻多丽的家庭危机，她从彼得堡来到莫斯科，并在火车站与近卫军军官渥伦斯基邂逅。安娜的高雅风姿使渥伦斯基颇为倾倒，然而在大家的心目中，渥伦斯基应该是多丽之妹吉提的结婚对象。因为当时吉提正迷恋着渥伦斯基，她为此甚至还拒绝了出身莫斯科贵族世家的康坦斯丁·列文的求婚。安娜的到来使得多丽和丈夫言归于好，却使吉提陷入了不幸。

渥伦斯基在舞会上频频向安娜献殷勤，最后竟然跟随安娜回到圣彼得堡。这使得吉提颇为伤心，也让安娜深感为难。起初，安娜一直压抑着自己的热情，但渥伦斯基狂热的爱情最终还是唤起了安娜心中沉睡已久的爱情火种，他们俩终于不顾一切地结合了。不久，安娜即怀上了渥伦斯基的孩子。渥伦斯基要求她立刻与丈夫离婚，但安娜因舍不得长子谢辽沙而无法下定决心。

一天，安娜与丈夫卡列宁一起去观看一场盛大的赛马会。当她看到渥伦斯基在超越障碍时不慎摔下马时，情不自禁地大声叫起来。安娜的失态引起了丈夫的怀疑。回家途中，安娜终于向丈夫承认了她与渥伦斯基的关系。恼怒的卡列宁权衡再三，害怕因家庭纠纷而影响自己的名誉和前途。于是他要求安娜一切维持现状，只是不许在家里接待渥伦斯基。

另一方面，求婚未成的列文回到了自己的庄园。他开始思考农业的出路问题，并决定到国外去寻求经验。归途中又恰与吉提相遇。在多丽的安排下，他们终于消除隔阂，很快就结了婚。

不久，安娜生下一名女婴，但却由于分娩时患产褥热而感染重病。病危之际，她请求丈夫能够宽恕她，并且希望他能和渥伦斯基和解。卡列宁深受感动，含泪把手伸给渥伦斯基，并主动让他留在安娜身边。而渥伦斯基也由于愧疚而深感自己的卑劣与渺小，他举枪自杀，却自杀未遂。伤愈之后的安娜和渥伦斯基又无法抑制自己的爱欲之火，终于决定抛弃一切，私奔到国外去。他们在欧洲逍遥了3个月，在百无聊赖之际又回到国内。但此时的上流社会对他们冷眼相加，安娜更是处处遭受冷遇。渥伦斯基被社会舆论

托尔斯泰主要作品

小说

1851	《昨天的历史》
1853	《袭击》
1855	《伐林》，《弹子记分员传记》
1857	《琉森》
1858	《艾伯特》
1859	《家庭幸福》、《三死》
1863	《哥萨克人》
1864 ~ 1869	《战争与和平》
1875 ~ 1877	《安娜·卡列尼娜》
1898	《什么是艺术？》
1889 ~ 1899	《复活》

非小说作品

1882	《忏悔录》
1884	《我的信仰》
1891	《教条神学研究》
1894	《天国在您心中》
1902	《那么我们该怎么办》

戏剧

1887	《黑暗的力量》
1889	《启蒙的成果》

反映晚年托尔斯泰亲自耕种的油画

和重新踏进社交界的欲望压倒，经常为社交事宜与安娜发生口角；被冷落的安娜也非常担心渥伦斯基爱上了别的女人。一次争吵之后，渥伦斯基愤然出走，绝望的安娜终于明白了自己是一个被侮辱和被唾弃的人。她想起了第一次与渥伦斯基见面的情景，生存意志霎时消失，向正在驶来的火车扑过去。

列文和吉提的生活依然平静而幸福。虽然农业改革计划并不是很顺利，他也曾一度陷入苦闷彷徨的境遇。但他们怀着对上帝的信仰，正决心携手去体验生活的艰辛、闲暇和怡人的美。

⊙作品评价

《安娜·卡列尼娜》由交织着的两条主要的平行线索和一条具有联结性作用的次要线索建构而成，整体上反映了俄国在农奴制改革后“一切都翻了一个身，一切都刚刚安排下来”的那个时代在政治、经济、道德、心理等各方面的情况与冲突。通过安娜追求自由爱情这一线索，小说展示了封建主义家庭关系的瓦解和道德的沦丧；通过列文与吉提的爱情和探索农村改革出路的线索，小说描绘了资本主义势力侵入农村后，地主经济所面临的各种危机，揭示了作者执著地探求出路的痛苦心情。而多丽——奥勃朗斯基这一次要线索则将这两条主线巧妙地联结起来，使这三条线索在家庭思想上相互对应、参照，勾勒出三种不同类型的家庭模式和生活方式。作者通过这三条线索描绘了俄国从莫斯科到外省乡村广阔而丰富多彩的图景，先后描写了 150 多个人物，使得这部作品成为一部社会百科全书式的作品。

安娜这一叛逆的失节妇女形象在本书中占有非常重要的地位。对现代读者而言，安娜的行径可能并不意味着什么，但是在当时的情况下，这一形象却很可能被一些作家描写为不入流的货色，因此托尔斯泰对这一人物形象塑造的成功便具有特殊的意义。总的来说，安娜应该算得上是一个具有资产阶级个性解放思想的贵族妇女，她追求的虽然只是个人的爱情自由，采用的也只是个人反抗的形式，但她敢于同整个上流社会对抗，敢于做整个社会思想伦理道德的叛逆者，无疑具有非同一般的意义。当然，安娜丢弃做母亲的天职和做妻子的义务，也必然要受到一些读者的谴责。这本身就构成了安娜这一形象的复杂性。而这一复杂性显然又是与作者的思想矛盾有着一定的关联。安娜之死与列文一家最终的幸福对比也许也在某种程度上向读者暗示着什么。

从艺术成就上看，几条平行线索互相对照、相辅相成的“拱门式”结构应该可以算是作者的独创，这对后来的长篇小说创作具有非常重要的借鉴意义。此外，作者在心理描写上的细致入微、精妙绝伦以及小说中存在的大段大段的人物内心独白，无疑也是非常成功的典范。早在这本书刚出版的年代，当时的人民就已经意识到它所达到的高度是俄国文学从未达到过的。托尔斯泰不仅较好地继承和发扬了俄国批判现实主义描写的优秀传统，也把 19 世纪批判现实主义艺术本身推向了最高峰，树起了一座高耸入云的丰碑。这使得这部著作在世界文学史上占有非常重要的地位。

□悲剧的诞生 /德国/弗里德里希·尼采/重估美的价值

弗里德里希·尼采像

尼采是最有影响的现代思想家之一，他多次试图揭示对一代代神学家、哲学家、心理学家、诗人、小说家和剧作家有着深刻影响的支承传统的西方宗教、道德和哲学的根本动机。

⊙作者简介

弗里德里希·尼采（1844 ~ 1900年）是19世纪末德国著名哲学家、权力意志论者，德国古典语言学家、美学家、诗人。他出生于普鲁士萨克森州罗肯镇的一个牧师家庭。父亲和祖父都是路德教派的牧师，尼采从小就受到宗教气氛的熏陶，中学时爱好诗歌和音乐。1864年进入波恩大学学习神学和古典语言学，次年放弃神学，转入莱比锡大学，开始接触叔本华的著作。1869年任瑞士巴塞尔大学语言学教授，接着，莱比锡大学免试授予他博士学位。1872年,尼采发表第一部美学作品《悲剧的诞生》遭人抨击，威信扫地，但仍埋头从事著述。1879年因病辞去巴塞尔教授，专事著述，从此开始无职、无家、无友的孤独生活。1879 ~ 1889年初，尼采辗转意大利、瑞士、法国、德国的一些城镇之间，离群索居，闭门写作。1889年元月初，不慎摔倒在地，从此精神失常，身体状况每况愈下，直至1900年8月25日离开人世，终身未婚。尼采精通希腊文和拉丁文，对古希腊文化有精深研究，具有非凡的文学和音乐天赋，他的主要著作有:《太有人性的人》、《曙光》、《快乐的科学》、《查拉图斯特拉如是说》、《善恶的彼岸》、《反基督徒》和遗稿《权力意志——重估一切价值的尝试》。

⊙背景提示

尼采生活的时代，正值西方资本主义由自由竞争走向垄断的时代。一方面，在资本主义自由竞争中，人们不择手段攫取金钱，由于这种变态的追求，导致人性受到扭曲，人沦为金钱与物质的奴隶。另一方面，由于资本主义自由竞争的加剧，形成垄断，大批中小资产阶级被迫破产，资产阶级知识分子对这样一种状态失去信心，感到前途一片渺茫。而当时流行的各种资产阶级哲学思想无法使他们摆脱困境。尼采采取了从人类角度对资产阶级思想家在其中生存与活动的社会环境的各个方面作出彻底批判，引起了民众的强烈共鸣。

尼采故居

1879年到1889年这10年里，尼采由于健康状况持续恶化，辞去公职开始独处。他住过瑞士的寄宿公寓和法国的里维埃拉。在那里，他埋头创作，只与少数几个人来往。他的多部作品就是这期间创作的，如《查拉斯图拉如是说》、《偶像朦胧》、《反对基督者》等。

⊙内容提要

《悲剧的诞生》是尼采第一部出版的著作，也是他的美学代表作。尼采在文中以探讨古希腊悲剧的起源为

众神聚会

画面表现了森林里众天神饮酒相会的场面。在尼采看来，酒神带给人的是沉醉、放纵、迷失。

线索，阐述了以苏格拉底为转折标志的古希腊前后期文化的根本区别，对弘扬人的自然生命、以勇士般的、审美的态度对待个体生命根本性悲剧命运的前期古希腊文明大加推崇，指出人具有日神精神与酒神精神两种根本性的对立冲动，前者以理性的静观创造外观的幻境，维护个体以获得生存的意义；后者以个体化的毁灭为手段，返归作为世界本原的原始生命冲动，从而获得最高的审美愉悦和生存意义。两者的统一产生了古希腊悲剧；审美是人赖于生存的唯一价值。尼采在作品中还分析了酒神艺术在现代再生的可能性。《悲剧的诞生》的基本思想主要体现在以下三方面：

一、艺术源于日神与酒神精神的对立统一。尼采认为，早在古希腊，艺术就包括两种精神，一是酒神，即狄奥尼苏斯；二是日神，即阿波罗。酒神用酒使人在沉醉中忘掉自己，尽情放纵情欲，甚至蓄意毁掉个人，在酒神状态中，是“情绪的总激发和总释放”。日神是光明之神、造型之神，是美的外观象征。悲剧起源于这二者的融合，而希腊艺术的不朽源于希腊文化中这两种对立又统一的精神。

二、艺术是人生的救难仙子。尼采认为，面对着艰难困苦的人生，唯有艺术才使人们不会产生厌世的消极心境。因而，他在本书的“序言”中对艺术提出了自己独到的看法。“对于这些严肃的人来说，我只能这样对他们说：我确信艺术是人类的最高使命和人类天生的形而上活动，我要在这里把这部著作奉献给人类，奉献给走在同一条路上的人类的先驱者。”尼采把人生与美联系起来，强调艺术表达生活的作用的时候，把美与艺术绝对化，认为美只有与人生联系起来才有意义。

三、人生就是悲剧美。尼采通过对希腊文化的研究发现：希腊人对人生的痛苦、艰难与恐怖有着细致而深刻的感受，但他们不悲观厌世，逃避现实，而是勇敢地接受命运，面对人生。希腊人的这种精神体现了人生的悲剧美。由于苏格拉底的出现，古希腊文化中的悲剧精神被一种理智而乐观地看待世界与人生的态度所取代，古希腊文化开始走向没落。而中世纪的基督教神学以及近代的理性主义运动更使悲剧精神丧失殆尽。尼采认为唯有在悲剧文化中，人才能观照到世界的真实性，才能承受人类所有的得失、新旧、希望和胜利。因此，尼采对人生的态度是乐观和积极的，他倡导日神与酒神相结合的即生命力强的、积极向上的、不断进行创造性活动的人生。

⊙作品评价

尼采在《悲剧的诞生》中，通过对古希腊悲剧艺术的探讨，揭示出他对艺术、文化、历史、社会、人性、道德等许多问题的基本观点，第一次把他的哲学、美学思想公诸于世。在此书中，尼采的唯意志论、超人哲学、非理性主义已初见端倪。尼采在美学上的成就在于以美学解决人生的根本问题，即提倡一种审美的人生态度。尼采是一个十分重要而又有争议的复杂人物，他的美学思想具有全面反传统的性质，对20世纪的西方现代美学和文学艺术的发展产生了极为重大的影响。

玩偶之家 / 挪威 / 易卜生 / 女性的觉醒

⊙作者简介

易卜生（1828 ~ 1906年），挪威著名戏剧家、诗人。出生于挪威南部希恩镇一个木材商人家庭，16岁进入药材店当学徒，22岁去首都奥斯陆参加社会主义者领导的工人运动并从事写作。曾长期担任剧院编导，1864年丹麦和普鲁士战争爆发后长期侨居罗马等地。他是欧洲近代现实主义戏剧的杰出代表，其突出贡献是在欧洲现实主义戏剧走向衰落，自然主义和颓废派文学十分泛滥的时代，高举现实主义和民主主义的旗帜，并创造了以设疑性构思、论辩性对白和追溯性手法为基本艺术特征的"社会问题剧"体裁。其创作实践和社会影响，足可与莎士比亚、莫里哀等戏剧大师媲美。

易卜生像

易卜生的创作可分为三个阶段：19世纪五六十年代主要写富于爱国激情和个人"精神反叛"思想的浪漫历史剧；19世纪七八十年代主要写批判社会丑恶和宣扬个性解放的"社会问题剧"；80年代后主要写带神秘、象征色彩精神的探索剧。其中以"社会问题剧"的成就和影响最大，代表作品有《社会支柱》（1877）、《玩偶之家》（1879）、《群鬼》（1881）和《人民公敌》（1882）等。

⊙背景提示

易卜生曾对一个给他写传记的作者路德维希·帕萨尔格说："我所创作的一切，即使不是我亲自体验的，也是与我经历过的一切极其紧密地联系在一起的。"他的《玩偶之家》不是随意虚构的，而是现实生活的反映。易卜生有个名叫劳拉·基勒的朋友，她爱好文学，重感情，初期婚姻生活十分美满。她丈夫基勒得了肺结核，医生劝劳拉让她丈夫去南部欧洲疗养，否则病情不但会加重，而且有性命危险。劳拉瞒了丈夫向友人借了一笔钱，为了推迟债期又伪造了保人签字。丈夫病治好后，知道真相，大发雷霆，谴责劳拉的所作所为败坏了他的名誉，毁了他的前途。劳拉一片深情却得到如此报应，她受不了这无情的打击，精神失常。基勒同她离了婚，一度被亲友们羡慕的家庭就此完结。易卜生根据劳拉这个原型，用深刻尖锐的批判精神和高度的艺术技巧塑造了娜拉这个形象。

⊙内容提要

圣诞节前一天，娜拉仍忙于进行最后的采购。因为这是她结婚以来第一个不用精打细算的圣诞节。她丈夫海尔茂刚刚被任命为一家银行的经理，这样新年一过，他们就不会再愁没有钱花了。

名家点评

针对《玩偶之家》关于妇女出路问题的争论，恩格斯在给保·恩斯特的信里评论说："易卜生的戏剧不管有怎样的缺点，却反映了一个即使是中小资产阶级的但比起德国的来却有天渊之别的世界；在这个世界里，人们还有自己的性格以及首创的和独立的精神，即使在外国人看来往往有些奇怪。"而另一位文学评论家弗朗茨·梅林在一篇关于这位剧作家的评论中指出："易卜生再怎样伟大，他毕竟是个资产阶级诗人；他既是悲观主义者，并且必然是悲观主义者，他对于本阶级的没落便看不见、也不能看见任何解救办法。"

娜拉与丈夫结婚8年，育有三个孩子，她的丈夫海尔茂是一位抱着“不论再穷，也不愿负债”观念的脚踏实地之人。娜拉一直相信丈夫深爱自己，而自己亦爱着海尔茂。不过，海尔茂对娜拉的看法跟娜拉的父亲非常相似，也就是说都把她当作一个可爱的玩物而已。但总的看来，这个家庭似乎有着光明的前途。

即将出走的娜拉

然而娜拉始终有一件事情瞒着自己的丈夫。这件事发生在他们婚后不久，当时她刚生下第一个孩子，海尔茂害了一场病。医生说他如果不立即出国就会死去。娜拉走投无路，于是，她便做了当时唯一能做的事，即瞒着丈夫假冒父亲的签字私下向一位名叫克勒克斯达的放债人借了一笔款子，供海尔茂到意大利去疗养。为了偿还这笔款子，娜拉一方面自家庭生活费中节省，另一方面瞒着海尔茂，偷偷地做了些副业，就这样一点一滴地偿还。但在她心中却认为这么做是自己“骄傲”和“快乐的秘密”。

克勒克斯达现在正在海尔茂担任经理的那家银行里做事，他决心要利用海尔茂为自己开路，但海尔茂讨厌克勒克斯达并决心要把他解雇。因此克勒克斯达便找到娜拉并威胁她，一旦他被解雇，他就要说出娜拉犯伪证的罪名以此来报复她和她丈夫。这突如其来的变故把娜拉吓慌了；她恳求海尔茂恢复克勒克斯达的职位，但却无济于事，他仍然发出了解雇克勒克斯达的通知书。于是克勒克斯达便写信给海尔茂，揭露了伪造签字的详细过程。知道这件事后，海尔茂非常愤怒，用尽一切尖酸刻薄的话羞辱娜拉。后来在娜拉好友琳狄夫人的调解下，克勒克斯达撤回了对海尔茂夫妇的指控。这时，海尔茂的态度来了个一百八十度的大转弯。他宽慰地舒了一口气，又夸夸其谈地说自己得救了，并希望再度成为娜拉温柔、忠实的“保护者”。但是娜拉已经认清了丈夫的庐山真面目，她提醒他说，婚姻必须建立在平等的基础上，并宣布她要离开这个家，一去不复返。她将结婚戒指还给丈夫，留下孩子便离家出走了；从此脱离有如玩偶般的妻子生活，并且强烈自觉到在为人妻或成为女人之前，应先“做一个真正的人”。

⊙作品评价

易卜生一生最关心的社会问题之一就是妇女问题，他主张妇女解放。他在1885年的一次演说中说：“现在的欧洲，正准备着改造社会关系；这种改造，主要是解决工人和妇女前途的问题。我等着这个改造，我为这个改造而兴奋，我愿意用我终生的一切力量为这个改造而行动。”因此我们可以认为，《玩偶之家》一剧的创作，恰恰就是这种诺言的具体体现之一。

作者创作这部社会问题剧显然是想通过女主人公娜拉与丈夫海尔茂之间由相亲相爱转为决裂的过程来探讨资产阶级的婚姻问题，借以暴露男权社会与妇女解放之间的矛盾冲突，进而向资产阶级社会的宗教、法律、道德提出挑战，激励人们尤其是妇女为挣脱传统观念的束缚，为争取自由平等而斗争。因此剧本上演以后，立刻引起轰动。然而从娜拉的出走来看，作者虽然在作品中提出了问题，但是也没有指出正确的斗争道路。

《玩偶之家》的艺术成就之一在于塑造了娜拉这一正在觉醒中的妇女形象。她醒悟之后的那番义正词严之辞，被人视为“妇女独立宣言”，表明她是一个有独立人格的女性；而她的离家出走也表明了她是一个资产阶级社会中的叛逆女性。这种叛逆在世界女性文学史上是具有标志性意义和象征意味的。此外，《玩偶之家》在戏剧艺术革新方面的成就也是举世瞩目的。它革新了欧洲近代戏剧，对现实主义的戏剧文学发展作出了重大贡献，同时还成功运用了追溯手法。这些都使易卜生的剧本呈现出与众不同的艺术特色和魅力。这部剧作在世界戏剧艺术发展史上也占有重要地位，它奠定了作者作为“现代戏剧之父”的基石。

羊脂球

/ 法国 / 莫泊桑 / 欧洲短篇小说杰作

莫泊桑像

⊙作者简介

莫泊桑（1850 ~ 1893 年），法国作家，生于法国西北部诺曼底省的一个没落贵族家庭。1870 年到巴黎攻读法学，适逢普法战争爆发，遂应征入伍。退伍后，先后在海军部和教育部任职。19 世纪 70 年代是他文学创作的重要准备阶段，他受老师、诗人路易·布那影响，开始多种体裁的文学习作。后在福楼拜亲自指导下练习写作，参加了以左拉为首的自然主义作家集团的活动，并以《羊脂球》（1880）入选《梅塘晚会》短篇小说集而一举登上法国文坛。莫泊桑的文学成就以短篇小说最为突出，他共创作了 350 多篇中短篇小说，有世界“短篇小说之王”的美称。他擅长从平凡琐屑的事物中截取富有典型意义的片断，以小见大地概括出生活的真实。他的短篇小说侧重摹写人情世态，构思布局别具匠心，细节描写、人物语言和故事结尾均有独到之处。除了《羊脂球》这一短篇文库中的珍品之外，莫泊桑还创作了包括《一家人》（1881）、《我的叔叔于勒》（1883）、《米隆老爹》（1883）、《两个朋友》（1883）、《项链》（1884）等在内的一大批思想性和艺术性完美结合的短篇佳作。

莫泊桑的长篇小说也取得比较高的成就。他共创作了 6 部长篇 :《一生》（1883）、《俊友》（又译《漂亮朋友》，1885）、《温泉》（1886）、《皮埃尔和若望》（1887）、《像死一般坚强》（1889）和《我们的心》（1890），其中前两部已列入世界长篇小说名著之林。

⊙背景提示

1870 年，普法战争爆发。这一场战争不仅影响了莫泊桑的人生道路，而且也从更深刻的意义上影响了他的文学世界。几乎所有的法国人都在思考，为什么强大的法兰西会在普鲁士面前一败涂地，许多有良知、有爱国热情的作家也创作出了以此为题材的作品。莫泊桑的这部成名作就正是他思索的结果。在作品中，他不但揭露了普鲁士侵略者的凶残与荒淫，也向大家揭示了法国上层人士的无耻嘴脸。

普法战争中的战争场面

⊙内容提要

普法战争期间，普鲁士

相关链接

筛壳的妇女　1845 年　库贝尔　法国

自然主义是文学艺术中的一种倾向。作为创作方法，它着重对现实生活的表面现象作记录式的写照，并企图以自然规律特别是生物学规律解释人与人类社会。作为一个文学流派，它兴起于 19 世纪下半叶至 20 世纪初，在法国兴起，后波及欧洲一些国家，并影响到文化和艺术的许多部门。自然主义的哲学基础是实证主义哲学，创始人是孔德。法国自然主义运动高潮是在 19 世纪 50 至 60 年代涌起的。代表作是福楼拜的《包法利夫人》，1858 年泰纳在《历史与批评文集》中第一个规定了文学上的自然主义的含义。19 世纪 60 年代下半叶左拉发表了一系列作品，系统地阐述了自然主义的文学观点和基本特征，即描绘客观现实生活、实验的方法等。此后自然主义在欧洲其他国家又掀起高潮。

1879 年，以左拉为首的 6 位标榜自然主义的作家在梅塘别墅聚会谈艺，形成一个引人瞩目的文艺界沙龙，莫泊桑也参与其中。他们商议各人以普法战争为题材写一篇作品，后来汇集为中短篇小说集《梅塘之夜》。在这之前，莫泊桑写出了大量的习作，但他的老师福楼拜都不让他发表，并告诫他，过早结了果的果树绝不会有盛果期的。而在这时，他写出了《羊脂球》，一向严格的福楼拜大为惊叹，并许为杰作。于是，这篇作品一问世，一个震惊欧洲的伟大短篇小说家就诞生了。

军队占领了卢昂，他们给这个城市带来了骚乱与恐怖。这时，有十名居民弄到了通行证，他们一起乘上了一辆马车，准备逃到还未被占领的哈佛港去。这十人中有暴发户、奸商“鸟先生”与他的夫人，有阴险的资本家加雷拉玛东与他漂亮的妻子，有布雷维尔伯爵夫妇，还有两个修女和一个浪荡子高尼岱，最后一个便是绰号“羊脂球”的妓女。刚开始，这些上流社会的人对羊脂球都非常鄙视，不屑一顾，然而，他们都没带食物，只好相继放下架子吃了羊脂球所带的食物。来到多特，他们住进了旅馆，普鲁士军官看了通行证，但仍极不客气。

后来，一个军官想要和羊脂球睡觉，但遭到了拒绝。于是，那位军官就不让他们出发。刚听到这个消息，大家都极为愤怒，大骂那个军官不是东西。但到了第二天，他们就迁怒于羊脂球，甚至觉得正是这个女人才害得他们待在这个危险的地方，后来他们竟商量怎样把羊脂球弄给那个军官。于是他们绞尽脑汁，暗示羊脂球为了爱国而应当献身，后来，两个修女也加入了诱劝的行列。最后，羊脂球终于答应了。

第二天他们便上路了，然而大家突然都不理羊脂球了，似乎她极肮脏。过了一会儿，大家都饿了，他们开始吃自己准备的丰盛食物，而羊脂球这次则因为慌张匆忙，什么也没有准备，但他们谁也不理她。这时，高尼岱吹起口哨来，那是《马赛曲》的调子，这使得那些道貌岸然的人很不舒服，但又毫无办法。他就这样一遍又一遍地吹下去，中间不时送出一阵羊脂球抑制不住的哭声。

⊙作品评价

福楼拜对莫泊桑的创作有着巨大而深刻的影响，其中最为重要的就是他反复向莫泊桑强调灌输的“一字法”。他告诫莫泊桑说：“无论你所要讲的东西是什么，真正能够表现它的句子只有一句，真正适用的动词和形容词也只有一个，就是那最准确的一句、一个动词和形容词……而你必须把唯一的句子、唯一的动词、唯一的形容词找出来。”莫泊桑的这部作品就是在这种艰苦的文学劳作下产生的，虽然翻译会使这种味道损失一部分，但我们认真阅读，还是能体会到他用词的精准与传神。

□复活

/俄国/托尔斯泰/“心灵净化”的文学杰作

⊙背景提示

《复活》是托尔斯泰晚年的作品，写于 1889 ~ 1899 年。这篇小说集中体现了他转变后的世界观与矛盾。小说的素材来自一件真人真事，他最初的构思是写一本以忏悔为主题的道德教诲小说。然而，初稿写成以后，他颇不满意，他在 1895 年 11 月 5 日的日记中写道：“刚去散步，忽然明白了我的《复活》写不出来的原因……必须从农民的生活写起，他们是对象，是正面的，而其他的则是阴影，是反面的东西。”在十年的创作过程中，作者六易其稿，不断修改，扩大和深化主题思想，逐渐转向揭露社会问题；小说的篇幅也逐渐扩展，由中篇转为长篇，最后终于写成了一部长篇巨著。这部巨著体现了深刻而丰富的社会内容和鲜明的批判倾向。

⊙内容提要

玛丝洛娃是农奴的私生女，三岁时就成了孤儿，被一个地主太太收养了，有了半婢女半养女的身份。她天真活泼，青春美丽，从小生活在乡下，长着一双羔羊般的眼睛，她本可以在乡下过一种虽说贫穷但很安稳的生活，但后来的一件事改变了她的一生。地主太太的侄子聂赫留朵夫来到乡下，他是一位贵族青年，被玛丝洛娃那种充满生气的美吸引住了，玛丝洛娃也爱上了聂赫留朵夫。他们悄悄地在山野中漫步，聂赫留朵夫对玛丝洛娃许下了许多甜蜜的诺言，答应带她回城里，并永远爱她。后来玛丝洛娃怀孕了，而聂赫留朵夫却一去不回。地主太太发现玛丝洛娃怀孕了，坚决要赶她走，玛丝洛娃苦苦哀求，但最终还是被赶了出来。

她无亲无故，无依无靠，无家可归，生活非常孤苦。在乡下时毕竟是位养女，生活稳定而且不必从事太辛苦的工作。所以，一些工场、作坊里的艰苦劳动已不适合她，去一些有钱人家当佣人，又经常遭到主人的逼迫奸污，而且还要照顾孩子，被逼无奈，终于沦为妓女，在痛苦的深渊里挣扎了八年。即使这样仍被人冤枉，诬告她杀了人。在法庭审判时玛丝洛娃遇到了她少年时的情人，但她根本没认出他来，只聂赫留朵夫认出了她。此时的聂赫留朵夫是陪审团成员，他也许良心发现，积极地为玛丝洛娃的悲惨遭遇奔走；法庭上诉失败后他又陪玛丝洛娃去了西伯利亚，他的行为终于感动了玛丝洛娃，使她重新爱上了他。但是为了不损害他的名誉地位，她最终拒绝和他结婚而同一个革命者结了婚。这样，聂赫留朵夫和玛丝洛娃都达到了精神上和道德上的“复活”。

⊙作品评价

《复活》的情节是单线发展，可是包含着丰富的社会内容。作者沿着玛丝洛娃蒙冤下狱并被流放、聂赫留朵夫为她奔走上诉以及陪同她前往西伯利亚这条线索，以描写男女主人公的遭遇及其所处的社会环境为主，从城市到乡村、从首都到外省、从政府的办公厅到省长官邸、从贵族的厅堂到农民的茅舍、从剧院的包厢到三等客车车厢、从警察局到停尸房等各个角落，广阔而深入地反映了沙皇俄国的面貌。小说以大量的篇幅揭露俄国专制制度下法庭、监狱和政府机关的黑暗，暴露了官吏的残暴和法律的反动；而且撕下了官办教会的“慈善”面纱，暴露了神甫麻痹人们的骗局，比过去的其他作品更深刻地揭露了农民贫困的根源。

□德伯家的苔丝 /英国/哈代/自然主义的杰作

⊙作者简介

哈代像

哈代（1840 ~ 1928 年），19 世纪末英国杰出的批判现实主义大师。他年轻时博览群书，一心想成为一个诗人。但是作为伦敦一位建筑师的助手，他学习和从事的是建筑，还获得过一次设计奖。他的小说结构的匀称和充实，恐怕多少要归功于他在建筑学上的训练。他用了 5 年的时间，勤奋地写作诗歌，但在 27 岁时，毅然转向小说。两年后，他的第一篇短篇小说虽被采纳，但在梅雷迪斯的劝导下，他决定不发表。他的第一部小说《计出无奈》于 1871 年问世。在此后的 25 年里，他发表了 14 部小说和 2 本短篇小说集。《绿林荫下》（1872）是他“在艺术上的精致完美所达到的最高峰”。《远离尘嚣》（1874）是他的第一部受到欢迎的成功之作。此后还发表了《还乡》、名作《德伯家的苔丝》和《无名的裘德》。一直到他 58 岁时他的第一部诗集才出版，64 岁时，他的巨著、史诗剧《列王》第一部震动了文坛。

⊙背景提示

《德伯家的苔丝》这篇小说描写了一个被侮辱的乡村姑娘苔丝的悲惨遭遇。苔丝是一个想凭自己的双手劳动谋生、追求个人起码幸福权利的淳朴姑娘，可是，社会的强权势力连这样的弱女子也没能放过，最终酿成了她的悲剧。小说具体生动地描写了 19 世纪末资本主义侵入英国农村后小农经济解体以及个体农民走向贫困和破产的痛苦过程，其强烈的反宗教、反封建道德、反资产阶级法律的倾向，在当时尽管遭到了英国上流社会的反对，但却得到了广大读者的喜爱。该小说一发表，很快就被译成多种文字，还多次被搬上荧屏，给哈代带来了世界声誉。

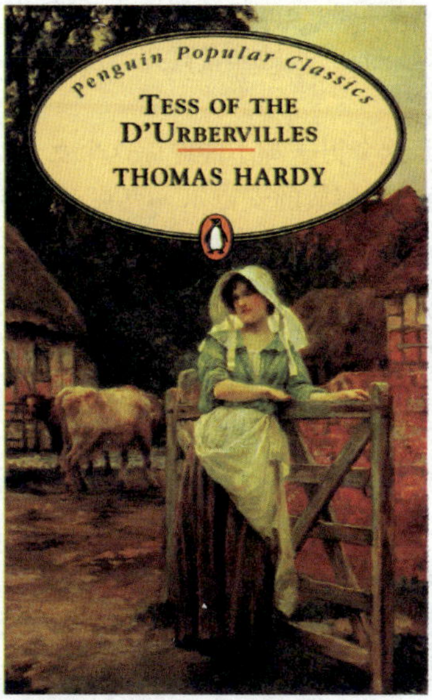

小说《德伯家的苔丝》封面

⊙内容提要

“约翰爵士”这样的称呼使马洛特村小贩约翰·德比菲尔感到莫名其妙，但当他得知自己实际上是贵族德伯家的嫡系后裔时，顿时变得趾高气扬起来。他的妻子琼是一个健壮、浅薄的女人，也是孩子们随和的母亲。当她一听说自己高贵的地位时，便立刻想入非非，暗自打算为她的年轻漂亮的女儿找一个显赫、门当户对的婆家。为了达到这个目的，她花言巧语地说服女儿苔丝到同宗的一个暴发户家去找工作。

于是，这个天真单纯的女孩子一心一意地想望改变她的家庭破落的命运，便成为一个冒牌贵族的瞎老婆子的家禽看养人，并最终成为瞎老婆子的那个年轻、放荡的流氓儿子亚历克的牺牲品。不久，这个幻想破灭的少女回到了马洛特村，阴郁地单独生活着，直到她那幼小干瘦的婴儿死去。

但是，通过几年痛苦的内心反省，苔丝决定再次离家，来到塔布塞斯当牛奶场女工。这是大牛奶场山谷里的一个肥沃的大农场。这里也有一个年轻人，他名叫安吉尔·克莱，是一位

名家点评

艾弗·艾文斯在《英国文学简史》中说："人们看他（哈代）的小说，最终的印象是一个邪恶的命运在人们的生活中起作用，毁坏他们幸福的各种可能性，并将他们引向悲剧的结局。"

英国文学的研究者指出："哈代突破了19世纪维多利亚主义的窠臼，努力用一种更高的概括来表现近代资本主义条件下人们对生活的感受，他回到了异教主义的悲剧观，与现代主义精神息息相通，成了英国小说中现代主义的一个先驱。"

自然主义杰作《德伯家的苔丝》被搬上银幕，导演波兰斯基在其中全力模仿自然主义画家米勒的艺术风格。

严厉而热情的守旧派牧师的小儿子。安吉尔·克莱使他的父亲十分失望，先是他不信奉国教的观点，后来又顾虑重重，不愿意当牧师。所以现在，他在成为乡绅的过程中，对各种农场进行专门研究。他有教养，有理想，富有同情心，在苔丝看来，他是像神一样的人。虽然她曾发誓不嫁，但是由于工作上不得不和他接近，他们逐渐亲密了起来，苔丝终于坠入情网。

苔丝心里有鬼，但现在却变得模糊了，直到爱情真挚的表白才使她清醒地意识到她在这个男人的世界里所处的境遇。但是她每次往后退缩都在克莱的温情坚持下失败了；她所有想表白的企图都被轻轻地阻止了。最后，在她勉强订下的婚期前的那个礼拜里，她下决心写了一封四页长的自白信，慌慌张张地塞进他的门下。谁知这封信像捉弄人似的被塞到了地毯下面去了，直到举行婚礼的清晨，苔丝突然产生一种直觉，发现了信的所在，因为已经晚了，她就将它撕了。苔丝和安吉尔坐进一辆大马车时代笨重的老古董（老德伯家族罪孽传说的象征）里，来到了教堂。在他们最后离去时，一只白公鸡啼了三次。"下午的鸡啼"，牛奶场的人们都为这个凶兆直摇头。

克莱既讲究实际又充满了浪漫之情，把他的可爱的新娘带到一间旧的农舍里。这里是古老的德伯宅邸的弃屋，位于一家标准的磨坊附近。在灼热的炉火前，新郎怀着敬慕的心情紧紧握着妻子的手，叙说他曾与一个淫妇鬼混过48小时的越轨行为。他满怀信心地恳求她的宽恕，她非常高兴地应允了，并在心里升起一线真正的希望之光，说出了自己悲痛的经历。

一个是成年男子放荡的行径，一个是无知少女天真的受骗！然而这个男子却不能原谅这个女子！父辈严峻的法规，不公平的社会制度，把他牢牢地控制住了。宣扬人类解放的安吉尔·克莱不复存在了。一连几天，他们过着貌合神离的生活。苔丝唯一的愿望就是要取悦她所崇拜的人，从而默许了他的态度。苔丝第一次对这种不公平的遭遇作了猛烈的发泄以后，也就没有再做任何努力，来为自己开脱辩解。她不再是思想纯洁、天真无邪的农家少女，而是堕落家族的残渣余孽。他们决定分手，至少是暂时地，克莱悻悻远去，苔丝又悄悄地回到家里。琼先是痛骂女儿愚蠢，不听从她不可泄露秘密的一再告诫，然后又采取听天由命、漫不经心的态度来对待这件事。但父亲在一次酒后的刺耳话语中说了一些有关家世过分骄矜的话，使苔丝傲然离开了家。她把自己一半的生活费留给父母，并告诉他们她要去找丈夫团聚。

然而苔丝下定决心，无论如何也不去克莱家求助。夏天，她很容易在农场找到工作；可是冬天一来，加上她给家里过多的生活费，她面临贫困艰难的处境。一天又一天，她漫无目标地流浪，最后来到一个白垩高地，在一大片死气沉沉的荒地上，她找到了最低下的、最艰苦的活。雇主是一个苛刻粗暴的乡下佬，他怀着旧有的怨恨，对苔丝非常憎恶，这给苔丝更增添了十倍的困难。

一个口出狂言者得意洋洋地骂一仓房的庄稼汉万劫不复的声音使苔丝在仓房门口停了一会儿。那里麦包垒成的平台上站着亚历克·德伯，他留着假装神圣的络腮胡子，穿着半牧师式的黑服。他的兽欲变成狂热，转来转去的眼睛现在闪烁着十分正直的光芒。当她走到小路上时，他尾随而至，乞求她的宽恕，并答应给予补偿。苔丝一次又一次的严辞拒绝未能制止亚历克，他整天缠住苔丝，先是用结婚证书和神圣的誓言来说服她。接着，苔丝动人的美丽使他控制不住，又燃起了旧情。他新披的宗教外衣掉下来了，改恶从善的决心化为乌有。他用尽各种伎俩诱惑苔丝。可怜的绝望的苔丝，因为她的神经受过分劳累的折磨已近于麻木，一心鄙视这个男人，没有完全意识到自己处境的危险。最后，父亲的去世，全家被逐出家门，这件事终于决定了苔丝的命运。作为对无依无靠的母亲和妹妹们的最后无可挽救的补偿，她屈服了，以平静地听天由命的心情，走上了不可避免的道路，亲手杀死了亚历克。

被疾病和悔恨折磨得衰弱不堪的克莱来到桑德邦这块风光明媚的海滨胜地，寻找他失去的新娘。他终于理解到她那无边的爱和这悲惨的婚约给她带来的是什么。他张开了温柔的保护之臂。他们像两个孩子一样一同漫游在人迹未曾到过的道路上，完全忘记了世界和它的惩罚。

一连五天，他们处在这种牧歌一般的生活状态中。第六天晚上，在史前巨石群中的古代异教徒的太阳神神庙的著名废墟中，苔丝半开玩笑地说要在那里求庇护。黎明时，法律的卫士们来到了，银色的地平线上朦胧出现了他们的黑影。几个法警形成一个残酷无情的包围圈，等待着初升的阳光，这残忍地使人想到往昔的献祭日，现在完全落在又一个牺牲品的身上，被所有的天神遗弃了的苔丝醒了。她平静地面对着追捕者。“我准备好了。”她说。

八下金属的敲击声在清晨的空气中颤抖，附近小山上的一个精神恍惚的人木然凝视着一座建筑物的一间阴沉的牢房上的旗杆。对安吉尔来说，关押苔丝的监牢，在这个生死攸关的时刻，具有非常的、意义重大的吸引力。一面黑色的方旗缓缓无声地爬上了旗杆，在早晨的天空中冷飕飕地颤抖。受犯罪者的伤害更甚于自己犯罪的苔丝被处以极刑。

⊙作品评价

《苔丝》的副题是“一个纯洁的女人”，鲜明地表达了作者同情女主人公的人道主义立场，同时也是对资产阶级道德的一个大胆挑战。哈代还引用莎士比亚的一句话作为本书的题辞：“可怜你这受了伤的名字！我的胸膛就是一张床，要给你疗养。”苔丝是作者处处加以维护并塑造得十分成功的艺术形象。他赋予苔丝以劳动妇女的一切美好品质。坚强、勤劳而富于反抗性，是她性格上的主要特征。自食其力的尊严感和意志使她在困难和磨难面前表现出无比坚强而多次“绝处逢生”。她对资产阶级社会及其虚伪的道德充满憎恶，并不断与它作斗争。她不慕虚荣，不稀罕贵族出身的祖先，坚持要用农民的姓。她对克莱的爱是真诚的、高尚的。苔丝对宗教的反抗也表现得大胆而坚决。当然，作者一方面认为苔丝是社会的牺牲品，因而他痛恨那个社会，揭露那个社会，同情女主人公；另一方面，他又认为苔丝是命运的牺牲品，进行反抗也是枉然，因而安排了她那样的结局。

苔丝也曾如画中女主角一样，为了心中的理想，在农场辛勤劳作。

福尔摩斯探案集

/ 英国 / 柯南道尔 / 侦探小说的最高峰

⊙作者简介

柯南道尔（1859 ~ 1930 年），英国杰出的侦探小说家、剧作家，出生于苏格兰爱丁堡附近的毕卡第·普拉斯。柯南道尔青少年时期在教会学校读书，后来在爱丁堡大学攻读医学，于 1881 年取得医师资格，1885 年获医学博士学位。他行医 10 余年，收入仅能维持生活。因急于增加收入，改行写小说。开始不甚得法，后来受了法国小说家加波儒与爱伦·坡的影响，决心试写不落前人窠臼的侦探小说。1886 年 4 月，他写成福尔摩斯的第一个侦探故事《血字的研究》，几经退稿才发表。1890 年《四签名》发表，从此闻名于世。1891 年弃医从文，专门从事侦探小说创作。从 1891 年 7 月开始，《波希米亚丑闻》等 12 个福尔摩斯侦探故事，陆续在《海滨杂志》上发表，于 1892 年汇编成《冒险史》发表。1892 年底，以《银色马》开始的 12 个福尔摩斯侦探故事陆续发表，1894 年，这 12 个故事汇编成《回忆录》出版。1894 年决定停止写侦探小说，在《最后一案》中让福尔摩斯在激流中死去。不料广大读者对此愤慨，提出抗议。柯南道尔只得在《空屋》中让福尔摩斯死里逃生，又写出《巴斯克维尔的猎犬》、《归来记》、《恐怖谷》等侦探小说。1902 年，因为英国南非政策辩护而受封爵位。

柯南道尔像

⊙背景提示

柯南道尔为书中的主人公取名时，想到英国板球家和另一位著名美国作家，都叫福尔摩斯，便替他的侦探取名为歇洛克·福尔摩斯。而作为故事叙述者的华生博士，则取名自其友人詹姆斯·华生博士。事实上，福尔摩斯脱胎自一位真实人物，这位特殊的人物，就是柯南道尔在爱丁堡大学学医时的一位教授约瑟夫·贝尔。柯南道尔年轻时，曾是贝尔医生的学生助教。贝尔教授对于人物和事件的卓越观察力和神奇的推理能力活脱就是福尔摩斯的化身，这一点深深地影响了柯南道尔。他在作品中同样也赋予福尔摩斯以解剖刀式的眼光和超凡的逻辑推理能力，以至于事隔多年之后，英国皇家化学学会还宣布追认这个虚拟的侦探小说人物福尔摩斯为荣誉会员。

⊙内容提要

福尔摩斯的故事由多个系列组成，但研究者还是从这些故事中归纳出福尔摩斯的个人经历：他出生于 1854 年，有一兄麦克罗夫，双亲不详，祖母是法国人，因为她的父母均为画家，所以福尔摩斯继承了这种艺术家的气质，他的侦探在某种程度上也是这种才能的异化。福尔摩斯曾经在贵族式的私立公学读书。他在牛津或剑桥大学学习，专攻化学，不喜欢交际，也不热衷一般的运动，但精于击剑和拳击。大学期间曾受同学之父的影响，决心以侦探为业。毕业前，其分析和推理能力已经在同学中开始出名。1875 年大学毕业，两年后在伦敦大英博物馆附近的蒙塔古街开设侦探事务所，接办由同学介绍的案件。25 岁时，由于侦破马斯格雷夫典礼案而崭露头角。1877 年认识华生，并合租贝克街寓所。福尔摩斯向苏格兰场的雷斯垂德和葛莱森介绍华生，此二人在福尔摩斯探案中经常出现，福尔摩斯虽然调侃这些官方的警探，但又总是将破案归功于他们。此后华生即作为福尔摩斯的拍档和传记作者出现。

1889 年福尔摩斯 35 岁时，华生与《四签名》中的摩斯坦小姐结婚，随即搬离贝克街，但仍与福尔摩斯保持密切联系。1891年，两人一同在欧洲大陆漫游，在瑞士的莱辛巴赫瀑布与伦敦罪恶大王莫里亚克教授搏斗。为躲避莫里亚克余党的纠缠，福尔摩斯埋名隐姓浪游海外，足迹所至，包括中国的西藏、阿拉伯半岛和苏丹，后来又到法国南部研究化学。1894年，福尔摩斯40岁时重出江湖，回到贝克街寓所。此后福尔摩斯的事业又出现了新的高潮，迭破大案奇案，名声远播欧洲大陆和北美。第一次世界大战前夕，还曾受英国政府之邀，破获德国间谍案。此后正式退休，并且不知所终。

1902年发行的《巴斯克维尔家的猎犬》
任何福尔摩斯迷都深刻记得，在1893年的小说《最后的冒险》中，这位举世无双的大侦探在瑞士的赖兴巴赫瀑布跌入深潭而死。但是直到20世纪初，柯南道尔才开始相信，这样杀他笔下的英雄的确太草率了。之后他写了《巴斯克维尔家的猎犬》，巧妙地使福尔摩斯起死回生。

福尔摩斯的探案故事很多，下面简要介绍几个有趣的故事：

《信鸽之迷》：莱斯特雷德警长发现多佛尔附近的一个养鸽人经常和法国加莱的一个鸽迷利用信鸽传递信息，他怀疑他们正在进行违法勾当，便邀请大名鼎鼎的福尔摩斯协助破案。福尔摩斯从每次放飞鸽子的数量中猜出他们可能正在进行一项走私活动。他亲自打下一只信鸽，对这些可能存在的证物进行仔细的检查。最后，他发现拴在信鸽身上的圆筒实际上就是他们要走私的黄金，而那些信件则隐含了这种交易的种种信息。

《巴斯克维尔的猎犬》：查尔斯爵士不幸在一个沼泽地中被袭身亡，人们都以为这是该家族传说中的“魔鬼猎犬”所为。因为查尔斯爵士无子，于是其继承人便落在二弟的儿子亨利爵士身上。福尔摩斯请华生陪同亨利一起前去调查，自己则偷偷地潜进这块沼泽地中并发现了隐藏猎犬的矿井废墟。最后，他发现原来查尔斯爵士家的邻居斯台普吞竟是其三弟在海外生下的私生子。为了谋夺查尔斯爵士的财产，斯台普吞企图利用古老的传说豢养猎犬杀害查尔斯爵士和其继承人，然后让自己以合法的身份来继承这一切。正当他决定对亨利痛下杀手时，福尔摩斯突然出现，用手枪结果了猎犬的性命，并将凶手赶进了预先为他人设置的沼泽坟墓。

⊙作品评价

在世界文学史上，福尔摩斯的形象独一无二。这个清瘦的高个子苏格兰人，身披大氅，嘴衔烟斗，鹰鼻而目光锐利，手执司迪克，行动敏捷，出没在伦敦的码头或英格兰乡下夜雾笼罩的古堡，要么就在贝克街的寓所做化学实验或拉小提琴自娱。他的推理能力和破案能力高强，不仅使苏格兰的警探们甘拜下风，整个欧洲和北美洲的罪犯更对他闻风丧胆。在他身边是永远忠心耿耿的华生医生。他们两人的探案故事之所以能够如此吸引广大的读者，主要是因为作者善于制造悬念和紧张曲折的故事情节，让读者在阅读的过程中不知不觉地被小说所设置的惊险情节吸引，跟着主人公不断地寻求最终的答案，乃至没有结果誓不罢休。同时，福尔摩斯的高超本领并不是无中生有，也要经过不断地学习和研究，根据事物发展的内在逻辑去研判，因此读者很容易便相信福尔摩斯是社会现实中的一员。这是福尔摩斯探案故事能够吸引读者的内在文本因素。

此外，福尔摩斯探案的各种细节也在某种程度上反映了当时英国社会的现实状况，其中对于社会伦理道德的揭露很符合一般读者的阅读心理。而福尔摩斯的故事最终宣扬的都是善有善报、恶有恶报之类的思想，客观上也对种种犯罪问题和各种不人道、不道德的行为进行了间接的批判。这种论调很容易引起读者的共鸣，使得人们对于福尔摩斯这一具有正面人物形象的破案专家极为崇拜。这也是福尔摩斯探案故事之所以能够吸引读者的社会意义所在。

梦的解析

/奥地利/西格蒙特·弗洛伊德/人类精神分析的奠基之作

⊙作者简介

西格蒙特·弗洛伊德（1856 ~ 1939 年）是奥地利精神病医生、精神分析学派的开山祖师。弗洛伊德于 1856 年出生于捷克的弗莱堡，其父是一个做羊毛生意的犹太商人，4 岁时，全家迁往维也纳，1873 年，17 岁的弗洛伊德进入维也纳大学学习医学。1861 年成为精神病学医生，此后不久开始从事精神分析研究。1885 年到 1886 年间，先去巴黎向当时著名精神病专家沙可学习，后赴南锡参观催眠疗法。回到维也纳后，弗洛伊德认识到催眠疗法的局限性，1895 年后改用自己独创的精神分析法以挖掘患者遗忘了的观点和欲望。1895 年，与布罗伊尔合作发表《歇斯底里研究》。1896 年弗洛伊德正式提出了精神分析的观念并创立了他的以潜意识为基本内容的精神分析理论。1908 年创办了维也纳精神分析学会，1910 年发展为国际精神分析学会。1909 年弗洛伊德应美国克拉克大学校长、著名心理学家霍尔的邀请，赴美国参加该校 20 周年校庆纪念，发表了以精神分析的起源和发展为主题的演讲，在美国掀起了巨大的波澜，1910 年以后，美国报纸充满了论述弗洛伊德的文章。1930 年弗洛伊德被授予歌德奖金，1936 年 80 寿辰时，荣任英国皇家学会会员。纳粹德国 1938 年侵占了奥地利，大肆反犹，弗洛伊德作为犹太人在纳粹分子的威迫下，被迫离开维也纳去了伦敦。1939 年 9 月 23 日死于伦敦，享年 83 岁。他的主要著作有：《歇斯底里研究》、《日常生活的精神分析》、《精神分析论》、《梦的解析》、《文明与其缺陷》等。

弗洛伊德像

⊙背景提示

弗洛伊德在写此书前，不仅有了充分的思想准备，而且已搜集了大量资料。1896 年和 1897 年，他已经在维也纳犹太学术厅作了有关梦的演讲。1896 年 10 月，其父亲去世，促使他在先前的理论研究和医疗实践的基础上，开始进行自我分析，可以这样说，他父亲的去世是促使他进行自我分析的主要原因。

⊙内容提要

《梦的解析》第一次告诉曾经无知和充满疑惑的人们：梦是一个人与自己内心的真实对话，是自己向自己学习的过程，是另外一次与你息息相关的人生。当你在最隐秘的梦境，你所看见、所感觉到的一切，你的呼吸、眼泪、痛苦以及欢乐，都并不是没有意义的。弗洛伊德在本书中还认为人在清醒的意识下面，还有一个潜在的心理活动在进行着，这种观点就是著名的潜意识论。全书分 7 章，其主要内容如下：

第一章为 1900 年以前有关梦的研究。着重介绍了关于梦的问题的文献资料，详尽地叙述了前人和当代人（与弗洛伊德同时代的）的有关梦的理论。1900 年以前，有关梦的经典理论都认为，梦是以象征的方式，表明已经发生或正在发生或将要发生的事物。弗洛伊德不同意这种理论，他认为，梦是做梦人在不清醒状态时的精神

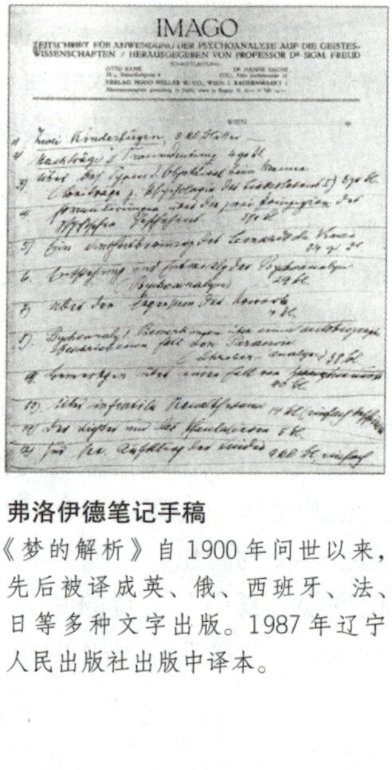

弗洛伊德笔记手稿

《梦的解析》自 1900 年问世以来，先后被译成英、俄、西班牙、法、日等多种文字出版。1987 年辽宁人民出版社出版中译本。

活动的延续，梦的内容多数是最近的以及孩提时代的资料。只要是外界给神经的刺激和肉体内部的刺激的强度足以引起心灵的注意，即可构成产生梦的出发点和梦的资料的核心，并按照“复现的原则”，使某种心灵上的印象得到重视。

第二章为梦的解析方法。这一章主要介绍了对一个具体的梦的分析方法、步骤和注意要点，并且着重分析了一个名叫伊玛的人关于打针的梦。一个人无法把整个梦的内容作为集中注意的对象，只能就每个小部分梦的内容进行一一解释。同样的一个梦对不同的人、不同的关联将有不同的意义。弗洛伊德认为，梦是一大堆心理元素的堆砌物。

施温德的《囚犯之梦》刻画了在狱中的囚犯因不能出狱而只能通过幻想来满足自己的情景，弗洛伊德视之为“欲望实现”。

第三章为梦是愿望的达成。在这一部分中，弗洛伊德提出了他关于梦是人欲望满足的学说：梦在一定程度上满足了本能欲望，缓和了冲动；又不唤起检查机制的警觉，从而保护了睡眠。弗洛伊德以梦是人主观心灵的动作这一前提出发，肯定所有的梦都是以自我为中心并都与自我有关，即使自己不在梦里出现，那只是利用“自居作用”隐藏在他人的背后。从每一个梦中，都可以找到梦者所爱的自我，并且都表现着自我的愿望。

第四章为梦的改装或梦的伪装。弗洛伊德认为，潜意识中的本能冲动（性欲冲动）趁人睡眠时以伪装的方式骗过了所有松懈的心理检查机制而得以表现，就构成了梦境。愉快的、欢乐的、幸福的梦是欲望的达成；不愉快的甚至痛苦的、悲惨的梦都不外乎是欲望的一种“变相的改装”。梦是一种被压抑的、被抑制的欲望经过改装的满足。为了说明梦的变相改装，弗洛伊德提出了两种科学假设:第一个是在梦中表现出欲望的内容，而第二个却扮演着检查者的角色，而形成了梦的“改装”。

第五章为梦的材料与来源。本章介绍了梦中的最近印象以及无甚关系的印象，如孩提时期经验形成梦的来源，一些典型的梦，诸如尴尬的裸体的梦、亲友之死的梦、考试的梦等。弗洛伊德把梦中所叙述的事物称作“梦的外显内容”；把他认为体现着欲望，而只能通过意念的分析才能达到的隐藏的东西，称为“梦的内隐的思想”。梦的来源有四种可能：一是它也许在白天即受到了刺激，不过却因为外在的理由无法满足；二是也许源于白天，但却遭受排斥；三是也许和白天全然无关，它是一些受到潜抑制，并且只有在夜间才有活动的愿望;四是晚间随时产生的欲望冲动（比如口渴或性的要求等）。

第六章为梦的运作或梦的工作。梦境有显梦和隐梦两个层次，显梦是梦的表面情节，其内容可以回忆起来；隐梦则是要通过显梦表现的本能欲望。隐梦转换成显梦是靠梦的运作机制。这一章是篇幅最长的，着重介绍了梦的凝缩作用、梦的转移作用、梦的表现发生方式、梦材料的表现力、梦的象征、梦中的感情和梦中的理智活动，以及一些荒谬的梦、算术及演说的梦等等。梦的表现形式于运作机制主要反映在以下 4 个方面：一是凝缩；二是移置；三是象征；四是“二次校正”。

第七章为梦的程序的心理。这一章为总结性理论部分，也是本书最晦涩、最抽象的一个部分。它依次分析了梦的遗忘、愿望达成，由梦中惊醒到梦的功能和焦虑的梦，原本的与续发的步骤——潜抑制、潜意识与意识的现实等现象和理论。

⊙作品评价

《梦的解析》是弗洛伊德的代表作，也是精神分析的奠基作，同时也可以被看作是 20 世纪人文社会科学最重要的经典之作，曾被西方许多学者看作是一本震撼世界的书。这部著作不只解析了梦，更重要的是阐述了弗洛伊德心理学理论基础。解释了心理疾病的发病原理，解释了人们日常生活中各种心理行为，这对医学有深远的影响。

存在与虚无

/法国/让—保罗·萨特/存在主义哲学的经典著作

让—保罗·萨特像

⊙作者简介

让—保罗·萨特（1905 ~ 1980年），当代法国存在主义的重要代表人物，哲学家、文学家和社会活动家。萨特出生于巴黎，父亲是海军军官，一岁丧父成为孤儿，由外祖父沙利·施魏茅尔抚养。萨特聪慧早熟，自小学业优秀。1929年毕业于名人辈出的巴黎高等师范学校。1933年，他作为官费生去德国进修，在柏林法兰西研究所研究德国现代哲学，着重钻研了海德格尔和胡塞尔的学说，开始形成无神论存在主义思想。希特勒上台以后，德国对其采取敌视态度。1935年他回到巴黎，在孔多塞高级中学教哲学。二战爆发，萨特应征入伍，次年被德国俘虏，在俘虏营中学习写剧本，并为难友们作曲和导演戏剧。1941年被释后，回到巴黎，以一个新闻记者的身份参加了反对纳粹占领的抵抗运动。1955年秋他访问了中国。20世纪60年代他反对美国入侵古巴等事件。1964年，一贯拒绝官方荣誉的萨特被授予诺贝尔文学奖，但他仍拒绝。1968年5月，巴黎学生造反，他又参加活动并担任《人民事业》、《解放》两报的主编，甚至亲自到街头卖报 。1974年出版《造反有理》一书。1980年，逝世于巴黎。萨特的哲学著作主要有《存在和虚无》、《存在主义是一种人道主义》、《辨证理性批判》，文学作品主要有《恶心》、《苍蝇》、《自由之路》、《可敬的妓女》、《肮脏的手》、《魔鬼与上帝》。

⊙背景提示

纳粹占领德国后，实际政治活动已经没有意义，小说写了也不能发表，萨特相对他的哲学思考做一个总结，以一本书的形式表现出来。1939年萨特应征入伍时，就计划写这本书，他做了大量笔记，勾勒出大致框架，被俘后，他仍继续着哲学思考，写了一些篇章，当时德国人问他要什么，他答道：“海德格尔”。于是他得到了《存在与时间》这本书，这是他当时唯一有的哲学参考书。回巴黎后，在1941年秋又开始写作，到1943年初完成。

⊙内容提要

《存在与虚无》经过十年的探索，两年撰写才出版。全书共分五个部分：导言“对存在的探索”；第一卷“虚无的问题”；第二卷“自由的存在”；第三卷“为他”；第四卷“拥有、作为和存在”。此书系统和集中地反映了萨特的本体论和伦理学思想。概而言之，此书主要阐述四个问题：

一、存在先于本质。萨特认为，意识是“自为的存在”，意识之外，有一个独立的“自在的存在”。“自在的存在”是指标志外部世界、物质的范畴，它是纯粹地、无条件地存在，它自己没有意义，没有本质，没有价值，是绝对偶然的，荒谬的。它是既成的、僵硬的，

精彩语段

人是自由的，人就是自由。

人不是别的，只是他自己所造就的东西。这就是存在主义的第一原理。

人是被判了自由这样一种徒刑。

相关链接

《存在与虚无》等作品发表后受到“左”和“右”的种种指责，作为回应，1964年，萨特写成了《存在主义是一种人道主义》，进一步简要地阐述了存在主义的基本思想。人们指责存在主义是一种悲观主义哲学，指责存在主义突出人类外境的阴暗面，否认人类事业的真实性与严肃性。萨特认为这些指责毫无依据，相反存在主义为人类打开选择的可能，他强调存在主义的人道主义就是从人的存在出发，认为人在不断超越自己，人的未来由自己造就，人是可以自由选择的。人是自由的，人就是自由。

与自身绝对等同，而且是不透明的，厚实，超于生成变化之外，不从属于时间。“自为的存在”是标志人的意识或人的现实的范畴，萨特又称其为“人的实在”。自为是虚无的，是面对自我在场，自为的存在是积极的、能动的，是否定的，生成变化的，它超越既存、投向未来，是虚无的。“人不是别的，只是他自己所造就的东西。这就是存在主义的第一原理。”因此，“人是什么”（本质）的说明只能在人出现（存在）之后，即“存在先于本质”。

1970年让—保罗·萨特（中）走出书斋参加一些他认为革命的活动，照片中他正在“用行动来承担义务而不是言词”的口号下，出售左派报纸《人民的理由》。

二、人是绝对自由的。自为的存在不断追求和趋向使自为不断地超越，否定自己和世界，不断地赋予自己和世界以新的价值和意义。正是这种“悬而未决”的性质决定了自为（人）永远是绝对自由的，人可以自由地行动，自由地选择，自由地决定自己的本质。人的绝对自由还表现在对自己的过去和对他人的自由优先性上，过去和他人只是因为我的自由才会具有意义。死亡也没有限制自由，虽然死亡把人的存在变成曾经所是，而达到它的本质规定的极限，但死亡逃离了自由的权利，在人的主观范围没有任何独立地位，对人的自由不发生内在作用。

三、人的选择、行动和职责。周围世界是人们无法逃避的东西，人注定要遇到这个世界和这个环境，并在其中进行活动的选择。自由是人的自为向自在的超越活动，因此自由就意味着一种负担，意味着对这个世界的承诺和责任。自由的职责就是对自己的创造、对世界的改革，即把世界划归为己的过程中将自身的缺乏不断地充实起来。因此世界不存在上帝，没有目的性和必然性，也没有命令，而人是主动的、行动的、自由的，人的唯一希望就是在他的行动之内。

四、人的烦恼和孤独。萨特认为，当人在毫无先定的伦理规范和价值标准的情况下选择的时候，当人考虑他自己的选择同时是“为全人类作决定”的时候，他必定会感到烦恼和恐惧。人在被判是为自己的同时必然也被判定是烦恼的。自由不仅引起烦恼，而且还会引起孤独。因为人是绝对自由的，世界上没有任何东西帮助他，他自己还要承担选择的全部责任，因而会感到孤立无援。人因烦恼而倍感孤独，孤独则又是烦恼的强化剂。人的现实就是一个不能超越不幸状态的不幸意识。

⊙作品评价

在萨特以前，很多著名的哲学家，包括克尔凯郭尔、雅斯贝尔斯、海德格尔等都曾探讨过存在问题，但只是在《存在与虚无》发表以后，存在主义哲学的影响才逐渐扩大开来。虽然萨特本人并不喜欢“存在主义者”这个标签，但他却以其《存在与虚无》而被作为存在主义哲学的重要人物而载入史册。至于存在主义的影响，因为尚在实践中，暂不宜作评论。

吉檀迦利

/印度/泰戈尔/具有浓厚宗教色彩的浪漫主义诗歌集

泰戈尔是获得诺贝尔文学奖的第一个东方作家，被尊为印度"诗圣"。除了抒情诗和戏剧创作外，泰戈尔还谱写了2000多首歌曲。

⊙作者简介

罗宾德拉纳特·泰戈尔（1861～1941年），印度著名的诗人、小说家、艺术家、社会活动家。生于加尔各答市一个具有深厚文化教养的家庭，属于婆罗门种姓，父亲是著名的宗教改革家和社会活动家，六个哥哥也均献身于社会改革和文艺复兴运动。泰戈尔没有受过多少正规教育，学问主要是靠家庭聘用教师的严格教育和自学获得。但童年时代即展露才华，14岁即发表第一首长诗《野花》。1878年去英国学法律，后转入伦敦大学攻读英国文学。1880年回国，同年成为职业作家。此后创办过一所学校，并参加过反英人民运动。1913年，以宗教抒情诗集《吉檀迦利》荣膺诺贝尔文学奖。1915年结识甘地。曾先后访问过许多国家，并曾两次到中国访问。1941年8月7日，泰戈尔于加尔各答祖宅去世。

泰戈尔一生共创作了2000多首诗歌，50多部诗集，12部中、长篇小说，100余篇短篇小说，20余种戏剧，还有大量有关文学、哲学、政治的论著和游记、书简等。其重要诗作有诗集《故事诗集》（1900）、《吉檀迦利》（1910）、《新月集》（1913）、《飞鸟集》（1916）、《边缘集》（1938）、《生辰集》（1941）；重要小说有短篇《还债》（1891）、《弃绝》（1893）、《素芭》（1893）、《人是活着，还是死了？》（1892）、《摩诃摩耶》（1892）、《太阳与乌云》（1894），中篇《四个人》（1916），长篇《沉船》（1906）、《戈拉》（1910）、《家庭与世界》（1916）、《两姐妹》（1932）；重要剧作有《顽固堡垒》（1911）、《摩克多塔拉》（1925）、《人红夹竹桃》（1926）；重要散文有《死亡的贸易》（1881）、《中国的谈话》（1924）、《俄罗斯书简》（1931）等。

⊙背景提示

作为东方世界第一位诺贝尔文学奖的得主，泰戈尔的成功既得益于其自身非凡的艺术才华，也得益于众多艺术名家的督促与引荐。1910年，泰戈尔发表了孟加拉语诗集《吉檀迦利》，这是一本充满自然景观细节描述的诗集。诗集发表之后，威廉·罗森斯坦，一位在伦敦组织印度社团的年轻画家，碰巧于1911年去印度旅行，并顺道拜访了泰戈尔。他发现了《吉檀迦利》的不凡价值，督促泰戈尔尽快将它翻译成英文出版。1912年，泰戈尔访问了美国和英格兰。那一年，在罗森斯坦的努力下，印度社团发表了泰戈尔译诗的自编版《歌曲献礼》。同时，泰戈尔的作品也引起了著名诗人威廉·巴特勒·叶芝的注意。这位神秘主义诗人将泰戈尔的诗歌介绍给颇有影响力的评论家和作家厄内斯特·赖斯，后者发表了有关这部诗集的评论，使得作者的名声传到了美国。在读者和艺术同行们的大力宣扬和支持下，泰戈尔于1913年顺利获得诺贝尔奖。此后，其他各种荣誉也接踵而来。1915年，英国殖民政府授予他爵士称号。但泰戈尔并未满足于此，他的一生都在力图使他的作品成为东西方文化交流的中介，为东西文化交流尤其是让西方世界了解东方做出了巨大的贡献。

⊙内容提要

“吉檀迦利”意即献给神的诗，因此这部诗集实际上是一部宗教颂神诗。诗集的主题是敬仰神，渴求与神的结合等。诗人在作品中不仅表现了自己对于神的虔诚，也反映了诗人希望通过与神的交流来达到认识人生的目的。此外，诗中也有一些作品对大自然进行了精美的描绘。这部诗集发表于1910年，共收诗歌103首，是泰戈尔最著名的诗集之一。下面节选其中的一首诗歌，读者可以从中略微窥见泰戈尔诗作的艺术魅力。

—

你已经使我永生，这样做是你的快乐。这脆薄的杯儿，你不断地把它倒空，又不断地以新生命来充满。

这小小的苇笛，你携带着它逾山越谷，从笛管里吹出永新的音乐。

在你双手的不朽的按抚下，我的小小的心，消融在无边快乐之中，发出不可言说的词调。

你的无穷的赐予只倾入我小小的手里。时代过去了，你还在倾注，而我的手里还有余量待充满。

《吉檀迦利》书影（冰心翻译）

⊙作品评价

《吉檀迦利》是泰戈尔众多孟加拉语诗歌的汇集。泰戈尔自己从几个孟加拉语诗集中选择了100多首诗歌，翻译成英语，取名《吉檀迦利》。由于是专门向西方读者介绍他的作品，在翻译过程中他考虑到西方读者的审美趣味，所选择的都是侧重表现人性、爱情、母爱，以及充盈他哲学思想的神秘主义作品，给人以朦胧的难以言传的美感。这类光风霁月的诗歌，总体来看反映了东方人的审美趣味，同时其略带神秘主义的倾向也使得西方世界大开眼界。

《吉檀迦利》是一部颂神诗，由于这部诗集的宗教色彩比较浓厚，因此其中的很多作品看起来都像是哲理诗，这种倾向甚至影响到这部作品中的很多描写大自然的诗歌。这是由作者的泛神论思想决定的，同时与印度的民间宗教传统和古老的文化也有密切的关系。在诗人的心目中，大自然的美景就是神创造的，是神的化身，因此它们与神应该占有同样崇高的地位。此外，这部作品虽然是一部颂神诗，但它的内容和现实也是紧密结合的，表达了诗人对人生理想的追求和探索。诗人一再在诗中表达出对于贫苦劳众的同情，这与作者本人的博爱思想和人道主义精神是相符的。

从艺术上看，泰戈尔的作品常常富有激情，诗人通常会在诗歌中注重自我的表达，使得这部作品具有非常浓厚的浪漫主义色彩。从题材上看，诗人将神秘主义宗教引入到诗歌作品中，使这一古老艺术题材焕发出新的青春，这对于西方艺术家的影响是非常巨大的。此外，泰戈尔的诗歌作品具有形式美和韵律美的典型特征，即使是中文的译文也会传达出不朽的艺术魅力，的确不愧为一部顶尖的艺术杰作。

名家点评

泰戈尔的诗歌得到全世界人民的喜爱。1913年，诺贝尔文学奖颁奖辞认为“由于他那至为敏锐、清新与优美的诗，这诗出之于高超的技巧，并由他自己用英文表达出来，使他那充满诗意的思想业已成为西方文学的一部分”而理应成为当之无愧的得主。美国诗人庞德也对泰戈尔充满了敬意，认为“我们发现了自己的新希腊”，给作者以崇高的评价。泰戈尔诗歌对中国现代新诗的创作影响也是非常巨大的。郭沫若、冰心的作品显然都受到这位作家的启发。瑞典的厄普萨拉说：“诺贝尔文学奖是应该赋予这位集艺术家和预言家于一身的作家的。罗宾德拉纳特·泰戈尔在这方面是无与伦比的。”

追忆似水年华

/ 法国 / 普鲁斯特 / 革新生命意识的文学经典

⊙作者简介

普鲁斯特像

普鲁斯特（1871 ~ 1922 年）是法国意识流小说的代表作家。他生于巴黎，父亲是位名医，母亲出生于犹太富家。这个家族具有浓厚的文化气息，著名哲学家柏格森是他表兄，他的舅妈主持着一个文化沙龙，那里的常客有拉马丁、雨果、缪塞、梅里美、大小仲马、罗西尼等法兰西文化名人，他就在这样的圈子里受着熏染，得到文学启蒙。1896 年，普鲁斯特第一部短篇小说作品集《悠游卒岁录》出版。1896 至 1899 年，写作自传体小说《若望·桑德伊》，未完成，直到 1952 年由后人根据手稿整理发表。其间，开始阅读翻译英国艺术评论家罗斯金的艺术评论。1903 至 1905 年，普鲁斯特的父母先后去世。他从 1906 年开始写作长篇小说《追忆似水年华》，到 1913 年完成全书的框架。这部巨著共分七卷:《在斯万家那边》(1913)、《在少女们身旁》(1919)、《盖尔芒特家那边》(1920 ~ 1921)、《索多姆和戈摩尔》(1922)、《女囚》(1923)、《女逃亡者》(1925）和《重现的时光》(1927)。其中第二部获龚古尔奖，作者也因此而引起评论家的关注，成为举世闻名的作家。

普鲁斯特一生受哮喘病的折磨，这种病痛甚至影响到他的思考方式和文学创作。1922 年 11 月 8 日，普鲁斯特逝于巴黎。

⊙背景提示

普鲁斯特是一个家境富裕、体弱多病然而有才华的年轻人，酷爱书籍和绘画，经常出入巴黎社交场合。他在一次疗养过程中爱上了一个叫做阿尔贝蒂娜的姑娘，初时遭到拒绝，后来姑娘态度有所改变，他更狂热地爱恋着她，想与她结婚，将她关在家里，但她不告而别。他到处找寻，最后得知她已突然死去。在深感绝望的时候，他决定从事文学创作，写出一生经历的悲欢苦乐。

这部小说的最早稿本写于 1905 ~ 1906 年，第一稿写于 1907 年，到 1908 年就搁了下来。这时，他意识到他的小说缺乏哲学基础，于是写了《驳圣伯夫》一书，批评这位评论家把文学视为有才华者的消遣，认为艺术家的使命就在于把习惯使我们视而不见的不朽的真实从潜藏的记忆中解放出来。1909 年 1 月，他在无意中通过一杯茶和一块饼干，唤起了对童年往事的回忆。受此启发，小说中的人物突然涌现在他的脑海中，于是他开始埋头创作《追忆似水年华》第一部的第一稿。一战期间，普鲁斯特修订小说其余部分，加强其感情色彩，增加了对现实的讽刺成分，使篇幅扩充了三倍。在这个过程中，原来的作品一变而成为人类想象力最深刻、最完美的成就之一。

普鲁斯特的笔记本，其中有《追忆似水年华》的部分原稿。

⊙内容提要

马塞尔自幼体弱多病，但他一直依靠家境的富裕过着一种优游的生活。一天晚上，他半睡半醒地躺在床上，任思绪如潮水般涌来。那本正在阅读着的小书，仿佛将他拉回到久远的年代，记忆的碎片若隐若现。他想起了孩提时在贡布雷

名家点评

著名作家纪德写道："普鲁斯特的文章是我所见过的最艺术的文章。艺术一词如果出于龚古尔兄弟之口，使我觉得可厌。但是我一想到普鲁斯特，对于艺术一词就毫不反感了。"又说："我在普鲁斯特的文章风格中寻找缺点而不可得。我寻找在风格中占主导地位的优点，也没有找到。他不是有这样那样的优点，而是一切优点无不具备……并非先后轮流出现的优点，而是一齐出现的。他的风格灵活生动，令人诧异。任何另一种风格，和普鲁斯特的风格相比，都显得黯然失色，矫揉造作，缺乏生气。"法国著名传记文学家兼评论家莫罗亚也说："1900年至1950年这50年中，除了《追忆似水年华》之外，没有别的值得永志不忘的小说巨著。"

的那个夜晚，他也像这样躺在床上，等着妈妈的睡前之吻，但前来拜访的邻居斯万先生却搅得他烦躁不安。

很久以来，他对贡布雷的印象就只是这个晚上。他记得他们曾在贡布雷的姑妈家中吃过一种小玛娜莱娜的甜点心，这种甜点心的味道使他产生一种久远的非常熟悉的感觉。于是他又回想起了在贡布雷生活时的邻人。他家的住处有两条道，一条通向盖尔芒特家，路程很长；另一条就是通往这位斯万先生家的。斯万先生是一个非常富有的犹太人，他的太太奥黛特有着足以让人神魂颠倒的美貌，类似于歌剧《洛痕格林》的某些片段，又像卡帕契奥的某几幅油画，但她原来却是巴黎的一名高级妓女，因此遭受上流社会的嘲笑。在这条道上，马塞尔结识了他的初恋情人希尔贝。后来他们两人在巴黎相恋了。但马塞尔始终忘不了她的母亲奥黛特，对她充满了一种男孩子式的依恋和热情。他不由自主地频繁地来到斯万家，这种过于敏感和放纵的神经质使希尔贝开始厌倦。他们逐渐地疏远，最后，希尔贝离开了他，他也终于将她遗忘在回忆中。

《追忆似水年华》插图

这次失败的爱情使得马塞尔的身体状况越来越不佳，家里人安排他同祖母去疗养地巴尔贝克海滩休养。在这里，一个叫阿尔贝蒂娜的女孩吸引了马塞尔的注意力。他还认识了祖母的老朋友维尔帕里西斯夫人，并通过她认识了自己最亲密的朋友圣洛普。这次疗养之后，他便转而进入盖尔芒特家的交际圈，开始对贵族的私生活产生兴趣，特别是对维尔迪兰夫人家兴味浓烈。不久，马塞尔的祖母不幸身故。为了寻求慰藉，他到阿尔贝蒂娜那儿倾诉。但他的神经质再次让阿尔贝蒂娜敬而远之。最后，他决定去寻找她，却意外地发现她已经堕马而亡。

马塞尔想去朋友那里寻求安慰，但随着时间的流逝，朋友们也在这时间的长流中悄然发生着变化。在斯万先生一家，男主人正患着重病，等待死神的降临；他们的女儿、也就是自己昔日的恋人希尔贝已经成为了圣洛普的新娘。不久，斯万先生逝去，圣洛普战死，斯万夫人再嫁，成了风月场中的交际花。在盖尔芒特一家，主人丢了财产，因此与继承了一大笔遗产的维尔迪兰夫人结婚。

几年之后，马塞尔在盖尔芒特家遇见了希尔贝与圣洛普的女儿，往日的一切瞬间又一次浮现

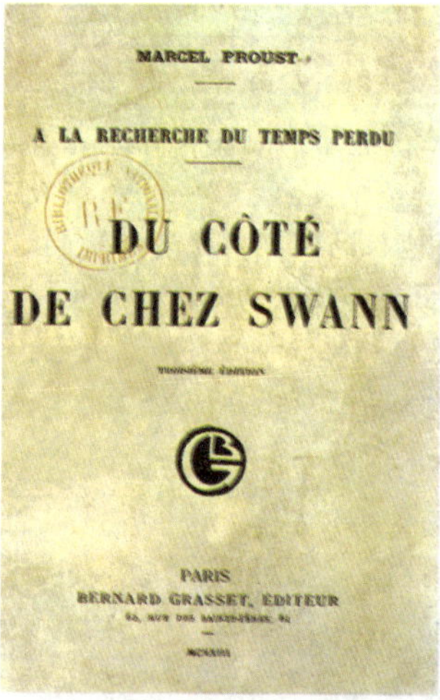

普鲁斯特《追忆似水年华》第一卷《在斯万家的那边》书影

在他的眼前。在盖尔芒特的书房，马塞尔无意中取下乔治·桑的一本小说。他想起了许多年前在贡布雷的那个夜晚母亲为他朗诵这本书的情景。突然，屋外传来斯万先生家那熟悉的钟声，他仿佛就在这钟声中回到了过去，去追寻那遥远的童年和所有的一切。

⊙作品评价

顾名思义，《追忆似水年华》整部小说仿佛就是建筑在“回忆是人生的菁华”这个概念之上的；这部作品也确实有其自传的性质。但在他的作品里，我们却发现普鲁斯特并非像其他作家一样按照生活本来的样子去描绘生活，而是把这些回忆串联起来。通过主人公的回忆，普鲁斯特在小说中描述了大量人物和事件；更为重要的是，通过“回忆”这一独特角度，普鲁斯特在技巧上也做了许多崭新的尝试。在巴尔扎克等现实主义作家看来，我们能够“认识”人物，每个人都有其“本质”特性，而在普鲁斯特的这部小说中，“我”只是在追忆往事，并没有而且也不想明确地告诉读者这些人物的性格是如何的。虽然普鲁斯特也像其他的作家一样不得不在这种漫无目的的回忆中附带描写了一个社会，但他的独到之处便是他对材料的选择并不很在意，仿佛是顺着记忆的河流信手拈来。因此在他的作品中，我们看不到有什么固定的故事情节，也几乎不可能一下子把握人物的性格。而这一点，正是普鲁斯特作品的独特意义，因为他将创作的重心从事物的外在转向到了人的内在精神，小说的创作目标变成描写为精神反映和歪曲的世界。现代的评论家一般认为，普鲁斯特的这种变化与他早年曾接触过的哲学思想有关，我们在这部作品中也确实可以看到直觉主义和现象主义的痕迹。从这个角度来说，该书的完成的确在文学创作史上意味着一场“逆向的哥白尼式革命”。

从内容上看，这部小说虽然结构庞大，内容繁杂，但这些片段与片段之间既可以按照内在的情绪结合起来，成为意识流，又可以独立地存在，让读者可以充分地领略人的内在精神世界的细腻和丰富。作者经常用大段大段的篇幅来描写某一瞬间的感受或因某一事物所引起的心灵的微妙变化，这在以往的作品中都是很少见的。也许可以这样说，正是由于普鲁斯特等人对于人的精神世界的重新发现，才促使我们的读者不得不重新培养他们的阅读习惯来适应这种新型的小说。

对于一般的读者而言，阅读这部小说可能遭遇到的最大障碍就在于时序上的不习惯。在一般的作家和读者看来，作品中的时序应该严格地按自然时序流淌，绝不能倒流，因为只有按照与自然时序同时或顺应的发展过程来描写的事物才有可能显得真实。但普鲁斯特却让人可以借助回忆轻而易举地回到过去，甚至任何一种浮动的暗香，一种味道，一道风景，都可以是使时光倒流的隧道，使过去某个时刻突然在人们的眼前复活。作者有时干脆同时叙述过去的某件事和“我”后来对此事的看法，仿佛有意要使时光倒错，并迫使读者不断地对已经阅读过的内容进行一番重新的回顾。这种写法显然不仅是一种技巧上的创新，也反映了作者对于时间、生命的某种看法。

相关链接

普鲁斯特是和乔伊斯、伍尔芙和福克纳齐名的意识流小说家。乔伊斯和福克纳的具体情况可参见本书相关章节的介绍。弗吉尼亚·伍尔芙（1882 ~ 1941 年）为英国著名女作家，她最初的长篇小说如《远航》（1915）、《夜与月》（1917）属于传统写法。此后开始试验新的写作方法，出版有短篇小说集《星期一或星期二》（1921）和《达洛卫女人》（1925）等。1922 年，她那带有实验性质、打破了传统叙述逻辑和充满印象拼贴的小说《雅各的房间》出版，这部小说也是对她哥哥精神成长的一份记录。而 1927 年发表的《到灯塔去》则被看做是她最出色的小说。这篇小说充分发挥意识流特点，运用象征和诗歌的手法，反映现代社会的混乱，探讨人生意义和人的本质。伍尔芙其他重要的作品还有《浪》（1931）、《幕间》（1941）等。

□教育过程

/美国/杰罗姆·布鲁纳/影响最大的现代教育著作之一

⊙作者简介

杰罗姆·布鲁纳（1915年～）是当代美国心理学家、教育家。1915年出生于美国纽约。1937年美国杜克大学获学士学位，1941年获哈佛大学心理学博士，后又获西北大学、谢菲尔德大学、坦普尔大学等9所高校的荣誉学位。1942年担任普林斯顿公共舆论研究所副所长。第二次世界大战期间在海外服役，在法国做政治情报工作。1945年布鲁纳返回哈佛大学执教，致力于人的认识发展研究，1952年升为教授。1959年任美国全国科学院发起的伍兹霍尔心理学会主席。1962年起任认知研究中心主任，曾先后担任美国心理学会联合会主席、美国社会问题心理研究会主席、美国艺术和科学院研究员、美国教育研究院研究员、美国科学促进会理事、国际社会心理学联合会理事等职，并且是美国总统科学顾问委员会以及白宫教育研究与发展专门小组、美国联邦咨询研究组成员。布鲁纳以其卓越的教育和心理实验研究成果及社会科研活动，荣获美国优异科学奖（1962年）。布鲁纳的代表作《教育过程》（1960）曾引起极大反响，被誉为划时代的作品。

⊙背景提示

第二次世界大战以后，西方各工业国家的科学技术和经济发展进入了空前繁荣的“黄金时代”。尤其是苏、美两国，都在力图发展科技，寻求发明创造的人才。1957年，苏联的人造卫星成功发射后，美国上下一片恐慌，由此深感美国学校的科学教育水平落后于苏联，并将这一罪过归于杜威实用主义教育的不良影响。为确保美国在科技、军事上的优势地位，培养大批科学技术专家和工程师，美国开始要求教育要充分利用现代科学技术发展的新成果充实课程的抽象理论水平，并通过教学，发展学生的智力和能力。

⊙内容提要

本书的结构分为6个部分。

第一部分为“引论”。论述了对教育质量和期望目标的关切，它所表现的一个地方，就是中小学的课程设计，主要是为中小学编写出有效的教材，也就是既重视内容范围，又重视结构体系的教材。任何人只要一开始问到关于各专门课程的价值问题，他就是在问关于教育的目标问题。不仅要教育出成绩优良的学生，而且也要帮助每个学生获得最好的智力发展。

第二部分为“结构的重要性”。不论我们选教什么学科，务必使学生理解该学科的基本结构。学习为将来服务有两种方式：一种方式是通过它对某些工作的特定适应性，心理学家把这种现象称为训练的特殊迁移；另一种方式是通过所谓非特殊迁移，说得更确切些，即原理和态度的迁移。掌握某一学术领域的基本观念，不但包括掌握一般原理，而且还包括培养对待学习和调查研究，对待推测和预感，对待独立解决难题的可能性的态度。至少有四个有助于教授学科基本结构的一般论点：第一，懂得基本原理可以使学科更容易理解；第二，要涉及人类的记忆；第三，领会基本的原理和观念；第四，经常反复检查中小学教材的基本特性，能够缩小“高级”知识和“低级”

名家点评

著名教育技术专家史密斯和雷根指出，布鲁纳的这部著作在美国被誉为“第一部阐述教学论特征的专著”。

布鲁纳的结构主义教学论

布鲁纳提出的结构主义教学论是当代世界上最有影响的三大教学论之一。其主要思想体现在布鲁纳的三本教育代表论著中:《教育过程》(1960),《教学论探讨》(1966),《教育的适合性》(1977)。布鲁纳阐明了结构主义教学论的实质:学习就是建立一种认知结构,就是掌握学科的基本结构以及研究这一学科的基本态度和方法。为此,他提出著名的"三个任何"的观点,即任何学科的基本结构都可以用某种形式教给任何年龄的任何儿童。所谓基本结构,指各种基本概念、基本原理及其相互间的规律和联系。要掌握学科的基本结构,就应想方设法使学生参与知识结构的学习过程,这种方法即他提倡的"发现法"。因此,结构主义教学论与"发现法"是紧密相联的。结构主义教学论的理论基础来自三个方面:心理学家皮亚杰的"发生认识论"、语言学家乔姆斯基的"转化一生成"说以及布鲁纳的认知。结构理论。布鲁纳认为,知识是可以认识的独立存在的领域,人们追求知识的动因在于"经验"或"事物"内在的规律,而结构是"外加"的,由人塑造、形成、"构建"。知识可由各学科最出色的专家和学者构成连贯模式,并据此构建儿童的知识。

结构主义教学论的基本观点,尤其是布鲁纳倡导的"发现法",在科学实践中得到了广泛的应用。"发现法"又称"发现学习"。日本心理学家大桥正夫为其下的定义是:"发现学习就是以培养探究性思维的方法为目标,以基本教材为内容,使学生通过再发现的步骤来进行的学习。"因此,发现学习不同于科学家的发明创造,而是将原发现过程从教育角度进行再编制,成为学生可步步学习的途径。"发现法"可激发学生的内部动机,了解问题的发现过程,掌握学科的基本结构,故在数学等自然科学学科中运用比较有效。

知识之间的差距。

精彩语段

教师也是教育过程中最直接的有象征意义的人物，是学生可以视为榜样并拿来同自己作比较的人物。

教师不仅是知识的传播者，而且是模范。

第三部分为“学习的准备”。任何学科都能够用在智育上有效地教给任何发展阶段的任何儿童。给任何特定年龄的儿童教授某门学科，其任务就是按照这个年龄儿童观察事物的方式去阐述那门学科的结构，学习一门学科看来包含三个差不多同时发生的过程。第一是新知识的获得；第二是知识的转换；第三是评价过程。一个人越是具有学科结构的观念，也就是越能毫不疲乏地完成内容充实和时间较长的学习情节。要尊重成长中儿童的思想方式，就应该想方设法把材料转换成儿童的逻辑形式，并极力鞭策诱使他前进，那么就很可能在他的早年介绍这样的观点和作风，以使他在日后的生活中成为有修养的人。课程建设应当围绕着社会公认值得它的成员不断关心的那些重大问题、原理和价值。

第四部分为“直觉思维和分析思维”。分析思维是以一次前进一步为特征的，步骤是明显的，而且常常能由思维向别人作适当报道。直觉思维与分析思维截然不同，它倾向于从事看来是以整个问题的内隐的感知为基础的那些活动。应该承认直觉思维与分析思维是相互补充的性质，影响直觉思维的可变因素有带倾向性的因素，这些因素和直觉运用中的个别差异有关。这种倾向性因素甚至使人倾向于对某个领域而不对别的领域进行直觉思维。

第五部分为“学习的动机”。在设计课程时，人们正确地区别所希望达到的长期目标和为达到长期目标的某些短期步骤。学龄儿童中，多半常有混杂的学习动机，在这样一个复杂的情景内，还有儿童感到他们感兴趣的学科的微妙吸引力。在考试的安排运中，用丰富的想象力和灵活性，可以把在自然科学学科中强调竞争的行动转化到有用的目的上去。考试也能够培养周全的思考。它不但为迅速走在前面的学生所需要，而且领会得不快、不牢靠的学生更特别需要它。

第六部分“教学辅助工具”。这些教学辅助工具属于多种类型，一类可以叫做替代经验的装置，如影片、电影、幻灯片、录音带等，书也起这样的作用；另一类的功能是帮助学生掌握现象的根本结构。从实验室实习到数学积木以至程序设计，这个范围的辅助装置，可以叫做“模型装置”。总的来说，现有各种装置帮助教师去扩大学生的经验范围，促使学生理解所学材料的根本结构，并主动地理解他所学的东西的意义。

⊙作品评价

布鲁纳 1960 年出版的《教育过程》一书，被誉为“现代最主要、影响最大的教育著作之一”。作为美国教育改革运动的倡导者，布鲁纳的影响远远超过了国界，他在《教育过程》中的“发现法教学理论”、发掘学生智慧潜力、调动学生思维的教学主张，正日益为各国教育界所认识，并产生了积极的影响。中国的教育制度中也已经开始试行布鲁纳的教学方法。

相关链接

布鲁纳的教学论，在某种意义上说，是约定俗成的通例，它阐明有关最有效地获得知识与技能方法的规则。具有四大特点：1. 教学论应当详细规定能使人最有效地牢固树立学习的心理倾向的经验。2. 教学论必须详细规定将大量知识组织起来的方式，从而使学习者易于掌握。3. 教学论应当详细规定学习材料的最有效的序列。4. 教学论必须详细规定学习和教学过程中奖励和惩罚的性质和步调。

约翰·克利斯朵夫

/法国/罗曼·罗兰/20世纪最宝贵的小说作品

⊙作者简介

罗曼·罗兰（1866 ~ 1944年），法国作家、音乐评论家。1866年1月29日生于法国中部高原上的小市镇克拉姆西。15岁时，随父母迁居巴黎。1899年，罗曼·罗兰毕业于法国巴黎高等师范学校，其后入罗马法国考古学校当研究生。归国后在巴黎高等师范学校和巴黎大学讲授艺术史，并从事文艺创作。这时期他写了7个剧本，以历史上的英雄事件为题材，试图以“革命戏剧”对抗陈腐的戏剧艺术。20世纪初，他的创作进入一个崭新的阶段，他连续写了几部名人传记：《贝多芬传》（1903）、《米开朗琪罗传》（1906）和《托尔斯泰传》（1911）等，同时发表了他的长篇小说杰作《约翰·克利斯朵夫》。该小说于1913年获法兰西学院文学奖金，并使他于1915年荣获诺贝尔文学奖。由此罗曼·罗兰被认为是法国当代最重要的作家之一。

罗曼·罗兰像

两次世界大战之间，罗曼·罗兰的创作又一次达到高潮，1919年发表了中篇小说《哥拉·布勒尼翁》，1920年发表了两部反战小说《格莱昂波》和《皮埃尔和吕丝》，1922至1933年又发表了另一部代表作《欣说的灵魂》。这一时期还发表了音乐理论和音乐史的重要著作七卷本《贝多芬的伟大创作时期》（1928 ~ 1943），此外还发表过诗歌、文学评论、日记、回忆录等各种体裁的作品。罗曼·罗兰不仅是一个有广泛国际影响的作家，也是著名的社会活动家，一生为争取人类自由、民主与光明进行了不屈的斗争。

⊙背景提示

《约翰·克利斯朵夫》从构思到创作完成经历了二十多年的时间。根据作者本人在《青年时代的回忆录》中的记述，作者从1890年左右就开始酝酿、构思这部著作，他自称创作这部小说的目的是为了向“充满虚荣心的市场”报仇，完成他早期希望在“人民戏剧”中实现的醒世愿望。这部小说问世后受到极大的欢迎。1946年，由傅雷先生翻译的中文译本在中国出版，出现读者在印刷厂门前排队购买的奇迹，足见这本书在中国读者心目中的地位。

⊙内容提要

约翰·克里斯朵夫出生在德国莱茵河畔一座小城，他们家是一个受人尊敬的音乐世家，祖父曾是王府乐队的指挥，父亲却经常酗酒，以致家境逐步败落。但是，不久他那丰富的幻想力和强韧的生命力以及与生俱来的才华，被祖父发掘了；而具有音乐家头衔的父亲，也希望借着儿子的才华赚钱糊口。于是他不由自主地爱上音乐，并决定要把一生都献给这个凝聚了自己所有喜怒哀乐的艺术。约翰·克里斯朵夫6岁时开了一场音乐会，成为轰动全城的音乐神童。还不到13岁，他就在

名家点评

作为一部描写英雄的作品，法国著名文学评论家爱德蒙·高斯称《约翰·克利斯朵夫》为20世纪的最高贵的小说作品。而高尔基在阅读完这部伟大的作品后，也将其称为“长篇叙事诗”一般的巨著，誉其为20世纪最伟大的小说。诺贝尔文学奖的颁奖辞认为这部作品充分体现了“他的文学作品中的高尚理想和他在描绘各种不同类型人物时所具有的同情和对真理的热爱”。

相关链接

罗曼·罗兰所谓的英雄，“并非以思想或强力称雄的人，而是靠心灵而伟大的人”。因此他着重描述这些伟大的艺术天才如何在人生忧患困顿的征途上奋起抗争，为创造表现真善美的不朽杰作而献出毕生的精力。在他的笔下，贝多芬、米开朗琪罗、托尔斯泰，只是些受苦的人。贝多芬：被命运捉弄的人，最终耳聋的音乐家，一个用痛苦换来欢乐的英雄。米开朗琪罗：忧郁症患者，恨不得把整座山岩都雕出生命的工作狂，一个享受痛苦、舍弃欢乐的英雄。托尔斯泰：自我折磨也自我折腾的人，离家出走的老翁，一个打破生活的安宁以便安抚良心的英雄。作者创造他们的目的，是要借这些英雄传记来重新鼓起人们对生命和对人类的信仰。

宫廷管弦乐队里稳稳地当上了正式的第二小提琴手，成为家庭经济的主要来源。

随着年龄的增长，他对德国社会里的虚伪和不正常有了相当的了解，在他的心中一方面排斥着，另一方面又企图去克服它。年轻的约翰经历了许多爱情的、家庭的挫折，但在舅舅的帮助下醒悟过来，埋头进入音乐创作。一日，约翰外出散步时卷入一场风波，他为了保护一个女子致人死伤，不得已逃往巴黎。

法国是克利斯朵夫一向极为向往的国家，但一旦到了那儿，他发现很难适应。在巴黎颓废的时潮里，他不得不再度对抗孤独的侵袭。惟一的收获是找到了志同道合的朋友——靠教书为生的青年诗人奥里维。他们合租一所公寓，为各自的人生艺术目标而并肩奋斗。不久，他的作品在法德两国的演出获得巨大成功，被人们公认为是天才，但很快又遭到别人的陷害。这时，克里斯朵夫发现自己和奥里维都爱上了工程师的女儿雅葛丽纳，他主动退出，促成他们的婚约。然而“五一”节那天，奥里维为救一个挤倒的孩子被人群踏在脚下。他也因杀死一个士兵后不得不再次逃亡到瑞士，去投靠他往昔的朋友布朗。

克利斯朵夫在瑞士流亡期间与布朗的妻子安娜发生了一次不愉快的恋爱事件。最后，约翰与安娜企图以自杀来结束一切，却无法如愿以偿。随之而来的内疚暂时压抑了他的天才。在失望之余，只好孤独地隐居到修加山。但就在这里他偶遇消失已久的意大利籍女友葛拉齐亚，俩人沉入重逢的喜悦，虽然葛拉齐亚的儿子阻止俩人的结合，他们仍在心心相印中获得了满足。在葛拉齐亚的帮助下，克利斯朵夫在瑞士度过了十年硕果累累的生活。

晚年的克利斯朵夫誉满欧洲，他继续创作，但他的作品已不像早年那样风雷激荡，而是和谐恬静。现在他可以自由往返于法德之间。在他返回法国时，他成了追求和欢呼的对象。他觉得非常好笑，并开始重新思索人生。葛拉齐亚去世后，克里斯朵夫也闭门不出。他一面看着成长中的年轻人，一面等着死神到来。

⊙作品评价

《约翰·克利斯朵夫》追溯了一个德国音乐家在许多艺术斗争中演变的历程。读者们可以从主人公的经历依稀辨认出像音乐大师贝多芬、莫扎特以及瓦格纳等人的影子，例如约翰·克利斯朵夫的童年生活和遭遇就似乎来源于贝多芬。但罗兰创造的这一个英雄，似乎并没有受到这些艺术先锋们的约束。他总是试图从约翰·克利斯朵夫身上来画出20世纪的人类英雄肖像及其梦想。罗曼·罗兰否认这部作品是小说，作品松散的结构和文体也向我们说明这不是一部以故事情节见长的作品。《约翰·克利斯朵夫》写的是关于一位音乐天才与自身、与艺术以及与社会之间的斗争。从约翰·克利斯朵夫的激情、反抗、愤怒到他的灰心、顺从、宁静的心路历程，罗兰刻画了一个充满矛盾和不协调的性格，一位满怀生命热情却又遭到敌对世界的误解的极其诚恳的艺术家。这个典型的人物形象显然已经具有了一个普遍性的意义。

从艺术上看，这部小说也有非常独特的艺术风格。作者在小说中把心理描写放在了一个非常重要的地位，并且把心理描写与自然描写同作者的哲理思考结合起来，使这部著作具有一定的“深度”。

□变形记

/奥地利/卡夫卡/西方现代派文学的奠基之作

卡夫卡像

⊙作者简介

卡夫卡（1883 ~ 1924 年），奥地利小说家。出生在奥匈帝国统治下的布拉格，犹太血统。父亲是百货批发商。他 18 岁入布拉格大学学习文学和法律，毕业后主要从事保险业工作。1904 年开始用德语写作，1917 年起因患肺结核，辗转疗养。1923 年迁居柏林，专事写作。但次年病情恶化，于同年 7 月 3 日病殁于维也纳。他的主要作品为 4 部短篇小说集和 3 部长篇小说。可惜生前大多未发表，3 部长篇也均未写完。死后多年，其作品中的深刻思想逐渐被人认识，成为 20 世纪最伟大的现代主义作家之一。

卡夫卡的一生正值奥地利近代史上发生深刻社会变革的时期，他又深受尼采、柏格森哲学影响，对政治事件也一直抱旁观态度，故其作品大都用变形荒诞的形象和象征直觉的手法，表现被充满敌意的社会环境包围的孤立、绝望的个人。成为席卷欧洲的“现代人的困惑”的集中体现，并在欧洲掀起了一阵又一阵的“卡夫卡热”。其最著名的作品有借小动物防备敌害的胆战心理，表现资本主义社会小人物时刻难以自保的精神状态和在充满敌意的环境中的孤立绝望情绪的短篇小说《地洞》(1923)；通过小职员萨姆沙突然变成一只使家人都厌恶的大甲虫的荒诞情节，表现现代社会把人变成奴隶乃至“非人”的“异化”现象的短篇小说《变形记》(1912)；写土地丈量员 K 在象征神秘权力或无形枷锁统治的城堡面前欲进不能，欲退不得，只能坐以待毙的长篇小说《城堡》；借银行职员约瑟夫·K 莫名其妙被“捕”，又莫名其妙被杀害的荒诞事件，揭露资本主义社会司法制度腐败及其反人民本质的长篇小说《审判》等。

⊙背景提示

奥地利的犹太人作家卡夫卡活着的时候默默无闻，穷困潦倒。他英年早逝，在死前他立下遗嘱，嘱咐他最亲密的一位好友，在他死后，把他所有的作品手稿都付之一炬，全部销毁。在卡夫卡的这些手稿中，大部分都从未发表过。不久卡夫卡就去世了，但是他的那位好友在看了卡夫卡的遗嘱之后，经过了激烈的思想斗争，最后违背了卡夫卡生前的意愿，把所有可以收集到的卡夫卡作品，包括发表过的，还有大量未发表过的手稿进行整理，并交给出版社出版。结果，在卡夫卡去世十年以后，这位生前备受冷落，尝尽人间辛酸而死的天才作家，突然声名大振。无数评论家终于意识到了卡夫卡的重要性，许多后来的作家纷纷学习卡夫卡的作品，从而彻底改变了 20 世纪的小说。卡夫卡本人也被誉为 20 世纪现代艺术的鼻祖。

名家点评

旅美英籍作家奥登在论及卡夫卡作品的意义时说：“卡夫卡对我们至关重要，因为他的困境就是现代人的困境。”而中国学者叶廷芳对卡夫卡的作品也有过这样的评价：“现实与梦幻之间没有根本的对立，没有明显的过渡，甚至泯灭了界限，完全结合成一个整体了。在这里，虚幻中有现实，现实里可见虚幻，幻象变成了‘现实的’、‘物质的’，看得见，摸得着，与现实难解难分了。”

⊙内容提要

《变形记》封面

格里高尔·萨姆沙是一个破产小公司老板的儿子，为了替父亲还债，他在债主的公司里当了旅行推销员，以辛勤的工作担负起一家四口的生计。但一天早晨醒来，格里高尔却发现自己变成了一只大甲虫。由于格里高尔成了一只大甲虫，母亲看到他的模样晕了过去，父亲哭了起来。公司派来查问的秘书主任跌跌撞撞逃走了。当格里高尔想追过去拦住主任、保住自己的饭碗的时候，母亲吓得从地上跳起，坐上了桌子；父亲则操起手杖，又叫又跺脚，挥出一拳，把他打进了房间，关上了门。格里高尔在被父亲用手杖赶回房时，有一只脚受伤，并且在涂了七层油漆的房间门上留下了令人看了十分厌恶的斑点、血迹。

自从这件突然的变故发生后，这个家庭立即起了变化，女佣人借口请假而一去不回；家庭的经济也越来越困难，父亲必须前往银行担任打杂工作，母亲为了贴补家用，拼命地替人针织补衣；而妹妹也到大街卖东西，并且为了能找到一份好职业，晚上还学习速记、法语。为此，格里高尔心中非常伤心、惭愧。他一直很疼爱妹妹格雷蒂，变形前还打算把她送进音乐学院，然而，一切都已太迟了。为了增加家庭收入，格里高尔的双亲将其中一个房间租给三个寄宿生，因此，不知不觉中，格里高尔的房间有如仓库般堆着许多东西，而格里高尔也被父亲丢进来的苹果打伤；自此时起，格里高尔的食欲减退，身体愈来愈虚弱。到了三月末时，终于被格雷蒂发现他已“即将死亡”。父亲知道后却说，“这样最好，我们应该感谢神。”于是和妻子、女儿搭上电车前往郊外散步。

⊙作品评价

卡夫卡的创作旺盛期正值德国表现主义文学运动的高潮时期。他的短篇小说《变形记》可以说是表现主义的典型之作。表现主义的创作主张是遵循“表现论”美学原则而与传统现实主义的“模仿论”原则相对立的。它反对“复制世界”，即不把客观事物的表面现象作为真实的依据，而主张凭认真“观察”和重新思考去发现或洞察被习俗观念掩盖着的、为一般人所不注意的真实。为此就需要一种特殊的艺术手段，把描写的客观对象加以“陌生化”的处理，以造成审美主体与被描写的客体之间的距离，从而引起你的惊异，迫使你从另一个角度去探悉同一个事物的本质。这种艺术手段通称“间离法”，在布莱希特那里叫做“陌生化效果”。《变形记》的变形即是一种间离（或“陌生化”）技巧。作者想借以揭示人与人之间——包括伦常之间——表面亲亲热热，内心里却是极为孤独和陌生的实质。之所以亲亲热热，因为互相有共同的利害关系维系着，一旦割断这种关系，则那种亲热的外观马上就消失而暴露出冷酷和冷漠的真相。在传统的小说中，最讲究人物形象的塑造、性格的刻画。一部小说价值的大小就看其是否提供了个性鲜明的人物形象。可在《变形记》中，我们并没有看到有哪些强烈的令人难忘的个性留下来，人物几乎都湮没在一片丑陋、冷漠之中。在传统的小说中，有起伏跌宕的情节线索贯穿始终，悬念迭出，引人入胜。但《变形记》写的都是一些具体琐碎的现实生活的细节，简直没有故事，没有情节，甚而觉得有些繁冗拖沓。在传统的小说中，人物都会局限在天时、地理、人际等客观因素的牢笼中，还必须遵循着逻辑原则及因果关系来合理推论。但《变形记》超越时空的限制，对事件的交代极其模糊，不指明具体的时间、地点和背景。甚至泯灭了幻象和日常生活之间的界限，虚幻与现实难解难分地结合成了一个整体。

评论界对卡夫卡历来褒贬不一，有人视之为珍宝，有人斥之为“无聊透顶”；既遭到纳粹的明令查禁，又享有战后哲学界的热烈推崇；有人将他贬为“资产阶级的颓废派”，有人则褒奖他揭露了资本主义的黑暗。卡夫卡的艺术成就正在于使自己的作品具有产生多元内容的潜力，在作品和读者之间留下了巨大的空间，通过卡夫卡，读者得以重新认识自己，找到表达自己的工具。

□ 麦田里的守望者

/美国/塞林格/“生活流”和“意识流”的结合

塞林格像

⊙作者简介

塞林格（1919～2010年），当代美国小说家。1919年1月1日生于美国纽约市一个富裕的犹太进口商人之家。塞林格15岁时被父母送到一个军事学校住读，其名作《麦田里的守望者》中关于寄宿学校的描述很多是以该校为背景的。他在参军期间有时打着手电在被窝里写作。1937年去波兰学做火腿，不久回国继续读书，先后进了3所学院，都未毕业。1942年从军，经一年多专门训练后，派赴欧洲做反间谍工作。

1946年复员回纽约，专门从事写作。早在军校读书时，塞林格即练习写作。1940年发表处女作，到1951年出版长篇小说《麦田里的守望者》止，十多年中曾发表短篇小说20多篇。《麦田里的守望者》出版后，塞林格一举成名。此后他隐居新罕布什尔州一乡间小屋中，外筑高墙，离群索居，成为著名的遁世作家。在这以后，几十年来，据说他每天在一间只有一扇天窗的斗室中辛勤写作，但迄今拿出来发表的只有编成两本中篇集的4部中篇小说和1个短篇，即中篇集《弗兰妮与卓埃》(1961)、《木匠们，把屋梁升高；西摩：一个介绍》(1963)及短篇《哈普华兹十六，1924》(1965)。此外，还出版过一本从20多篇旧作中选出的短篇集《九故事》(1953)。

⊙背景提示

《麦田里的守望者》于1951年出版，小说反映了第二次世界大战以后美国年轻一代普遍的彷徨、忧郁、痛苦的心理状态。两次世界大战推动了美国经济的发展，战后的美国可谓国富民强。面对蒸蒸日上的国势，美国人自豪满足，并努力追求金钱，追求安全、舒适的生活。然而政治保守给人的精神压抑，追名逐利带来的虚伪、庸俗，日益使敏感的美国人，尤其是青年人对周围的生活失去热情，感到不满。塞林格的《麦田里的守望者》较早地反映了这种情绪，表现出一种反叛精神。这种精神与20世纪50年代后半期的“垮掉派”、20世纪60年代的“新左派”和学生运动一脉相承。

⊙内容提要

霍尔顿是个中学生，出身于富裕的中产阶级家庭。他虽只有16岁，但比常人高出一头，整日穿着风雨衣，戴着鸭舌帽，游游荡荡，不愿读书。他对学校里的一切——老师、同学、功课、球赛等等，全都腻烦透了，因为这里充满着虚伪，学校的校长、教师、学生全都是伪君子。他曾经3次被学校开除。又一个学期结束了，他又因5门功课中4门不及格被校方开除。他丝毫不感到难受。他原想到星期三，等他父母得到他被开除的通知后再离校回家，但他在学校里觉得极度寂寞和苦闷，实在不想再待下去，在和同房间的同学打了一架后，他深夜离开学校，回到纽约城，但他不敢贸然回家，当天深夜住进了一家小旅馆。他在旅馆里看到的都是些不三不四的人，有穿戴女装的男人，有相互喷水、喷酒的男女，他们寻欢作乐，忸怩作态，使霍尔顿感到恶心和惊讶，也许只有他自己是正常的。他无聊之极，便去夜总会厮混了一阵。回旅馆时，心里仍觉得十分烦闷，糊里糊涂答应电梯工毛里斯，让他叫来了一个妓女。妓女一到他又紧张害怕，最后按讲定的价格给了5块钱，把她打发走了。

第二天是星期天，霍尔顿上街游荡，遇见两个修女，捐了10块钱。后来他和女友萨丽去看了场戏，又去溜冰。看到萨丽那假情假义的样子，霍尔顿很不痛快，两人吵了一架，分了手。晚上，霍尔顿无事可作，想找个人聊聊天。他打电话给他并不喜欢的中学同学卡尔·路斯。两人约定晚10点在维格尔酒吧见面。10点以前还有不少时间要消磨，霍尔顿独自去看了场电影。之后到酒吧里和路

名家点评

美国文学评论家格拉维尔·西克斯评价《麦田里的守望者》说：“我深信，有千百万美国青年觉得自己对塞林格要比对任何其他作家更为亲近。”中国作家迟子建评论《麦田里的守望者》：“这是本可以让人一口气读完而能掩卷沉思的书。也有另一种可以让人一口气读完的书，读完后你就会把它抛到九霄云外，难再忆起。而《麦田里的守望者》却不是，它总能让人心有所动。套用小说主人公常用的两个词‘他妈的’、‘混账’来说就是：塞林格这混账写出的《麦田里的守望者》真他妈的不错。”

斯一起喝酒，路斯仍然是个令人讨厌的家伙，霍尔顿还是要求他能和自己多待一会儿。喝得酩酊大醉，霍尔顿走出酒吧后，被冷风一吹，他的头发都结了冰。他想到自己也许会因此患肺炎死去，永远见不着妹妹菲芯了，决定冒险回家和她诀别。

霍尔顿偷偷回到家里，幸好父母都出去玩了。他叫醒菲芯，向她诉说了自己的苦闷和理想。他对妹妹说，他将来要当一名“麦田里的守望者”：“有那么一群小孩子在一大块麦田里做游戏。几千几万个小孩子，附近没有一个人——没有一个大人，我是说——除了我。我呢，就在那混帐的悬崖边。我的职务是在那儿守望，要是有哪个孩子往悬崖边奔来，我就把他捉住——我是说孩子们都在狂奔，也不知道自己是在往哪儿跑。我得从什么地方出来，把他们捉住。我整天就干这样的事。我只想当个麦田里的守望者。”后来父母回来了，霍尔顿吓得躲进壁橱。等父母去卧室，他急忙溜出家门，到一个他尊敬的老师家中借宿。可是睡到半夜，他发觉这个老师有可能是个同性恋者，于是只好偷偷逃出来，到车站候车室过夜。

霍尔顿不想再回家，也不想再念书了，决定去西部谋生，做一个又聋又哑的人，但他想在临走前再见妹妹一面，于是托人给她带去一张便条，约她到博物馆的艺术馆门边见面。过了约定时间好一阵，菲芯终于来了，可是拖着一只装满自己衣服的大箱子，她一定要跟哥哥一起去西部。最后，因对妹妹劝说无效，霍尔顿只好放弃西部之行，带她去动物园和公园玩了一阵。菲芯骑上旋转木马，高兴起来。下起了倾盆大雨。霍尔顿任大雨把全身淋湿，坐在长椅上，看着菲芯一圈圈转个不停，心里快乐极了，险些大叫大嚷起来，霍尔顿决定不出走了。

回家后不久，霍尔顿就生了一场大病，又被送到一所疗养院里。出院后将被送到哪所学校，是不是想好好用功学习，霍尔顿对一切一点也不感兴趣。

⊙作品评价

《麦田里的守望者》不仅生动细致地描绘了一个不安现状的中产阶级子弟的苦闷彷徨、孤独愤世的精神世界，一个青春期少年矛盾百出的心理特征，也批判了成人社会的虚伪和做作。作为一个守望者，霍尔顿必须彻夜守望在悬崖边。而真正要坠落在悬崖下的，也许不是那些他为之担忧的孩子，而是他自己。守望者从某种意义上来说也就是自省者。能有自省意识，对于一个处于青春期的少年来说，是件难能可贵的事。霍尔顿的形象因这个意象而变得异常丰满起来，小说的艺术感染力也因此而变得强烈。此外，全书呈现出一种新颖的艺术风格，作者通过第一人称，以一个青少年的口吻叙述了自己的所思所想、所见所闻和行为举止，也以一个青少年的眼光批判了成人世界的虚伪面目和欺骗行径。作者以细腻深刻的笔法剖析了主人公的复杂心理，不仅抓住了他的理想与现实的冲突加以分析，而且也紧紧抓住了青少年青春期的心理特点来表现主人公的善良纯真和荒诞放纵。小说中既用了“生活流”，也用了“意识流”，两者得到了巧妙的结合。 在语言的运用上，该书也别具一格。全书用青少年的口吻平铺直叙，不避琐碎，不讳隐私，使用了大量的口语和俚语，生动活泼，平易近人，达到了如闻其声、如见其人的效果，增加了作品的感染力，使读者更能激起共鸣和思索，激起联想和反响。

尤利西斯

/爱尔兰/乔伊斯/意识流小说的旗帜

手持放大镜的乔伊斯

乔伊斯在1917年患青光眼，这令他大为苦恼，而且直接影响到了他最后一部作品《为芬尼根守灵》的创作。不过，他仍于1938年完成了这部著作，并于1939年5月出版。

⊙作者简介

乔伊斯（1882 ~ 1941年），爱尔兰著名的现代派小说家，生于爱尔兰首府都柏林一个中产阶级税务员家庭。早年在耶稣学校学习，在中学时代就初步表现出非凡的文学才能。1898 ~ 1902年，他在都柏林大学攻读现代语言学。毕业后曾与叶芝、格雷戈里夫人等人结识交往，爱好易卜生戏剧。21岁时，由于人生观发生剧变，他同宗教信仰痛苦地决裂。1903年，因母亲病重，不得不返回家乡，在一家私立学校教书，并练笔写作故事和诗歌。为了同都柏林庸俗、堕落的社会生活彻底决裂，1904年，他偕女友诺拉私奔欧洲大陆，从此义无反顾地开始了长达一生的流亡生涯。先后移居瑞士的苏黎世、意大利的罗马等地，以教授英语、做银行小职员为生，同时从事写作。1922年后，他定居巴黎，专心从事文学创作活动。1941年1月13日病逝于苏黎世。

乔伊斯早期创作主要是诗歌和短篇小说。1907年发表抒情诗集《室内音乐》。1914年短篇小说集《都柏林人》出版，作者声明它的创作宗旨是“要为我国的道德和精神史写下自己的一章”。1916年发表半自传体长篇小说《一个青年艺术家的画像》。1922年乔伊斯的代表作《尤利西斯》出版，轰动了整个巴黎、爱尔兰，一时成为西方文坛评论的中心。1939年出版了他最后一部长篇意识流小说《芬尼根守夜人》。此外，乔伊斯还著有剧本《流亡者》（1918）等。

⊙背景提示

在文学创作过程中，乔伊斯发展出了一种崭新的散文文体和一种崭新的小说形式（即以人类心理活动，包括无意识活动为主要观照对象的意识流小说）。他认为文学发展有三个阶段：抒情、叙事和戏剧。戏剧阶段是最高、最完美的阶段，作家不再抒情，也不再介入事件，而是“像造物主一样，隐匿于他的创作之后、之外，无迹可寻，超然物外”，让人物在没有作者干预的场景中自由生活，直接展示自己的精神世界，同时也让读者直接进入角色的灵魂深处。这就是乔伊斯所追求的文学目标，也是意识流小说的一个显著特征。

作为乔伊斯的主要代表作，《尤利西斯》在报刊连载时因被指淫秽而在英美屡遭禁毁，不过这场官司却使得作品的声名得以提高，很多报社都为此专门写了评论。一些出版社愿意为作者出删节过后的单行本，但乔伊斯宁肯不出也不愿修改一个字。1922年《尤利西斯》的初版本在巴黎出版，旋即在英美等地流传。经过一批著名作家的努力，1933年这部作品终于可以在英美公开出版。这次事件也被看作是“划清了色情诲淫的黄色读物与文学作品中正常而必要的性描写的界限”，在出版史上也具有一定的意义。

⊙内容提要

《尤利西斯》主要是写一个平凡的小人物即主人公广告经纪人利奥波德·布卢姆在1904年6月

16日这一天的活动经历：

青年诗人斯蒂芬因母亲病危，从巴黎返回都柏林，决心靠教书谋生。这天上午，斯蒂芬去学校领薪水，校长给他一篇文章，让他找个报社发表。斯蒂芬离开学校后，来到海滩，望着汹涌的大海浮想联翩。他的思想极为苦闷，希望自己能有一个精神上的父亲。

乔伊斯的长篇小说《尤利西斯》的封面

此书写成于1922年初，占去了乔伊斯8年的时间，但正是它使乔伊斯闻名于世，并且奠定了乔伊斯意识流派中心人物的地位。

这天清晨，小市民布卢姆起早上街买了一副腰子。回家后，他给还未起床的妻子莫莉端去早餐。妻子是个小有名气的歌手，所得的薪水远胜于布卢姆，但生活不检点，好招蜂引蝶。布卢姆知道她今天下午要去和情人博伊兰约会，但他实在没有什么办法和勇气去阻止他们，为此极为烦恼。于是，在上午10点，布卢姆也化名弗洛尔，与一名叫玛落的女打字员交换情书，看完之后不禁飘飘然起来。

11点，布卢姆去墓地参加了迪格纳穆的葬礼。在墓地上，他看见了博伊兰潇洒的身影，又回想起自己夭折的儿子和自杀的父亲，心中顿感凄凉。但马上又自我解嘲，回到现实中来。

中午，布卢姆到报社去向主编说明自己揽来的广告图案，碰巧看见正替校长推荐文章的斯蒂芬。主编对校长的文章不屑一顾，斯蒂芬只好无奈离去。他想到自己刚领薪水，便邀请布卢姆一起喝酒。

《尤利西斯》的作者乔伊斯与出版者丝薇雅·毕奇

下午1点，布卢姆走进一家廉价的小饭馆准备就餐，但这里凌乱不堪，于是他选择了另一家餐馆，谁料又在这附近遇见情敌博伊兰。他赶紧找到一家图书馆躲藏起来。2点钟时，他看见斯蒂芬正在这里高谈阔论，但自己并没有加入进去。随后，他穿行在街上，看见整个都柏林都在无聊中忙碌。

下午5点，他来到一家酒吧等候朋友，却看见一个无赖正在诋毁犹太人。身为犹太人的布卢姆实在忍无可忍，与这个无赖争吵起来，最后在这个无赖的暴力威胁下仓皇出逃。

黄昏时分，布卢姆来到海滩，目送着夕阳正缓缓西沉。这时，少女格蒂也来到

名家点评

这部作品问世后因被指淫秽而屡遭禁毁，但到今天已经是不容置疑的现代经典。冒着坐牢危险连载《尤利西斯》一书的美国《小评论》杂志主编玛格丽特·安德森曾精辟地指出，乔伊斯的小说是“为自己而写，为那些有志于探讨命运如何欺凌、伤害自己的人而写”，“惟有不凡的人，才能够将陈腐、枯朽及淫猥完美地转化为人类的批评史诗，以向那些腐蚀他心志的人类劣根性讨回公道”。

附近纳凉。布卢姆被她的美貌深深迷住，但最后竟发现这个女孩是个瘸子，不禁失声叹道："可怜的姑娘！"

晚上 10 点，布卢姆到妇产医院去探望难产的麦娜夫人，在那里又巧遇斯蒂芬正和一群医学院的学生高谈阔论，他们个个喝得酩酊大醉。等到麦娜夫人顺利产下一男婴后，斯蒂芬又要邀请大家一起喝酒。在这寂寥的午夜，布卢姆的眼前渐渐出现了许多幻觉。他幻想着自己在一家妓院里达到高潮，又被警察莫名其妙地抓去盘问，然后突然当上市长和国王。正当国民开始驱逐他这个"国王"时，布卢姆开始清醒。他到妓院寻找斯蒂芬，醉酒的斯蒂芬在大街上胡言乱语，被警察打了一顿。这时，失意的斯蒂芬与布卢姆仿佛在彼此的身上找到了各自的精神寄托。

布卢姆将斯蒂芬带回家。清晨时分，斯蒂芬告辞而去。布卢姆联想到妻子昨夜与情人的幽会，内心充满了无奈。而睡梦中的莫莉正幻想着和斯蒂芬这个新来的年轻人谈情说爱，于是感到一种莫名的冲动和满足。

⊙作品评价

意识流是 19 世纪末西方小说发展起来的一种写作技巧。这一名词最早是美国心理学家威廉·詹姆斯在其《心理学原理》(1890)一书中开始使用的，原指人类的意识是流动的，千变万化，而不是固定的，有条不紊的。后来心理分析家弗洛伊德进而提出意识与潜意识的学说。在文学上，则指小说家不加评论地描绘人物通过联想、回忆等内在的思想活动，随时对外界事物所起的反应，也可以称作内心独白。乔伊斯并不是意识流的创造者，但《尤利西斯》无疑是运用这种"内心独白"最为成功的作品之一。

由于意识流叙述手法的运用，《尤利西斯》摆脱了传统小说通过故事情节来展现人物形象的窠臼，给读者创造出一种全新的艺术世界。在这部作品中，主要出现的有三个人物，即代表庸人主义的布卢姆、代表肉欲主义的莫莉以及代表虚无主义的青年斯蒂芬。小说通过这三个人一天的生活，把他们的全部历史、全部精神生活和内心世界表现得淋漓尽致。作者写出了生活在都市的现代人的失望和寂寞，也反映出了他们灵魂深处的空虚和失落。特别是布卢姆这一人物，可以说是从里到外写得最为全面的人物。他们仿佛成为都柏林这一城市精神的代表，体现出作者对于现实的独特看法。而作者将书名定为"尤利西斯"，也显然具有一定的象征意味。因为尤利西斯就是荷马史诗中的希腊英雄奥德修斯，作者显然是把布卢姆一天 18 小时在都柏林的游荡比作尤利西斯 10 年的海上漂泊，这也使《尤利西斯》具有了现代史诗的概括性，被称为当代的"奥德修记"。

从艺术上看，这部作品是一部典型的现代主义小说，而且书中运用了大量的典故和神话，使作品具有非常深厚的文化积淀和思想内容，但也可能因此而造成一部分读者的阅读困难。某些读者称之为"天书"，这是可以理解的，但它的价值却有待于聪明的读者在阅读之中慢慢体会和发现。

相关链接

詹姆斯像

"意识流"本是一个心理学术语，美国心理学家詹姆斯曾把意识比喻为流动的"河流"或"流水"，20 世纪 20 年代，欧美一些作家把这种理论直接运用到文学创作中，认为文学应该表现人的意识流动，尤其是潜意识的活动，人的意识流动遵循的是心理时间，这就形成了意识流文学。它不是一个统一的文学流派，也没有公认的统一定义，在实际的运用上也很不同，主要是采用不受时间和空间限制的自由联想和内心独白的表现手法，法国作家普鲁斯特的《追忆似水年华》、爱尔兰乔伊斯的《尤利西斯》、美国福克纳的《喧哗与骚动》、英国女作家伍尔芙的《到灯塔去》等作品，都是意识流小说的代表作。作为一种创作方法，意识流对很多现代文学流派都有影响。

百年孤独

/哥伦比亚/马尔克斯/魔幻现实主义的代表作

⊙作者简介

马尔克斯像

马尔克斯（1928 ~ ），哥伦比亚作家、记者，生于马格达莱纳省阿拉卡塔卡镇。13岁时，他迁居首都波哥大，就读于教会学校。18岁进国立波哥大学攻读法律，并加入自由党。1948年，哥伦比亚发生内战，中途辍学。不久，他进入报界，任《观察家报》记者，同时从事文学创作。1954年起，任该报驻欧洲记者。1961年起，任古巴拉丁社记者。1961 ~ 1967年侨居墨西哥，从事文学、新闻和电影工作。1971年，获美国哥伦比亚大学名誉文学博士称号。1972年，获拉美文学最高奖——委内瑞拉加列戈斯文学奖。1982年，获诺贝尔文学奖和哥伦比亚语言科学院名誉院士称号。重要作品有长篇小说《百年孤独》（1967）、《家长的没落》（1975）、《霍乱时期的爱情》（1985），中篇小说《枯枝败叶》（1955）、《恶时辰》（1961）、《没有人给他写信的上校》（1961）、《一件事先张扬的凶杀案》（1981），短篇小说集《蓝宝石般的眼睛》（1955）、《格兰德大妈的葬礼》（1962），电影文学剧本《绑架》（1984），文学谈话录《番石榴飘香》（1982）和报告文学集《一个海上遇难者的故事》（1970）、《米格尔·利廷历险记》（1986）等。

⊙背景提示

被誉为“再现拉丁美洲历史社会图景的鸿篇巨著”的《百年孤独》，是马尔克斯的代表作，也是拉丁美洲魔幻现实主义文学作品的代表作。全书近30万字，内容庞杂，人物众多，情节曲折离奇，再加上神话故事、宗教典故、民间传说以及作家独创的从未来的角度来回忆过去的新颖倒叙手法等等，令人眼花缭乱。作者通过布恩地亚家族7代人充满神秘色彩的坎坷经历来反映哥伦比亚乃至拉丁美洲的历史演变和社会现实。从1830年至19世纪末的70年间，哥伦比亚爆发过几十次内战，使数十万人丧生。该书以很大的篇幅描述了这方面的史实，并且通过书中主人公带有传奇色彩的生涯集中表现出来。

⊙内容提要

何塞·阿卡迪奥·布恩迪亚是西班牙人的后裔，他与乌苏拉新婚时，由于害怕像姨母与叔父结婚那样生出长尾巴的孩子来，于是乌苏拉每夜都会穿上特制的紧身衣，拒绝与丈夫同房。后来丈夫因此而遭邻居阿吉拉尔的耻笑，杀死了阿吉拉尔。从此，死者的鬼魂经常出现在他眼前，鬼魂那痛苦而凄凉的眼神，使他日夜不得安宁。于是他们只好离开村子，外出谋安身之所。他们跋涉了两年多，由此受到梦的启示，他们来到一片滩地上，定居下来。后来又有许多人迁移至此，这地方被命名为马孔多。布恩迪亚家族在马孔多的百年兴废史由此开始。

名家点评

智利文学批评家里卡多·拉查姆说：“（马尔克斯）由于以令人难以忘怀的形式来描写热带生活，由于生气勃勃、引人入胜的创作风格而如此迅速地赢得公众的尊敬。”

何塞·阿卡迪奥·布恩迪亚是个富于创造精神的人，他从吉卜赛人那里看到磁铁，便想用它来开采金子。看到放大镜可以聚焦太阳光便试图因此研制一种威力无比的武器。他通过吉卜赛人送给他的航海用的观像仪和六分仪，便通过实验认识到“地球是圆的，像橙子”。他不满于自己所在的贫穷而落后的村落生活，因为马孔多隐没在宽广的沼泽地中，与世隔绝。他决心要开辟一条道路，把马孔多与外界的伟大发明连接起来。可他带一帮人披荆斩棘干了两个多星期，却以失败告终。后来他又研究炼金术，整日沉迷不休。由于他的精神世界与马孔多狭隘的现实格格不入，他陷入孤独的天井中，以致精神失常，被家人绑在一棵大树上，几十年后才在那棵树上死去。乌苏拉成为家里的顶梁柱，她活了 115 岁至 120 岁。

布恩迪亚家族的第二代有两男一女。老大何塞·阿卡迪奥是在来马孔多的路上出生的。他在那里长大，和一个叫皮拉·苔列娜的女人私通，有了孩子。他十分害怕，后来与家里的养女蕾蓓卡结婚。但他一直对人们怀着戒心，渴望浪迹天涯。后来，他果然随吉卜赛人出走，回来后变得放荡不羁，最后奇怪地被人暗杀了。老二奥雷良诺生于马孔多，在娘肚里就会哭，睁着眼睛出世，从小就赋有预见事物的本领，长大后爱上镇长千金雷梅苔丝。在此之前，他与哥哥的情人生有一子名叫奥雷良诺·何塞。妻子暴病而亡后，他参加了内战，当上了上校。他一生遭遇过 14 次暗杀、73 次埋伏和一次枪决，均幸免于难。与 17 个外地女子姘居，生下 17 个男孩。这些男孩以后不约而同回马孔多寻根，却在一星期内全被打死。奥雷良诺年老归家，和父亲一样对炼金术痴迷不已，每日炼金子作小金鱼，一直到死。他们的妹妹阿马兰塔爱上了意大利技师，后又与侄子乱伦，爱情的不如意使她终日把自己关在房中缝制殓衣，孤独万状。

第三代人只有两个堂兄弟，阿卡迪奥和奥雷良诺·何塞。前者不知生母为谁，竟狂热地爱上生母，几乎酿成大错。后者成为马孔多的军队长官，贪赃枉法，最后被保守派军队枪毙。生前他与一女人未婚便生一女两男。其堂弟热恋姑妈阿马兰塔，但无法与她成婚，故而参加军队，去找妓女寻求安慰，最终也死于乱军之中。

第四代即是阿卡迪奥与人私通生下的一女两男。女儿俏姑娘雷梅苔丝楚楚动人，她身上散发着引人不安的气味，曾因此置几个男人于死地。她总愿意裸体，把时间耗费在反复洗澡上面，而她一样在孤独的沙漠上徘徊，后来在晾床单时，被一阵风刮上天不见了，永远消失在空中。她的孪生弟弟——阿卡迪奥第二，在美国人办的香蕉公司里当监工，鼓动工人罢工。后来，3000 多工人全被镇压遭难，只他一人幸免。他目击政府用火车把工人们的尸体运往海边丢弃，四处诉说这场大屠杀，

相关链接

20 世纪拉丁美洲小说创作中的一个流派。这一术语最早是 1924 年德国艺术批评家弗兰兹·罗在一本评论后期表现派绘画的专著中提出的，之后，委内瑞拉作家乌斯拉尔·彼得里在《委内瑞拉文学与人》一书中将其应用到文学评论上。作为一个文学流派，它发源于 20 世纪 30 年代，早期主要表现为对美洲印第安人或黑人神话传说的发掘，代表作是危地马拉作家阿斯图里亚斯的短篇小说集《危地马拉的传说》；中期从 40 年代末到 60 年代中，主要包括阿斯图里亚斯的《玉米人》、秘鲁作家 J.M. 阿格达斯的《深沉的河流》和哥伦比亚作家加西亚·马尔克斯的《百年孤独》等，这些作品的显著特点是通过神话原型的显现以展示拉丁美洲的文化混杂和社会矛盾；此后，魔幻现实主义盛极而衰，但它的某些创作方法一直延续到 70 年代甚至更晚。

美洲豹猎人　里兹·赖特

《百年孤独》封面

反被认为神志不清。他无比恐惧失望，最后把自己关在房子里潜心研究吉卜赛人留下的羊皮手稿。另一个奥雷良诺第二终日纵情酒色，弃妻子于不顾，在情妇家中厮混。奇怪的是，这使他家中的牲畜迅速地繁殖，给他带来了财富。他与妻子生有二女一男，后在病痛中死去。因此，人们一直没认清他们兄弟俩儿谁是谁。

布恩迪亚家族的第五代是奥雷良诺第二的一男二女，长子何塞・阿卡迪奥小时便被送往罗马神学院去学习。母亲希望他日后能当主教，但他对此毫无兴趣，只是为了那假想中的遗产，才欺骗母亲。母亲死后，他回家靠变卖家业为生。后为保住乌苏拉藏在地窖里的7000多个金币，被歹徒杀死。女儿梅・香梅苔丝与香蕉公司学徒相好，母亲禁止他们见面，他们只好暗中在浴室相会，母亲发现后以偷鸡贼为名打死了他。梅万念俱灰，怀着身孕被送往修道院。小女儿阿马兰塔・乌苏娜早年在布鲁塞尔上学，在那里成婚后归来，见到马孔多一片凋敝，决心重整家园。她朝气蓬勃，充满活力，她的到来，使马孔多出现了一个最特别的人。她的情绪比这家族的人都好，也就是说，她想把一切陈规陋习打入十八层地狱。因此，她订出长远计划，准备定居下来，拯救这个灾难深重的村镇。

布恩迪亚家族的第六代是梅送回的私生子奥雷良诺・布恩迪亚。他出生后一直在孤独中长大，他唯一的嗜好是躲在吉卜赛人梅尔加德斯的房间里研究各种神秘的书籍和手稿。他甚至能与死去多年的老吉卜赛人对话，并受到指示学习梵文。他一直对周围的世界既不关心也不过问，但对中世纪的学问却了如指掌。自从姨母阿马兰塔・乌苏娜回乡之后，他不知不觉地对她产生了难以克制的恋情，两人发生了乱伦关系。但他们认为，尽管他们受到孤独与爱情的折磨，但他们毕竟是人世间唯一最幸福的人。后来阿马兰塔・乌苏娜生下了一个健壮的男孩，“他是百年里诞生的布恩迪亚当中唯一由于爱情而受胎的婴儿”。然而，他身上竟长着一条猪尾巴。阿马兰塔・乌苏娜产后大出血而亡。

那个长猪尾巴的男孩就是这延续百年的家族的第七代继承人。他被一群蚂蚁围攻并被吃掉。就在这时，奥雷良诺・布恩迪亚终于破译出了梅尔加德斯的手稿。手稿卷首的题词是：“家族中的第一个人将被绑在树上，家族中的最后一个人将被蚂蚁吃掉。”原来，这手稿记载的正是布恩迪亚家族的历史。在他译完最后一章的瞬间，一场突如其来的飓风把整个儿马孔多镇从地球上刮走，从此这个镇不复存在了。

⊙作品评价

马尔克斯遵循“变现实为幻想而又不失其真”的魔幻现实主义创作原则，经过巧妙的构思和想象，把触目惊心的现实和源于神话、传说的幻想结合起来，形成色彩斑斓、风格独特的图画，使读者在“似是而非，似非而是”的形象中，获得一种似曾相识又觉陌生的感受，从而激起寻根溯源去追索作家创作真谛的愿望。印第安传说、东方神话以及《圣经》典故的运用，进一步加强了该书的神秘气氛。另外，作家还独创了从未来的角度回忆过去的新颖倒叙手法。最后，值得注意的是，该书凝重的历史内涵、犀利的批判眼光、深刻的民族文化反省、庞大的神话隐喻体系是由一种让人耳目一新的神秘语言贯穿始终的。

1995年，马尔代夫为纪念获得诺贝尔文学奖的马尔克斯发行的邮票。

□查泰莱夫人的情人

/英国/劳伦斯/爱与性的挣扎与解放

⊙作者简介

劳伦斯（1885～1930年）是英国小说家，1885年9月11日生于诺丁汉郡的伊斯特伍德村。父亲是煤矿工人，母亲当过小学教师。劳伦斯少年时代在诺丁汉矿区上学，后到诺丁汉大学学过植物学、法律。他很早就开始写诗，于1911年发表了第一部长篇小说《白孔雀》，表达了作者对大自然勃勃生机的礼赞、对畸形文明迫害人们天性的谴责。1910年母亲的去世给他很大打击，又与大学教授的夫人弗丽达一见钟情，弗丽达的爱情给他很大鼓舞，两人于1914年结婚。一战中发表长篇《虹》，因触犯当局战时利益而被禁毁，使他处境艰难，几乎一蹶不振。战争结束后他开始了流亡生涯，先后到过意大利、德国、澳大利亚、美国、墨西哥等地，企图找到一处世外桃源。1928年私人出版了最有争议的最后一部长篇小说《查泰莱夫人的情人》，但英美等国直到60年代初才解除对此书的禁令。1930年3月2日劳伦斯因患肺结核死于法国尼斯附近的旺斯镇，骨灰安葬在美国新墨西哥州的一个农场。劳伦斯是20世纪英国文学史上最独特、最有争议的作家，他认为小说是人类表达思想感情方式中的最高形式，认为“艺术的使命在于揭示人与周围世界的关系”。他敢于打破传统方式，以其独特的风格揭示人性中的本能力量，召唤人们从资产阶级文明的灰烬中重建现代社会。

劳伦斯像

⊙背景提示

20世纪欧美各国科学技术与工业生产的飞跃发展，不仅没有消除资本主义的痼疾，反而加剧了人类的生存危机，战争、动乱、失业与经济萧条接连不断，人与自然、人与社会、人与自我的关系畸形脱节。这些带有根本性的问题引起了新一代现实主义作家的严重关注。他们通过自己的创作，从不同的角度反映了在资本主义高度物质文明的重压下冷酷荒诞的人际关系与极不和谐的生存环境，揭示了人性的扭曲、人的精神崩溃与道德堕落、人自身价值的丧失，在对丑恶现实的揭露批判过程中，交织着对未来的憧憬与迷惘。劳伦斯的作品大多从两性关系入手，描写资本主义工业文明对人性的压抑和摧残，深刻揭示了现代人悲剧性的生存状况，表达了对充满自然精神的理想社会的向往。

⊙内容提要

1917年，英国中部矿场老板和贵族地主克利福特·查泰莱奉父亲老男爵之命，从战场前线请

名家点评

中国现代著名作家郁达夫说：“劳伦斯的小说《查泰莱夫人的情人》（Lady Chatterley's Lover），批评家们大都无异议地承认它是一代的杰作。”

杜衡评价《查泰莱夫人的情人》说：“劳伦斯绝对不是为描写性欲而描写性欲，他只认识性的活动是人类灵魂的两极的适当表现，人类的超升无疑地系诸于两性间问题的解决。劳伦斯便很自然地用性欲题材来作它的表现手段。”

相关链接

长篇小说《虹》是劳伦斯的代表作，小说描写了布兰文一家三代精神发展的历史，叙述方式带有明显的 19 世纪现实主义小说的特点；但与传统的“家世小说”相比，重在表现布兰文一家三代精神发展的轨迹。他们的探索从整体上反映了现代人的困惑、苦闷、挣扎和憧憬，表达了人们打碎枷锁、实现新生的愿望。每一代人都试图突破周围狭隘的生活，以求将自身的存在投入更广阔、更自由的生存环境中；他们的努力，在不同意义上都将这种探索向前推进了一个阶段。这其中有成功的喜悦，也有失败的苦涩。

劳伦斯的《儿子与情人》书影

假回家，与康斯坦斯（爱称康妮）结婚，匆匆度完蜜月，又返回部队。不久因受伤，被送回国。经抢救虽保住了性命，但腰部以下终身瘫痪了，只能坐在轮椅上生活。父亲去世后，克利福特继承了产业和爵位，带康妮回到老家。

康妮是个活泼、开明的姑娘，精力充沛、身体健康，从小受到自由的教育。她尽心地照顾已丧失生活能力的丈夫，协助他写小说。克利福特尽管在外表上保持着贵族气质，但由于性功能的丧失，他的精力日渐萎缩，感情也日渐贫乏，生活虽然无忧无虑，却死气沉沉，毫无生气。这一切使康妮备受煎熬，她越来越无法忍受这种令人窒息的生活了。

庄园猎场新来一个看守人奥利弗·麦勒斯，是个退役军人，身体强健。查泰莱夫人偶然与她相遇于林间小屋，一见倾心，互生爱慕之心，从此，双双坠入爱河。康妮常常悄悄来到林间小屋与麦勒斯幽会，尽情地享受充满爱欲、充满激情和原始欢乐的性生活。这一切，使康妮重新对生活充满着渴望。不久，康妮怀孕了，而麦勒斯的妻子也突然出现，公开了他们的私情。康妮打定主意，要与克利福特离婚，而麦勒斯也将在得到与妻子的离婚证明之后，与康妮团聚。

⊙作品评价

在劳伦斯看来，资本主义工业化和机械文明越发达，对人性的扼杀就越残酷。在《查泰莱夫人的情人》中，他试图以两性关系在感情和肉体上的双重结合来恢复被现代文明扼杀的天性，来再造原始的、纯自然的、充满活力的生命个体，进而使英国社会再获生机。劳伦斯认为，性本身并不是肮脏的，一定的性的吸引是人类生活中的无价之宝。真正意义上的性爱是意识与本能的双重交融。在小说中，劳伦斯以优美的抒情笔调，把康妮和麦勒斯的性关系、性生活写得健全、庄重乃至神圣，将之视为一种人类最自然、最伟大的生活内容。

《查泰莱夫人的情人》电影海报

□ 生命中不能承受之轻

/捷克/米兰·昆德拉/人类灵魂的独特诠释

⊙作者简介

米兰·昆德拉（1929 年 ~），捷克小说家，生于捷克布尔诺市。童年时代，他便学过作曲，受过良好的音乐熏陶和教育。少年时代，开始广泛阅读世界文艺名著。青年时代，他写过诗和剧本，画过画，搞过音乐并从事过电影教学。50 年代初，他作为诗人登上文坛，出版过《人，一座广阔的花园》（1953）、《独白》（1957）以及《最后一个五月》等诗集。但诗歌创作显然不是他的长远追求。最后，当他在 30 岁左右写出第一个短篇小说后，他确信找到了自己的方向，从此走上了小说创作之路。1967 年，他的第一部长篇小说《玩笑》在捷克出版，获得巨大成功。移居法国后，他很快便成为法国读者最喜爱的外国作家之一。他的绝大多数作品，如《笑忘录》（1978）、《生命中不能承受之轻》（1984）、《不朽》（1990）等都是首先在法国走红，然后才引起世界文坛的瞩目。他曾多次获得国际文学奖，并多次被提名为诺贝尔文学奖的候选人。除小说外，昆德拉还出版过三本论述小说艺术的文集，其中《小说的艺术》（1986）以及《被背叛的遗嘱》（1993）在世界各地流传甚广。

米兰·昆德拉在他巴黎的书屋里的情景

⊙背景提示

昆德拉在谈小说时说："无论有意还是无意，每一部小说都要回答这个问题：人的存在究竟是什么？其真意何在？"在他眼里，小说的主旨乃在于描述人类存在的境况，并揭示其中深藏的奥秘。《生命中不能承受之轻》正是此意义上的现代作品。这部小说以 1968 年捷克事件为历史背景，用冷静而幽默的笔触描述了外科医生托马斯、女记者特丽莎、女画家萨宾娜、大学讲师弗兰茨等人的生活境况和心态意绪，揭示了人类生存的窘迫境遇和重重困惑，具有深刻的哲理内涵。面对生存，面对历史，昆德拉揭去了古典式的理想主义罩衣，把生命存在所面临的两难境地以及由此产生的全部荒诞赤裸裸地展示在人们面前。

⊙内容提要

工作在捷克首都布拉格的外科医生托马斯是一位与妻子离婚、自己独居的中年男子。十多年来，在男女两性问题上，他一直追求和保持着一种所谓的"性友谊"。男女双方的交往应仅仅局限在单纯的性交往上，除此之外，双方不应该要求对方，或用责任和义务来约束对方。托马斯依循着这种"性友谊原则"，与一些女人保持着不远不近、不疏不密、不冷不热的关系。一个很偶然的机会，托马斯与乡间餐馆女招待特丽莎邂逅相识。年轻淳朴的特丽莎进入托马斯的生活，改变了托马斯守持十年的"性友谊"原则。托马斯决定与特丽莎在布拉格长期同居，并求他的情人——女画家萨宾娜为特丽莎找到了一份工作。同托马斯生活在一起，使特丽莎陷入了十分矛盾的窘境之中，同时，她的介入也造成了托马斯生活的窘态。特丽莎一方面十分珍惜与托马斯的爱情，另一方面，她又难以容忍托马斯继续与别的女人保持关系。特丽莎生活在嫉妒与恶梦之中，而托马斯则常常奔命于他的"性友谊原则"与爱的忠诚这两个难以调和的冲突之间。

名家点评

美国《新闻周刊》称赞该书："昆德拉把哲理小说提高到了梦幻抒情和感情浓烈的一个新水平。"《纽约时报》则称："《生命中不能承受之轻》是20世纪最伟大的小说之一，昆德拉借此坚定地奠定了他作为世界上最伟大的在世作家的地位。"

1968年苏联以突然袭击的方式，占领了布拉格。特丽莎这时已由暗房技工提升为一名出色的新闻摄影记者。她以记者的身份全身心地投身于拍照采访的工作中，用镜头记录下占领者的野蛮和抗议者的愤怒，虽几遭威胁和被捕，她仍不停地工作，将拍摄下来的历史镜头送往国外发表。苏军的占领使形势越来越恶化，托马斯和特丽莎不得不离开祖国，移居瑞士。恰巧托马斯的情人萨宾娜这时也已流亡瑞士。托马斯打电话与萨宾娜联系，两位昔日的情人又旧梦重温。侨居国外的生活并没有改变特丽莎的心境，反而使她觉得更加孤独和难以忍受。为此，特丽莎决定独自返回自己的祖国。临行时留给托马斯一封信。后来，内心深爱着特丽莎的托马斯，也毅然作出了返回布拉格的抉择。

流亡瑞士的女画家萨宾娜在日内瓦结识了新情人弗兰茨。弗兰茨是在大学任教的讲师。这对情人的不断交往，同样造成了令人窘迫的局面。萨宾娜生性孤傲，一生最厌恶的是媚俗，认为媚俗是人类生活中最可恶的敌人。从反对媚俗出发，萨宾娜蔑视一切众人约定俗成的原则和戒律。她凭着女人的敏感意识到自己与弗兰茨不过是貌合神离。她与弗兰茨的交往也都不过是些错位中的对话。她力图追求一种既真实又不媚俗的生活。在弗兰茨决定与萨宾娜生活在一起的时候。萨宾娜却不声不响地消失了。弗兰茨虽沉溺在对萨宾娜的爱恋之中，并决定与妻子克劳迪离婚，同萨宾娜结合，但他根本不能理解萨宾娜对生活的感受。萨宾娜的不辞而别把他推向了一个更为窘迫的尴尬境地：离开了妻子和家，但又同时失去了热恋的情人。然而，弗兰茨很快又惊异地发现，这种窘境也给他带来了某种意义上的自由和新生。这种突然降临的庆幸，又使他与一位学生情人同居生活在一起，从而使他摆脱了把爱情理解为一场战斗的那个可怕的妻子。萨宾娜离开日内瓦后，在巴黎定居。几经沧桑，几经漂流，她感到四周空空如也。强烈的虚无感包围了她，她悟出了人生的奥秘。人的一生所难以承受的并非累累重负，而是生命中不可承受之轻。或许生活中的奋争、操劳、反叛、追求等等所欲达到的目的，只是那生命中不可承受的轻。在巴黎她收到了一封布拉格的来信，得知托马斯与特丽莎已死于一次偶然的交通事故。这一死讯更增加了萨宾娜的虚无感。

托马斯和特丽莎返回布拉格后，一直生活在绝望与沉沦之中。由于苏联的占领，捷克似乎进入了一个"葬礼的时代"，绝望之感在整个国家弥漫着，渗入人们的灵魂和肉体，人们的生活如履薄冰，到处充斥着暗探、密告、监视。托马斯和特丽莎当然不能逃脱厄运。托马斯因为过去写过的一篇文章，而被解雇，失业后在郊外的一家小诊所找到了一份很差的工作，可由于托马斯拒绝与警察的所谓合作，不愿去陷害一位编辑，连这份很差的工作也丢掉了，最后成了一名窗户擦洗工。

《不能承受的生命之轻》电影海报

相关链接

《玩笑》是米兰·昆德拉的成名作，问世于1967年，当时即获得了巨大的成功，连印三版，仍在几天内销售一空。这本书讲述年轻的共产党员路德维克因为与女友开的一个玩笑而改变了人生命运的故事，奠定了米兰·昆德拉在捷克文学史上的地位。

《生活在别处》发表于1976年，曾获意大利蒙德洛文学奖，是米兰·昆德拉的另一部比较重要的长篇小说。小说共分五章，依次讲述五天里所发生的事情，情节曲折，行文已具有昆德拉成熟时期的叙事风格。

从此以后，托马斯更加沉沦，只能靠偶然外遇的性游戏来填补生命中的空白。特丽莎的心灵更遭受了极大的打击。祖国的沦陷，所钟爱的人的沉沦，使她陷入了极度的混乱而难以自拔，可怕的是梦魇和幻觉给她的心理蒙上了厚厚一层恐惧的色彩。为了摆脱缠扰不休的恶梦，她选择了一个荒唐的尝试，与一个素不相识的陌生人发生了性关系，然而，此等荒唐之举丝毫也未改变她的本来心境。特丽莎再也不能忍受这种沉沦绝望的生活了，为了她和托马斯，她建议双双隐居乡村，希望用乡村的静谧来安抚不安的灵魂。最后，他俩因车祸而双双身亡，灵魂因死亡而得到了彻底的安息。不知是出于对自己信念的追求，还是为表示对过去情人萨宾娜的忠诚，弗兰茨十分同情和关注被越南侵占的柬埔寨战况，并积极参加一次进军柬埔寨的行动。这一行动是由西方一些著名知识分子发起组织的，他们组成一支队伍开进越南占领的柬埔寨，以迫使越南人允许医生入境。在进入柬埔寨的过程中，弗兰茨体会到了伟大的历史事件与喜剧性的荒诞往往会自然而又奇异地结合在一起。许多知名人士在为正义而斗争的掩盖下，却干着猎取虚荣的勾当。一个夜晚，弗兰茨被几个拦路抢劫的歹徒打死。她的妻子克劳迪为他举行了葬礼。他的学生情人站在远处恸哭失声。弗兰茨完成了漫漫迷途的永恒回归。女画家萨宾娜一直流亡异地他乡，四处漂泊，最后定居美国。有一天，她写了一份遗嘱，请求把自己的尸体火化，骨灰撒到空中。用死完成了生命所不能承受之轻。

⊙作品评价

《生命中不能承受之轻》带有很浓的结构主义色彩。与传统意义上的小说不同，昆德拉的人物从不追求如交响乐乐章般的鲜明和饱满，他只把人物和事件作为一些象征符号，让他们在社会符号系统里运动，藉此来阐释思想的内涵。小说的文字既像散文又像理论随笔，但结构却采用了严谨的巴赫金所谓“复调小说”的形式。小说章节题目中“轻与重”、“灵与肉”出现两次，而且次序颠倒，对某些意念（如树脂涂覆的草筐里的孩子、圆顶礼帽、托马斯的窗前凝望等）的反复出现，成为小说的基本动机和推进动力，但再现中又充满了变奏。围绕着忠贞与放荡，抵抗与服从，精神与肉体，安分与叛逆等诸多矛盾，作品从不同层面揭示了主题，最后几乎构筑了一个颇为完整的人物系统和理论体系。从严格意义上说，这种哲理小说已经背离了小说的传统定义，不再通过感性传达使读者得到心理的满足，而要求他们用理性思维去感知作品的思想内涵，从而得到一种思索的快感。昆德拉曾引古犹太谚语“人们一思索，上帝就发笑”，因为他认为自己的小说就是上帝笑声的回响。

《生命中不能承受之轻》电影剧照

特丽莎是个乖巧、纯净、脱俗的美人，托马斯对她似乎一见钟情，她也为身边有这么一个忧郁而狂野的漂亮男子而动心不已。

喧哗与骚动

/美国/威廉·福克纳/人生意义的探讨

⊙作者简介

福克纳像

威廉·福克纳（1897 ~ 1962 年）是著名的意识流小说家，美国“南方文学”派的创始人，也是整个西方最有影响的现代派小说家之一。福克纳出生在密西西比州新奥尔巴尼城，祖上原是庄园主，但到他父亲手里已败落为小店主。福克纳念完十年级时，正遇上第一次世界大战爆发，他参加了加拿大皇家空军，大战结束后又回到了密西西比州，上了一年大学，终因生计问题而辍学。

20 世纪 20 年代初，福克纳开始业余创作，他的第一部作品是诗集《大理石的农牧神》（1924），第一部小说是《士兵的报酬》（1926）。自从 1929 年出版了长篇小说《沙多至斯》之后，福克纳开始成为职业作家，先后创作了一系列具有美国南方风格和气息、反映南方生活的小说：《喧哗与骚动》（1929）、《当我弥留之际》（1930）、《八月之光》（1932）、《押沙龙，押沙龙》（1936）、《村子》（1940）、《坟墓的闯入者》（1948）、《小镇》（1957）、《大庄》（1959）等。福克纳的最后一部小说是在逝世前夕出版的《掠夺者》（1962），他的唯一的剧本是《修大安魂曲》（1951）。

1949 年，福克纳由于“对当代美国小说作出了强有力的和艺术上无与伦比的贡献”而获得诺贝尔文学奖。1955 年他还获得过美国普利策奖金。

⊙背景提示

《喧哗与骚动》是福克纳的代表作，它的标题取自莎士比亚的《麦克白》中的台词：“人生如痴人说梦，充满着喧哗与骚动，却没有任何意义。”小说以美国南方为背景，人物繁多，但刻画得生动丰满，对人物心理的挖掘尤为深刻，反映出当代人共有的追求、思索、苦闷；它所表现的主题思想是多义的，多层次的，因而能在不同的文化中引起共鸣。福克纳在 1950 年接受诺贝尔文学奖时强调指出，诗人和作家的职责在于写“人类的内心冲突问题”，“人的灵魂”。在小说的技巧上，作者运用了“意识流”和“多角度”叙述方法，产生了强烈的艺术效果，为现代派小说创作做出了卓越贡献。

⊙内容提要

美国南方杰弗生镇上的康普生家族是个曾煊赫一时的庄园望族。家中原来广有田地，黑奴成群，如今只剩下一幢破败不堪的宅子，黑佣人也只剩下老婆婆迪尔西和她的小外孙勒斯特，家长康普生先生是个酒鬼，虽然是个律师，却又从不接洽业务，还爱唠唠叨叨地空发议论，把悲观的情绪传染给大儿子昆丁。康普生太太自私冷酷，无病呻吟，总感到自己受气吃亏，实际上她是在拖累、折磨全家人，她时时不忘南方大家闺秀的身份，以致仅仅成为了一种“身份”的化身，而完全不具有母亲与妻子应有的温情，家庭的不幸使她越来越爱发脾气。

康普生夫妇有四个孩子：昆丁、凯蒂、杰生和班吉。凯蒂美丽、热情、开朗，但从“南方淑女”的规约下冲出来，走过了头，成为一个轻佻放荡的女子。她跟本地一个小伙子厮混而怀了孕，为了给孩子找个父亲，她不得不嫁给一个富裕的银行家，后者很快明白了真相，跟她离了婚，她只得把私生子（也叫昆丁）寄养在母亲家中，自己到大城市去闯荡。长子昆丁作为没落的庄园主阶级的最后代表，一种没落感一直追随着他，他骄傲、敏感又极孱弱。他偏偏又过分重视妹妹的贞操，把它和门第的荣誉甚至自己的生与死等问题联系起来。凯蒂的遭遇一下子使他失去精神平衡，就在妹妹结婚一个多月后，他跳河自杀了。

《喧哗与骚动》英文版封面

杰生是凯蒂的大弟弟。他与昆丁相反，随着金钱势力在南方上升，他顺应潮流，成了一个实利主义者，仇恨与绝望有时又使他成为一个没有理性、不切实际的复仇狂和虐待狂。他一无资本，二无才干，只能在杂货铺做小伙计。他恨凯蒂，因为他认为凯蒂的行为使他失去了本应得到的银行里的职位。他恨凯蒂，也恨她的私生女小昆丁，恨关心凯蒂母女的女佣迪尔西，总之，他恨周围的一切。除了钱，他什么都不爱，连对自己的情妇也戒备森严，仅仅看做是做买卖的对手。他毫无心肝，处处占人便宜，却总是一副受害者的面孔。他玩弄花招，把姐姐历年寄来的赡养费据为己有，从中获得复仇的喜悦。凯蒂从外地赶来看望女儿，他却阻拦并限制会面的时间，勒索100元作为母女会面的条件。他还捉弄黑小厮勒斯特，对小外甥女昆丁的扭打与“教育”也不无色情动机。小昆丁在这个家中再也待不下去了，在1928年复活节这一天，她取走了杰生的7000元不义之财，与一流浪艺人私奔了。杰生驱车追寻小昆丁，在火车上惹出乱子，差点丢了性命。又因是不义之财而不敢报警，只好不了了之。

班吉是凯蒂的小弟弟，一个先天性白痴，33岁时的智力仅相当于3岁的孩子，而且是个哑巴，处处要人照顾才成。他喜欢在一块林中草地上玩耍，爱恋着姐姐，对周围的人只能凭气味分辨，还喜欢玩火，数次被火烧伤。但为了使昆丁上哈佛大学，他被骗卖了所喜爱的林中草地。姐姐出走，他十分痛苦。他在街上纠缠一个女学生，被怀疑企图强奸幼女，在杰生的纵容下而被阉割，但他始终不明白为什么会是如此。最后杰生为了丢弃这个累赘，把他送进了州收容所。

⊙作品评价

《喧哗与骚动》并不那么好读。福克纳改变了小说的一般方式，运用多种现代派手法，将时空倒置，过去、现在、未来杂糅一起，而且多视角叙述——三兄弟各自讲一遍自己的故事，最后又从全能角度叙述。所以阅读者的参与是必不可少的。

首先，故事表面上很乱，实际上有着内在的秩序，只不过作者将其有意识地打乱。按照时序，昆丁应该先出场，接着是杰生、班吉、女仆迪尔西，书中的秩序却是“CABD”的组合。其实，福克纳是有他的逻辑性的，这几个人所讲的故事分别是童年时代的事、大学时代的事、杰生当家后的事以及当前的事。而且从反映这个家族历史的角度来看，也很有内在的脉络，最了解家族历史的人成为思维混乱的白痴，上了大学的人心理变态，走上自杀之路，丧失了人性的利己主义者混迹于社会，旧南方的解体已经是不可挽回了。

1950年瑞典科学院颁发诺贝尔文学奖给福克纳的情景

其次，由于作者将读者引入的大都是不正常的内心活动之中，班吉的见闻和回忆是一个白痴的心理活动，他的回忆包含了15个场景和几十个散落的碎片，需要读者仔细拼装只有3岁智商者眼中的变形世界，从中可以发现，这个世界是混乱的，却是直观的。读者只有这样从故事之中走到故事之外，才能逐渐对这个支离破碎的故事形成完整、清晰、理性的认识，进而得出自己的理解和判断。

□钢铁是怎样炼成的

/苏联/奥斯特洛夫斯基/诠释最宝贵的生命历程

⊙作者简介

奥斯特洛夫斯基像

奥斯特洛夫斯基（1904 ~ 1936 年），苏联作家，出生在乌克兰一个贫困的工人家庭。11 岁便开始当童工。1919 年加入共青团，随即参加国内战争。1923 ~ 1924 年担任乌克兰边境地区共青团的领导工作，1924 年加入共产党。由于他长期参加艰苦斗争，健康受到严重损害，到 1927 年，健康状况急剧恶化，但他毫不屈服，以惊人的毅力同病魔作斗争。

1929 年，他全身瘫痪，双目失明。1930 年，他用自己的战斗经历作素材，以顽强的意志开始创作长篇小说《钢铁是怎样炼成的》。小说获得了巨大成功，受到同时代人的真诚而热烈的称赞。1934 年，奥斯特洛夫斯基被吸收为前苏联作家协会会员。1935 年底，前苏联政府授予他列宁勋章，以表彰他在文学方面的创造性劳动和卓越的贡献。1936 年 12 月 22 日，由于重病复发，奥斯特洛夫斯基在莫斯科逝世。

⊙背景提示

《钢铁是怎样炼成的》是一部自传体小说，主人公保尔·柯察金的原型就是作者本人。该书描写了十月革命后第一代苏维埃青年，在布尔什维克党的领导下，同国内外敌人及各种困难进行顽强斗争的经历。小说出版后鼓舞了前苏联千百万青年战胜各种困难的勇气，保尔精神成为一种时代的精神，他的名字被公认为是那个时代共青团的象征。

⊙内容提要

保尔是乌克兰某镇一个贫苦工人家的小儿子，早年丧父，母亲替人洗衣以养家糊口，哥哥是工人。保尔 12 岁时，母亲把他送到车站食堂当杂役，他在食堂里干了两年，受尽了凌辱。

十月革命爆发后，保尔的家乡乌克兰谢别托夫卡镇也和前苏联其他地方一样，遭受了外国武装干涉者和国内反动派的践踏。红军解放了谢别托夫卡镇，但很快就撤走了，只留下老布尔什维克朱赫莱在镇上做地下工作。朱赫莱在保尔家里住了几天，给保尔讲了关于革命、工人阶级和阶级斗争的许多道理。朱赫莱的启发和教育对保尔的思想成长起着决定性的作用。

突然，朱赫莱被匪徒抓去了，保尔急着四处打听。一天，在匪兵押送朱赫莱的时候，保尔出其不意地猛扑过去，把匪兵打到壕沟里，与朱赫莱一起逃跑了。但是由于波兰贵族李斯真斯基的儿子维克多的告密，保尔被投进了监牢。从监狱出来后，保尔拼命地跑，他怕重新落入魔掌，不敢回家，便不自觉地来到冬妮亚的花园门前。他纵身一跳，进了花园。冬妮亚喜欢保尔的热情和倔强的性格，保尔也觉得冬妮亚跟别的富家女孩不一样。后来他们又有几次见面，慢慢地产生了爱情。保尔为了避难，便答应了冬妮亚的请求，住了下来。几天后冬妮亚找到了保尔的哥哥阿尔焦姆，他把弟弟送到喀查丁参加了红军。

在一次激战中，保尔头部受了重伤。但他以惊人的顽强毅力战胜了死亡。出院后，他已不适于重返前线，便参加恢复和建设国家的工作。在这里他同样以工人阶级主人翁的姿态，紧张地投入各项艰苦的工作。他做团的工作、肃反工作，并直接参加艰苦的体力劳动。在兴建窄轨铁路中，保尔表现了高度的政治热忱和忘我的劳动精神。

保尔自从在冬妮亚家里与她告别后，只见过她两次面，第一次是他伤愈出院后，最后一次是

名家点评

著名评论家梅益先生说："伟大的文学作品是超越国界的。奥斯特洛夫斯基的《钢铁是怎样炼成的》在中国读者的心中燃烧起革命的激情是合乎规律的现象。根据这部小说的叙述，在十月革命的时候还没有成年的保尔·柯察金，由于受主客观条件的限制，只能从英国、意大利和美国资产阶级作家的作品，如《牛虻》、《朱泽培·加里波第》、《斯巴达克斯》、《铁蹄》等书汲取精神上的营养，而我国的青年却有幸从《钢铁是怎样炼成的》这样的作品中得到教益。列宁的党培育出来的无产阶级英雄人物保尔·柯察金的英雄事迹和崇高的精神境界有力地鼓舞了我们，这是资产阶级作家的作品无法比拟的。"

在铁路工地上。保尔发现，随着革命的深入，他们之间的思想差距越来越大了，遂下定决心断绝她们的感情。

在筑路工程快要结束时，保尔得了伤寒。病愈后他又回到了工作岗位。他参加了工业建设和边防战线的斗争，并且入了党。但是，由于保尔在战争中受过多次重伤和暗伤，后来又生过几次重病，加之他忘我的工作和劳动，平时不爱惜自己的身体，体质越来越坏了。1927 年，他几乎完全瘫痪了，接着又双目失明。严重的疾病终于把这个满怀革命热情的年轻人束缚在病榻上，但保尔在肉体和精神上都忍受着难以想象的痛苦的情况下，重新找到了"归队"的力量。他给自己提出了两项任务：一方面决心帮助自己的妻子达雅进步；另一方面决定开始文学创作工作。这样，"保尔又拿起了新的武器，开始了新的生活。"

⊙作品评价

《钢铁是怎样炼成的》所描述的事件发生于 1915 年直到 20 世纪 30 年代初那一段历史时期。保尔·柯察金是作者着力塑造的中心人物，也是书中塑造得最为成功的共产主义战士的形象，他是在老布尔什维克朱赫莱的影响下从自发走向自觉的。他懂得了不平等生活的社会根源，懂得了要想推翻旧世界，必须成为"勇敢坚强的阶级弟兄"和"坚决斗争的钢铁战士"。在积极投身保卫苏维埃政权的伟大斗争中，他认识到，一个人只有和祖国联系在一起时，才会创造出奇迹。保尔总是把党和祖国的利益放在第一位，在那血与火的时代，保尔和父兄们一起驰骋于疆场，为保卫苏维埃政权，同外国武装干涉者和白匪进行了不屈不挠的斗争。在那医治战争创伤、恢复国民经济的年头，保尔又以全部热情投入到和平劳动之中，他那种苦干精神和拼命精神，正显示了第一代建设者们的崇高品质。在修筑铁路中，保尔所在的潘克拉托夫小队"拼命走在前头"，以"疯狂的速度"进行工作。保尔从未屈膝投降过，他总是随时准备承受对自己最沉重的打击。他经受住了一切考验，在对待友谊、爱情和家庭等问题上，他也经受住了考验，表现出崇高的共产主义道德原则。在他全身瘫痪双目失明后，非常苦恼，不能自拔，保尔甚至产生了自杀的念头，但是他以坚强的毅力克服了悲剧命运的打击，开始了为争取归队而进行的斗争，以革命乐观主义精神实践毕生的生活原则。

奥斯特洛夫斯基在解释这部作品的标题时说："钢是在烈火里燃烧、高度冷却中炼成的，因此它很坚固。我们这一代人也是在斗争中和艰苦考验中锻炼出来的，并且学会了在生活中从不灰心丧气。"作者在塑造保尔这一形象时，用内心独白、书信、格言警句，揭示了这一形象的内心的全部复杂性和成长过程。保尔的形象是社会主义青年一代中最光辉最典型的代表，这也就是为什么保尔·柯察金这个名字能够响彻世界各大洲，《钢铁是怎样炼成的》能够成为青年生活教科书的根本原因。同时，无论从思想内容还是从艺术形式来看，这部小说都可以称之为 30 年代前苏联文学中最优秀的作品之一，而就它对读者影响的力量和深度来说，在世界文学史上也是独一无二的。

□雪国 /日本/川端康成/虚无主义的奇葩

⊙作者简介

川端康成（1899 ~ 1972 年），日本现代著名小说家。他生于大阪，幼失双亲，一生漂泊无着，心情苦闷忧郁，逐渐养成了感伤与孤独的性格，这种内心的痛苦与悲哀成为后来川端文学的阴影很深的底色。在东京帝国大学国文系学习期间，川端康成因发表短篇小说《招魂祭一景》（1921），引起瞩目。毕业后即投身文坛，以短篇小说《伊豆的舞女》（1926）成名。他创办过《文艺时代》、《文学界》等杂志。受欧洲达达主义和未来派影响，早年曾同他人发起“新感觉派运动”，该运动衰落之后，又参加“新兴艺术派”和“新心理主义”文学运动。

日本发行的川端康成获诺贝尔文学奖的纪念邮票

川端思想上深受禅宗和虚无主义哲学的影响。他的作品多为中短篇小说，早期的《雪国》（1937）、《母亲的初恋》（1940）主要写底层少女，晚期的《千只鹤》（1951）、《山之音》（1954）、《睡美人》（1961）、《古都》（1961 ~ 1962）描写变态的恋爱心理，明显走向了颓废主义。

他曾担任国际笔会副会长、日本笔会会长等职。1957 年当选为日本艺术院会员，并获“艺术院奖”，日本政府授予他文化勋章；西德政府授他“歌德金牌”；法国政府授“文化艺术勋章”。他于 1968 年获诺贝尔文学奖，1972 年自杀。

⊙背景提示

1935 年，川端康成执笔写《雪国》，最初是分章独立地在杂志上发表，1937 年汇编成书。后来几经推敲与修改，于 1947 年最后定稿。在这 12 年间，川端生活在日本社会各类矛盾日益尖锐，全面走向军国主义的时代。日本的日益法西斯化使他担忧而悲哀；疯狂的侵华战争既使他恐惧、忧虑，又令他希望民族强盛；然而战败国的结局使他成了亡国之民。失意、没落、压抑、悲哀一齐涌进心头，他的虚无思想更加滋长。1947 年，川端康成将《雪国》最后定稿，成为他虚无思想的代表作，也就成为必然。

⊙内容提要

日本越后地方的汤泽温泉是个北国的温泉村，是养蚕盛地，也是日本有名的雪漂白麻绉纱的产地。村外有温泉旅社和小小的火车站。北边就是县境线上的群山。岛村出生在东京下町，纨绔出身，靠父亲的大量遗产过着游手好闲、无所事事的生活，从来不想人还要工作。或许登山运动能够使他感到自己还活着，反正他时常一个人来这北国群山登山。这次是 5 月，新绿初爆的季节，岛村又来登山。7 天后，岛村从山上下来，来到村里温泉旅舍狎妓。岛村进了温泉旅社，就让人叫艺妓来。这天，正值村里庆贺公路建成举行宴会，村里的十二三个艺妓忙得团团转。人手不够，便把驹子唤来临时帮忙。她来跳一两场舞就回去，并不单独陪客。别的艺妓正忙着陪客，因此驹子便被带到岛村这里来。她天真无邪地同岛村交谈，使岛村感到驹子对妓女这行一窍不通。岛村便请驹子帮忙，找个妓女来。驹子一层红晕浮上脸颊。当旅社女佣人为岛村唤来另一个艺妓时，岛村看了一眼，他从山上下来要找妓女的心情很快消失，顿感索然无味了。驹子陪岛村游了神社，岛村答应给驹子寄来日本舞和西洋舞的书籍。第二天，岛村回东京去了。

这一年的6月，驹子的三弦师傅患了中风，师傅的儿子行男在东京钟表店做工，患了肠结核。为了行男医疗费的开支，驹子开始作了艺妓。村里人都说驹子是为了自己的未婚夫，实际上驹子并不爱他，也未想嫁给他，只是觉得不治疗不行，该帮的忙，还是要帮的。

岛村第二次来温泉村是这一年12月深冬。列车穿过县境线上漫长的隧道，就是雪国。夜幕下的大地白茫茫一片。列车中，岛村对面的坐席上叶子照料着患重病的行男，把他从东京接回家乡。叶子的美貌令岛村惊叹。她的脸膛，映在车窗的玻璃上，岛村为玻璃窗上这幅美丽的画面着迷。听到叶子那清澈优美的声音，总感到有种悲戚的余韵。在温泉村车站，叶子和行男也下了车。岛村坐进温泉旅社接客人的汽车里便问驹子的下落，并要驹子晚上来见他。岛村从旅社内的温泉澡池上来，走在走廊里古旧的地板上。在拐角处发光的地板上倒映着女人的衣襟。看到这种衣裳，岛村吃惊地感到，驹子到底做了妓女。岛村急忙走到驹子身旁，她脸上涂着厚厚的白粉，强打笑脸，但没有笑出来，反而哭起来了。俩人默默地走进房间。第二天，岛村去了驹子的家。下午按摩时，按摩师又向他讲了驹子的事。岛村想，行男在东京长期患病，医治无效，回乡疗养，等于回家来等死。驹子为他做了妓女，简直糊涂，因为这完全是徒劳的。如果驹子不爱行男，而叶子做了行男的新恋人，这对叶子来说，也是一种徒劳。一天，驹子在岛村的房间用三弦弹拨了《劝进帐》。她每天面对山谷、大自然，孤独地练三弦，几乎达到忘我的程度，淹没了她的哀愁。她靠毅力和勤奋，才自己练会了这复杂的曲谱。驹子的生活态度被岛村说成是枉然的徒劳的，是遥远渺茫的憧憬，但驹子自己却把自身的价值，通过这凛然有力的弹拨声表达了出来。曲终时，岛村叹息着，是的，她已经爱上了我，然而我却没有这种爱情。自此以后，驹子每当宴会一完，就跑到岛村房间来。即使在岛村房间过夜，她也不再执拗地非在天亮前偷偷地跑回家去不可。岛村这次回东京，驹子在候车室里站在玻璃窗前送行。火车开动了，驹子的脸在候车室玻璃窗的闪光中突然出现，但是瞬息便消失了。

岛村第三次也是最后一次来温泉旅社是第二年的深秋。这次，从驹子的口里得知，去年驹子在车站送行那天，行男就死了，坟墓在滑雪场脚下的荞麦田左边。现在正是荞麦开白花的季节，而驹子从不去扫墓，只是叶子整天守在坟地里。师傅也已经死了。这次，在长长的时间里，驹子几次问岛村是否明白她的心，岛村陷入了迷茫。驹子突然住了口，她闭上眼睛，像是一切都明白了。是啊，我在岛村的心目中是个什么，他总会有想法的。这次，驹子近似疯狂地总往岛村房间跑。宴会前、宴会后她都抽空来，几乎每天来两次，尽在早晨7点和夜里3点这种不寻常的时间。她大口大口地喝酒，酒后摇摇晃晃从下边陡陡的山坡上跑来旅社。她忙得实在不能抽身时，便派叶子给岛村送个字条来。岛村可怜驹子，也可怜自己。岛村似乎觉得只有叶子看透了他俩的这种悲哀，因此岛村对叶子也开始迷恋。

岛村离去的前夕，村子的茧仓里放电影。突然警钟响起来，茧仓失火了。驹子和岛村赶到火场时，人群里“啊”地叫了一声。只见从茧仓的二楼掉下来一个女人，她从空中柔软地平着身子落下，没有挣扎。岛村并未感到恐怖，甚至也未感到她的死，恰似一幕非现实世界的幻景，然而岛村感到透不过气来的痛苦和悲哀，他全身痉挛，心在剧烈地跳。掉下来的女人是叶子，她是脸朝着天往下落的，穿着一件红色箭翎花纹布和服。

相关链接

川端康成在漫长的创作生涯中，努力探索东西方文化和东西方文学融合的途径。早在新感觉派文学运动期间，他就是按照日本人的思路、东方人的思路来理解现代西方文学的。他对西方文学采取的是“日本式的吸收法，按照日本式的爱好来学”。从成名作《伊豆的舞女》开始，川端康成已经将所吸收的西方文学融化在日本传统文学的框架之中。短篇小说《伊豆的舞女》是作者早期创作的爱情名篇。小说继承了日本传统文学中的缠绵悱恻的哀怨情调，借旅途漂泊、萍水相逢中的男女之情抒发了人生的无常感，同时表达了深幽、复杂的审美观念。

名家点评

日本著名文艺评论家加藤周一曾说："川端康成的小说，以《雪国》最著名，大概作者本人也这样认为——当他晚年出版作品集时，选入了这部作品。我也觉得《雪国》是他最好的小说。理由有二：一是这部小说集中了'川端式'的一切，并且达到了它的巅峰。若以《雪国》为中心，川端以前的作品好像全是其变奏曲。《雪国》这样的小说，只此一部而已。二是《雪国》超越了川端派小说的典型，达到了一种'非川端式'的境地。这样的小说，大概也只有这一部。"

⊙作品评价

《雪国》的情节朦胧而跳跃，人物之间的关系扑朔迷离；它们在川端康成的精巧安排下，清晰地表现出一种虚幻的境界，其核心内容就是说人生的一切都是"徒劳"，都是白费力气。这就是《雪国》要表现的主要思想，即川端康成的虚无主义创作思想。读《雪国》，我们明显地感觉到紫式部《源氏物语》的情味，时代可以发展，生活不断变化，但人与人之间的情愫却是亘古不变的。

从艺术上看，《雪国》借鉴"意识流"小说的结构特点，大部分内容是在岛村的意识流动中展开的，其他人物的意识活动随他而沉浮显现或重叠呼应，使小说中的意识活动呈现多层次的状况。其次，《雪国》中的人物使作家生活感觉的对象化，岛村含糊混乱的心理，驹子令人不能信服的爱情，叶子流星般的行踪与毁灭，行男道具似的存在，都冲破了人物自身逻辑的约束。再次，作家以敏锐、纤细、新颖的感觉，用幽雅、旖旎、诗意化的文笔对人物肖像、心理，以及大自然的景色的着力描写，产生"一种虚构之美"。叶子"透明的幻象"，驹子在阳光、雪光辉映下，呈现在镜中的影像，都伴随着岛村不着边际的遐想，都是一种虚浮而神秘的美的描写。同时，川端康成在《雪国》中的每一笔景物都为明显的思想感情所浸透，为含蓄的象征性所充斥。景物大多用岛村的眼光反映出来，作为人物内心活动的出色的外部表现发挥着作用。它们虽然美，但已很少显露景物自身固有魅力，只是为装点虚无世界而存在的人工美。最后，小说以岛村二去雪国偶遇叶子为小说的开篇，时虚时实，时远时近，加上岛村的浮想，所以小说的开头扑朔迷离，给人以朦胧感。小说结尾的大火纯属偶然，但它使小说的情节、人物的命运戛然而止。这不仅使现实与梦幻合而为一，而且表现了人生犹如一个未知数，产生永远捉摸不透的虚无感，对表现作品的思想具有画龙点睛之妙。

1924年，川端康成与横光利一等创办了《文艺时代》，欲使日本的旧文学走上全新的道路，这标志着日本文学史上著名的"新感觉派"的诞生。右图为1927年6月刊社骨干人员在各地召开"文艺春秋"动员演讲会而聚首时的情景。右二为川端康成，中间为横光利一。

飘 / 美国 / 米切尔 / 随风而逝的爱情经典

⊙作者简介

米切尔（1900 ~ 1949 年），美国女作家，出生于美国南部佐治亚州亚特兰大市。父亲是个律师，曾任亚特兰大历史协会主席。米切尔曾就读于华盛顿神学院、马萨诸塞州的史密斯学院。其后，她曾担任地方报纸《亚特兰大报》的记者。1925 年与约翰·马尔什结婚，婚后辞去报职，潜心写作。米切尔一生中只发表了《飘》这部长篇巨著。她从 1926 年开始着力创作《飘》，10 年之后，作品问世，一出版就引起了强烈的反响。《飘》已译成 18 种文字，传遍全球，至今畅销不衰。《飘》在 1937 年获普利策奖，1938 年被拍成电影，曾以《乱世佳人》的译名在中国上映。

《乱世佳人》电影剧照
白瑞德和郝思嘉在战火中离开亚特兰大。

⊙背景提示

《飘》这篇小说以美国的南北战争为背景，以两条情节为线，即女主人公的爱情悲剧及南方奴隶主在战争中的节节失败，展示了动乱年代南方人民的生活，同时作者也表露出反对奴隶制，支持北方革命的思想。由于家庭的熏陶，米切尔对美国历史，特别是南北战争时期美国南方的历史产生了浓厚的兴趣。她在家乡听闻了大量有关内战和战后重建时期的种种轶事和传闻，接触并阅读了大量有关内战的书籍。她自幼在南部城市亚特兰大成长，耳濡目染了美国南方的风土人情，这里的自然环境和社会环境成了米切尔文思纵横驰骋的背景和创作的源泉。

⊙内容提要

1861 年 4 月，美国南北战争前夕。在佐治亚州靠黑奴种植棉花致富的种植园主社会圈子里，人们都在谈论战争，只有郝思嘉不关心这些。她关心的是自己的美貌和能吸引多少男人的目光。当她听说意中人卫希礼即将和媚兰结婚，她感觉备受打击。她自认为是当地第一美女，而且舞姿绰约，没有人能比得上她。她觉得从卫希礼的眼光中看得出他是爱自己的。便决心在第二天卫希礼家的宴会上大展身手，把所有青年男子都逗得如醉如痴，使卫希礼眼红得向自己求爱。

郝思嘉在宴会上成为众人注目的中心。她四处搜寻卫希礼，却发现一个面孔像海盗的男人一直在注视着她。这人至少有 35 岁，个儿高，体格强壮，他是军火投机商白瑞德。在卫希礼的书房，她找了个机会向卫希礼吐露心曲，却不料碰了钉子。这使她恼羞成怒，自尊心与虚荣心大受损害，就狠狠打了卫希礼一个耳光。这幕好戏被声名狼藉的浪子白瑞德看在眼里。

郝思嘉一气之下，就任性挑逗卫希礼未婚妻的弟弟查理。查理被她的风姿吸引，当即向她求婚。郝思嘉马上答应下来，但她并不爱查理，甚至新婚之夜，她让查理在圆手椅上过了一夜。婚后一周，查理入伍，不过两月，即在军中病故，郝思嘉成了寡妇。她心中闷闷不乐，人们以为她在悼念亡夫，其实她想的是也去从军的卫希礼。

南方的局势越来越困难了，但是郝思嘉却很快乐，她又成为地方上第一美人了。白瑞德经常来看她，并送礼物给她。她想征服白瑞德，但各种方法使尽，白瑞德不为所动。

卫希礼请假回家一次。这期间，媚兰有了身孕。郝思嘉知道后大为恼怒，仿佛这是卫希礼对自己的不忠。不久，卫希礼在战斗中被俘。

1864 年 5 月，亚特兰大城被北军包围，即将陷落。媚兰正值分娩，忙乱中郝思嘉替她接了生，打算一起逃难到老家去。这时北军一路封锁，她只好求助于白瑞德。白瑞德冒着生命危险找到一辆马车护送她们，但未到目的地，他却决定从军。郝思嘉非常愤怒，但又无可奈何。回到家乡，郝思嘉发现老家遭到北军洗劫，田园荒芜，房屋被烧。母亲在惊骇中去世，父亲精神失常。她虽然正值 19 岁芳龄，但觉得自己已十分老练，于是决心重整家园。她丢下小姐架子，每天出外搜寻食物、干粗活、挤奶、劈柴、种地。一次，一名北军逃兵来庄园抢劫，被她开枪打死。她更觉得什么都不怕了。逐渐地，陶乐庄园有了转机。但北军第二次路过，又洗劫了庄园，郝思嘉一家又陷入困境之中。

1865 年春，战争以北军胜利结束，士兵纷纷返回家中。卫希礼给媚兰来信，他已被释放，即将回家。郝思嘉百感交集。媚兰此时卧病在床，她心想，只要媚兰一死，自己就可以同卫希礼结婚了。

南方现在掌权的是北军、共和党和自由人民。重建时的种种残酷，比战争时期有过之而无不及。地主、军官、官吏都被剥夺选举权，到处宣扬着黑人和白人平等，白种女人被黑人强奸的事也时有所闻，陶乐庄园的工头如今已混成了一个官。他为了霸占陶乐庄园，故意提高地产税，逼郝思嘉脱手。郝思嘉为这 300 元四处奔波。她对卫希礼旧情未了，要他同自己私奔，但卫希礼又一次拒绝了她。

郝思嘉决心无论如何也要保住庄园，她打扮得花枝招展去找白瑞德。白瑞德此时被北军押在狱中，听说他手中有笔巨款，北军想勒索出来。白瑞德一见郝思嘉便看穿了她为钱而来。他逼她承认，只要拿到钱，就愿做他的情妇。但她承认后，又表示无钱给她。

郝思嘉气极了，出来后她碰到亲妹妹的未婚夫甘扶阑。知道他有钱后，她马上将他勾引到手。结婚后，她用他的钱付了税。婚后白瑞德来看她，狠狠嘲弄了她一顿，并承认自己有 50 万美元，这使郝思嘉十分后悔。她强忍怒火，又向白瑞德借钱买下一家锯木厂。由于她精明强干，木厂生意兴隆。

由于白人与黑人的固有矛盾，一些白人组织了三 K 党，甘扶阑和卫希礼都参加了三 K 党活动。一天，一个黑人抢劫郝思嘉，撕破了她的衣服。当晚，三 K 党集会，要为她报仇。北军派兵镇压，多亏白瑞德带他们转移才脱身，但甘扶阑却被打死。

郝思嘉又做了寡妇，白瑞德来向她求婚。婚后，两人过着花天酒地的生活，盖了一幢亚特兰大最豪华的房子。但郝思嘉人躺在白瑞德身边，心却仍在卫希礼身上。不久，她生下一个女儿。一晚，她同卫希礼相遇后，回到家中便与白瑞德分睡。

媚兰在家中为卫希礼举行生日会，请郝思嘉去找卫希礼，在锯木厂两人缅怀往事，不禁拥抱接吻，正好被人看见，一时流言四起。郝思嘉窘得躲在家中不出。白瑞德却硬拖她去参加生日会，说如果今晚不露面，一辈子也见不得人了。次日，两人大吵一架，白瑞德带着女儿不辞而别，三个月没给她来过信。此时，她又一次怀孕，便返回了陶乐庄园。返回亚特兰大后，她发现白瑞德已在家中，待人也和气了。白瑞德积极参与政治活动，很快成为知名人物。一天，他们的女儿在一次骑马中身亡，两人都很悲伤。

媚兰病危，郝思嘉去看望她。从媚兰口中得知，白瑞德一直爱着她，她这才恍然大悟，责怪

名家点评

美国黑人女作家艾丽斯·兰道尔说：“《飘》已经成为美国南方的一个神话。”

电影《乱世佳人》同其原著小说《飘》一样广受欢迎，图为影片中新寡的郝思嘉参加募捐舞会的情景。

自己瞎了眼，对于世界上的一切都看不清，完全被卫希礼挡住了视线。郝思嘉又发现，卫希礼爱媚兰，也是出于自尊心。她直到现在才发现卫希礼是个无所作为的懦夫，远非她想象中的那样一个完人。她一直钟情的仅仅是自己心造的幻影。倒是白瑞德，是个能在乱世中生存与发展的强者，而且他和她可说是珠联璧合，白瑞德又是真正了解她并爱着她的，虽然他故意装出那么一副与她作对的样子。

郝思嘉去找白瑞德表示悔恨，但白瑞德却很冷淡，他对自己真心真意地去爱郝思嘉深感不值。郝思嘉听着白瑞德坦露出过去如何爱她的话，她觉得句句是真，发誓说以后会一心一意爱他，但白瑞德始终不相信。他表示不愿意自己的心作第三次冒险了，他同意给她自由。不久，他便离她而去。

郝思嘉此时才 28 岁，仍然年轻美丽，但她觉得自己在人生道路上已走了很久。白瑞德曾说过，他们才是同类。她终于明白，她丢掉的灵魂不是卫希礼，而是白瑞德。她决心，无论如何也要把白瑞德找回来。

⊙作品评价

米切尔以她女性的细腻精确地把握住了青年女子在追求爱情过程中的复杂心理活动，成功塑造了郝思嘉这一复杂的人物形象。这一人物有时使人觉得面熟，有时又很陌生。有时你能谅解她，有时却觉得莫名其妙，然而你始终都会觉得她真实，这就是该书最大的成就。郝思嘉年轻貌美，但她的所作所为显示了她残酷、贪婪、自信。为了振兴家业，她把爱情和婚姻作为交易，三次婚姻没有一次出于真心。后来她才终于明白她一直念念不忘的卫希礼懦弱无能，倒是自称与她同类的白瑞德值得爱。从审美判断来讲，性格复杂的郝思嘉不能简单纳入反面人物的模式。小说极富于浪漫情调的构思、细腻生动的人物和场景的描写以及优美生动的语言、个性化的对白都使整部作品极具魅力，从而确立了《飘》在美国小说史上的重要地位。一部爱情佳作本属令人赏心悦目之事，而在南北战争的腥风血雨中绽放的爱情之花更是残酷而美丽。几度悲欢离合、情仇交织，情节跌宕起伏，紧紧抓住了读者的心。美国对于我们来说，本是梦幻而陌生的国度，《飘》却掀开了她温情脉脉的面纱，看见了许多肮脏和美丽并存的事物。这对于我们如今的青年人，可能更有特殊意义。

相关链接

2000 年，美国的西尔街出版社（Hill Street Press）宣称，他们已经将近期发现的玛格丽特·米切尔的早期作品结集，以《斯嘉丽之前：玛格丽特·米切尔少女时期作品集》（Before Scarlett：Girlhood Writings of Margaret Mitchell）为名公开发行。其实早在 1995 年，作者于 1916 年创作的一个较短的长篇小说《失去的莱松岛》（Lost Laysen）手稿已被发现，并于一年后出版，也很快进入《纽约时报》畅销书排行榜。《出版家周刊》发布的广告说，西尔街出版社推出的两本米切尔的作品集，除了 5 月间出版、收录的一些新发现的短篇故事、日记片断、私人书信和一个独幕剧本的《斯嘉丽之前》外，则是将于 10 月出版、名为《记者玛格丽特·米切尔》（Margaret Mitchell，Reporter）的书，其中收集了作者的新闻作品。

秃头歌女

/ 法国 / 尤涅斯库 / 反传统的荒诞派戏剧

⊙作者简介

尤涅斯库像

尤涅斯库（1912 ~ 1994年），法国荒诞派戏剧家。尤涅斯库出生于罗马尼亚的斯拉丁纳市，父亲是罗马尼亚人，而母亲则是法国人。他1岁时即与父母迁居法国，几年后，他的父亲回国，他与母亲一起在法国度过了他的童年。13岁的时候父母离异，他则又回到罗马尼亚跟随父亲，并在罗马尼亚上了中学和大学。1938年，他25岁的时候，罗马尼亚的法西斯势力颇为猖獗，他又回到了法国，并在巴黎一家出版法律书籍的公司作校对工作。

尤涅斯库从小就极喜欢戏剧，在他13岁的时候就曾写过一个剧本。但是，后来他却突然对传统戏剧产生了厌倦。他觉得，所有的传统戏剧一经搬上舞台就会变成虚伪表演的牺牲品，哪怕是最优秀的作品也是如此。并且认为，戏剧应当表现“纯粹的思想危机和根本的现实危机”；认为只有无法解决的事物才具有深刻的悲剧性；认为戏剧情节必须进行必要的变形等等。由此，他形成了自己独特的所谓“反戏剧”理论。《秃头歌女》也正是贯彻他这些探索的第一部剧作。据说，作者是在自学英语时，在一本《英语会话手册》中发现了那些语无伦次的语言碎片中竟然包含着许多令人吃惊的普通道理，从而得到创作灵感的。于是，他刚开始叫这个剧为《简易英语》，而在一次排演时，一个演员把“金发女教师”念成了“秃头歌女”，尤涅斯库突然感受到了另一种由荒诞而来的艺术效果，于是，改此剧名为“秃头歌女”了。

⊙背景提示

现代社会中人成了物质的牺牲品，人的生活变得越来越平庸无聊，处境也越来越可悲。该剧没有情节、没有性格鲜明的人物，甚至剧名“秃头歌女”也只是在一句台词中提到。作者在对荒诞生活的戏谑中，表现出第二次世界大战后西方社会的悲观情绪。

⊙内容提要

在英国伦敦郊区，住着一对典型的英国中产阶级夫妇史密斯先生和夫人。一天晚饭后，他们像往常一样坐着消食。英国式的挂钟敲了17下，史密斯太太却说是9点了。接着她打开了话匣子。她对自己的生活很满意，絮絮叨叨地说起了他们每日吃的东西，土豆、鱼、肉片、汤、英国茶等。史密斯先生坐在她的旁边，眼睛一直没离开报纸，嘴中啧啧作响。史密斯太太说到麦肯其医生是个好医生，他给病人看病只开自己服过的药，给病人做肝部手术，先让别的医生给自己做。这句话引起了史密斯先生的注意，他反驳说，可是病人还是死了，医生却还活着，一个好船长应该和水手共存亡，好的医生应该与病人一起死掉。两人开始就该问题抬杠，最后又达成统一。挂钟又响起，3下、7下……乱敲一气。史密斯先生在报上发现他们的老熟人推销员波比·华特森去世的消息。他说那人是两年前死去的，人们谈起他的死已有3年了，而他记得参加他的葬礼是在一年半之前。史密斯太太为波比太太感到伤心，两人又谈起了波比一家，发现这家人男女老少都叫波比·华特森。他们说得很激烈，后来为波比·华特森为什么3天不干活的问题争吵起来，之后又和好。

两人准备熄灯睡觉。女佣人玛丽来通报，说马丁夫妇一直等在门外。史密斯太太抱怨说他们已经等了马丁夫妇一晚上，连晚饭也没吃。接着，史密斯夫妇说要去换衣服，走进里屋。

玛丽将客人引进来,责备他们姗姗来迟。马丁夫妇进屋便彼此腼腆地微笑。通过攀谈他们发现，两人坐的是同一趟火车、同一节车厢来到伦敦。后来他们还发现两人都是曼彻斯特人，现住同一条街、同一栋楼、同一个房间。马丁先生说到自己有一个女儿，一只眼是白的，一只眼是红的，而这也和马丁太太的情况一样。最后他们才惊奇地发现，两人原来是夫妻。玛丽却偷偷地说，马丁先生女儿的左眼是红的，而马丁太太女儿的右眼是红的，这对夫妻是真是假，还不一定。

史密斯夫妇出来迎接客人，还是穿着刚才的衣服。史密斯先生大声埋怨马丁夫妇迟到，谎称一家人全天未进食。马丁夫妇很尴尬，双方陷入长时间的沉默中。史密斯太太打破僵局，请求马丁太太谈谈见闻。马丁太太说起她在咖啡馆见到一位衣着整齐的先生，单腿跪地身子前倾。这个话题引起了大家的兴趣，追问这人在干什么。马丁太太的答案是他在系鞋带。马丁先生又讲起了自己在地铁中看见一个人坐在长凳上安静地看报的事。此时门铃响了，史密斯太太去开门，没见到人。门铃又响了两次，门外仍然空无一人。门铃再次响起，史密斯太太大发雷霆，拒绝开门。史密斯先生无奈，只好去开门。门外站着消防队长。

消防队长戴一顶大头盔,穿一身制服。众人问起门铃的事,消防队长说自己已在门外站了三刻钟，没见其他人。前两次门铃都不是他按的，第三次是他按的，他想开个玩笑躲了起来。众人为门铃响时有没有人的问题发生争执。消防队长打圆场说，那个时候有时有人有时没人，大家这才安静下来。

消防队长询问家中有没有失火，听说没有一丁点儿火灾苗头，十分沮丧。他抱怨没有大乱子，就没有什么收入。闲来没事，他要求给大家讲故事。他讲了个牛犊吃下玻璃渣子产下母牛然后与人结婚的故事。史密斯夫妇又各讲了一个。消防队长说自己在执行公务要离开了，史密斯太太跪求他再讲一个。消防队长便胡诌了个“感冒”的故事：他从姐夫的德国堂兄的舅舅，舅舅的岳父的祖父如何娶亲，一直扯到爱感冒的神父的祖母。

玛丽进来，要求也给大家讲个故事。众人认为她不识时务，用鄙夷的眼光盯着她。消防队长突然认出玛丽正是自己的情人，二人万分惊喜，玛丽扑上去搂住消防队长的脖子。玛丽不顾众人反对，执意朗诵起一首名为《火》的诗送给队长，没念完便被史密斯夫妇推出了门外。消防队长说三刻钟又16分后，城那头有场火灾，自己必须走了。他走到门口,突然问大家：“那个秃头歌女怎么样了呢？”全场一片肃静，史密斯太太答非所问地搪塞了过去。

史密斯夫妇和马丁夫妇又开始聊起来。他们东拉西扯，各说各的。后来他们又玩起了冗长的文字游戏。玩到最后，气氛渐渐紧张，四人都站立起来，互相挥动着拳头，连完整的句子都不说，只冲着对方干吼字母。突然，灯光灭了，话音的节奏越来越快。

声音又戛然而止，灯光亮起。马丁夫妇如同开场时史密斯夫妇那样坐着，重复着史密斯夫妇在第一场中的台词。

Tu, vois bien que c'est la paix.
Qu'est-ce qu'on va faire?
Le pétrin où tu m'as mise!
On s'en fiche!... Vaut mieux se cacher.
Donne-moi un coup de m
Paresseux! Séducteur!
Tortue!
Limace!

法国剧作家 E. 尤涅斯库所做的滑稽喜剧剧本《二人疯癫记》(Delirio a due)的一页。

老人与海

/美国/海明威/光辉的生存法则和人生尊严

⊙作者简介

海明威（1899 ~ 1961 年），现代美国杰出的小说家，19 世纪二三十年代“迷惘的一代”的代表，三四十年代的反法西斯斗士。他的一生富有传奇色彩。中学毕业后，他到堪萨斯城任《星报》记者。第一次世界大战期间，他作为救护车司机亲临意大利战场，在前线受了重伤。战后，他一面做记者，一面开始创作。1926 年发表的长篇小说《太阳照样升起》给他带来了声誉。1927 年，海明威创作了一系列以拳击家、斗牛士和猎人生活为题材的短篇小说，成功刻画了各种“硬汉性格”。长篇小说《永别了，武器》（1929）是一部反对帝国主义战争的杰作。第二次世界大战爆发后，海明威到欧洲任战地记者。他以自己在西班牙的经历，写成了长篇小说《丧钟为谁而鸣》（1940）。第二次世界大战后，海明威定居古巴。1952 年发表著名中篇小说《老人与海》。1954 年，海明威获诺贝尔奖。古巴革命爆发后，海明威回国。晚年，他的体质每况愈下。1961 年 7 月 2 日，因不堪疾病折磨，海明威用猎枪自杀。

正在创作的海明威

⊙背景提示

《老人与海》发表于 1952 年，是海明威定居古巴时期花 8 周时间写成的名著，但在他的脑海里已经酝酿了很久。早在 17 年前的 1935 年，有位老渔夫向他讲述自己捕到的鱼怎样被鲨鱼吃掉的故事，对海明威很有触动。第二年，他写了《在蓝色的海上》的通讯发表在《老爷》杂志上，复述了这个故事，其情节与《老人与海》中写的几乎一样。之后，他给朋友的信中透露了写一个打鱼为生的老头的故事的意愿：“如果找到感觉，我能写得很精彩。”又过了 13 年，海明威终于写成了这本书，他保留了故事的框架，虚构了背景与细节。

⊙内容提要

桑提亚哥老人已经 84 天没有捕到一条鱼了。最初，一个年轻的孩子曼诺夫和他一起分担厄运，但在过了 40 天倒霉日子之后，孩子的爸爸让孩子到另一条船上干活去了。从那个时候起，桑提亚哥只是一个人干活。

孩子喜欢并且可怜这个老渔人。曼诺夫要是自己没有挣到钱，就会乞讨或偷窃以保证桑提亚哥有足够的食物和新鲜的鱼饵。老人谦卑地接受孩子的好意，谦卑中带有某种隐而不露的自豪感。夜间桑提亚哥一个人躺在自己的小棚屋里，梦见非洲海滩上的狮子，几年前他航海去过那个地方。他不再梦见自己死去的老婆了。

在第 85 天，桑提亚哥在寒冷的黎明前的黑暗中，把小船划出了港口。在把陆地的气息抛在身后之后，他放下了钓丝。他的两个鱼饵是孩子给他的鲜金枪鱼，还有把鱼钩遮盖起来的沙丁鱼。钓丝垂直地下到暗黑的深水里。

名家点评

余秋雨说：“这个作品（指《老人与海》）的伟大何在？是对老人捕鱼技术的描述，如何与大鱼搏斗，还是对大海与波浪的生动叙述？我认为都不是。主要是作品采用了未知结构。老渔夫是胜利者，还是失败者，两种争论，各有其理，但没有结论。说渔夫是胜利者，但没有实际意义的收获；说老渔夫是失败者，而他以自己的力量和技巧战胜了一条很难捕获的大鱼，显示了老人的能力和智慧，又做了狮子的梦。小说给读者留下了永久的无穷无尽的争议，作者把自己无法下的结论，留给读者去思考，胜利与失败共存，开辟了永远两难结论的问题。”

太阳升起时，他看到别的一些船只都头朝着海岸，在海上看来海岸像是一条接近地平线的绿带子。一只盘旋的军舰鸟给老人指明了海豚追逐飞鱼的地方。但是鱼群游得太快、也太远了。这只猛禽又在盘旋了，这次桑提亚哥瞧见金枪鱼在太阳光下跃起。一条小金枪鱼咬住了他艉缆上的鱼钩。老人在把颤动的金枪鱼拉上船板以后，心想这可是一个好兆头。

快到中午时，一条马林鱼开始啃起100米深处的那块鱼饵来了。老人轻轻地摆布那条上了钩的鱼，根据钓丝的分量他知道那准是一条大鱼。最后他猛拉钓丝把鱼钩给稳住了。但是，那条鱼并没有浮出水面，反而开始把小船拖着往西北方向跑。老人打起精神，斜挎在肩膀上的钓丝绷得紧紧的。他虽然孤身一人，体力也不如从前，但是他有技术，他懂得许多诀窍。他耐心地等待鱼累乏下来。

日落之后，寒意袭人，老人冷得发抖。当他剩下的鱼饵中有一块被咬住时，他就用自己那把带鞘的刀把钓丝给割断了。有一次那条鱼突然一个侧身，把桑提亚哥拉得脸朝下地跌了一跤，老人的颊部也给划破了。黎明时分，他的左手变得僵硬并抽起筋来了。那条鱼还是一直往北游，一点陆地的影子都瞧不见了。钓丝又一次猛地一拉，把老人的右手给勒伤了。老人肚子饿得发慌，就从金枪鱼身上割下几片肉，放在嘴里慢慢嚼着，等着太阳出来晒暖他的身子和减轻手指抽筋的痛苦。

第二天早上，这条鱼蹦出了水面。桑提亚哥瞧见鱼的跃起，知道自己钓到了一条未见过的最大的马林鱼。一会儿鱼又往下沉去，转向了东方。在炽热的下午，桑提亚哥节省地喝起水壶里的水。为了忘掉划破的手和疼痛的背，他回想起过去人们如何称他为“优胜者”和他如何在西恩富戈斯地方一家酒馆里和一个大个子黑人比手劲。有一次一架飞机嗡嗡地从头上掠过，向迈阿密飞去。

海明威自豪地向人们展示一条重达400公斤的箭鱼。

黄昏之际，一条海豚吞食了他重新放上鱼饵的小钩子。他把这条“鱼”提到了船板上，小心不去拉动他肩上的钓丝。休息一会之后，他切下几片海豚肉并且把在海豚胃中发现的两条飞鱼留了下来。那天夜里他睡着了。他醒来时觉得当这条鱼跳起时，钓丝就滑过他的手指。他缓慢地把钓丝放松，尽力想把这条马林鱼拖乏。在这条大鱼放慢跳跃时，他把划破的双手放在海里洗，并且吃了一条飞鱼。日出时，这条马林鱼开始打起转来了。老人感到头晕目眩，但他尽力把大鱼在每转一圈时拉得更近一些。他虽然几乎筋疲力尽，终于还是把自己的捕获物拉得和小船并排在一起，并用渔叉猛击这条马林鱼。他喝了一点儿水，然后把马林鱼捆绑在他那条小船的头部和尾部。这条马林鱼比船还长两英尺。哈瓦那港从来没有见过捕到这么大的鱼，他扯起有补丁的船帆开始向西南方向驶去，心想这下要发财了。

美国 1989 年发行的纪念海明威在 1954 年获诺贝尔文学奖的邮票。1954 年瑞典文学院授奖词为："表彰其精通叙事艺术，尤其突出地表现在作品《老人与海》之中，以及对当代文学所产生的影响。"

一个小时以后，他瞧见了第一条鲨鱼。这是一条凶猛的尖吻鲭鲨。它飞快地游了过来，用耙一样的牙齿撕这条死马林鱼。老人用尽余力把渔叉往鲨鱼身上扎去。尖吻鲭鲨打着滚沉下去了，带走了渔叉，而且已经把马林鱼咬得残缺不全，鲜血直流。桑提亚哥知道血腥味会散开来。他望着海面，看到两条犁头鲨游来了。他用绑在桨的一头的刀子击中了其中的一条，并看着这条食腐动物滑到深海里去了。他杀死了正在撕食马林鱼的另一条鲨鱼。当第三条鲨鱼出现时，他把刀子向鲨鱼戳去。鲨鱼打了一个滚，结果把刀给折断了。日落时又有一些鲨鱼游过来了。起初他设法用舵把朝它们劈过去，但是他双手磨破了皮在流着血，而游来的鲨鱼多得成了群。在暮色中，他望着地平线上的哈瓦那的微弱的灯光，听着鲨鱼一次一次在啮咬马林鱼的尸体。老人此时想到的只是掌舵，和他自己极度的疲乏。他出海太远了，那些鲨鱼把他打败了。他知道那些鲨鱼除了大马林鱼的空骨架之外，是什么也不会给他留下的。

当他划进小港，让小船冲上沙滩时，岸上的灯火都已灭了。在朦胧之中，他只能分辨出那条马林鱼白色的脊背和竖着的尾巴。他拿着桅杆和卷起的船帆，往岸上爬去。有一次他在重压下跌倒了，他耐心地躺在地上，积蓄力气。等他进了自己的棚屋时，他一头倒在床上就睡。

那天早上晚些时候，孩子发现他时他还躺着。这个时候，一些渔民聚在那只小船的周围，对这条从头到尾长有 18 英尺的大马林鱼啧啧称奇。当曼诺夫拿着热咖啡回到桑提亚哥的棚屋时，老人醒了。他告诉孩子可以把他那条鱼的长吻拿走。曼诺夫要老人休息，把身体养好，以便日后再一起出去捕鱼。整个下午老人都在睡觉，那孩子就坐在他的床旁边。桑提亚哥正在梦见那些狮子呢。

⊙作品评价

《老人与海》在题材所限的范围内几乎达到形式上的完美无缺、处理方法严谨、注意时间和地点的统一，行文简洁而内涵很深。另外，和绝大多数巨著一样，海明威的这篇小说读起来可有不止一层的意思。一方面，这是一个激动人心的带有悲剧性的冒险故事。故事讲到一个精神沮丧的老渔人，在他对职业的自豪感（他留下的唯一自豪感）的支持之下，冒险远航至墨西哥湾并在那里钓住了一条该水域中从未见过的最大的马林鱼。故事接着说到他孤零零地、在因奋力叉住这条大鱼而耗尽了力气之后，被迫投入一场和一群海盗似的鲨鱼的绝望搏斗之中，结果是那些鲨鱼只给他留下了猎获物的一具骨架。另一方面，这又是一个寓言，它描述了人所具有的不可征服的精神力量——一个人如何从灾难和实际失败的环境中攫取精神上的胜利。再一方面，这是带有宗教意义的一种隐喻，作者并不引人注目地给这一主题添加了基督教的一些象征和比喻。和柯勒律治笔下的"老水手"一样，海明威笔下的古巴渔民是这样一个角色，他容许作者的想象力同时在两个领域中活动。这两个领域具有不同的意义和价值，一个注意写实，有着动人的情节；另一个则侧重道德说教，充满象征的意义。

第二十二条军规

/美国/约瑟夫·海勒/美国“黑色幽默”小说的代表作

⊙作者简介

约瑟夫·海勒（1923～1999年），美国当代著名作家，“黑色幽默”小说的重要代表人物。他出生于纽约市布鲁克林一个犹太移民家庭，第二次世界大战期间曾任空军中尉。战后进大学学习，1948年毕业于纽约大学。1949年，他在哥伦比亚大学获文学硕士学位后，得到富布赖特研究基金赴英国牛津大学深造一年。1950～1952年，海勒在宾夕法尼亚州立大学等校任教。此后即离开学校，到《时代》和《展望》等杂志编辑部任职。1961年，他的长篇小说《第二十二条军规》问世，一举成名，当年他即放弃职务，专门从事写作。1963年，海勒获美国文学艺术学院奖学金，1977年被选为艺术学院院士。

约瑟夫·海勒像

约瑟夫·海勒可谓多产作家，主要作品除了《第二十二条军规》，还有《并非笑话》（1986）、《悠悠岁月》（1998）以及两个剧本《我们轰炸纽黑文》（1967）和《克莱文杰的审判》（1974）。晚年的海勒一直没有搁笔，逝世前他刚完成了最后一部小说《一位艺术家的老年画像》。1999年12月12日，约瑟夫·海勒因心脏病发作在位于纽约的家中逝世。

⊙背景提示

《第二十二条军规》虽以第二次世界大战期间美国空军一个飞行大队为题材，但实际上并没有具体描述战争。本书的要旨，正如作者自己说过的那样，“在《第二十二条军规》里，我也并不对战争感兴趣，我感兴趣的是官僚权力结构中的个人关系。”所谓“第二十二条军规”，其实“并不存在，这一点可以肯定，但这也无济于事。问题是每个人都认为它存在。这就更加糟糕，因为这样就没有具体的对象和条文，可以任人对它嘲弄、驳斥、控告、批评、攻击、修正、憎恨、辱骂、唾弃、撕毁、践踏或者烧掉。”它只是无处不在、无所不能的残暴和专横的象征，是灭绝人性的官僚体制，是捉弄人和摧残人的乖戾力量。它虽然显得滑稽可笑，但又令人绝望害怕，使你永远无法摆脱，无法逾越。它永远对，你永远错；它总是有理，你总是无理。海勒认为，战争是不道德的，也是荒谬的，只能制造混乱，腐蚀人心，使人失去尊严，只能让卡思卡特、谢司科普夫之流飞黄腾达，迈洛之流名利双收。在他看来，战争也罢，官僚体制也罢，全是人在作祟，是人类本身的问题。海勒的创作基点是人道主义，在该书中着重抨击的是“有组织的混乱”和“制度化了的疯狂”。

⊙内容提要

第二次世界大战中，有个美国空军中队驻守在地中海的皮亚诺扎岛上。战争在激烈地进行中，完成飞行任务后，飞行员们各有活动，休假、嫖妓、掷骰子、打乒乓球，有的呆在帐篷里吹牛谈天，有的干脆装病住院，有人牺牲得无声无息，也有人被授予勋章，但无人在意“祖国到底代表什么”？

领队的轰炸手尤索林上尉精神已近乎崩溃，他只想苟存性命，总觉得人人都想害他。上天时，总疑心有陌生人朝他和飞机放冷枪；回到地面，又猜测有人在他的食物里下毒。为使轰炸任务延期执行，他让大伙儿腹泻。对于投弹是否命中目标，他以为不要紧。终于，他谎称自己患了肝病，逃进了医院躲避战事。他总是千方百计想从医生那里搞到证明，以便一劳永逸。最使他烦心的是，他总觉得中队司令官卡思卡特上校在与他作对。第二十二条军规规定，飞满32架次的人可不再飞行，可这又得由上司决定，所以，无论尤索林飞满多少架次，卡思卡特上校总把任务加到40次、50次……这样，谁也不可能停止飞行。第二十二条军规还规定：“必须让任何一个疯子停止飞行。”可这得由本人提出申请，一旦提出申请，恰好证明他是正常人，所以还是在劫难逃。有一次，执行任务时，尤索林受到敌机的火力包围，尤索林好不容易冲破了敌人的封锁。返程后，他去罗马找妓女荷西安娜。初时她只同他敷衍，这使他十分失望，后来妓女投入了他的怀抱。他发现她身上有一块美国人打伤的疤痕，便动了感情，要娶她为妻。可荷西安娜不乐意，她说：不嫁他是因为“他疯了，因为他居然要娶她”。这使尤索林十分意外和难堪。

一次，尤索林在执行另一次任务时，同机飞行员被打死，溅了他一身血。从此，他发誓不再穿衣服，果然，在领取飞行十字勋章时光着身子，使长官十分尴尬。后来，他没有请假就驾机到罗马，他发现那里已成一片废墟。由于没有通行证，他在罗马被捕，被送回岛上。可奇怪的是，他不仅未受处分，上司还打算送他回国。原来，他们认为，走了个尤索林，就可以使其他飞行员不受其个人自由主义思想的影响，更加卖命地去战斗。此外，他不在的话，士兵就会安分守己，科尔中校和卡思卡特上校都可以晋升。不过，他们要尤索林接受一笔小交易，不然就要将他送交军事法庭。这就是要尤索林喜欢他们，只要他同意这么做，他们就要他作为英雄捧上天，不仅回国，还在国内的新闻媒介上宣传他的事迹。尤索林自然很高兴地同意了，谁知他步出房间时，被一个妓女杀伤，被送进了医院。官方宣传说，尤索林因拦阻一名纳粹刺客暗杀长官而受伤。在医院，尤索林良心发现，向牧师坦白了一切，并决定不从命于上司。最后，他在牧师和丹比少校的帮助下，逃往比较和平安宁的瑞典去了。

除尤索林外，书中着墨不少的人物还有卡思卡特上校、随军牧师希普曼和食堂管理员迈洛。

卡思卡特上校为人圆滑之极，而且自负，一心想往高处爬。他处处疑心，没有人会喜欢他。为了当将军，他视手下的飞行员为炮灰，强迫他们执行比别的大队更多的飞行任务，以显示自己突出的才能。有一次他听说丹尼卡医生战死了，便增加飞行架次，尽管医生之死与此毫无关系。而实际上医生还没有死，这使医生成为一个靠同事救济为生的“活死人”，上校拒绝见他，理由是他死了。同时，大队的科恩中校还宣布，一旦医生出现，要当场将他火化，连医生的妻子都被胁迫不许证明医生仍旧活着。卡思卡特上校最恨的人是尤索林，想方设法要证明尤索林是个共产党颠覆分子。他最信任的人是食堂管理员迈洛。

迈洛表面上老实巴交，不谙世事，实际上最善于钻营，又会溜须拍马，贿赂长官，深得上头的赏识。卡思卡特上校让他管理食堂，并命令每一中队派一架飞机和一名驾驶员，随他去各地为长官采购各种新鲜食品。迈洛因此大发横财，他到处贩运投机，成立了一家公司：“迈一明水果土产联营公司”。他伪称这家公司里人人都有股份，以此笼络人心为他卖命。不仅如此，他还作为商人与敌方作交易，比如把石油或滚珠轴承高价卖给德军，还同德方订立合同，规定用高射炮击落每一架美军飞机，德方须给他一万美元。同时，他还与美军订立合同，如何炸掉德军防守的桥梁，好让交战的美德双方不相上下，以便从中坐收渔利。但此事查获后，他并没有受到丝毫处罚。他甚至于把有德国纳粹字样的飞机印上他的公司的名字，以便他能自由飞抵各地做生意。迈洛成为大人物，比如就任西西里巴勒莫城的市长，因为他把苏格兰的威士忌运到该市，使它成为世界上三个最大的苏

相关链接

黑色幽默是20世纪60年代美国一个重要的文学流派。1965年3月，弗里德曼编了一本短篇小说集，题名为《黑色幽默》，“黑色幽默”一词即由此而来。它是60年代美国小说最有代表性的流派之一。代表作家有约瑟夫·海勒、约翰·巴斯等。小说家运用夸张扭曲的手法描写人物周围世界的荒谬和社会对个人的压迫，令人感到沉重和苦闷。作家还塑造一些“反英雄”人物，借他们的言行影射社会现实，表达作者对社会问题的观点。“黑色幽默”作为一种美学形式，属于喜剧范畴，但又是一种带有悲剧色彩的变态的喜剧。虽具有一定的社会意义和认识价值，但又强调社会现实是难以改变的，带有悲观绝望的情绪。

格兰威士忌输出地之一。他还是马耳他岛的总督，奥兰的王储，巴格达的哈里发，大马士革的教长和阿拉伯的酋长。此外，他还被一些落后地区奉为神灵，迈洛处处受到至高的礼遇。用他的道德准则来衡量的话，这一点也不奇怪。他的原则正是：只要生意还能维持，要价再高也算公正；只要能获取最大利润，冒最大的风险也在所不辞。

随军牧师希普曼上尉是个瘦弱的家伙，他每天都想回家同妻子团聚。他对空军大队的一切事件十分困惑，经常自问："有没有一位上帝？有没有真正的信仰？死后有没有灵魂？"他是作为一个尴尬的角色出现在飞行大队里的，比如在飞行员执行任务前为他们念祈祷文，主持阵亡或其他各种死亡的战士的葬礼，等等。一方面，他自己总在自我怀疑，这些举动是否真正是与上帝在交流。他总觉得自己不能够胜任牧师的工作，这么想，就更想念妻子了。哈里德将军因为发现了他这样的不忠实于上帝和长官的思想，扬言要枪毙他。卡思卡特上校拒绝了他撤销增加飞行次数的请求，这使他非常失望。他对一切都丧失了信心和希望，甚至想到放弃军官职位，去当一名伞兵。他未泯的良心催使他帮助尤索林逃往一个"桃花源"——瑞典。在希普曼心里，被这样的念头占据了："信仰全完了。"

在这个小小的世界里，各种各样的怪事不断地出现，令人无可奈何，人似乎是毫无出路的。这一切危险其实都源于那个永远摆脱不了的圈套，就是那个可以随意解释，统驭一切的"第二十二条军规"。

⊙作品评价

《第二十二条军规》中人物众多，但大多根据作者的意念突出其性格的某一侧面，甚至夸大到漫画式、动画式的程度，而有的则是象征性的。主人公尤索林是个被大人物们任意摆布的"小人物"，是个荒诞社会的受害者。他有同情心、是非感和正义感。可是在这个疯狂的世界里，他由于正直、善良，反被人看成是疯子。他深感对这样一个"世界"无能为力，逐渐意识到只能靠自己去选择一条求生之路，并最终逃往一个理想化了的和平国家——瑞典，完成了"英雄化"过程，成为一名"反英雄"。

从艺术技巧上看，这部作品中，海勒摒弃了现实主义的传统手法：一方面采用了"反小说"的叙事结构，有意用外观散乱的结构来显示他所描述的现实世界的荒谬和混乱，只用叙述、谈话、回忆来组接事件、情节和人物；另一方面又用自己丰富的想象力使事件和人物极度变形，一件件、一个个都变得反常、荒诞、滑稽、可笑，描绘出一幅幅荒诞不经的图像来博得读者的凄然一笑，并且让人在哭笑中、在哭笑不得中去回味、去思索。作者还充分运用象征手段来传达自己对世界、对人生、对事物的看法，其中寓有深刻的哲理思考。正如有的论者指出的那样，这部作品"看来胡搅蛮缠，其实充满哲理，因为只有高度理性的人才能充分注意到事物中隐含的非理性成分"。该书的语言也极有风采，充分显示了黑色幽默文学的语言特点。用故作庄重的语调描述滑稽怪诞的事物，用插科打诨的文字表达严肃深邃的哲理，用幽默嘲讽的语言诉说沉重绝望的境遇，用冷漠戏谑的口气讲述悲惨痛苦的事件。当然该书也存在寻求噱头和繁复冗长的缺点。

《第二十二条军规》被著名导演迈克·尼古拉斯拍成电影

中国

卷

□尚 书

/春秋早期/记言述事之祖

⊙作者简介

《尚书》是由谁编写的呢？历来有不同的说法，但司马迁和班固都认为是孔子编写的。孔子是中国古代文化承上启下的集大成者，他生活的年代是礼、乐废弛，《诗》、《书》缺佚的春秋末期。所以他周游列国之后回到鲁国，把晚年的精力都花在编订《诗》、《书》、《礼》、《易》、《乐》、《春秋》六经上面，还为《尚书》写了序。《尚书》有今文和古文之别，今文《尚书》是汉代伏生所授，在汉代有欧阳氏、大小夏侯氏三家传授。东晋末年，又有梅赜献出的古文《尚书》，综合起来，便形成了今天流行的《尚书》本子。但据清代阎若璩、惠栋等人考证，确认古文《尚书》为伪本。不过其中仍保留了原已散佚的今文《尚书》，因而仍有一定的史料价值。

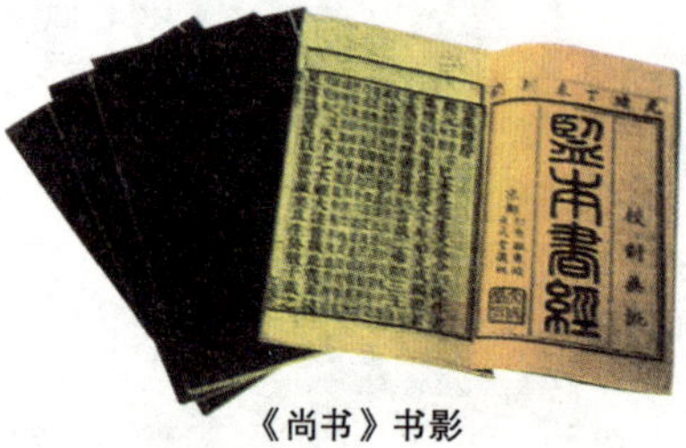

《尚书》书影

⊙内容提要

《尚书》即上古之书，是儒家经典《六经》之一，故又称为《书经》，也简称《书》。它是我国现存最早的一部史书，其体裁属史料选辑，它的内容主要是商、周二代的政府文书，如政府报告、公告、誓词、命令之类，因而可以说它是一部远古的行政档案汇编。

在《汉书·艺文志》和《隋书·经籍志》中都言明《尚书》为百篇，但经过秦始皇焚书，《尚书》一度散佚，到了汉文帝时，才由伏生口授出来，共28篇。这就是所谓的今文《尚书》。

28篇中以朝代分，计《虞书》2篇:《尧典》、《皋陶谟》;《夏书》2篇:《禹贡》、《甘誓》;《商书》5篇:《汤誓》、《盘庚》、《高宗肜日》、《西伯勘黎》、《微子》;《周书》19篇:《牧誓》、《洪范》、《大诰》、《金滕》、《康诰》、《酒诰》、《梓材》、《召诰》、《洛诰》、《多士》、《无逸》、《君奭》、《多方》、《立政》、《顾命》、《费誓》、《吕刑》、《文侯之命》、《秦誓》。

《尚书》是以记言为主的史书，其内容大都是历史人物的言语以及朝廷的文诰。若按其性质可分为以下六类：1. 讲述帝王事迹：如《尧典》，这已经可以称之为正式历史；2. 记载典章制度：属于后来志书性质，如《禹贡》，可以说是我国最早的地理志；3. 议论国家政治：《洪范》就是箕子为武王论天地之大法、谈治国平天下的道理；4. 誓师词：如《甘誓》、《牧誓》；5. 策命：如《文侯之命》；6. 诰：在全书中所占比重最大，其内容所涉及的范围也很广，有的是自上而下，也有的是自下而上。由此可见，前三类是历史记载，后三类是文书档案。

虽然仅存28篇，但它所涉及的历史很长。《虞书》这两篇的内容上有较为密切的联系，可以看作是姊妹篇。《尧典》着重记载尧和舜的事迹，反映原始社会末期氏族制度解体的历史。《皋陶谟》

深度阅读

《尚书》反映了商、周王朝由建立而巩固到兴盛的全过程，是研究商和西周初期政治、经济、文化的极其重要的资料。如《尧典》记载着尧、舜、禹的“禅让”故事，反映了原始公社制度权位继承情况。《禹贡》是我国最早的历史地理文献。《盘庚》记述商朝迁都的情况。但它是政治文件汇编，内容上各篇互相独立而缺乏内在联系，加之又无明确的时间记载顺序，这就为研究古代史的人留下了很多的困难。

相关链接

《今文尚书考证》，清人皮锡瑞撰。皮锡瑞，字鹿门，湖南善化人。科场不利，遂以治学著书为务。皮氏以今文经学名世，尤其对《尚书》用力最勤。一生著书30余种，尤以此书及《经学历史》、《经学通论》最为著名。《今文尚书考证》全书共30卷，以29卷考证今文《尚书》29篇，最后为一卷考证书序。皮氏坚信《尚书》为孔子手定，《序》亦出于孔子之手。为了证明自己的观点，皮氏大量引用史、传及诸子之书详加考证，本着实事求是的态度，来研究《尚书》，该书可以说是清代《尚书》之学的总结，对研究《尚书》具有很高的参考价值。

的中心问题是讨论治国的方略，提出"知人"、"安民"，同时提出了"五礼"与"五刑"。这说明当时等级制度与国家机器正在酝酿产生中。《夏书》这两篇反映夏代两件大事：禹治水和夏王伐有扈。禹治水是我国古代一个重要的历史传说，先秦古籍中多有记载。夏王伐有扈则是中国社会制度转化的一件大事。此外《禹贡》一篇的重要性，不单在于记载了这一重要的历史传说，同时还是一篇不可多得的古代地理名著，文中详细地记载了山川的方位和脉络，行政区域划分方面，将全国区分为9州。《甘誓》一篇，虽然文字极为简短，但它所写的战争事件，意义非常重大，对研究我国奴隶社会的建立，提供了文献依据。《尚书》中记载殷商时代历史的，共有5篇：《汤誓》记载了商王朝的建立；《盘庚》、《高宗肜日》两篇记载了商王朝的中兴；《西伯勘黎》、《微子》记载了商王朝的衰亡。可见5篇基本上反映了商王朝的发展过程。记载周代历史的共有19篇，在今文《尚书》中所占篇幅最多，其史料价值最高。由《牧誓》至《顾命》这15篇，所记载的是西周初期的历史，亦即文王、武王、成王、康王时期的历史。《吕刑》、《文侯之命》、《费誓》等的主要内容是写周王朝建立过程中的重大历史事件以及周王朝建立以后所采取的巩固政权的措施。就历史事件而言有：武王伐纣、平定武庚禄父及三监的叛乱、周公执政、成王之死与康王受命。

⊙作品评价

《尚书》在所有中国古代典籍中，最为难读。因此，要阅读《尚书》，必须参照其他书一块儿来读。其中最有参考价值的是《史记》中的《五帝本纪》、《夏本纪》、《商本纪》和《周本纪》，司马迁在写作时利用了《尚书》中的大量资料，并用当时的语言叙述出来，因而对阅读《尚书》很有帮助。此外，在版本选择上，可供选择的有孔颖达的《尚书正义》、蔡沈的《书经集传》、孙星衍的《尚书今古文注疏》以及刘逢禄的《尚书今古文集解》，这些书各有所长，可供读者选择。

伏生授经图　明　杜堇

伏生为汉代济南人，字子贱，原为秦博士。秦始皇坑儒伏生隐居不出。直到西汉文帝时，求能治《尚书》者。时伏生年已九十，老不能行，文帝使晁错前往学习《尚书》，得二十八篇，即所谓《今文尚书》。图中坐于方席上者即为伏生，鬓髯苍苍、老态龙钟。伏案疾书者为晁错。全图布局细腻，体现了院体画的风格。

诗经 / 春秋 / 响彻千年的木铎钟声

⊙作者简介

《诗经》是我国古时的一部诗歌总集。它不是一个人或者几个人写出来的。《诗经》的作者，有的本诗中就有记载，例如《小雅》的《节南山》明说“家父作诵”，《巷伯》明说“寺人孟子，作为此诗”，《大雅》的《崧高》、《保民》都明说“吉甫作诵”；有的可以从别种古书上查出来，例如《尚书》说《鸱鸮》的作者是周公旦，《左传》说《载驰》的作者是许穆公夫人，《常棣》的作者《国语》说是周公、《左传》说是召穆公。

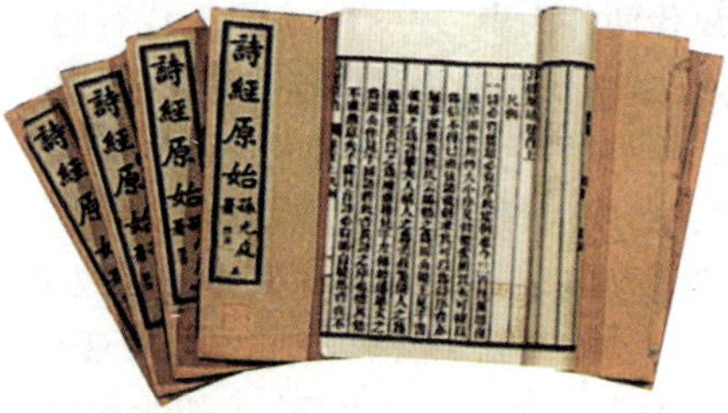

《诗经原始》书影

清方玉润著。方玉润，字石友，号鸿濛子，四川人，后居云南，屡试不第，不得已投笔从戎。本书是方玉润晚年的作品，他一反前人旧说，提出要把《诗经》作为文学作品来研究，对于一些论点，宁肯阙疑，亦不附会穿凿。

但有作者可指的毕竟是极少数，大量的诗是采诗官从民间收集起来的，我们无法知道那些优美而婉转的诗歌的作者到底是谁。我们可以假想这样一个情景：人高兴或悲哀的时候，常愿意将自己的心情诉说出来。日常的言语不够，便用歌唱。碰到节日，大家聚在一起酬神作乐，也要用歌唱表达感想。歌谣越唱越多，留在了人的记忆里。有了现成的歌谣，就可借着抒发感情，要是没有合适的，就删改一些，直到满意。这样，歌谣经过大众的修饰，经采诗官记录下来，结成集子，就是我们现在看到的《诗经》。完全可以说，《诗经》的作者就是上古的大众。

⊙背景提示

《诗经》中作品的年代大多不可考，但它所收诗的年代断限，一般是由比较公认的最早或最晚的几首诗来确定的。《豳风》中的《东山》、《破斧》据记载是反映“周公东征”的。周公东征在周成王四到三年左右（公元前 1113 ~ 前 1112 年）。《诗经》中最晚的诗是《陈风 · 株林》，它所反映的是“刺灵公”的事。据《左传》记载，陈灵公淫乱的事，在周定王七年（前 600 年），相当于春秋中叶。也就是说，《诗经》中诗篇的时代，应上起西周初，下不晚于春秋中叶。

西周和春秋时代，周王朝实行的是分封制，中国由许许多多诸侯国统治着。那时各国都养着一班乐工，各国使臣来往或者宴会时都得奏乐唱歌。乐工们不但要搜集本国乐歌，还得搜集别国乐歌；不但搜集乐词，还得搜集乐谱。那时的社会有贵族与平民两级。乐工们是伺候贵族的，搜集的歌谣自然得迎合贵族的口味，平民的作品往往必须经过乐工们的加工后才会入选。除了搜集的歌谣以外，太师们所保存的还有贵族们为了特殊事情，如祭祖、宴客、房屋落成、出兵、打猎等等所作的诗，这些可以说是典礼的诗。当时还有这样一种风气，臣下想要劝谏或者赞美君主的时候，往往不直接说出自己的意见，而是作了诗献给君上，让乐工唱给君上听，这就是献诗。太师们保存下这些带着乐谱的唱本、唱词共有三百多篇，当时通称作“《诗》三百”。到了战国时代，贵族渐渐衰落，平民渐渐抬头，新乐代替了古乐，职业的乐工纷纷散走，乐谱就此亡失，但还是有三百来篇唱词流传了下来，这便是后来的《诗经》。

⊙内容提要

《诗经》是我国第一部诗歌总集，共收入诗歌 305 篇（《小雅》中另有 6 篇“笙诗”，有目无辞，不计在内），最初称《诗》，汉代儒者奉为经典，乃称《诗经》。

《诗经》分为《风》、《雅》、《颂》三部分。《风》包括《周南》、《召南》、《邶风》、《鄘风》、《卫

作品评价

蒋伯潜、蒋祖怡在《经与经学》中说："六经中的《诗》是我国最古老的一部诗歌总集，我国的诗歌文学当以此书为鼻祖。"

风》、《王风》、《郑风》、《齐风》、《魏风》、《唐风》、《秦风》、《陈风》、《桧风》、《曹风》、《豳风》,共15《国风》,诗160篇;《雅》包括《大雅》31篇,《小雅》74篇;《颂》包括《周颂》31篇,《商颂》5篇,《鲁颂》4篇。

《诗经》歌咏的内容很复杂，由于诗歌的性质不同，描述的内容也相应有所不同。下面，我们分别选择若干重要的类型加以介绍。

《周颂》是周王室的宗庙祭祀诗。除了单纯歌颂祖先功德以外，还有一部分于春夏之际向神祈求丰年或秋冬之际酬谢神灵的乐歌，我们从中可以看到西周初期农业生产的情况。如《丰年》中唱道："丰年多黍多稌，亦有高廪，万亿及秭。为酒为醴，烝畀祖妣，以洽百礼，降福孔皆。"而《噫嘻》则描绘了大规模耕作的情形："噫嘻成王，既昭假尔，率时农夫，播厥百谷。骏发尔私，终三十里。亦服尔耕，十千维耦。"

豳风图之八月剥枣　清　吴求

豳风图册表现的是《诗经·国风》中产生时间最早的诗的内容，一些章节与周公有关。"豳"原是周人的祖先公刘的居住地，由于周人对农业极为重视，所以豳诗多与农桑稼穑有关。本图依据《豳风·七月》的内容绘制而成，主要讲述农历八月，枣子已熟，农人打枣、拾枣、剥枣的情景。

《大雅》中的《生民》、《公刘》、《绵》、《皇矣》、《大明》五篇是一组周民族的史诗，记述了从关于周民族的始祖后稷到周王朝的创立者武王灭商的历史。如《生民》叙述后稷的母亲姜嫄祷神求子，后来踏了神的脚印而怀孕，生下了后稷，不敢养育，把他丢弃，后稷却历尽苦难而不死："诞置之隘巷，牛羊腓字之。诞置之平林，会伐平林。诞置之寒冰，鸟覆翼之。鸟乃去矣，后稷呱矣。实覃实訏，厥声载路。"

西周后期，由于戎族侵扰、诸侯兼并，社会剧烈动荡。《大雅》、《小雅》中产生于这一时期的诗，有很多批评政治的作品。如《瞻卬》中说："人有土田，女反有之。人有民人，女覆夺之。此宜无罪，女反收之。彼宜有罪，女覆说之。"更多的政治批评诗，表达了作者对艰危时事的忧虑，对统治者的强烈不满。如《十月之交》写道："烨烨震电，不宁不令。百川沸腾，山冢崒崩。高岸为谷，深谷为陵。哀今之人，胡憯莫惩！"

《国风》中也有这一类的诗，如《伐檀》："坎坎伐檀兮，置之河之干兮。河水清且涟猗。不稼不穑，胡取禾三百廛兮？不狩不猎，胡瞻尔庭有县貆兮？彼君子兮，不素餐兮！"《相鼠》也是类似的作品："相鼠有皮，人而无仪。人而无仪，不死何为！相鼠有齿，人而无止。人而无止，不死何俟！相鼠有体，人而无礼。人而无礼，胡不遄死！"

关于战争和劳役的作品也很多。《小雅》中的《采薇》、《杕杜》、《何草不黄》,《豳风》中的《破斧》、《东山》,《邶风》中的《击鼓》,《卫风》中的《伯兮》等，都是这方面的名作。这些诗歌大都从普通士兵的角度来表现他们的遭遇和想法，着重歌唱对于战争的厌倦和对于家乡的思念。其中《东山》

写出征多年的士兵在回家路上的复杂感情，在每章的开头，他都唱道："我徂东山，慆慆不归。我来自东，零雨其濛。"又如《卫风·伯兮》："伯兮朅兮，邦之桀兮。伯也执殳，为王前驱。自伯之东，首如飞蓬。岂无膏沐，谁适为容？其雨其雨，杲杲出日。愿言思伯，甘心首疾。焉得谖草，言树之背。愿言思伯，使我心痗。"这首诗是以女子口吻写的。她既为自己的丈夫感到骄傲，因为他是"邦之桀（杰）"，能"为王前驱"；又因丈夫的远出、家庭生活的破坏而痛苦不堪。

在《国风》中，最集中的是关于恋爱和婚姻的诗。《召南·野有死麕》："野有死麕，白茅包之，有女怀春，吉士诱之。""舒而脱脱兮，无感我帨兮，无使尨也吠。"一个打猎的男子在林中引诱一个"如玉"的女子，那女子劝男子别莽撞，别惊动了狗，表现了又喜又怕的微妙心理。《郑风·将仲子》写道："将仲子兮，无逾我里，无折我树杞！岂敢爱之，畏我父母。仲可怀也，父母之言，亦可畏也！""仲子"是她所爱的情人。但她却不敢同他自由相会，且不准他攀树翻墙，只因父母可畏。《国风》中有许多情诗，咏唱着迷惘感伤、可求而不可得的爱情。又如："月出皎兮，佼人僚兮，舒窈纠兮，劳心悄兮！"（《陈风·月出》）"南有乔木，不可休思。汉有游女，不可求思。汉之广矣，不可泳思。江之永矣，不可方思。"（《周南·汉广》）《国风》中还有许多描写夫妻间感情生活的诗。像《唐风·葛生》，一位死了丈夫的妻子这样表示："夏之日，冬之夜，百岁之后，归于其居。"《邶风》中的《谷风》，《卫风》中的《氓》，是最著名的两首弃妇诗。《诗经》中写恋爱和婚姻问题的诗，内容丰富，感情真实，是全部《诗经》中艺术成就最高的作品。

⊙作品评价

阅读《诗经》，我们能获得美的享受。诗歌的美不仅体现在内容上，而且体现在手法与节奏上。古人说《诗经》有"六义"，即风、雅、颂与赋、比、兴。风、雅、颂是诗的性质、体制上的分类，赋、比、兴则是诗的创作手法上的分类。朱熹《诗传纲领》云："赋者，直陈其事；比者，以彼状此；兴者，托物兴词。""赋"是直抒情意，直述人事；"比"是借物为比，喻其情事；"兴"是托物兴起，抒写情意。例如，"关关雎鸠，在河之洲。窈窕淑女，君子好逑"这一章，以河洲上雎鸠之关关而鸣以求其偶为比，以兴起后二句所赋的淑女、君子之为佳偶，这一类诗是"兴"的作法。

《诗经》中的诗以四言诗为主，但也有例外。《郑风·缁衣》云："缁衣之宜兮，敝，予又改为兮。适子之馆兮，还，予授子之粲兮。""敝"和"还"是一言的。《小雅·祈父》云："祈父，予王之爪牙。""祈父"是二言的。《召南·江有汜》云："江有汜，之子归，不我以。不我以，其后也悔。"前四句都是三言的。《召南·行露》云："谁谓雀无角，何以穿我屋？谁谓女无家，何以速我狱？"都是五言的。《小雅·十月之交》的"我不敢效我友自逸"，是八言的。但以全部《诗经》而论，终以四言诗占绝对多数。《诗经》中也有"兮"字调，如《周南·麟之趾》的"麟之趾，振振公子，于嗟麟兮"，则每章末句用"兮"字；《召南·摽有梅》的"摽有梅，其实七兮。求我庶士，迨其吉兮"，则间一句用"兮"字。以全部《诗经》而论，虽然"兮"字调只占极少数，但还是可以看出由《诗经》增变到《离骚》体的"兮"字调的痕迹来。

《伐檀》诗意图

《伐檀》是"魏风"中的第六首，奴隶们在砍伐檀树制造车辆时，想到自己一天劳累不堪，还吃不饱穿不暖，而奴隶主们却过着不劳而获的寄生生活，因而发出愤怒的责问。上图取材于"坎坎伐檀兮，置之河之干兮。河水清且涟漪"之意境。

□黄帝内经 /春秋至战国/医学之宗

⊙作者简介

《黄帝内经》冠以黄帝名，并非真为黄帝所作。《淮南子》曾指出："世俗之贱今，必托之于神农、黄帝。"《内经》既非黄帝之作早已为确论，但其成书究竟何时？又出于何人之手？对此，历代以来意见纷纭，终未能取得共识。综观历代学者，《内经》现存本的汉代原本是由谁编订一无所知。仅有的争论在于第9篇的部分内容，第66～71篇的全部及第74篇有关"五运"的部分，这些都不见于全元起的校注本，而一般认为是后人所伪造的。由宋英宗治平四年（1067年）版的注释中推测这些部分是由唐人王冰补入的，这种看法已被后来的学者所认可。而只有范适是一个显著的例外，他极其繁复地论辩哪些部分是由五代或宋初的无名氏补入的。在《黄帝内经》成书年代的问题上约有以下几种观点：如说成书于春秋战国说，说成书于春秋战国至秦汉之际说，说成书于西汉说，或谓更为晚出说等等，现仍为学者争论最为激烈的问题之一。在这个争论上，有一点则为大家所公认，即明代医学家吕复之所论："乃观其旨意，殆非一时之言。其所撰述，亦非一人之手。"

黄帝像

⊙内容提要

《黄帝内经》这一名称常常分别冠于《素问》、《灵枢》、《太素》、《明堂》四本书标题前。自北宋以后它常作为前两部分的总称，在这种用法上，它常缩写为《内经》。《黄帝内经》由黄帝与同样具有传说色彩的六大臣之间的对话组成。尽管最著名的部分是黄帝提问，由岐伯作答，但在其他部分这些大臣也参加谈话。全书中他们对宇宙、人们生活的直接的环境与人体、情绪之间的关系、对生活习惯与健康之间的关系、对体内各脏器之间的关系、对生命过程与病理过程之间的关系、对于病症与症状之间的关系以及对如何通过对所有这些的分析而作出诊断与医疗决定都提供了见解。《黄帝内经》流传甚广，现就《素问》、《灵枢》分述之：

《素问》：公元6世纪全元起首次对《素问》做全面注释，当时第七卷早佚，故只有8卷。762年，王冰补注，称为《黄帝内经·素问》24卷，81篇，其中除72～73篇有目缺文外，经王氏补入了"旧藏"7篇。11世纪，北宋校正医书局对王氏注本再加校勘注释，改名《重广补注黄帝内经素问》，成为宋之后历代刊刻研究之蓝本和依据，刊刻本有数十种之多。

精彩语段

故阴阳四时者，万物之始终也，死生之本也，逆之则灾害生，从之则苛疾不起，是谓得道。道者，圣人行之，愚者佩之。从阴阳则生，逆之则死，从之则治，逆之则乱。反顺为逆，是为内格。是故圣人不治已病治未病，不治已乱治未乱，此之谓也。夫病已成而后药之，乱已成而后治之，譬犹渴而穿井，斗而铸锥，不亦晚乎。

深度阅读

《内经》是先秦诸多医学家对其前代医学发展的一次系统的总结，是对十分丰富的医疗经验的高度概括，并从而奠定了中医学发展的理论基础，达到了历史的高水平，有着许许多多的科学成就和十分正确的预见。而且为朝鲜、日本以及东南亚医学家所研究和运用。同时,《内经》也早已为欧美汉学家、私人收藏家、国家图书馆所广泛收藏和流传，而且有被部分节译或全译为英、法、德等文本出版。在当代科学日新月异发展的今天,《内经》也更为医学界所重视。

《灵枢》:在《汉书·艺文志》名为《九卷》，公元 6 世纪前后，其名有《针经》、《九虚》、《九灵》、《灵枢》等不同书名之传本。南北朝、隋唐间,《针经》注本多种曾有流传，并见于隋唐及日、朝之医事法令，甚至将其列为医学教材，但未能流传后世。如前所述，宋代刻刊《灵枢》(1135 年）后，即成为《九卷》之唯一刻本流传于世，虽有 12 卷本与 24 卷本之不同，但篇目内容次第等并无差异。

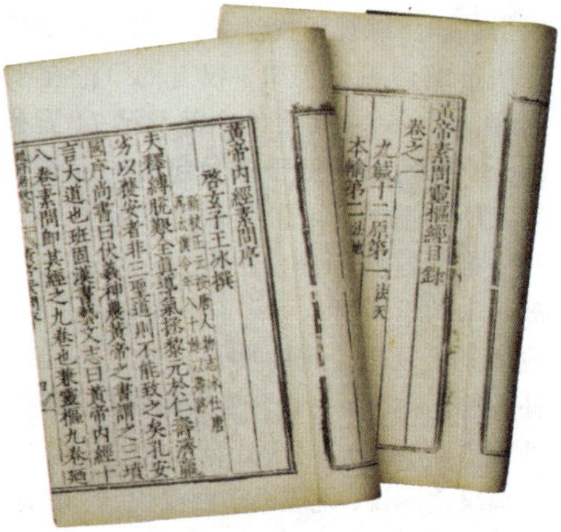

《灵枢》、《素问》书影

《黄帝内经》内容十分丰富,《素问》偏重人体生理、病理、疾病治疗原则原理，以及人与自然的关系等基本理论 ;《灵枢》则偏重于人体解剖、脏腑经络、腧穴针灸等等。二者之共同点均系有关问题的理论论述，并不涉及或基本上不涉及疾病治疗的具体方药与技术。

《内经》认为 : 认识人类疾病必须首先认识人类自身。《内经》的作者们很可能直接参与了对人体的解剖研究，并实地进行了人体体表与内脏的解剖。

《内经》中涉及许多高明的医疗技术。例如该书不但记述了水浴疗法、灌肠技术，而且比较正确地论述了血栓闭塞性脉管炎——脱疽的外科手术截趾术等。《内经》已设计使用了筒针(中空的针）进行穿刺放腹水的医疗技术，这是一次改善腹水治疗和减轻患者痛苦比较成功的尝试。筒针穿刺放腹水虽然未能创造出根治腹水的方法，但作为一种医疗技术在后世继续得到发展和应用。

黄帝陵

黄帝陵在今陕西省黄陵县桥山上，其地松柏成荫，风景秀美。

《内经》提倡疾病预防强调早期治疗。中国医学自古就十分重视促进人体健康以预防疾病的思想，追其源则始于《内经》。

⊙作品评价

《黄帝内经》以对话的形式写成，由黄帝提问，六大臣作答，在阅读上，要把重点放在黄帝的提问、岐伯作答的部分上，这是全书最著名的地方所在，要注意把握书中关于宇宙、直接的环境与人们情绪之间的关系、生活习惯与健康之间的关系、病症与病症之间的关系等的见解。对于普通读者而言,《黄帝内经》的专业性还是很强的，因而可以先通过阅读一些介绍性的读物做初步了解，然后再进行阅读。

山海经

/ 春秋晚期 / 古今语怪之祖

⊙作者简介

《山海经》的作者与成书年代,众说纷纭。传统上《山海经》被认为是大禹及其助手益所作，如《论衡》、《吴越春秋》及刘歆的《上山海经表》所说。另外一些人表示怀疑，北魏郦道元作《水经注》时已发现 :《山海经》编书稀绝，书策落次，难以辑缀，后人又加以假合，与原意相差甚远。北齐的颜之推注意到了书中出现的汉代地名，认为是在秦代焚书之后或董卓所加，此后随着考古学与辨伪学的发展，禹、益之说日趋被否定。当代学者较一致认为《山海经》是由几个部分汇集而成，并非出于一人一时之手。但具体看法又不同，有学者认为《山海经》由三大部分组成，其中以《山经》成书年代最早，为战国时作 ;《海经》为西汉所作 ;《大荒经》及《大荒海内经》为东汉至魏晋所作。有的学者对《山海经》中的《山经》与《禹贡》作比较研究，结论是《山经》所载山川于周秦汉间最详最合。至于时代当在《禹贡》之后，战国后期。

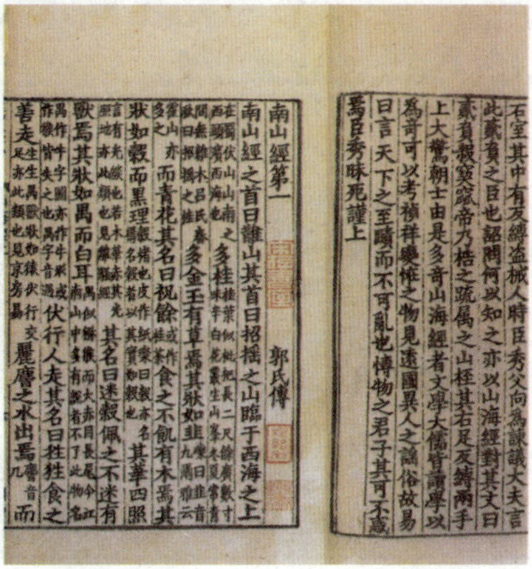

《山海经》书影

⊙内容提要

《山海经》记述的内容十分丰富，其中囊括了天文、历法、地理、气象、动物、植物、矿物、地质、水利、考古、人类学、海洋学和科技史等诸多内容。同时也保留了大量远古神话传说。《山海经》的今传本为 18 卷 39 篇，分《五藏山经》、《海外经》、《海内经》、《大荒经》四部分，其中《五藏山经》5 卷，包括《南山经》、《西山经》、《北山经》、《东山经》、《中山经》，共 21000 字，占全书的 2/3。《海内经》、《海外经》8 卷，4200 字。《大荒经》及《大荒海内经》5 卷，5300 字。

《山经》以五方山川为纲，记述的内容包括古史、草木、鸟兽、神话、宗教等。《海经》除著录地理方位外，还记载远国异人的状貌和风格。在古代文化、科技和交通不发达的情况下，尤为可贵。

卷 1 ~ 5 分为 26 节，描写了 447 座中央陆地上的山脉。每座山的描写至少包括它的名字，它距前面提到的山脉的距离，以及关于其植物、动物和矿物的信息。还包括对居住于一座山或者一群山脉上的守护神和怪物以及某些神话传说的评说。当一条河与一座山相连时，原文详细说明了河流的起源和出口、流向以及其中所见的物品。在 24 个小部分的末尾，还提供了一些有关山精崇拜的规定,这些记载对研究中国早期宗教是十分重要的。卷 6 ~ 18 的内容有些不同。地名几乎无法确认，植物学和动物学让位于虚构的民族学 ; 医学的、占卜的和仪式的规定再也找不到了，神话纪录倒为

深度阅读

《山海经》是一部内容丰富、风貌独特的古代著作。《山海经》实际上也是我国记载神话最多的一部古书。本书通过神话的形式，既记载了全国的山水矿藏，又记载了动植物。该书还记载了古代的一些社会情况，不仅对研究自然科学史有参考价值，而且对研究中国上古社会也有重要的参考价值。

昆仑山壁画

据《西山经》所载："西南四百里曰昆仑之丘，是实唯帝之下都，神陆吾司之。"描述的就是昆仑山，但由于《山海经》中的神话色彩浓厚，因而里面提及的许多地理名称都难以找到实证。

数更多。

作者以《中山经》所在地区为世界的中心，四周是《南山经》、《西山经》、《北山经》、《东山经》中所记录的山系，它们共同构成大陆，大陆被海包围着，四海之外又有陆地和国家，再外还有荒远之地，这就是《山海经》所描绘的世界。

《山海经》的地域范围依今天的行政区划来分析，大致如下：《南山经》东起浙江舟山群岛，西抵湖南西部，南抵广东南海，包括今天的浙、赣、闽、粤、湘5省。《西山经》东起晋、陕间的黄河，南起陕、甘秦岭山脉，北抵宁夏盐池西北，西北达新疆维吾尔自治区阿尔泰山。《北山经》西起今内蒙古自治区、宁夏回族自治区腾格里沙漠贺兰山，东抵河北太行山东麓，北至内蒙古自治区阴山以北。《东山经》包括今山东及苏皖北境。《中山经》西达四川盆地西北边缘。

《山经》以山为纲，分中、南、西、北、东五个山系，分叙时把有关地理知识附加上去。全文以方向与道里互为经纬，有条不紊。在叙述每列山岳时还记述山的位置、高度、走向、陡峭程度、形状、谷穴及其面积大小，并注意两山之间的相互关连，有的还涉及植被覆盖密度、雨雪情况等，显然已具备了山脉的初步概念，堪称我国最早的山岳地理书。在叙述河流时，必言其发源与流向，还注意到河流的支流或流进支流的水系，包括某些水流的伏流和潜流的情况以及盐池、湖泊、井泉的记载。《山海经》中最具有地理价值的部分《五藏山经》，在全书中最为平实雅正，从形式至内容都以叙述各地山川物产为主。

另外本书中记载的医学史料、药物知识，对研究中国医药学的萌芽和演化尤为重要。据学者吕子方统计，《山海经》载录的药物数目，动物药76种（其中兽类19种，鸟类27种，鱼龟类30种），植物药54种（其中木本24种，草本30种），矿物药及其他7种，共计137种，并且所收载的药物有明确的医疗效能的记述。经过长期的研究证实，《山海经》还是世界上最古老的矿藏地质文献，所记载的226处金、银、铜、铁、锡等矿藏，现在大都可以证实。

西王母图

西王母在《山海经》神话中的形象比较突出，应是《山海经》诸神中的主神。

楚辞

/ 战国 / 屈原 / 神奇而瑰丽的骚体之祖

⊙作者简介

《楚辞》是我国古代又一部重要的诗歌集，它编纂于西汉末年。编纂者是著名的文学家、目录学家刘向。《楚辞》的主要作者是屈原和宋玉。

屈原，名平，字原，战国时楚国秭县（今湖北省秭归县）人，约生于公元前 340 年，卒于公元前 277 年。出身贵族，是楚武王后裔，曾任左徒、三闾大夫。怀王时，主张联齐抗秦，选用贤能，但受其他贵族排挤而不见用。遭靳尚与上官大夫等人毁谤，先被放逐到汉北，又被流放至江南，终因不忍见国家沦亡，怀石自沉汨罗江而死。传说，屈原投汨罗江这天，正是农历五月初五，村民得知他投江，赶紧划着船，在江上打捞。但江水茫茫，已经无法寻找了。村民们怕鱼儿咬伤屈原的尸体，就用竹叶包了米饭，撒在江中喂鱼，就算是对屈原的祭奠。从此以后，每年的这一天，人们为了怀念屈原，都要划龙舟、包粽子。这一习俗流传下来，就成了我们现在的端午节。

宋玉的生平，古书中记载很少。传说他是屈原的学生，更详细的情况我们现在已经无法知道了。

⊙背景提示

屈原像

与黄河流域一样，长江流域也孕育着古老的文化，楚文化就是这一地域文化的代表。楚人很早就和中原的国家有联系，同时，它也始终保持着自身强烈的特征，因而楚人长期被中原国家看作野蛮的异族。楚文化的兴起比中原文化迟，原始宗教——巫教盛行可以说是楚文化落后的表现。但在其他方面，楚文化不一定落后，甚至有许多地方远远超过中原文化。

南方的自然经济条件比北方优越，在南方谋生比较容易，不需要结成强大的集体力量去克服自然、维护生存，所以楚国没有形成像北方国家那样严密的宗法政治制度。在这样的生活环境中，个人受集体的压抑较少，个体意识相应就比较强烈，这就造成了楚国艺术的高度发展，这是楚文化明显超过中原文化的一个方面。中原文化中，艺术包括音乐、舞蹈、歌曲，主要被理解为“礼”的组成部分。与此不同，在楚国，艺术，无论娱神的还是娱人的，都是在审美愉悦的方向上发展，展示的是人的活跃的情感。就是在这样的背景下，楚地的歌谣演变出了楚辞。

⊙内容提要

《楚辞》一书中选编了屈原的《离骚》、《九歌》、《天问》、《九章》、《远游》、《卜居》、《渔父》及宋玉的《九辩》、《招魂》等名篇。

相关链接

《楚辞》之外的楚辞：有些楚辞名作没有被刘向收入《楚辞》一书中。比如有宋玉的《风赋》、《高唐赋》、《神女赋》、《登徒子好色赋》、《对楚王问》等五篇作品。我们可以在萧统编的《文选》中找到这些作品。

楚歌：楚地的民歌。这种民歌的特点是句式长短不一，歌中常用语气词“兮”。这种歌谣到秦汉时还十分流行，流传下来的有刘邦的《大风歌》、项羽的《垓下歌》等，《史记·留侯世家》也记载了戚夫人唱的一首楚歌。

屈原卜居图卷　清　黄应谌　绢本

本画描绘屈原被放逐后，心怀国事而不能为，因而心思迷乱，遂拜访太卜郑詹尹，询问自处之道的情景。图中山势高峻，树木蓊郁，溪水潺潺，近处殿堂折落，堂内桌案之上日晷、龟策等卜器整齐排放，一白发苍苍的老者拱手迎接来客。屈原头戴纶巾，身披广袖长袍，腰系丝绦，长可及地，二人隔门相揖。旁边童子执杖侍立，树下奚官牵马等候。

《离骚》是屈原最重要的代表作。全诗370余句，2400余字，是中国古代最宏伟的抒情诗。它的写作年代，是在屈原被放逐之后。

《离骚》的题旨，司马迁解释为“离忧”，班固把“离骚”解释为“遭忧作辞”；王逸则把“离骚”解释为“离别的忧愁”。这三种说法都有一定的道理。总之，这是屈原在政治上受到严重挫折之后，面临个人和国家的厄运，对于过去和未来的思考，是一个崇高而痛苦的灵魂的自传。

《离骚》从第一句“帝高阳之苗裔兮”开始，诗人用大量笔墨，从多方面描述自我的美好而崇高的人格。他自豪地叙述他是楚王的同姓，记叙自己降生在一个吉祥的时辰（寅年寅月寅日），被赐以美好的名字，又强调自己禀赋卓异不凡，并且叙述自己及时修身，培养高尚的品德，锻炼出众的才干，迫切地希望献身君国，令楚国振兴。诗人自我的形象，代表着美好和正义。“党人”是同诗人敌对的，代表着邪恶。他们只顾苟且偷安，使楚国的前景变得危险而渺茫，还“内恕己以量人，各兴心而嫉妒”，“谓余以善淫”，诬蔑诗人是淫邪小人。诗人受到沉重的打击，却更激起了诗人的高傲和自信。他反复用各种象征手法表现自己高洁的品德。同时，再三坚定地表示：他决不放弃自己的理想而妥协从俗，宁死也不肯丝毫改变自己的人格。而后诗人在想象中驱使众神，上下求索。他来到天界，然而帝阍——天帝的守门人却拒绝为他通报。他又降临地上“求女”，但那些神话和历史传说中的美女，或“无礼”而“骄傲”，或无媒以相通。诗人转而请巫者灵氛占卜、巫咸降神，给予指点。灵氛认为楚国已毫无希望，劝他离国出走；巫咸劝他留下，等待君臣遇合的机会。于是，诗人驾飞龙，乘瑶车，扬云霓，鸣玉鸾，自由翱翔在一片广大而明丽的天空中。在幻想中，正当诗人“高驰邈邈”的时候，“忽临睨夫旧乡。仆夫悲余马怀兮，蜷局顾而不行”。他发现自己根本无法离开故土，既不能改变自己，又不能改变楚国，那么，除了以身殉自己的理想，以死完成自己的人格外，也就别无选择。《离骚》闪耀着理想主义的光辉异彩。诗人以炽烈的情感、坚定的意志，追求真理，追求完美的政治，追求崇高的人格，至死不渝，具有巨大的艺术感染力。

《九章》由九篇作品组成:《惜诵》、《涉江》、《哀郢》、《抽思》、《怀沙》、《思美人》、《惜往日》、《橘颂》、《悲回风》。《九章》的内容都与屈原的身世有关，这与《离骚》相似。在《九章》中，《橘颂》的内容和风格都比较特殊。作品用拟人化的手法，细致描绘橘树的灿烂夺目的外表和“深固难徙”的品质，以表现自我优异的才华、高尚的品格和眷恋故土、热爱祖国的情怀。在描写过程中，诗人既不黏滞于作为象征物的橘树本身，又没有脱离其基本特征，从而为后世咏物诗的创作开辟了一条宽广的道路。其他篇章，多为屈原在放逐期间所作。《涉江》是屈原在江南长期放逐中写的一首纪行诗。诗中叙写作者南渡长江、又溯沅水西上、独处深山的情景。其中的风光描写最为人称道。楚辞中这类风光描写，成了后代山水诗的滥觞，屈原也被推为我国山水文学的鼻祖。《哀郢》作于秦将白起攻陷楚都以后。屈原在流亡中，亲眼目睹了祖国和人民遭受的苦难，心情沉痛，写下这首诗，哀叹郢都的失陷。《怀沙》是屈原临死前的绝笔。诗人一面再次申说自己志不可改，一面更为愤慨地指斥楚国政治的昏乱，表现出对俗世庸众的极度蔑视。诗人希望世人能够从自己的自杀中，看到为人的准则。《九章》的大部分都反映了屈原流放生活的经历，这些诗篇善于把纪实、写景与抒情相结合，以华美而富于表现力的语言，写出复杂的、激烈冲突的内心状态。

《天问》是一篇奇文。它就自然、历史、社会以及神话传说，一口气提出 172 个问题。这些问题，有些是在当时已经有公认答案的，但诗人并不满足，还是严厉地追问，想找到新的答案。比如尧舜，在当时已被儒家奉为偶像，在《离骚》、《九章》中也被反复当作理想政治的化身来歌颂，但在《天问》中，他们仍然不能逃脱深刻的怀疑。

《九辩》是宋玉的代表作，它明显受到屈原的影响。《九辩》中袭用或化用《离骚》、《哀郢》等作品中现成语句的地方共有十余处。《九辩》借悲秋抒发“贫士失职而志不平”的感慨，塑造出一个坎坷不遇、憔悴自怜的才士形象。《九辩》的哀愁，主要是一种狭小的、压抑的哀愁，基调是“惆怅兮而私自怜”。宋玉的文才，他的怀才不遇的遭遇，他的见秋景而生哀的抒情模式，都影响了后世标榜清高而自惜自怜的文人，写出许多伤春悲秋的诗文。

⊙作品评价

楚辞受楚地歌谣的影响很深。楚歌的体式和《诗经》不同，不是齐整的四言体，而是每句长短不一，句尾或句中常用“兮”字作语气词。这也是楚辞的显著特征，阅读时不可不注意。

楚地盛行的巫教也影响了楚辞，使楚辞具有浓厚的神话色彩。楚辞充满奇异的想象和炽热的情感。诗人在表现情感时，大量运用神话材料，驰骋想象，上天入地，飘游六合九州，给人以神秘的感受。比如《离骚》由“神游”到“降神”，都借用了民间巫术的方式。这是楚辞的另一个突出的特点。

中原文化对楚国的影响在楚辞中也有明显的痕迹。《九章》中的《橘颂》全诗都用四言句，在隔句的句尾用“兮”字，可以看作《诗经》体式对《楚辞》体式的渗透。这种影响正是春秋战国时期华夏民族融合过程的反映。

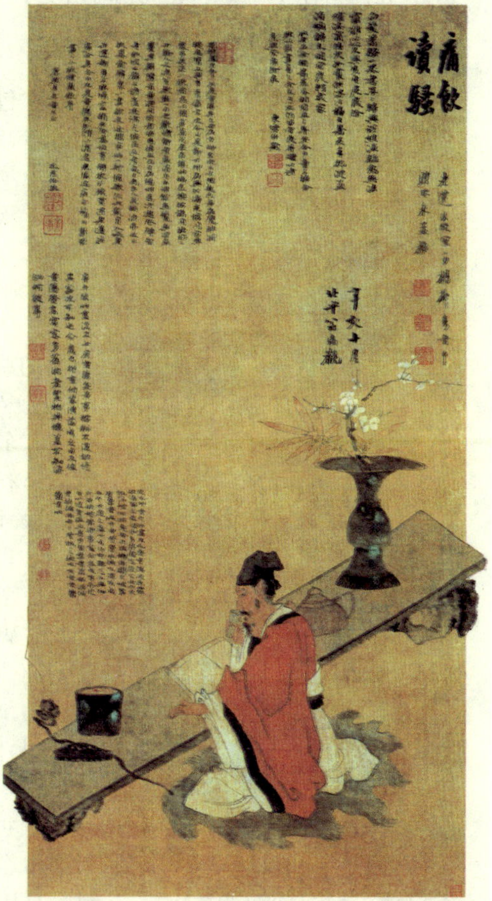

饮酒读离骚　明　陈洪绶

□周易 / 西周至战国晚期 / 推天道以明人事之书

⊙作者简介

对《周易》的作者说法不一，传说伏羲氏画卦，周文王作彖辞，孔子作传，不见得可靠。据近人研究，它可能产生于殷周之际，是对于古代卜卦的记录，经过较长时间的积累而成。而其中的传等形成于战国晚期，是多人合手而成的。

周文王姬昌像

⊙背景提示

在原始社会，由于生产力的低下，人们对自然和社会现象的客观情况和规律性缺乏认识，因而产生宗教迷信，当时人们是根据神灵的启示来判断吉凶的，而传达神灵启示的手段是占卜。进入阶级社会之后，占卜逐渐成为一门专业，从事这门专业的人叫做“卜人”或“筮者”。这些卜人，把他们积累的经验编辑成书，以便翻检和传授。在夏朝有《连山》，在商朝有《归藏》，在周朝时出现了《周易》。

⊙内容提要

《周易》，又称《易经》，简称《易》，包括“经”和“传”两部分。“经”的部分主要包含卦象、卦辞和爻辞。“传”的部分主要包含彖传、象传、文言、系辞传、说卦传、序卦传和杂卦传等，古称“十翼”。从不同的角度而言，它是古代的卜筮学、哲学、预测学、信息学、系统学、伦理学、宇宙代数学的混合产物。它涉及到天文、地理、气象、历法、数学、物理、化学、生物、医学、武术、炼丹、养生、哲学、历史、文学、艺术、教育、民俗、心理、伦理、军事、宗教、卜筮等领域。它还有许多有价值的方法和思想，如简单性原则、相似性原则、循环原则以及稳定与不稳定、无穷演化的思想等等。

《周易》认为，阴阳是天地、万物的总起源，自然界与人及动物没有什么两样，也是由两性相交产生的。万物在阴阳两势力的矛盾中产生变化，而变化的形式就是通过交感。《周易》认为世界上没有东西不在变化。变化又是有阶段性的，发展到最后阶段，就会带来相反的结果，“物极”就要走向反面。

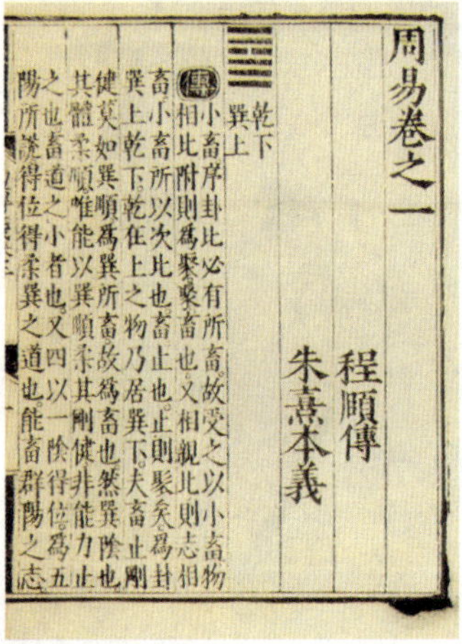
周易卷之一
程頤傳
朱熹本義
乾下 巽上
傳 小畜序卦比必有所畜故受之以小畜物
相比附則爲聚聚畜也又相親比則志相
畜小畜所以次比也畜止也止則聚矣爲卦
巽上乾下乾在上之物乃居巽下夫畜止剛
健莫如巽巽順爲巽所畜故爲畜也然巽陰
其體柔順唯能以巽順柔其剛健非能力止
之也畜道之小者也又四以一陰得位爲五
陽所說得位得柔巽之道也能畜群陽之志

宋代程颐、朱熹注释的《周易》

《易传》是《易经》的解释。它包括《彖》上下、《象》上下、《系辞》上下、《文言》、《说卦》、《序卦》、《杂卦》，也称《十翼》。《彖》是对卦辞的解释。《象》是对爻象和爻辞的解释。《系辞》总论《易经》的基本观点，阐发这些基本观点如何应用于自然和社会。《文言》专论乾、坤两卦的基本概念。《说卦》论述六十四卦的排列秩序。《杂卦》说明卦名的意义及其相互关系。

《易传》的基本思想：(一)“——”“— —”宇宙存在论，“——”为阳爻，“— —”为阴爻。宇宙存在说的观点：第一，八卦产生不是人类主体思维之虚构，它来自人们“近取诸身、远取诸物”，是对宇宙客观存在的认识。第二，八卦论说宇宙生成存在的逻辑思维，是从人的生命之源，来推演宇宙其他事物之源与其变化。男

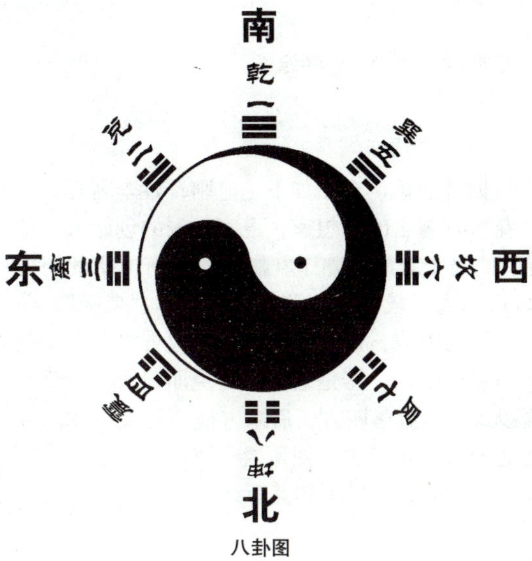

八卦图

女交而生人，故宇宙亦在交合中产生。第三，宇宙是对立统一体。第四，八卦用对立统一解释事物的普遍性质。六十四卦来自八卦之重叠，八卦最终取自阴（— —）阳（——）二符号，（— —）（——）二符号是对六十四卦所阐述的各种具体事物的普通性质的抽象化，（— —）（——）抽象的对立统一物，代表了事物的普通性质。（二）“变则通”的宇宙发展论。第一，《易传》肯定事物都在发展变化中存在，“易穷则变，变则通，通则久”。第二，变化是事物吉凶的征兆。第三，事物的变化的原因是事物间相互交感的矛盾运动。（三）《易传》社会学说：《易传》对自然的揭示，为人类社会管理提供了摹拟的依据。在孔子看来，有一种本质无边的东西存在，那就是天（乾）一定在上，地（坤）一定在下，在上者必尊，在下者必卑。这种上下有序、尊卑有别的思想，便形成了儒家政治思想的基础。

《周易》把“道”作为宇宙的本体，如履卦九二爻辞有：“履道坦坦，幽人贞吉。”随卦九四爻辞：“有孚在，道以明，何咎。”这里所讲的“道”，就是作为宇宙本体的“道”。“十翼”对于《周易》所提出的作为宇宙本体的“道”可以说是理解很深刻、发挥很透彻的，超越了《周易》作者的水平。

⊙作品评价

阅读《周易》，重在理解其最基本的概念，以及它对宇宙、社会、人生的看法。但是阅读起来还是有相当困难的，因此，为了方便读者阅读，这里着重推荐如下几个版本，以供读者选择：唐代李鼎祚撰《周易集解》、孔颖达撰《周易正义》，宋代朱熹撰《周易本义》、清代丁寿昌撰《读易会通》。而最能帮助读者理解的当属近人顾颉刚的《周易卦爻辞中之故事》和高亨的《周易古经今注》、《周易大传今注》。这几本书可以说代表了现代人研究周易的成就。

秋窗读易图　南宋　刘松平

《周易》一书自从问世以来，便成为士大夫的必读书，观卦象、玩卦辞，将人生哲理结合本身生活经历一一加以发挥，以便更好地修身养性，陶冶性情。秋窗读《易》，足见《易》中境界之宏伟。

名家点评

司马迁《史记·齐太公世家》称：“后世之言兵及周之阴权。皆宗太公为本谋。”

□道德经

/春秋/老子/中国哲学发展的重要源头

⊙作者简介

关于老子其人、其书及其“道论”历来有争论。根据《史记》介绍如下：老聃，姓李名耳，字伯阳，楚国苦县厉乡曲仁里（今河南鹿邑东）人，是春秋时著名的思想家，道家学派的创始人。他的生卒年月不详。老子做过周朝的“守藏室吏”，所以他谙于掌故，熟于礼制，不仅有丰富的历史知识，并且有广泛的自然科学知识。他和孔子是同时代的人，较孔子年辈稍长。世称“老子”。公元前520年，周王室发生争夺王位的内战，这场长达5年的内战，最终以王子朝失败告终。王子朝失败后，席卷周室典籍，逃奔楚国。老子所掌管的图书也被带走。于是老子被罢免而归居。由于身受当权者的迫害，为了避免祸害，老子不得不“自隐无名”，流落四方，后来，他西行去秦国。经过函谷关（在今河南灵宝县西南）时，关令尹喜知道老子将远走隐去，便请老子留言。于是老子写下了5000字的《道德经》。相传老子出关时，骑着青牛飘然而去，世不知其所终。

⊙背景提示

春秋战国时期，奴隶制走向崩溃，封建制度逐步确立，社会矛盾尖锐复杂。封建制度先后在各个国家确立起来后，社会主要矛盾已经不是新兴地主阶级同奴隶主阶级的矛盾，而是地主阶级与农民阶级的矛盾，同时也有地主阶级内部的矛盾。当时国与国之间的战争，各个政治集团的争夺，就属于地主阶级内部矛盾性质。面对当时的社会动乱，诸子百家都提出了自己的济世之方。儒家主张礼治、德治和贤治；墨家反对礼治，但也主张德治和贤治；法家反对墨家而主张法治。同诸家相对立，老子则主张无为而治，认为社会之所以动乱，在于人们的智巧太多，欲望太甚；而智欲的根源在于物质生活的发达和种种造作有为的政治。

⊙内容提要

《道德经》又名《老子》、《老子五千文》，是中国道家的主要经典，全面反映了老子的哲学思想。全书共81章，分上下两篇，上篇37章为《道经》，讲的是世界观问题，下篇44章为《德经》，讲的是人生观问题。全书文辞简奥，哲理宏富，且体系完整，内容丰富，涉及宇宙、社会、人生、军事、政治、医学等各个方面。其中“道”的观念，是其思想体系的核心。老子反对儒墨两派的道德观，认为真正的道德是不追求道德，提倡柔弱虚静，减少私欲，知足不争；理想政治是无为而治，理想社会是小国寡民的社会。老子提出了以“道”为核心的哲学体系，用“道”来说明宇宙万物的本质、构成、变化和根源。老子认为“道’是天地万物的本源，他的“道论”的中心思想是：“道即自然，自然即道。”他说，“道”是万物之母，“道可道，非常道。名可名，非常名。无，名天地之始。有，名万物之母”。也就是说，作为宇宙的本原就是道，它是永远存在的。道的运行是自由的、必然的，即按其自身的规律而运行。天地万物都是由它产生的，它是宇宙的母体。老子认

老子出关图　清　任颐

为，道产生了天地，德是道的性能，天地生养着万物，万物各成其形，各备其用。所以万物没有不尊道而贵德的。道的尊崇，德的贵重，不是有谁给它爵位，而是自然而然的，所以道产生天地，德畜养万物，长育万物，成熟万物，覆盖万物。老子的“道”是超形象、超感觉的观念性存在，是无，没有颜色，没有声音，没有味道。

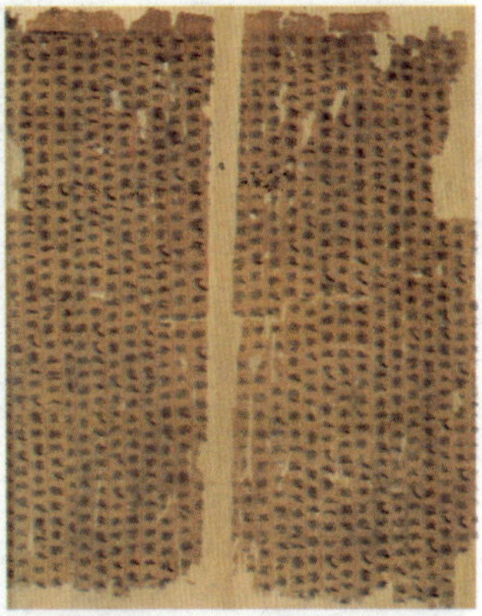

老子帛书

《道德经》一书中具有丰富的辩证思想。它触及了矛盾普遍存在的原理，提出了一系列对立范畴：阴阳、刚柔、强弱、智愚、损益……它认为这些对立双方处在互相依存之中，而且这些对立的双方又是互相成就、互相转化的。对立双方之所以能互相转化，乃是因为它们的相互包含，不过，对立面的转化有一个量的积累过程。老子的辩证法是来自实际、返诸现实的。老子观察了自然界的变化，生与死、新与旧的相互关系，观察了社会历史与政治的成与败、福与祸等对立的双方的相互关系，发现了事物内部所具有的一些辩证规律。同时还深刻地论证了相反相成的的道理：长和短二者只有彼此比较才能显现出来，不同的声音产生谐和，前后互相对立而有了顺序。总之，老子承认事物是在矛盾中发展的。老子还初步意识到量的积累可以引起质的变化。

老子的“道论”，基本上可以概括为“天道自然观”。所以老子的人生哲学和政治哲学基本上是人当法道，顺其自然。至于如何治理国家，老子认为最好是采取“无为而治”的办法，让人民去过自由自在的生活，用无所作为听其自然发展的办法，来达到治理好国家的目的。在老子看来，无为正是有所作为，“无为而无不为”。老子反对用刑、礼、智这些来治理国家，反对向人民加重赋税，反对拥有强大的兵力。在老子看来，人类社会不要“圣智”、“仁义”、“巧利”，国家就大治了。这三种东西不足以治国，最好的办法是使人们着意于“朴素”、“少有私欲”，不求知识，就可以没有忧患了。

老子所向往的理想世界是小国寡民的原始社会。他的这一设想在一定程度上反映了当时人民迫切要求休养生息和减轻剥削的愿望。这是老子政治思想的进步因素。但是，小国寡民的理想，却是幻想，它是违反社会历史发展规律的。

⊙作品评价

《道德经》一书，基本是抽象的理论阐发，而不涉及人物描写。它的艺术特色主要表现为句式比较整齐，多用韵语，读起来琅琅上口，便于记忆。但在韵语之外，又恰到好处地结合了散体文章，这种韵散结合的文体，使得它在先秦诸子的散文中独树一帜，既不同于《论语》的语录体散文，也不同于《诗经》的韵诗，而显得别具一格。

《道德经》的第二个艺术特色是善用比喻。为了说明一个比较深奥的道理，老子常用身边的事物打比方。如为了说明“有无相生”的道理，他以碗为例：如果一个碗做成实心的，看起来是“有”了，

深度阅读

《道德经》五千言，包容着极大的智慧，在中国乃至世界哲学史和文化史上占有十分重要的地位。这部著作不仅影响先秦诸子各家各派，而且对整个哲学史中的重大哲学派别都有极大的影响。自先秦韩非以来，注释《道德经》者不下千家。魏晋玄学家把《道德经》列为“三玄”之一。在传统文化中，医学、军事、气功、天文、养生、政治等各个领域都离不开对《道德经》的研究。当然由于受时代的限制，老子的自然辩证观是直观的、原始的、朴素的，缺乏科学的论证，并且他的小国寡民的理想是幻想，是违反社会历史发展规律的。但《道德经》一书中光辉的思想火花是值得我们珍视的一份历史遗产。

孔子问道图

这幅画反映的是孔子游学途中，拜访老子，虚心求学的情景。图中将孔子的谦虚，老子的睿智表现得十分到位。

可它起不到碗的作用，也就是说它在碗这个意义上是“无”；而如果把它做成空心的，看起来它的中心是“无”，可正是这必要的“无”，使它有了碗的功用。这些例子，都取之于人们的生活本身，所以显得通俗易懂，但却能将“有无相生”这样抽象深奥的道理讲得透彻明白。

《道德经》的第三个艺术特色是它的行文凝练精妙，多用格言警句。如：“合抱之木，生于毫末；九层之台，起于垒土；千里之行，始于足下。”（《道德经》第六十四章）

这些格言警句短小精悍，而且寓意深刻，具有很深的启发意义。和差不多同时期的语录体《论语》相比，显得更为精警洗练。因此有人认为《道德经》不是一人一时所作，而可能是不同时期的人们将生活中的谚语和格言汇总在一起而形成的，所以不是每一句话都紧扣道家的思想。当然，这些都是瑕不掩瑜的小问题。

《道德经》对中国乃至世界的影响是无与伦比的。它对中国传统文化有着巨大的影响，对中国思想史有不可替代的作用。战国时期，儒家的孔子、道家的庄子、法家的韩非子都受到《道德经》的影响。汉初，黄老之学盛行，并渗入到政治生活中，名相萧何、曹参在治国时，“镇以无为，从民之欲而不扰乱”（《汉书·刑法志》）。东汉末年，道教奉老子为教主，视《道德经》为经典。魏晋时期，玄学昌盛，在朝的玄学家注重《道德经》的无为而治，在野的玄学家提倡《道德经》的“自然”之说，《道德经》的思想成为抒发政治主张、抨击现实的武器。大唐盛世，帝王自称为老子后裔，为之立庙，唐太宗采用“无为而治”为兴国方针，唐高宗封老子为“太上玄元皇帝”，唐玄宗将《道德经》开为贡举策试的经典之一，并亲身为它作注。宋代帝王对道教情有独钟，宋真宗加封老子为“太上老君混元上德皇帝”，宋徽宗把《道德经》列为太学及地方学校的课本。这一时期，《道德经》的思想对理学也有所渗透，并影响甚大。在中国几千年的历史里，每个朝代在其鼎盛时期，无一例外地采用“内用黄老，外示儒术”的治国理念，即内在的、起领导作用的是中国传统文化中的道家理想。

《道德经》的影响不仅时间久，历史长，而且领域广、方面多。在宗教上，它是道教的开山之作；在修身方面，“功成身退”是文人入世的信条；在军事方面，“以柔克刚”成为军事家奉行的准则；在管理方面，老子的“以人为本”是日本企业最基本的信条；在艺术方面，“道法自然”成为书法家、绘画家、诗人遵循的理念；在文学方面，《道德经》精警凝练，处处闪烁着哲人的智慧，妙语巧喻、格言警句比比皆是，蕴含人生哲理。

《道德经》的影响不仅在中国，在世界上，它也备受关注和推崇，形成了老子热。《道德经》被译成多种文字，海外发行量居中国传统文化经典之首，堪与《圣经》比肩。他的思想影响了诸如托尔斯泰、奥尼尔、海德格尔、爱因斯坦、汤川秀树等世界级的科学家、思想家和文学家。

《道德经》是一部哲理诗，用诗歌的语言来说明深奥的道理，往往缺乏必要的论证，这也是造成人们理解不一以至误解的重要原因，这就要求阅读时，一定要把握其特点，一定要弄清《道德经》所谈问题的针对性和角度，这样才能真正理解其深刻含义，从中吸取其有利于自身健康发展的东西。

□孙子兵法 /春秋/孙武/世界古代第一兵书

⊙作者简介

孙子即孙武，字长卿。春秋末期著名军事家。孙子出生于齐国乐安，出身将门家庭，生卒年月不详。他是陈国公子完的后裔，由于内乱陈完出奔齐国，以食邑改姓田氏。孙武的祖父孙田书，因伐莒有功，齐景公赐姓孙氏，封地乐安，并封其为齐国大夫。后因孙武家族人谋反作乱，不得不逃往吴国。公元前512年，孙武因文武兼备得到伍子胥引荐，得到了吴王阖闾的重用，并以自著兵法13篇献于吴王阖闾，阖闾得知孙武能用兵，封其为大将。

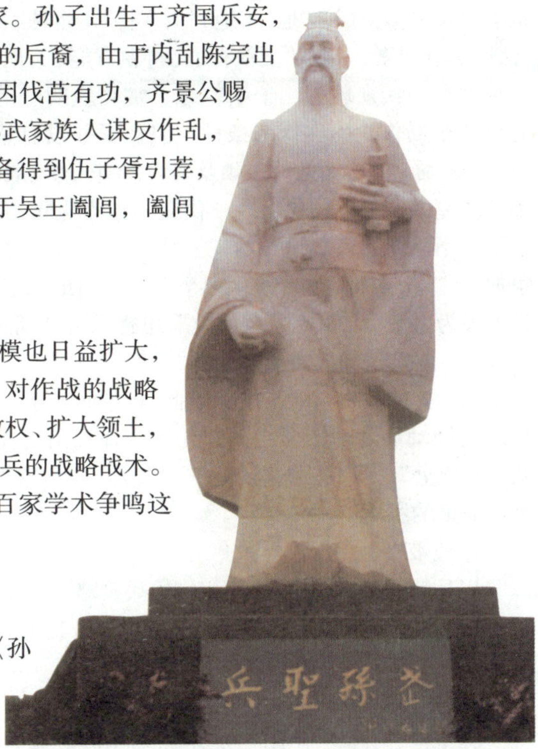

孙武塑像

⊙背景提示

春秋时期，各诸侯国之间连年争战，战争规模也日益扩大，长期的兼并战争使各国积累了丰富的战争经验，对作战的战略战术的要求也越来越高，新兴地主阶级为了巩固政权、扩大领土，迫切需要总结战争经验，找出战争的规律，制定用兵的战略战术。《孙子兵法》正是诸侯兼并、战争频繁以及诸子百家学术争鸣这一特定时代的产物。

⊙内容提要

《孙子》，又称《孙子兵法》、《吴孙子兵法》、《孙武兵法》。传世本《孙子兵法》13篇，是孙武一派兵家的著作，其主要内容和核心思想属于孙武，但经过他的门生和战国兵家的整理补充。该书中所描写的战争规模，似是战国时代的情况。现存的《孙子兵法》是经过三国时代曹操删定编注的，全书分为13篇：《计》、《作战》、《谋攻》、《形》、《势》、《虚实》、《军争》、《九变》、《行军》、《地形》、《九地》、《火攻》、《用间》，总结了春秋至战国时期长期战争的经验，揭示了战争的一些规律，具有朴素的唯物主义思想和原始的军事辩证法思想。其思想内容主要有三方面：

《孙子兵法》各种译本

战略指导思想

战略论是孙子军事学说的主体部分。孙武在此书中首次提出了战略概念——“庙算”，具体论述“安国保民”的最高目标、“五事七计”的全局运筹、“不战屈敌”的止战谋划、“知彼知己”的作战指挥等战略思想。在战略论中孙子提出“安国全军”、“唯民是保”的战略目标，把“重战”、“慎战”作为根本用战原则。并从其对待战争的严肃态度出发，评述了“五事七计”的重要性。“重战”，即重视战争，提高警惕，加强戒备，应取态度是：“无恃其不来，恃吾有以待之；无恃其不攻，恃吾有所不可攻也”。慎战即开始须慎重，其原则是：“非利不动，非地不用，非危不战”。“五事七计”书中详述“道”（治道）、“天”（天时）、“地”（地利）、“将”（将帅）、“法”（法度）五要素，及其“主孰有道、将孰有能、天地孰得、法令孰行、兵众孰强、士卒孰练、赏罚孰明”等七个对战备全局作正确估计的条件。但孙子并没有认为军事力量越强越好，而是主张顾及国力，有限地发展军事。孙子反复强调要以“伐谋”、“伐交”作为优先的决策，总结“不战而屈人之兵”的“全胜战略”。而在实战中争取一“军”、一“旅”、一“卒”、一“伍”之“全”仍不失为上策。如此，“谋”“攻”思想已贯彻到底。

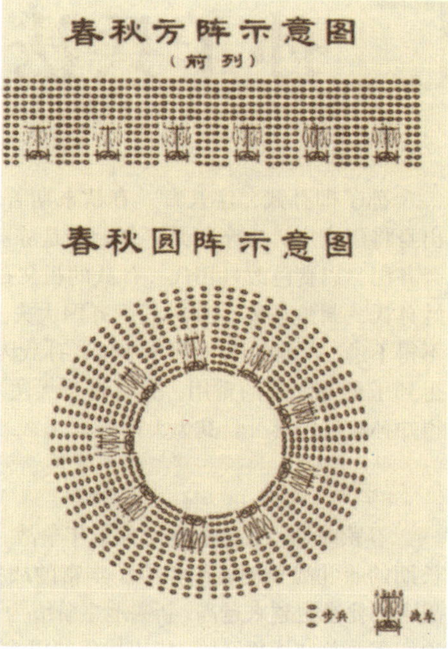

春秋兵阵示意图

孙子关于“知彼知己”和“致人而不致于人”之说，为作战指挥的战略原则。并尽可能“策之而知得失之计，作之而知动静之理，形之而知死生之地，角之而知有余不足之处”。争取“先机之利”，“致人”、“不致于人”，掌握战争的主动权。

作战策略思想

以战略为基础，孙子提出相应用兵策略。其重要策略原则有六：其一，因利制权，因敌制胜。其二，奇正相生，出奇制胜。其三，避实击虚，击其惰归。其四，我专敌分，以众击寡。其五，攻其无备，出其不意。其六，示形用诈，诡道制胜。

军事哲学思想

孙子论“天”：“阴阳、寒暑、时制也”，是自然界之天；论“道”：“令民与上同意也”，具有民本主义因素。在书中把具有理性思维的人，放在认识和掌握战争规律的主体地位，并详细分析了战争对客观条件的依赖关系。孙子重视矛盾的相互依存，尤其重视矛盾的相互转化，说“乱生于治，怯生于勇，无恒形”，关键是造成“胜兵先胜”的条件，促使矛盾向有利方面发展。《孙子兵法》除三个主要方面以外，各篇均有其主题思想，又构成一个完整的思想体系。

《计》篇论述的是能否进行战争的问题。开宗明义指出战争是国家大事，关系到生死存亡，因而首要的是明了战争的规律和决定战争胜负的主客观条件。该篇主要提出了“道”、“天”、“地”、“将”、“法”是决定战争胜负的五项基本要素。

相关链接

《孙子兵法》是中外现存最早的一部兵书，理论体系完备，历史影响深远。同时《孙子兵法》既是一部军事经典著作，又是一部光辉的哲学著作。千百年来，这部书以“兵经”、“百世家之师”、“第一部战略学著作”见称。《孙子兵法》以多方面探讨了军事规律，尤其以整体、综合和动态的方式把握战争全局，凸显了灵活机动的战略战术和谋略权变，充满了辩证法的智慧，不仅深受战国以来历代军事家的重视和推崇，对他们的军事思想和实践产生了重要的影响，而且在世界军事思想领域内也拥有广泛的影响，享有极高的声誉，至今仍有其不可抹煞的科学价值。不仅如此，它的影响所及，今天已扩展到管理学、心理学、逻辑学、文学、语言学、音韵学、地理学、情报学、预测学、医学等许多科学领域，取得了显著效果。《孙子兵法》先后被译成十余种外文出版，广泛流传于海外。

相关链接

战国初名将吴起所著《吴子》一书与《孙子兵法》都论及了一些军事理论和方法，对战国以后的历代军事家均有较深的影响。《吴子》篇主要论述了战争观问题。该篇既反对恃众好战，也反对只重修德，而废弛武备。它认为只有内修文德，外治武备，才能使国家强盛。《图国》篇发展了孙武“兵贵胜，不贵久”的思想。《料敌》篇主要讲述如何判断敌情，因敌制胜的问题。《治兵》篇主要论述如何治军，指出战争的胜负不是取决于军队人数的多少，而是取决于军队是否法令严明，赏罚必信，打不散，拖不垮。《论将》篇主要论述将帅的重要和对将帅素质的要求。将帅是全军的统帅，必须刚柔兼备。将帅必须依靠金鼓旗帜和禁令刑罚来治军和指挥作战。《应变》篇阐述了在不同的情况下的应变之术和作战方法。《励士》篇主要讲述如何激励士气。

《作战》篇主要阐述的是如何进行战争。孙子认为，战争的消耗和战费的开支是十分庞大的，战争旷日持久势必危及国家的存亡，所以主张速胜。

《谋攻》篇主要论述如何进行攻敌的问题。孙子主张以尽可能小的代价，去取得最大的成功，即力求不战而胜，不靠硬攻而夺取敌城，不需久战毁灭敌国。而要做到这一点，就不仅要知己，还要做到知彼。

《形》篇主要讲如何利用物质之“形”来保全自己，取得完全的胜利。孙子认为，只有先使自己立于不败之地，然后等待和寻求战胜敌人的时机，才能夺得战争的胜利。当取胜条件不足时，应采取守势；当取胜条件具备时，则应采取攻势。

《势》篇主要阐述如何造成有利的态势，来压倒对方。强调“势”与“造势”。所以，要出奇制胜，就应该善于因时、因地、因事制宜，根据情况的变化，改变奇正的战法。此外，要造成有利的态势，还必须善于故意向敌示弱，诱敌以利，以达到欺骗和调动敌军的目的，造成战胜敌军的有利时机。

《虚实》篇主要论述指挥作战如何争取主动权，主动灵活地打击敌人。“五行无常胜，四时无常位”，指出“夫兵形象水，水之形避高而趋下，兵之形避实而击虚，水因地而制流，兵因敌而制胜”。

《军争》篇论述的是如何通过机动掌握主动，先于敌人造成有利态势和取得制胜的条件。

《九变》篇主要讲述了如何发挥指挥上的灵活性。孙子认为，灵活性的基础在于对利弊进行全面的衡量。

《行军》篇主要讲述如何配置、组织军队、观察判断敌情和团结将士。孙子认为，行军作战必须占据便于作战和生活的有利地形，善于根据地形配置兵力。

《地形》篇主要论述在不同的地形条件下如何指挥军队的行动。孙子认为，地形是用兵的辅助条件。

《九地》篇论述在九种不同的作战地区指挥作战的原则。孙子认为，在不同的作战地区，将帅应该根据地形的不同而采取不同的行动。

战车复原图

《火攻》篇主要

孙五（武）子演阵教美人战 年画

指出火攻的目标、种类、发火的物质和气象条件，以及实施方法。孙子认为，火攻只是辅助军事进攻的一种手段。

《用间》篇主要论述使用民间间谍的重要性及其方法。孙子认为，是否了解敌情对战争的胜负具有重要影响。

⊙作品评价

《孙子兵法》是中国古代兵学著作的杰出代表，是中国优秀传统文化的重要组成部分。它的军事思想、军事体系、文学语言，对后世产生了深远的影响，跨越古今，渗透中外，荣膺“世界古代第一兵书”的美誉。

历代军事家、政治家无不从《孙子兵法》中汲取养料，行军治国平天下。秦末的项羽，汉代的韩信、霍去病，三国的诸葛亮，唐朝的太宗李世民，宋代的岳飞，明朝的戚继光，都曾从《孙子兵法》中受益匪浅。他们运用其理论指导战争、治理国家。到近代，它更是声誉日隆，影响甚大。孙中山先生曾说：“就中国历史来考究，二千多年的兵书，有十三篇，那十三篇兵书，便形成了中国的军事哲学。”

1772年，法国神父约瑟夫·阿米欧在巴黎出版了法文《中国军事艺术》丛书，其中有《孙子十三篇》。1815年，拿破仑大败滑铁卢后被囚禁于圣赫勒拿岛，一日，读到《孙子兵法》，拍案叫绝，唏嘘慨叹：“倘若早日见到这部兵法，我是不会失败的。”

日本一些大公司的高层管理人士必读《孙子兵法》，认为它是一本“商战圣典”，是任何人都应该学习的一本书；美国著名的西点军校将它列为必读书目之一。进入20世纪80年代，国际上流行“《孙子兵法》热”。《孙子兵法》不但受到军事界和战略家的重视，而且已经扩展到军事以外的其他领域，如经济、体育、管理、外交等，尤以商业和管理业中的应用最为瞩目。

总而言之，《孙子兵法》以高度凝炼的形式概括总结了放之四海而皆准的规律和法则，是一门攻无不克的艺术、创造辉煌的科学。

《孙子兵法》在现代已不仅仅是一部军事学著作，更多的人把《孙子兵法》的思想运用于经济领域。因而在阅读时，不能仅仅要求了解事例本身的蕴义，更应注意与现实生活相结合，学以致用。

□论语

/春秋末期/孔子/五经之管辖，六艺之喉吟

⊙作者简介

孔子像

孔子公元（公元前551 ~前479年），名丘，字仲尼，春秋后期鲁国人，是儒家学派的创始人、中国古代最著名的思想家和教育家。孔子的先世是宋国的大臣，后迁于鲁，但孔子出生时家境已衰落。他父亲孔纥，又名叔梁纥，曾做过陬邑（今山东曲阜东南）宰，本身属于贵族阶级下层的“士”。他的母亲姓颜，名叫征在。孔子早年接受过良好的教育，十分熟悉六艺，加上孔子天资聪明，谦虚好学，因此学识日进。孔子30岁时，他的博学举世闻名，并且开始招收门徒，传授古代文化典籍。孔子早年在鲁国执政季氏手下担任管理仓储、牛羊的小官，都能恪尽职守。后因鲁国内乱，旅居齐国，后又回鲁国收徒讲学，门下弟子达三千之众。50岁后，一度被鲁国国君委以官职，做到司寇，主管鲁国的司法工作。但由于他的主张与当政的季氏等三家大夫产生了矛盾，被迫离开鲁国。此后，孔子为了推行自己的政治思想，先后到过卫、曹、宋、郑、陈、蔡、楚等诸侯国，并在卫国、陈国停留了较长的时间，但他始终没有找到贤明君主来实现自己的政治抱负。在奔走于各国期间，孔子仍坚持不懈地进行治学和教育，留下了很多著名的言论。公元前484年，浪迹约40年的孔子重返鲁国，此后他一边继续讲学，一边整理文化典籍，对诗、书、礼、乐、易、春秋六部典籍进行删订，编成最后的定本。孔子晚年生活屡遭不幸，独子孔鲤、得意门生颜渊和子路都先他而去世。公元前479年孔子病逝于家中，弟子们为其举行了隆重的葬礼。然而终其一生，他没有为自己著书立说。他逝世之后，他的弟子及再传弟子根据其平日的言传身教收集整理，编辑成《论语》。

⊙背景提示

春秋时期，是一个奴隶制向封建制过渡的大变革时期。各诸侯国的社会经济继续发展，奴隶和自由民的反抗斗争不断，一些主要大国，在争霸的形势下，为了顺应社会变革的潮流，都实行了不同程度的改革，社会变革的结果是：诸侯的逐渐崛起和周王室的日益衰落，一些大国尽力发展自己的实力，出现了旷日持久、错综复杂的“大国争霸”局面。这个时期各诸侯之间兼并争霸战争以及相互交往的频繁，构成了这一时期的历史特点。

⊙内容提要

《论语》是一部语录体散文，全书总共20篇，计有《学而》、《为政》、《八佾》、《里仁》、《公冶长》、《雍也》、《述而》、《泰伯》、《子罕》、《乡党》、《先进》、《颜渊》、《子路》、《宪问》、《卫灵公》、《季氏》、《阳货》、《微子》、《子张》、《尧曰》等，篇名取篇首的前两三字为题，无意义。 全书言简意赅，古朴生动，既富于启发性、哲理性，又幽默诙谐，口语化，体现出语录体散文的独特魅力。

《论语》的核心是仁的精神和境界。而在《论语》中对“仁”这个概念作了多角度的阐释，一是“仁者爱人”；二是“克己复礼为仁”；三是“仁者人也”。我们可以看出孔子对“仁”的最简单表述就是“爱人”，即对人尊重和有同情心。孔子认为：一个人如想达到“仁”的标准，就必须“克己复礼”，通过对自己的克制和约束以提高道德水平，从而符合礼的要求。孔子将“仁”看作道德

孔子杏林讲学图　明

的最高准则，也是道德的主体。孔子还提到很多其他道德名目，如忠、孝、义、信、廉等。但他认为这些都是局部性的东西，能做到某项或几项，值得肯定，但还不能算是达到“仁”。孔子把求仁看作是人生的根本原则。他认为，礼和乐固然能陶冶性情，加强修养，但一个人能否成为品质高尚的君子，关键还在于他能否自觉地按照“仁”的要求去进行实践活动。孔子反对“过”和“不及”，以中庸为至德，对人处世常采取“无可无不可”的态度，但在求仁行义问题上，他认为求仁或违仁是君子与小人的分水岭，有志之士应当为实现崇高的道德理想而奋斗。

孔子把以“仁”为核心的伦理道德思想贯彻到政治领域，提出“仁政”的学说。他希望统治者“节用以爱人，使民以时”，反对对人民过分剥削压榨，而提出富民惠民的主张。他又希望统治者“为政以德”，反对一味使用严刑峻法，而要先用严格的道德标准要求自己，以身作则，通过道德感化搞好政治。综观《论语》，孔子以德治天下的决心和构想昭然可见。在礼崩乐坏的春秋乱世，孔子的德治主义自然是四处碰壁，但孔子并不因此而改变初衷。

在天道观上，孔子不否认天命鬼神的存在，但又对其持怀疑态度，主张“敬鬼神而远之”。相对天命而言，孔子更加注重人事，强调人的主观努力，把探讨和解决人世间的实际问题放在优先地位。

孔子重义轻利，但并非一概否定功利。他重视公利，主张见利思义，旨在谴责见利忘义、为谋私利而不择手段的行为，要人们追求合乎正道的利益。孔子的义利观，有义利相分的倾向，也有义利并重的倾向。

与从政事业相比较，孔子一生在教育领域取得的成就就要大得多。他是中国历史上第一个向平民普及文化教育的人。他不但提出“有教无类”的原则，而且还创立了一套行之有效的教育方法，提出“因材施教”，重视启发式教育，注意培养学生的学习自觉性和独立思考能力。

⊙作品评价

《论语》是一部以记言为主的语录，同时具有一定的文学价值。它以当时通俗平易、明白晓畅的口头语言为主，又吸收古代书面语言精粹洗炼、典雅严谨的长处，形成了一种言简意赅而又深入浅出、朴实无华而又隽永有味的独特语言风格。《论语》善于从常见的生活现象中概括出深刻哲理，尤其善于把深邃的哲理凝聚于具体的形象之中，使抽象的说理文字具有某种诗意。如“岁寒，然后知松柏之后凋也”（《子罕》），通过赞扬耐寒的树木，来歌颂坚贞不屈的人格，形象鲜明，意境高远，启迪了后世无数文人的诗情画意。《论语》词汇丰富、新鲜、生动、活泼，大量使用排比、递进、并列、对偶等手法，句式长短相间，错综变化，造成迂徐婉转、抑扬唱叹的效果，有很强的表现力。同时，《论语》中经常采用“比物连类”的含蓄手法，造成特殊的意蕴和审美效果。如《阳货》:“不曰坚乎！簟艋磷。不曰白乎，涅而不缁。吾岂瓠也哉，焉能系而不食？”连用三件具体实物，一层进一层地表明自己的政治态度，把微妙的心理寄寓在浅近的形象之中，再辅以重叠反诘的句式，更显出一种无可奈何的苦衷，耐人寻味。

孔子向国君阐述礼乐之道

《论语》自西汉武帝以后，由于孔子及儒家地位的提升，成为每个文人的必读书。从元代仁宗皇帝开始直到明清，更是被定为科举考试的教科书，不仅是平民百姓教育子孙的启蒙读物，而且也是士人考取功名、齐家治国平天下的宝典。北宋赵普曾对太宗赵光义说："臣有《论语》一部，以半部佐太祖定天下，以半部佐陛下致太平。"可见，《论语》包含有深邃的政治思想和治国之道。

该书的另一大价值体现在文学上。由于它是中国散文的最初形式——语录体，多为记言，所以言简意赅，生动凝炼，质朴无华，不少篇章闪烁着智慧的光芒，妙语联珠，发人深省，如"子在川上曰：'逝者如斯夫，不舍昼夜。'""岁寒，然后知松柏之后凋也。"前者由东流之水联想到人生的沧桑，富有诗意，含着哲理；后者由树的常青象征风骨的凛然。这样的句子，《论语》中比比皆是，许多已成为今天常见常用的成语，如因材施教、当仁不让、过犹不及、三思而行、功亏一篑等等。此外《论语》大量运用语气词、叠句、排比、对偶等手法，许多章节富有故事情节和感情色彩，对后世的小说、散文、诗歌产生了很大影响。

总之，作为构成中华文明的儒家经典，《论语》对几千年来中国人的心理结构、文化价值观、道德素质、风俗习惯都有着不可估量的作用，是了解中国古代社会的一把钥匙。

阅读《论语》一书，关键是在于读者的出发点。这里所提出只是可供选择的版本。自《论语》成书以来，最有代表性的是三国魏何晏的《论语集解》、南朝皇侃的《论语义疏》、北宋邢昺的《论语注疏》、南宋朱熹的《论语章句集注》、清刘宝楠的《论语正义》，还有近人杨树达的《论语疏证》、杨伯峻的《论语译注》。

子路问津图　明　仇英

《论语》的思想具有两重性。一方面，它体现了鲜明的民本思想，要求君主重视老百姓的利益和愿望，"使民以时，与民实惠"，而"不可滥施刑罚，不教而诛"。另一方面，它是站在统治阶级维护统治的立场，要为恢复礼乐教化而努力，因此提倡"仁悌孝信"，反对"犯上作乱"。这种矛盾是由孔子当时所处的阶级、社会、时代的局限性所决定的。在阅读的时候，应该客观地进行分析，剔除那些落后的东西，保留那些有价值的东西，以充分吸取《论语》中熠熠发光的珍贵思想。

□大学

/战国/曾子/初学入德之门

⊙作者简介

《大学》原是《礼记》中的一篇，约为秦汉之际儒家的作品。一说是曾子所作。

曾子（公元前505～前435年），春秋鲁南武城人，名参，字子舆，孔子弟子。其事迹散见于《论语》各篇及《史记·仲尼弟子传》中，《汉书·艺文志》有《曾子》八十篇，已佚。

⊙内容提要

《大学》就是大学问的意思，就其实质来说，它是儒家的政治哲学。《大学》对儒家理想人格的修为之道进行了从内到外的总结，《大学》全篇所阐释的是一种修己治人之道，亦即儒家思想一以贯之的内圣外王之道。《大学》一开始便讲“自天子以至于庶人，壹是皆以修身为本”。把“修身”作为其整个道德修养体系的价值目标和根本目的，并且成为其治国平天下的逻辑出发点。具体说就是，《大学》明确提出了两条最基本的儒家道德修养原则，即“三纲领”说和“八条目”说，而“修身”正是《大学》“三纲八目”说的核心。《大学》开宗明义写道：“大学之道，在明明德，在亲民，在止于至善。”“明明德”就是修明天赋的光明德性；“亲民”就是管理好臣民百姓，“止于至善”就是要达到至善至美的境界。这三个基本原则被认为是封建统治者一生努力的方向和奋斗的目标，所以这也叫做“三纲领”。要达到这三个努力的方向和奋斗的目标，必须加强个人的道德修养。通过对《大学》中“三纲领”的分析，我们可以看到它们之间存在的一种递进的逻辑关系。这一关系表明了道德主体从“在明明德”出发，经过“亲民”的发展，最终达到“止于至善”的理想境界，这种对主体修为实践活动的规定直接引发出“内”、“外”两种相联系的具体修为方式，儒家同样以逻辑发展的合理结果提出了“八条目”的具体实践之道。

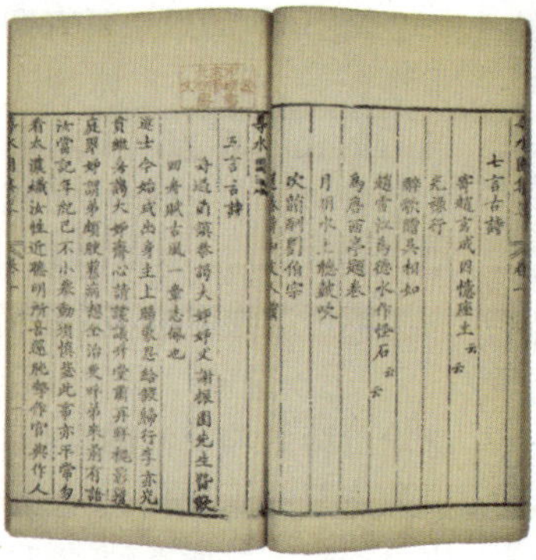

《大学章句序》书影

《大学》在提出了“大学之道”即“三纲领”说之后接着又提出了“八条目”之说。一般来说，我们把格物、致知、诚意、正心作为道德的内在修为，而把修身、齐家、治国、平天下作为道德的外在修为。《大学》提出的“修身”途径主要是指“八条目”中的格物、致知、诚意、正心，实际上可以概括为两个步骤：正心诚意和格物致知。《大学》认为，修身的起点是格物致知，《大学》对格物致知没有作过多的解释，通过历代一些学者的注疏，我们可以看出，所谓“格物”就是指“对自然外界进行研究”的意思，“格物”、“致知”是联系紧密、层层递进的两个步骤，“格物”的逻辑结果是获得了对万事万物运行发展规律的理性认识，而这正是“致知”的内在含义。而“致知”的来源首先是个体对客观外界事物的认知，所以《大学》说：“格物而后致知。”《大学》教人如何防止个人感情欲望的发展。《大

相关链接

南宋的朱熹编著的《四书集注》，全称《四书章句集注》，它包括《大学章句》一卷，《中庸章句》一卷，《论语集注》十卷，《孟子集注》十四卷，后两书比前两书先完成。《四书集注》把《大学》、《中庸》排在《论语》、《孟子》之前，这是作者精心构思的。朱熹认为，《大学》是“初学入德之门”，对初学者来说，它比六经、《论语》、《孟子》更迫切。《中庸》是“孔门传授心法”，这就是说，《大学》，《中庸》两书，一个是进入道德领域的门户，一个是儒家相传的思想原则。

学》把修身看作根本，而修身是建立在取消或以之忿恨、恐惧、好乐、忧患各种感情欲望的基础之上。只有对这些感情欲望彻底消除或抑制，才能达到“致知”的境界，否则“修身为本”只能是一句抽象的空话。《大学》认为最根本的修身方法应该是“慎独”，也即“内心反省”，也就是说要使自己的意念真诚，就是不要欺骗自己，就像厌恶臭味、喜欢美色一样。所以，君子即便是独自一人时，也务必要谨慎地进行内心反省。小人在别人看不见时做不好的事，看见了君子就躲躲闪闪，把不好的德行掩盖起来，以证明自己有好的德行。人们还是有一定的判断力的，一旦把他们的本质看透，那又有什么益处呢？这就是讲，人的内心必然要表现于外表的，所以，君子一个人时也要进行自我修养。在政治观上，《大学》直接秉承了孔子、孟子的思想，主张统治者不要过分盘剥人民，要爱民，其目的在于巩固封建等级制度；它强调统治阶级要修己，目的在于取得被统治阶级的理解，达到所谓上行下效的结果。

《礼记》书影

《大学》是儒家思想中重要的政治哲学典籍，出自《礼记》，所阐释的内容是一种修己治人之道。

⊙作品评价

在阅读《大学》时读者应该有意识地记忆一些其中的言语，最好是能够背诵下来，在这样的基础上就能比较好地理解其中的一些哲学思想。《大学》中的许多内容是用来修身的，读者在阅读时，可以静下来修养身心。

南生鲁四乐图　明　陈洪绶

《大学》里认为最根本的修身方法是“慎独”，也称“内心反省”，认为君子应该进行自我修养成为上行下效的典范。

□中庸 /战国/子思/孔子传授心法

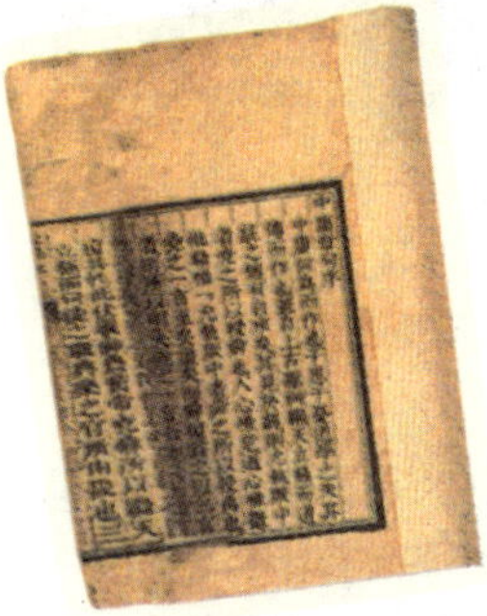

《中庸》书影

⊙作者简介

子思（约公元前483～前402年），孔子的孙子，名伋，字子思。关于子思的生平，现存资料极少。只有《孟子·公孙丑》记载他受到鲁缪公优礼一事，其余不甚了了。《汉书·艺文志》著录《子思》23篇，已佚。现存《礼记》中除《中庸》外，《表记》、《坊记》等相传也是他的作品。关于《中庸》是否是子思的作品，历来就有过多次争议，汉时司马迁在《史记·孔子世家》中，肯定子思“作《中庸》”。近代多数学者根据《中庸》中的思想也认为它出自子思之手，后人曾对它作过增损和润色，但并没有失去原作的本来面目。

⊙内容提要

《中庸》首先主要体现为以“诚”为本体的唯心主义世界观。“诚”原本指的是十分完美的、“至善”的精神世界。在《中庸》中是一个道德概念，构成了世界的本原，成了第一性的东西。“诚”就是天道，它本身不是有什么另外更高的东西产生的，而是“自成”的，更进一步地说，它不但“自成”，而且还产生万物、派生万物。《中庸》讲的这个从道德精神本体到物质演变过程的“诚”，集中地体现了它的唯心主义宇宙观。这种宇宙观推衍方法的前提是“至诚无息”。

其次表现为“尊德性”、“道学问”的认识论和修身术。《中庸》说，一个人如果完完全全地把“诚”体现出来，就达到了“至诚”的境界，便与“天道”合一成为“圣人”。如何达到“至诚”，认为有两条途径，一条是明白自己的本性，即“尊德性”；一条是从事学习，接受教育，即“道学问”。《中庸》写道：“天命之谓性，率性之谓道。”这是说，人的本性是由天命决定的，顺着这种天赋的本性的行为，才算作道。因而“反求诸其身”。明白和保持这种天赋的道德本性——“尊德性”，乃是修身的根本要求。对自己的行为，在别人看不到的地方和别人听不到的地方也要谨慎警惕。《中庸》的这种明白和保持天赋的道德本性的方法实际上是一种主观内省、自身体验的先验论。“道学问”是达到“至诚”的另一条途径。“道学问”

前堂楼——孔子后人孔令贻及夫人住处

名家点评

郑玄在论及中庸时，曾说：“中庸者，以其记中和之为用也；庸，用也。孔子之孙子思作之，以昭明圣祖之德也。”

胡适认为：“中庸的哲学，可说是一般中国人的宗教。”

相关链接

《礼》包括《周礼》、《仪礼》和《礼记》，又称《三礼》。《周礼》又称《周官》，包括《天官冢宰》、《地官司徒》、《春官宗伯》、《夏官司马》、《秋官司寇》、《冬官司空》6篇。《冬官司空》亡佚，取《考工记》补，故称《冬官·考工记》。《仪礼》17篇，有戴德、戴圣、刘向三种传本。《礼记》主要有两种版本，一是戴圣编的，称《小戴礼记》。另一是戴德编的，称《大戴礼记》。《小戴礼记》内容极为丰富，《大学》和《中庸》就包含在里面。

可以分为五个步骤，即“博学之，审问之，慎思之，明辨之，笃行之”。人们如果能按照“道学问”这五个步骤去做，“人一能之，己百之；人十能之，己千之”。如果加倍的话，那么“虽愚必明，虽柔必强”，任何人都能达到目的。在认识论中，认为有了“诚”就有了一切知识，而且这种知识是最可靠的、最根本的知识。另一方面，“明”也可以达到“诚”，“明”的目的就在于恢复“诚”。

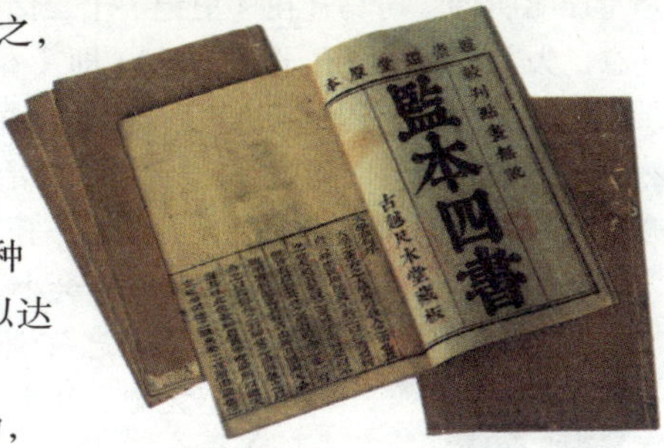

《监本四书》书影

朱熹为“四书”所作之注是封建社会对“四书”经义最权威的解释，科举考试都以朱熹的“四书集注”为准。

最后体现为“中庸”之道的处世哲学。《中庸》认为，“诚”的具体化，就是“中庸”，也叫“中和”、“中道”。《中庸》一书把“中庸”当做处世从政的根本法则。“天下之达道”就是“君臣也，父子也，夫妇也，昆弟也，朋友之交也”。这五者是人人具有的五方面的关系，处理这五方面关系的准则为“君惠臣忠”、“父慈子孝”、“夫义妇顺”、“兄友弟恭”、“朋友有信”。靠通行天下的三达德：智、仁、勇，仁是这三达德的核心。

《中庸》认为，在人与政治制度等政治实体的关系中，人是活的主动的因素，治国之本在人而不是在于政治实体，如制度、法律、已形成的政治传统等。据此主张人治，反对法制和政治。同时《中庸》认为只有修身之人才能处理好德与才的关系。

⊙作品评价

在汉代，《中庸》曾被收入《礼记》中，作为其中的一篇。到了宋代，理学家把它和《大学》从《礼记》中抽出来，与《论语》、《孟子》并称为“四书”。《中庸》是儒家经典之一，自从朱熹把他编入《四书章句集注》以后，历代的封建统治者都把它奉为“初学入德之门”的必读教科书。

《中庸》一书重点发挥孔子“过犹不及”的思想，要求人们追求“和而不流”、“中立不倚”的境界，力图使封建社会等级秩序恒常不变，“居上不骄，为下不倍（背叛）”，以免出现“愚而好自用，贱而好自专”，“小人而无忌惮”的“反中庸”的现象，消解阶级矛盾，这对封建统治是非常有作用的。

《中庸》还提出“博学之，审问之，慎思之，明辨之，笃行之”的方法，又说：“故君子尊德性而道问学，致广大而尽精微，极高明而道中庸。”既尊重固有的德性，又重视学问的积累；要求达到最高的精神境界，又要保持中庸的原则。这些观点对于后代的思想产生了深远影响。

《中庸》宣扬天人感应的思想，说：“至诚之道，可以前知。国家将兴，必有祯祥；国家将亡，必有妖孽。”《中庸》承认鬼神，它说：“鬼神之为德，其盛矣乎！视之而弗见，听之而弗闻，体物而不可遗。使天下之人，齐明盛服，以承祭祀。”这些有神论思想，对汉儒“天人感应”的神学目的论和宋明理学，都产生过重要影响。

《中庸》这本书自从被朱熹从《礼记》中提出来以后，便成为了士大夫进身求名的必读书。因此，在阅读该书时，应着重体悟《中庸》一书中所阐释的儒家的生活哲学内涵，体悟“中庸”、“诚”、“明”等概念在现代社会中的意义，从而对自己的人生修养有所裨益。

□左传 /战国/左丘明/中国史学叙事传统的开山之作

⊙作者简介

《左传》是研究春秋历史的最重要典籍；而且在文学史上也有极高的价值。然而这样一部史学和文学的名著，它的作者究竟是谁，历来众说纷纭，莫衷一是。自西汉以来的许多记载，都说《左传》是左丘明所撰。司马迁在《史记·十二诸侯年表序》中称：“鲁君子左丘明惧弟子人人异端，各安其意，失其真，故因孔子《史记》(即《春秋》)，具论其语，成《左氏春秋》。”《汉书·艺文志》著录有“《左氏传》三十卷”。班固自注云：“左丘明，鲁太史。”刘歆亦谓：“《春秋左氏》，丘明所修。”然而这个说法是大成问题的。《论语·公冶长》篇载孔子曰：“巧言、令色、足恭，左丘明耻之，丘亦耻之；匿怨而友其人，左丘明耻之，丘亦耻之。”据此，左丘明是孔子尊重的前贤，不是孔丘的弟子，年龄不会小于孔子。但《左传》记事，却说到晋“知伯贪而愎，故韩、魏反而丧之”，还称赵无恤之谥为“赵襄子”。知伯之灭在孔子死后26年，赵无恤之死更在其后，左丘明怎么能活到那时？再说，《左传》的文风绝不同于孔子。可见《左传》的作者决不会是与孔子同好恶的左丘明。在清代和近现代，还有一些学者如刘逢禄、康有为、徐仁甫等，认为《左传》是刘歆窜乱他书的伪作而托之左丘明。这种说法因论据不足而多为人所不取。究竟《左传》是左丘明写的，或是左史倚相、子夏、吴起所纂，还是哪些人的集体创作？要作一个明晰的结论，实在不是一件容易的事。鉴于《左传》所记涉及孔子死后数十年之事，而其文风又驳杂浮夸，故历来有不少学者，如唐人赵匡，宋人叶梦得、郑樵等，都认为《左传》的作者不是左丘明，而是战国时代的另一个左氏，却又说不出他的名字。目前一种较有影响的说法，认为《左传》是由吴起纂集而成。此说源自清代的姚鼐、章炳麟，而现代学者郭沫若、童书业、钱穆等都赞同之。

左丘明像

⊙背景提示

周平王东迁以后，至于春秋战国之际，社会急剧变化，阶级斗争复杂激烈，奴隶主贵族日趋没落，地主阶级逐渐兴起。为了维护各自的利益，他们都必须汲取历史的经验教训，国有大事，互相赴告；会盟朝聘，史不绝书；褒善贬恶，直笔不隐。因此各国史官便自觉地积累了大量的档案资料，以备编纂之用。这时候，从前专门记载王朝、诸侯的诰命和大事记如《尚书》、《春秋》之类，已不能满足新时代的需要，于是产生了以记载各国卿大夫和新兴阶级士的言论以及诸侯各国的政治、外交和军事活动为主要内容的历史，这就是《左传》、《国语》、《战国策》等新型历史著作。

⊙内容提要

《左传》全名《春秋左氏传》，或称《左氏春秋》，是我国古代记述春秋时期周王与各诸侯国事迹的编年体史书。全书共有18万余字，始于鲁隐公元年（公元前722年），迄于鲁悼公四年（公元前464年），前后长达259年。《左传》一书，丰富多彩。其主要内容为春秋列国的政治、外交、军事各方面的活动及有关言论。其次则为天道、鬼神、灾祥、卜筮、占梦之事，作者认为可资劝戒者，无不记载。

百花潭宴乐渔猎攻战铜壶纹饰

纹饰上层为采桑图；中层为宴乐图；下层为攻战图。

《左传》的记事文体大概可分三类，每类的来源不同，其史料价值因之而异。第一种是文字比较简短，但有月日，此类应出自当时史官记事，其史料价值最高。其次是一般记事，包括那些零星的故事，一般无时间记载，多半出自各国私人记录，史事与传说都有，一般是可信的，少数是后人插入的，那就不可信了。再其次是一些长篇大论的文章，类似《国语》，很像后人借题发挥，其可信度就很小了，有的是不可信的，当分别观之。

《左传》叙事，往往很注重完整地叙述事件的过程和因果关系。《左传》叙事最突出的成就是描写战争。《左传》的战争描写，全面反映了《左传》的叙事特点。《左传》一书，记录了大大小小几百次战争，城濮之战、崤之战、邲之战、鄢陵之战等大战的描述历来被人们赞不绝口，不计其数的小战役也写得各具特色，精彩生动。一般说来，《左传》写战争，不局限于对交战过程的记叙，而是深入揭示战争起因、酝酿过程及其后果。《左传》对事件因果关系的叙述，还常有道德化与神秘化的特点。《左传》是一部历史著作，但作者有时就像一个故事讲述者，把事件叙述得颇具戏剧性。大量生动的戏剧性情节，使这部作品充满故事性。不仅如此，《左传》有的叙事记言，明显不是对历史事实的真实记录，而是出于臆测或虚构。《左传》叙事中人物的行动、对话构成了表现人物的主要手段，而绝少对人物进行外貌、心理等主观静态描写。通过人物在重大历史事件中的言行，人物性格得以展现，形象得以完成。《左传》在战争描写中还有许多与整个战局关系不大的事，这些事只是反映了战争的一些具体情状，在战争中并不具有重要意义。《左传》还在复杂的战争过程、政治事件中，大量描写细节。作为历史著作，这些描写内容完全可以不写或略写，但《左传》却大量地描写了这些琐事细节，它们在叙事生动和人物刻画方面具有文学意义。

由于春秋战国时期社会变革的影响，《左传》通过人物言行所表现的进步思想是很显著的。首先是民本思想，例如卫人逐其君，晋侯以为太甚。师旷说："或者其君实甚……夫君，神之主也，民之望也。若困民之主，匮神乏祀，百姓绝望，社稷无主，将安用之？弗去何为？"又说："天之爱民甚矣！岂其使一人肆于民上，以从（纵）其淫，而弃天地之性？必不然矣。"（襄公十四年）师旷这番议论，在从前是不可想象的。他表面上似乎没有摆脱天道鬼神的观念，但实际上却是根据人民利害来发表他的政见的。其次是爱国思想。弦高遇秦兵侵郑，机智地以犒师为名，因而保全了郑国（僖公三十三年）。吴师入郢，昭王奔随。申包胥如秦乞师，七日夜哭不绝声，勺饮不入口。秦竟出兵，

深度阅读

《春秋》及三传作为儒家经典，备受历代统治者的推崇，长期成为封建统治阶级的教科书和科举取士的考试内容。《左传》在唐宋两代被定为"大经"；《谷梁传》和《公羊传》在唐代被定为"小经"，在宋代被定为"中经"。三传与《春秋》合刊，均被列入十三经中。司马迁发扬《左传》的传统，为世人留下了亦史亦文的巨著《史记》，司马光著《资治通鉴》，体裁、手法均深受《左传》影响。

败吴而复楚（定公四年）。作者记载这些动人的历史事件，就是有意表扬他们高度的爱国主义精神。

⊙作品评价

尽管《左传》被认为是一部阐释春秋时期鲁国史书《春秋》的作品，但《左传》实质上是一部独立撰写的史书。

《左传》是一部史书，但它又不仅仅是一部史书。它没有对历史事件做客观的罗列，而是以“礼”的规范总结历史、批判人物，为人们提供历史的借鉴。同时，作者敏锐的目光已经深刻地穿透了历史，看透了周王室的衰落和诸侯的争霸，看透了新旧势力的消长和社会变革的趋势。作为一部刚刚摆脱了“巫”文化不久的历史著作，《左传》已经开始表现出“人”的觉醒的力量，这就是至今仍为人们所称道的“民本”思想。一方面，《左传》揭露了贪婪无耻、暴虐荒淫之辈，褒扬了忠良正直之士；另一方面，在《左传》的作者看来，只有尊重人民的权利，才能得到人民的拥护；只有得到人民的拥护，国家政权才能稳固。在《桓公六年》中，作者借师旷之口表明了自己的观点：“夫民神之主也。是以圣王先成民而后致力于神。”在《庄公三十二年》，说：“国将兴，听于民；将亡，听于神。”这些议论，在以前几乎是不可想象的，然而却实实在在地发生在奴隶社会行将衰亡的时代。表面上看来，天道鬼神的痕迹依然无法抹去，但实质上，“民”已经成为与这些神秘力量平起平坐，甚至高于他们之上的宇宙间的高大形象。在黑暗的奴隶社会，这是怎样的一道人性的曙光啊！由它所埋下的人性觉醒的火种，必然在不久的将来开花结果。

严格来讲，《左传》并不是文学著作，但它却处处孕育着文学的细胞。作为中国第一部大规模的叙事性作品，《左传》的叙事能力比以前任何一种著作都表现出惊人的发展。许多头绪纷杂、变化多端的历史大事件，都在作者笔下处理得有条不紊，繁而不乱。尤其是关于战争的描写，更是曲折完整，精彩动人，为后人所称道、所借鉴。《左传》一书，记录了大大小小几百次战争，不但像城濮之战、鄢陵之战这样的大战役写得惊心动魄、曲折动人，就是那不计其数的小战役也写得精彩纷呈、各具特色。《左传》并不限于对战争过程的描述，而是将战争的远因近因，各国关系的组合变化，战前策划，交锋过程，战争影响，都以简练而不乏文采的文笔一一交代清楚。在那样久远的年代，这种成熟的叙事能力令人感叹不已。而且，《左传》在记叙历史事件与历史人物时，并不完全从史学价值考虑，而是常常注意到故事的生动有趣，常常以较为细致生动的情节，表现人物的形象。这些都使作品充满了浓厚的文学色彩。

在整个中国文学史上，小说与戏剧在很久以后才产生。然而与此有关的文学因素，却在春秋战国时代就借助了历史著作在孕育着。《左传》正是第一部包含着丰富文学因素的历史著作，它所创立的文史合一的创作传统，既为后代小说、戏剧的写作提供了经验，又为之提供了丰富的素材。

春秋战国时期诸侯王车仗出行图　南宋　马和之

《左传》既然不仅是一部内容丰富、史料价值很高的重要历史著作，还是一部富有文学价值的历史散文名著。阅读时，可以关注《左传》的语言，特别是对春秋时期几次大规模战争的描写，体会《左传》对行文辞令的表达，既委婉曲折，又刚劲有力。

□尔雅 /战国/中国古代第一部词典

⊙作者简介

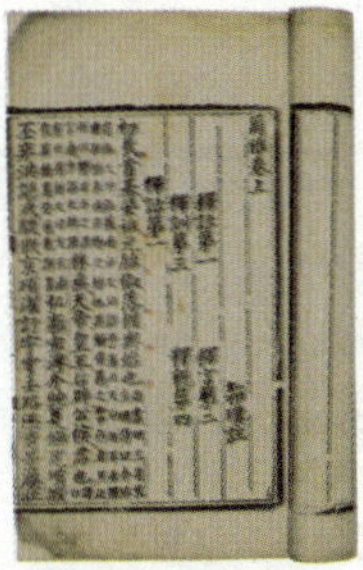
《尔雅》书影

《尔雅》最早著录于《汉书·艺文志》。对于《尔雅》的写作年代及作者，历来说法不同，有人认为是西周初年周公旦所作，后来孔子及其弟子作过增补。根据史料推测，《尔雅》成书的上限不会早于战国，下限不会晚于西汉初年。

⊙背景提示

《尔雅》是一部以解释五经为主通释群书语义的训诂汇编，而训诂萌芽于春秋战国，到西汉时才有较大的发展。因为从春秋战国到西汉，几百年间，语言文字发生了很大的变化，一般人已经不大看得懂古书，需要有专门的学者来讲解。而汉代的统治者力图用儒家的经典来巩固自己的统治，于是尊《诗》、《书》、《礼》、《易》、《春秋》为五经，并设立五经博士，在官学里讲授经义。这就促进了训诂的繁荣。

⊙内容提要

已知最早提到《尔雅》这部书的是《汉书·艺文志》，其中它被著录为3卷20篇。全书收词语4300多个，分为2091个条目。现存19篇，题目及各篇的内容如下：(一)《释诂》：动词、通常用作形容词或副词的词，以及一些语法虚词。(二)《释言》：动词。(三)《释训》：原始的状态动词或者描述动词，其中许多是重叠的双音节词。(四)《释亲》：亲属称谓。(五)《释宫》：建筑用语。(六)《释器》：范围很广的器具之名，以及与使用这些词条有关的动词。(七)《释乐》：乐器名及某些音乐术语的条目。(八)《释天》：天文、历法及气象用语。(九)《释地》：地理及地质用语。(十)《释丘》：与土丘有关的用语。(十一)《释山》：与山有关的用语及著名山脉之名。(十二)《释水》：与河流、溪水有关的用语以及诸如岛屿和船舶的各种各样的相关条目。(十三)《释草》：草、草药以及蔬菜之名。(十四)《释木》：树及灌木之名。(十五)《释虫》：昆虫、蜘蛛、爬虫等虫类之名。(十六)《释鱼》：各种各样的水生动物诸如鱼、两栖动物以及甲壳类动物。(十七)《释鸟》：野禽之名。(十八)《释兽》：各种野兽。(十九)《释畜》：家养动物及家禽之名。这19篇的前3篇与后16篇有显著的区别，可以分成两大类。前3篇，即“释诂”、“释言”、“释训”解释的是一般语词，类似后世的语文词典。其中“释诂”是解释古代的词，它把古已有之的若干个词类聚在一起，作为被训释词，用一个当时通行的词去解释它们。“释言”是以字作为解释对象，被训释词大多只有一两个。“释训”专门解释描写事物情貌的叠音词或联绵词。《尔雅》后16篇是根据事物的类别来分篇解释各种事物的名称，类似后世的百科名词词典。其中“释亲”、“释宫”、“释器”、“释乐”4篇解释的是亲属称谓和宫室器物的名称。在汉代，儿童在完成识字阶段的教育后，要读《论语》、《孝经》和《尔雅》这3部书。学习《尔雅》可以“博物不惑”，多识鸟兽草木虫鱼之名，增长各种知识。用今天的标准来看，《尔雅》的知识容量比较有限，但是在古代已经非常可观了。

⊙作品评价

根据《尔雅》本身的分类，一类一类地看，注意把握大的方向：《尔雅》前三篇即“释诂”、“释言”、“释训”解释的是一般语词，类似后世的语文词典；《尔雅》后16篇是根据事物的类别来分篇解释各种事物的名称，类似后世的百科名词词典。

□国语 /战国/中国最早的国别体史书

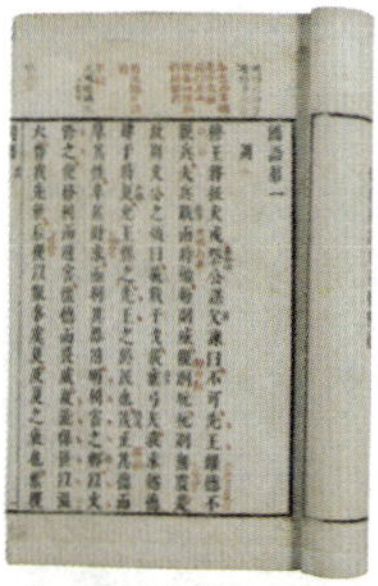
《国语》书影

⊙作者简介

关于本书的作者，历史上多有争议。唐宋以前，人们都认为是与孔子同时代的左丘明所著。比如西汉时的司马迁，在《史记》卷一百三十中提到左丘明整理了这部著作，还有东汉的班固、三国吴的韦昭、唐朝的刘知几等。按照他们的说法，我们可以得知《国语》的成书经过为：孔子作《春秋》后，左丘明为之作传，即《春秋左氏传》。后来，左丘明不幸失明，根据纂著《春秋》时所剩材料，编著了一本《国语》。根据《史记》记载，左丘明在20岁左右时，会见过年老的孔子，而在他编《国语》时差不多70岁了，如果真是这样，那么这部书的形成就不可能早于约公元前425年。唐宋以后很多学者对左丘明是《国语》的作者一事提出异议，现代学者中也有人认为《国语》是在战国初年编辑而成，作者有待进一步考证。

⊙背景提示

随着周平王的东迁，周王朝对于诸侯的控制逐渐受到挑战，各个诸侯国为了自己领土的扩张，攻伐与结盟这两种手段在诸侯国之间被普遍采用。在诸侯国之间的交往中，对于治国方略、外交辞令的要求不断提高，对于前代经验的总结也成了历史的必然。这就是《国语》一书出现的历史背景。

⊙内容提要

《国语》言谈为事实而发，事实又作为言谈的验证。它着重记述"邦国成败，嘉言善语"，故名《国语》。《国语》是我国第一部纪传体史书，所记载史实的时间，上起西周周穆王征犬戎（约前976年），下至韩、赵、魏灭智伯，共约500年间的历史，内容涉及周、鲁、齐、晋、郑、楚、吴、越八国，以记载言论为主，但也有不少记事的成分。这部书不是系统完整的历史著作，除《周语》略为连贯外，其余各国只是重点记载了个别事件。可能作者所掌握的原始材料就是零散的，他只是将这些材料汇编起来，所以各国史事的详略多寡也不一样。其中《晋语》九卷，占全书近半；《周语》三卷；《鲁语》、《楚语》、《越语》各二卷；《齐语》、《郑语》、《吴语》各一卷。

但《国语》不是编年体，它是以国分类。《国语》中《周语》排在最前面，内容也很丰富，它又和鲁、齐、晋、郑、楚、吴、越并列，所以又不像严格意义上的分国史体例。《国语》记载晋国史事最多，内容最丰富，其卷数占整书的近一半，相比之下，其他国的记载就很简略了，如《郑语》，仅记载了桓公与史伯的对话。因此，有人将《国语》称之为《晋史》，也是有一定道理的。

《国语》记有穆、恭、厉、幽、宣、襄、定、灵、景、敬十王的大事，为后代保留了研究周王室的宝贵资料。《国语》的《齐语》专记管仲相齐的业绩，对后人详细了解齐桓公霸业形成之经过大有裨益。《越语》用很大的篇幅，生动详细地记载了越王勾践如何忍辱负重，发愤图强，最终灭

深度阅读

《国语》开创了以国分类的国别史体例，对后世产生了很大影响，陈寿的《三国志》、常璩的《华阳国志》、崔鸿的《十六国春秋》、吴任臣的《十国春秋》，都是《国语》体例的发展。《国语》具有较高的文学价值，以其缜密、生动、精练、真切的笔法，在历史散文中占有比较重要的地位。《国语》与《左传》不同，详于记言而略于记事，记言的文笔又略较《左传》浅显。既有史家"尚实录，寓褒贬"的传统，又能运用形象思维来写史，具有较强的文学价值和史学价值。

晋文公复国图卷（之五、之六）南宋　李唐

吴的历史。《国语》很注重各国贵族的言论。

《国语》以记述西周末年至春秋时期各国贵族言论为主，通过不同风格、特色的语言来塑造人物性格，表述不同人物的思想及命运，记载波澜壮阔的历史大事。《国语》记史，生动、精练，为历代所称道。《吴语》、《越语》记载吴越两国斗争始末，从吴败越，越王勾践卑事吴王夫差，最后终于灭吴，如此大事，包括两国最高层的谋略，大臣的劝谏，两国外交、内政、战争以及人心向背等，大都是通过对话来表现的。除表现重大历史事件外，作者还善于选取一些精彩的言论，用以反映重大社会问题。如《周语》“召公谏厉王弭谤”一节，提出了统治者如何对待民间舆论的问题，对那些专制霸道、妄图用高压手段压制来自人民的批评的统治者提出了警告：“防民之口，甚于防川。”这一著名论断也反映了当时统治阶级中开明之士的重民思想。《国语》中的《鲁语》，记载孔子的言论，含有儒家的思想；《齐语》记管仲谈霸术，含有法家思想；《越语》记范蠡尚阴柔，功成身退，带有浓厚的道家思想。因此，《国语》又是古代思想史研究的资料来源。

《吴语》和《越语》在全书中风格较为特殊。它以吴越争霸和勾践报仇雪耻之事为中心，写得波澜起伏，很有气势。其中写到吴王夫差发兵北征，与晋人争霸中原，事情尚未成功，后院起火，传来了越王勾践袭击吴都姑苏的消息。夫差急召大臣合谋，采用王孙雒的建议，连夜布成三个万人方阵，中军白旗白甲，左军红旗红甲，右军黑旗黑甲，望去“如荼”、“如火”、“如墨”。晋军“大骇不出”，吴王乘势要求晋君让他当盟主，然后连忙撤兵，班师回吴。这一段写得有声有色，宛如后世小说笔法。

《国语》所反映的进步思想虽不如《左传》鲜明，然如祭公谏穆王征犬戎说：“先王耀德不观兵。”又说：“无勤民于远。”召公谏厉王弭谤说：“防民之口，甚于防川。川壅而溃，伤人必多，民亦如之。是故为川者决之使导，为民者宣之使言。”都是很有意义的文章。从文学上的成就说，《国语》远不如《左传》。这从长勺之战可以看出。两书所记，意同而辞不同，一则简练而姿态有神，一则平庸而枯槁乏味。试一比较，优劣自见。

但《国语》记言之文亦有风趣绝佳者，如《晋语》记姜氏与子犯谋醉重耳一段，重耳和子犯二人对话，幽默生动，当时情景如在目前；而《左传》于此过于求简，反觉有所不足。

⊙作品评价

凡是研究古代史学的人，都在研究《国语》和《左传》的关系，鉴于此，我们在阅读时，可以把《左传》、《国语》进行比较，因为两者都同是记载春秋时期的历史，都成书于战国时期，可以比较出它们各自的特点。同时《国语》也可与《尚书》比较，虽同属记言之书，但两者还是有其差别。

战国策

/战国末/文辞之最、行人辞命之极

刘向像

⊙作者简介

《战国策》是一部记录战国时代谋臣策士的言论与行状的文章集，不是某一人的作品，它是战国至秦汉间纵横家游说之辞和权变故事的汇编，它不作于一时，也不成于一手。战国时代，有人专门从事外交策略的研究，运用纵横捭阖的手腕，约结与国，孤立和打击敌国，史称纵横家。他们对谈说之术非常重视，为了切磋说动人君的技艺，就不断收集资料，储以备用，有时并自行拟作，以资练习，《战国策》中的许多篇章是这样产生的。由西汉刘向辑录成书，书名也为刘向所定。刘向（约前77～前6年）是汉代著名学者，除经学与文学外，在古籍整理上贡献亦多。汉成帝时，刘向受诏校录群书，《战国策》即其中之一。据刘向《战国策书录》，该书收集的文章，在他以前已以《国策》、《国事》、《短长》、《事语》、《长书》、《修书》等书名流传。他做的工作只是收集，按国别和大体时间排序并除去重复章节。

⊙背景提示

战国时期是我国古代历史发生剧烈变动的时代。在社会经济方面，由奴隶制转变为封建地主制。在政治方面，由春秋时期小国林立的争霸局面，变为秦、齐、楚、赵、魏、韩、燕七大国争雄为主。这就促使各国国君和贵要人物去重视一些虽非出自世卿之家，但有某方面实际能力的人，形成了盛行一时的“养士”之风。在这种形势的激发下，产生了怀抱各种政治主张的游士，奔走于列国之间，进行游说，希望自己的主张能被当政者采纳，而自己受到重用。

⊙内容提要

汉代刘向按东周、西周、秦、齐、楚、赵、魏、韩、燕、宋、卫、中山十二策分编，共33卷，定名为《战国策》。它记载了继《春秋》以后，至楚、汉之起以前，共245年间的历史。因而此书思想活跃，有许多纵横阴谋之术，不合于儒家的思想，故被儒家所排斥，未得在世广泛传播，后来便渐渐残缺不全。如刘向编订的《战国策》有《蒯通说韩信自立》一篇，曾被司马贞的《史记索隐·淮阴侯列传注》所引，但后来《战国策》中此篇丢失。据《崇文总目》称，共散失11篇。北宋著名文学家曾巩从士大夫的私人藏书中访求书籍，并加以校订，正其谬误，重新凑足了33篇。然而，由于历史的原因，曾巩所校订的《战国策》与刘向所编订的《战国策》在篇目上已有了出入。所以，历史上就存在两种文本的《战国策》，刘向所编为古文，曾巩所校补的为新本。

今本《战国策》的篇目如下：

（一）《西周策》1篇，分为17章。（二）《东周策》1篇，分为22章。（三）《秦策》5篇，分为64章。（四）《齐策》6篇，分为57章。（五）《楚策》4篇，分为52章。（六）《赵策》4篇，分为66章。（七）《魏策》4篇，分为81章。（八）《韩策》3篇，分为69章。（九）《燕策》3篇，分为34章。（十）《宋卫策》1篇，分为14章。（十一）《中山策》1篇，分为10章。以上共33篇，486章。这是元朝泰定二年（1325年），由东阳人吴师道校订的。

《战国策》的学术价值，在于记载了战国时期各个历史阶段的重大事件：

1. 战国历史大致可分为三个阶段，自公元前475年至公元前334年是魏国强大和魏齐争霸时期，属战国前期。本期中的重大事件，如魏国霸业的形成，魏、齐的争衡和互尊为王，在《史记》中均语焉不详，若明若昧，主要靠《战国策》保存了这些事件的梗概。

2. 从公元前333年到公元前288年齐、秦称帝，属于战国中期。《战国策》所载，此期的大事有：五国相王，齐破燕，苏秦和燕、齐的关系。

3. 自公元前287年到公元前221年是战国历史的第三阶段，属战国后期。这是齐、赵削弱，秦国由独立强大到统一的时期。尤其应提出的是《战国策》作为一部纵横家的言论集，特别记载了六国灭亡前夕合纵派游士的活动。战国后期，比较有力量与秦国相抗的是赵国，因为人民习于战争，又有廉颇、赵奢、李牧等名将指挥作战，故“天下之士合纵相聚于赵而欲攻秦”。许多合纵的故事，包括苏秦游说六国之辞和佩六国相印之说，大致都是这个时期编撰出来的。这些聚集在赵国的游士后来被范雎派人分化、收买，最后发生分裂，不再谈合纵，于是张仪为秦破纵连横的故事也就出现了。

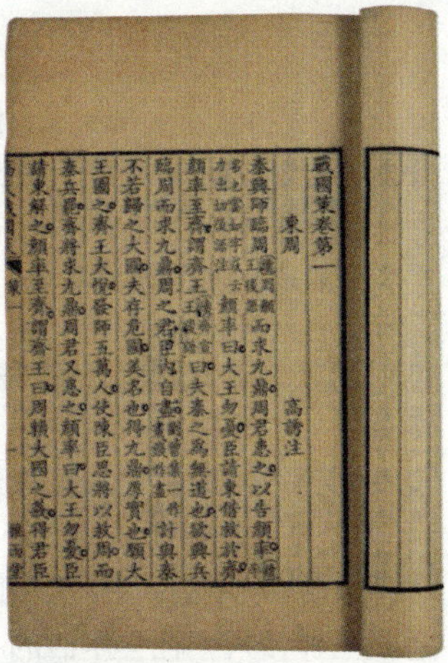

《战国策》书影

《战国策》中所收游说之士的纵横之论，反映了战国时的社会风貌和各国政治、经济、军事、外交的重大活动，生动记载了纵横家们的机智善辩、聪明智慧，使人如临其境，如闻其声。纵横家们在当时的社会大舞台演出了一幕幕生动感人、有声有色的话剧，《战国策》为后人留下了那段历史的宝贵材料。受战国纵横家们的智慧、谋略的影响，至西汉时还涌现了陆贾、蒯通、主父偃、徐乐、邹阳、严助、庄安等一批纵横家。

《战国策》语言流畅犀利，笔调辛辣，善于将寓言故事巧妙地穿插于文中，用以说明抽象的道理，阐述自己的论点，是论辩文的典范。《战国策》中运用工整的对偶和排比法及主客对答、抑客申主的写法，亦为汉赋所继承。《战国策》文笔优美，叙事生动形象，刻画人物栩栩如生，对后世文学产生了深远的影响。汉初著名的散文学家贾谊、晁错、司马迁，宋代的苏洵、苏辙、苏轼的散文都受到《战国策》的影响。

⊙作品特色

和《左传》一样，《战国策》也是一部历史著作。它上接《春秋》，下迄秦统一，以策士的游说活动为中心，反映出这一时期各国政治、外交的情状。它原来的书名并不确定，是在西汉刘向考订整理后，定名为《战国策》。虽然我们习惯上把《战国策》也归为历史著作，但它与《左传》已经有了太多的不同。从春秋到战国，社会已经发生了翻天覆地的变化。周天子至高无上的权威已经荡然无存，作为威胁社会秩序纽带的“礼”也已然断裂，天下诸侯蜂起，战乱频繁，新兴的士阶层日益崛起，逐渐成为历史舞台的主角。在这种情况下产生的《战国策》，生动地反映了时代的气息。《战国策》以大量的事实展示了“士”的重要性，如《齐策四》记载齐宣王重用王斗，王斗举荐五个人出任要职，结果齐国大治;《燕策一》记载燕昭王师事郭隗，招揽天下之士，结果燕国强大起来，联合五国讨伐齐国。这些布衣之士左右天下局势的事迹被作者津津乐道，甚至加以虚构。他们甚至在诸侯王公面前也毫不掩饰自己的锋芒。在《齐策四》中，道出：“士贵耳，王不贵。”这种思想不仅完全突破了讲究等级尊卑的宗法观念，而且与《左传》的民本思想根本不同。它说明，在社会的巨变中，作为一支新兴的社会力量，士的影响力和地位在不断地上升，自我意识不断地加强，终于要和传统的贵族分庭抗礼了。这样一个战乱频繁的时代，传统的道德在沦丧，传统的伦理在崩溃，

深度阅读

《战国策》因其对战国时期各国之间错综复杂的政治斗争及谋臣策士们在此斗争中的折冲周旋有不少生动的记叙，可以作为史书来读。该书叙事记言，起伏跌宕，文笔极佳。作为一种文学的创作，其立论之法，夸饰之辞，及所用的许多寓言故事，都脍炙人口。《战国策》的思想性与艺术性相比，显得相当贫乏。

人们撕掉了过去笼罩在国家和人际关系方面温情脉脉的“礼”的面纱，而代之以赤裸裸的利益关系。如苏秦始以连横之策劝说秦王并吞天下，后又以合纵之说劝赵王联合六国抗秦。他游秦失败归来时，受到全家人的蔑视；后富贵还乡，父母妻嫂都无比恭敬。于是他感慨道：

嗟夫，贫穷则父母不子，富贵则亲戚畏惧。人生世上，势位富贵，盖可忽乎哉！

苏秦在失败时和富贵时人们的态度变化，正说明了那个时代崇实尚利的人际关系实质。名利思想已经侵入了社会生活的各个领域，成为支配人们行为的原动力。围绕谋臣策士的游说活动，《战国策》描写了一大批个性鲜明的人物。上至诸侯王公，下至闾巷细民，三教九流的人物都出现在《战国策》中，使得它的人物画廊空前地开阔。当然，最活跃的还是那些俊雄宏辩之士。他们在历史舞台上纵横捭阖，任意驰骋，转危为安，运亡为存，显示出卓异的风采。作者在叙述他们的事迹时，往往集中笔墨叙写一个人的事迹，通过富于特征的言行表现他们的性格，展示他们的内心世界。同时，作者还使用大量的夸张、渲染和虚构手法，和铺陈、排比、夸张、比喻的手法，造成酣畅淋漓的启示和铿锵有力的文章节奏。这样，就使得奇异曲折的情节与恢奇卓异的人物有机地结合在一起，使作品既文采飞扬，又充满了传奇色彩。《战国策》在叙事写人上取得的成就，以及它辨丽恣肆、词采华丽的文风，在文学史上都具有承上启下的作用。秦汉的政论散文、汉代的辞赋，都受到《战国策》艺术风格的影响；司马迁的《史记》描绘人物形象，也是在《战国策》的基础上的向前发展。

信陵君夷门访侯嬴　清　吴历

战国时代魏人信陵君广纳贤士，且待人诚恳，当他听说夷门侯嬴十分贤能，便去拜访，并最终以真情感动侯嬴，使其成为自己的门客。

⊙作品评价

《战国策》一书，因其对战国时代各国之间错综复杂的政治斗争及谋臣策士们在此斗争中的折冲周旋有不少生动的记叙，可以作为史书来读。此外，该书叙事记言，起伏跌宕，文笔极佳，又可作为文学书来读。

□庄子 /战国 / 庄周 / 游逍遥、达齐物的智慧结晶

⊙作者简介

庄子像

庄子（约公元前 369 ~ 前 286 年），名周，字子休，战国时宋国蒙（今河南商丘东北）人，先秦著名思想家，道家学派的主要代表人物。庄子与梁惠王、齐宣王是同时代的人，较孟子稍晚，为惠施挚友。他曾做过蒙地漆园小吏，管理生产漆的工匠，任职不久即辞官。庄子一生视仕途为草芥，不追逐官禄，因而他家境贫寒，一生穷困潦倒，除讲学、著述外，有时靠打草鞋维持生活，有时靠钓鱼糊口。曾经向监河侯（官名）借过粮食，也曾经穿着粗布麻鞋见魏王。相传楚威王以厚金聘他做楚国的丞相，但他却坚辞不就，后来终身脱离仕途，过着隐居的生活。庄子蔑视权贵，鄙视吏禄，追求个人自由。他猛烈地抨击当时的社会，在文章中大声疾呼“圣人生而大盗起”，直接把矛头指向暴君，表现出对统治者和当时社会制度的不满和蔑视。庄子还是一位十分豁达的文人，面对什么事情都能处之泰然,并练就了一套“喜怒哀乐不入于胸次”的功夫。庄子一生虽处于穷困之中，但他能在逆境中博览群书，这使他具备了丰富的知识和敏锐的思维。庄子的思想与老子相近，推崇并发展了老子的学说，并且“著书十余万言”，后被编成《庄子》一书。

⊙背景提示

庄子处于战国乱世，当时的许多统治者口尧心桀，盗用仁义之空名，奢谈无定之是非，以行其争权夺利、压迫人民之实，造成了社会黑暗和人生灾难。庄子生活的宋国，当时宋王偃“射天笞地”，荒淫无道，不得人心。在此背景下，庄子对人生的前途和传统的价值观念丧失了信心，产生了悲观厌世的情绪。因而更加推进了老子的自然无为思想。

⊙内容提要

《庄子》亦称《南华经》，根据汉代流传的古本，有 52 篇，内篇 7，外篇 28，杂篇 14，解说 3，共 10 余万字。但传世的郭象注本只有 33 篇:内篇 7,外篇 15,杂篇 11。这些是不是都是庄子的著作，历来有争议。一般认为,《内篇》思想连贯，文风一致，是全书的核心，应当属于庄子的著作,《外篇》、《杂篇》冗杂，有可能是庄子门徒或后学所作。

《庄子》以“寓言”、“重言”、“卮言”为主要表现形式，书中绝大部分是寓言。所谓“寓言”指言在此而意在彼；所谓“重言”是借重古先哲或当时名人的话，或另造一些古代的“乌有先生”来谈道说法，让他们互相辩论，或褒或贬，没有一定的定论。所谓“卮言 ”就是漏斗式的话，漏斗空而无底，隐喻无成见之言。

《内篇》是全书的核心,包括《逍遥游》、《齐物论》、《养生主》、《人间世》、《道充符》、《大宗师》、《应帝王》7 篇，各篇各有中心思想，但又具内在联系，反映了庄子的宇宙观、认识论、人生观、道德观、政治观和社会历史观。

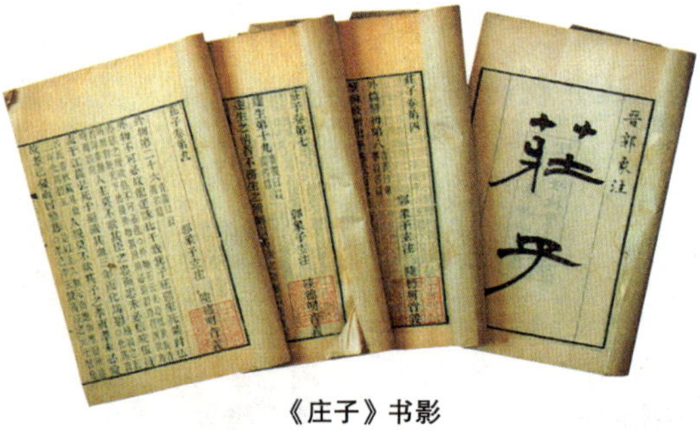

《庄子》书影

《逍遥游》是《庄子》的第一篇，主旨是讲人应该如何才能适性解脱，达到逍遥自由的境界。他认为只有忘绝现实，超脱于物，才是真正的逍遥。庄子认为人生种种苦恼和不自由的根本原因在于“有待”、“有己”，而“逍遥”的境界是“无所待”的，即不依赖外在条件、他力的。

《齐物论》表述了庄子的“天地与我并生，万物与我为一”的思想，强调自然与人是有机的生命统一体，肯定物我之间的同体融合。认为一切事物都是相对的，如果要达到解脱逍遥，就必须齐物，所谓“齐物”就是齐同物。首先，从绝对“道体”的高度来看，认识对象的性质是相对的，处于不断转化之中，其性质因而就无法真正认识。其次，人的主观认识能力和知识的可靠性也是相对的，没有客观标准，所以知与不知是不能证明和区分的。再次，探求事物的是非、真假，应该是没有意义的，因为没有客观标准。所以庄子认为，不论客观万物还是人的内心世界都受“道”的主宰，因而事物的彼此、认识上的是非等都是相对的。

《养生主》主要讲人生观，即养生之道或原则。庄子正面阐述养生的原则，就是要“缘督以为经”，即顺乎自然的中道。而后，又以“庖丁解牛”等具体说明：在错综复杂的社会中，如何找出客观规律以适应现实并“游刃有余”，形体的缺陷不影响养生，养生主要是使精神得到自由，人之生死是自然现象，不必过分感情激动而影响养生，养生之道重在精神而不在形体。

《人间世》是讲处世哲学，提出了“心斋”的命题。他认为耳目心智无法去认识道，只有使精神保持虚静状态，才能为道归集，悟得妙道。又以一连串的寓言来说明待人接物要安顺，并说明有用有为必有害，无用无为才是福。

《道充符》主要是讲道德论。通过寓言的形式，写了几个肢体残缺、形状丑陋的人，但他们的道德却完美充实。庄子所指的“德”指领悟大道，因循变化，顺其自然。

《大宗师》的主旨是讲“道”和如何“修道”。“道”是客观存在的，又是看不见摸不着的，其存在不以它物为条件，不以它物为对象，在时空上是无限的，是一无始无终的宇宙生命。万物的生命，即此宇宙生命的发用流行。庄子认为，人们通过修养去体验大道，接近大道，可以超越人们对于生死的执着和外在功名利禄的束缚。修养的方法就是“坐忘”，即通过暂时与俗情世界绝缘，忘却知识、智力、礼乐、仁义，甚至我们的形躯，达到精神的绝对自由。

《应帝王》主要是讲政治。通过寓言来强调“无为”的重要性。

《外篇》和《内篇》中还有许多有价值的思想，如在《秋水篇》中提到物质的无穷性、时空的无限性和事物的特殊性；在《则阳》篇中论述了关于矛盾对立面相互依存和相互作用的思想；《天下》篇是介绍先秦几个重要学派哲学思想的专论。

⊙作品评价

《庄子》艺术上最大的特色，就是善于用艺术形象来阐明哲学道理。庄子认为，至高无上的大道理难以用语言表达，逻辑的语言并不能充分地表达思想，只能借助于直觉领悟。因此，《庄子》采用了“寓言”、“重言”、“卮言”为主的表现形式。所谓“寓言”，意思是言在此而意在彼，作者借助河伯、海神、云神、元气，甚至鸱鸦狸狲、山灵水怪等逸出尘想的艺术形象，演为故事，来讲

名家点评

鲁迅评价《庄子》道：“其文则汪洋辟阖，仪态万方，晚周诸子之作，莫能先也。”

庄生梦蝶图　元　佚名

此图取材于“庄周梦蝶”的典故，画家将此场景置于炎夏树阴。童子倚树根而眠，庄周袒胸卧木塌，鼾声正浓，其上一对蝴蝶翩然而乐，点明画题。笔法细利削劲，晕染有致。

述一定的道理。所谓“重言”，是借重古先圣哲或当时名人的话，或另造一些古代的“乌有先生”来谈道说法，让他们互相辩论，或褒或贬，没有一定之论。但在每一个场合的背后，却都隐藏着庄子的观点和身影。“卮”是古代的漏斗，所谓“卮言”，就是漏斗式的话。漏斗的特点是空而无底，“卮言”隐喻没有成见的言语。通过这三种暗示性的表现方式，《庄子》把深奥的哲理化作具体生动的艺术形象，给读者留下了广阔的想象空间，似乎具有无限阐释的可能性。

在《庄子》中，作者为人们展现了一个奇幻丰富、光怪陆离的艺术想象世界，使得作品充满了浪漫主义的瑰丽色彩。作者向古代神话传说汲取了丰富的养料，再加上自己匠心独运的艺术创造，编制出新奇怪诞的形象和故事，使作品充满了神奇莫测、出人意表的境界。在作者富有想象力的生花妙笔下，小到草木虫鱼，大到飞禽走兽，都获得了人的思想、情趣和性格，而在这些生物的活动以及它们所发的议论中，又表现出作者自己的思想和观点。《庄子》这种恣肆纵横、奇特瑰丽的浪漫主义特征对后世影响极大，后人因此把《庄子》与浪漫主义的另一典范《离骚》并称为“庄骚”。

《庄子》一书是道家与道教的经典，对后世产生了极其深远的影响。在封建社会，庄子曾被统治者封为南华真人，《庄子》被封为《南华真经》。从魏晋玄学，到宋代理学，从嵇康、阮籍、陶渊明，到李白、苏轼，再到汤显祖、金圣叹、曹雪芹，《庄子》博大精深的思想影响了一代又一代的中国文人。

《庄子》一书文笔纵横、气势磅礴，使人读来往往有一种心神清旷、超然欲仙的感觉。《庄子》一书的后世注笺本比较多，其中最为有名的是郭象的《庄子注》、郭庆藩的《庄子集释》、王先谦的《庄子集释》、刘武的《庄子集释内篇补正》。文笔风流，发藏掘隐，各具千秋，可以说是读者阅读和领略《庄子》一书神采的理想选本。

相关链接

“齐物论”是庄子的一种哲学思想，也是《庄子》一书中一篇文章的名字。关于“齐物论”的解读，基本上有两种，一种解为“齐物”之论，一种解为“齐”之“物论”。按照前一种理解，“齐物论”讲的是对万物的齐一；而按照后一种理解，“齐物论”讲的就是对于各种看待事物之观点的齐一。其实这两种理解是有着相通的一面的，虽然前一种说法的重点是齐“物”，而后一种说法的重点是齐“论”，但是这种“论”也是“物之论”，可以说是间接地齐“物”。庄子在《齐物论》中提出了“吾丧我”这一著名的表述，“吾丧我”，说的就是自己忘掉了自己，准确地讲，是自己的心神忘却了自己的形体，这是“天地与我并生，而万物与我为一”的物我皆忘的精神状态，也就是一种齐一的超然境界。庄子说：“忘年忘义，振于无竟，故寓诸无竟。”意思是忘掉死生，忘掉是非，到达无穷无尽的境界，因此圣人总把自己寄托于无穷无尽的境域之中。这就是对“吾丧我”的一种讲解。庄子还讲述了自己梦蝶的故事，说道：“不知周之梦为胡蝶与，胡蝶之梦为周与？周与胡蝶，则必有分矣。此之谓物化。”物化，也就是物我之间的交合变化，因为这种变化，而万物之间浑然为一，是故“众人役役，圣人愚，参万岁而一成纯，万物尽然，而以是相蕴”。众人总是一心忙于去争辩是非，圣人却好像十分愚昧无所觉察，糅合古往今来多少变异、沉浮，自身却浑然而一不为纷杂错异所困扰，万物全都是这样，而且因为这个缘故相互蕴积于浑朴而又精纯的状态之中。

荀子

/战国/荀况/先秦诸子百家集大成者

⊙作者简介

荀子名况，字卿，又称孙卿。战国末期赵国人，生卒年月不详，约生活于公元前313～前238年，是战国时期杰出的唯物主义哲学家、无神论者。其政治、学术活动年代约在周赧王十七年（公元前298年）到秦王政九年（公元前238年）间。荀子是战国末期与孟子齐名的一位儒家大师，是继孟子后儒家又一杰出代表。他曾游学齐国，在著名的稷下学宫讲学，并被尊奉为学官之长。后来做过楚国的兰陵令，也曾议兵于赵，论儒于秦，晚年定居兰陵，从事著作和教育。他的门人很多，赫赫有名的法家人物韩非和李斯就是他的高徒。公元前285年，正是齐王吞并宋国，兵强势盛的时候，荀子曾企图说服齐国宰相实行儒家的仁义王道，劝说齐国君臣选贤任能，重用儒家。但齐潜王听不进荀子的建议，荀子只好离开齐国去了楚国。不久，齐果然被燕打败。荀子总结这一教训时说，齐王不修礼义是使齐国由强到弱到失败的根本原因。荀子一生的主要时间和精力是用于研究和传习儒家经典，以及从事教学。他的学生很多，李斯、韩非、浮丘伯等曾受业为其弟子。他善于吸收和批判诸子百家的学说，尤有功于诸经。荀子的著作十分丰富，在汉代抄录流传的有300多篇，后经刘向校正，定为32篇。有人说荀子是法家，也有人说他是道家，荀子自己则以儒家自居，对孔丘推崇备至。总的说来，荀子之学确是以兴儒尊孔为主旨，却又明显地受到墨、道、法、名诸家的影响。

荀子像

⊙背景提示

荀子生活在中国社会制度发生巨大变化的战国末年，当时奴隶制度已经崩溃，割据局面即将结束，封建主义大一统的趋势日益明显，社会生产力和科学都有了新的发展，处在上升时期的新兴地主阶级，如日方升，对改造自然和改造社会充满了积极进取的精神。当时结束战国以来“诸侯异政”、“百家异说”的局面，已成为历史发展的必然趋势。与这种历史发展趋势相适应，意识形态领域中提出了批判地综合百家之学的任务，当时有一个人试图担当这个任务，这个人就是荀子。

⊙内容提要

据《史记·孟子荀卿列传》记载，《荀子》这部书是荀子晚年为总结当时学术界的百家争鸣和自己的学术思想而编写的。《荀子》一书现存32篇，一般认为，《大略》以下6篇是其“弟子杂录”，其余26篇为荀况手笔。

《荀子》明确论述了“天人相分”人定胜天的朴素唯物主义自然观。《天论》篇认为：天就是自然界，天的变化是自然的变化，而且是有规律的，日月、风雨、寒暑的运行与变化，不因人们的喜怒而转移。同时还充分肯定了人类认识、改造自然的主观能动作用。肯定了人具有认识事物的能力和事物是可以被认识的，强调了认识要有正确的方法和途径。他特别强调后天学习的重要性，并用“青出于蓝而胜于蓝”的形象比喻，说明学习没有止境和后来居上的道理，劝导人们要进行广博的学习，要发扬“锲而不舍”、“用心一也”的精神，反对死记硬背、不求甚解和杂而不专，成为激励后人学习的名篇佳句。

荀子的伦理思想，主要反映在《性恶》、《修身》、《礼论》等篇中。他在《性恶篇》提出“性

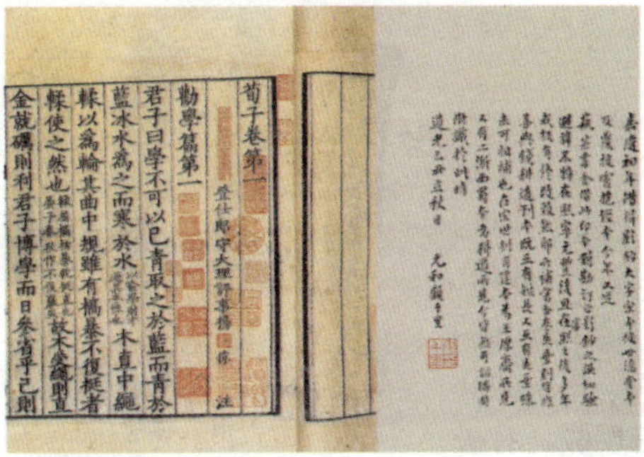

《荀子》内页

伪之分”的命题，指出：“人之性，恶；其善者，伪也。”“不可学，不可事之在天者，谓之性；可学而能，可事而成之在人者，谓之伪，是性伪之分也。”与生俱来的本能是“性”，而后天习得的则是“伪”。“伪”是“人为”的意思。他认为，人的本性就是“目好色，耳好听，口好味，心好利”和“饥而欲饱”、“寒而欲暖”、“劳而欲休”的自然属性，这些自然属性只有通过封建伦理道德来严格加以限制，才能变成性善的，才符合封建礼仪。《礼论篇》认为，礼义起源对人的自然本性情欲情感的限制，起源于人们无限的欲求与社会有限的财富的矛盾。人们正当的物质欲求必须满足，但财富毕竟有限，因此只能按社会名分等级来确立消费的多寡，以解决需求和生活资料的矛盾。

荀子的政治思想和经济思想，主要反映在《王制》、《富国》、《王霸》、《君道》、《臣道》、《强国》等篇中。为了加强封建统治，巩固地主阶级政权，荀子提出了“隆礼敬士”、“尚贤使能”的用人原则。《王制篇》指出，人与动物的区别就在于能“群”。人是社会性的动物，面对自然，面对野兽，必须联合成社会群体，而任何群体，必然有一定的组织形式，要有分工和合作，要有等级名分，并依次决定消费品之分配，以免发生斗争和内乱。《富国篇》提出“明分使群”的命题，指出一个人的能力不能兼通数种技艺，兼管各种事务。一个人的生活所需，要靠众多人的生产品供给。群居生活一定要明其职分和等级。明确各人的职分是人能“群”的前提，而礼义是维持“分”的手段。荀子主张“以礼正国”。他所倡导的“礼治”，是通过社会分工，确立贫富贵贱的等级秩序。

荀子的礼论又是与乐论相结合的。《乐论篇》强调，礼乐不仅调节人们的物质需求，还满足人们的精神需求。儒家的治道，是一种教化形态，它也包含法治、刑政，但主要是通过礼乐教化提升每一个人的人格，以礼节民，以乐和民。礼乐刑政，相辅相成。荀子把儒家的礼乐相辅相成之道发挥到极致，主张美善相乐，指出通过礼乐教化可以提高百姓的文化素质，纯洁人心，成就每一个和乐庄敬的生命，达到理想的胜境。《正名篇》、《解蔽篇》等主张名实统一，以名指实，达到名实相符，提出了制名的几条原则和防止认识的片面性的方法，具有丰富的逻辑学与认识论思想。《非十二子篇》、《解蔽篇》等对儒墨道法名诸学派的代表思想家有所评论和批判。

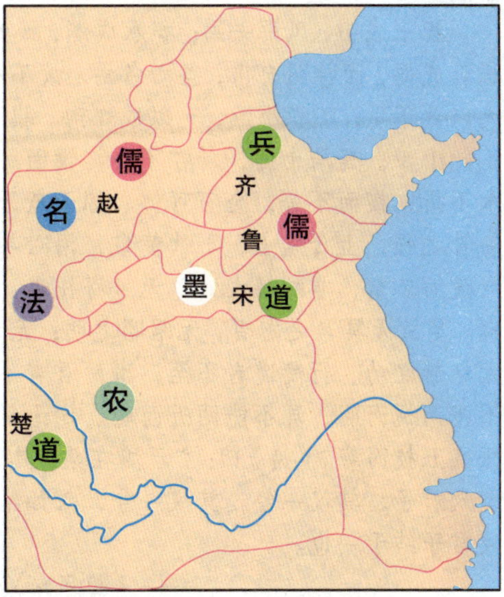

百家争鸣示意图

在如何治理国家问题上，荀子提出了“重法爱民”、“赏罚严明”的政治纲领。他认为，统治者治理国家和统治人民，一定要有一套严密的政治法令和赏罚措施。对人民，在没有给他利益之前就从他身上谋取利益，不如先给他利益然后再从他身上索取利益更有利；不爱护他却重用他，不如先爱护他然后再重用他更为有效。荀子认为，只有赏罚严明，才能治理好国家。

在经济思想方面，荀子主张一方面用赏罚严明的制度来鼓励人民发展生产，增加财富。另一方面他又提出了“强本抑末”、“节用裕民”、“开源节流”的经济措施，加强发展农业生产，抑制商品流通，不断开拓新的财源，限制统治阶级的费用，以此达到国富民强的目的。荀子这种经济思想，集中代表了中小地主阶级的利益，同时也符合人民的愿望。

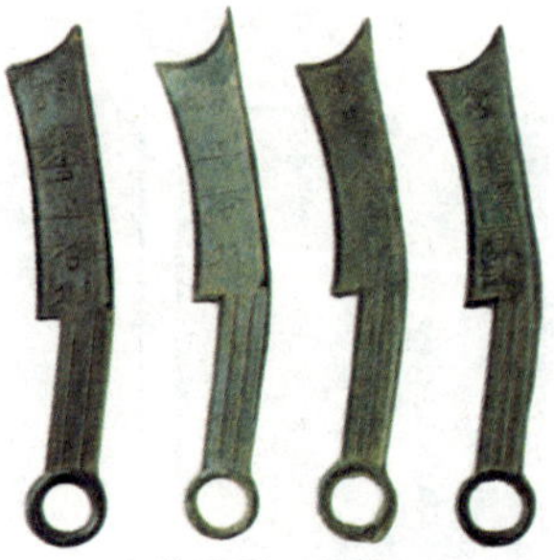

齐刀币　春秋

⊙作品评价

先秦诸子的散文发展到《荀子》，已经趋于完善和成熟，基本上是自成体系的专题论文，内容和形式都有新的变化。主要有以下几个特点：

荀子的文章博大精深，涵盖面广。他的论文涉及哲学、军事、政治、经济、伦理、学术史、音乐等主要领域。在这些领域里，荀子以其渊博的学识和独到的见解，写出了后人难以企及的精彩篇章。荀子的文章另一个特色是严谨周详，说理缜密。他的论文长于正论反驳，有破有立。而驳论的出现，标志着中国的论文达到了一个新的水平。在后来韩非的努力下，这种文体得到长足的发展和完善。如《正论》一文，荀子先列举6种世俗的说法，然后一一加以驳斥，最后申明自己的观点。

荀子的文章还有一个特点便是老练淳厚。在天下闻名的稷下，他最受人爱戴，多次被学者们推举为“祭酒”，他的学生更是高才辈出，如韩非、李斯等，后来都成为一国之相。荀子的文章，辩才无碍，气势磅礴，又自有一种长者的风范。在文中，很少用有故事情节的寓言而常连用一串比喻，如《劝学》最为突出：“君子曰：学不可以已。青，取之于蓝，而青于蓝；冰，水为之，而寒于水。木直中绳，輮以为轮，其曲中规，虽有槁暴，不复挺者，輮使之然也。故木受绳则直，金就砺则利，君子博学而日参省乎己，则知明而行无过矣。故不登高山，不知天之高也；不临深溪，不知地之厚也；不闻先王之遗言，不知学问之大也。”这几个比喻目标明确，就是为了说明学习的重要性和必要性。这些比喻的运用，也增强了荀子文章说理的力度和长者的典重淳厚。

荀子是孟子之后的一位儒家大师，他不但在自己的论著中崇尚“大儒”而贬低“俗儒”，而且在现实中也是以“大儒”自居的。作为大儒的荀子，他对当时的经典无所不通，他继承了孔子所开创的儒学传统，并有所发展创造，成为先秦时期集大成的儒学思想家。但他和孔子、孟子又有所不同，他的学问已经自成一派，所谓孔子之后儒家“一分为八”，荀子就是其一。在儒学发展史上，荀子是位关键性的人物，他不但继承了先师的学问和思想，而且有所创新，发扬了儒家思想中比较进步的一些方面。也许正因为这样，唐代的韩愈认为荀子不再是纯而又纯的儒学大家。但我们认为，荀子值得我们学习和继承的地方，正是他的勇于创新和大胆开拓。

阅读时要注意，荀子学术虽系出于儒家，但在体系上又兼容诸子百家之长，并批评儒家学说（特别是孟子学说）的唯心守旧成分，而有所倾向于法家，是一个半儒半法式人物。要注意荀子思想与传统孔孟思想之间差异并正确把握。

精彩语段

吾尝终日而思矣，不如须臾之所学也。吾尝而望矣，不如登高之博见也。登高而招，臂非加长也，而见者远；顺风而呼，声非加疾也，而闻者彰。假舆马者，非利足也，而致千里；假舟楫者，非能水也，而绝江河。君子生非异也，善假于物也。

积土成山，风雨兴焉；积水成渊，蛟龙生焉；积善成德，而神明自得，圣心备焉。故不积跬步，无以致千里；不积小流，无以成江海。骐骥一跃，不能十步；驽马十驾，功在不舍。锲而舍之，朽木不折；锲而不舍，金石可镂。蚓无爪牙之利，筋骨之强，上食埃土，下饮黄泉，用心一也。蟹八跪而二螯，非蛇鳝之穴，无可寄托者，用心躁也。是故无冥冥之志者，无昭昭之明；无之事者，无赫赫之功。行衢道者不至，事两君者不容。目不能两视而明，耳不能两听而聪。蛇无足而飞，梧鼠五技而穷。《诗》曰：“尸鸠在桑，其子七兮。淑人君子，其仪一兮。其仪一兮，心如结兮。”故君子结于一也。

——《荀子·劝学篇》

□韩非子

/战国/韩非/法家学说集大成者

⊙作者简介

韩非像

韩非（约公元前280 ~前233年），出生韩国贵族，战国末期著名思想家，古代法家思想的集大成者。韩非出身于没落贵族家庭，他与李斯都是荀子的学生。当时韩国国势弱小，屡败于秦国，割地损兵。于是，他曾数次上书韩王谏议变法图强，均未被采纳。韩非口吃不善言谈，但下笔滔滔，文辞雄辩，著有阐明自己法治理想的著作《孤愤》、《五蠹》、《说难》等十余万言。在这些书里，韩非总结历史经验教训，陈述自己的政治主张。此书流传到秦国。秦王看后遂有发兵进攻韩国之意。韩安釐王只好派韩非出使秦国以平息战事。韩非到了秦国以后，并没有受到秦王的重用，他曾多次向秦王建议，秦国要先稳住楚、魏二国，进攻赵、齐，暂缓进攻韩国，后又状告上卿姚贾私交诸侯，并警告秦王提高警惕。后来，李斯与姚贾陷害韩非，使之下狱，后来又使之在狱中服毒自尽。《韩非子》是先秦法家集大成者韩非的著作。司马迁在《史记·韩非列传》中说："韩非者，韩之诸公子也，喜刑名法术之学……悲廉直不容于邪枉之臣，观往者得失之变，故作《孤愤》、《五蠹》、《说林》、《说难》十余万言 。"这说明《韩非子》确系韩非所著。

⊙背景提示

韩非生活的战国时代是中国历史上一个大变革、大动荡时代的末期。生产力的发展、经济关系的变革，一方面加强了各诸侯国的经济实力，另一方面使各诸侯国力量的不平衡加剧，于是出现了诸侯国之间更为激烈的兼并战争。在这种激烈的竞争环境下，为争夺人才，各诸侯国广招贤士，为更多的新兴地主与士人进入政治舞台创造了条件。社会现实政治的变化，必然引起人们道德观念和政治思想的转变。各个学派纷纷提出了各自的主张和见解，形成百家争鸣的局面。影响最大的学派当推儒墨道法四家。韩非就是在这样一种时代要求下脱颖而出。

⊙内容提要

《汉书·艺文志》著录"《韩子》五十五篇"与今本《韩非子》55篇相同。《隋书》、《旧唐书》、《新唐书》、《宋史》、《四库全书总目提要》皆著录《韩子》20卷，这说明《韩非子》从先秦流传到现在，基本上没有遗失的现象，这在先秦哲学典籍中，是不多见的。《韩非子》本名《韩子》，后因唐代韩愈的名气越来越大，后人为了加以区别，故改名《韩非子》。

在自然观方面，韩非通过对道家思想的诠释和借鉴，提出了唯物主义自然观：道不是存在于自然界之外，而是存在于自然界万物的生长、变化之中。道是万物的本原，又是万物的总规律，他又引进"理"作为事物的特殊规律。同时他把道和理的关系解释为客观事物的普遍规律和特殊规律的关系。《韩非子》坚持了彻底的无神论，认为天和人各有自己的规律，自然界的天地没有意志。

在认识论方面，韩非受荀况的影响最大。他认为，人们的认识都必须依赖于感觉器官，人的眼睛能看东西，耳朵能够听声音，心能思考问题，这都是人具有的自然属性，所以他称之谓"天明"、"天聪"、"天智"。他说："目不明则不能决黑白之分，耳不聪则不能别清浊之声，智失别则不能审得失之地。目不能决黑白之色则谓之盲，耳不能别清浊之声则谓之聋，心不能审得失之地则谓之狂。盲则不能避昼日之险，聋则不能知雷霆之害，狂则不能免人间法令之祸。"这就说明了人的感觉和思维器官与认识对象的关系，坚持了唯物主义的认识路线。在认识方法上，韩非主张“去喜去恶”，切忌主观偏见和先入为主的成见来左右人们的认识。

《韩非子》一书，重点阐述了法、术、势相结合的法治理论，主要反映在《难势》、《难三》、《定法》、《扬权》、《有度》等篇中。在韩非看来，商鞅治秦只讲“法”，不讲“术”，不擅“法”；甚至片面强调“势”，这都是不全面的，“皆未尽善也”。只有把“法”、“术”、“势”三者有机地结合起来，才是切实可行的。他说：“君无术则弊于上，臣无法则乱于下，此不可一无，皆帝王之具也。”《五蠹》、《显学》、《诡使》诸篇主要阐述了韩非的社会历史观。他认为，时代变了，治国措施也要变，应以法治代替礼治，以官吏代替师儒，以耕勤之民、力战之士为贵而当赏，以五蠹之民为贱而当除。《显学》篇对儒、墨等显学进行了进一步的抨击和驳斥，认为他们的学说不合时务，无益于当世。《诡使》篇则更明确地指出“道和者乱，道法者治”，主张明智的君主必须禁止儒家等有害于耕战之人，而尊崇能耕善战之士。《孤愤》、《说难》、《难言》等篇述说了推行新政、厉行法治的重重阻难，对占据要位的既得利益者“贵重之臣”作了深刻揭露和无情申斥，指明“智法之士与当途之人不可两存之仇也”。《奸劫弑臣》、《说疑》、《爱臣》等篇集中揭露权奸近嬖对王权统治的严重威胁及其种种奸术。韩非指出君臣只是互相利用，君臣之交其实是计谋之交，没有情感或道德可言。《解老》、《喻老》两篇是韩非对道家的主要哲学范畴的阐释和发挥。一方面，他认为道是万物的本原，即道是“万物之所以成”。另一方面，他又说道是万物的总规律，即“道者，万物之所以然也”。韩非借解释道家《老子》一书，对《老子》哲学体系的核心“道”进行了唯物主义的改造，赋予了客观物质性的内容。他说：“道者，万物之所然也，万理之所稽也。”在这里，韩非又第一次提出了“理”的概念范畴。“理者，成物之文也……物有理，不可相薄，故理之为物之制。万物各异理，而道尽稽万物之理，故不得不化。”

竹简　秦

韩非的法家思想为秦朝统治阶级采用，这部出土于湖北省云梦睡虎地秦墓的律简，真实生动地记载了秦国是如何以法治国的。

值的一提的是，《韩非子》书中记载了大量脍炙人口的寓言故事，著名的有“自相矛盾”、“守株待兔”、“讳疾忌医”、“滥竽充数”、“老马识途”、“画鬼最易”等等。这些生动的寓言故事蕴涵着深刻的哲理，以其思想性和艺术性的完美结合，给人们以智慧的启迪，具有较高的文学价值。

⊙作品评价

在阅读《韩非子》时注意两点：第一，韩非生活在战国末期，受百家争鸣浪潮的激荡，其思想虽以法家为主体，但多少也沾染了百家的色彩，这在书中时时有所体现。第二，可以结合相关著作阅读，历代集注《韩非子》以今人梁启雄的《韩子浅解》最为优异，该书不仅对每篇原著都有题解，而且还对各篇真伪作了考证。

深度阅读

《韩非子》是法家思想的集大成者，提出了法、术、势相结合的君主专制的中央集权的理论。该书是研究韩非法治、哲学、伦理、社会思想的主要资料。书中记述了众多历史人物、事件、故事、传说，对研究中国古代政治、经济、文学、哲学、历史亦有重要价值。《韩非子》的许多篇章在作者生前即已行世，至西汉时期经人整理，成为定本流传至今。

墨子

/战国/墨翟/中国逻辑学的代表作

⊙作者简介

墨子像

墨子，姓墨名翟，春秋战国之际的政治家、思想家，墨家学派的创始人。近代学者一般认为，墨子生于公元前476年左右，卒于公元前390年左右。墨子出生何地，也有争议。《史记·孟子荀卿列传》说他是“宋之大夫”，《吕氏春秋·当染》认为他是鲁国人，也有的说他原为宋国人，后来长期住在鲁国。墨子自称“今翟上无君上之事，下无耕农之难”，似属当时的“士”阶层。但他又承认自己是“贱人”。他可能当过工匠或小手工业主，具有相当丰富的生产工艺技能经验。有学者认为墨子的祖先是宋国的贵族，后来在宋国的内乱中迁往鲁国。到墨子时，已经降为贱人。墨子擅长于车辖、兵器、机械制造，并且曾经与公输班较量过智巧。墨子早年时“学儒者之业，受孔子之术”，后来因为不满于儒家崇尚天命、繁文缛节、厚葬久丧、尚宗费财及爱有差等，就自己成立了一个学派，招收徒弟进行讲学。他把“兴天下之利，除天下之害”作为教育目的，与儒家并峙。在先秦诸子百家中，儒、墨两家号称“显学”，墨子在当时的声望与孔子差不多。墨子“日夜不休，以自苦为极”，长期奔走于各诸侯国之间，宣传他的政治主张。相传他曾止楚攻宋，实施兼爱、非攻的主张。他“南游使卫”，宣讲“蓄士”以备守御。又屡游楚国，献书楚惠王。他拒绝楚王赐地而去，晚年到齐国，企图劝止项子牛伐鲁，未成功。越王邀墨子做官，并许以五百里封地。他以“听吾言，用我道”为条件，而不计较封地与爵禄，目的是为了实现他的政治抱负。墨子一生主要从事讲学和政治活动。墨家学派既是学术团体也是政治组织。墨子倡导尚贤、尚同、兼爱、非攻、节用、节葬等主张，基本反映了广大劳动阶层的呼声，因此，墨子被誉为劳动人民的哲学家。

⊙背景提示

墨子的生活时代正处在春秋战国之交，奴隶制度已经开始崩溃，封建制度正在逐步建立过程中，这是一个社会大变革时期。墨子代表的是作为小生产者的手工业阶层，他们具有独立的经济地位，但在政治上却没有发言权。社会的动荡给他们带来极大的苦恼，这些小生产者一方面希望社会的变革，一方面又害怕社会变革所带来的混乱给自己造成损失。因此，他们一方面反对传统保守的社会制度，憧憬尧舜禹时代的社会理想，一方面又反对战争，反对暴力，他们幻想通过博爱来实现美好的社会。

⊙内容提要

《墨子》是记载墨翟言论和墨家学派思想资料的总集，由墨子及其弟子乃至后学相递著述而成。《汉书·艺文志》著录《墨子》71篇，今存15卷53篇。全书大致分五个部分：卷一:《亲士》、《修身》、《所染》、《法仪》、《七患》、《辞过》、《三辨》7篇；卷二至卷九共24篇，有《尚贤》、《尚同》、《兼爱》、《非攻》、《节用》、《节葬》、《天志》、《明鬼》、《非乐》、《非命》、《非儒》11个题目；卷十、卷十一有《经上》、《经下》、《经上说》、《经下说》、《大取》、《小取》六篇，通称为《墨经》；卷十二、卷十三有《耕柱》、《贵义》、《公孟》、《鲁问》、《公输》五篇；卷十四、卷十五有《备城门》等11篇。《墨子》记录了墨家的哲学、社会政治学说、伦理思想、逻辑学说、自然科学观点和城守兵法等，尤其是它的逻辑思想，是先秦逻辑思想史的奠基作。

《墨子》的政治思想主要反映在《尚贤》、《尚同》、《非攻》、《节用》、《节葬》、《非乐》诸篇中，主张任人唯贤的用人原则，反对任人唯亲，反对世袭制度，主张从天子到下面的各级官吏，都要选择天下的贤人来充当。墨子反对侵略战争，声援被侵略的国家，并为此而奔走呼号，主持正义。墨子主张对统治者要限制，不能让统治者过骄奢淫逸的糜烂生活。对葬礼，墨子主张节俭，反对铺张浪费。

关于伦理思想主要反映在《兼爱》、《亲士》、《修身》等篇中，墨子的伦理思想以兼爱为号召，以交相利为实质。他认为人们之间不分贫贱，都要互爱互利，主张“兼相爱”，反对儒家的等级观念。国君要爱护有功的贤臣，慈父要爱护孝顺的儿子，人们处在贫困的时候不要怨恨，处在富有的时候要讲究仁义，对活着的人要仁爱，对死去的人要哀痛，这样社会就会走向大同。

墨子的哲学思想主要反映在《非命》、《贵义》、《尚同》、《天志》、《明鬼》、《墨经》诸篇中。墨子一方面倡天志明鬼，一方面非命尚力。他认为，天有意志，创造了一切，天能赏善罚恶，主宰人类一切行为。人类社会秩序的建立，国家的形成，都是天志的体现。天志的核心是兼相爱，交相利。墨子反对命定论，把人力的作用提到十分重要的地位。他主张把知识分为“闻知”、“说知”、“亲知”三类，“闻知”是传授的知识，“说知”是推理的知识，“亲知”是实践经验的知识。同时，在认识论方面，墨子提出了著名的“三表法”：“有本之者，有原之者，有用之者。于何本之？上文之于古者圣王之事。于何原之？下原察百姓耳目之实。于何用之？废以为刑政，观其中国家百姓人民之利。此所谓有三表也。”即要重视历史经验、直接经验和实际效用。

逻辑思想主要反映在《经上》、《经下》、《经说上》、《经说下》、《大取》、《小取》6篇中，其中提出了辨的任务、目的和原则，揭示了概念、判断和推理的实质作用，并做了较科学的分类。《墨经》6篇内容，已构成墨辩逻辑体系，它与亚里士多德逻辑、佛教因明逻辑并称世界三大逻辑体系。在《小取》中论述了辩论的作用，即分析是非的区别，审查治乱的规律，弄清同异的所在，考察名实的道理，判别利害，解决疑似；还阐述了辩论的几种方式，对推理的研究也甚为精细。

军事思想主要反映在《备城门》、《备高临》、《备水》等篇中，由于墨家主张“兼爱”、“非攻”，因而反对侵略战争，所以它的军事思想主要是积极的防御战术。

《墨子》中有丰富的自然科学知识内容，涉及数学和物理知识的有40余条，包含了器械制造、冶金化学、动物等自然科学知识。

⊙作品评价

《墨子》一书所蕴涵的思想极其丰富，在中国思想发展史上具有重要的学术地位。《墨子》思想代表了广大劳动人民的利益和要求，是劳动人民智慧的结晶。由于秦汉以来，封建统治者崇儒抑墨，墨学逐渐衰微，直到清中叶以后才出现复苏之势。墨学倡导的“兼爱”思想成为中国传统文化的宝贵遗产，它的经世济民的态度也比儒家更为积极。墨家的舍己为人、大公无私、吃苦耐劳、勤俭节约的精神风范，反映了古代劳动人民的朴素本色。因而，墨子哲学被视为古代劳动者的哲学。

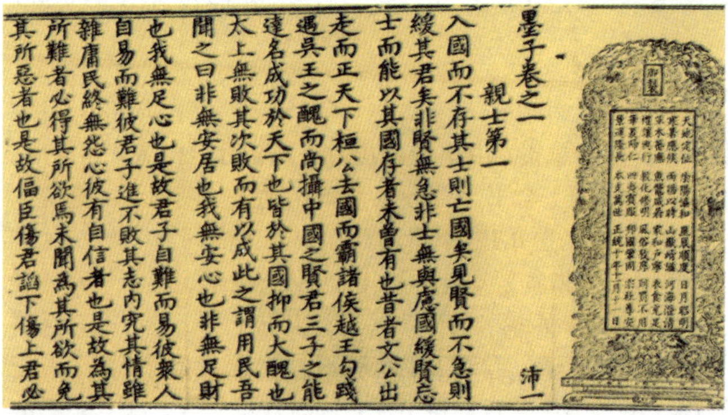
墨子卷之一
親士第一
入國而不存其士則亡國矣見賢而不急則
緩其君矣非賢無急非士無與慮國緩賢忘
士而能以其國存者未曾有也昔者文公出
走而正天下桓公去國而霸諸侯越王句踐
遇吳王之醜而尚攝中國之賢君三子之能
達名成功於天下也皆於其國抑而大醜也
太上無敗其次敗而有以成此之謂用民吾
聞之曰非無安居也我無安心也非無足財
也我無足心也是故君子自難而易彼衆人
自易而難彼君子進不敗其志內究其情雖
雜庸民終無怨心彼有自信者也是故為其
所難者必得其所欲焉未聞為其所欲而免
其所惡者也是故偪臣傷君諂下傷上君必
沛一

《墨子》书影

阅读时要注意墨子前后期思想的差异，特别要注意墨子前期思想中与儒家思想相似的地方。着重把握墨子的逻辑思想，同时可以联系亚里士多德的三段论进行学习。

孟 子

/战国/孟轲/垂范千年的儒家经典之一

⊙作者简介

孟子（约公元前 372 ~ 前 289 年），名轲，字子舆，邹国（今山东省邹县一带）人，是战国中期著名的思想家、政治家和教育家，是战国中期儒家学派的主要代表，是孔子嫡孙子思的学生。被尊奉为仅次于孔子的“亚圣”。孟子生于何时，众说纷纭。一般认为他生于周烈王四年（公元前 372 年）的说法，较为合理。孟子的经历与孔子颇为相似。孟子从 30 岁到 40 岁这段时间，主要的活动是收徒讲学，宣扬儒家学说。44 岁时，孟子便带领着学生周游列国，宣扬他的“仁政”、“王道”学说。他游历宋、齐、滕、魏等国，以王道、仁政学说游说诸侯，一度担任过齐宣王的客卿。鲁平王即位以后，他的弟子乐正克为政，孟子曾到鲁国，但未曾见用。滕文公即位后，孟子又来滕国。梁惠王后元十五年，孟子到梁国，这时已经七十岁左右。次年，惠王死，襄王嗣位，孟子就离开了。但是孟子所处的时代，是各国诸侯互相兼并的战国时代，各国统治者只讲争霸争利，怎么会相信孟子的“性善”论和“仁政”学说呢？孟子在实践中不断碰壁后，晚年和学生一起，“序《诗》、《书》，述仲尼之意，作《孟子》七篇。”（《史记·孟子荀卿列传》）孟子 62 岁结束周游生活，84 岁去世。

孟子像

⊙背景提示

战国以来，由于社会经济的迅速发展，各地区间经济、文化联系的日益密切，割据混战的局面已成为社会经济进一步发展的严重障碍。在尖锐激烈的社会变革和错综复杂的社会矛盾下，各个学派的代表人物都提出了自己的思想主张。他们著书立说，聚徒讲学，成为那个时期学术界、政治界的活跃人物。各派各家之间展开激烈争论，各自宣传自己的主张。

⊙内容提要

司马迁在《史记》中说“作《孟子》七篇”，但班固在《汉书·艺文志》中却说“《孟子》十一篇”。现在一般认为是《孟子》七篇，即《梁惠王》、《公孙丑》、《滕文公》、《离娄》、《万章》、《告子》、《尽心》。本来《孟子》七篇并没有分上下篇，到东汉赵岐著《孟子章句》时，才把七篇分为上下篇，后来加以沿用。在形式上有模仿《论语》之处，亦是摘取每篇开头的几个重要字眼来命名，并没有别的意义。《孟子》一书以问对、答辩方式展开，以驳论为主要的论证方法，与语录体散文《论语》略有不同。《孟子》翔实地记载了孟子的思想、言论和事迹，保存了丰富的历史资料，是研究孟子思想和先秦文学、

深度阅读

《孟子》一书说理精辟，文字流畅，语言形象，同时又气势磅礴，笔带锋芒，富于鼓动性，具有很强的逻辑说服力和艺术感染力。汉文帝时，《孟子》被列为辅翼经书的传记，两汉时，《孟子》和《论语》并列，五代时，《孟子》被列入“经书”，南宋朱熹将《大学》、《中庸》、《论语》和《孟子》合在一起，称为四书。于是《孟子》的地位更加提高了，成了古代读书人的必读之书。

孟母择邻版画

历史、经济和哲学的重要著作。孟子的政治思想是行“仁政”，即主张以德政争取人心，统一天下。“仁政”学说的新发展是“民为贵，社稷次之，君为轻”的民本主义思想。“仁政”学说的理论基础是性善论。孟子认为人生而具有天赋的“仁心”，即善的本性，这是实行“仁政”的保证。为了实施“仁政”，孟子还提出“劳心者治人，劳力者治于人；治于人者食人，治人者食于人”的社会分工论，反对“君民并耕”的主张。孟子认为王权是“天”授予，“天”是宇宙万物的主宰，“天”意通过贤明的君主来实现。孟子十分强调人的主观能动性，主张“万物皆备于我”。强调思的作用，重视理性认识。

《孟子》一书的思想可以概括如下：

第一，仁者无敌。《孟子》一书中，反映最突出的是仁义思想。仁是儒家学说中的中心，孔子常讲仁很少讲义，孟子则仁义并重。孟子的性善说是他仁政思想的理论基础。他说：“先王有不忍人之心（即善性），斯有不忍人之政（即仁政）矣。”孟子把法家的以法治国，以力服人，用暴力实现统一称为霸道，把儒家的以仁政治国，以德服人称之为王道，并且孟子深信“仁者无敌”。在此基础上，孟子提倡“民为贵，君为轻”的思想，把能否赢得民心看作是统治者成就伟业的关键，提倡“省刑罚，薄税敛”，“不违农时”等主张。在后来封建社会历史上，对于反对暴政、反对横行暴敛、要重视人民的吃饭穿衣问题有很好的影响。

第二，人皆可以为尧舜。孟子超凡的胆略和自信，也源于他对人性的思索。孟子认为，每个人都具有与生俱来的善端，只要个体能够自觉地实行仁义礼智，经过努力就都可以成为像尧舜那样的圣人。他不仅有这种观点，而且还常常以古代圣贤为榜样，激励自己奋发向上。孟子的性善论有个根本的观点，那就是认为仁义礼智的本性，具体表现在人们服从现实社会的君臣、父子等伦理关系这些方面。他主张尚贤，重视修养，提倡为臣的要以仁义规劝君主，反对阿谀奉承，这有益于培养士大夫知识分子的骨气，有益于澄清吏治、限制朝廷的胡作非为。

第三，“乐以天下，忧以天下”。孟子与孔子相似，都想做一个周公式的贤相，以辅佐当世的圣君，实现大治天下的伟业，并且在气魄和胆略上还略胜一筹。孟子在他的书中表露出这样的观点：要等待文王兴起后才振作的人，是平庸的凡夫，杰出能干的人才即使没有文王也能振作。他认为自己是民众中的先知先觉者，有责任以正道去启发引导天下万民。他认为，历史上每经五百年必定有圣王兴起，其中还必定有声望很高的辅佐者。那么从周朝到孟子生活的年代，已经有七百多年了，且逢诸侯争霸、烽烟四起的乱世，以他的眼光看，正当仁人志士有作为的时候。孟子认为，社会责任感是人和动物相区别的根本标志，人不能只考虑自身的完满，而必须为他人和社会作出贡献。这种“乐以天下，忧以天下”的精神是《孟子》中最富感染力的部分。

作品评价

《孟子》一书，主要着眼于孟子的“性善论”、“仁政论”和“义利观”。在解析“性善论”时，最好能够纵观历史上关于“性”的看法，这样能加深对“性善论”的理解。

□管子

/春秋/管仲/春秋时最大的一部杂家著作

⊙作者简介

管子（公元前725～前645年），即管仲，春秋初期颖上人。名夷吾，字仲，是春秋时期伟大的政治家、军事家、经济学家、哲学家。他相齐40年，不以“兵车之力”，辅助齐桓公实现了九合诸侯、一霸天下的伟大功业。管子的思想和事迹散见于《国语·齐语》、《左传》、《战国策》、《史记》、《管子》等书，而《管子》则比较集中的体现了其治国理论和实践。

⊙背景提示

管仲所处的时代，正是中国历史上“礼崩乐坏”、社会急剧变化的时代。几经人事变换的管仲终由鲍叔牙推荐，被齐桓公任命为卿，尊称“仲父”。在管仲相齐的40年间，他大刀阔斧地进行改革，在军事、政治、税收、盐铁等方面进行了卓有成效的改革，使齐国国力大盛。他帮助齐桓公以“尊王攘夷”为口号，“九合诸侯，一匡天下”，使齐国成为春秋时期第一个称霸的大国。而管仲的思想才学就体现在《管子》一书中。

⊙内容提要

《管子》是法家最重要的著作之一，成书于战国时期，主要记载了法家、特别是管子的许多治国思想，其中不少思想具有明显的辩证性质。《管子》一书包罗万象，内容涉及政治、经济、军事、哲学、伦理、自然科学各个方面，涵盖法、农、兵、儒、道、阴阳各家思想，共有86篇，其中10篇亡佚，实存76篇，后人认为它绝非一人一时所作，兼有战国、秦、汉的文字，集有一批“管仲学派”的思想和理论。其内容博大精深，主要以法家和道家思想为主，兼有儒家、兵家、纵横家、农家、阴阳家的思想，更涉及天文、伦理、地理、教育等问题，《管子》一书大体上真实地记录和反映了管子的思想。《管子》一书虽然内容比较庞杂，但并非是毫不相关的资料的随意堆砌，从整体上来看，它有一贯的中心思想，内在结构也是系统和富于逻辑性。在先秦诸子中，“襄为巨轶远非他书所及”。可以说，《管子》是先秦时独成一家之言的最大的一部杂家著作。

《小匡》体现了管仲“相地而衰征”和“四民分生而居”的经济理论；《牧民》篇体现了管仲“仓凛实而知礼节，衣食足则知荣辱”的社会经济思想；《牧民》、《形势》、《权修》、《立政》等从不同方面讲述了国家的为政之道与治国方略；《小匡》等多次谈及军事编制；《内业》提出了“天道之数，人心之变”的哲学思想；此外，《任法》、《法禁》主要体现法家思想；《宙合》体现阴阳家思想等。

⊙作品评价

《管子》在诸子百家中具有重要地位，后人视它的思想为秘笈。《管子》法治的思想较之孔子的“为政以德”、老子的“无为而治”、孟子的“仁政”“王道”应该说对当时的统治来说是更具合理性和更富成效的。它主张统治者为政以德，重民、爱民、安民、富民，从宏观上为整个社会的治理创造一个安定的环境。《管子》记载了非常丰富的管理思想，尤其是朴素的辩证法思想在管理中的运用使其更具现代价值。《管子》从人性恶、人有不同需要推出了法治。这一观点完全符合现代的管理观。《管子》作为一部集大成之作，曾经达到“家有之”的程度。

吕氏春秋

/秦/吕不韦/诸子百家思想的总结

吕不韦像

⊙作者简介

吕不韦（？～前235年），战国末年秦相。原是卫国濮阳（今河南濮阳西南）人，后来到韩国经商，成了“家累千金”的“阳翟大贾”。吕不韦在赵都邯郸见入质于赵的秦公子子楚（即异人），认为“奇货可居”，遂予重金资助，并游说秦太子安国君宠姬华阳夫人，立子楚为嫡嗣。后子楚与吕不韦逃归秦国。安国君继立为孝文王，子楚遂为太子。次年，子楚即位（即庄襄王），任吕不韦为丞相，封为文信侯，食河南洛阳10万户。没过几年，庄襄王死去，年幼的太子政立为王，即后来的秦始皇，尊吕不韦为相国，号称“仲父”。至此，吕不韦在政治上达到了空前显赫的地位。门下有食客3000人，家僮万人。命食客编著《吕氏春秋》，有八览、六论、十二纪，共20余万言，汇合了先秦各派学说，“兼儒墨，合名法”，故史称“杂家”。执政时曾攻取周、赵、卫的土地，立三川、太原、东郡，对秦王政兼并六国的事业有重大贡献。后因叛乱事受牵连，被免除相国职务，出居河南封地。不久，秦王政复命其举家迁蜀，吕不韦自知不免，于是饮鸩而死。

⊙背景提示

战国时期，由于社会经济的快速发展，各地区间经济、文化联系的日益密切，割据混战的局面已成为社会经济进一步发展的严重障碍，实现全国统一在战国后期已成为历史发展的必然趋势。当时各国都想以自己为中心来实现统一，为实现统一的目的，必定要进行兼并战争。当时秦国的变法比较彻底，在兼并战争中，无论军事、政治、经济等各方面，都逐步取得了压倒性的优势。

⊙内容提要

《吕氏春秋》，又名《吕览》，战国末年秦相吕不韦集合众多门客共同编辑。完成于秦始皇八年（公元前239年）。该书是以儒家学说为主干，以道家理论为基础，以名、法、墨、农、兵、阴阳家思想学说为素材，以封建大一统政治需要为宗旨，熔诸子百家之说于一炉的理论巨著。全书分十二“纪”、八“览”、六“论”三大部分，共160篇，20余万字。

《吕氏春秋》对先秦诸子的思想进行了总结性的批判，它写道：“老聃贵柔，孔子贵仁，墨翟贵廉，关尹贵清，列子贵虚，陈骈贵齐，阳生贵己，孙膑贵势，王廖贵先，儿良贵后。”《吕氏春秋》并没有均等地对待各派学说，并没有简单地把各家观点原封不动地糅合在一起，而是赋予所吸收的各家学说以新的内容，以儒家思想为主干融合各家学说。它改造和发展了孔夫子开创儒家学派时的儒家思想。如关于儒家维护“君权”的思想，在《吕氏春秋》里，实质虽然没有变，但有其独特的形式，它主张拥立新“天子”，即建立封建集权的国家。对法家、农家、墨家和阴阳家的思想，《吕氏春秋》也是遵循这一原则。《吕氏春秋》中的法家是儒家化了的法家，墨家是兵家化了的墨家，如此等等。

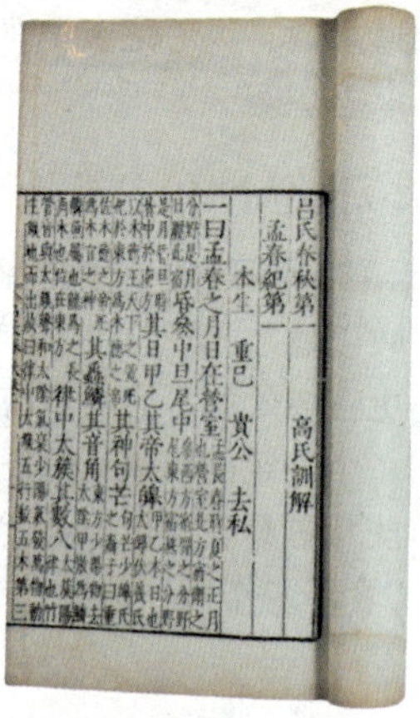

《吕氏春秋》书影

《吕氏春秋》依照预定计划编写，有明确的目的，有大体上统一的学

相关链接

“百家争鸣”，源自东汉班固著《汉书·艺文志》：“凡诸子百八十九家……皆起于王道既微，诸侯力政，时君世主，好恶殊方，是以九家之说蜂出并作，各引一端，崇其所善，以此驰说，取合诸侯。”春秋战国之际，正是中国社会激烈动荡的大变革时期，周朝宗室衰微，无力驾驭诸侯，诸侯之间相互攻伐，天下纷争四起，同时社会上新的阶层出现，造成社会局面空前复杂，代表各阶级、各阶层、各派政治力量的具有不同主张的学者和思想家，都企图按照本集团的利益与要求和本人的思想见解，对人生对社会乃至对宇宙万物作出自成体系的解释和主张，加之当时尚未进入后来的封建大一统时期，统治者并不能够对社会思想进行强力的钳制和约束，人们在思想与言说方面具有极大的自由，遂有众多思想家发扬己意，任意挥洒，纵谈天下，广收门徒，著书立说，互相辩难，争雄逞强之势蔚为大观，即后世所谓的“百家争鸣”。《汉书·艺文志》中将诸子百家著作学说归结为 10 家，即儒、道、阴阳、法、名、墨、纵横、农、杂、小说，然称“其可观者九家而已”，即将小说家排除在外。“百家争鸣”时代所阐发的文化思想，奠定了中国整个封建时代文化的基础，尤为儒道两家流脉广远，对中国古代的文化和社会产生了极为深刻的影响。

术见解。全书分纪、览、论三部分，以纪为主干。按其形成而论，十二纪是采用阴阳家的《月令》作为章法，仿照《管子》的《幼官》和《幼官图》作的。它把一些论文分配在春夏秋冬四季之下。《吕氏春秋》分配在春季之下的论文都是阐述养生方法的，分配到夏季的论文大部分是有关教育和音乐的，把主要是兵家和法家关于战争的论文分配到秋季，把提倡忠信、廉洁、气节、中庸、节葬等内容的论文分配到冬季。

秦长城遗址 战国时期

《吕氏春秋》的《八览》、《六论》则分门别类地对其他一些问题进行了论述。天文、地理、政治、经济、生产技术等无所不及，每览八篇，每论六篇。

《吕氏春秋》中有不少朴素的唯物主义思想和朴素的辩证法思想。在关于物质起源的问题上，认为“太一”是万物的本原，世界万物都是从“太一”那里产生出来的，由阴阳二气变化而成的。“太一”就是“道”的名称，是看不见摸不着，没有形状的“至精”的气——“精气”。“精气”派生的万物是在不停地运动着，上至天上的日月星辰，下至地上的水泉草木，都处于不断地运动变化的状态中。在认识的来源上，《吕氏春秋》认为人的知识绝非天生，而是从学习中得来的；在认识的方法上，主张要想取得对事物的正确的认识，必须去掉主观偏见，强调认识事物还要随着客观情况的变化而变化；在社会历史观方面，承认社会历史是不断变化发展的，社会历史是一个统一的、前后相连的历史，是不能割裂的。了解今天的事情，有助于了解古代的事情，知道古代的事情，对了解今天的事情有帮助。

⊙作品评价

《吕氏春秋》是中国历史上最早的一部具有一定规模和统一系统的私人学术著作。它以生活的具体实践和一定的体验为基础，对先秦诸子百家的观点进行批判地继承，包含了丰富的思想内容。它吸收了各种不一致的学说，反映了当时全国走向统一的趋势。它所提供的一些寓言故事，至今脍炙人口，富有启发意义。但因其中诸家杂陈，远比不上《荀子》和《韩非子》的总结所达到的理论深度。杂家自称是在做集腋为裘的工作。

《吕氏春秋》对先秦诸子的思想进行了总结性的批判，值得注意的是并没有照搬，而是吸收，并且随着时代的变化而增加了新的内容。它其中所提供的一些脍炙人口的寓言故事，则更应细细品味，慢慢斟酌。

□九章算术 / 西汉 / 中国古代数学名著

⊙作者简介

《九章算术》集先秦至西汉我国数学知识之大成。根据刘徽的记载,《九章算术》是从先秦“九数”发展来的。暴秦焚书，经术散坏。西汉张苍（？~前152年）、耿寿昌（前1世纪）收集遗文残稿，加以增补整理,编成《九章算术》。《九章算术》的成书年代各家说法不一,约在公元50~100年间。书中系统地总结了战国、秦、汉以来的数学成就，共收集了246个数学的应用问题和各个问题的解法，列为九章。是中国古代数学著作中影响最大的一部。

⊙背景提示

春秋战国时期社会生产力的逐渐提高，促进了数学知识和计算技能的发展。当时各国实行按亩收税，就必须有测量土地、计算面积的方法；要储备粮食，必须有计算仓库容积的方法；要修建灌溉渠道、治河堤防和其他土木之事，必须能计算工程人工；要修订一个适合农业生产的历法，必须能运用有关的天文数据。那时的百姓已经掌握了相当丰富的、由日常生活中产生的数学知识和计算技能。虽然没有一本先秦的数学书流传到后世，但无可怀疑的是《九章算术》中的绝大部分是产生于秦以前的。

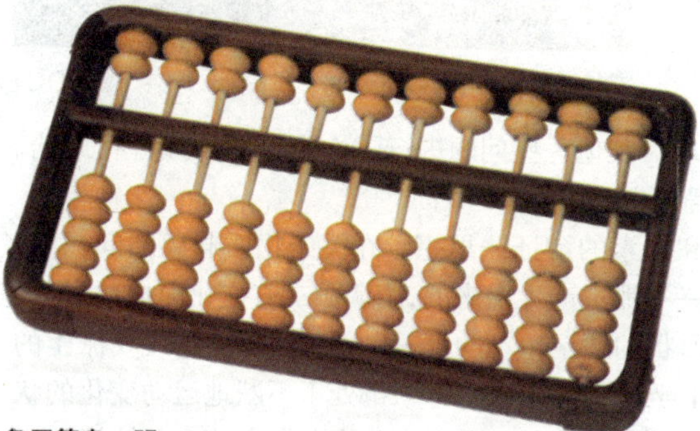

象牙算盘　明

中国古代的算筹到了后来被先进的运算工具——算盘所取代。有关算盘的兴起时间尚未定论，有人说元代已开始使用算盘，但至今尚未发现实物以验证。明万历年间程大位的《算法统综》已画出算盘形象，和现行算盘完全一致，并记载了运算口诀，可见当时在商业和统计中已广泛运用算盘。这件象牙算盘，制作精良，珠子灵活，至今仍然操作方便。

⊙内容提要

《九章算术》是一部经几代人整理、删补和修订而成的古代数学经典著作。现传本的成书大约是公元1世纪的下半叶。《九章算术》包括近百条一般性的抽象公式、解法，246个应用问题，分属方田、粟米、衰分、少广、商功、均输、盈不足、方程、勾股九章，每道题有问（题目）、答（答案）、术（解题的步骤，但没有证明），有的是一题一术，有的是多题一术或一题多术。它涉及农业、商业、工程、测量、方程的解法以及直角三角形的性质，共九章。《九章算术》主要内容包括分数四则和比例算法，各种面积和体积的计算，关于勾股测量的计算等。在代数方面，《方程》章中所引入的负数概念及正负数加减法法则，书中关于

深度阅读

中国数学史上有一部堪与欧几里得《几何原本》媲美的书，这就是历来被尊为算经之首的《九章算术》。《九章算术》是流传至今的我国最古老的一部数学著作，它不仅内容丰富，而且具有一些当时居于世界领先地位的课题。例如最早系统叙述分数运算；一些比例问题的应用；方程问题；还有首次引入了负数及其加减运算法则等等。汉代至今两千年来，它一直是数学研究和创造的源泉。《九章算术》在世界数学史上也产生过深远影响，特别是在日本、朝鲜、越南、印度、阿拉伯等国家的一些数学著作中都留有不少“九章”的痕迹。

名家点评

日本数学史家小仓金之助曾誉称《九章算术》为“中国的《几何原本》”。

线性方程（方程组）的解法和现在中学讲授的方法基本相同。“算术”在西汉时期是数学书的代用名词，算字的原意是计算用的竹筹即小竹棍。“算术”本意是应用算筹计算的方法，这里的算术包含当时的全部数学知识与计算技能，这与现代算术的意义是不相同的。《九章算术》以计算为中心，在应用问题中把理论与实际相结合的特点，一直影响着中国数学的发展。它的一些成就如十进位制、今有术、盈不足术等还传到印度和阿拉伯，并通过这些国家传到欧洲，促进了世界数学的发展。

祖冲之像

方田章提出了各种多边形、圆、弓形等的面积公式；分数的通分、约分和加减乘除四则运算的完整法则。后者比欧洲早1400多年。

粟米章提出比例算法，称为今有术；衰分章提出比例分配法则，称为衰分术；商功章除给出了各种立体体积公式外，还有工程分配方法；均输章用衰分术解决赋役的合理负担问题。今有术、衰分术及其应用方法，构成了包括今天正反比例、比例分配、复比例、连锁比例在内的整套比例理论。西方直到15世纪末以后才形成类似的全套方法。

少广章介绍开平方、开立方的方法，其程序与现今程序基本一致。这是世界上最早的多位数和分数开方法则。它奠定了中国在高次方程数值解法方面长期领先世界的基础。

盈不足章提出了盈不足、盈适足和不足适足、两盈和两不足三种类型的盈亏问题，以及若干可以通过两次假设化为盈不足问题的一般问题的解法。这也是处于世界领先地位的成果，传到西方后，影响极大。

方程章采用分离系数的方法表示线性方程组，相当于现在的矩阵；解线性方程组时使用的直除法，与矩阵的初等变换一致。这是世界上最早的完整的线性方程组的解法。在西方，直到17世纪才由莱布尼兹提出完整的线性方程的解法法则。这一章还引进和使用了负数，并提出了正负术——正负数的加减法则，与现今代数的法则完全相同；解线性方程组时实际还施行了正负数的乘除法。这是世界数学史上一项重大的成就，第一次突破了正数的范围，扩展了数系。外国则到7世纪印度的婆罗摩及多才认识负数。

勾股章提出了勾股数问题的通解公式：若a、b、c分别是勾股形的勾、股、弦，则$a^2+b^2=c^2$。

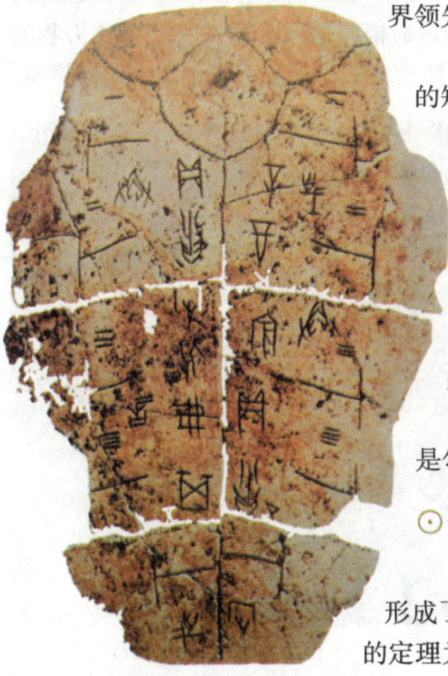
刻有数码的商代甲骨　商

⊙作品评价

就《九章算术》的特点来说，它注重应用，注重理论联系实际，形成了以筹算为中心的数学体系，读者在阅读时可以以各章论述的定理为核心，结合书中所给的例题和答案，边阅读边分析实际问题，这样可能更有利于理解其中的数学知识。

淮南子

/ 西汉 / 刘安 / 西汉前期道家思想的系统总结

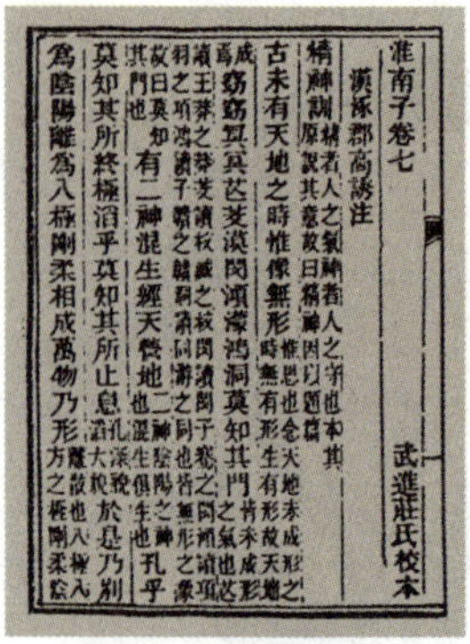
淮南子卷七　武進莊氏校本
漢涿郡高誘注
精神訓
古未有天地之時惟像無形
窈窈冥冥芒芠漠閔澒濛鴻洞莫知其門
有二神混生經天營地
莫知其所終極滔乎莫知其所止息於是乃別
為陰陽離為八極剛柔相成萬物乃形

《淮南子》书影

⊙作者简介

《淮南子》又名《淮南鸿烈》，西汉初年淮南王刘安及门客李尚、苏飞、伍被等共同编著。刘安（公元前 179 ~ 前 122 年），汉高祖刘邦的少子淮南厉王刘长的儿子，汉武帝刘彻的皇叔。刘长谋反死后，汉文帝封刘安为淮南王。刘安智慧过人，很有文才，好读书鼓琴，不喜欢驰骋射猎。他对中央心怀怨恨，常常想要叛逆。他用施恩行惠的方法争取人心，召集宾客方术之士数千人为羽翼，究天论地，著述立说，使淮南成为当时全国重要的学术中心。汉武帝时，淮南王刘安招集以道家为首的百家游士，仿秦吕不韦著《吕氏春秋》，集体写作《淮南内》二十一篇，又名《淮南子》或《淮南鸿烈》。“鸿”是广大的意思，“烈”是光明的意思，作者自认为此书包括广大而光明的道理，所以称为《淮南鸿烈》。由于后来谋反事发，刘安自杀。

⊙背景提示

汉王朝高层多来自民间，参加过农民起义，了解人民力量的伟大，采取了比较符合人民要求的“轻徭薄赋”、“无为而治”的政策。经过汉初六七十年的休养生息，社会经济得到了迅速的恢复和长足的发展，出现了空前繁荣的局面。在思想领域，汉武帝接受董仲舒的建议，罢黜百家，独尊儒术，结束了战国以来“百家争鸣”的局面。

⊙内容提要

《淮南子》认为：宇宙万物的总根源是“道”，是道始于一，不是道生一。在天地未形成之前，大宇宙是一个浑然一体，没有定形的“一”。既然世界万物的最后根源是物质的“一”，那么万物的产生及其发展就决不是有意志的天安排的，而只能是一个自然而然的过程。天极尽高，地极尽厚，白天日光普照，晚上众星闪亮，阴阳的变化，并不是什么天有意志的体现，而是按照万物自然而然发展变化的。阴阳四时，并不是为了生成万物而代御，雨露也不是为了滋养草木而降。万物的生长不过是自然的神妙作用和阴阳变化的结果罢了。

帛画　西汉

该帛画体现了较为浓厚的天人合一观念。

《淮南子》认为，人类历史也有一个混沌纯朴的时代，称之

深度阅读

《淮南子》是一部百科全书式的学术著作，有人说比《老子》更系统，比《语》、《孟》更深刻，比《墨子》更全面，比《庄子》更现实。坚持唯物主义认识论，反对神学目的论，坚持认识论上的唯物主义，把认识描绘成一个过程，强调按客观规律办事，发挥众人智慧和力量的无为而治，反对封建统治者任情纵欲的压榨、骚扰人民和独断专行等，这些思想无疑具有进步的意义。《淮南子》对后世有一定的影响，许多哲学家从不同的方面对它进行了批判或吸收。

为“至德之世”。“至德之世”以后，社会发生了大动荡，急剧地向两极分化，一方面，人主、贵族极尽宫室、花园之乐，另一方面，黎民百姓无所归宿。同时《淮南子》认为生产技术的进步是必然的现象，技术的进步是适应人民克服困难、趋利避害要求而产生的，不应该因循守旧，而应该日新月异。生产技术是不断发展的，社会也是不断进化的，那么法令制度也应当适应时代的需要而相应地改变。这些观点自然有助于汉初封建王朝建立新的法制。

汉武帝像

《淮南子》认为，既然自然性是社会历史发展的最高原则，那么，统治者要治理好国家，就必须遵循事物的自然规律，实行无为而治。无为而治的内容可以概括为两个方面：一方面要“循理”，不要纵欲。这就是要求君主在施政方面按客观规律办事，不要放纵个人欲望。君主施政治国必须重视人民的吃饭问题，这是国家的根本问题。衣食有余，封建道德观念就会加强，封建秩序就会安定和巩固。反之，社会就会发生争夺暴乱，统治地位就会动摇。因此，君主要把保证人民的衣食问题当作一个根本问题。《淮南子》还提出了保证人民衣食之源的方法。另一方面，要“因资”，不要自用。这就是说在用人方面，要求君主放手任用众人的才智，不要自作聪明地包揽一切，这乃是“君道无为”的重要内容。它要求君主虚心好学，集中众人的智慧。同时主张发挥每一个臣下的长处，反对君主干涉职能部门的工作。如果君主与臣下争能，官员就会无所事事，顺意取宠。众人的才智藏而不用，君主势必弄得智穷力竭，成为孤家寡人。君主的本职工作应该是“无为而有守也，有立而无好也”。即君主不应该做具体工作，而是把操守“法律度量”、驾驭臣下当作本职工作。在立法和持法时，要合乎民心，执法要以身作则。要重视众人的智慧和力量，能较正确地对待个人与众人的关系。

在认识论上，《淮南子》首先承认有独立于人们主观意识之外的外物的存在，但是，这个外物不是不可知的，人具有反映外物的能力，这个外物是可以被人所反映、所认识的。书中还提到认识过程中掌握原理和正确方法的重要性，只要遵循事物的普遍法则，根据天地本来的样子去对待事物，认识和处理天下所有事物并不是难以企及的事情。

⊙作品评价

《淮南子》一书将道家、阴阳家、墨家、法家和一部分儒家思想糅合在一起，但倾向于先秦道家，所以在阅读时要加以辨别，如《淮南子》中对于“道”的阐述就不同于《道德经》;关于“无为而治”的论述也有所不同，只有注意不同点，才能更好地把握此书的精髓。

□史记 /西汉/司马迁/“史家之绝唱，无韵之离骚”

⊙作者简介

司马迁，字子长，汉朝左冯翊夏阳（今陕西韩城）人。他大约生于汉景帝中元五年（公元前145年），约卒于汉武帝征和三年（公元前90年），是西汉著名历史学家和散文家，自幼深受父亲司马谈的学术思想熏陶。他的父亲司马谈，是汉武帝时的太史令，崇尚道家，曾以黄老学说为主，著有《论六家要旨》，对儒、墨、名、法、阴阳、道等各家学说，进行过批判和总结。这种家学传统，对司马迁影响很大。司马迁自幼好学，博闻强记，十岁的时候便通读《左传》、《国语》等史籍。青少年时，向古文学家孔安国学过《古文尚书》，向今文学家董仲舒学过《春秋》、《公羊》学。他涉猎的范围很广，使他积累了丰富的文化知识，精通天文历法、史学、儒学等各家学说。20岁时，开始到各地游历，足迹遍及名山大川，从而更广泛地领略到人间冷暖和风土民情。此次远游，使他开阔了眼界，认识了社会，积累了知识，并对其进步历史观的形成产生了巨大的影响。回长安以后，入仕郎中，其间随武帝巡游了很多地方。元鼎六年（公元前111年）奉命“西征巴蜀”，到达邛、笮、昆明一带，从而进行了第二次大游历。元封元年（公元前110年），父亲司马谈病逝，元封三年，即继任父职做了太史令，时年38岁。这样，使他有机会阅读宫廷收藏的大量文献典籍。此时，在司马迁的主持下，于太初元年（公元前104年）冬制成新历——《太初历》。同年，司马迁开始撰写巨著《史记》。专志写作的司马迁因李陵之祸而被武帝下狱并遭腐刑。他在身心上受到极大摧残，痛苦之中，数欲“引决自裁”，但恨《史记》未能成稿，以坚韧不拔的精神，忍辱发愤地过了8年。出狱之后，任中书令，继续笔耕。征和二年（公元前91年），历经16年终于完成《史记》的写作。司马迁大约卒于汉武帝末年，只活了50多岁。这部巨著问世之后，当时称为《太史公书》或《太史公记》，也叫《太史公》。

司马迁像

⊙背景提示

司马迁生活在充满阶级矛盾的汉武帝时代，此时西汉已开始从鼎盛走向衰弱。刘邦建立西汉政权后，为了稳定和巩固统治地位，采取了一些轻徭薄赋、休养生息的政策。经过“文景之治”，到汉武帝继位时，西汉经济达到了空前的繁荣。随着经济形势的好转，汉武帝采取了一系列削弱同姓诸王的措施，使封建专制主义的中央集权制得到了进一步强化。在经济繁荣的基础上，汉武帝在北方抗击匈奴，向西打通了西域，往南开辟了西南，使西汉成为大一统的封建帝国。与此同时，汉武帝好大喜功，连年对外用兵，耗费了巨大的人力、物力和财力，出现了“海内虚耗，户口减半”的局面。所以汉武帝在位期间，农民与地主阶级矛盾日益尖锐，农民暴动、起义事件时有发生。这就从思想上给司马迁打上了充满矛盾的时代烙印。

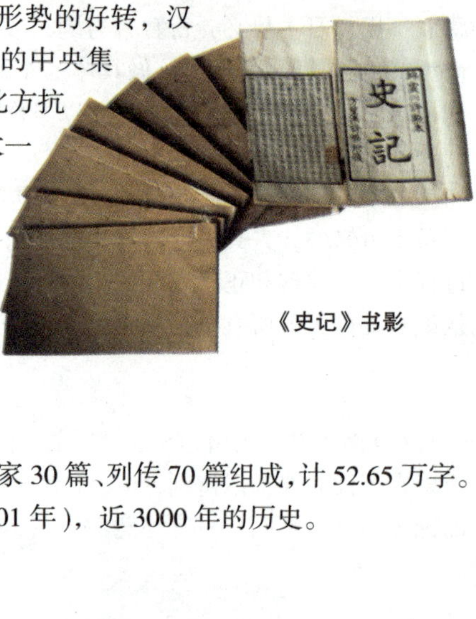

《史记》书影

⊙内容提要

《史记》全书130篇，由本纪12篇、表10篇、书8篇、世家30篇、列传70篇组成，计52.65万字。它记载了上起黄帝轩辕氏，下迄汉武帝太初四年（公元前101年），近3000年的历史。

荆轲刺秦王石像图

司马迁的伟大历史功绩之一，在于他开创了新的历史著作的编写方法，它就是后世史学家所称誉的“纪传体”。它由“本纪”、“表”、“书”、“世家”、“列传”5种体例组成。《史记》的五体结构是一个完整的体系。

“本纪”是全书的提纲，按编年记载历代帝王的兴衰和重大历史事件。专取历代帝王为纲，以编年的形式，提纲挈领地记载了上起轩辕，下迄汉武这一历史阶段的国家大事。

“十表”以年表形式，按年月先后的顺序，记载重要的历史大事。以清晰的表格，概括地排列各个历史时期的人事，或年经国纬，或年纬国经，旁行斜上，纵横有致。分世表、年表、月表三类，以汉代年表为详。

“八书”记载各种典章制度的演变，以及天文历法等，以叙述社会制度和自然现象为主体，对礼乐、天文、历法、经济、水利等制度的发展状况进行了系统记述，具有文化史性质。

“三十世家”记载自周以来开国传世的诸侯，以及有特殊地位的人物事迹；其中主要包括春秋战国以来的诸侯国君、汉代被封的刘姓诸侯子侄以及汉朝所封的开国功臣。此外，还有《孔子世家》、《陈涉世家》和《外戚世家》。

“列传”记载社会各阶层代表人物的事迹，其中有著名的思想家、政治家、军事家、文学家等，还有循吏、儒林、酷吏、游侠、刺客、名医、日者、龟策、商人的传记。该部分以“扶义俶傥，不令已失时，立功名于天下”为标准。最后，还专录《太史公自序》一篇。

《史记》作为我国古代第一部正史，包括政治、经济、军事、文化、少数民族和外国历史等丰富的内容。具有以下长处：首先，发凡起例，创纪传史书体裁。秦汉以前，诸朝列国史书体例纷杂，记事笔法各异，鉴于这种情况，太史公确立以人物为中心的述史体系，首创五体，互为表里。因此，《汉书》以降，直至《明史》，整个封建正史全都袭用纪传体例，除断代为书之外，“少有改张”，就连民国期间成书的《清史稿》也一仍其旧而未变动。其次，立意深刻，具有进步的历史观。《史记》中，歌颂什么，反对什么，态度是十分明朗的，他痛恨封建专制的残暴统治，歌颂人民的反抗斗争，同情人民所受的痛苦。比如，对于我国历史上第一次农民起义，司马迁在《史记》中，把陈胜、吴广两人的事迹列入“世家”，而且将陈胜比做汤、武，肯定他们推翻暴秦的历史功绩。又如，他也尽力描写推翻暴秦的项羽的英雄气概来和狡诈的刘邦作鲜明的对比，而且把项羽的事迹列入“本纪”，不因项羽失败而抹煞他的历史地位。司马迁不但承认历史是发展变化的，而且还试图从历史生活现象中，去寻求历史变化的原因。司马迁不但是中国史学家之父，也是全世界古代最伟大的历史学家之一。《史记》和希腊史学名著相比较，它的特点在于全面性，尤其是对于生产活动、学术思想和普通人在历史上的地位的重视。

⊙作品评价

《史记》的作者主要通过史例来选择、组织、论述史料，读者可以扣住史例来分析和评价历史。读者可以在对客观史实的叙述过程中，来感悟司马迁的观点。由于作者在某些章节上的写法是“显古隐今”的，读者可以委婉含蓄地看出作者的观点。

汉书

/ 东汉 / 班固 / 中国第一部纪传体断代史

⊙作者简介

班固（公元32～92年），字孟坚，东汉扶风安陵（今陕西省咸阳市东）人。班固出身于一个世代显贵豪富的家族，并有家学渊源。父亲班彪，字叔皮，到东汉光武帝时，官至望都长。班彪博学多才，专攻史籍，是著名的儒学大师。他不满当时许多《史记》的续作，便作《后传》65篇，以续《史记》。班彪有二子：班固、班超。班超为东汉时通西域的著名将领。班固从小就非常聪明，9岁便能作诗文，长大之后，班固熟读百家书，并深入研究。渊博的学识以及很强的写作能力，为他以后的作史创造了十分有利的条件。在他23岁那年即建武三十年（公元54年），班彪去世，班固私自修改国史，因此被捕入狱。他的弟弟班超赶到洛阳，为班固申辩。当明帝审阅地方官送来的班固的书稿时，十分欣赏班固的才华，并任他为兰台令史，负责掌管图籍，校定文书。此后他与陈宗、尹敏、孟异等共同撰成《世祖本纪》。随后迁任为郎，典校秘书。班固后又写了功臣、平林、公孙述的列传、载记28篇。后来明帝又命令班固继续完成他原来所欲著述的西汉史书。班固通过一再的思索之后，经过潜精积思20余年，终于在建初七年（公元82年）完成了《汉书》。《汉书》一写成，影响就很大。和帝永元初年（公元89年），班固以中护军随大将军窦宪出征北匈奴。永元四年（公元92年），窦宪以外戚谋反而畏罪自杀，班固因此受到牵连。先被免官，后有人因曾受班固家奴侮辱便借机搜捕班固入狱。不久，班固死于狱中，时年60岁。班固死后，《汉书》尚未完成的八表和《天文志》主要由班固的妹妹班昭继续完成。

班固像

⊙背景提示

班固生活的时代，正是东汉社会生产发展经济文化繁荣的时期，这就为史学的发展提供了物质条件；而东汉统治者为了总结前期的历史经验，迫切需要编写前朝的历史，司马迁的《史记》又只写到汉武帝，武帝以后便缺而不录，虽有许多学者相继加以续补，总归不是一部完整的史著；加之司马迁又把汉初的历史“编于百王之末，侧于秦项之列”，这与“汉承尧运”是不相称的，也是东汉统治者所不能允许的。西汉一代历史应该重新编写，独立成书，这些就是班固创立断代史的客观要求。

⊙内容提要

《汉书》是我国第一部纪传体断代史，体制全袭《史记》而略有变更，《史记》包括本纪、表、书、世家、列传五种体裁，《汉书》有纪、表、志、传，改“书”为“志”，没有世家，凡《史记》列入世家的汉代人物，《汉书》均写入“传”。《汉书》这种体裁上的改动是符合历史事势变化的，是合理的。《汉书》沿袭《史记》的体例，但作了一些改动，也有了一些创新。在纪部分，《汉书》不称“本纪”，而改称为“纪”，在《史记》的基础上，《汉书》增立《惠帝纪》，以补《史记》的缺略；在《武帝纪》之后，又续写了昭、宣、元、成、哀、平等6篇帝纪。在表的部分，《汉书》立38种表，其中6种

作品评价

宋代黄庭坚说：“三日不读《汉书》，便觉俗逼人。”

相关链接

《汉纪》全书为30卷，当时被称为“辞约事详”，就《汉纪》本身而言，只是对《汉书》删繁存要，但是它却采取了以传释经的方法，用《汉书》的本纪为纲，采摘各传及志表之文，按其年月前后，记入本纪各年下。此书的作者是汉代的荀悦，他为用编年史体撰述断代历史创建了典范，对后世编年史的发展起了一定的影响。

王侯表是根据《史记》有关各表制成的，主要记载汉代的人物事迹。只有《古今人表》和《百官公卿表》，是《汉书》新增设的两种表。《古今人表》专议汉代以前的古代人物，表现了班固评论人物的论事标准，暗示出他对汉代人物褒贬的立意，且网罗甚富，亦不无裨益。而《百官公卿表》记述了秦汉官制和西汉将相大臣的升迁罢免死亡，是研究古代官制史、政治制度史的重要资料，有重要的学术价值。在志部分，《汉书》改《史记》的“书”为“志”而又予以丰富和发展，形成我国史学上的书志体。

《汉书》将《史记》的《律书》《历书》并为《律历志》，《礼书》《乐书》并为《礼乐志》，增写《史记·平准书》为《食货志》，改《史记·封禅书》为《郊祀志》、《天文志》，《河渠书》为《沟洫志》。除上述诸志增加了主要是武帝以后的内容之外，《汉书》还创设了刑法、五行、地理、艺文四志。《汉书》十志比较《史记》八书在先后次序上也有所不同，《汉书》的志包括律历、礼乐、刑法、食货、郊祀、天文、五行、地理、沟洫、艺文等10种。其中，改变或者并八书名称的有律历、礼乐、食货、郊祀、天文、沟洫等6种，但它们的内容或者不同，或者有所增损。如《食货志》在继承了《平准书》部分材料的同时，又增加新的内容，分为上、下两卷。上卷记“食”，叙述农业经济情况；下卷载“货”，介绍工商及货币情况。《史记》列传篇题的定名，或以姓，或以名，或以官，或以爵，多不齐一，且排列顺序难为论析。《汉书》则一律以姓名题篇，排列顺序是先专传，次类传，后四夷和域外传，最后是外戚和王莽传，整齐划一。《汉书》将《史记》的《大宛传》扩充为《西域传》，详细记述了西域几十个地区和邻国的历史，是研究古代中国各兄弟民族和亚洲有关各国历史的珍贵资料。

《汉书》主要有4个特点：

第一，《汉书》较真实地记述和评论了西汉一代的政绩及其盛衰变化，从一统功业的角度，对于各时期所取得的成就进行了热情的称颂。《汉书》评述西汉政治，有用“时”“势”或“天时”变异来表达历史是发展的看法。

第二，《汉书》广泛地评价了各种人物在西汉政治中的作用。他记述汉代的兴盛时，承认是由于有众多的文臣武将和智谋极谏之士，在中央和地方的各方事务中竭其忠诚，作出贡献。

第三，《汉书》暴露了皇权的争夺、外戚的专横，以及封建统治阶级的淫奢，反映了人民的痛苦生活和反抗斗争，暴露了西汉外戚势力的专横、残暴与奢侈。《汉书》以很多笔墨暴露了王室及大臣聚敛财富，奢侈淫逸。

第四，《汉书》详细记述了古代尤其是汉代的政治典制，表现了西汉文化的发展规模及其重要价值。其中《刑法志》记述了古代的兵学简史，叙述刑法典核详明，首尾备举，论其变化正本清源。《食货志》系统地记述了自西周以至王莽时期的农政和钱法，反映了1000多年以来社会经济发展的重要侧面。《地理志》先叙由古之九州说而进至秦的郡县变迁，是中国地理最为详尽的记载。

⊙作品评价

读者在阅读《汉书》时，可以尝试与司马迁的《史记》比较阅读。《汉书》在一定程度上继承了《史记》的风格，但《汉书》十志对纪传体史书的书志部分有很大的影响，从而形成了中国史学史上的书志体，读者在阅读时可以品味这个特点。由于《汉书》的作者喜欢使用古文字，给读者的阅读带来了一定的不便。

□后汉书

/南朝宋/范晔/“简而且周，疏而不漏”

⊙作者简介

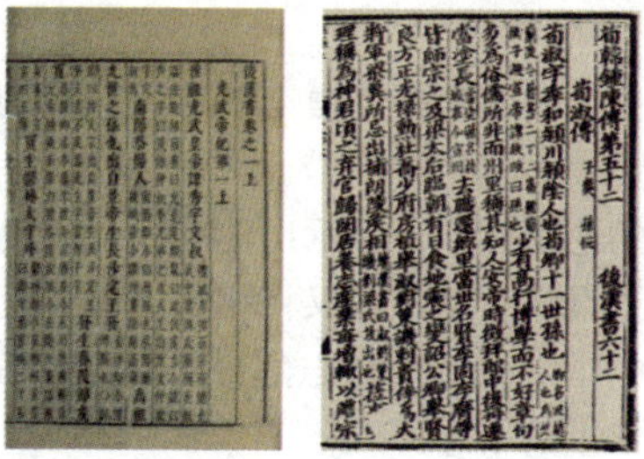

《后汉书》内页

范晔（公元 398 ～ 445 年），字蔚宗，南朝宋顺阳人。范晔的祖先是东晋的世家大族，祖父范宁，曾任豫章太守，著有《春秋谷梁传集解》一书；父亲范泰，曾任御史中丞。范晔少时就出继给叔父范弘之，因而被封武兴县五等侯。刘裕势力发展时，范晔投靠刘义康，在其部下担任要职，参预军机大事。宋文帝元嘉五年（公元 428 年）父亲死后他守制去官。此后他虽担任了很多官职，但一直受到权贵的打击排挤，元嘉九年（公元 432 年）被人告发参与拥立刘义康一事，因此以谋反罪被杀，时年 48 岁。范晔自幼深受儒家思想的教育，再加家学的影响，他广泛涉猎经史资料，写得一手好文章。他不但是南北朝时期著名的史学家，而且是有贡献的文学家、音乐家和发明家。范晔为人正直，有气概，屡屡触犯封建礼法；有才华，但却恃才傲物，与同僚不合，他的死与此是有一定的关系的。范晔持无神论思想。他不仅曾想著《无鬼论》来反驳佛教转世说，临死前，他还向政敌宣称：“天下决无佛鬼。”在《后汉书·西域传论》中，他批评佛教教义“好大不经，奇谲无已”，指出智者不应相信精灵起灭、应报相导的说教。对于天人感应、图谶符命等神学迷信，他也进行了一定程度的批判。范晔死时，只完成了《后汉书》的纪和传，没有志。到南梁时，刘昭取晋司马彪《续汉书》的八志 30 卷，加以注释增补，附在范晔原著的后面。时至南宋，才将范晔所著和司马彪《续汉书》的八志 30 卷重新校勘，合为今天的《后汉书》。

⊙背景提示

范晔著《后汉书》开始于宋文帝元嘉九年。当时刘宋王朝正处于兴盛时期，政治稳定。统治者为了更进一步巩固政权，很注意思想文化方面的工作，而编写史书，总结前人的经验和教训则是其中极为重要的一项。范晔就十分重视从历史中去总结经验，他编撰《后汉书》的目的就是要总结前人之得失。由于范晔当时被贬，郁郁不得志，他编撰《后汉书》亦有寄情于著述之意，要通过对历史的论述来发表他的政治见解。范晔著《后汉书》时，前人已撰写过不少的东汉史，对于前人的著作，范晔都用发展的眼光进行考察。

⊙内容提要

《后汉书》全书共 120 卷，记载自汉光武帝建武元年（公元 25 年）到汉献帝建安二十五年（公元 220 年）间 195 年的史事，包括本纪 10 卷，列传 80 卷，志 30 卷。

《后汉书》在撰写上，不仅吸取了前人的撰史经验，接受过去行之有效的治史方法，而且根据当时的具体情况和要求，进行了大胆的创新，进一步开拓了纪传体史书叙事的范围，并在纪传体史书写作手法上总结积累出一定的经验。

《后汉书》在编纂上有几点很有创造性：

一、《后汉书》继承了《史记》、《汉书》的体制，基本上按照已有的传目去叙事和写人，但又不完全囿于旧有的模式，而是针对东汉一代特有的社会风尚和特点，适时制宜地创设一些新的传目去反映。

二、立传以类相从，叙事繁简得宜。《后汉书》继承了《史记》、《汉书》立类传的做法，但在某些方面又有发展。《后汉书》中的类传，一般不受时间先后的限制，或按人品相同，或按事迹相近，或按性质相类等原则来归类立传，使得某个历史事件或某类人物得到集中的反映。《后汉书》的类传中，传主是各有独立的传记的，与整个类传联系起来看，可表现出其一般性；而各人的事迹又表现出其个别性。

三、注重史评，特崇论赞。论赞是《后汉书》的重要组成部分，在书中占有相当多的篇幅。在每篇纪或传之后的论，主要是针对历史人物或历史事件而作评论，或者是作者对于历史、社会、政治的见解。赞放在每篇纪传的最后面，是四字为句的韵语，作为史学评论的一种特殊的形式，用来品评人物，或补充正文与前论辉映。

范晔著《后汉书》，着力探讨东汉社会问题，贯彻了“正一代得失”的宗旨。书中的《王充王符仲长统传》，载王符《潜夫论》5篇，仲长统《昌言》3篇，都是探讨东汉为政得失的名作。他在传末写了一篇长约600字的总结，对其言论进行具体分析。

范晔重视东汉的对外关系，特别是很注意当时的海上交通问题。东汉和帝永元九年（97年），班超派甘英出使大秦，这是中西关系史上的一件大事，丝绸之路在此时重新出现兴盛之势。《西域传》中大笔描述了当时情况说：“立屯田于膏腴之野”，“邮置于要塞之路”，好一派繁荣的景象。此外，范晔在《西域传》中叙述了大秦社会的富裕繁荣，并认为这是与其民主政治分不开的，大秦国王按时治理国事，“国无常人，皆简立贤者，国有灾异及风雨不时，辄废而更立，受放者甘黜不怨”，而“置三十六将，皆会议国事”。很明显，范晔这是作中西对比，以史为鉴，针砭当时封建君主专制之失，也表达了他对大秦民主政治制度的向往。

光武帝涉水图　明　仇英

《后汉书》的文字优美流畅、热情奔放，具有相当高的文学成就。书中的论赞是范晔用力最多之处，一般都具有精湛的思想理论、深刻的历史见解与高超的文字技巧相结合的特点。他特别欣赏自己在史论之后所加的赞语：“赞自是吾文之杰思，殆无一字空设。奇变不穷，同含异体，乃自不知所以称之。”

⊙作品评价

由于《后汉书》注重对史料的评价，特别是重视论赞，论赞是作者针对历史人物或历史事件而提出思想见解的评论，读者可以抓住这些论赞，领悟作者对各人物和事件的观点，就能更好地读懂《后汉书》。

相关链接

《后汉书》与《史记》、《汉书》、《三国志》并称“前四史”，是纪传体史书的代表作之一。《后汉书》引用第一手材料比较多，记载的内容多且涉及面广，通过这些各种各样的人物的言行和事迹，东汉社会内容的各方面便能得到具体、真实的反映。《后汉书》结构严密，题例完备，内容丰富，记载翔实，叙事繁简适宜，文辞精妙流畅，是一部文学价值和史学价值都很高的史学著作。

□论衡

/ 东汉 / 王充 / 中国古代哲学划时代的著作

⊙作者简介

王充（公元 27 ~ 104 年），字仲任，会稽上虞（今浙江上虞）人。王充的祖籍本是魏郡元城（今河北大名），先祖因立军功受封于会稽阳亭，但只过了一年就失去了爵位。随后就在当地安家，以农桑为业。王充的家庭非常重义气，好行侠。他的祖先因为要避开仇敌，迁到了钱塘，后来就弃农经商。王充的父亲与伯父因为与豪族结怨，最后迁居到上虞。王充 6 岁开始学习读书写字，8 岁到书馆学习，从小品学兼优。18 岁左右，到京师洛阳上太学。王充聪颖好学，勤奋刻苦，博览群书，兴趣极为广泛。因为家境贫困，他经常在洛阳书市上阅读别人卖的书籍，并且能够过目不忘，因而他通晓诸子百家的学说，注意力并没有局限在儒家经典上。后来，王充回到乡里教书。他也曾在县、郡、州里做过一些小官，但在职时间均不长，往往因意见不合得罪当权者，最终弃官而去。王充的晚年与仕途无缘，孤独无靠，贫无供养，郁郁不得志。他一生著作多种，流传至今的只有《论衡》一书。

王充像

⊙背景提示

王充所处的时代是东汉之初，儒家思想在社会思想领域占支配地位，但与春秋战国时期所不同的是儒家学说上打上了神秘主义的色彩，掺进了谶纬学说，使儒学变成了“儒术”。所谓谶，是关于政治的宗教语言，所谓纬，是相对“经”而言，即对儒家经典的解说和补充，以此宣扬迷信。谶纬迷信在汉代就开始盛行。汉章帝时，为了加强思想统治，召令诸儒在白虎观聚会，编撰了带有浓厚神学味的著作《白虎通义》，大肆宣扬迷信。东汉的思想界一片混乱。在这种情况下，《论衡》问世。

⊙内容提要

《论衡》一书共 38 卷，计 85 篇。其中《招致》篇已失，实存 84 篇。《论衡》细说微论，解释世俗之疑，辨明是非之理，即以“实”为根据，疾虚妄之言。“衡”字本义是天平，《论衡》就是评定当时言论的价值的天平。它的目的是“冀悟迷惑之心，使知虚实之分”。《论衡》的基本思想包括唯物主义的元气自然论，反对迷信的无神论思想，唯物主义的认识论和历史观。

一、唯物主义的元气自然论。汉儒思想体系是董仲舒提出的唯心主义哲学思想，其核心是“天人感应”说，并由此生发出其对其他一切事物的神秘主义的解释和看法。汉儒唯心主义者认为天地是由“太初”产生的，这个“太初”是虚无缥缈的本原。针对这种观点，王充提出：天地万物（包括人在内）都是由“气”构成，“气”是一种统一的物质元素，天和地都是从元气中分化而来的，

深度阅读

《论衡》是东汉思想界唯物主义与唯心主义激烈对抗的集中体现，在中国哲学史上占有重要地位。该书的基本精神是追求真知，反对迷信。它对先秦各家的思想，如儒、墨、道、法，进行了批判的继承，把中国古代唯物主义哲学推进到一个新的高度。《论衡》极具战斗性的唯物主义无神论思想，成为后来中国无神论的重要理论营养。但《论衡》一书不可能摆脱当时时代的局限，用自然主义和直观的观察来描述世界，特别是在社会历史观上基本是唯心论的，但它毕竟在历史上起了划时代的作用。

名家点评

刘知几说："儒者之书，博而寡要，得其糟粕，失其精华。而流俗鄙夫，贵远贱近，精滋牴牾，自相欺惑，故王充《论衡》生焉。"

天气和地气交合就产生出人和物来。"气"有"阴气"和"阳气"，有有形和无形，人、物的生都是"元气"的凝结，死灭则复归"元气"，这是个自然发生的过程。在此基础上，王充进一步提出了自然无为论。他认为"元气"产生万物是一种无意识的过程，不可能是天的故意安排和制作。他以"元气"自然论为武器，否定了天地生人、派生万物的神学目的论。他认为天地生人，就如同夫妇生子一样，是一个自然而然的过程。十月怀胎，一朝分娩，婴儿的耳目口鼻、发肤纹理、肌肉血脉和骨骼是在母亲腹中自然形成的。这就否认了造物者的存在，坚持了以自然的原因说明自然的唯物主义观点。

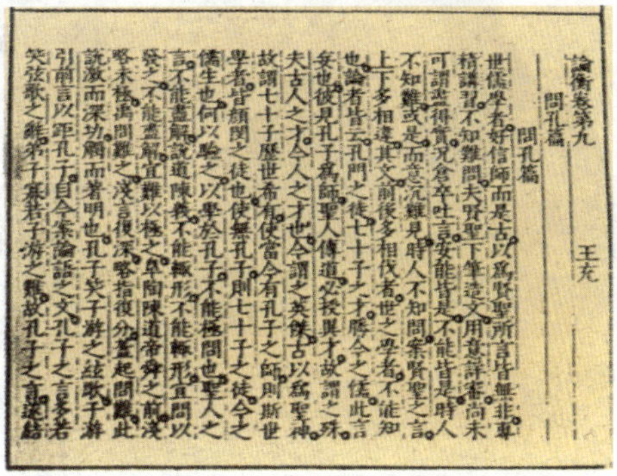

《论衡》书影

二、反对迷信的无神论思想。当时流行的灾异谴告说认为，如果君主统治无道，老天就会用寒温不节、风雨失调来谴告。王充认为，谴告说与自然无为的天道是相违背的，是否认大自然的客观规律性的。他指出，自然灾害并非政治黑暗所导致的上天谴告，而是一种自然现象。《论衡》反对迷信的思想还体现在他的无鬼论。他首先用"元气"自然论的观点来解释人的生命现象，提出了唯物主义的形知观。他认为人的生命乃是阴气和阳气交合而成的。阴气构成骨肉形体，阳气构成精神意识。由阳气构成的精神，只有依赖于由阴气构成的五脏器官，才能产生出聪明智慧等精神现象。《论衡》明确肯定了物质第一性精神第二性的原则，并为其无鬼论奠定了坚实的基础。他认为，人之所以存在是由于阴阳二气结合在一起的缘故。人死之后，精神离散而形体腐朽，人就又还原为本来的气。正是由于物质变化的不可逆性，决定了人死之后不能复生为人之形。王充进一步指出，人们所见的"鬼"只是一种幻觉。"鬼"的出现是人身体患病、思想恐惧、精神恍惚所致。

三、唯物主义的认识论。在认识论上，《论衡》反对神化圣人，否定了圣人生而知之的先验论，提出了注重效验的唯物主义认识论。王充指出，世上没有什么生而知之的圣人，任何人大都必须依靠感觉经验，才能了解事实获得知识。圣人也是通过后天的学习而成的，他反对把圣人偶像化，反对把圣人之言奉为圭臬。同时，王充认为感性经验是知识的来源，而且也是检验知识的必要手段，这就是"效验"。

四、历史观。王充认为，国家的治乱、朝代的兴衰是不以个人的意志为转移的，而有其内在的客观规律。历史是进化的，历史发展的客观规律是由自然原因所决定的治乱往复的规律。《论衡》不仅对儒家思想进行了尖锐而猛烈的抨击，而且还批判地吸取了先秦以来各家各派的思想，特别是道家黄老学派的思想。

⊙作品评价

《论衡》一书是站在唯物主义无神论立场上，运用当时的自然科学成果和丰富的历史知识，对谶纬学说进行的批判，因而读者可以拿《春秋繁露》、《白虎通义》对照阅读，这样王充的观点更鲜明，更容易掌握。

说文解字

/ 东汉 / 许慎 / 中国第一部字典

许慎像

⊙作者简介

《说文解字》简称《说文》，作者是东汉许慎。许慎（公元 30 ~ 124 年），字叔重，汉昭陵人。曾任汶长、太尉南阁祭酒。从贾逵受业，博通经籍，时人谓之“五经无双许叔重”。此书作于和帝永元二年（公元 100 年），历时 21 年，直到安帝建光二年（公元 121 年）才告完成。许慎在病中遣其子许冲将此书连同一份相宜的奏章献给安帝。《说文》之所以会在编成之后被耽误了 20 多年才面世，这与许慎编纂这本书的目的，以及与一世纪末二世纪初汉代朝廷的政治、学术环境有密切关系。

⊙背景提示

《说文解字》是在经学斗争中产生的。今文经学与古文经学之争是汉代学术思想领域中最重要的一场论争。秦以前的典籍都是用六国时文字写的，汉代称六国文字为“古文”，用古文书写的经书称为古文经。秦始皇出于愚民政策的需要，把这些用古文字写成的《诗》、《书》等典籍付之一炬。西汉初年，一些老年儒生凭记忆把五经口授给弟子，弟子用隶书记下来。隶书是汉代通行的文字，称“今文”，用今文书写的经书，称今文经。后来陆续发现用古文字写的经书。这样在汉代经学家中就分成了今文经学家和古文经学家两派。两派的区别不只是表现为所依据的经学版本和文字不同，更主要的表现为怎样使经学为封建统治服务上。今文经学家喜欢对经书作牵强附会的解释和宣扬迷信的谶纬之学；古文经学家则强调读懂经典，真正理解儒学精髓，为此侧重名物训诂，重视语言事实，比较简明质朴。许慎属于古文经学派，他编著《说文》是要以语言文字为武器，扩大古文经学在政治上和学术上的影响。

⊙内容提要

《说文》是中国历史上第一部字典，全书共收单字 9353 个，另有重文（异体字）1163 个，附在正字之末，把 9353 个字分别归在 540 个部首之中。

《说文》一书的突出贡献可以概括为以下四点：

一、建立部首是许慎的重大创造之一。汉字是凭借形体来表示意义的，因此，对汉字义符加以分析，把所有汉字都按所属义符加以归类，这是汉字学家的工作，这项工作，由许慎最先完成了。《说文》一共分 540 部，除了个别部首还可以合并与调整外，从总体上说都是合理的，都符合造字意图。许慎在安排 540 部的次序上煞费苦心，把形体相近或相似的排在一起，这等于把 540 部又分成若干大类，这可以帮助读者更深刻地理解义符，更正确地理解字义。每部所属的字的排列也不是杂乱无章的，而是依据以类相从的原则。具体说来有三种情况：其一，词义相近的字排在一起；其二，词义属于积极的排在前边，属于消极的排在后边；其三，专有名词排在前边，普通名词排在后边。许慎创造的 540 个部首和一部之中各个字的排列方法，都是从文字学角度出发的，这种排列方法更能体现部首与部首、字与字之间的意义联系，这与后世从检字法角度的分部和按笔画多少分类迥然不同。

二、训释本义。许慎之前的经学家为经典作注，都是随文而释，所注释的字（词）义，基本上是这个字在一定语言环境中的具体意义和灵活意义。许慎在《说文》中紧紧抓住字的本义，并且只讲本义（由于历史的局限，个别字的本义讲得不对），这无疑等于抓住了词义的核心问题，因为一切引申义、比喻义等都是以本义为出发点的，掌握了本义，就能够以简驭繁，可以推知引申意义，解决一系列有关词义的问题。此外，许慎在训释本义时，常常增加描写和叙述的语言，使读者加深对本义的理解，扩大读者的知识面，丰富本义的内涵和外延。

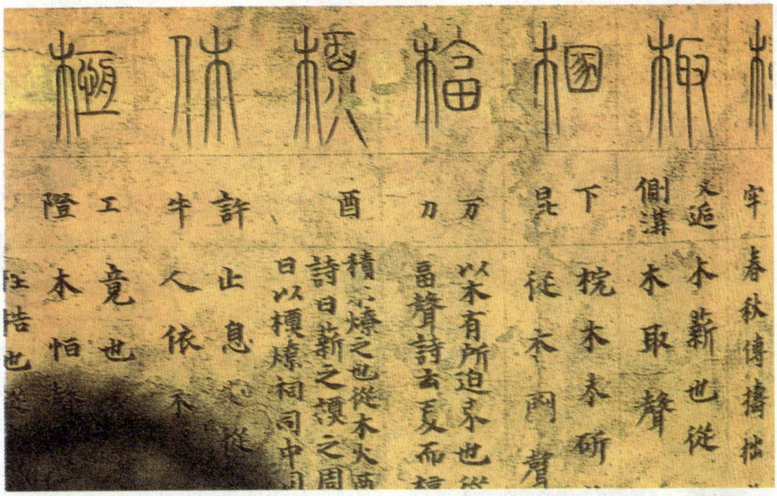

手抄说文解字帖　唐

三、对汉字形音义三方面分析。许慎在每个字下，首先训释词义，然后对字形构造进行分析，如果是形声字，在分析字形时就指示了读音，如果是非形声字，则常常用读若、读与某同等方式指示读音。汉字是属于表义系统文字，是由最初的图画文字演变而来的，这样通过字形分析来确定、证实字义完全符合汉民族语言文字的一般规律。而语音是语言的物质外壳，文字不过是记录语言的符号，许慎深知“音义相依”、“义傅于音”的原则，所以在《说文》中非常重视音义关系，常常以声音线索来说明字义的由来，这为后世训诂学者提供了因声求义的原则。

四、以六书分析汉字。在许慎之前，有仓颉依据六书造字的传说。现代文字学家认为，六书是对汉字造字规律的总结，而不是汉字产生之前的造字模式。在许慎之前，仅有六书的名称：象形、指事、会意、形声、转注、假借，没有具体阐述，更没有用来大量地分析汉字。许慎发展了六书理论，明确地为六书下定义，并把六书用于实践，逐一分析《说文》所收录的 9353 个汉字，这在汉字发展史和研究史上有着承前启后、继往开来的重要意义，从而确立了汉字研究的民族风格、民族特色。

《说文》问世以后，研究者蜂起。清代是《说文》研究的高峰时期。清代研究《说文》的学者不下 200 人，其中称得上专家的有数十人之多。清代《说文》之学，可分为四类：其一，是校勘和考证工作，如严可均的《说文校议》；其二，对《说文》进行匡正，如孔广居的《说文疑疑》等；其三，对《说文》的全面研究，如段玉裁的《说文解字注》、桂馥的《说文解字义证》、朱骏声的《说文通训定声》、王筠的《说文句读》；其四，订补前人或同时代学者关于《说文》研究的著作，如严章福的《说文校议》、王绍兰的《说文段注订补》等。其中第三种最为重要，段玉裁、桂馥、朱骏声、王筠被誉为清代《说文》四大家。4 人之中，尤以段玉裁、朱骏声最为突出。

⊙作品评价

《说文解字》一书就阅读而言，是相当困难的。因而，阅读该书最好能选择其注释本，例如：段玉裁《说文解字注》、王筠《说文释例》和《说文解字句读》、朱骏声《说文通训定声》和桂馥的《说文解字义证》。

相关链接

《说文解字注》，清段玉裁撰。段玉裁（1735 ~ 1815 年），字若膺，号茂堂，江苏金坛县人，乾隆举人。早年师从戴震。他是乾嘉学派的著名学者，杰出的文字训诂学家，尤其是在音韵方面，有很深的研究。《说文解字注》一书是被公认为解释《说文》的权威著作，被王念孙称为“千七百年来无此书矣”。该书在阐明许书体例、语言、文学理论上都有新贡献，是研究《说文》的必读书。

□伤寒杂病论

/ 东汉 / 张仲景 / 中医"众方之祖"

医圣张仲景塑像

⊙作者简介

张仲景（约公元 150 ~ 219 年），原名机，字仲景，以字行。东汉南阳郡涅阳（今河南邓州穰东镇）人。据史料记载，年轻时曾跟从同郡张伯祖学医，经过多年的刻苦钻研，青出于蓝，医术远超其师，终成汉代贡献最大的临床医学家。张仲景医术精湛，素为诸家所称颂。相传汉献帝初，张仲景被举孝廉，建安年间官居长沙太守，因此被人呼为张长沙，他的方书亦被称为"长沙方"。相传他经常在公堂之上为人诊病，如今的"坐堂医"由此得名。 张仲景一生的著述十分丰富，可惜大部分都已失传了，只留下《伤寒论》和《金匮要略》，统称为《伤寒杂病论》。《伤寒杂病论》一书，撰成于东汉末年，然而其具体之年份却难于考证。今多据其自传推断，其著述应始于建安十年(公元 205 年)之后，终于建安十五年(公元 210 年)，另有观点认为，"建安纪年"为建安十二年，则著书应是在建安二十年以后。尚有人认为建安乃建宁之误，则著述应始于建宁十年（公元 178 年）之后。张仲景是中医临床医学的奠基人，被后世尊称为"医圣"。

⊙背景提示

张仲景生活在东汉末年，其时宦官专权、政治黑暗，人民生活在水深火热之中，官逼民反，各地纷纷爆发农民起义。统治者纠集武装力量疯狂镇压，战火绵延，天灾频仍，疫病流行，到处是"白骨露于野，千里无鸡鸣"的惨状。严酷的现实迫切需要解决伤寒病的防治问题。张仲景因此立志发愤钻研医学，"勤求古训、博采众方"，刻苦攻读经典古代医书，并结合当时医家及自己长期积累的医疗经验，终于写出了《伤寒杂病论》这部临床医学名著。

⊙内容提要

《伤寒杂病论》共 16 卷，是我国医学发展史上影响最大的著作之一。该书流传至宋代，后由林亿等人整理校定为现存的《伤寒论》和《金匮要略》。在中药方剂方面，《伤寒论》载方 113 首，《金匮要略》载方 262 首，除去重复，两书实收方剂 269 首，使用药物达 214 种，基本上概括了临床各科的常用方剂，被誉为"方书之祖"。

《伤寒杂病论》系统总结了汉朝以前的医学理论和临床经验，记载了对疾病的各种治疗原则、治疗方法和治疗各种传染病和杂病的药方，奠定了中医治疗学的基础。该书把病症分成若干条目，每条先介绍临床表现，然后根据辨证分析，定为某种病症，最后根据病症提出治法与药方。

《伤寒论》是《伤寒杂病论》一书中综合论述传染病、流行病理论与治疗规律的重要部分，共 10 卷。

《伤寒论》在大量治疗传染病、流行病经验总结的基础上，对其发病因素、临床症状病候表现、治疗过程与愈后等等之共性问题，进行了比较系统而全面的综合分析，从而创造性提出了六经辨证的理论学说，即将当时几乎年年常发的许多热性病，按其发病初期、中期、末期不同的临床表现，以及不同治疗的反应与结果，分为辨太阳病、辨阳明病、辨少阳病、辨太阴病、辨少阴病、辨厥阴病脉证并治。此即历代所称的"辨伤寒六经病"，由此构成了该书的主体内容。有的学者视六经病为六个征候群以帮助学者学习理解。实际上，太阳病所论基本上是综合论述了许多传染性或流行性

深度阅读

《伤寒杂病论》是世界上第一部经验总结性的临床医学著作。融理法方药为一体，开辨证论治之先河，创中医临床医学之体。自唐代以来，仲景学说传播于世界各地，在国际医学界享有崇高声誉，日本、朝鲜等国人民称他为医学“先师”。《伤寒论》和《金匮要略》二书与《黄帝内经》、《神农本草经》并称为“中医四大经典”。张仲景的著作毕竟已经1700多年了，当然也不可避免地会存在着某些历史的局限性。

疾病初发的症状、征候表现，以及切脉等四诊之要点和治疗之原则方法等。在这些辨证论治的过程中，张仲景以其渊博的学识，以及极其丰富的临床经验，依据各种传染病、流行病与不同病人体质等不同反应所表现的千变万化的征候，作出了颇富科学思想的综合、分析、论述和预见性结论。与此同时，张仲景还以“平脉法”、“辨脉法”、“伤寒例”（一说为王叔和整理时所加），集中论述了伤寒的切脉与切脉诊断等问题。

《伤寒论》的理论体系即六经病证的辨证论治体系。它以六经辨证为纲，方剂辨证为法，对六经传变过程中之征候、脉象等各阶段的审证、辨脉、论治的结果，给予遣方、用药等，进行了有规律性的论述。世称《伤寒论》113方、397法，虽不尽确切，但其逐条评述传染病、流行病不同发展时期不同表现的因素、病理、症状、体征以及据以诊断的依据，治疗处方用药的原则与具体方法，无不条分缕析。

《金匮要略》是《伤寒杂病论》的组成部分，专论内科等杂病，共3卷。全书共分25篇，所论述之内科杂病有：痉、湿、暍、百合病、狐惑病、阴阳毒、疟、中风、疠疖、血痹、虚劳、肺痈、咳嗽上气、消渴、黄疸、下痢等40多种;外科、骨伤科方面疾病有:痈肿、肠痈、浸淫疮、刀斧伤等;此外，还有妇科病症等专门论述。

该书认为上述疾病等等之发作，其病因不越三条，即六淫（风寒暑湿燥火）为外因；七情（喜怒哀乐悲惊恐）过甚为内因；金刃、虫兽咬伤与饮食偏颇而造成伤病者为不内不外因。张仲景对内科等杂病之认识，重视一个病一个病地进行比较具体的叙述，在诊断上强调望、闻、问、切四诊合参，辨证多以脏腑经络为重点，运用营卫气血、阴阳五行等学说，以指导临床治疗之实施。该书共收方剂262个，其特点与《伤寒论》之方剂一样，药味精炼，配制严密，多富有针对性。该书记载了对自缢患者的抢救，其所叙述的原则要求、技术要领，特别是对人工呼吸法全过程的生动描述，几乎与现代之人工呼吸法没有什么两样，甚至更富有综合性技术要求。

医圣祠

在河南南阳张仲景墓地，建有医圣祠，以纪念中国历史上的这位杰出医学家。

⊙作品评价

《伤寒杂病论》是一部临床医学著作，不同于《千金方》等。所以在阅读时，要更多地注重对内科病、外科病等病症的诊治。对六经病证的辨证论治体系要深刻领会：以六经辨证为纲，方剂辨证为法，论述六经传变过程中之征候、脉象等各阶段的审证、辨脉、论治的结果，给予遣方、用药等。

□太平经

/东汉/道教基础理论经典之一

张天师像 清 樊沂

⊙作者简介

《太平经》的流传主要有三种：即齐人甘忠的《包元太平经》(12卷)，于吉的《太平清领书》(170卷)，张道陵的《太平洞极经》(144卷)。现今的太平经主要是综合以上三书而成。甘忠无考，于吉一作干吉，三国吴琅邪人，初住东方，后至吴会，以烧香读道书治病为事，信者甚众。为孙策所杀。张道陵（？～156年）原名张陵。东汉沛国丰人。本太学生，博通五经。曾任江州令。后以儒学无益于年命，乃弃儒习道。顺帝时入蜀。得道后，作道书，以符水咒法为人治病，创立教派。入道者需输米五斗，故称“五斗米道”。其徒尊称为“天师”。后裔袭承道法，居江西龙虎山，世称“张天师”。

⊙背景提示

西汉时期，儒家思想确立了在思想领域的统治地位之后，道家思想受到了严重影响。尽管这样，道家思想仍继续通过各种形式不断地发展着，尤其到了东汉中后期，这种发展的步伐加快。随着道教的形成，除了阐发道家思想的著作之外，一些早期道教的理论著作也相继出现了。《太平经》就是其中典型的一部。

⊙内容提要

《太平经》又名《太平清领书》,《太平经》曾三次出现于洛阳而闻名于世:第一次是在东汉顺帝(公元126～144年在位)时，琅琊宫崇到洛阳献此书，朝廷认为“妖妄不经”，收藏了之；第二次是在桓帝（公元147～167年在位）时，隰阴人襄楷到洛阳上奏又推荐此书，朝廷以其“诬上罔事”下狱治罪。第三次是在灵帝（公元167～189年在位）即位后，认为襄楷推荐的《太平经》有道理，后此书遂流行天下，巨鹿人张角获有《太平经》，并以此组织“太平道”发动起义。

《太平经》分甲、乙、丙、丁、戊、己、庚、辛、壬、癸十部，每部17卷，共计170卷，366篇。《正统道藏》收入太平部时，仅存57卷，甲、乙、辛、壬、癸五部全佚，其余五部各亡佚若干卷。

该经卷帙浩繁，杂采先秦阴阳五行家、神仙家、道家、墨家及儒家谶纬之学以成篇，除宣扬神仙信仰方术外，还触及世俗的社会政治问题。其主要内容可分以下四方面：

一、“太平世道”的社会政治思想。《太平经》以“太平”名书，有其解释：“太者，大也。乃言其积大行如天，凡事大也，无复大于天者也。平者，乃言其治太平，凡事悉理，无复奸私也。”

深度阅读

《太平经》是早期道教的主要经典。它的社会政治思想以及教理教义和方术，对道教的发展具有重要影响。《太平经》的思想，一方面在东汉阶级矛盾激烈的情况下可缓和地主阶级和农民阶级的矛盾，有利于封建统治者的长久统治，另一方面，这些思想往往被压迫者加以改造熔冶，从而锻造出反压迫反剥削的思想武器。《太平经》在中国哲学史和中国道教史上都是一部有重要意义的著作。

天地水三官大帝像　明彩绘

五斗米道信奉三官，经常作三官手书。

《太平经》追求的理想世界是无灾异、无病疫、无战争、君明臣贤、家富人足、各得其乐的太平世道。主张帝王当行道德，黜刑祸，理政应法天地、顺自然。它将帝王分为上君、中君、下君、乱君及凶败之君。认为帝王是天然的统治者，理想的政治是以有道、德、仁的明君治理天下，实行以民为本的治国之道，满足人民生活之急需，方能致太平，得人心而称天心。它还强调君、臣、民三者关系的协调，认为君明、臣良、民顺“三气悉善”，是太平长治的根本条件。“君导天气而下通，臣导地气而上通，民导中和气而上通”，君、臣、民三者相得，上下相通共成一国。还以阴、阳、和比拟君、臣、民，君阳臣阴，应依阳尊阴卑之则，各居其位。阳盛则阴衰，君盛则臣服。阴、阳、和三者相通，道乃可成。“天下太平不移时”，太平盛世即可实现。

《太平经》还主张选贤任能，广开言路，下可革谏其上；反对贱视和残害妇女，提倡人人应力作以获衣食；反对为富不仁，提倡救穷周急；反对以智欺愚，以强欺弱，提倡孝忠诚信，主张断除兵戈武备等。它的社会政治主张即襄楷上疏所称的“兴国广嗣之术”，主要反映了当时处于苦难之中的广大农民向往太平盛世的思想。

二、“奉天地顺五行”的神学思想。《太平经》称“天者，乃道之真，道之纲，道之信，道之所因缘而行也。地者，乃德之长，德之纪，德之所因缘而止也”。告诫信道者当“奉天地，法天道，得天心，顺天意。天可顺不可违，顺之则吉昌，逆之则危亡”。帝王为天之贵子，尤应顺承天道；顺天地者，其治长久，否则当遭天罚。“天人感应”是《太平经》的基本理论依据之一。天人之感应，表现为自然界之变异灾祥，“王者行道，天地喜悦；失道，天地为灾异”。灾异乃天警告人君之“天谏”，若不听从，必降重殃。认为天是冥冥中的最高主宰，能赏善罚恶，具有无上的权威。

阴阳五行说是《太平经》的主要理论基础。认为：阴阳五行体现天道之理则，恒常不变，人须绝对顺从，不可失其道。“道无奇辞，一阴一阳，为其用也。得其治者昌，失其治者乱；得其治者神且明，失其治者道不可行。一阴一阳之理，遍于天地，为道之用。事无大小，皆守道而行，故无凶。今日失道，即致大乱。故阳安即万物自生，阴安即万物自成”。阴阳之关系可互生互变，阴极生阳，阳极生阴，阴阳相得，道乃可行。

三、善恶报应思想与承负说。《太平经》认为天地及人身中皆有众多之神，受天所使，鉴人善恶，掌人命籍，“善自命长，恶自命短”。对人之善恶，天皆遣神记录在簿，过无大小，天皆知之。天赏罚分明，行善者可得天年，如有大功，可增命益年；若作恶不止，则减其寿算，不得天年；或使凶神鬼物入其身中，使其致病。善恶之标准，最重要者为孝、忠。行孝忠者可被荐举，现世荣贵，天

永乐宫朝元图　元　佚名

三清殿中的“朝元图”壁画，泰定三年（1325年）由马君祥等人绘制而成，描绘了诸神朝拜元始天尊的故事，以8个帝后主像为中心，周围有金童、玉女、星宿力士等共286尊，场面开阔，气势恢宏。这些壁画为我国古代壁画中的经典佳作。

佑神敬，乃至白日升天；不忠不孝者，罪不容诛，天地鬼神皆恶之，令其凶夭，魂神受考。

《太平经》在《周易》“积善余庆，积恶余殃”说的基础上，提出承负说。何谓承负？“承者，乃谓先人本承天心而行，小小失之，不自知，用日积久，相聚为多，今后生人反无辜蒙其过谪，连传被其灾，故前为承，后为负也。负者，乃先人负于后生者也”。即为善可遗福子孙，作恶将遗祸后人。承负的范围是：承负前五代，流及后五代。如能行大功，可避免先人的余殃。国家政治也相承负，前朝纲纪失堕，后朝遂被其灾。但承负代代积累的结果，也可能出现力行善，反常得恶；或力行恶，反常得善的现象。《太平经》认为力行善反得恶者，是承负先人之过；行恶反得善者，是先人深有积蓄大功所致。承负说是道教立教的理论依据之一。

四、长寿、成仙、祈禳、治病诸方术。《太平经》认为天地之间，寿最为善，积德行善，为长寿升天之要道。人之生命须神、气结合，或精、气、神俱备。如长期保守精神与形体的结合，使神不离身，就可达到长生久视。此方法为“守一”，也就是守神。“守一”可度世，乃至长生久视。此外，还有食气辟谷、胎息养形、守静存神、存思致神等仙道方术，以及尸解和白日升天两种成仙形式。

《太平经》记载的符咒祈禳诸方术有：卜占决吉凶，神咒以使神，佩、吞神符以避邪治病，叩头解过，依星宿而推禄命等。《太平经》中所谓“法”、“诀”，皆与道术有关。《太平经》载后圣李君授青童大君《灵书紫文》，内有二十四经诀，不外符箓禁咒与服食炼养之术。

《太平经》还载有灸刺、生物方、草木方等治病方术。灸刺即针灸，以调安三百六十脉，通阴阳之气而除病。禽兽蚑行之属谓之生物方。草木能相驱使，谓之草木方。认为动植物内均含有“精”，具有疗病之神效。它还阐述静功内养及保健之法，其要旨为：乐和阴阳、守柔不争、安贫无忧、慎用饮食、勿犯风寒、清静存神和内视守一。

⊙作品评价

《太平经》是一部深奥难懂的道家经典，如果直接阅读原文，难度更大。初读者可以找一些注释《太平经》的书籍，作为参考，也可直接读一些比较好的注释书籍。

□搜神记

/晋/干宝/六朝小说之白眉

⊙作者简介

《搜神记》的作者是晋朝人干宝。干宝，字令升，新蔡（今河南新蔡县）人。少年时便勤于学习，博览群书，以才气闻名，被朝廷征召为著作郎。曾著《晋记》，记事忠直而文笔婉转，被誉为“良史”。又著有《春秋左氏义外传》等书。干宝喜好阴阳术数。传说，他家中曾发生两件怪事：他父亲的妾随父陪葬十余年，后来开墓，竟然生还，并说“其父常取饮食与之，恩情如生”；某年，干宝的兄长气绝身亡，尸体却未冷，很多天后复苏，叙说自己碰见鬼神的种种事情。这些事情触发干宝，“集古今神奇灵异人物变化为《搜神记》”。书写成之后，送给刘惔，刘惔读后说：“卿可谓鬼之董狐。”对其人其书推崇备至。

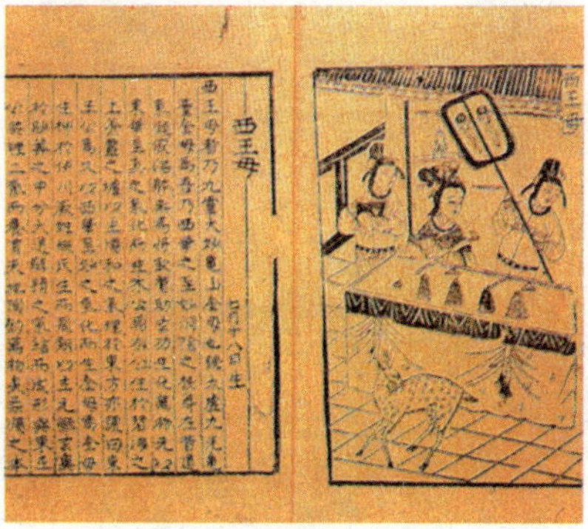

《搜神记》书影

⊙背景提示

魏晋时期，中国陷入长期的分裂状态，政权更迭频繁，社会动乱，民族之间矛盾尖锐，民众的生活痛苦不堪。痛苦的生活容易催生人的幻想，晋人笃信天地鬼神的存在，鬼怪故事很流行。

在社会动荡的大背景下，东汉后期以至魏晋南北朝，老庄哲学渐渐兴起。对汉代的儒学感到厌倦的士人，借用老庄哲学标榜的“自然”和“无为而治”，企图摆脱传统力量的束缚。这一社会思潮的根本内涵即是对个性价值的重视。在“任自然”这个名目下，他们所要得到的是更大的精神自由，是个人选择其生活方式的权利。

佛教从两汉之际传入中土，到了东晋、十六国时期，迅猛发展起来。无论北方南方，无论上层下层，佛教很快成为一种普遍的信仰，寺庙建筑遍布各地。南朝梁武帝虔诚信奉佛教，甚至四次舍身到同泰寺为奴。道教则是中国的本土宗教，东汉末年正式形成。它讲求仙，讲炼丹，不但不否定现世生活，相反以各种法术来帮助享乐，也很受民众的欢迎。

鲁迅先生在《中国小说史略》中说：“中国本信巫，秦汉以来，神仙之说盛行，汉末又大畅巫风，而鬼道愈炽；会南传佛教亦入中土，渐见流传。凡此，皆张皇鬼神，称道灵异，故自晋讫隋，特多鬼神志怪之说。”一语道破《搜神记》产生的背景。

⊙内容提要

《搜神记》主要内容是记载鬼神怪魅，作者著此书的主旨在于“发明神道之不诬”，该书是较早集中记述神话传说、俗闻逸事的专书，共收集故事464篇。书中故事大都源于神话传说、宗教演义和民间传闻，虽然虚妄荒诞，却也各有理寓。讲忠孝节义的，反映儒家观点；讲神仙术数的，植根道教思想；表现因果报应的，源于佛学宗旨；劝善惩恶则是三教殊途同归的目的。如果我们撩开其

名家点评

章培恒、骆玉明在《中国文学史》中评《搜神记》称：“其文字简洁质朴，有魏晋史家之文的特征。”

干莫炼剑图　清　任预

鬼怪世界的神秘面纱，可以窥见民俗风情，可以了解世道人心。

书中有很多鬼故事：有的写人鬼相恋，如卷十六《紫玉》、《附马都尉》、《汉谈生》、《崔少府墓》等，这些故事或者反映帝王扼杀自由恋爱的专制，或者反映女子对婚姻和生儿育女的渴望，都写得情节曲折，楚楚动人；有的写鬼扬善惩恶，如卷五《赵公明参佐》中勾魂使者徇情枉法，放还阳寿已尽的高官王佑，阴曹使者深情地述说放他生还的理由，“卿位大常伯，而家无余财。向闻与尊夫人辞诀，言辞哀苦。然则卿国士也，如何可令死？”又如卷十七《倪彦思》中，鬼魅痛斥前来驱鬼的典农：“汝取官若干百斛谷，藏著某处。为吏污秽，而敢论吾！”那贪官污吏被揭疮疤，立即“大怖而谢之”，大快人心；有的写不怕鬼的故事，最著名的是卷十六的《宋定伯》。宋定伯不怕鬼而能制鬼获利，很耐人寻味。歌颂英雄人物的凛然正气与藐视鬼神妖怪是本书的主题之一，这类作品中传颂最广的是卷十九的《李寄》。无能昏官年年搜求童女祭祀巨蛇，巨蛇先后吃掉九个女孩。童女李寄自告奋勇，愿作祭品，设法将巨蛇杀死。李寄的智勇双全，令人钦敬。

本书中的神怪故事都有“神道设教”警世醒俗的意味。神道一如人道，有正有邪有善有恶有宽有猛，秉性各不相同。同样是凡人戏谑地指神像为婚，卷四《张璞》中的庐君义还二女，而卷五《蒋山祠（三）》中的蒋侯却逼死三子，贤与不肖相映成趣。魏晋人太信神，因此多淫祀，本书对这种现象有所揭示。卷十九《丹阳道士》写龟、鼍之辈冒充庙神，徒费人间祭祀酒食。后来毁庙杀怪，地方才太平无事。卷五《张助》更妙，桑树空洞中生出李树，目痛者偶然休息树阴下，碰巧病愈，于是哄传有神，能使盲人复明。因此不论远近的人都来祭祀，“车骑常数千百，酒肉滂沱”。后来被张助道出原委，拆穿骗局。这则故事对当时滥信神者无疑是当头棒喝，具有反迷信色彩。

本书精彩篇章不少，脍炙人口的还有卷十一《三王墓》、《东海孝妇》、《韩凭妻》等。这些故事反映了社会上层统治者的残暴、荒淫和昏聩，下层百姓无辜惨死的血海深仇以及他们渴望复仇申冤的强烈心态。《三王墓》中干将、莫邪的儿子眉间尺为报父仇毅然自刎，借手侠客，通过神奇的方式最终杀死楚王。这种复仇精神具有震撼人心的力量。这个故事虽然虚幻，结果却大快人心，因而被广为传诵。鲁迅先生还将这个故事改编成小说《铸剑》，收在《故事新编》中。《韩凭妻》中荒淫无耻的宋康王活活拆散韩凭、何氏一对恩爱夫妻，并将他们迫害至死。结果韩凭夫妇虽然未能同穴而葬，然而两墓各生大梓树，“屈体相就，根交于下，枝错于上”。树上早晚栖息着一对鸳鸯，交颈悲鸣。在悲剧色彩中，显示他们没有被帝王的淫威所征服，以超自然的力量重新紧密结合在一起，表现出至死不渝、忠贞不屈的抗争精神。这个故事的结局与汉乐府《孔雀东南飞》末尾“两家求合葬，合葬华山傍。东西植松柏，左右种梧桐，枝枝相覆盖，叶叶相交通。中有双飞鸟，自名为鸳鸯，仰头相向鸣，夜夜达五更”很相似，也和后世戏曲《梁山伯与祝英台》末场彩蝶追随双飞情景相仿佛，都是不向黑暗势力屈服的象征，有浓烈的浪漫色彩。《东海孝妇》是一个著名冤案，孝妇周青被昏聩的太守判成死罪，行刑时鲜血逆流而上旗杆，行刑后东海枯旱三年。这个故事与卷七《淳于伯》情节类同，都是对“刑罚妄加”黑暗司法的控诉和揭露。

总之，《搜神记》464 篇小说中有很多貌似离奇、实则广泛深刻反映社会现实的故事，读者在品味怪诞情节的同时，也能够形象地了解历史，受到启迪。

⊙作品评价

《搜神记》是古代民间传说的总汇，有一部分是后来民间传说的根源。它所收的传说有许多至今还流传在平民口头上，例如“蚕神的故事”、“盘瓠的故事”、“颛顼氏二子的故事”、“细腰的故事”等；或者经过许多变化，而演变成今日流行的传说，成为后代戏曲的素材，比如“董永的故事”、“嫦娥的故事”等。《董永》、《三王墓》、《李寄》、《韩凭妻》、《毛衣女》、《神农》、《华佗》、《嫦娥》等篇甚至得到国际民俗学界的重视。我们读《搜神记》，可以看到很多我们很熟悉的故事的雏形，这是很有意思的。

《搜神记》中有不少故事是精彩的文言小说，有人物形象、曲折情节、生动细节乃至对话、动作等，欣赏它们能够获得美的享受。然而也有些故事情节简单，形象单薄，像简要新闻。当时小说发展尚处雏型阶段，对素材的整理加工还比较粗糙，不及后世的精雕细琢。任何事物的发展期往往如此，不能因为这些瑕疵而否定全书。

相关链接

六朝时期的小说主要分为志怪和志人两大类。志怪写的是神仙方术、妖魔鬼怪等，志人则记录的是一些名人的闲闻逸事。

志怪小说盛行的根本原因是当时各类宗教思想盛行，由此产生了许多神仙方术、佛法灵异的故事，成为志怪小说的素材，甚至有些志怪小说的作者就是佛教信徒。志怪小说主要可以分为三类：1. 地理博物，如《神异经》、《博物志》。2. 鬼神怪异，如《列异传》、《搜神记》。3. 佛法灵异，如《冥祥记》、《冤魂志》。

魏晋南北朝志怪小说的代表作是干宝的《搜神记》、张华的《博物志》、王嘉的《拾遗记》、吴均的《续齐谐记》等，其中名篇有《三王墓》、《韩凭妻》、《弘氏》、《董永》等。

志人小说的兴盛和当时士人之间崇尚清谈和品评人物的风气有很大关系。志人小说也可以分为三类：1. 笑话。代表作有邯郸淳的《笑林》。2. 野史。东晋的道士葛洪委托刘歆所著的《西京杂记》，记述西汉的人物逸事，带有怪异色彩。3. 逸闻逸事。这是志人小说的主要部分，作品最多，有裴启《语林》、郭澄子《郭子》、沈约《俗说》、殷芸《小说》、刘义庆《世说新语》等，其中刘义庆的《世说新语》成就最大，影响最广，是志人小说的代表作。

六朝小说的篇幅都非常短小，叙事也很简单，一般只有故事梗概，没有想象、描写等艺术加工，还不是成熟的小说。但它为后世的小说提供了丰富的写作经验和素材，是中国小说史上不可缺少的一环。

□三国志 /晋/陈寿/叙事可信、文笔优雅的断代史

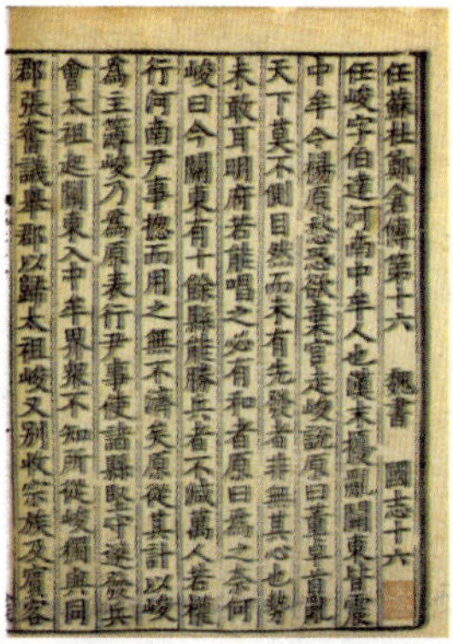
任蘇杜鄭倉傳第十六 魏書 國志十六
任峻字伯達河南中牟人也漢末擾亂關東皆震
中牟令楊原愁恐欲棄官走峻說原曰董卓首亂
天下莫不側目然而未有先發者非無其心也勢
未敢耳明府若能唱之必有和者原曰爲之柰何
峻曰今關東有十餘縣能勝兵者不減萬人若權
行河南尹事總而用之無不濟矣原從其計以峻
爲主簿峻乃爲原表行尹事使諸縣堅守遂發兵
會太祖起關東入中牟界衆不知所從峻獨與同
郡張奮議舉郡以歸太祖峻又別收宗族及賓客

《三国志》内页

⊙作者简介

陈寿，字承祚，晋朝巴西安汉(今四川南充)人。生于三国蜀后主建兴十年（公元233年），去世于晋惠帝元康七年（公元297年），享年64岁。他自幼好学，从小师从于谯周，谯周是当时有名的学者，历史学家，著有《古史考》等书。在这位历史学家的教授下，陈寿少年就有志于史学事业，对于《尚书》、《春秋》三传、《史记》、《汉书》等史书进行过深入的研究。在蜀汉时，陈寿曾担任卫将军主簿、东观秘书郎、散骑黄门侍郎等职。当时宦官黄皓专权，朝中大臣多阿附于他，陈寿不为所屈，后受排挤去职。曹魏灭蜀以后，司马炎夺取曹魏政权，建立晋朝。陈寿受到司空张华的赏识，在西晋政权中担任著作郎、长平太守、治书侍御史等官职。在这个时期，由于中书监荀勖和中书令和山乔的奏请，要他整理诸葛亮文集。晋武帝太康元年（公元280年），孙吴降晋，三国鼎立的局面最后统一于晋。从这个时候开始，陈寿着手撰写《三国志》。陈寿还著有《益都耆旧传》、《古国志》等书，可惜这些书后来都亡佚了。《三国志》成书以后，张华、杜预等都很赞赏陈寿的才华，纷纷向皇帝推荐他出任要职。张华推荐陈寿为中书郎，由于荀勖与张华有矛盾而对陈寿也有不满，将陈寿调任长平太守。因为此地与洛阳相距较远，陈寿以母亲年老为由，辞去了这个职务。镇南将军杜预表荐他可任散骑侍郎，但此职已有寿良担任，后任陈寿为治书侍御史。两个职位都是皇帝左右的侍从官，职位都很重要。不久陈寿因母病危去职。接着母亲死后葬在洛阳而不葬于蜀，受到贬议。其实是他母亲有遗言要葬在洛阳。数年后担任太子中庶子，还来不及就职，即因病去世。

⊙背景提示

陈寿能编撰出《三国志》与他当时所处的时代和具有的主客观条件是分不开的。从主观方面看，陈寿从小对历史就有兴趣，精研了《尚书》、《春秋》三传、《史记》、《汉书》等。其中如《春秋左氏传》，是编年体史书的范例，《史记》和《汉书》，是纪传体史书的典型。《三国志》从体例上来看，可以说完全取法《史记》和《汉书》，但又有所改变。从客观环境来看，陈寿的历官行事，也有助于他研究历史，从事著述。在仕蜀期间，曾任东观秘书郎，入晋以后，历任著作佐郎、著作郎等职。而这些职务，即是史官之职。陈寿任著作郎的时候，受命整理诸葛亮的文集，并且写了一篇全面评价诸葛亮的文章，呈给晋武帝。由此可见，陈寿有不少时间，担任的是史官之职。陈寿生活在三国后期和西晋前期，由他撰写三国史，有其便利条件。当代人写当代史，对不少史事，可以说是耳闻目睹、闻见真切。由于陈寿所具备的各种条件，决定了《三国志》这部书能成为传世之作。

⊙内容提要

《三国志》是我国古代一部著名的纪传体史书，名为志，其实无志。全书共65卷，分为《魏志》30卷，《蜀志》15卷，《吴志》20卷，记载了汉献帝初平元年到晋太康元年之间共90年的历史。其中《魏志》1 ~ 4卷是帝纪，《魏志》其他部分和《蜀志》、《吴志》全部是列传。《三国志》成书后就受人推崇，人们赞誉它“善叙事，有良史之才”，“辞多劝戒，明乎得失，有益风化”。这确实道出了《三国志》的特点。

《三国志》在史学方面的成就和贡献，可概括为以下四个方面：

三顾茅庐图　明　周进

第一，三国并列为书，创纪传体国别史的典范。东汉末年，由于军阀割据，最后形成魏、蜀、吴三国鼎立的局面。记载这一时期历史，也以三国并列，成《魏》、《蜀》、《吴》三书，是切合当时的历史实际的。《魏》、《蜀》、《吴》三书合起来就是一部书——《三国志》。由于这种可分可合的特点，因此说它是纪传体国别史，是切合实际的。

第二，记事以历史时期的特点为断限标准，不为王朝年限所约束。《三国志》也是一部断代史，它所记录的历史就是三国时期的历史。三国时期，魏、蜀、吴三国的建立和灭亡，各不相同。魏国建立最早，曹丕称帝在公元 220 年，紧接着第二年刘备建立了蜀国，第三年孙权建立了吴国。最先灭亡的是蜀国，公元 263 年为魏所吞并，两年以后，魏国为司马炎所取代，建立了晋朝，最后灭亡的是吴国，直到公元 280 年，投降于晋。陈寿撰《三国志》时，正视了这个历史实际，所以断限的起点不定在曹丕建国，而是从汉灵帝末年开始，上溯了将近四十年。这是很有卓见的。

第三，取材谨慎，史事编排详略互见，少彼此矛盾、重复之嫌。《三国志》在叙事方面，对于史事的安排是比较严密的。同是一事，采取详略互见，即避免了重复，又充分再现了当时的历史。

第四，全书文笔简洁，记人叙事，生动传神，在传记文学方面，亦有较大的贡献。作为一个史学家，如果没有较高的文学修养，是写不出著名史书的。陈寿从小就以“属文富艳”著称。

陈寿对三国历史有个总揽全局的看法和处理方式。三国时期历史复杂，三个政权并存，在史书上如何恰当地反映这种情况，是颇费斟酌的，陈寿对此处理得比较得当。《三国志》以魏为中心，为其帝王立纪，也是符合历史实际的。同时陈寿又为蜀和吴单独写书，与《魏书》实际上并无统属关系。三书分开各自是国别史，合起来则是三国史，用三国并叙的方法，反映了三国鼎立的历史局面。

陈寿还能在叙事中做到隐讳而不失实录，扬善而不隐蔽缺点。陈寿所处时代，各种政治关系复杂，历史与现实问题纠缠在一起，陈寿在用曲折方式反映历史真实方面下了很大工夫。《三国志》对汉魏关系有所隐讳，但指词微而不诬，并于别处透露出一些真实情况。如他在《荀彧传》、《董昭传》和《周瑜鲁肃吕蒙传》中都反映了当时的真实情况。陈寿对蜀汉虽怀故国之情却不隐讳刘备、诸葛亮的过失，记下了刘备以私怨张裕和诸葛亮错用马谡等事。这也是良史之才的一个表现。

⊙作品评价

《三国志》的文笔比较简洁，记人叙事，生动传神，读者在阅读此书时，可以把它当作传记文学看待。《三国志》的记事以历史时期的特点为断限标准，读者在阅读时，不要因各王朝存在的年限而限制了事件的发展。

深度阅读

《三国志》在“二十四史”中，与《史记》、《汉书》、《后汉书》合称“前四史”。《三国志》以三国并列为书，开创了纪传体国别史的先例。全书文笔简洁，记人叙事，生动传神。但《三国志》的确存在不足之处，如没有记载典章制度的“志”，记事比较简略，提供的历史资料不够丰富等。

抱朴子

/东晋/葛洪/道教丹学之宗

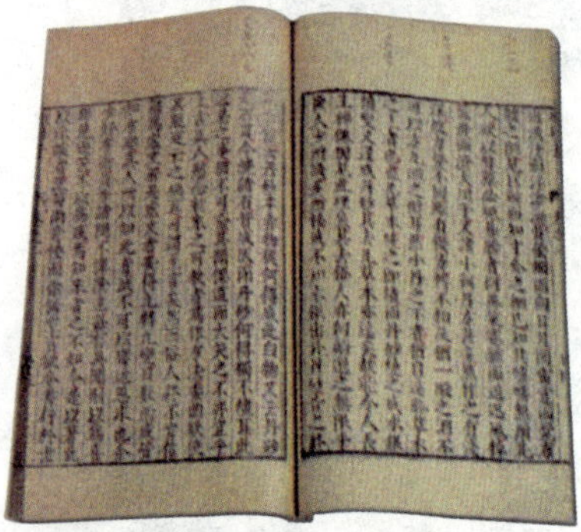

《抱朴子》内篇　东晋　葛洪

⊙作者简介

葛洪（公元 283 ~ 363 年），字稚川，号抱朴子，丹阳句容（今属江苏省）人。他是晋代的名医，以炼丹术著称于世，特别是在养生术方面成就最高，他在后来人眼里几乎就是养生术的代名词。他出身于官宦之家，13 岁时父亲就去世，家道中落，日益贫寒，但是他仍然不废诵读。16 岁开始博览经史、老庄诸子之书，探求“神仙导养之法”以及“三元”、“遁甲”之术。20 岁以后，曾任小官。石冰起义后，葛洪被推荐为将兵都尉，随军征伐。东晋王朝建立后，要追叙有功人员的军功，封葛洪为关内侯。此后朝廷一再封赐，但他志在炼丹求道，皆辞而不受。葛洪曾拜炼丹家郑隐、鲍玄为师，学得炼丹之术，晚年在罗浮山炼丹著述，成为当时金丹道的始祖，81 岁无疾而终。葛洪一生著述很多，《晋书》本传说他“博闻深洽，江左绝伦，著述篇章，富于班马”。认为他的著作比班固和司马迁还要多，这并不是虚言。据史志著录，他的著作约 70 余种，他在其《抱朴子·自序》中说:“凡著《内篇》二十卷,《外篇》五十卷，碑颂诗赋百卷，军书檄移章表笺记三十卷，又撰俗所不列者为《神仙传》十卷，又撰高尚不仕者为《隐逸传》十卷，又抄五经、七史、百家之言、兵事、方伎、短杂奇要三百一十卷，别有目录。”他的著作之多，由此可见一斑。

⊙背景提示

炼丹术的发展，到葛洪时，已经有了几百年的历史。当时的炼丹术，以追求长生为目的。人们追求长生成仙，最早是在自然界寻找所谓的长生不老药，后来演化成为人工冶炼金丹，希望通过服食丹药达到长生成仙之目的。可是，服食丹药能否长生？仙人究竟是否存在？对于这些问题，炼丹家们虽然也曾有人谈论，但这些谈论从来都缺乏系统性和理论性，是葛洪在《抱朴子》中首次对长生成仙的可能性和现实性作了认真系统的“论证”。

⊙内容提要

在葛洪众多著述之中,《抱朴子》是其流传至今的代表作之一。该书由《内篇》20 卷、《外篇》50 卷两部分组成。《内篇》主要论述战国以来神仙家的理论、炼丹方法，阐释他自己关于长生术的见解和实践等，是我国现存年代较早而又比较完整的一部炼丹术著作。《外篇》则为政论性著作，表达的是葛洪的社会政治主张和思想。科学史界一般对《内篇》要更重视些。

一提到道家，我们便会想到长生不老，想到炼制丹药，到底服用丹药能不能长生不老，能不能成仙？葛洪在《抱朴子》中首次对长生成仙的可能性和现实性作了认真系统的“论证”。他的论证当然不能成立，但透过他的论证，我们可以窥见道家在这一问题上的思维方式。另外，葛洪在论证过程中，记述了一些具体的炼丹方法，他对金银和丹药炼制的记述，集汉、魏以来炼丹术之大成。这些记述，对于我们了解当时人们所具有的化学知识，是十分有益的。《抱朴子》的这种论证，完全是从物质变化角度出发，认为人通过自己的后天努力，可以养身延命，进而达到长生。这一论证过程，没有为上帝留下位置。这一论证过程的内核是合理的，科学进步已经越来越证实了这一点。葛洪的错误在于对之作了无限外推，由人可以通过自己努力延长寿命推出了长生可得的结论，这就

相关链接

东汉魏伯阳是一位著名道教人士，著有《周易参同契》一书，杂糅易学、黄老之说，综合汉以前的气功炼丹方法，提出一套炼制内外丹以求长生成仙的学说。此书以人体为丹炉，人身精、气为原料，认为依阴阳六十四卦的运行，通过意念修炼，可在身内结成有利于生命的内丹。若以药石为原料，利用真的丹炉，依同样的原理则可炼制外丹。此书对气功学术和道教修炼都产生了重大的影响，魏伯阳被后人尊为“万古丹经王”。

不能成立了。

既然葛洪认为一个人能够成仙，能够长生不老，那又如何才能长生不老呢？按葛洪的说法是要“以药物养身，以术数延命”。问题的关键在于要服用什么样的药物，《抱朴子·内篇·金丹》指出，只有服食金丹、黄金才能成仙，达到长生不老之目的。原因在于：“夫金丹之为物，烧之愈久，变化愈妙。黄金入火，百炼不消，埋之毕天不朽。服此二物，炼人身体，故能令人不老不死。此盖假求于外物以自坚固。”这段话表明，葛洪长生术的理论依据可以归结为“物性转移”说。金丹在烧炼过程中会有变化，其特点是“烧之愈久，变化愈妙”，而黄金则性能稳定，“百炼不消”，与天地同寿。人如果服食这两种东西，吸取其精华，把它们的这些性能转移到自己身上，就能做到不老不死。这是炼丹家的基本思想。葛洪认为，要想长生，除了服食丹药以外，还要“以术数延命”。他在其《抱朴子·内篇·至理》卷中说：“服药虽为长生之本，若能兼行气者，其益甚速。若不能得药，但行气而尽其理者，亦得数百岁。然又宜知房中之术，所以尔者，不知阴阳之术，屡为劳损，则行气难得力也。”他把服食金丹、导引行气、房中之术列为长生之道的三大要素，只有具备这三要素，才有可能长生不老。

《抱朴子》的养生之道著称于世：“善养生者，先除六害，然后可以延驻于百年。何者是邪，一曰薄名利，二曰禁声色，三曰廉财货，四曰损滋味，五曰除佞妄，六曰去沮嫉，六者不除，休养之道徒设尔。”要实现上述目标，就需要做到“十二少”，即少思、少念、少笑、少言、少喜、少怒、少乐、少愁、少好、少恶、少事、少机。如果无法做到，那“六害”“伐人之生，甚于斤斧，损人之命，猛于豺狼”。此外，还要做到“四无”，即无久坐、无久行、无久视、无久听。在饮食和起居方面，抱朴子认为，主要应该做到“不饥勿强食，不渴勿强饮。体欲常劳，劳勿过极；食欲常少，少勿至饥。冬朝勿空心，夏夜勿饱食。早起不在鸡鸣前，晚起不在日出后”。抱朴子还劝告人们“从心澄则真神守其位，气内定则邪物去其身，行欺诈则神悲，行争竞则神沮，轻侮于人则减算，杀害于物则伤年”。总的来看，抱朴子的养生之术就是静心养气，以宽容豁达的心态来面对人世万物，这样，自然也就能长生了。

葛稚川移居图　元　王蒙

此图表现葛洪携子侄徙家于罗浮山炼丹的故事。画中重山复岭，飞瀑流泉，以细笔勾皴，略带小斧劈；丹柯碧树，用双钩填色；人物虽小但勾描工中带拙，形神兼备。山石纯用水墨，仅树木、人物、屋宇处施以淡赭、花青和红色，是王蒙山水画又一风格之杰作。画右上自识“葛稚川移居图。蒙昔年与日章画此图，已数年矣。今重观之，始题其上。王叔明识。”

⊙作品评价

《抱朴子》全书都围绕一个问题进行论证，即长生成仙的可能性和现实性。阅读时可以紧扣这一论题，然后再涉猎相关的一些化学知识，当然，《抱朴子》中的养生之道也是一个重点。

金刚经

/ 后秦 / 鸠摩罗什译 / 禅宗论的基石

⊙作者简介

《金刚经》成书的确切年代已不可考察，传为佛教弟子阿难听释迦牟尼说法，记述佛与须菩提的问答而成，属般若部，学术界一般认为它是公元 1 世纪的作品。曾经许多人增补，渐成现在的规模。公元 402 年，鸠摩罗什在后秦姚兴的支持下，首次将它翻译为汉文，其后有北魏菩提流支、南朝陈真谛、隋朝达摩笈多、唐玄奘、义净等人也先后翻译此经。鸠摩罗什译本最早，文字流畅，简明，流传最广，是人们最常用的译本。鸠摩罗什（公元 343 ~ 413 年），祖籍印度，其父是一婆罗门，他从小聪明异常，记忆超群，7 岁出家，遍学经乘，崇尚佛法。鸠摩罗什在后秦姚兴的礼待下，在长安逍遥园讲法译经一生翻译经书 35 部 294 卷，是我国佛教的四大翻译家之一。

⊙背景提示

《金刚经》一直受到中国封建社会最高统治者的喜欢和推崇，在开元二十四年（公元 736 年）唐玄宗在全国颁布了他的《御注金刚般若波罗蜜经》,并把《金刚经》和道家的《道德经》、儒家的《孝经》相提并论，还认为此三经是释、道、儒三家具有代表性的经典之作。在明太祖、成祖时也编撰了《金刚经集注》，下令天下百姓读诵奉行。

⊙内容提要

《金刚经》全称《能断金刚般若波罗蜜多经》又称《金刚般若波罗蜜经》。“能断金刚”喻此经中所阐发真理如同金刚，无坚不摧，无往不利。“般若”意为“智慧”，指用以成佛的特殊方式，“波罗密多”原意为“到达彼岸”，指佛教所说的解脱一切烦恼、痛苦而求超度彼岸，解脱一切苦厄烦恼。《金刚经》是学佛唯一必读的佛典，其经义是成佛独一无二的无上妙道。故经言“一切诸佛及诸佛阿耨多罗三藐三菩提法，皆从此经出”。《金刚经》阐发的义理是：万物本原是无形象的，世间所见物不过是本原在瞬间内虚幻的表相，尽管人们赋予它们各种名称，但本质上都是虚幻不实的，只有了解这一真理，才能获得真正的智慧，解脱苦恼；只有弘扬这一真理，才是功德无量的布施。《金刚经》所阐发的义理是大乘佛教的核心思想，因此历来受到中国佛教各宗派重视。特别是禅宗，将其视为首要经典。

金刚经图　唐

《金刚经》全文 5000 余字，约与我国传统的道家和道家尊奉的根本经典《道德经》的字数相当，内容十分丰富，包括了般若经典的主要思想。它的 32 个主题不外说明诸法：

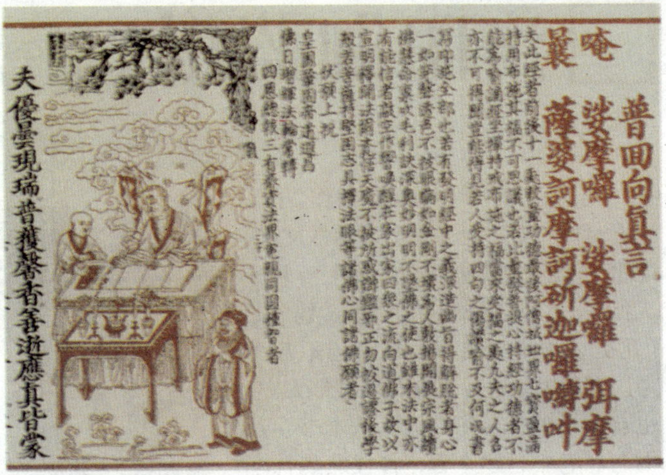
双色套印金刚经注　辽

"性空幻有"的理论，可以这样说，它是一本般若思想的纲要性著作。所以然者，学佛成佛必遵循一定的因果规律。从果上说，成佛是自觉觉他、觉行圆满的大自在、大解脱者；从因上说，是要修大菩萨行，起慈、悲、喜、舍四无量心，修布施、爱语、利行、同事四摄，以及布施、持戒、安忍、精进、禅定、般若六波罗蜜。总起来说，就是要悲智等运、福慧双修、真俗圆融，久久行持，才能证得觉行圆满的伟大佛果。而《金刚经》所说："以无我、无人、无众生、无寿者，修一切善法，即得阿耨多罗三藐三菩提。"即以简驭繁、守约施博。

《金刚经》着重谈学佛的修证功夫。但修证必须有一定的理论根据，故从经中某些精炼的言说章句，即可窥见其理论的卓越。如："一切有为法，如梦幻泡影，如露亦如电，应作如是观。""一切贤圣皆以无为法而有差别。""若菩萨通达无我法者，如来说名真是菩萨。"诸如此类的言说章句，其义理幽微，融会贯通自成体系。

《金刚经》卷首述如来乞食的生活细节，因为佛与凡夫都是活着的人，都要吃饭、穿衣、行路、睡觉、工作、学习，这是佛与众生没有差别之处。但是，凡与圣毕竟有巨大的差异，就是一般凡夫不达缘生如幻，在吃饭时，执有能吃的实人，即是我执；执有所吃之食物，即是法执。由有我法二执，故在吃饭上沉迷颠倒。在睡眠时，执有我这个实人在睡，有实在的卧具等物，为我受用，而亦有严重的我法二执，迷惑颠倒。《金刚经》云："诸菩萨摩诃萨应如是生清净心，所谓不住色生心，不住声、香、味、触、法生心，应无所住而生其心。"这句话就是教学佛者必须在现实中生清净心，迅速入道。

学佛修菩萨行，首须兴大悲心，发宏誓愿，广度无边众生。同时，又必须在度众生的实际生活中了知缘生如幻，我法本空，而时时生起无漏智慧。如是悲智等运，即是自觉觉他盘的大乘佛学始终不移的最高准则。《金刚经》即坚持这种准则，而于卷首、卷中、卷末都强调这一准则。

⊙作品评价

《金刚经》的内容比较深奥，哲学性强，不易读懂。读者在读此经时，如古代汉语比较好，可以阅读古文的《金刚经》，以便更好地理解该经的哲理；如古代汉语一般，可以阅读白话文的《金刚经》，可以理解别人翻译后的含义。

深度阅读

在中国文化中，《金刚经》是影响非常大的一部佛经。千余年来，不晓得有多少人研究《金刚经》，念诵《金刚经》，因《金刚经》而得到感应。《金刚经》是佛教经典中很特殊的一部，它最伟大之处，是超越了宗教性，但也包含了一切宗教性。《金刚经》彻底破除了一切宗教的界限，它与佛教另一部大经——《华严经》的宗旨一样，承认一个真理、一个至道，并不认为一切宗教的教化仅限于劝人为善而已。《金刚经》在学术的分类上，归入般若部，所以叫做《金刚般若波罗蜜经》。

洛阳伽蓝记

/ 北魏 / 杨衒之 / 北朝散文的瑰宝

⊙作者简介

白马寺中佛像

杨衒之（有的书中“杨”误作“羊”，也有写作“阳”的），北魏著名散文家，北平（今河北满城）人，约生活北齐天保（公元550～559年）年间。《魏书》、《北史》均不立传，生平事迹不甚可考。有的说他曾任北齐时期城郡太守，也有的说他官至秘书监。从本书卷首书名和卷中自述来看，曾任北魏抚军府司马，担任过奉朝请，后升秘书监，并且亲身经历了北魏中后期的全盛与变乱。后任北齐期城（今河南泌阳县）太守。北魏自太和十九年（公元495年）迁都洛阳后，大修佛寺，“金刹拥有僧尼二百万，寺院多达三万处”，东魏武定五年（公元547年）杨衒之重返洛阳，目睹洛阳多年战乱、城郭崩毁凄凉景象，抚今思昔，感慨之余，著《洛阳伽蓝记》。梵文的“伽蓝”，意思是“众园”或“僧院”，即佛教寺院。作者之所以写这部书，不单是为了记录北魏佛教全盛时期的概貌，也是为了记叙当时社会的富庶，追溯祸乱的由来，悲叹繁华的消失。

⊙背景提示

汉朝以后佛教鼎盛，佛寺众多。北魏信佛以建功德求福祉为主要特征，孝文帝迁都洛阳后，进行了一系列的改革。由于生产力的提高与社会经济的发展，社会财富大量积累，佛教寺院更是大规模兴建，佛教在中国如日中天。他的儿子宣武帝是佛教迷，在位16年，造龙门石窟、营缮寺庙，远近承风，大家无不事佛。上行下效，建造出1000多个庙来。后来尔朱荣、高欢两次作乱，“寺观灰烬，庙塔丘墟”。据史书记载，到公元536年东魏分裂、孝静帝迁都邺城前，全国僧尼已达200万，佛寺多达3万余所，仅洛阳城内外就有佛寺1376所，“寺夺民居，三分且一”。

⊙内容提要

《洛阳伽蓝记》是以洛阳的寺院为纲而展开的，全书共分城内、城东、城南、城西、城北五卷。作者先从城内开始，由里及外，并且表列门名，兼记远近市里、官署、道路、桥梁、时人宅第与名胜古迹。全书记载了洛阳大大小小80多所寺院。记寺院先记立寺人、立寺时间、寺院方位，再记建筑结构、周围环境及其兴废沿革。市里、官署、道路、桥梁、时人宅第及名胜古迹等也多交待其

深度阅读

《洛阳伽蓝记》向来与《水经注》一道被人们誉为中国北朝散文著作的双璧，是以记佛寺为纲的具有文化与文学价值的历史文献。作者长于叙述，精于描绘。文笔浓丽秀逸，情趣盎然，语言洗炼，格调高雅，是一部具有高度文学价值的史书，其中尤以《法云寺》、《寿丘里》等节为人传诵。

北魏宣武帝景陵

地理位置，有的还兼记遗闻佚事，同时还叙述了中外佛教文化的交流情况，在这些记述中，还记录了所交往各国的社会政治、风土人情、物产出品等。

经过孝文帝改革，北魏社会经济有了明显的发展，特别是朝廷放松了对技作户的控制后，民间的手工业与商业日益活跃起来。《洛阳伽蓝记》在描绘佛寺的盛况时，也为我们提供了这方面的材料。如在《法云寺》篇记载洛阳大市东西南北时写道："市东有通商、达货二里，里内之人尽皆工巧屠贩为生，资财巨万。""市西有延酤、治觞二里，里内之人多酿酒为业。""市北有慈孝、奉终二里，里内之人以卖棺椁为业，赁辆车为事。""别有阜财、金肆二里，富人在焉。凡此十里，多诸工商货殖之民。"工商业的发达必然导致城市生活的丰富多彩，《洛阳伽蓝记》所记载的当时民间杂技百戏之盛，也正是城市生活丰富多彩的一个侧面，这在《长秋寺》、《景乐寺》、《禅虚寺》等中都有精彩的记载。从这些记载看，当时的表演节目形形色色，场面相当阔大，情节精彩纷呈，观众上自帝王，下至普通青年男女。

《洛阳伽蓝记》以佛寺为线索，还描写了许许多多的人物，其中有不少是作者赞赏的人物，如刘白堕、杨元慎、邢子才、王肃等，不仅交待他们的生平、爵里，有的还花费大量笔墨记载佚事。

《洛阳伽蓝记》之所以能够长盛不衰，不仅仅由于它的内容，同时也有赖于它的描写技艺。书中说："至武定五年，岁次丁卯（公元547年），余因行役，重览洛阳。城廓崩毁，宫室倾覆，寺观灰烬，庙塔丘墟，墙被蒿艾，巷罗荆棘。野兽穴于荒阶，山鸟巢于庭树。游儿牧竖，踯躅于九逵；农夫耕老，艺黍于双阙。麦秀之感，非独殷墟；黍离之悲，信哉周室。"在这种苍凉的故国之悲下，他在书里，写出宫闱、写出政事、写出腐败统治者的贪淫豪奢、写出寺庙中不会诵经的假和尚，笔触所及，都哀伤人世，寓意深远，令人跟着也为之惆怅、为之感慨了。

⊙作品评价

《洛阳伽蓝记》涉及到很多方面的内容，但它是以记佛寺为纲的历史文献，因而要主次分清，注意抓住主线索，即以佛寺为纲，然后再关注涉及到的人物叙述、中外佛教交流及其各国的政治、经济和其他方面的情况。

白马寺　东汉

白马寺有中国佛寺"祖庭"之称，始建于东汉永平十一年，因汉明帝"感梦求法"，遣使迎天竺僧人回洛阳后而创建。

□水经注

/ 北魏 / 郦道元 / 中国古代历史地理名著

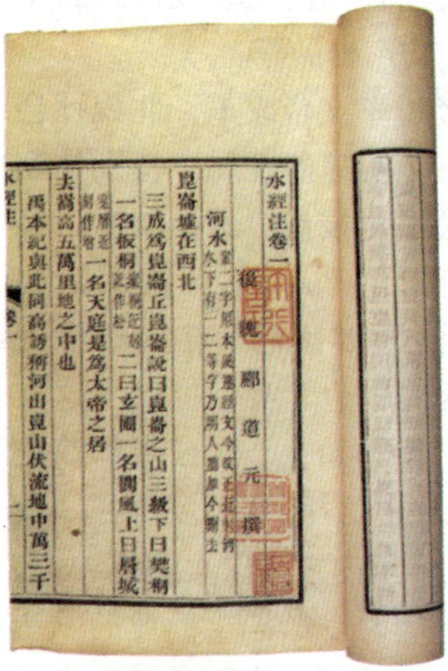
《水经注》书影

⊙作者简介

郦道元，字善长，北魏范阳涿县（今河北涿州）人，生年说法不一。史书仅记载他于孝昌三年被害于阴盘驿亭（今陕西临潼东）。他出生于官宦世家，其祖父、父亲曾多年为官。他的父亲郦范，是北魏的公侯。少年时随父官居山东，喜好游历，酷爱祖国锦绣河山，培养了“访渎搜渠”的兴趣。成年之后，承袭其父封爵，封为永宁伯，先后出任太尉掾、治书御史、颍州太守、东荆州刺史、河南尹、黄门侍郎、御史中尉等职。他充分利用在各地做官的机会进行实地考察，足迹遍及今河北、河南、山东、山西、安徽、江苏、内蒙古等广大地区，每到一地除参观名胜古迹外，还用心勘察水流地势，了解沿岸地理、地貌、土壤、气候，人民的生产生活，地域的变迁等，并访问各地长者，了解古今水道的变迁情况及河流的渊源所在、流经地区等。郦道元自幼好学，历览奇书，如《山海经》、《禹贡》、《禹本纪》、《周礼·职方》、《汉书·地理志》、《水经》等，积累了丰富的地理学知识，为他的地理学研究和著述打下了基础。郦道元做官“素有严猛之称”，“为政严酷，吏人畏之”。从山蛮到权贵，都很怕他。后有人排挤他，把他调到关右，想假手悍将萧宝夤（齐明帝第六子）杀他。萧宝夤派人在阴盘驿亭，把他和他弟弟，连同两个儿子都杀了。郦道元除撰写《水经注》外，还有《本志》13卷及《七聘》诸文，但都已亡佚，仅《水经注》得以流传。

⊙内容提要

《水经注》全书共40卷，以《水经》所记水道为纲。《水经》共载水道137条，而《水经注》则将支流等补充发展为1252条，达32万字。涉及的地域范围，除了基本上以西汉王朝的疆域作为其撰写对象外，还涉及到当时不少涉外的地区，包括今印度、中南半岛和朝鲜半岛若干地区，覆盖面积实属空前。《水经注》所记述的时间跨度起先秦，下至北朝当代，上下约2000多年。它的内容非常丰富，以水道为纲，将河流流经地区的古今历史、地理、经济、政治、文化、社会风俗、古迹等作了尽可能详细的描述，包括自然地理和人文地理的各个方面。

在自然地理方面，所记大小河流有1000余条，从河流的发源到入海，举凡干流、支流、河谷宽度、河床深度、水量和水位季节变化，含沙量、冰期以及沿河所经的伏流、瀑布、急流、滩濑、湖泊等等都广泛搜罗，详细记载。

在人文地理方面，所记的一些政区建制往往可以补充正史地理志的不足。所记的县级城市和其他城邑共2800座，除此以外，小于城邑的聚落包括镇、乡、亭、里、聚、村、墟、戍、坞、堡等10类，共约1000处。交通地理包括水运和陆路交通，其中仅桥梁就记有100座左右，津渡也近100处。经济地理方面有大量农田水利资料，记载的农田水利工程名称就有陂湖、堤、塘、堰、坨、水门、石逗等。

在手工业生产方面，包括采矿、冶金、机器、纺织、造币、食品等。

在采矿冶金方面，书中记载了很多地方的金、银、铜、铁、锡等金属的冶炼场所和冶炼设备，介绍了各地大小盐场18处，其中对屈茨（今新疆地区一带）地区的冶铁工业的记载更为详细、具体，既记载了冶铁所用的燃料、原料等，还记载了产品的销售地区等情况。

深度阅读

《水经注》溯源探流，详细记载了1252条河流水道的方位、流向、距离、经过区域，以及这些地区的地形地貌、地理沿革、温泉瀑布、地质矿物、植物动物、农业工业、水利航运、桥梁道路、园林陵墓、自然灾害和风土人情等等，内容之丰富，记述之具体，文字之生动，都是空前的，至今仍然具有很高的科学价值，是从事地理、历史、考古、农业、水利和研究工作的重要参考文献。

在食品方面，书中记载了三处名酒的酿造情况，为研究我国酿酒技术和酒文化提供了资料。此外，还有兵要地理、人口地理、民族地理等各方面资料。

《水经注》记载了历史上和当时的洪水暴发的情况，这些记载包括洪水暴发时间、洪水大小等情况，相当具体翔实。它对各种类型湖泊的记载也颇为详细包括非排水湖、排水湖、人工湖以及沿海的泻湖。郦道元还注意了湖泊与河流之间密切的水文关系，他多次指出，湖泊可以调节河流水量，洪水时，河流将洪水排入湖泊，旱季，湖泊又将洪水补给河流。

在地质学方面，郦道元在《水经注》中对于流水在地质形成中的作用进行了阐述，初步具备了流水侵蚀、搬运和沉积作用的思想。他通过长期的观察认识到水具有很强的侵蚀作用。《水经注》中还记载了许多化石，包括古生物残骸化石和遗迹化石，记载了温泉31个，对各个温泉的特点、水温、矿物质、生物等情况进行了比较详细的叙述。其中可以治病的温泉有12个，对各地温泉水温的记载尤为具体、详细，并按温度不同，从低温到高温分5个等级。

在生物方面，《水经注》对各个河流周围的动植物情况进行了记载。全书记载各种植物大约有140多种，并对各地植物生长情况作了描述。书中还对各地植物生长的地区性分布进行了记载，描述了我国东部湿润地区的沼泽植被、水生植被的情况和西北干燥地区的草原、荒原植被情况。书中记载的动物大约有100多种，所记内容非常有特色，明确记载了动物的分布界线，指出某些动物超出了原来生活的范围界限就难以生存。

巫峡秋涛图　袁耀

此图画巫峡两岸高山峻岭，岩石峭立，直指云天，万壑千岩，缥缈无际。在陡壁间，古松掩映。层叠栈道，跨谷凌虚，曲折而上。山中隐见一酒家，店主正伏在案上，凝望江面。大江滚滚，浪拍江边巨石，浪涛中一帆逆流而上。船夫们奋力用篙竿顶着礁石，与逆流搏斗，惊心动魄。用笔严谨精到，山石用湿笔皴染，笔挺健，墨色富于浓淡变化。

⊙作品评价

《水经注》是对我国古代记载河流的专著《水经》所作的注，读者可以以《水经》为突破口，主要集中于1252水道的记载，当然如果有条件的话还可以拿一本《水经》对照来看，可以一举两得。

□齐民要术

/ 北魏 / 贾思勰 / 世界最早最系统的农业科学专著

贾思勰像

⊙作者简介

贾思勰，青州齐郡益都（今山东寿平）人，是我国南北朝时期（公元 531 ～ 550 年）杰出的农业科学家。生平不详。贾思勰出生在一个世代务农的书香门第，历代都很喜欢读书，尤其重视对农业生产技术知识的学习和研究。贾思勰的家境虽然不很富裕，但拥有大量藏书，使得年幼的贾思勰就有机会博览群书。成年以后，走上了仕途，到过山东、河南、河北等地，做过高阳郡（今山东淄博）太守等官职。他走到哪儿，都非常重视农业生产，认真考察和研究当地的农业生产技术，认真向具有丰富经验的老农请教。中年以后，回到自己的家乡，开始经营农牧业，亲自参加农业生产劳动和放牧活动，对农业生产有亲身体验。约在 6 世纪 30 年代至 40 年代间写成农业科学技术巨著《齐民要术》，将自己积累的许多古书上的农业技术资料，询问老农获得的丰富经验，以及他自己的亲身实践加以分析、整理和总结。

⊙背景提示

贾思勰生活于北魏末期，青少年时，孝文帝实行“文治”，进行汉化运动，提倡农业，朝廷议政都以农事为首。太和九年（公元 485 年）又实行均田制，解决人民温饱问题。黄河流域是我国农业发源地之一，旱地农业生产一直居于领先地位，农业生产工具的改进和生产技术的提高，一直都在进行中。比如耕作工具，魏晋时出现了“铁齿”（人字耙）和耱（无齿耙）。到北魏时又积累了一整套耕作经验，形成了完整的耕作体系。生产技术的提高和生产经验的积累为其写作《齐民要术》提供了丰富的内容和资料。

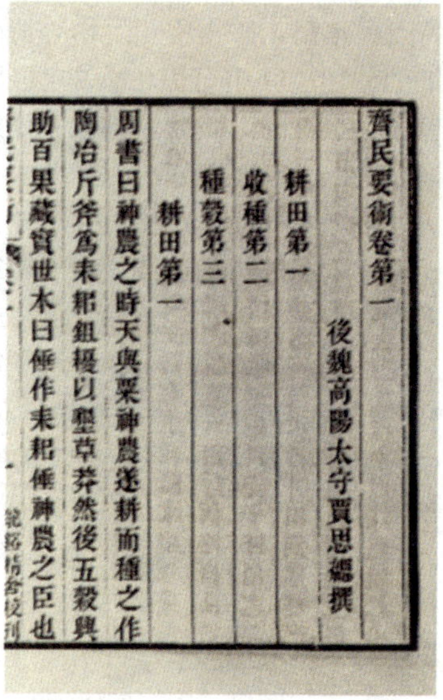

齊民要術卷第一

後魏高陽太守賈思勰撰

耕田第一

收種第二

種穀第三

耕田第一

周書曰神農之時天與粟神農遂耕而種之作陶冶斤斧爲耒耜鉏耨以墾草莽然後五穀興助百果藏實世本曰倕作耒耜倕神農之臣也

《齐民要术》书影

⊙内容提要

《齐民要术》系统地记述了黄河中下游地区，即今山西东南部、河北中南部、河南东北部和山东中北部的农业生产，包括了农、林、牧、渔、副等部门的生产技术知识，堪称我国古代的一部农业百科全书。《齐民要术》分为 10 卷，共 92 篇，约 11 万字，其中正文约 7 万字，注释约 4 万字。书前还有“自序”和“杂说”各一篇。“序”中反复强调“食为政首”的重农思想，通过援引圣君贤相、有识之士重视农业的事例，来强调“治国之本，在于

名家点评

明代王廷相称《齐民要术》为“惠民之政，训农裕国之术”。

李约瑟说：“即使在世界范围内（《济民要求》）也是卓越的、杰出的、系统完整的农业科学理论与实践的巨著。”

深度阅读

《齐民要术》规模之庞大，内容之丰富，结构之严谨，都远远超过前代。它是在前代农学的基础上，全面、系统地总结了魏晋以来40年间黄河流域旱地农业生产的新经验和新成就，引起历代政府之重视。其中，《农桑辑要》、《王祯农书》、《授时通考》均受其影响。《齐民要术》在国外也具有深远的影响，达尔文曾参阅过，并援引有关事例作为他的学说的佐证。在当今面临农业困境，《齐民要术》更是引起欧美学者的极大关注和研究。

安民；安民之本，在于足用”。把农业生产提到治国安民的高度。

全书的结构体例相当严密，每篇由篇题、正文和经传文献组成。根据不同的作物，所述详略不一。篇题下有注文，相当于“释名”、“集解”，包括异名、别名、品种、地方名产、引种来源及其性状特征；正文则为实际调查和亲身体验，这是各篇的主体；篇末则援引文献以补充论证正文，包括重农思想、经营管理、生产技术、农业季节、农业地理、农业品贮存与加工。

《齐民要术》的内容极为丰富。卷一，耕作、收种、种谷各1篇；卷二，谷类、豆、麦、麻、稻、瓜、瓢、芋等粮食作物栽培论13篇；卷三，种葵、蔓菁等各论12篇；卷四，园篇、栽树各1篇，枣、桃、李等果树栽培12篇；卷五，栽桑养蚕1篇，榆、白杨、竹以及染料作物10篇，伐木1篇；卷六，畜、禽及养鱼6篇；卷七，货殖、涂瓮各1篇，酿酒4篇；卷八、卷九，酿造酱、醋、乳酪、食品烹调和储存22篇，煮胶、制墨各1篇；卷十，“五谷果蔬菜茹非中国物产者”1篇，记温带、亚热带植物100余种，野生可食植物60余种。总括了农艺、园艺、造林、蚕桑、畜牧、兽医、选种育种、酿造、烹饪、农产品加工储存，以及备荒、救荒等，基本上属于广义的农业范畴，反映了当时农、林、牧、渔、副多种经营方式亦具备了较为完整的规模。

《齐民要术》全面、系统地总结了以耕－耙－耱为主体，以防旱保墒为中心的旱地耕作技术体系，以增进地力为中心的轮作倒茬、种植绿肥等耕作制度，以及良种选育等项措施；并且首次系统地总结了园、林经验，林木的压条、嫁接等繁育技术；畜禽的饲养管理、外形鉴定和良种选育；农副产品加工和微生物利用以及救荒备荒的措施。

滤醋图　三国

农业的发达使各种小手工业也兴盛起来，酒和醋的酿造水平越来越高。

耙地图　南北朝

⊙作品评价

在阅读《齐民要术》时，首先要牢牢把握“食为政首”的思想，在阅读正文时，要注意把正文与注释结合起来阅读，注意附录的参考文献，这是补充正文的内容的。

世说新语

/ 南朝宋 / 刘义庆 / 清言之渊薮

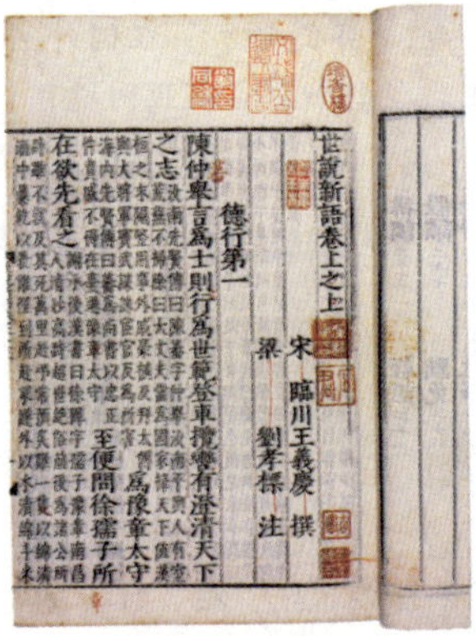

《世说新语》书影

《世说新语》问世以来，校注研究甚多。其中以南朝梁刘孝标所注最为精核。1983年中华书局出版了余嘉锡撰《世说新语笺疏》。1984年又出版了徐震谔《世说新语校笺》。此书影是宋椠本。

⊙作者简介

《世说新语》的作者是南朝宋的刘义庆。刘义庆是宋武帝刘裕之侄，袭封为临川王。史载刘义庆自幼聪敏过人，伯父刘裕很赏识他，曾夸奖他说："此我家之丰城也。"他年轻时曾跟从刘裕攻打长安，历任中书令、荆州刺史、开府仪同三司。刘义庆为人"性简素，寡嗜欲"，"受任历藩，无浮淫之过，唯晚节奉养沙门，颇致费损"。他喜爱文艺，喜欢与文学之士交游。在他的周围，聚集着一大批名儒硕学。他自己也创作了大量著作，著有《徐州先贤传》，又曾仿班固《典引》作《典叙》，记述皇代之美；此外还有《集林》200卷，以及志怪小说《幽明录》等，其中，最著名的当然是千古流传的《世说新语》。

⊙背景提示

用史学家的眼光看，魏晋南北朝是"乱世"。这一时期的政治领域最重要的现象是士族门阀制度。在汉代，形成许多世代官宦的豪门大族，经过汉末大乱，这些豪门大族成为具有很强独立性的社会力量。他们有自己的庄园、私人武装和大量的依附农民，使任何统治者都不敢忽视。三国时魏国开始的"九品中正制"实际上形成了门阀制度，巩固了士族的地位。这一时期政权不断兴替，朝代频繁更迭，士族的地位却很少受影响。因此，他们的子弟并不关心实际的事务，而尽情追求内心的超逸。

东汉后期以来，老庄哲学兴起。厌倦了儒学空虚的士人，醉心于老庄哲学所标榜的"自然"和"无为而治"。魏晋时代，这一思潮在社会中更加深入和普遍。到曹魏末年，由于政治环境的残酷，许多文人对此既无法忍受又难以公然反抗，于是纷纷宣称"越名教而任自然"，寄情药酒，行为放旷，毁弃礼法，以表示对现实的不满和不合作，具有十分强烈的叛逆精神。

魏晋是一个大动荡的时代，也是一个大解放的时代。魏晋之际，人们从两汉的经学中解放出来，人格美被极大地高扬，主体的自我被认为高于礼法和名教。此时无论在人格审美上还是艺术审美上，都有一种重要的倾向，就是重神而轻形。所以，魏晋时期品评人物的德行标准，不再是外在的功德名节，而是对人物内在的智慧、才情、风度的欣赏，人们追慕着一种心灵的深远无极、湛若冰雪的神韵之美。魏晋名士的高扬主体人格，追求自由，注重内心的真实，不务实际，崇尚空谈，举止潇

相关链接

《笑林》：东汉邯郸淳撰。邯郸淳，字子礼，颍川人，以才思敏捷闻名。这部书辑录了很多篇笑话趣闻，"持竿入城"等故事就是出自《笑林》。本书故事短小，诙谐有趣，读来令人解颐。

《西京杂记》：东晋葛洪撰。葛洪，字稚川，东晋句容（今属江苏）人。此书记叙西汉遗闻轶事及神话传说，诸如人们喜闻乐道、传为佳话的"昭君出塞"，"卓文君私奔司马相如"等许多妙趣横生的故事皆首出此书，且成为典故。

《语林》：晋隆和年间，河东人裴启撰。辑录汉魏至晋时人值得称道的言论。这部书当时很盛行，后来因为记谢安的话语不真实，被谢安批评，书也因此被废。今天我们只能看到后人从别的古籍中辑出的逸文。

类似的作品还有宋代王谠的《唐语林》、孔平仲的《续世说》等。

洒，行事率性，形成一种风尚，这就是所谓的“名士风度”。《世说新语》记载的，正是这些魏晋名士们的言行。

⊙内容提要

《世说新语》按照以类相从的形式编排，分为《德行》、《言语》、《政事》、《文学》、《方正》、《雅量》、《识鉴》、《赏誉》、《品藻》、《规箴》等三十六门，内容主要记述自东汉至东晋文人名士的言行，侧重于晋朝。书中所载均属历史上实有的人物，但他们的言论或故事则有一部分出于传闻，不尽符合史实。本书相当多的篇幅是采自前人的记载，如《规箴》、《贤媛》等篇所载个别西汉人物的故事，采自《史记》和《汉书》。一些晋宋之间人物的故事，如《言语》篇记谢灵运和孔淳之的对话等，则因这些人物与刘义庆同时或稍早，可能采自当时的传闻。

书中所记事情，以反映人物的性格、精神风貌为宗旨。书中表彰了一些孝子、贤妻、良母、廉吏的事迹，也讽刺了士族中某些人物贪残、酷虐、吝啬、虚伪的行为，体现了一些基本的评价准则。就全书来说，并不宣扬教化，也不用狭隘单一的标准褒贬人物，而是以人为本体，宽泛地认可人的行事言论。高尚的品行，超逸的气度，豁达的胸怀，出众的仪态，机智的谈吐，都是本书所欣赏的；勉力国事，忘情山水，豪爽放达，谨严庄重，作者都加以肯定；即使忿狷轻躁，狡诈假谲，调笑诋毁，也不轻易贬损。这部书记录了士族阶层的多方面的生活面貌和思想情趣。

士族的实际生活，不可能如他们宣称的那样高超，但是作为理想的典范，是要摆脱世俗利害得失、荣辱毁誉，使个性得到自由发扬的。这种特征，在《世说新语》中有集中的表现。对某些优异人物的仪表风采的关注，是因为这里蕴涵着令人羡慕的人格修养。同样的例子很多。如《容止》篇记当时人对王羲之的评价：“飘若游

雪夜访戴图　夏圭

云，矫若惊龙。”又如《任诞》篇载："王子猷居山阴，夜大雪，眠觉，开室，命酌酒。四望皎然，因起彷徨，咏左思《招隐诗》，忽忆戴安道。时戴在剡，即便夜乘小船就之。经宿方至，造门不前而返。人问其故，王曰：'吾本乘兴而行，兴尽而返，何必见戴？'"任由情性，不拘法度，自由放达，这是当时人所推崇的。《雅量》篇记载："谢公与人围棋，俄而谢玄淮上信至。看书竟，默默无言，徐向局。客问淮上利害，答曰：'小儿辈大破贼。'意色举止，不异于常。"谢安是东晋名相，当时他的侄子谢玄在淝水前线与前秦八十万大军对敌。国家兴亡，在此一举，他临大事而有静气，风度超脱。在魏晋的玄学清谈中，士人常聚集论辩，因此锻炼了语言表达的机智敏捷，这种机智又运用到日常生活中来。《世说新语》各篇中，随处可以读到绝妙话语，有《言语》一篇作专门的记载。《世说新语》中所写的上层妇女，往往也有个性，有情趣，不像后代妇女受到严重的束缚；人们对妇女的要求，也不是一味地温顺贤惠，如《贤媛》篇记载，谢道韫不满意丈夫王凝之，回娘家对叔父谢安大发牢骚："不意天壤之中，乃有王郎！"《世说新语》还记载了不少儿童的故事，如《孔文举》。孔文举十岁时，去拜见当地的大官李元礼，门卫不替他通报。孔文举就说："我和李大人是亲戚，你赶紧通报吧。"结果李元礼并不认识孔文举，便问："你叫什么名字？你和我又是什么亲戚？"孔文举报了自己的名字后解释道："从前我们家老祖宗孔子曾拜你们家的祖先李伯阳（即老子）为师，这么说来，我们两家从上古的时候起就有交情了。"李元礼和宾客们听了这话，都非常吃惊，连夸他是神童。只有一个叫陈韪的人不以为然，说小时候很聪明，长大了未必能成器。孔文举听说这话，立刻反驳道："想来先生你小时候，一定是很聪明的喽！"这则小说用对话活灵活现地描绘了孔文举聪明机智的生动形象。《世说新语》中这一类故事还很多，如《周处》、《王戎夙慧》等。

在《世说新语》中，记言论的篇幅比记事的多些。记言方面有一个特点，就是往往如实地记载当时口语，不加雕饰，因此有些话现在已很不好懂，如"阿堵""宁馨"等当时的俗语。《世说新语》的文字，一般都是很质朴的散文，有时虽然直接记录口语，而意味悠长，颇具特色，历来被人们所喜爱，其中有些故事后来成为通行的成语典故，如"捉刀人"、"阿堵物"、"坦腹东床"等等。

⊙作品评价

《世说新语》笔法简约隽永，含蓄委婉，给人以美的感受。它没有使用铺叙或过多的描写，反将人物本身最有特征、最富于意味的动作和语言，直接呈现出来。寥寥几笔，就把人物的形象表现得相当生动。以简单的文字再现人物自身的活动，能描绘出人物的神韵来，这是《世说新语》最显著的艺术上的特色。

《世说新语》的一个特点是通过人物在特定环境中的言语行动，在对比中表现不同人物的个性。如《雅量》写魏明帝砍掉老虎爪牙，放在宣武场上，让百姓去参观。此时王戎才七岁，也去观看。忽然老虎攀着栏杆大吼，声音惊天动地，观看的人群无不吓得魂飞魄散，只有王戎毫无惧色地站在那里，一动也不动。

通过细节描写，来表现人物性格特征，是《世说新语》的又一特点。如《忿狷》篇讲王蓝田吃鸡蛋，先用牙签去刺，鸡蛋滑溜溜的，刺不进去。王蓝田大怒，拿起鸡蛋往地上摔去，没想到鸡蛋在地上转了几圈，仍然不碎。王蓝田又用脚去踩它，又没踩着。王蓝田气得要命，一手就把它从地上抓起来，放进嘴里，咬了个稀巴烂。这则小故事非常形象地描绘出王蓝田个性急躁的特点。

名家点评

鲁迅在《中国小说史略》中评《世说新语》道："记言则玄远冷峻，记行则高简瑰奇，下至缪惑，亦资一笑。"

□千字文

/南朝梁/周兴嗣/中国最早的蒙学读物

⊙作者简介

自南朝流传至今的《千字文》为南朝梁周兴嗣所编写。周兴嗣《梁书》49卷有传。他仕梁，颇得梁武帝萧衍的赏识和称誉，多以文笔之事见用。他的《次韵王羲之书千字》在《隋书》、《旧唐书》的《经籍志》，以及《新唐书》、《宋史》的《艺文志》等史志目录中都有著录，在敦煌文献中也有周本《千字文》。关于他何以要编写《千字文》，我们可以从唐李绰《尚书故实》和韦绚《刘宾客嘉话录》等书中寻得解答。原来是当年梁武帝令殷铁石在王羲之书写的碑文中拓下不重复的1000个字，供皇子们学书用的。但由于字字孤立，互不联属，所以他又召来周兴嗣嘱道："卿有才思，为我韵之。"周兴嗣只用了一个晚上就编好进呈武帝。这便是传至今日的《千字文》。

⊙背景提示

在《千字文》初行的时代，作为家庭教育的启蒙课本，同时还有其他几种，如《字训》、《幼训》、《字统》等。《字训》等湮没无闻，独《千字文》得以流传。

⊙内容提要

谈到魏晋南北朝时期的常识教学内容，不能不提到《千字文》，它在常识教学的发展方面，起了承前启后的作用。《千字文》汲取了前人编写识字教材的经验，有所发展提高。这部识字兼常识课本编成于梁武帝大同（公元535 ~ 546年）年间，是周兴嗣执行梁武帝的命令编选而成的。

《千字文》全书只有1000字（仅个别字重复），组成连贯通顺的四字句，押韵，便于儿童朗读背诵。内容从天象、地理、历史典章、为人处世等，到务农、读书、饮食、居处、园林、祭祀等各个方面，其中有不少劝诫之言和具体的景物描写。所采多为古籍常用字，用典也不深，故流传甚久。

《千字文》虽然只用了有限的字，却并不是1000个单字的堆砌，而是组织成通俗的能够表达一定意义的若干句子，这些句子的安排又大致前后连贯，相当有条理。开头一部分从"天地玄黄，宇宙洪荒"说起，接着就分别说"天"的一些现象。如："日月盈昃，辰宿列张。寒来暑往，秋收冬藏。

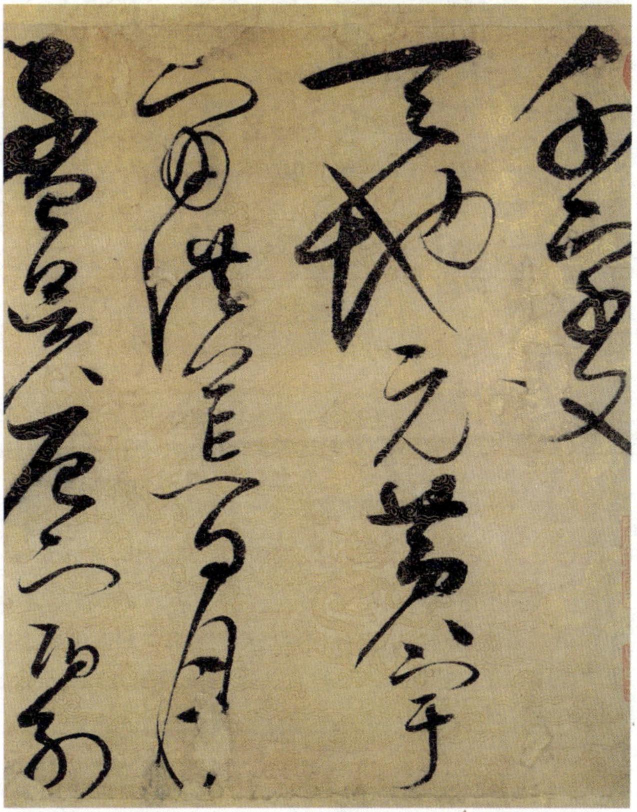

草书千字文　宋徽宗

宋徽宗疏于国事却擅长书法绘画，是历史上有名的文人皇帝。他的草书千字文在历代名人所书千字文中也堪称精品。

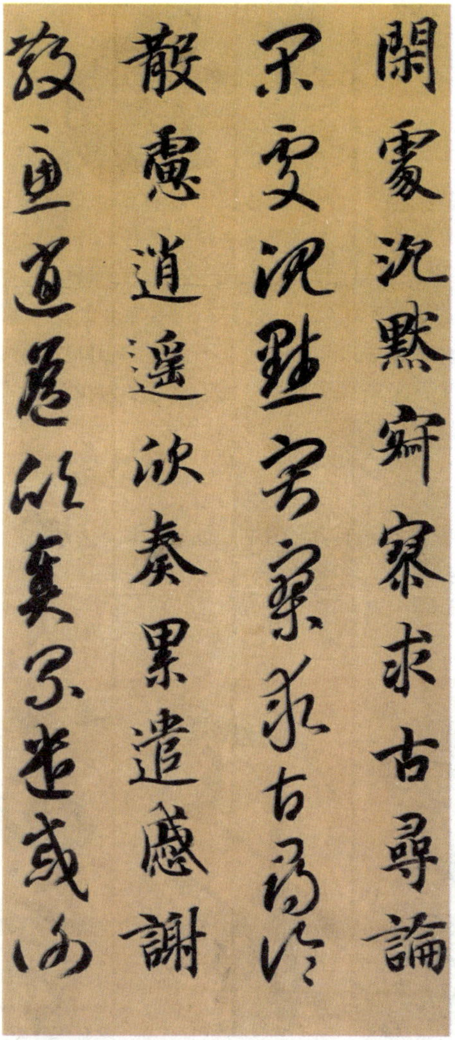

真草千字文　隋　释智永

释智永，乃书圣王羲之的七世孙，向从萧子云学书，后则以右军为范，出家山阴永兴寺，《真草千字文》今有墨迹，刻本两种垂世。智永之书，苏东坡以为“精能之至，返透疏淡。”明都穆则评道：“智永真草千字文真迹，气韵飞动，优入神品，为天下法书第一。”

云腾致雨，露结为霜。”再说“地”的一些现象。如:“金生丽水，玉出昆冈。剑号巨阙，珠称夜光。海河咸淡，鳞潜羽翔。”这样就介绍了一些有关自然界的名物，然后叙述上古之世，介绍一些有关历史的知识，如：“推位让国，有虞陶唐，吊民伐罪，周发殷汤，坐朝问道，垂拱平章。”以下说到君子修身之道，并推类而及君臣、父子、兄弟、夫妇、朋友之伦，也不无可取的劝诫。还有一些优美的景物描写，如:“渠河的历，园莽抽条。枇杷晚翠，梧桐早凋。陈根委翳，落叶飘飖。游鹍独运，凌摩绛霄。”

只用了1000个字而能写出这么丰富的内容，并且大多数的句子通畅可读，没有多少牵强硬凑的痕迹，这确是很不容易的。《千字文》编成后，很快就成了流行各地的通俗的识字、常识课本。《唐摭言》记载:“顾蒙，宛陵人，博览经史，慕燕许刀尺，亦一时之杰……甲辰淮浙荒乱，避地至广州，人不能知，困于旅食，以至书《千字文》授于聋俗，以换斗筲之资。”《千字文》的语句当时在社会上也广泛流行。《太平广记》引《启颜录》(唐人侯白作)的记载，有人用《千字文》里的话戏作乞社:“若不云腾致雨，何以税熟贡新。”甚至某些商人账册的编号，考场试卷的编号，以至大部头书的卷册编号，常用《千字文》里的字序作线索，编成“天字某号”、“地字某号”。

后世仿效《千字文》的层见迭出，如《续千文》、《重续千字文》、《叙古千文》、《稽古千文》、《广易千文》、《正字千文》、《增寿千字文》、《训蒙千字文》、《梵语千字文》、《千字文释义》、《百体千字文》等。《千字文》的种种续编、改编本中均包括自然、社会及历史等方面的常识内容。如《续千文》开头的几句是:“混沌初开，乾坤刚柔，震兑巽坎，角亢奎娄。”宋胡寅编的《续古千文》第七节讲西汉的几句：“炎汉开创，规模广延。勃诛禄产，光拥昭宣。董相仲舒，儒术穷研。请罢辟邪，乃绩巍焉。”清李崇忠重编的《千字文》开头几句是：“天地定位，造化生成。曦晖月朗，闰积阶平。俯察川岳，仰眺星辰。藏图出洛，翔鸟跃鳞。”唐代三藏法师义净撰的《梵语千字文》开头几句是：“天地日月，阴阳圆矩，昼夜明暗，雷电风雨。”这些续编本和改编本，曾在一时一地流行过，然而都不久远。其重要原因在于内容艰深，不符合儿童的接受能力，不符合初步识字及学习常识的需要。

⊙作品评价

《千字文》精思巧构，知识丰赡，音韵谐美，宜蒙童记诵，故成为千百年蒙学教科书。《千字文》流传至今1500多年了，全书虽只用了1000个字，但却有相当的知识价值和艺术价值。《千字文》不仅在汉民族中间传播，它还有满汉对照本和蒙汉对照本，供满族、蒙古族的儿童学习汉字及常识之用；不仅在国内传播，还有日本的刻本，供日本初学者学习汉文之用。

□文心雕龙 / 南朝梁 / 刘勰 / 文学批评系统理论之鼻祖

⊙作者简介

《文心雕龙》的作者是南朝梁的刘勰。刘勰（约公元 465 ～ 532 年），字彦和，东莞莒（今山东莒县）人，世代居住在京口（今江苏镇江）。少年时家境贫寒，为生活所迫，跟随沙门僧十余年，并因此精通佛教经典。梁代初年，做过南康王萧绩的记室，又曾担任太子萧统的通事舍人，为萧统所赏识。后来出家为僧，法名慧地。刘勰受儒家思想和佛教的影响都很深。他的著作最有名的就是我们这里要说的《文心雕龙》。

⊙背景提示

在社会思想相对自由、重视个体价值的背景下，魏晋南北朝时期艺术迅猛发展，文学、音乐、舞蹈、绘画、雕塑、书法乃至园林建筑都在这时发生了重大变化。这个时期，人们开始重视文学，重视文学观的发展。很多社会上层人物，包括许多帝王在内，普遍热心于文学创作，他们的活动影响了整个社会，曹操父子就是典型的例子。曹操与他的两个儿子曹丕与曹植都是一代大诗人，中国的五言诗就是在他们手里走向成熟的。曹丕在《典论・论文》中说："盖文章，经国之大业，不朽之盛事。"他所说的"文章"，当然包括抒情的诗赋。实际上，在魏晋南北朝，文学已经成为上层社会的一种必备素养。

魏晋南北朝文学存在一种风气：追求"新变"。人们普遍把"新变"作为文学应该追求的目标，也拿"新变"做准绳来衡量文学作品的优劣。人们不再把文学看作政教的工具，而注重表现作者个人心灵的感受。因此，文学的题材有许多拓展：陶渊明开创了田园诗，谢灵运、谢朓完成了玄言诗到山水诗的转变，梁代开始出现了"宫体诗"。文学形式也在不断演化。五言古诗在建安诗人（尤其是曹植）和阮籍等人的手里又有新的发展。齐永明年间，沈约等人提出"四声八病"说，创造了"永明体"，这是律诗的开端。对华美修辞的追求，也是魏晋南北朝文学的普遍风气。同时，由于玄学的影响，文学开始与哲理相结合，这使文学的内涵变得更加丰富与深沉。魏晋南北朝的诗，通常认为阮籍、陶渊明的最耐人寻味，这和他们的作品富于哲理性有直接关系。

鲁迅在《魏晋风度及文章与药及酒之关系》一文中，称魏晋是"文学的自觉时代"，又说"这时代的文学的确有点异彩"。在上述背景下，探讨文学的各种理论问题，评论历代作家的得失，就成为很有必要而且很有意思的工作。因此，魏晋南北朝的文学批评也空前繁荣，这方面最重要的著作就是刘勰的《文心雕龙》。

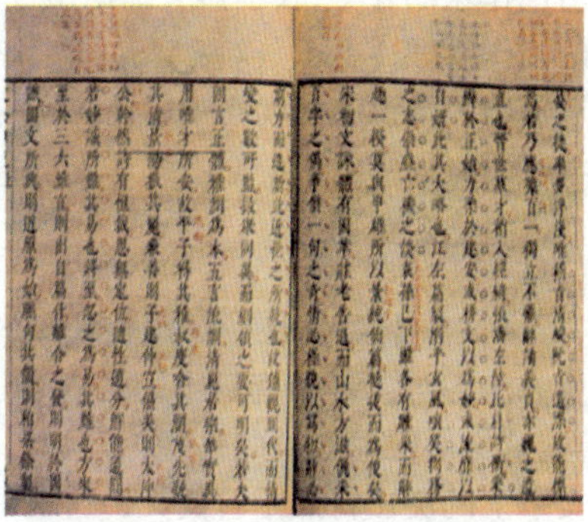

《文心雕龙》书影

《文心雕龙》的版本较多，最早的刻本是元至正本。这个本子是以后各版本的祖本。此外尚有清人黄叔琳的《文心雕龙辑注》、今人范文澜《文心雕龙注》、杨明照《文心雕龙校注》、周振甫《文心雕龙注释》。

⊙内容提要

《文心雕龙》是我国历史上第一部系统的文学理论著作。《文心雕龙》评论了晋宋以前 200 多位重要作家，总结了 35 种文体的源流演变和特点，全面论述了文学创作和评论上的一些重要问题，内容丰富多采。全书共 50 篇，由四大部分组成：

总论：由《原道》、《征圣》、《宗经》三篇构成。《原道》中论述的"自然之道"，主要说明万事万物必有其自然的文采："形立则章成矣，声发则文生矣。"刘勰据此说明：文学作品必须有文采，但应该是由相应的内容决定其文采。《征圣》、《宗经》两篇强调学习儒家经典的写作原则。《宗经》篇论述了"六义”，即认为学习儒家经典对文学创作有六大好处：“一则情深而不诡，二则风清而不杂，三则事信而不诞，四则义直而不回，五则体约而不芜，六则文丽而不淫。”要求从儒家经书学得“情深”、“风清”、“事信”、“义直”等，是侧重于内容方面的要求。刘勰认为圣人的著作“衔华而佩实”，所以《征圣》篇强调：“志足而言文，情信而辞巧，乃含章之玉牒，秉文之金科矣。”这正是《原道》、《征圣》和《宗经》三篇总论提出的核心观点。很明显，《文心雕龙》的文学思想是以儒家思想为核心的。

文体论：从第五篇《辨骚》到《书记》共21篇，通常称为文体论。这部分从四个方面论述了各种文体：一是文体的起源和发展概况，二是文体的名称、意义，三是评论各个时期有代表性的作品，四是总结各种文体的特点及写作要领。所以，这部分不仅论文体，还具有分体文学史的意义，也是批评论的重要组成部分；特别值得注意的是，本书的创作论正是以这部分所总结各种文体的创作经验为基础提炼出来的。

创作论：从《神思》到《总术》共19篇是创作论；《时序》、《物色》两篇介于创作论和批评论之间，也包含一些论创作的重要意见。这是本书的精华部分。其中分别对艺术构思、艺术风格、继承与革新、内容和形式的关系、文学与社会现象和自然现象的关系等重要问题，分别进行了专题论述；也对声律、对偶、比兴、夸张以至用字谋篇等，逐一进行了具体的探讨。《文心雕龙》对于风格和风骨也有深入的研讨和论述。在《体性》篇中，刘勰继承曹丕关于风格的意见，做了进一步的发挥，认为形成作家风格的原因，有先天的才情、气质的不同，也有后天的学养和习染的殊异。在风格论的基础上，刘勰特别标举“风骨”。“风骨”一词本是南朝品评人物精神面貌的术语。文学理论批评中的“风骨”一词，正是从这里借用出来的。“风”是要求文学作品要有较强的思想艺术感染力，即《诗大序》中的“风以动之”的“风”；“骨”则是要求表现上的刚健清新。《文心雕龙》关于艺术想象的理论也有精辟的论述。《神思篇》借用“形在江海之上，心存魏阙之下”这一成语，论述艺术想象超越时空限制的特点：“故寂然凝虑，思接千载；悄焉动容，视通万里。”刘勰认为艺术想象并非凌虚蹈空而生的，它以“博见为馈贫之粮”的形象化比喻，说明艺术想象的基础只能是客观生活中的素材或原料。《文心雕龙》还强调，惟有当作家的精神心理处于“虚静”状态，不受外界的纷扰时，才能更好地驰骋自己的艺术想象力。《文心雕龙》在论述艺术想象时，还提出了“积学以储宝，酌理以富才，研阅以穷照”等见解，强调艺术想象要有平日广泛的积累和生活知识。

批评论：本书集中阐述文学批评理论的，只有《知音》一篇。但是，从总体上看，三篇总论同时也是批评论的总论；文体论对各种文体的作品所作评论，同时也是刘勰的作品论；《才略》篇论历代作家的才华，《程器》篇论历代作家的品德，这同时也就是刘勰的作家论了；创作论中所论述的创作原理，也正是刘勰评论作家作品的原理。所以，从整体上看，他的批评论相当丰富。《知音》篇提出了批评的态度问题、批评家的主观素养问题、批评应该注意的方面等。有些论述虽然带有经学家的口气，但不少论述都是较精辟的。

⊙作品评价

《文心雕龙》是一部比较艰深的理论著作，普通的读者也许会觉得读懂它很困难。但是，只要方法得当，基本理解本书的内容还是可以做到的。在阅读过程中，我们要善于利用其论述的特点。《文心雕龙》讲的是理论问题，能抓住其理论的脉络，就比较容易理解了。另外，《文心雕龙》文字上的突出特点是骈偶文，这也是可以利用来帮助理解部分文字的。根据上下对应的文章结构，就很容易理解一些貌似艰深的言辞。其次，要注意“以刘解刘”。本书的用语，有些是刘勰自己新造的，有的虽然是古书常用的，刘勰却自有其特定的用意。只有以刘勰书中的解释来理解，才是准确可靠的。对于《文心雕龙》中涉及的典故史实，只要勤于查检，一般是不难理解的。另外，《文心雕龙》的译注本对我们很有帮助。比较有名的有范文澜的《文心雕龙注》和周振甫的《文心雕龙注释》。

□文选 /南朝梁/萧统/诗文分类的典范和开先河者

⊙作者简介

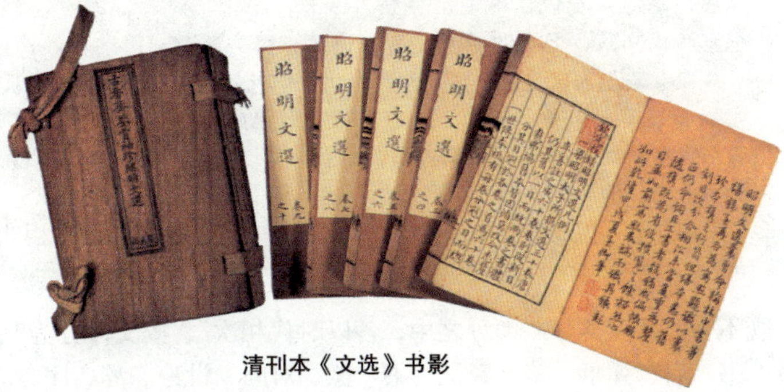

清刊本《文选》书影

我国古代的帝王贵胄中出过几位大文人，前面我们曾经提到过曹氏父子，这里我们要介绍另外一位：《文选》的编选者萧统。萧统是梁武帝萧衍的长子，萧衍称帝后被立为太子。《梁书》记载他性情敦厚，宽和容众。立为皇太子后，萧衍让他代理朝政，他明于庶事，纤毫必睹，精于政务。萧统一生勤奋读书，在东宫收集图书三万卷，还在东宫招纳了一批有学问的人，包括《文心雕龙》的作者刘勰及刘孝绰、王筠、殷芸、陆倕、到洽等人。这些人可能都参加了编选《文选》的工作。然而天妒英才，萧统 31 岁时不幸病死，死后谥号昭明，世称昭明太子，他所编选的《文选》也因此被称为《昭明文选》。

⊙背景提示

由魏、晋到齐、梁，是中国文学史上各种文学形式发展并趋于定型成熟的时期，作家和作品数量之多远远超过前代。南北朝时期，文学已经成为社会上层人物必备的修养，社会对文学也更加重视。南方的乐府机构收集保存了南北朝的民歌，现存五百多首。在诗体方面，南北朝民歌开创了五、七言绝句体，经过文人创作加以提高，后来成为唐诗的主要形式之一。魏晋南北朝的文章较以史传、政论为主的两汉散文，更为丰富多样。檄、碑、诔、序、记、书信等各体文章，普遍都注意辞采，追求艺术性的美，特别是书信，出现了不少富有抒情色彩、语言精美的作品。在表现形式方面，文也与诗歌同步，多运用骈偶手段，除了史书和一些专门著作外，大多数文章都是骈体文，甚至像《文心雕龙》这样的文学理论著作，都是用骈体文写成的。魏晋南北朝的辞赋也有重要的发展。虽然还出现过左思的《三都赋》，但汉代兴盛一时的大赋这时没落了，占主导地位的是抒情小赋。辞赋在艺术形式上比一般骈体文更为讲究，藻饰、声律、骈偶、用典这四种修辞手段被大量地使用，语言也特别工整精丽。总之，魏晋南北朝是中国文学史上第一个具有文学的自觉意识、在各方面富于创新精神的时代。与之相适应，从文艺理论角度对文学概念的探讨和文学体制的辨析日益精密。这一时期出现了《典论·论文》、《文赋》、《文心雕龙》、《诗品》等文艺理论著作。

文学作品的数量众多，对它们进行品鉴别裁、芟繁剪芜，就成为广大阅读者的需要，选录优秀作品的文学总集《文选》于是应运而生。

⊙内容提要

我国浩如烟海的古籍之中，除了几部儒家经典以外，以一部书为学者们所研究而能成为一门学问的，只有两种：一种是“红学”，它的研究对象是《红楼梦》；一种是“选学”，它的研究对象就是《文选》。

《文选》是我国现存最早的诗文选集。《文选》三十卷，共收录上起子夏、屈原，下至当时的作家共一百三十人的作品五百一十三篇。《文选》编排的标准是“凡次文之体，各以汇聚。诗赋体

相关链接

与《文选》同时的有多种诗文选集，但是都散佚了，我们无法看见。这里介绍几部后代著名的文章选集。

《古文辞类纂》：编选者为清代散文家姚鼐。姚鼐，字姬传，安徽桐城人。室名惜抱轩，世称惜抱先生。曾参与纂修《四库全书》。为桐城派散文的中坚与集大成者。《古文辞类纂》把文章分为十三类：论辩，词赋，序跋，诏令，奏议，书说，哀祭，传志，杂记，赠序，颂赞，铭箴，碑志。本书共七十五卷，选录战国至清代文章，但不收经子史传和诗赋。每类前有一篇序言，论述文体特点源流。

《唐宋八大家文钞》：编选者为明代散文家茅坤。茅坤，字顺甫，号鹿门，归安（今浙江吴兴）人，嘉靖十七年（1538）进士。此书选辑唐代韩愈、柳宗元，宋代欧阳修、苏洵、苏轼、苏辙、曾巩、王安石八家文章共164卷。每家各写有小引。茅坤选文的目的在于宣扬八人文章得“六经”之精髓，他对韩愈尤为推崇。他评述文章艺术形式也不出八股文笔法范围。他的评点注释虽多有疏漏，但这个选本繁简适中，便于初学者，因此几百年来盛行不衰。“唐宋八大家”的名目也由此流行。

既不一，又以类分。类分之中，各以时代相次”，按文体分为赋、诗、骚、七、诏、册、令、教、表、上书、启、弹事、笺、奏记、书、檄、对问、设论、辞、序、颂、赞、符命、史论、史述、赞、论、连珠、箴、铭、诔、哀、碑文、墓志、行状、吊文、祭文等三十八类。各类中以诗、赋两类所收作品为最多，约占全书篇幅的一半，又按内容把赋分为京都、郊祀、耕籍等十五门，把诗分为补亡、述德、劝励等二十三门。

《文选》选录的范围，据萧统在《文选序》中的说明，凡属经书、诸子、历史传记等一律不选，但是历史传记中的赞、论、序、述却可以选录，因为“赞、论之综辑辞采，序、述之错比文华，事出于沉思，义归乎翰藻”。这“事出于沉思，义归乎翰藻”两句，就是《文选》的选录标准。所谓“事”，是指文章所用的典故或者题材，“沉思”指深刻的艺术构思；“义”指文章的思想内容，“翰藻”则指有文采的辞藻。这反映出六朝的绮靡文风在他身上有明显的影响。然而他对文学创作的思想内容和艺术形式的关系，却持折中态度，内容要求典雅，形式可以华丽，认为艺术的发展必然是“踵其事而增华，变其本而加厉”；同时，他认为“夫文典则累野，丽亦伤浮”，要求丽而不浮，典而不野，“文质彬彬，有君子之致”。所以《文选》所选的作品，其实并没有过分忽视内容。除了选录当时不被人重视的陶渊明的八首诗以外，还选录了《古诗十九首》和鲍照的作品十八篇。同时，摒弃了那些故作高深的玄言诗和放荡、空虚的艳体诗和咏物诗。这是这部书的优点。

由于《文选》本身的优点，它比起同类型的其他诗文总集的影响更深远。唐代以诗赋取士，唐代文学和六朝文学又有密切的继承关系，因而《文选》就成为士人学习诗赋的范本。宋初亦以诗赋取士，《文选》仍然是士人的必读书，甚至有“《文选》烂，秀才半”的谚语。隋、唐以来，文人学者从各种角度对《文选》作了研究，研究《文选》已成为一种专门的学问，以致于有了“选学”这一名称。

⊙作品评价

《文选》是我国最早的诗文选集，他对文章的分类具有开创之功。我们阅读的过程中，应该注意把他的文章分类法与后代的文章选集，如《古文辞类纂》之类的编排体制进行比较，在比较中了解评价萧统的分类法。

《文选》的注本著名的有李善的《文选注》。李善是一位知识渊博的学者，号称“书簏”。他付出了大量的精力来注释《文选》，注释中引用古书近一千七百种，被历来的学者推崇为“淹贯古今”。李善注偏重在说明语源和典故，体例谨严，引证赅博，但对文义的疏通则不免有所忽略。今天来看，李善注的重要性还在于他所引用的大量古籍已经亡佚，后世的学者要做考证或辑佚工作，此书就成了取资的渊薮。

颜氏家训 / 北齐 / 颜之推 / 古今家训之祖

⊙作者简介

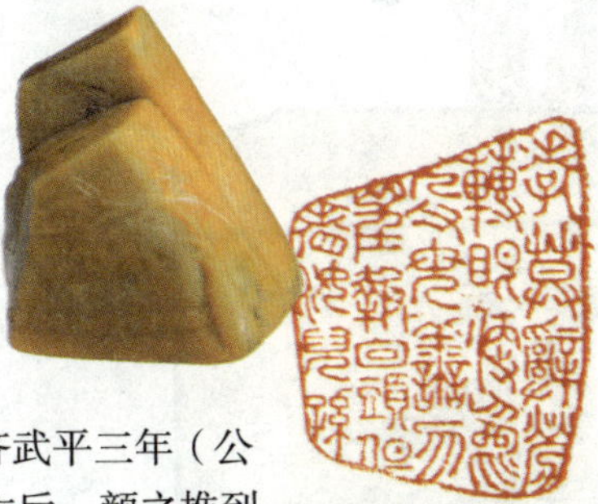

“孝莫辞劳转眼即为人父母，善勿忘报回头但看汝儿孙”印及印文

颜之推（公元 531 ~ 590 年），字介，祖籍琅琊临沂（今山东临沂），出身于世代精于儒学的仕宦之家，梁中大通三年（公元 531 年），颜之推出生在江陵。他青年时正好赶上侯景之乱，21 岁的颜之推被俘，囚送建康，第二年返回江陵，任元帝的散骑侍郎，奉命校书。两年以后，西魏讨伐梁，攻陷江陵，他又一次被俘，被遣送到关中。不久，颜之推冒着生命危险逃奔北齐，齐武平三年（公元 572 年）任黄门侍郎，主持文林馆，修类书《御览》。北齐灭亡后，颜之推到北周，任御史上士。隋朝建立后，他被召为学士，受到尊重，约在开皇十年后病逝。晚年为了用儒家思想教育子孙，鼓励子孙继承家业，扬名于世，写下《颜氏家训》20 篇。颜之推一生著述丰富，但流传下来的只有《颜氏家训》和《还冤志》二书。

⊙背景提示

颜之推生活的年代，战乱频繁，破国亡家之事屡见不鲜，就他本人而言，也是深有体会。加之南北朝后期，门阀制度已经开始衰败，家庭伦理观念开始遭到新的冲击，家庭教育的重要性越发明显，文风的浮藻华靡，亟须补充务实、真切的清新气息，来改变现实。这就是《颜氏家训》出现的大背景。

⊙内容提要

《颜氏家训》虽以儒家思想为正统，但也受到佛道两家思想的影响，是颜之推在乱世中退能安身立命、进能立身扬名的经验以及当时许多人士取祸杀身的教训的总结。书中用许多历史故事来论述问题，对颜氏子孙的教养起过颇大的作用。

《颜氏家训》共 20 篇，“序致”第一，是全书的自序，讲述撰写该书的目的，作者从亲身经历入手，告诫子孙好好做人；“教子”第二，讲如何教育子女；“兄弟”第三，讲兄弟之间如何相处；“后娶”第四，讲夫或妻死后，活着的该不该再婚等问题；“治家”第五，讲管家的问题；“风操”第六，讲当时做人的风度节操；“慕贤”第七，讲如何礼敬时贤；“勉学”第八，讲如何为学；“文章”第九，讲如何做文章；“名实”第十，讲做人的名与实；“涉务”第十一，强调多做实事；“省事”第十二，强调做事专精；“止足”第十三，强调知足的道理；“诫兵”第十四，作者从家世入手，讲弃武习文的道理；“养生”第十五，讲保养身体；“归心”第十六，讲归心于佛教；“书证”第十七，是本书中最长的一篇，为作者对经史文章所作的考证的汇集；“音辞”第十八，讲古今语音的变化；“杂艺”第十九，讲书法、绘画、射箭、算术、医学、弹琴及卜筮、六博、投壶、围棋等；“终制”第二十，讲死后的安排，反对厚葬等。

颜之推对于教育作用的看法，完全继承了孔子的“唯上智与下愚不移”的先验论观点，强调

深度阅读

《颜氏家训》问世后，一直受读书人重视。《颜氏家训》的佳处在于立论平实。颜之推的教育思想不仅在当时富有意义，就是对后世也产生了重大的影响，直至今天仍有许多可借鉴之处，因而在我国教育史上占有一席之地。

贤母图　康涛

从此图的题款“临民听狱，以庄以公。哀矜勿喜，孝慈则忠”，可以推知此为贤母向即将离家仆任的儿子所作的教诲。画家以高超的笔法将贤母严肃训诫却又暗含离别伤感之态、儿媳恭顺侍立而又对丈夫依恋不舍之情、儿子恭敬聆听却踌躇难离之意，刻画得极其生动传神。

中人教育。即上智者有先天的才智，无须教育，下愚者教育无效，惟有中人非教不可，不教不正。

颜之推注重家庭教育，认为应该及早对子女进行教育，甚至主张胎教。把儒家的“少成若天性，习惯如自然”作为自己的指导思想，并针对父母易于溺爱孩子的情况，主张将爱子之情与教子之方结合起来，对孩子严格要求，勤于监督，爱得其所，爱得其法。同时，他很注意周围环境对子女的影响，要求审慎地看待子女左右的人，发挥教育习染的积极影响。

颜之推注重全面教育，要求把做人、为学、强身、杂艺相结合，在做人方面，主张虚心好学，不能妄自高大，不能凌忽长者，不能轻慢同列，倡导父慈子孝、夫义妇顺等儒家道德规范。

在为学方面，他主张求学，知行结合，反对空守章句和迂阔无所归趋的浅薄之风。主张博学，博涉经传，兼通文史。

在士大夫教育方面，对当时腐朽空泛之弊，进行了深刻的揭露和批判，主张进行培养国家实际有用的人才的“求实”教育，认为国家大约需要六种人才，即政治家、理论家和学者、军事家、地方官吏、外交官、管理者和工程技术专家。他指出一个人要对这六个方面都有所了解，但不必面面精通，可根据个人的差别专其一面。

关于学习态度和方法，他强调要珍惜时光，虚心学习，尤其要重视亲身观察获得的知识，反对那种“贵耳贱目”、“以讹传讹”的学风，并提倡在师友之间共同研究切磋，相互启发。

颜之推注重子女教育，家风所被，后代人才辈出。

⊙作品评价

《颜氏家训》的许多问题是通过故事来说明的，因而可以在读故事的过程中体味颜之推的教育思想，同时也可以结合现代的教育观，进行对照和比较，看看颜之推教育思想对现在的可取之处，以弥补现代教育的不足。

孝经图卷　南宋　佚名

此画卷取材于儒家经典著作《孝经》十八章，每章一图，图文并茂。画面中人物虽小却形神兼备，体态各异，栩栩如生，笔触细腻而工整，设色浓艳，布局合理。

□大唐西域记

/唐/玄奘/中西交流最重要的历史地理文献

⊙作者简介

玄奘像

玄奘，俗姓陈，洛州缑氏（今河南偃师市南缑氏镇）人。他于隋文帝仁寿二年（公元602年）出生于一个世代儒学之家，出家后法名玄奘，敬称三藏法师，俗称唐僧。13岁时在洛阳净土寺诵习佛典，后来去唐朝都城长安，游历成都、荆州（今湖北江陵）、扬州、苏州、相州（今河南安阳）、赵州（今河北赵县）等地，遍访名师，然后又回到长安，拜师于法常、僧辩两位大师。随着学业的日益进步，他的疑问和困惑也越来越多，而这些疑惑中国的佛典和高僧又解决不了。玄奘于是下定决心去佛教的发源地印度取经求法。唐太宗贞观元年（公元627年），玄奘从长安出发，孤身踏上征程，开始西行之路。途经秦州（今甘肃天水）、兰州、凉州（今甘肃武威）、瓜州（今甘肃安西东南），偷渡玉门关，历五天四夜滴水不进，艰难地通过了八百里沙漠，取道伊吾（今新疆维吾尔自治区哈密），年底到达高昌（今新疆维吾尔自治区吐鲁番），沿天山南麓西行，历经属国，沿大清池西行，来到素叶城，在这里巧遇突厥叶护可汗，并得到可汗的帮助。然后继续西行，经过昭武九姓中的七国，翻越中亚史上著名的铁门，到达吐火罗，由此又南行，经大雪山，来到迦毕试国，东行至团犍驮罗国，进入印度。当时的印度分为东、西、南、北、中五部分，史称五印度或五天竺。玄奘先到北印度，在那里拜望高僧，巡礼佛教圣地，跋涉数千里，经历10余国，进恒河流域的中印度。在中印度，历史悠久的摩揭陁国拥有全印度规模最大且有700年历史的那烂陀寺，这是当时全印度的文化中心，玄奘西行求法的目的地。玄奘在那烂陀寺留学5年，向寺主持、当时印度佛学权威戒贤法师学习《瑜珈论》等，又研究了寺中收藏的佛教典籍，兼学梵文和印度很多的方言。后到中印度、东印度、南印度、西印度游学，足迹几乎遍及全印度，再返回那烂陀寺，戒贤法师命他为寺内众僧讲解《摄大乘论》等佛典，赢得了极大声誉。贞观十七年（公元643年）春，玄奘谢绝了戒日王和那烂陀寺众僧的挽留，携带657部佛经，取道今巴基斯坦北上，经阿富汗，翻越帕米尔高原，沿塔里木盆地南线回国，两年后，回到了阔别已久的首都长安。唐太宗得知玄奘回国，在洛阳召见了他，并敦促他将在西域、印度的所见所闻撰写成书。于是玄奘口述，由其弟子辩机执笔的《大唐西域记》一书，于贞观二十年（公元646年）七月完成。

⊙背景提示

隋朝末年，由于连年征战，国力衰微，突厥人便乘机兴起，不断扩大割据地盘，到唐朝开国后，仍不时对边境进行侵扰，有时连长安都受到严重威胁。为了求得暂时安稳的环境，唐高祖不得不忍辱向突厥称臣，每年还要贡奉大量的财物。唐太宗即位后，急于打败突厥，和邻国建立友好的关系，以巩固统一的多民族国家，这就需要对西域各国的地理环境有个比较详细的了解，所以玄奘回国后，唐太宗一方面让他翻译佛经，一方面迫不及待地让他修《西域记》。

⊙内容提要

《大唐西域记》分12卷，共10余万字，书前冠以于志宁、敬播两序。卷一记载今天新疆维吾

那烂陀寺遗址

尔自治区和中亚的广大地区，是玄奘初赴印度所经之地。卷二之首有印度总述，其后直到卷11分述五印度的各国概况，其中摩揭陁一国情况占去了8、9两整卷的篇幅。卷12记载玄奘返国途中经行的帕米尔高原和塔里木盆地南缘诸国概况。全书共记述了玄奘亲身经历的110国和得之传闻的28国情况，书中对各国的记述繁简不一，通常包括国名、地理形势、幅员广狭、都邑大小、历时计算法、国王、族姓、宫室、农业、物产、货币、事物、衣饰、语言、文字、礼仪、兵刑、风俗、宗教信仰以及佛教圣迹、寺数、僧数等内容。《大唐西域记》记载了东起我国新疆维吾尔自治区、西尽伊朗、南到印度半岛南端、北到吉尔吉斯斯坦、东北到孟加拉国这一广阔地区的历史、地理、风土、人情，科学地概括了印度次大陆的地理概况，记述了从帕米尔高原到咸海之间广大地区的气候、湖泊、地形、土壤、林木、动物等情况。

《大唐西域记》所载内容十分丰富：(一)综述各国的地理形势、气候、物产、政治、经济、文化、风俗、宗教等概况。书中多数国家的介绍都是从自然环境叙述到社会概况，语言简洁，内容翔实，章法基本统一。尤为珍贵的是还用17个专题对印度作了重点介绍，基本上囊括了印度的全貌，堪称古代和中世纪印度的简史。(二)记载了重要的历史人物和历史事件。全书介绍的国家多数都涉及一些历史人物或历史事件，但该书并非历史人物传记，只是一部地理志，历史人物与历史事件是玄奘参谒名人故地、观看遗存文物时引发出来的。书中记载的历史事件尽管都与佛教有关，但对考察该国的政治状况也都有重要的参考价值。(三)记述了佛教各教派的演变与分布状况。玄奘漫游印度各地，随时记录各国宗教情况。

《大唐西域记》记录玄奘亲自游过的110个和传闻得知的28个以上的城邦、地区、国家的情况，是唐代杰出的地理著作，主要成就表现在四个方面：1.新的地理内容。我国自汉代起，就把昆仑山脉西部高山地区称作葱岭。《大唐西域记》卷12有波谜罗川的地名，指出这是葱岭的一部分，“其地最高”。这是我国古代地理著作中首次提到帕米尔(波谜罗)这个名称和地理概念。2.对中亚、印度等国地理环境的详细描述，超过了以前的任何著作。3.对某个地区的描述，既有自然地理的内容，又有经济地理内容。是今天研究中亚、印度一带的历史地理所必需的文献。4.《大唐西域记》除去首尾两卷有中国地理内容外，其余各卷都是讲外国地理，是我国古代外国地理专著之一。

⊙作品评价

阅读此书时，主要着眼于两点：第一，关于印度古代和中世纪的历史，介绍了释名、疆域、数量、岁时、邑居、衣饰、文字、教育、佛教、族姓等内容，概括了印度的全貌；第二，以佛教各教派的演变和分布状况为线索，全面了解印度佛教的发展过程。

深度阅读

《大唐西域记》的问世，为研究中国境内少数民族乃至南亚、中亚地区的历史提供了丰富的史料，尤其是对印度，可以说这部书填补了印度古代中世纪历史的空白，并且对印度的考古工作也做出了难得的贡献。当然受时代的影响，书中也难免掺杂一些神话或迷信成分。今天《大唐西域记》已被译成英、法、日等国文字，在全世界广泛流传，它已经成为中印人民友谊的象征，是中印文化关系史上的一颗明珠。

□贞观政要

/唐/吴兢/初唐政治的重要文献

⊙作者简介

吴兢（公元670～749年），唐朝汴州浚仪（今河南开封）人。出生于唐高宗总章三年（公元670年），病逝于唐玄宗天宝八载（公元749年）。吴兢为人正直不阿，勤奋好学，对古代经书都有一定的研究，特别是对历史有较深的造诣。青年时期，他结识了当代著名人物魏元忠、朱敬则等，并从他们那里得到了不少的教益。约在武周圣历三年（公元700年）前后，当时武三思领导修撰国史，武三思等人以朋党为界限，记事不实，吴兢具有忠于历史的赤诚，愤而私撰《唐书》、《唐春秋》，意欲为后人留下信史。唐中宗时，他任右补阙，与刘知几等人共修《则天实录》。书成后，转任起居郎，又迁水部郎中。开元初，自请继续修史，得准与刘知己撰《睿宗实录》，并重修《则天实录》。刘知几去世后，张说为相，见到书中记载张易之诱他诬陷魏元忠之事，感到不安。颇有政治见识的吴兢，对澄清了七八年混乱局面的唐玄宗很敬仰，他热切地希望颇有作为的新皇帝能够吸取老皇帝教训，重整旗鼓，治国安邦，使唐王朝得以长期统治下去。因此，他大胆而直率地向皇帝上了一道奏书要求皇帝纳谏。吴兢得到唐玄宗的重视和信任，约在开元三年（公元715年）前后，升任谏议大夫、太子左庶子等官，并兼文馆学士。不久，又任卫尉少卿，兼修国史。开元十七年（公元729年），吴兢被贬官，出任荆州司马，后又历任地方郡守，辗转迁任，不得重用，寂寞地度过了自己的晚年。

⊙背景提示

《贞观政要》一书，约完成于唐玄宗开元后期或开元、天宝之际。这一时期正是唐王朝承续“贞观之治”继续兴盛发展时期，但政治危机已在一连串宫廷政变——武后专权、韦氏弄权以后显现；社会危机也已时露端倪，小股农民起义时有发生。政治上颇为敏感的吴兢已感受到衰颓的趋势。为了保证唐皇朝的长治久安，他深感有必要总结唐太宗君臣相得、励精图治的成功经验，为帝王树立起施政的楷模。《贞观政要》正是基于这样一个政治目的而写成的，所以它一直以其具有治国安民的重大参考价值，而得到历代的珍视。

⊙内容提要

《贞观政要》分类编录了唐太宗与魏征、房玄龄、杜如晦等君臣之间有关国家大事的问答，以及大臣争议和所上谏疏，并旁及政治设施、刑法等等，“用备观戒”。“贞观”是唐太宗李世民的年号。“政”指“令”、“政策”，“要”指“要领”、“要点”。“贞观政要”即“贞观年间的施政要领”。《贞观政要》虽记载史实，但不按时间顺序组织全书，而是从总结唐太宗治国施政经验，告诫当今皇上的意图出发，将君臣问答、奏疏、方略等材料，按照为君之道、任贤纳谏、君臣鉴戒、教戒太子、道德伦理、正身修德、崇尚儒术、固本宽刑、征伐安边、善始慎终等一系列专题内容归类排列，使这部著作既有史实，又有很强的政论色彩；既是唐太宗贞观之治的历史记录，又蕴含着丰富的治国安民的政治观点和成功的施政经验。

全书10卷42篇、250章，共8万字左右。

在第一卷中，吴兢将《论君道第一》作为首篇，其中主要记载了唐太宗和时任谏议大夫的魏征关于“为君之道”的讨论。唐太宗认为，为君之道，在于必须先存老百姓，如果损害了百姓来奉养自身，就如同“割胶以啖腹，腹饱而身毙”。如果想安定天下，君主必须首先严于自律，否则上行下效，国家的安定将无从谈起。第一卷第二篇是“论政体”。在这里，吴兢继续记述唐太宗君臣对治国之道的讨论，只是这种讨论从由单纯的治国指导思想进一步深入到了具体的治国方式。

十八学士图　唐　佚名

第二卷《论任贤第三》、《论求谏第四》和《论求谏第五》，吴兢更详细地记录了太宗身边的几个股肱之臣：房玄龄、杜如晦、魏征、王珪、李靖、虞世南、李勣、马周等被选拔任用的经历。太宗对贤才珍惜和重视，但对那些贪官污吏深恶痛绝。如果有接受钱财而违法的官吏，一定严惩不贷。由于这样，唐太宗时的官吏多能做到"清廉自谨"。

第三卷包括《君臣鉴戒第六》、《论择官第七》、《论封建第八》三篇。太宗君臣注意从隋亡中吸取教训，认为作为君主应该力戒骄奢淫逸，并随时采纳忠直之言，选用贤良，励精图治。而为臣子者，对君主应该忠诚不贰，敢于直言，不怕诛杀。在择官方面，基本遵循"任官惟贤才"的原则。

第四卷主要记录了关于对太子及诸王的封授、教育、规谏的问题。太宗采纳了褚遂良的建议，给太子高于诸王的待遇，并为太子延请师傅，教育太子尊师重道，为将来君临天下做准备。其他诸王也应该选择良师益友，接受他们的直言规劝，不得独断专行。

第五卷和第六卷共包括十六篇，记录了唐太宗君臣心中君主或臣子应该恪守的道德准则，包括：仁义、忠义、孝友、公平、诚信、俭约、谦让、仁恻、慎所好、慎言语、杜谗邪，自省、廉洁等。

第七卷包括《崇儒学第二十七》、《论文史第二十八》、《论礼乐第二十九》三篇。记录了太宗自践位以来，通过设弘文馆，尊孔子为至圣先师，广泛授予天下儒士以官职等方法，确立儒家思想在社会中的统治地位。

第八卷包括六篇，分别是《论务农第三十》、《论赦令第三十一》、《论刑法第三十二》、《论贡献第三十三》、《禁末作附（三章）》、《辩兴亡第三十四》。

第九卷包含《议征伐第三十五》和《议征伐第三十六》两篇，它记录了从唐初期到唐太宗后期，唐朝处理与周边国家、地区关系的情况。

《贞观政要》全书内容涉及非常广泛。分类归纳，基本上可分为以下四个方面：1. 君主的自身修养和作风；2. 官员的选拔和作风要求；3. 对内对外的大政方针；4. 规谏太子，确保国家长久，社稷永存。

《贞观政要》记述的封建政治问题是全面而详备的。吴兢把君主作为封建政权的关键，他在开卷的第一篇《君道》中，首先探讨了为君之道。他列举唐太宗的言论说明：要想当好君主，必先安定百姓，要想安定天下，必须先正自身。把安民与修养自身当作为君的两个要素，对于封建政治来说，是抓到了点子上的。对于君主的个人修养，他以唐太宗为例，说明清心寡欲和虚心纳谏是相当重要的。做到这两点，是唐太宗成功的关键，从历代统治者的施政实践上看，这两条对于政权安危具有普遍意义。《贞观政要》中，也反映了吴兢思想中的一些消极东西。

⊙作品评价

阅读时注意两点：第一，《贞观政要》的写作背景要引起注意，只有在特定的环境下，才会有这些言论的记载；第二，文中的对话主要是围绕为君之道、任贤纳谏、君臣鉴戒、教戒太子、道德伦理、正身修德、崇尚儒术、固本宽刑、征伐安边等一系列专题内容展开的，可以根据专题来阅读。

□千金方

/唐/孙思邈/巍巍堂堂，百代之师

⊙作者简介

孙思邈像

孙思邈，世称孙真人，后世尊之为药王，唐京兆华原（今陕西耀县）孙家塬人。根据《旧唐书》、《新唐书》等，认为孙思邈大约生于公元542年，卒于公元682年，终年140岁左右。孙氏自幼聪慧好学，敏慧强记，7岁时每天能背诵一千多字，人称圣童。他的家乡在长安附近，为秦汉时期的文化中心，因而孙思邈有机会从小就博览群书。孙思邈自幼体弱多病，常请医生诊治，以致耗尽家资。因此他从青年时代就立志以医为业。到20岁左右，他已对医学有一定造诣并且已经小有名气。除医学书籍外，儒家、道家、佛家的典籍他也无所不读。到青年时孙思邈已经是一个知识渊博尤其精通儒家、道家并兼通佛学思想的学者了。公元579年，孙思邈鄙弃仕途，离开家乡，先后到长安以西稍偏南距长安600余里的太白山和长安以南200余里的终南山过了数十年的隐居生活。在这期间，他潜心钻研唐以前历代医家的著作。除此之外，他也在当时盛行的“阴阳禄命”、“诸家相法”、“灼龟五兆”、“周易六壬”及预测祸福、卜筮吉凶等方面消耗了大量的时间。他还利用久居山林的自然条件，钻研并整理记载了大量药物识别、采集、炮制、贮存等方面的丰富经验。在长年为方圆数百里内百姓治疗各种疾病的实践中，他所学的医学理论与临床实践融汇贯通，医疗技术达到了炉火纯青的境地。孙思邈淡泊名利，隋文帝、唐太宗、唐高宗多次请其为官，他均托病辞而不受。自85岁以后，他时而居京师，时而居山林，以行医为主要社会活动。孙思邈到了晚年，对天文、地理、人文、社会、心理等诸方面学问无不精通，对事物的发展变化有着深刻的洞察力，甚至达到了出神入化的境地。他晚年把主要精力用于著书立说，孙氏在一百多岁才开始着手写《千金方》30卷，公元682年他又积最后30年之经验，写成《千金翼方》30卷，以补《千金方》之遗。同年，寿至140岁左右的一代名医孙思邈在长安与世长辞。孙思邈终生精勤不倦，著述很多，除了《千金要方》、《千金翼方》外，还有《老子注》、《庄子注》、《枕

孙真人煎药图

相关链接

《千金翼方》，取义为与《备急千金药方》相互补充，如羽如翼。该书仍是30卷，论述了本草、伤寒、中风、杂病和疮痈等方面的内容，十分详尽。方剂学方面，他首创了“复方”，就是将2张“经方”（《伤寒论》中所载的方子称为经方）有机地组合在一起使用。而这种方法十分严格，在方解方论、操作办法和药物配伍等方面，都有着很严格的限制，极难掌握。但他经过不断的努力，凭借其深厚的医学功力，开创了这种制方的方法，并运用得非常精确。

中素书》1卷、《会三教论》1卷、《福禄论》3卷、《摄生真录》1卷、《龟经》1卷等。

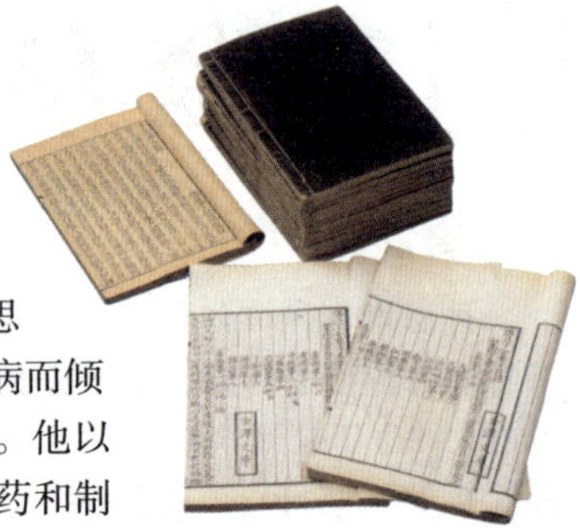
《千金方》书影

⊙背景提示

当时的社会风尚是"朝野士庶，咸耻医术之名，多教子弟诵短文，构小策，以求出身之道。医治之术，缺而弗论"。孙思邈目睹民众缺医少药，回顾自己幼遭风冷之疾，屡造医门，为治病而倾尽家产的痛苦经历，遂立志做一名"苍生大医"，毅然放弃仕途。他以历代名医为榜样，刻苦钻研医药典籍。对于诊疗疾病的方法，采药和制药的法度，养生保健之术，凡有一事长于已者，他总是不远千里，伏膺取诀。

⊙内容提要

《备急千金要方》被誉为中国最早的临床百科全书，世简称为《千金方》。《千金方》共30卷，其中主要对于临床各科的诊治方法、食物疗法及预防、卫生等方面的内容详细论述。卷首以显著地位论述了《大医精诚》与《大医习业》，突出地强调了作为一位优秀医生必须具备高尚的医疗道德修养和精辟的医学理论、医疗技术。为此，该书一一作出了医德与医术的严格要求，成为历代临床医生修养的准绳。

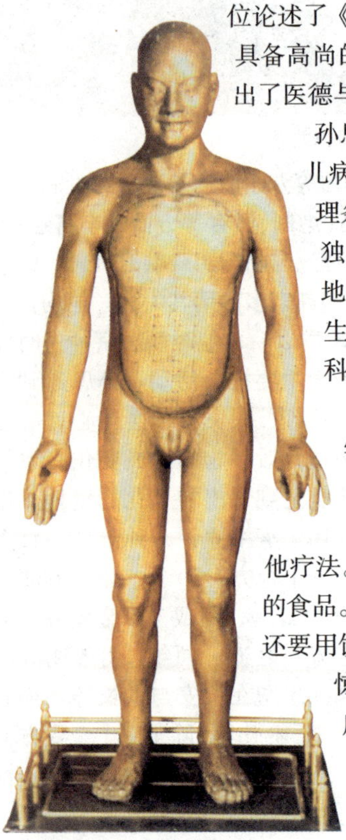
针灸铜人

孙思邈十分重视妇女和儿童的疾病，用很大的篇幅专论妇人病、婴幼儿病及体质发展的特点。他认为妇女有经、带、胎、产等方面的特殊生理条件和疾病范围；儿童的身体结构与成人大不相同，皆应单分出科，独立讨论。他也是最早提出将妇科单列一科的医家。孙氏在比较正确地论述了妇女妊娠及胎儿在母体逐月发展之形态等以后，还强调了初生儿的护理、喂养及乳母、保育员的选择条件等，应该说这是很符合科学要求的。

在内科病的防治方面，按脏腑病症逐一论述，这是孙思邈对内科学的一大贡献。将神经和脑血管病分为偏枯、风痱、风懿、风痹进行诊治。记载了神经病人在认识、情感、思维、语言和行为等方面的障碍，在治疗上按病症分类用药，如惊痫药品、失魂魄药品及其他疗法。指出消渴病（糖尿病）患者要节制饮酒、房事、咸食及含糖较高的食品。在治疗上不要使用针灸，以防外伤成疮久不痊愈；除用药物治疗外，还要用饮食疗法，如牛乳、瘦肉等食物。记述了数十种内科急症，如癫痫、惊厥、眩晕、卒心痛、咯血、吐血、腹痛、瘟疫、尸厥等的诊治抢救。广泛地使用黄连、苦参、白头翁治痢；用常山、蜀漆治疟。认为霍乱等传染病并非鬼神所致，皆因饮食不节不洁所生。对于慢性消耗性疾病的防治和老年病，孙思邈主张用药物、饮食、运动等调养方法。用含碘丰富的动物甲状腺（靥）及海藻、昆布来治疗甲状

名家点评

药王山一座托名石碑上写道："凿开径路，名魁大医。羽翼三圣，调合四时。降龙伏虎，拯衰救危。巍巍堂堂，百代之师。"

深度阅读

《千金方》较全面地总结了自上古至唐代的医疗经验和药物学知识，丰富了我国医学知识。他发展了张仲景的伤寒论学说，改六经辨证为按方剂主治及临床表现相结合的分类诊断方法，使理论更切合实际；由于历史条件的限制，在孙思邈的学术思想中，有一定的迷信和糟粕，如御女术、服石、禁咒等。

腺肿（瘿），用富含维生素A的动物肝脏来治疗夜盲症。用地肤子、决明子、茺蔚子、青葙子、车前子、枸杞子来防治维生素A缺乏症。用谷白皮、麻黄、防风、防己、羌活、吴茱萸、桔皮、桑白皮、茯苓、薏苡仁、赤小豆来防治维生素B_1缺乏症。

在外科方面，他首创的葱管导尿术和灸法治痈疽等多种效验颇佳的方法被后人大量地采用。

在针灸治疗方面，他独创了“阿是穴”疗法，就是找到病人感觉最痛苦的部位施针的方法。他认为，关于针灸疗法，必须首先掌握经络、穴位的理论和技术。他在前人绘图的基础上，经过考订、修改、并创造性地以青、黄、赤、白、黑五色彩绘以区别其十二经各经络之走行方向和空穴之部位，并以绿色绘制奇经八脉。该图分正、侧、背面三幅，大小取常人之一半为之。在针灸临床上，他指出选穴要少而精，提倡针灸辨症，主张综合治疗。

在药物学方面，他十分注重采药的时间和制作方法以及药品的产地，在药材学方面亲自做了大量的实践和调查，对于不同时间采摘、不同方法炮制、不同产地药物的各种细微差别进行了多方面的比较，在组方配药时，就对此有了严格的区分和不同的要求。孙思邈还创立了根据药物的治疗功效对药物进行分类的方法。

在疾病诊疗技术上，孙氏创造了“验透隔法”，就是确诊胸背部化脓性感染是否穿透胸膜引致脓胸的科学方法。其方法是在胸、背肋部脓疮疮面贴一薄纸或竹内膜，于光亮处观察竹膜是否随着病人呼吸同步起伏，呼气则竹内膜内陷，吸气则竹内膜凸出，如是则可诊断脓肿已穿透胸膜而成脓胸或尚未穿透胸膜。在医疗技术上，孙氏实际上已创造出有血清疗法性质的技术。

孙思邈还发展了卫生保健说。在此上有三个显著的特点：一是将老庄“吐故纳新”思想指导下的“静功”与华佗等倡导的“流水不腐，户枢不蠹”思想指导下的“动功”结合起来；二是把一般人的养生保健理论技术与中老年常见病的防范结合起来；三是严厉批判了服五石企图长生的思想，同时强调了服食植物类营养防病方剂的必要性。

⊙作品评价

《千金方》中的许多药物、治疗技术等现在都在运用，可以找几本医学方面的书，先了解一些中医医学基础理论知识，在阅读时，可以对相关内容作一些分类，这样阅读起来会比较清楚明白。同时，可以与《伤寒杂病论》相联系，作一个知识的衔接。

孙思邈扎针

□资治通鉴

/北宋/司马光/中国最著名的编年体通史之一

⊙作者简介

在我国历史上，有两位著名的历史学家，因都复姓司马，所以人们称为“两司马”。即撰写《史记》的司马迁和主编《资治通鉴》的司马光。司马光（1019 ~ 1086年），字君实，北宋陕州夏县（今山西夏县）人。他父亲司马池，官任天章阁（皇帝藏书阁）待制（皇帝顾问）。司马池为人正直、清廉，这对司马光有深刻的影响，时人赞誉司马光是“脚踏实地的人”。司马光自幼酷爱史学，“嗜之不厌”。仁宗宝元元年（1038年）司马光中进士，历仕仁宗、英宗、神宗三朝，任天章阁待制兼侍讲、龙图阁直学士、翰林学士、御史中丞等职。当时正值神宗用王安石变法，而司马光是反对变法的“旧党首领”，故于熙宁三年（1070年）王安石执政后，司马光就请求做外官，出知永兴军。此年，王安石为相后又自请改判西京御史台。哲宗即位，高太后听政，保守派掌权，司马光任过尚书左仆射，把新法废除得一干二净。时隔不久，与世长辞，死后封温国公，谥文正。

司马光像

司马光修书时有三大助手：刘恕，字道原，筠州（今江西高安）人，18岁中冯京榜进士，再试经义说书皆第一，司马光受诏修书，上表推荐刘恕，年仅34岁成为史学名家。刘攽，字贡父，号公非先生，临江新喻（今江西新余）人，庆历进士，曾任国子监直讲，入秘书少监，官至中书舍人。范祖禹，字梦得，成都华阳（今四川华阳）人，进士出身，官至奉议郎。

⊙背景提示

司马光自幼酷爱史学，“嗜之不厌”。屡次深切感受到历代史籍浩繁冗杂，并且除《史记》之外多数为断代史，不便参阅，使学习历史的人感到很困难，同时他为了给封建统治者提供借鉴，于是决定动手编一部“删削冗长，举撮机要，专区国家盛衰，系生民休戚，善可为法，恶可为戒”的史书，并确定此书的宗旨是“鉴前世之兴衰，考当今之得失，嘉善矜恶，取是舍非”。英宗治平三年（1066年），他将记载战国、秦朝历史的《通志》呈进朝廷，获得赏识，并受诏设局续编。书局始辟于开封，后迁至洛阳，设主修、同修、书吏多人。宋神宗曾专听司马光进读书稿，并赐其书名为《资治通鉴》。同时御撰书序，以示褒奖。元丰七年，全书完成，历时19年之久。

⊙内容提要

《资治通鉴》是中国最著名的编年体通史。共294卷，洋洋三百余万字，上起周威烈王二十三年（公

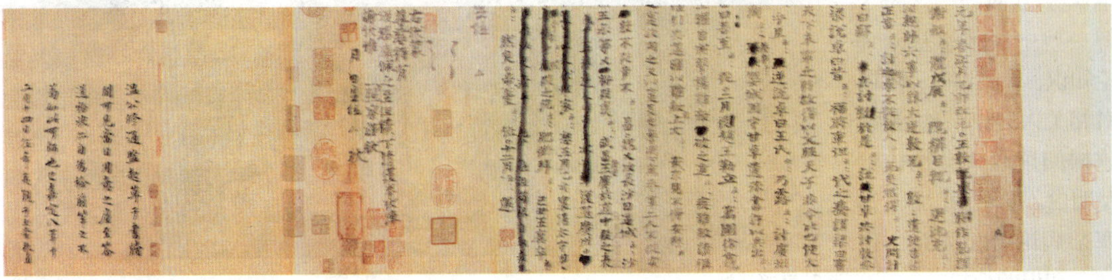
《资治通鉴》残稿

元前 403 年），下迄后周显德元年（公元 959 年）。记载了包括周、秦、汉、魏、晋、宋、齐、梁、陈、隋、唐、后梁、后唐、后晋、后汉、后周在内的 16 个朝代的 1362 年历史。分为 294 卷，共计 300 多万字；另外《目录》30 卷，《考异》30 卷。《周纪》5 卷，《秦纪》3 卷，《汉纪》60 卷，《魏纪》10 卷，《晋纪》40 卷，《宋纪》16 卷，《齐纪》10 卷，《梁纪》22 卷，《陈纪》10 卷，《隋纪》8 卷，《唐纪》81 卷，《后梁纪》6 卷，《后唐纪》8 卷，《后晋纪》6 卷，《后汉纪》4 卷，《后周纪》5 卷。司马光是为了巩固当时的封建政权才编写《资治通鉴》的，这就决定了此书的内容主要是政治史。他把历史上的君主依据他们的才能分为五类：第一类是创业之君，比如汉高祖、汉光武帝、隋文帝、唐太宗等；第二类是守成之君，如汉文帝和汉景帝。第三类是中兴之帝，如汉宣帝；第四类是陵夷之君，如西汉的元帝、成帝，东汉的桓帝、灵帝；第五类是乱亡之君，如陈后主、隋炀帝。在司马光看来，最坏的是那些乱亡之君，他们“心不入德义，性不受法则，舍道以趋恶，弃礼以纵欲，谗谄者用，正直者诛，荒淫无厌，刑杀无度，神怒不顾，民怨不知”，像陈后主、隋炀帝等就是最典型的例证。对于乱亡之君，《资治通鉴》都作了一定程度的揭露和谴责，以为后世君主鉴戒。

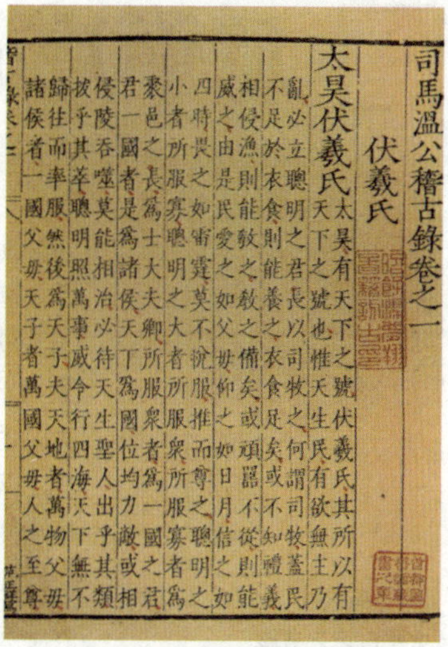
司馬溫公稽古錄卷之一
伏羲氏
太昊伏羲氏 太昊有天下之號伏羲氏其所以有天下之號也惟天生民有欲無主乃
亂必立聰明之君長以司牧之何謂司牧蓋民
不足於衣食則能養之衣食足矣或不知禮義
相侵漁則能敎之敎之備矣或頑嚚不從則能
威之由是民愛之如父母仰之如日月信之如
四時畏之如雷霆莫不說服推而尊之聰明之
小者所服寡聰明之大者所服衆所服寡者爲
衆邑之長爲士大夫卿所服衆者爲一國之君
君一國者是爲諸侯天下爲國位均力敵或相
侵陵呑噬莫能相治必待天生聖人出乎其類
拔乎其萃聰明照萬事威令行四海天下無不
歸往而率服然後爲天子夫天地者萬物父母
諸侯者一國父母天子者萬國父母人之至尊

《司马温公稽古录》内页

《资治通鉴》对军事的记载也很突出，对战争的描述也很生动。凡是重大的战役，如赤壁之战、淝水之战等，《资治通鉴》都要详细记载战争的起因、战局的分析、战事的过程及其影响。《资治通鉴》也注意关于经济的记载，因田赋等赋税是封建经济的首要问题，因此对于商鞅变法、文景之治、北魏孝文帝的均田制等都有记载。《资治通鉴》在文化方面也有记载。从学术思想上来说，上至先秦的儒、法、名、阴阳、纵横五家的代表人物和学术主张，下及汉代的黄老思想、汉武帝的独尊儒术以及魏晋玄学的盛行都有记载。还叙述了佛教、道教的起源及流传，同时也涉及到了著名的文人学士及其作品。从史学方面来讲，从《汉书》到沈约的《宋书》以及唐代的修史制度均有记载。从科技方面来讲，历代的历法是记载最多的，其他还有天文学、地理学、土木建筑（如秦长城、隋唐长安城和洛阳城）、水利工程（隋大运河）等都有记载。《资治通鉴》还有历史评论，一类选录前人的评论，开头都写明作者名氏，不过所选录的前人史论都符合司马光的观点，大部分都是用来表达他的政治思想的，还有一类是属于司马光自己写的，每篇以“臣光曰”开头。

《资治通鉴》主张治理国家必须用人唯贤。司马光认为一个国家能否治理得好，关键在于能否选拔到一批得力的人才。不仅如此，他还反对以门第族望为取人的标准。另外在用人问题上，《资治通鉴》还记载了齐威王与魏惠王论宝的一席对话，语言生动，含义深刻，把德才兼备、智勇双全的大臣，视为国家的无价之宝，突出强调了得人才的重要性。

这里还要提一下《通鉴目录》和《通鉴考异》。《目录》30 卷，仿《史记》年表的体例，纪年于上，列《资治通鉴》卷数于下；《考异》30 卷，说明材料去取的理由。这两书虽不能与《资治通鉴》相比，但它们互相配合，这样使《资治通鉴》的体例更为完备，这是值得读者注意的。

⊙作品评价

由于《资治通鉴》原书卷帙较富，可以选择较好的选本《资治通鉴》作为入门读本。首先通观选本子目，以对选本内容有一综合了解；其次以选本选文为主要阅读对象，兼及北宋以前相关载籍的相关内容，再次正式读此选本之前，以首读选本的《附录》为宜。

□太平广记 / 宋 / 李昉等 / 中国古代最大的小说集

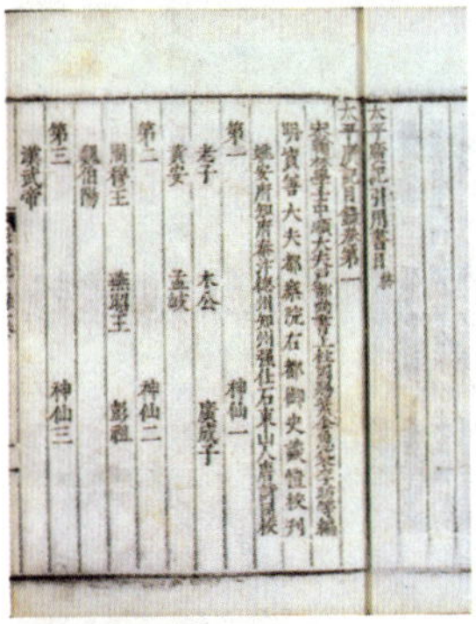
《太平广记》书影

⊙作者简介

《太平广记》是一部集体修纂的大书，据《太平广记·进书表》记载，参与编纂的十三人为李昉、吕文仲、吴淑、陈鄂、赵邻几、董淳、王克贞、张洎、宋白、徐铉、汤悦、李穆、扈蒙，其中，李昉是主要修纂者。李昉（公元 925 ~ 996 年），字明远，北宋深州饶阳（今属河北）人，官至右仆射、中书侍郎和平章事。《宋史·李昉传》称："昉和厚多恕，不念旧恶，在位小心循谨，无赫赫称。为文章慕白居易，尤浅近易晓。好接宾客，江南平，士大夫归朝者多从之游。"曾监修《太平御览》、《太平广记》和《文苑英华》，这三部书与《册府元龟》并称北宋四大书；并参与编修《旧五代史》。

⊙背景提示

宋代经过太祖太宗两代皇帝几十年的努力，统一了全国，结束了五代十国的混乱局面。统一后，宋收集各国所收藏的图书典籍，以充实中央藏书。各国投诚的臣子中，有很多是海内名士，他们的安置是一个伤脑筋的问题。有的人对新朝不满，散布怨言。宋朝为了粉饰太平，安抚人心，将他们全都招入馆阁，给他们优厚的待遇，让他们修书。他们的成就就是著名的宋代四大书：李昉主编的《文苑英华》、《太平广记》、《太平御览》和杨亿编辑的类书《册府元龟》。《太平御览》的编纂始于宋太宗太平兴国二年（公元 977 年），完成于太平兴国八年（公元 983 年），开始叫《太平总类》，因太宗每天阅览，改题为《太平御览》。全书共 1000 卷，分 55 部，编撰时广采各种书籍 1600 多种。《文苑英华》是一部诗文总集，全书共 1000 卷，分赋、诗等 38 类，收集起自南朝梁末、下至晚唐五代的作家 2200 人，诗文作品约两万篇。《册府元龟》的编纂始于 1005 年，成于 1013 年，书中收载了自上古至五代的史籍，引文大多是整章整节的，历史文献价值较高。

⊙内容提要

《太平广记》是宋初官修的一部小说集。北宋李昉等人奉宋太宗之命编纂，因为成书于太平兴国年间，因此取名《太平广记》。

《太平广记》也是中国最大的小说集。《太平广记》搜集了自汉至宋初的各种小说、笔记、野史等 500 多种，共 500 卷，另有目录 10 卷，全书按题材分 92 大类，150 多小类，如"神仙"、"女仙"、"鬼"、"精怪"、"狐"、"感应"、"谶应"、"名贤"、"廉俭"、"气义"、"知人"、"精察"、"俊辩"、"幼敏"、"豪侠"、"贡举"、"职官"、"将帅"、"骁勇"、"器量"、"博物"、"文章"、"儒行"、"方士"、"异人"、"异僧"、"释证"、"卜筮"、"定数"、"伎巧"、"博戏"、"器玩"、"交友"、"奢侈"、"谄佞"、"褊急"、"诙谐"、"嘲诮"、"无赖"、"嗤鄙"、"酷暴"、"幻术"、"梦"、"巫"、"妇人"、"妖妄"等，保存了大量的古小说资料。其中以"神仙"55 卷、"女仙"15 卷这一类收集的资料最多。从这里也可以看出《太平广记》的编纂宗旨。

《太平广记》实际引用的书籍共 475 种。这些书籍大都已散佚、残缺或经窜改，后人只有通过《太平广记》才可以窥见它们的本来面目。今天我们还能看见的唐代传奇小说，大部分保存在《太平广记》中。书中最值得重视的是杂传记九卷，《李娃传》、《柳氏传》、《无双传》、《霍小玉传》、《莺莺传》等传奇名篇仅见于本书。还有收入器玩类的《古镜记》，收入鬼类的《李章武传》，收入神魂类的《离魂记》，收入龙类的《柳毅传》，收入狐类的《任氏传》，收入昆虫类的《南柯太守传》等，也都是现存最早的本子。由于《太平广记》保存了大量的古代小说，又采用分类编纂的方法，给后来研究小说的人带来很大的方便。鲁迅辑录《古小说钩沉》、《唐宋传奇集》就利用了此书。

《太平广记》对后来的文学艺术的影响十分深远。宋代以后，话本、曲艺、戏剧的编者，都从《太平广记》里选取素材，把许多著名故事改编成新的故事。例如关于张生、崔莺莺故事的《西厢记》，有各种不同的剧本，这个故事差不多已经家喻户晓了，它的素材源头《莺莺传》正是保存在《太平广记》里。

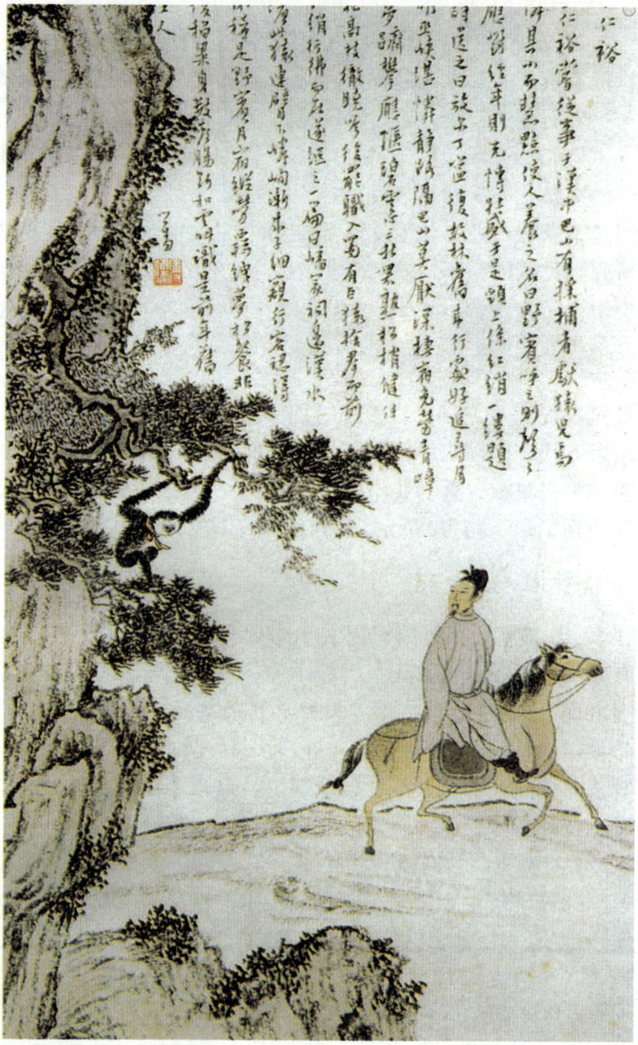

太平广记图册

⊙作品评价

说起电影，很多人喜欢看恐怖片或者神鬼片，或许平淡的生活需要一些神奇怪异的刺激。在古代，大概人们也是有这种心理的，于是志怪类的小说在古代很流行。今日的人们在看多了电影中的恐怖与神怪之后，或者可以打开《太平广记》，感觉一下古人的心境。看《太平广记》，正如鲁迅先生所说，它把精怪、和尚、道士，一类一类分得很清楚，我们要看哪一类的故事，按着目录一查，便能找到一大堆，各式各样稀奇古怪的事情尽在眼前，这样就省去了我们很多的找寻时间。

《太平广记》辑录的资料范围很广，可以透过故事看到古人关于人事、鬼神的观念。那些故事或者劝善惩恶，或者褒奖忠义，或者针砭奸邪，或者宣扬因果报应，或者评人论事，或者描述鬼怪，都如镜子一样，能映出古人的生活和想法。善读书的人能读出故事以外的东西。

相关链接

《夷坚志》：宋代志怪小说集。作者洪迈（1123 ~ 1202 年），字景卢，别号野处，鄱阳（今江西波阳县）人。《夷坚志》取材繁杂，凡梦幻杂艺、冤对报应、仙鬼神怪、医卜妖巫、忠臣孝子、释道淫祀、贪谋诈骗、诗词杂著、风俗习尚等等，无不收录，大多神奇诡异，虚诞荒幻。也有不少故事反映了当时的现实生活，或属于轶闻、掌故、民俗、医药，提供了不少宋代社会生活的材料。

《绿窗新话》：宋代传奇小说集。编者皇都风月主人，生平不详。《绿窗新话》是节录或改写前人志怪、传奇、野史笔记而成的，目的在于提示故事情节，供说话人作为临场敷演的蓝本。这些作品，大多描写男女神鬼的爱情和文人才女的轶事，又时以艳词亵语点染其间。有的作品对后世戏曲、小说影响很大。

梦溪笔谈 / 北宋 / 沈括 / 中国科学史上的坐标

⊙作者简介

沈括（1031 ~ 1095 年），字存中，钱塘（今杭州）人，北宋治平元年（1064 年）进士，曾经担任负责天文、立法的提举司天监，负责兵器制造的判军器监，负责全国政权的权三司使等，曾参与王安石变法运动，又曾出使辽国，驳斥契丹的争地要求，并曾多次巡查地方政务，相度农田水利，并主持修订《奉元历》，改制浑仪、浮漏、影表。宋神宗元丰三年(1080 年) 任鄜延路经略安抚使时，整顿军备，防御西夏入侵。一生勤奋好学，于天文、方志、律历、音乐、医药、卜算无所不通。后因边事获罪被贬。他博学多才，为一代学问大家。著述达 35 种，大多散失。《梦溪笔谈》集其一生研究和见闻的精华，涉及天文、数学、历法、地理、地质、水利、物理、生物、医药、军事、文学、史学、考古及音乐。

⊙背景提示

此时正处北宋的较繁荣时期。宋太祖建立北宋后，又和弟弟宋太宗，陆续消灭南唐等割据政权，结束五代十国以来的藩镇割据的局面，与此同时，宋太祖按宰相赵普的建议，采取一系列措施，加强了中央集权，这为北宋经济、文化、科技的发展创造了良好的环境，到了庆历年间，北宋的经济发展到了一个相当高的水平。《梦溪笔谈》记述了当时社会发展的各方面状况。

⊙内容提要

《梦溪笔谈》是用笔记文学体裁写成的，共 26 卷，再加上《补笔谈》三卷和《续笔谈》，共列有条文 609 条，遍及天文、数学、物理、化学、地学、生物以及冶金、机械、营造、造纸技术等各个方面，共分 30 卷，属自然科学的条文有 200 多条，约占三分之一，其余皆为社会科学。全书分 17 类，计有：故事、神奇、异事、谚谑、杂志、人事、辩证、乐律、象数、官政、权智、艺文、书画、技艺、器用、药议，涉及典章制度、财政、军事、外交、历史、考古、文学、艺术，以及科学技术等广阔的领域，包罗万象，应有尽有。

《梦溪笔谈》尤以科学技术价值著称。全书论及科学技术的内容非常广泛。根据英国科技史专家李约瑟的统计，书中关于科学技术的条文有 207 条，占全书三分之一，内容包括天文、历法、数学、地质、地理、地图、气象、物理、化学、生物、农学、医药学、印刷、机械、水利、建筑、矿冶等各个分支。

《梦溪笔谈》中涉及物理学方面的内容主要有声学、光学和磁学等各方面，特别是在磁学方面的研究成就卓著。

在磁学上，书中谈及指南针的偏向问题，这是世界上有关地磁偏角的最早记录，他指出指南针是由人工磁化而成，并讨论了指南针的四种装置法；在光学上，沈括通过观察实验，对小孔成像、面镜成像，及镜的放大和缩小规律作出了具体的说明，他对西汉透光镜的原理，也作过一番科学研究。沈括在《梦溪笔谈》中留下了历史上对指南针的最早记载。他在书卷二十四《杂志一》中记载："方家以磁石磨针锋，则能指南，然常偏东，不全南也。"这是世界上关于地磁偏角的最早记载。

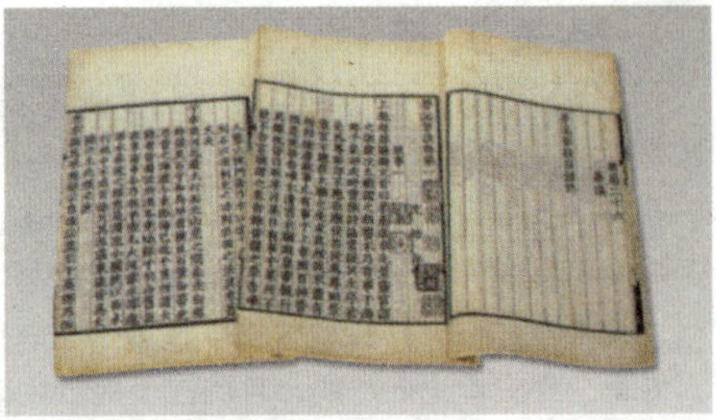

清刊本《梦溪笔谈》书影

在声学上，沈括在《梦溪笔谈》中精心设计了一个声学共振实验。他剪了一个纸人，把它固定在一根弦上，弹动和该弦频率成简单整数比的弦时，它就振动使纸人跳跃，而弹其他弦时，纸人则不动。沈括把这种现象叫做“应声”。用这种方法显示共振是沈括的创见。

在化学方面，他研究鄜延境内的石油矿藏和用途，注意到石油资源丰富，而“石油”一词更是他首先使用的。

在光学方面，《梦溪笔谈》中记载的知识也极为丰富。关于光的直线传播，沈括在前人的基础上，有更加深刻的理解。为说明光是沿直线传播的这一性质，他在纸窗上开了一个小孔，使窗外的飞鸟和楼塔的影子成像于室内的纸屏上面进行实验。根据实验结果，他生动地指出了物、孔、像三者之间的直线关系。此外，沈括还运用光的直线传播原理形象地说明了月相的变化规律和日月蚀的成因。在《梦溪笔谈》中，沈括还对凹面镜成像、凹凸镜的放大和缩小作用作了通俗生动的论述。

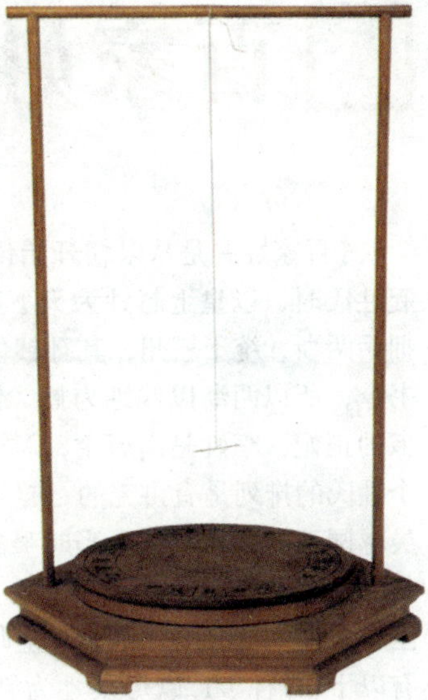
指南针模型　北宋

在天文方面，记述有作者改进浑仪、浮漏、圭表河，开宋元时代天文仪器改革之先河。在历法方面，记述了作者主持编订《奉元历》的始末，民间天文学家卫朴的成就和在改历中的贡献。又论及历代历法的疏密，以及历法推步的方法。

在数学方面，记述有作者首创之隙积术和会圆术。隙积术是一种求解垛积问题的方法，会圆术是一种已知弓形圆径和矢高求弧长的方法。

在地质、地理、地图方面，记述有浙江雁荡山“峭拔险怪，上耸千尺，穹崖巨谷”，西部黄土地区“立土动及百尺，迥然耸立”等地貌特征，指出此乃流水之侵蚀作用所造成。

在化学和矿冶方面，记载有利用铜铁离子置换反应而发明的湿法冶铜“胆铜法”，以及古代最先进的炼钢方法灌钢法，还记述了井盐、池盐，以及羌族的冷锻铁甲法。

在农学、生物学方面，记述有不少作物和动植物的地理分布、生态特征和分类，并对一些古生物进行了考证。在水利方面，记述有作者在汴河分段筑堰，逐段进行测量的过程。在印刷技术方面，记述有庆历年间布衣毕昇发明泥活字印刷术，以及活字印刷的工艺过程。

在建筑学方面，记述有著名匠师喻皓加固杭州梵天寺木塔的事迹，以及其所著建筑学专著《木经》的片断。

在医学方面，记述有人体解剖生理学，并阐述了食物、药物、空气进入人体后的运转过程，以及人体新陈代谢的原理。

除了记述科学技术之外，还有极其丰富的内容。如叙典章制度，有官制、礼制、兵制、舆服、仪卫、文牍、掌故。叙外交，有作者熙宁八年受命使辽，与辽方谈判边界争议的记述。叙财政，有茶法、盐法、均输法，以及北宋历朝铸造铜钱之情况。叙军事，有阵法、兵器、筑城、屯边、战守、粮运、谋略。关于史学，除全书所记述大多为可靠史实外，还有很多记述，为其他史籍所无，或较其他史籍记载翔实。关于考古，对各种出土文物之时代、形状、花纹、文字等，均有细致的考证。关于文学，除文字流畅、洗练，描述条理清晰，层次分明，本身就是一部笔记体文学佳作外，也表现了自己的文艺思想，如于诗、词强调把形式、内涵、情感、技巧融为一体。

⊙作品评价

在阅读此书时，要注意对各个方面的成就作分门别类的概括，主要注意物理学（声学、光学、磁学）、历法、化学、地理、自然现象等自然科学方面。

百家姓 / 北宋 / 中国儿童的启蒙识字书

⊙作者简介

《百家姓》是从宋朝开始传下来的。传说宋朝初年，钱塘有个钱姓的老儒，饭后茶余与众人谈起姓氏时，以皇上赵姓为天下第一，自己姓钱自称第二。他的理由是后梁太祖封钱镠为吴越国王，拥兵两浙，统十三州，其孙钱俶性宽和，颇知书，以十三州献宋太祖，封邓王，任太师尚书令兼中书令，所以两浙以钱姓为首。钱姓老儒怕众人不服，便编了个“百家姓”。“赵钱孙李”，孙乃是钱俶的正妃，李姓是南唐主，“周吴郑王”等以下为国之大族……据南宋学者王明清考证，该书前几个姓氏的排列是有讲究的：赵是指赵宋，既然是国君的姓理应为首；其次是钱姓，钱是五代十国中吴越国王的姓氏；孙为当时吴越国王钱俶的正妃之姓；李为南唐国王李氏。他判断《百家姓》“似是两浙钱氏有国时小民所著”。所谓“有国”据史书记载，吴越在宋太祖开国后，还存在一段时间，至宋太宗太平兴国二年才率土归降。可见这本书是北宋初年问世的。中国姓氏的来源归纳起来主要有以下 14 种：1. 以母亲姓为姓；2. 以地名为姓；3. 以图腾为姓；4. 以族号为姓；5. 以国名为姓；6. 以食邑为姓；7. 以官职或职务为姓；8. 以上辈的名、字或号为姓；9. 以排行或辈分为姓；10. 以天子赐姓和死后追谥庙号为姓；11. 外来氏族引来的姓氏；12. 以避讳被贬斥或由某种原因被逼改姓；13. 以人类对自然物的迷信和崇拜为姓氏；14. 以天干、地支、数词、量词、长幼、次第为姓氏；等等。目前，全国有姓氏约 14600 多个，但《百家姓》中的姓氏占总人口 90% 以上。

⊙内容提要

百家姓

赵钱孙李，周吴郑王。冯陈褚卫，蒋沈韩杨。朱秦尤许，何吕施张。孔曹严华，金魏陶姜。戚谢邹喻，柏水窦章。云苏潘葛，奚范彭郎。鲁韦昌马，苗凤花方。俞任袁柳，酆鲍史唐。费廉岑薛，雷贺倪汤。滕殷罗毕，郝邬安常。乐于时傅，皮卞齐康。伍余元卜，顾孟平黄。和穆萧尹，姚邵湛汪。祁毛禹狄，米贝明臧。计伏成戴，谈宋茅庞。熊纪舒屈，项祝董梁。杜阮蓝闵，席季麻强。贾路娄危，江童颜郭。梅盛林刁，钟徐邱骆。高夏蔡田，樊胡凌霍。虞万支柯，昝管卢莫。经房裘缪，干解应宗。丁宣贲邓，郁单杭洪。包诸左石，崔吉钮龚。程嵇邢滑，裴陆荣翁。荀羊於惠，甄麴家封。芮羿储靳，汲邴糜松。井段富巫，乌焦巴弓。牧隗山谷，车侯宓蓬。全郗班仰，秋仲伊宫。宁仇栾暴，甘钭厉戎。祖武符刘，景詹束龙。叶幸司韶，郜黎蓟薄。印宿白怀，蒲邰从鄂。索咸籍赖，卓蔺屠蒙。池乔阴郁，胥能苍双。闻莘党翟，谭贡劳逄。姬申扶堵，冉宰郦雍。郤璩桑桂，濮牛寿通。边扈燕冀，郏浦尚农。温别庄晏，柴瞿阎充。慕连茹习，宦艾鱼容。向古易慎，戈廖庾终。暨居衡步，都耿满弘。匡国文寇，广禄阙东。欧殳沃利，蔚越夔隆。师巩厍聂，晁勾敖融。冷訾辛阚，那简饶空。曾毋沙

宋太祖赵匡胤像

钱镠像

吴大帝孙权像

唐太宗李世民像

相关链接

《幼学琼林》的作者，一般都认为是明西昌人程登吉（字允升），也有的意见认为是明景泰年间的进士邱睿。相对而言，《幼学琼林》有四个特点：首先，它较少封建伦理说教，而主要以传授知识为己任；其次，它包罗了十分丰富的内容，可以看作是全部传统知识类型的一个缩影，也可以称得上是一部百科全书；再次，正文部分就有释文，人们读起来颇觉明白晓畅，毫无滞碍，而且释文简洁允当，决不拖泥带水；最后，它不为字数所限，不拘短长，只求偶句成对，颇便诵读。《幼学琼林》在整个清代乃至民国时期风行全国各地，版本甚多，名称也不尽一致，如《故事寻源》、《幼学求源》、《幼学故事珠玑》、《幼学须知句解》等。

胡氏祠堂　明

乜，养鞠须丰。巢关蒯相，查后荆红。游竺权逯，盖益桓公。万俟司马，上官欧阳。夏侯诸葛，闻人东方。赫连皇甫，尉迟公羊。澹台公冶，宗政濮阳。淳于单于，太叔申屠。公孙仲孙，轩辕令狐。钟离宇文，长孙慕容。鲜于闾丘，司徒司空。亓官司寇，仉督子车。颛孙端木，巫马公西。漆雕乐正，壤驷公良。拓跋夹谷，宰父谷梁。晋楚闫法，汝鄢涂钦。段干百里，东郭南门。呼延归海，羊舌微生。岳帅缑亢，况后有琴。梁丘左丘，东门西门。商牟佘佴，伯赏南宫。墨哈谯笪，年爱阳佟。第五言福，百家姓终。

《百家姓》原来的版本图文并茂，每页上方有图，画一些名人表明姓名，下方用姓氏编成四字一行的韵文，读起来朗朗上口，非常好记。百家姓泛指多数，有 568 个字，其中复姓 60 个，单姓 447 个。

⊙作品评价

作为启蒙教育读本之一，可以以背诵为首要的任务，尤其对于四五岁的儿童，主要注重记忆能力的培养。在书籍的基础上，可以找几本与姓氏相关的书阅读，以便了解各个姓氏的起源，拓展知识面。

周瑜像

吴起像

郑成功像

王安石像

容斋随笔

/南宋/洪迈/南宋说部之首

⊙作者简介

洪迈（1123～1202年），字景庐，别号野处。饶州鄱阳（江西波阳）人，洪皓第三子，南宋著名文学家。洪皓使金，遭金人扣留，洪迈时年仅7岁，随兄洪适、洪遵攻读。他天资聪颖，“博极载籍，虽稗官虞初，释老傍行，靡不涉猎”。10岁时，随兄适避乱，往返于秀（今浙江嘉兴）、饶二州之间。绍兴十五年（1145年），洪迈中进士，因受秦桧排挤，出为福州教授。其时洪皓已自金返国，正出知饶州。洪迈便不赴福州任而至饶州侍奉父母，至绍兴十九年（1149年）才赴任。二十八年（1158年）归葬父后，召为起居舍人、秘书省校书郎，兼国史馆编修官、吏部员外郎。三十一年，授枢密院检校诸房文字。三十二年春，洪迈以翰林学名义充贺金国主登位使。金大都督怀中提议将洪迈扣留，因左丞相张浩而罢。洪迈回朝后，殿中御史张震弹劾洪迈“使金辱命”。乾道二年（1166年），知吉州（今江西吉安），后改知赣州（今江西赣州）。洪迈到任，重视教育，建学馆，造浮桥，便利人民。后又徙知建宁府（今福建建瓯）。淳熙十一年（1184年）知婺州（今浙江金华）。在婺州大兴水利，共修公私塘堰及湖泊837所。后孝宗召对，洪迈对淮东抗金边备提出很好的建议，得到孝宗嘉许，提举佑神观兼侍讲，同修国史。迈入史馆后预修《四朝帝纪》，又进敷文阁直学士，直学士院，深得孝宗信任。淳熙十三年（1186年）拜翰林学士。光宗绍熙元年焕章阁学士，知绍兴府。二年上章告老，进龙图阁学士。嘉泰二年（1202年）以端明殿学士致仕。洪迈学识渊博，一生涉猎典籍颇多，被称为博洽通儒。撰著除《容斋随笔》外，还有志怪小说集《夷坚志》，并编有《万首唐人绝句》等。

文苑图卷　五代　佚名

文苑，是文人荟萃之所。此图描绘文人聚会于古松下构思创作诗文的情景。图中文士四人，两坐两站，前侧一小童正在研墨。画中人物的神情和性格刻画入微，点景松树、石座、石案虽在画面占很少的位置，但穿插巧妙，成为画面不可缺少的部分。如弯曲有势、婀娜多姿的古松，石案、石座下茸茸的细草，显得特别玲珑剔透，从而构成了一个优美、宁静的创作环境。该画线条圆润流畅，构图严谨。

深度阅读

宋代的笔记小说数以百记，《容斋随笔》堪称是其中的出类拔萃之作，被誉为是补《资治通鉴》之不足、集中国数千年历史文化之精粹的珍品。该书一问世便受到了当时的最高统治者宋孝宗赵慎的称誉。这是一部广涉历史、文学、哲学、艺术等方面的随笔集，历来为人们所推崇，其中自以史诸子百家，以及医卜星算之属，皆钧纂不遗，辨证考核，也颇为精确。

名家点评

宋人称这部书“可以稽典故，可以广见闻，可以正讹误，可以膏笔端，实为儒生进学之地”。

明人称这部书“可劝可戒，可喜可愕，其于世教未尝无所裨补”，并说读这部书可以“大豁襟抱，洞归正理。如跻明堂，而胸中楼阁四通八达”。

清人称这部书“淹通该博，南渡以后诸说部，唯《野客丛书》可与对垒，他家终不逮也”。

⊙背景提示

宋朝是中国封建社会的繁荣时期，专制主义中央集权得到进一步的巩固和加强，经济空前繁荣，中外经济文化交流更趋频繁，从而促使科学文化事业的长足发展。北宋布衣毕昇发明了活字印刷术，对于文化的传播、普及和提高，都起了很大的促进作用，有力地推动了社会经济文化的发展。但是当时的南宋，内乱外忧，时时同金国有战争，一直处于议战议和的状态。

⊙内容提要

《容斋随笔》始撰于隆兴元年（1163年），既是读书心得，又是典故考证的书，不仅涉及了宋以前的一些史实、政治经济制度、典章典故，也对宋代典章制度、历史人物、历史事件进行了评论和综述。可以说此书是南宋笔记体的代表。《容斋随笔》分《随笔》、《续笔》、《三笔》、《四笔》、《五笔》，共5集74卷，是一部著名的笔记体学术著述。

《容斋随笔》是洪迈近40年的读书笔记，读书凡意有所得，即随笔记录下来：自经史典故、诸子百家之言，以及诗词文翰、医卜星历之类，无所不载；历史、文学、哲学、艺术各门类知识，无所不备。而多所辨证，资料丰富，考据精确，议论高简，是这部书的最大特色。如《随笔》卷三“唐人诰命”、卷九“老人推恩”、卷十“唐书判”，《续笔》卷十“唐诸生束”、卷十一“唐人避讳”、卷十六“唐朝士俸微”等，记载唐代风俗习惯、典章制度，多史传不载的材料。《随笔》卷四“野史不可信”、卷六“杜悰”、卷八“谈丛失实”、“韩文公佚事”等，指出新旧《唐书》、《资治通鉴》以及魏泰《东轩录》、沈括《梦溪笔谈》等书记载失实之处，并提供了一些重要资料。书中对李白、杜甫、白居易、韩愈、柳宗元等人的诗文亦多所论述。书中有关诗歌部分，后人曾辑为《容斋诗话》传世。这部书为明清时代讲求训诂、论析经史的学术笔记著述提供了范例，影响深远。

淡泊宁静印及印文

此书虽涉及内容广泛，然其最重要的价值和贡献，则是对历代典籍的重评、辨伪与订误，并考证了前朝的一些史实，如政治制度、事件、年代、人物等等，提出了许多颇有见地的观点，更正了许多流传已久的谬误，不仅在中国历史文献上有着重要的地位和影响，而且对于中国文化的发展亦意义重大。

《容斋随笔》初刊于南宋嘉定初年，明清时亦有多种刻本。其中清康熙年间洪氏刊本，刻印最为精美，内容完整无讹，堪称善本。

⊙作品评价

《容斋随笔》包含的内容丰富，有经史典故、诸子百家之言，以及诗词文翰、医卜星历之类，涵盖历史、文学、哲学、艺术各门类知识。因此阅读的难度较大，可以在阅读时作相应的读书笔记，按各个门类记述，从而概括出在各个方面的洪迈的思想。也可以参阅其他史书进行考证阅读。

窦娥冤

/ 金末元初 / 关汉卿 / 惊心动魄的人间惨剧

关汉卿像

⊙作者简介

《窦娥冤》的作者是关汉卿。关汉卿是中国古代戏剧创作的代表人物，但是有关关汉卿生平的资料却很缺乏，只能从一些零星的记载中知道一个大概。他号已斋（或作一斋），大都（今北京市）人，大约生于金末或元太宗时。据元代后期戏曲家钟嗣成《录鬼簿》的记载，关汉卿很可能是元代太医院的一个医生。南宋灭亡（1279 年）之后，关汉卿曾到过当时南方戏曲演出的中心杭州，写有《南吕一枝花·杭州景》套曲，还曾到过扬州。关汉卿熟悉勾栏伎艺，《析津志》说他“生而倜傥，博学能文，滑稽多智，蕴藉风流，为一时之冠”。明代臧晋叔《元曲选·序》说他“躬践排场，面敷粉墨。以为我家生活，偶倡优而不辞”。关汉卿是元代前期杂剧界领袖人物，玉京书会里最著名的书会才人。据各种文献资料记载，关汉卿编有杂剧 67 部，现存 18 部，其中《窦娥冤》、《救风尘》、《望江亭》、《拜月亭》、《鲁斋郎》、《单刀会》、《调风月》等，是他的代表作。贾仲明《录鬼簿》吊词称他为“驱梨园领袖，总编修师首，捻杂剧班头”，可见他在元代剧坛上的地位之高。1958 年，关汉卿被世界和平理事会提名为“世界文化名人”，北京隆重举行了关汉卿戏剧活动 700 年纪念大会。

⊙背景提示

元代是中国历史上第一个少数民族入主中原的朝代。蒙古人用他们的精兵铁骑征服了大半个欧亚大陆，也灭亡了腐朽的南宋王朝，占据了富庶的中华大地。蒙古人依种族将全国的人民分为四等：第一等是蒙古人；第二等称色目人，包括西域各族；第三等称汉人，指黄河流域原来受金国统治的人民；第四等是南人，就是原来南宋统治下的人民。汉人和南人的地位低下，不能做官，很多事情都受限制。

元代的知识分子境遇更惨。元朝初年，士人与普通民众一样常常被掳掠为奴隶。蒙古人对士人的观念，似乎是把他们当作一种工匠。当时流传的形容元代的社会阶层的民谣：“八娼九儒十丐”，儒生的社会地位比娼妓还低。元代初年不设科举，士人失去了进身的机会，又没有谋生的能力，景况往往很惨，很多人混入勾栏瓦肆，以戏曲为业。

蒙古人看不起汉人与南人，所有的州县官员都由蒙古人或色目人充任，有的甚至世袭。然而蒙古人中有政治才能的人实在不多，他们的政治，大抵只是防止反叛与聚敛赋税，统治的黑暗可想而知。官员颠倒黑白，社会道德败坏，民众的生活水深火热。当时社会的黑暗催生了《窦娥冤》这样的描写社会现实的作品。

名家点评

王国维在其《宋元戏曲史》中说：“其最有悲剧之性质者，则如关汉卿之《窦娥冤》、纪君祥之《赵氏孤儿》，剧中虽有恶人交构其间，而其赴汤蹈火者，仍出于其主人翁之意志，即列之于世界大悲剧中，亦无愧色也。”

⊙内容提要

《窦娥冤》年画

《窦娥冤》是取材于元代社会现实的一部作品，是我国古代一个著名的悲剧，窦娥是封建社会里开始觉醒的被压迫阶级一个成功的悲剧典型。700 多年来，这部剧作不仅成为我国戏曲舞台的保留剧目，而且被译成多种文字流传国外。

本剧全名《感天动地窦娥冤》。主要情节如下：

贫寒秀才窦天章上京城求取功名，向寡妇蔡婆借盘缠。蔡婆早就看上了他的女儿瑞云，于是乘机索要瑞云做童养媳。瑞云三岁丧母，七岁便到蔡婆家，改名窦娥。十七岁时窦娥与蔡婆的儿子成婚，一年后丈夫病故，婆媳相依为命。一天，蔡婆去向赛卢医索讨银钱，赛卢医想赖账，骗她到僻静处，想勒死她，幸亏张驴儿及其父把她救下。

因这救命之恩，张驴儿和他的父亲想霸占婆媳二人。窦娥执意不从。张驴儿在羊肚汤里放了毒药，想害死蔡婆，强占窦娥。不料其父喝下了那碗羊肚汤，中毒身亡。张驴儿反诬窦娥毒死公公，并威胁窦娥嫁给他为妻，不然要去公堂告发。窦娥问心无愧，与张驴儿去见官评理。太守桃杌是一个昏官，严刑逼供，窦娥决不屈从。桃杌转而对蔡婆用刑，窦娥为救婆婆，含冤招认，被判死罪。临刑时窦娥满腔悲愤，死前发出三桩誓愿：若是屈死，死后血飞白练，六月降雪，大旱三年。这些誓愿果然一一应验。

窦天章后来官拜两淮提刑肃政廉访使，来到楚州地面。窦娥鬼魂托梦给父亲，诉说冤情。窦天章重新审理此案，杀了张驴儿。窦娥冤情得以昭雪。

《窦娥冤》是深刻地反映元代社会现实的一个著名的悲剧。

⊙作品评价

悲剧《窦娥冤》揭示了元代社会的黑暗，也赋予主人公窦娥以决不妥协的性格。本剧着重描画窦娥那股惊天地、泣鬼神的如虹怨气，给作品洒上一层浪漫的色彩。作者还以高超的艺术手腕，细致地刻画了窦娥内心矛盾冲突和性格的不同侧面，使她成为一个令人同情和崇敬的、有血有肉的艺术形象。

《窦娥冤》第三折是全戏的高峰，这是一场唱工戏。开始的【正宫·端正好】【滚绣球】等几支曲子，把窦娥的满腔怨恨如火山爆发般倾泻出来。窦娥胸中的激愤之情汹涌澎湃，犹如山呼海啸，震撼人心！而此后的【倘秀才】【叨叨令】【快活三】【鲍老儿】等曲情绪陡然转化，从另一侧面表现了窦娥深沉细腻、忠厚善良的性格。剧中窦娥与婆婆生离死别的描写，情绪低回深沉，场面凄楚哀怨，深深地叩动着人们的心扉。最后窦娥发出三桩誓愿，这是作者一种大胆的艺术处理，其精神是浪漫主义的。剧终时窦天章的出现以及窦天章对案情的重新审理，表现了对窦娥的深切同情，也体现了古人善恶有报的良好愿望。

关汉卿是一位杰出的语言艺术大师，他汲取大量民间生动的语言，熔铸精美的古典诗词，创造出生动流畅的语言风格。他的人物语言，酷似人物口吻，符合人物身份，如本剧中窦娥的朴素无华，张驴儿的无赖油滑，都惟妙惟肖。

赵氏孤儿

/ 元 / 纪君祥 / 最早流传到国外的古典戏曲

《赵氏孤儿》插图

这部触目惊心的历史题材来源于《左传》、《史记》的有关记载，并加以虚构而成。描写春秋时晋国权臣屠岸贾诬陷赵盾并诛杀其全家三百余口，侠士程婴和公孙臼杵仗义救存赵氏孤儿，孤儿长大后成功复仇的故事。

⊙作者简介

《赵氏孤儿》的作者是元代戏曲作家纪君祥。纪君祥，一作纪天祥，生平不详。《录鬼簿》记载他与郑廷玉、李寿卿为同时人。现代研究者考证李寿卿为至元（元世祖年号）年间人，由此可推知纪君祥的活动年代应该在元初。他著有杂剧6种，现仅存1种：《赵氏孤儿冤报冤》，一作《赵氏孤儿大报仇》，简称《赵氏孤儿》。另外《陈文图悟道松阴梦》1剧，仅存曲词1折。

⊙背景提示

元杂剧的形成，大约是在金元之际，它的充分成熟和兴盛，则要到元代前期。这当然有其历史原因。

城市经济的繁荣是戏剧成熟与兴盛的基础。宋金时代，在瓦舍勾栏等固定场所面向城市民众的各类伎艺演出已经很兴盛。蒙古军攻占北方以后，若干中心城市人口激增，财富更为集中，出现畸形的繁荣。《马可·波罗游纪》记载的元大都，人口众多，华屋巨室列布，四方珍奇物产汇聚。都市经济的发达使市民阶层相应地壮大，市民不像文人士大夫那么高雅，却比乡村农夫见识要广，戏曲对于他们是很合适的精神享受。夏庭芝《青楼集》记载，大都的著名杂剧艺人珠帘秀、顺时秀、天然秀、司燕奴等，当时在观众中都很有吸引力。

蒙古贵族的爱好也推动了元杂剧的兴盛。蒙古人在很长时期内都没有搞懂儒学到底有什么用，却很重视工匠、艺人的价值。他们中多数人的素养不足以欣赏诗词等高雅的艺术，他们特别嗜好歌舞伎乐。元代的教坊乐部规模非常庞大，在历史上是很突出的。元代宫廷中，也经常由教坊司搬演各种歌舞和杂剧。

专门作家是使元杂剧发展成熟、繁荣兴旺的一个关键因素。宋金时期的杂剧、院本都是简单粗糙的，这是因为编剧者缺乏较高的文化素养。元初很长时期废除了科举，大量儒生便从事戏曲，走上这条谋生道路。这样，有不少文化素养、艺术趣味很高的人投入到这一行业，用他们的文学专长创作剧本。他们的代表人物是关汉卿，他既懂得表演，能够粉墨登场，写作才能又高超，而且了解

相关链接

《死生交范张鸡黍》：元代戏曲作家宫天挺作。宫天挺，字大用，大名开州（今河南濮阳）人，生卒年不详。他曾任钓台书院山长。本剧取材于《后汉书·范式传》，亦见《搜神记》。本剧写太学生范式和张劭愤恨奸佞当道，不愿做官，辞归故里，临别时约定两年后至汝阳张劭家赴“鸡黍会”。届时张劭杀鸡炊黍等待范式，范式果然不远千里而来。后来张劭病亡，范式又千里送葬，并为之修坟守墓百日。作品歌颂了朋友间真挚深厚的友谊和生死不渝的信义。

《单刀会》：关汉卿作。本剧取材于《三国志》故事。本剧写鲁肃设宴约关羽过江，企图强迫他交出荆州。关羽明知其意，却不肯示弱，单刀赴会，怒斥鲁肃，智退伏兵，安然归去。本剧描绘关羽的英雄业绩、慷慨豪情，突出了英雄主义的主题。

社会与民众生活，他加入民间编剧团体“书会”，从事剧本创作，对于元杂剧艺术的提高是很有贡献的。

⊙内容提要

《赵氏孤儿》故事采自《左传》、《史记·赵世家》和刘向《新序·节士》、《说苑·复思》等书。当然，作者作了提炼、改造和虚构。

故事讲述春秋时晋国奸臣屠岸贾谋害忠直大臣赵盾，使赵家三百余口被满门抄斩，赵盾之子赵朔为驸马，也被逼自杀，其妻亦被囚禁并在此时生下赵氏孤儿。赵朔门客程婴将孤儿偷带出宫时，被奉屠岸贾之命把守宫门的韩厥发现，但韩厥不愿献孤儿以图荣进，遂放走程婴，自刎而死。继而屠岸贾发现有人偷偷救出孤儿，下令杀死全国出生一个月至半岁的婴儿。程婴为保全孤儿和全国幼儿，与赵盾友人公孙杵臼商量，以自己的儿子冒充赵氏孤儿，然后出面揭发公孙收藏了他。公孙与假孤儿被害，真孤儿得以保全。程婴将赵氏孤儿过继给屠岸贾抚养。二十年后，赵氏孤儿长大成人，程婴向他说明真相，赵氏孤儿手擒屠岸贾，报了血海深仇。程婴则自刎，以谢二十年前为此而死的公孙杵臼。

京剧《赵氏孤儿》剧照

《赵氏孤儿》在戏剧发展史上影响很大，历来有不少剧种改编上演。《赵氏孤儿》曾经于1735年被伏尔泰改编为歌剧《中国孤儿》，德国诗人歌德也曾将它改编为《埃尔佩诺》，意大利作家梅塔斯塔齐奥改编时将它改名为《中国英雄》。

⊙作品评价

古人经常把历史上一些重大政治斗争的原因解释为“忠”与“奸”的对立，这当然是很简单化的处理，本剧基本上也是这样做的。剧中程婴的行为，是为了报答赵朔平日的优遇之恩。宋代的皇室姓赵，他们对这一段故事情有独钟，一再为程婴、公孙杵臼和韩厥修祠立庙、加封爵号，这对后来写“忠奸斗争”的戏剧有较大的影响。但是我们也应该注意到，屠岸贾之“奸”与赵氏之“忠”，在剧中主要是作为基本的背景，是作为对两大家族之间对立的简便的解释而出现的，作家并无意对此作过多的渲染。正如剧本全名《赵氏孤儿冤报冤》所显示的，家族复仇意识在剧中表现得更为突出。它的主题，不是简单的忠与奸的对立。在表现这种复仇意识时，作者又强调了弱者对于残暴的反抗。屠岸贾杀绝赵氏一门三百余口，又为了斩草除根而准备杀尽晋国所有婴儿，这为程婴、公孙杵臼等人的自我牺牲提供了较单纯的“忠”更有人情味的道义根据。韩厥决定放走程婴和他所携带的赵氏孤儿时的一段唱词，“子见他腮脸上泪成痕，口角内乳食喷，子转的一双小眼将人认。紧帮帮匣子内束着腰身，低矮矮怎舒伸”，也表达了对无辜的弱小者的同情。因而，他们或者杀身成仁，或者忍辱负重，便都有了人格的高尚意义和崇高的悲剧美感。

《赵氏孤儿》戏剧冲突尖锐激烈，矛盾连续不断，层层迭进，气氛始终紧张而扣人心弦，因此，戏剧效果也特别强烈。这是它在艺术上的一大特点，我们阅读时须细心体会其紧张的戏剧氛围。

西厢记

/元/王实甫/才子佳人的第一声号角

王实甫像

⊙作者简介

《西厢记》的作者王实甫，元代杂剧作家，名德信，大都（今北京市）人，生卒年不详，生平事迹资料缺乏。钟嗣成的《录鬼簿》将他列入“前辈已死名公才人”，由此可以推知，王实甫活动的年代可能与关汉卿等相去不远。他的主要创作活动当在元成宗元贞、大德年间。据流传下来的散曲作品推测，王实甫早年曾经为官，宦途不无坎坷，晚年退隐。王实甫所作杂剧，今仅存有《崔莺莺待月西厢记》、《吕蒙正风雪破窑记》和《四大王歌舞丽春堂》等三种。

⊙背景提示

我们称包括京剧和各种地方戏在内的传统戏剧为“戏曲”，这是因为“曲”的演唱在其中特别重要。戏曲的起源可以追溯到很古的时代，原始歌舞就是戏曲的萌芽状态。元杂剧的直接源头主要是两个方面：一是从宋到金的说唱艺术“诸宫调”，一是从宋到金的以调笑为主的短剧——宋杂剧和金院本。

说唱有古老的历史，唐代发展为变文；北宋中叶，艺人孔三传创造了说唱长篇故事的“诸宫调”；金代出现了董解元《西厢记诸宫调》，说唱艺术更为成熟了。它的音乐即是元杂剧音乐的基础；它按不同宫调将多个曲牌分别联套演唱一段段故事情节；体式上曲与说白交错；经常通过故事中人物的自叙来展开情节，这些都给元杂剧非常大的影响。

以诙谐、调笑为特点的艺术表演，始于上古宫廷弄臣“优”，东汉时演化为双人表演的“弄参军”。唐代“参军戏”很兴盛，现代的相声还保留着它的一些基本特征。参军戏与歌舞相结合，并渗入了戏剧的因素，便形成宋杂剧和金院本。宋杂剧和金院本已经是基本成型的戏曲，它们的内容以诙谐调笑为主，有了简单的故事情节；形式上有的偏重于唱，有的偏重于念白，两者逐渐结合；角色有四五个，各有不同的名目；

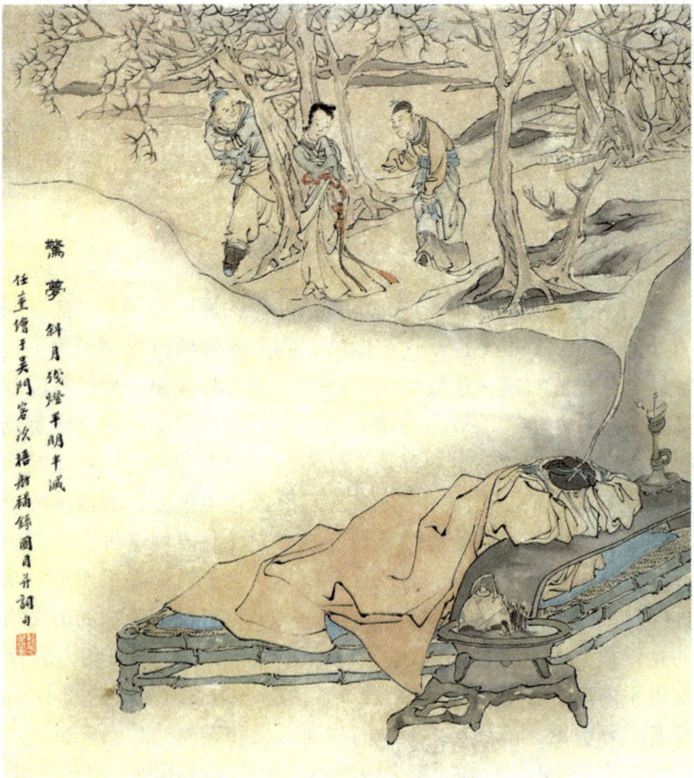

《西厢记·惊梦》插图　清　任薰

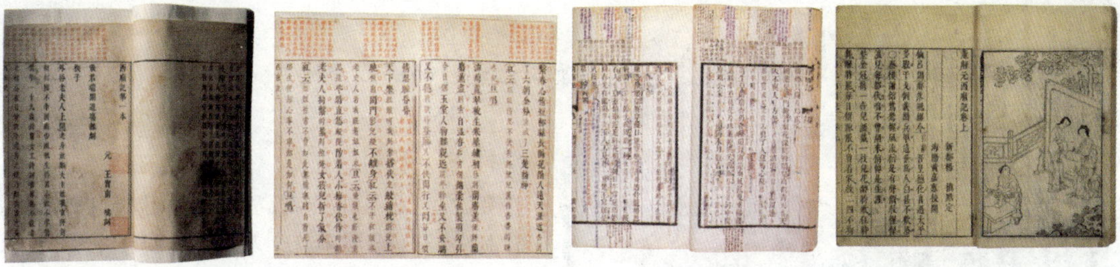

不同时期、不同版本的《西厢记》书影

正在向代言体转化。

元杂剧是直接继承金院本又糅合了诸宫调的多种特点而发展起来的。元杂剧已经成为具有完备的文学剧本、严格的表演形式、完整而丰富的内容的成熟戏剧。在体制方面，元杂剧有如下基本特点：结构方面，一般是以四折，通常外加一段楔子为一本，表演一种剧目。少数剧目是多本的，楔子可以没有，也可以用到两三个；唱词和演唱方面，元杂剧的核心部分是唱词，每一折用同一宫调的一套曲子组成，并一韵到底，四折可以选用四种不同的宫调。元杂剧通常限定每一本由正旦或正末两类角色中的一类主唱，正旦所唱的本子为“旦本”，正末所唱的本子为“末本”；宾白方面，有散白与韵白之分，前者用当时的口语，后者用诗词或顺口溜式的韵文。元杂剧的角色，可分为旦、末、净、外、杂五大类，每大类下又分若干小类，把剧中各种人物分为若干类型，便于程式化的表演。

⊙内容提要

《西厢记》的故事源于唐代元稹的《莺莺传》，直接取材于金代董解元的《西厢记诸宫调》。《西厢记》故事波澜起伏，环环相扣。情节概要如下：相国之女崔莺莺随母亲回乡，与书生张君瑞邂逅于普救寺，彼此生相慕之心。守将孙飞虎听说莺莺美貌，带兵合围普救寺，想抢夺崔莺莺为妻。张生在老夫人许婚的条件下，冒险写信给他的朋友蒲关守将杜君实，杜君实带兵解围。然而紧接着老夫人赖婚。崔张在红娘的帮助下暗相沟通，莺莺心存疑惧，好事多磨。张生相思成疾，卧病在床，眼见得好梦成空，忽然莺莺夜访，两人私自同居。此后幽情败露，老夫人大怒。红娘据理力争，并抓住老夫人的弱点，使她不得不认可既成事实。然而老夫人提出相府不招“白衣女婿”，迫使张生赴考。之后，与莺莺原有婚约的郑恒设计骗婚，再度横生枝节。最后张君瑞得中进士，与崔莺莺团圆成婚。

《西厢记》很受文人推崇，金圣叹把它称为“第六才子书”，赵景深称《西厢记》与《红楼梦》是“中国古典文艺的双璧”。

⊙作品评价

《西厢记》中主要人物的性格都具有鲜明的特征。张生性格忠厚，他对莺莺一往情深。莺莺的性格深沉而内向，她对张生虽亦一往情深，但欲前又却，内心曲折。红娘伶俐机敏，敢于抗争，有勇有谋，在“拷红”一场中，她的思想性格得到了最充分有力的表现。

《西厢记》情节曲折，波澜迭起，悬念丛生，引人入胜。全剧接连不断的起伏跌宕，常给人山重水复、柳暗花明之感。《西厢记》不仅善于正面刻画人物，而且长于侧面描写，使人物性格呈现出丰富的色彩和立体浑成的效果。《西厢记》的心理描写，不仅在曲词中，而且在人物的对话、动作中，也往往有着丰富的潜台词，间接地表现人物的内心活动。《西厢记》的曲词华美，并有诗的意境。作者常常结合剧情，在景物描绘中，构发抒情意味极浓的意境。

《西厢记》故事表现了中国古代爱情剧的模式特点：“私订终身后花园，落难公子中状元，金榜题名大团圆”。这就是所谓的才子佳人模式。

琵琶记

/元/高明/兼南北之胜的南戏绝唱

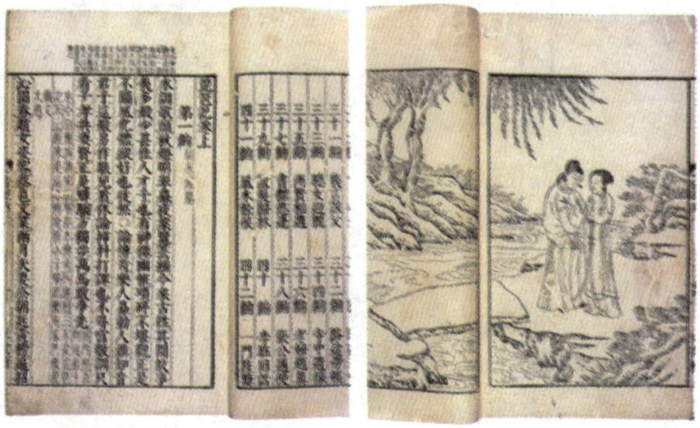

《琵琶记》书影

⊙作者简介

《琵琶记》的作者高明，字则诚，自号菜根道人，瑞安（今属浙江）人。他出身于书香门第，是理学家黄溍的弟子，是刘基（伯温）的好朋友。至正五年中进士，先后任处州录事、江浙行省掾吏、浙东阃幕（统帅府）都事、福建行省都事等职，平生为人耿直，“意所不可，辄上政事堂慷慨求去”，“论事不合，避不治文书”，官声很好。晚年时，天下大乱，方国珍想强召他入幕府，他力辞不从，并从此隐居在宁波城东的栎社，以词曲自娱。顾德辉《玉山草堂雅集》称其“长才硕学，为时名流”。作有南戏《琵琶记》、《闵子骞单衣记》；《全元散曲》收其【二郎神·愁怀】等三首散曲；另有少量诗文传世。

⊙背景提示

宋元时期，中国戏曲主要有两种源流：一个是从宋杂剧、金院本发展出的元杂剧，另有一个是在东南沿海地区流行的南戏。南戏发展较晚，到元末才趋向成熟，后来演化为明清戏剧的主要形式——传奇。

南戏最初应该是在温州一带民间歌舞的基础上形成的，《南词叙录》说它“即村坊小曲而为之”。温州是一座古城，又是对外贸易的通商口岸，商业发达，经济繁荣。南戏在这种良好的环境中得以成长，并逐渐扩展到东南沿海一带，进入南宋都城临安。元灭南宋以后，北方剧作家大批南下，造成了南北剧的交流。在这个过程中，南戏发生了一些重要变化，如改编杂剧的剧目，吸收杂剧曲牌联套的方法，采用杂剧的一些曲调，形成“南北合套”的形式等等，南戏的艺术水准因而得到提高。到元末，《琵琶记》等剧本出现，标志着南戏已趋成熟。

南戏的体制与杂剧有很大不同，它在各方面都要比杂剧来得自由，它的曲调配合可以根据剧情需要作较为自由的选择；它的剧本结构以人物的上下场的界线分场，可长可短；它的任何角色都可以唱，而且有接唱、同唱、多人合唱等形式。由于南戏体制更自由，更便于展开复杂的剧情，塑造丰满的人物形象，到了明代，杂剧渐渐衰微，从南戏发展而来的“传奇”渐渐取代了杂剧。

南戏的题材与杂剧有明显区别。总的来说，它的民间色彩更浓，而文人气息较淡。像杂剧中《梧桐雨》、《汉宫秋》一类借历史故事表现作者自身的人生感慨的抒情性很强的作品在南戏中几乎没有；维护稳定的家庭关系的伦理剧在南戏中很集中，严厉指斥男子富贵

《琵琶记·拐信》插图　清　胡锡珪

变心是南戏最重要的内容，这与当时的社会有关。宋代以来，科举制度使许多“寒士”有了一举成名的机会，这容易造成原有婚姻的不稳定。本剧就是这一类的作品。

《琵琶记·蔡公逼试》插图

⊙内容提要

《琵琶记》是高明根据长期在民间流传的南戏《赵贞女》改编的。《赵贞女》写蔡伯喈上京应举，贪恋功名富贵，长期不归，赵五娘独力支持门户，在蔡家父母死后到京师寻访伯喈，伯喈却不认。最后以马踩赵五娘、雷轰蔡伯喈结束。

本剧共四十二出，剧情大致是：书生蔡伯喈与赵五娘新婚不久，恰逢朝廷开科取士，伯喈觉得父母年事已高，不愿去考试，打算留在家中服侍父母。但是蔡公不从，邻居张大公也在旁劝说，伯喈只好告别父母妻子，赴京考试。应试及第，中了状元。朝廷牛丞相看中伯喈，恰有一女未婚配，于是招新科状元为婿。伯喈以父母年迈，在家无人照顾，需回家尽孝为理由，打算辞婚、辞官，但牛丞相与皇帝不从，他被迫滞留京城。自从伯喈离家后，陈留连年遭受旱灾，五娘任劳任怨，服侍公婆，让公婆吃米，自己则背着公婆私下自咽糟糠。婆婆发现后，痛悔而亡。不久，蔡公也死于饥荒。而伯喈被强赘入牛府后，终日思念父母，写信去陈留家中，信却被拐子骗走，以致音信不通。一日，在书房弹琴抒发乡思，被牛氏听见，得知实情，告知父亲。牛丞相被女儿说服，于是派人去迎接伯喈父母、妻子来京。蔡公、蔡婆去世后，五娘罗裙包土，自筑坟墓，又亲手绘成公婆遗容，身背琵琶，沿路弹唱乞食，往京城寻夫。她历尽风霜，来到京城，正遇弥陀寺大法会，便往寺中募化求食，将公婆真容供于佛前。正逢伯喈也来寺中烧香，祈祷父母路上平安。见到父母真容，他便拿回府中挂在书房内。五娘寻至牛府，被牛氏请至府内弹唱。五娘见牛氏贤淑，便将自己的身世告知牛氏。牛氏为让五娘与伯喈团聚，又怕伯喈不认，便让五娘来到书房，在公婆的真容上题诗暗喻。伯喈回府，见画上所题之诗，正欲问牛氏，牛氏便带五娘入内，夫妻遂得以团聚。五娘告知家中事情，伯喈悲痛至极，即刻上表辞官，回乡守孝。得到牛相的同意，伯喈遂携赵氏、牛氏同归故里，庐墓守孝。后来皇帝下诏，旌表蔡氏一门。

⊙作品评价

高明写《琵琶记》的主观意图是宣扬道德，他在全戏开场时说:“少甚佳人才子，也有神仙幽怪，琐碎不堪观。正是不关风化体，纵好也徒然。”正是这种创作意图促使他改编了《赵贞女》的故事情节，也因此使作品中的人物都带上了说教的色彩。

本剧有两条线索：一条是蔡伯喈步步青云直上，飞黄腾达，满心苦闷地处于一片繁华富贵的气氛中；一条线是赵五娘含辛茹苦，拼命在荒凉萧条的境地里挣扎。许多场面不断交错出现，相互对映，给观众以强烈的感受。从人物形象来说，虽然夹杂了一些教化的成分，但无论赵五娘的历经磨难而默默忍受，还是蔡伯喈的进退两难而矛盾苦闷，都有其真实的生活基础。作者逐步深入地展现他们的性格特色和细微的心理活动，使之有血有肉，不因为说教的目的而变得苍白僵死。剧中的语言，正如汤显祖所评论的，“都在性情上着工夫，并不以词调巧倩见长”，大都本色自然，能够比较深入地刻画人物的心理和感情活动。

汉宫秋 / 元 / 马致远 / 元杂剧中最优秀的历史剧

⊙作者简介

马致远，字千里，号东篱，大都（今北京）人，其生卒年代和生平事迹无确考。曾任浙江行省务官，是元初戏剧家和杰出散曲家。一生共著杂剧 15 种，今存 7 种，代表作：《汉宫秋》、《江州司马青衫湿》、《黄粱梦》、《陈抟高卧》等。此外他还留下 130 多篇散曲。因为他的作品中有很大一部分是神仙戏，所以当时人称“万花丛里马神仙”。

⊙内容提要

西汉自建立起来与北方游牧民族就有和亲惯例，以维护北方边境的安宁。公元前 32 年，此时正值汉元帝刘奭当政时期，为了选天下美女为宫妃，汉元帝命亲信画师毛延寿到各地选访美女，绘制画像送上。毛延寿每次都借给人画像之时，百般敲诈，中饱私囊。

这天，毛延寿带随从来到长江边上的兴山县，他得知县里王员外家有一名嫱字昭君的女孩，年方十六，有倾国倾城之姿，且琴棋书画样样精通。他来到王家，见王家富有便起了敲诈之意，他亮明身份，开口向王员外要三百两黄金，说保证让他的女儿王昭君日后享受荣华。此话正好被屏风后的王昭君听到。王昭君从屏风中站出来，不卑不亢地行过礼后，说道：“毛大人奉旨出京选美，已领皇家俸银，再收笔资于理不通，别说是黄金三百两，一两我也不给。”然后拂袖而去。毛延寿气愤地走出王家，心想：你不让我画，我偏要画，我叫你住一辈子冷宫。于是，他回到驿馆凭记忆将王昭君画得十分传神，最后收笔时，在王昭君的右眼下点了一颗不小的黑痣，因为他知道当今皇帝十分注重面相。

几天后，毛延寿陪元帝翻阅美人图。刚看到王昭君的画像时，元帝心头一震，被画中人的美貌深深吸引，然而他看第二眼时，不由地叹了口气：“可惜！美人痣破了面相。”毛延寿趁机说：“这是滴泪痣，这痣命主妨夫。”就这样王昭君没有见到皇帝就被打进了冷宫。

转眼王昭君从家乡来到长安已有一年，这一年中，她每天面对的都是无边的寂寞，人消瘦了许多。她习惯了用读书弹琵琶来打发内心的凄惶，许多夜晚以来，她总是在轻栊慢捻中想起故乡的山山水水，想起家中慈爱的父母……

中秋节的晚上，汉元帝到宫中赏月，忽然听到远处传来悦耳的琵琶声。他听得入了神，循着音乐找去，不觉来到了永巷。“去问问是哪位宫女，”汉元帝在门外听了半晌，他让小太监去问，“弹得那么好——不要惊着她。”

王昭君惶恐地跑出来迎驾，汉元帝一见顿时惊呆了，眼前的美人容貌骇俗，有着宫中众嫔妃难以比拟的气质，而且……似曾相识。通过问话，元帝才知道她正是一年前就曾打动过自己的王昭君。元帝令王昭君抬起头来，心想要是没有滴泪痣就好了。他盯着王昭君左观右看，却没有发现痣，心想：可能是晚上的原因吧。第二天上午，元帝下朝后召见王昭君，这次终于证实了画像的错误。仔细问过后，他才知道是毛延寿捣的鬼。元帝一方面为绝色美人而惊喜，一方面也为弄权小人而震怒，他令人立刻捉拿毛延寿。然而这个诡计多端的画师，前一天晚上就得知了消息，带着大笔的钱财，快马加鞭连夜逃到了匈奴。

《汉宫秋》插图

王昭君从此得到宠爱，元帝封她为明妃。毛延寿逃到匈奴后，对揭发自己的王昭君心怀仇恨，他画了一幅昭君像，送给匈奴王单于，说王昭君从小向往草原大漠，不愿进汉宫，因此激怒了皇帝，被打入冷宫。单于惊诧于昭君的美貌，对毛延寿的话也信以为真，“好，我一定指名索取王昭君来。”

昭君出塞　清

不久，匈奴呼韩邪单于的使者手捧毛延寿所画的昭君像，声称单于要娶这个宫女，与大汉和亲。汉元帝当然不答应，单于便派大兵南下，直逼关内。朝廷上下一片骚乱，以尚书为首的众大臣奏请元帝答应和亲。

“养军千日，用在一时，哪有自家将士畏惧敌人，却叫一个女子去和番的道理？”

“匈奴声势浩大，真要打起来有个失利怎么办？百姓怎么办？望陛下以全国生灵为重。”

“陛下还应以社稷为重，要知道对方有百万雄师哪！”无能的尚书如今只会重复这句话。

平日里“山呼万岁、舞蹈扬尘”的满朝文官武将，此时竟全是这样一副懦弱的嘴脸，汉元帝不禁绝望地悲叹道：“文武三千队，中原四百州，一旦国家有难，就只知道靠这个法子来姑息吗？”

“臣妾蒙陛下厚爱，今国家有难，当以死相报。”昭君站了出来，“臣妾情愿和番，以息刀兵。”

势在必行，就这样王昭君一句话退却了千军万马。朝臣们都松了一口气，元帝虽又恨又怒，但终是无奈。

这天，昭君含泪上马，元帝不顾可能遭到外夷的耻笑，亲自送她到灞桥。在那里她换乘匈奴的毡车，带了两名宫女，怀抱琵琶，与使者向北而去。在汉番交界的黑河，单于带领千军万马亲自来迎接。呼韩邪单于眼见面前的王昭君比画上更动人，心花怒放，下马相迎。昭君要了一杯酒，说要洒酒祭江。酒尽了，她回望故国，悲声长叹，突然纵身跳入了滚滚江水之中。单于慌了手脚，忙令打捞，但终不见踪影……

呼韩邪单于悲痛万分，他很快发现了毛延寿的欺骗，于是派人将毛延寿绑送汉朝处置，对汉朝依然以姻亲相待。

两国同好，四海升平。

又一年秋天，草已添黄、秋雁哀鸣，汉元帝在秋风中向北伫立……

⊙作品评价

马致远的《汉宫秋》是元杂剧中优秀的历史剧之一，它艺术地再现了汉代王昭君的故事。它写汉元帝时国势衰弱，奸臣毛延寿因求贿不成，将王昭君画成丑女，事发后叛逃匈奴，以昭君为由挑起两国战争。面对匈奴的攻势，朝廷上下束手无策，只得将昭君献出。昭君行至两国边境，投江自杀。匈奴主大为后悔，杀了毛延寿，与汉和好。

《汉宫秋》在艺术上的成就很高，作品很擅长借对景物的描写来烘托环境气氛和人物感情。在第三折写汉元帝送别昭君的曲词，真正做到了情景交融，其中的【梅花酒】尤负盛名：

> 呀！俺向这迥野悲凉，草已添黄，兔早迎霜。犬褪得毛苍，人搠起缨枪，马负着行装，车运着糇粮，打猎起围场。他、他、他伤心辞汉主，我、我、我携手上河梁。他部从入穷荒，我銮舆返咸阳。返咸阳，过宫墙，绕回廊；绕回廊，近椒房；近椒房，月昏黄；月昏黄，夜生凉；夜生凉，泣寒螀，泣寒螀，绿纱窗；绿纱窗，不思量。

这里的一景一物都染上浓浓的悲凉，句式的回环往复，在顶真的修辞格中写景状物，将王昭君走后汉元帝独自回城时的悲怆无奈和伤感低沉描摩得逼真具体。

□三国演义

/ 元末明初 / 罗贯中 / 历史与叙事的失落和迷惘

⊙作者简介

《三国演义》作者罗贯中（约1330～约1400年），名本，字贯中，号湖海散人。杭州人，祖籍太原。元末明初小说家、戏曲家。《录鬼簿续编》记载罗贯中“与人寡合”，“遭时多故”流浪江湖。罗贯中生当元末社会动乱，有自己的政治理想，不苟同流俗，东奔西走，参加了反元的起义，明朝建立之后，即不再从事政治，而“传神稗史”，专心致力于小说创作。相传他写有巨著《十七史演义》，现存署名由他编著的小说有《三国志通俗演义》、《隋唐两朝志传》、《残唐五代史演传》、《三遂平妖传》等。罗贯中有着多方面的艺术才能，《录鬼簿续编》说他“乐府隐语，极为清新”，著录他创作的杂剧三种：《赵太祖龙虎风云会》、《忠正孝子连环谏》、《三平章死哭蜚虎子》。他所有的著作以《三国演义》最著名，被后人称为“第一才子书”，是我国历史小说的开山之作，也是我国长篇历史小说最杰出的巨著。

《三国演义》书影

⊙背景提示

演义是一种以一定的历史事件为背景，以史书及传说的材料为基础，增添一些细节，用章回体写成的小说。它要求所写的故事和人物生动形象，细节往往虚构，但基本情节不能违背史实。

三国故事很早就流传于民间。据杜宝《大业拾遗录》记载，隋炀帝观赏水上杂戏，便有曹操谯水击蛟、刘备檀溪跃马等节目。刘知几《史通·采撰》记载，唐初时有些三国故事已“得之于道路，传之于众口”。李商隐《骄儿》诗说：“或谑张飞胡，或笑邓艾吃。”可见到了晚唐，三国故事已经普及到小儿都知道的程度。宋代通过艺人的表演说唱，三国故事更为流行。根据《东京梦华录》载，北宋时已出现了“说三分”的专家霍四究，同时皮影戏、傀儡戏、南戏、院本也有搬演三国故事的。这时的三国故事已有明显的尊刘贬曹倾向。苏轼《东坡志林》记载：“王彭尝云：涂巷中小儿薄劣，其家所厌苦，辄与钱，令聚坐听古话。至说三国事，闻刘玄德败，频蹙眉，有出涕者；闻曹操败，即喜唱快。”宋元时代三国故事更是经常地被搬上舞台。《宋史·范纯礼传》及南宋姜白石《观灯口号》等诗歌中都有演出三国戏的记载。金元演出的三国剧目至少有《三战吕布》、《赤壁鏖兵》、《隔江斗智》等三十多种，在这些剧本中，继续表现出“尊刘贬曹”的倾向。三国故事流传的历史如此长久，以三国故事为题材的平话小说，可能很早就产生了。现存早期的三国讲史话本，有元至治年间所刊《三国志评话》，其故事已粗具《三国演义》的规模，不仅拥刘反曹的倾向极为鲜明，而且刘、关、张等人都富有草莽英雄气息，张飞的形象最活跃、最有生气，诸葛亮的神机妙算也写得很突出，但情节颇与史实相违，民间传说色彩较浓；叙事简略，文笔粗糙，人名地名多有谬误，显然没有经过文人的修饰。与此同时，戏剧舞台上也大量搬演三国故事，现存剧目即有四十多种，桃园结义、过五关斩六将、三顾茅庐、赤壁之战、单刀会、白帝城托孤等重要情节都已具备。此后罗贯中“据正史，采小说，证文辞，通好尚”，创作出杰出的历史小说《三国志通俗演义》。它是文人素养与民间文艺的结合。他充分运用《三国志》和裴松之注等史籍所提供的材料，重要历史事件都与史实相符；又大量采录话本、戏剧、民间传说的内容，在细节处多有虚构，形成“七分实事，三分虚假”的面目。

⊙内容提要

《三国演义》的故事从东汉灵帝建宁二年（公元169年）起，到晋武帝太康元年（公元280年）止，叙写了百年左右的时间里发生的事件，中间着重写了历时约半个世纪的魏、蜀、吴三国的兴亡盛衰过程。第一回到第三十三回，写东汉末年黄巾起义和曹操平定北方的过程；第三十四回到第五十回，集中写赤壁之战以及战后天下三分的局势；第五十一回到第一百一十五回，重点写刘备集团活动，以及刘备死后诸葛亮治理蜀国、南征北伐等事情；第一百一十六回到第一百二十回，写晋朝统一全国。全部故事的基本轮廓和基本线索，主要人物的主要活动，大体上同历史记载相去不远，但是三国历史只是一个框架，作品的细节部分则主要是虚构的。著名的情节有："三英战吕布"、"连环计"、"吕布射戟辕门"、"夏侯惇拔矢啖睛"、"关公五关斩六将"、"煮酒论英雄"、"关云长挂印封金"、"刘备三顾茅庐"、"官渡之战"、"刘备跃马过檀溪"、"隆中对"、"诸葛亮火烧新野"、"张飞大闹长坂桥"、"赵子龙单骑救主"、"群英会蒋干中计"、"诸葛亮舌战群儒"、"孔明借箭"、"华容道关羽义释曹操"、"孔明三气周瑜"、"关云长单刀赴会"、"关云长刮骨疗毒"、"关云长败走麦城"、"刘备遗诏托孤"、"七擒孟获"、"孔明挥泪斩马谡"、"木牛流马"等。

《三国演义》在曹操、刘备、孙权三个政治势力中，把曹操与刘备作为主要对立面，而把刘备集团放在中心地位。孙权更多是作为刘备对抗曹操的联合力量出现的。小说刻画了很多生动的人物形象。曹操在《三国演义》里是一个极端利己的典型。把曹操本来有诡诈、残暴的特点夸大，成功地刻画了曹操诡谲多变、心狠手毒的形象。小说中有他的一句名言："宁教我负天下人，休教天下人负我。"罗贯中也写了曹操的"雄才大略"，在与董卓、袁绍等人的对比中描写他的政治远见与政治气度。同曹操相反，对刘备则在政治与道德上都加以美化。刘备有一句话："吾宁死，不为不仁不义之事。"刘备是一位理想仁君的形象。诸葛亮是《三国演义》中又一个重要人物。刘备对诸葛亮自称"如鱼得水"，不仅言听计从，而且付托军国大事，诸葛亮为报答刘备三顾茅庐的知遇之恩，"鞠躬尽瘁，死而后已"。他足智多谋，高瞻远瞩，沉着机警，料事如神，是理想的贤臣。小说中的另一个重要人物是关羽。《三国演义》描写刘备同关羽、张飞的关系，着重表现他们的"义"。关羽武勇刚强，"义重如山"。刘、关、张"桃园结义"已经成为古往今来人们讲求朋友信义的楷模。民众看重"义"，因此，把关羽推崇到了很高的地位，直到现在，关帝庙依然遍布全国各地。

⊙作品评价

《三国演义》塑造了大量性格鲜明的英雄人物形象。在塑造人物的时候，作者喜欢采用类型化的写法，即从人物的各种复杂性格中，舍弃次要方面，而集中笔墨突出、渲染其某一个方面的特点，把这一特点发展到极端。比如曹操的形象就是一个典型。一方面，他的身上集中了狡猾诡诈、阴险毒辣、两面三刀、假仁假义、损人利已、专横残暴等"奸"的特征，不但用残暴的手段消灭异己，而且善于用狡诈的方法来开脱自己的罪责，奸诈和残忍令人发指；但另一方面，他身上又充分地体现了"雄"的特点：志存高远、心怀天下，富有长远发展的政治手段和谋略，能够以本集团的长远

相关链接

《隋唐演义》：清初人褚人获作。故事起自隋文帝起兵伐陈，而止于唐明皇回京抑郁而死，共一百七十余年间的事情。全书的基本结构线索为隋炀帝、朱贵儿及唐明皇、杨玉环的"两世姻缘"，以隋末群雄并起、瓦岗寨英雄聚义、花木兰代父从军、唐太宗武功文治、武则天改元称帝等事件穿插其间。

《反三国演义》：作者是周大荒，民国初年湖南人。该书对《三国演义》中凡是让人感到痛憾的人物故事，几乎逐一加以翻案。比如，庞统不仅未死于落凤坡，反而屡立大功。魏延也偷渡子午谷，袭取了长安。

《中华全史演义》：民国期间蔡东藩著。包括《前汉演义》、《后汉演义》、《两晋演义》、《南北史演义》、《唐史演义》、《五代史演义》、《宋史演义》、《元史演义》、《明史演义》、《清史演义》等。演绎了中国两千年的历史进程，卷帙浩繁，只是艺术上稍嫌粗糙。

名家点评

鲁迅在《中国小说史略》中评《三国演义》在写人才方面的特点时说:“至于写人，亦颇有失，以致欲显刘备之长厚而似伪，状诸葛之多智而近妖;惟于关羽，特多好语，义勇之概，时时如见矣。”

利益为出发点，而不计较一时的成败得失，因此才能在群雄并起的时代，他最终能兼并其他诸侯，成就一番大事业。残暴狡诈和雄才大略紧密结合，显示了这个千古奸雄的独特性格。

《三国演义》的艺术成就，在中国“演义”体小说中是最为突出的。作者成功地把历史因素与艺术因素结合起来，把历史人物和艺术典型统一起来，使这部“七分事实、三分虚构”的小说，在艺术上成为不朽杰作。全书叙述了将近一个世纪的历史，几百位人物，尽管头绪纷繁，但作者依然能组织得法，详略得当，做到脉络清晰，主次分明。作者既善于把一些简单的小事件写得波澜起伏、错落有致；也善于把一些错综复杂的大事件写得脉络分明、有条不紊。作者还善于使实写、虚写、详写、略写、明写、暗写、正写、侧写各尽其妙，在叙事时又能兼用顺叙、倒叙、插叙、补叙等不同方法。这样，既避免了行文的冗长和繁复，又使故事参差错落、浓淡适宜。

《三国演义》的艺术结构，既宏伟壮阔，又不失严密和精巧。全书时间漫长，人物众多，事件复杂，头绪纷繁。但作者以蜀汉为中心，抓住三国矛盾斗争的主线，井然有序地展开故事情节，既曲折变化，又前后贯串，宾主照应，脉络分明，较少琐碎支离的情况，构成了一个基本完美的艺术整体。这在艺术上是很高超的。

《三国演义》善于通过错综复杂的故事情节，巧妙地表现政治事件，尤其善于描写战争。作者总是围绕战争双方的人物，写出战争的各个方面，双方的战略、战术，使大小战役各具特色。精彩的有：官渡之战、赤壁之战、七擒孟获、六出祁山等。其中赤壁之战最为精彩。《三国演义》用长达八回的篇幅，把赤壁之战故事渲染得波澜壮阔，淋漓尽致。写双方备战，作者紧紧抓住曹军不习水战的问题，写周瑜和曹操之间来回隔江斗智，曹操两次派蒋干过江以及遣蔡中、蔡和诈降，都被周瑜识破，并巧妙地利用。但是周瑜这些妙计每次都不出孔明的意料。周瑜忌妒孔明，想用断粮道、造箭杀孔明，计谋也被孔明识破。这样作者便很自然地写出孔明的才能、气度处处高过周瑜。作者善于在紧张的气氛中点染抒情的笔调，孔明饮酒借箭，庞统挑灯夜读，曹操横槊赋诗等插曲使人物的形象更为真实生动。叙述战争时还善于运用实写和虚写结合的手法，对战争的胜利者，往往不惜详尽描写，如上引的“关云长温酒斩华雄”一段就是典型的虚实相生的写法。

三顾茅庐　年画

《三国演义》吸收了传记文学的语言风格，并使之通俗化，“文不甚深，言不甚俗”，雅俗共赏，具有简洁、明快而又生动的特色。叙述描写不以细腻见长，而以粗笔勾勒为精；还有许多生动片段，也写得粗中有细。

□传习录 /明/王阳明/揭露人性之作

⊙作者简介

王阳明像

王阳明（1472 ~ 1529 年）是明代著名的思想家，本名王守仁，字伯安，世称阳明先生，谥文成，后人称王文成公。他出身官僚地主家庭，从小接受儒家正统教育，“才兼文武”，有“奇智大能”，28 岁中进士，第二年步入仕途。

年轻的时候，他是程朱理学的追随者。为了实践朱熹“格物穷理”的理论，他曾“格竹子”七天七夜，试图从中领悟出永恒不变的真理，最终不但一无所获，人也因思虑过度累病了。他在极大的失望中，不得不放弃这种尝试，并对程朱理学产生了怀疑和动摇。在以后的生活中，他利用一切可以利用的时间和条件，游历高山名川，交游道士，苦苦思索哲学理论。1506 年，他因为上书请求“去奸臣”，得罪了专权的刘瑾，被贬官到龙场（今贵州修文县治）驿丞。在那里，他日夜静坐沉思。一日深夜，他突然悟出“心即理”，明白了“真理就在自己心中，根本不用向外求”的道理。他在这里得“道”，被后人称为“龙场悟道”。从此，王阳明的思想由客观唯心主义转变为主观唯心主义，并在不断的思考和探索中，建立起完整的理论体系。

“心即理”是王阳明的“立言宗旨”，是他哲学思想的核心。他以此否定了朱熹“即物穷理”的思想，认为心和理是一个东西，是不可分的，天下的真理都包括在人心中。他还认为，心外不仅无“理”而且无“物”，他说：“有是意，即有是物；无是意，即无是物”，认为客观事物是人的意志活动的结果，离开人的意志，便没有客观事物的存在，是人的意思决定物质，因此，他的哲学是典型的主观唯心主义。

在“知行”问题上，王阳明提出了“知行合一”的主张，以此否定朱熹的“知先行后”说，认为知行本来就是一体的，“一念发动处即是行”，知本身就是行动。因此，要形成良好的道德行为必须从修“心”做起，去“破心中贼”。

晚年，王阳明提出“致良知”的主张。认为“良知”是人心中固有的道德和是非观念。“致良知”就是要通过内心的省查存养功夫，保持良知不丧失，让天理良心常在，就成为好人了。他想借助道德教化的力量，加强对人心的控制，以挽救明王朝的社会危机。

王阳明做官的成就没有做学问的成就大。但是在做官期间，他还是为老百姓说出了一点心里话。在一定程度上指出了当时的政治弊病。同时为老百姓做了很多实事，受到人们的称赞。刘瑾倒台以后，他的官位一路高升，并成功地解决了南赣的多起叛乱。在平定宸濠之乱后，就称病住在寺院。以后的绝大部分时间都是在讲学。1528 年他镇压了思恩、田州、八寨等少数民族的起义，第二年去世。

⊙内容提要

《传习录》是中国明代哲学家、宋明道学中心学派的代表人物王阳明的语录和论学书信，是他和弟子在教与学的过程中一起编写的一部书籍。“传习”一辞源出自《论语》中的，“传不习乎”一语。问答《传习录》包含了王阳明的主要哲学思想，是研究王阳明思想及心学发展的重要资料。《传习录》分上、中、下三卷，载于《王文成公全书》，为一至三卷，亦有单行本。上卷是王阳明讲学的语录，内容包括他早期讲学时主要讨论的“格物论”、“心即理”，以及有关经学本质与心性问题。中卷主要是王阳明写给时人及门生的七封信，实际上是七封论学书，此外还有《社会教条》等。在中卷最有影响的是《答顾东桥书》(又名《答人论学书》)和《训蒙大意示教读刘伯颂等》，着重阐述了“知行合一”和“致良知”理论。下卷一部分是讲学语录，另一部分是《朱子晚年定论》。《朱子晚年定论》包括王阳明写的序和由他辑录的朱熹遗文中三十四条“大悟旧说之非”的自责文字，旨在让朱熹作自我批评与自我否定，证明朱熹晚年确有“返本求真”的“心学”倾向。下卷收录的王阳明讲学语录主要是讨论“良知”与“致良知”的。

《传习录》是由王门弟子徐爱和钱德洪等编辑的，它包括了王阳明学说的主要观点，历来被视作阳明学派的“教典”，是研究王阳明教育思想的重要资料。其中的语录是王门弟子分别记录的，编辑者只作了汇编工作，注明哪些条是由谁记录的，未作进一步地整理，因此各条之间没有内在的逻辑联系。7封书信出自王阳明的手笔，是王阳明论学书的代表作，但阅读这些书信时，如果与其他有关论学书信联系起来看，它们更多地反映了王阳明晚年比较成熟的教育思想，但由于编者的取舍，如《稽山书院尊经阁记》、《大学问》等重要著作未予收录其中，它对于了解和研究王阳明的教育思想，明显有不足之感。所以在评介《传习录》一书时，有必要联系全书中的其他篇章。

王阳明继承了程颢和陆九渊的心学传统，并在陆九渊的基础上进一步批判了朱熹的理学。《传习录》中的思想明显地表现了这些立场和观点。

“心即理”本来是陆九渊的命题，《传习录》对此作了发挥。王阳明批评朱熹的修养方法是去心外求理、求外事外物之合天理与至善。王阳明认为“至善是心之本体”，“心即理也，此心无私欲之蔽，即是天理，不须外面添一分。”他这样说是强调社会上的伦理规范之基础在于人心之至善。从这个原则出发，他对《大学》的解释与朱熹迥异。朱子认为《大学》之“格物致知”是要求学子通过认识外物最终明了人心之“全体大用”。王阳明认为“格物”之“格”是“去其心之不正，以全其本体之正”。“意之本体便是知，意之所在便是物”。“知”是人心本有的，不是认识了外物才有的。这个知是“良知”。他说：“所谓致知格物者，致吾心之良知于事事物物也。吾心之良知即所谓天理也。致吾心良知之天理于事事物物，则事事物物皆得其理矣。致吾心之良知者，致知也；

知行问题是《传习录》中讨论的重要问题，也反映了王阳明对朱熹以来宋明道学关于这个问题讨论的进一步研究。

朱子主张知先行后、行重知轻。王阳明提出的“知行合一”虽然继续了朱子重行的传统，但是批判了朱子割裂知行。王阳明主张知行合一乃是由心即理立基，批评朱子也是指出他根本上是析心与理为二。

王阳明的“心即理”、“致良知”、“知行合一”都是要强调道德的自觉和主宰性。他说：“知是理之灵处，就其主宰处说便谓之心，就其禀赋处说便谓之性。”人心能够知晓行为的善恶，也能自觉地去为善，这就是本心的“明觉”，这是对程颢思想的发展。《传习录》中对人心的“虚灵明觉”有很多讨论。若要全面正确地把握王阳明“心外无理”及其他学说，深入地研究他的这些讨论是十分必要的。

⊙作品评价

《传习录》集中反映了王阳明的心性之学，在中国古代哲学史上有着重要的地位。直到今天，王阳明的思想在当代新儒家中仍有其深刻的影响。本世纪的许多思想家和学者一直致力于对它作现代解释并力图克服其偏失。《传习录》是一部较为纯粹的哲学著作，对它的研究几十年来一直未有重大突破。近年来，国内的老一辈学者邓艾民教授等人，青年学者陈来、方尔加、杨国荣等人在史料考证、诠解和评价方面作出了一些有意义的尝试，可供阅读《传习录》时参考。

□水浒传

/明/施耐庵/绿林豪杰的忠义悲歌

⊙作者简介

《水浒传》的作者，明代人有多种记载。明代人大致有三种说法：施耐庵、罗贯中，以及施、罗合作。郎瑛《七修类稿》中说："《三国》、《宋江》二书，乃杭人罗本贯中所编。予意旧必有本，故曰编。《宋江》又曰钱塘施耐庵底本。"高儒《百川书志》中说："《忠义水浒传》一百卷。钱塘施耐庵的本，罗贯中编次。"李贽《忠义水浒传叙》中提到作者时，说是"施、罗二公"。这是认为施、罗合作的。此外，田汝成《西湖游览志余》和王圻《稗史汇编》都记载罗贯中作。而胡应麟《少室山房笔丛》则说是"武林施某所编"，"世传施号耐庵"。

现在学术界大都认为施耐庵作，也有少数人认为施、罗合作。关于施耐庵，没有什么可靠的历史记载。他大概是元末明初人，生平不详。民间传说他曾参与张士诚的农民起义军，这未必可信。但是他生活的时代较罗贯中稍早，可以肯定的是，元末如火如荼的农民大起义，他应当是见过或亲身经历过的，这对他的小说创作也许有某种影响。

施耐庵像

⊙背景提示

《水浒传》取材于北宋末年宋江起义的故事。关于宋江起义，史籍中有些零星的记载。《宋史·徽宗本纪》记载："淮南盗宋江等犯淮阳军，遣将讨捕；又犯东京、江北，入楚海州界，命知州张叔夜招降之。"《张叔夜传》说："宋江起河朔，转略十郡，官兵莫敢撄其锋。"宋代陈均《九朝编年备要》和徐梦莘的《三朝北盟会编》，也都有类似的记载。还有的记载说宋江投降后曾参与征讨方腊。宋代说书兴盛，在民间流传的宋江等 36 人故事，很快就成为话本的素材，南宋罗烨《醉翁谈录》记载有小说《青面兽》、《花和尚》和《武行者》，都是水浒故事。宋末元初，画家龚开的《宋江三十六人赞》完整地写出了 36 人的姓名和绰号。宋末元初的《大宋宣和遗事》有一部分涉及水浒故事，只是内容非常简单，可能是说书人的提纲。它所记水浒故事，从杨志卖刀杀人起，经智取生辰纲，宋江杀阎婆惜，九天玄女授天书，直到受招安平方腊，顺序和现在的《水浒传》基本一致。元代出现了大量水浒戏，至今存目的有 30 余种，其中完整传世的有六种:《李逵负荆》、《燕青博鱼》、《黄花峪》、《双献功》、《争报恩》、《还牢末》。在这些戏里，水浒原来的人物故事日益发展丰富起来。其中有的英雄人物如李逵、宋江、燕青等已有生动的描绘。施耐庵正是在这样的背景下，综合民间流传的水浒故事，并且加上自己的修饰点染，写成了这部优秀的古典小说《水浒传》。

⊙内容提要

《水浒传》全书可分前后两大部分。前七十回为前半部分，写各路英雄纷纷上梁山大聚义，打官军，聚义排座次。《水浒传》写英雄们走上造反的道路，各有不同的原因；但是在逼上梁山这一点上，许多人是共同的。如阮氏三雄的造反是由于生活不下去，他们不满官府的压榨，参加劫"生辰纲"的行动，上了梁山；解珍、解宝是由于受地主的掠夺起而反抗的；鲁智深是个军官，他好打不平，结果被逼上山落草；武松出身城市贫民，为打抱不平和报杀兄之仇，屡遭陷害，终于造反；林冲

梁山泊收关胜　年画

原是东京八十万禁军教头，是个有地位的人，他奉公守法，安分守己，但最终也被逼上梁山。其中精彩的故事有：“鲁提辖拳打镇关西”、“鲁智深大闹五台山”、“鲁智深火烧瓦官寺”、“花和尚倒拔垂杨柳”、“林冲棒打洪教头”、“鲁智深大闹野猪林”、“林教头风雪山神庙”、“林冲雪夜上梁山”、“杨志卖刀”、“智取生辰纲”、“林冲水寨大并火”、“宋江怒杀阎婆惜”、“景阳冈武松打虎”、“武松怒杀西门庆”、“施恩再夺快活林”、“武松醉打蒋门神”、“武松血洗鸳鸯楼”、“梁山泊好汉劫法场”、“杨雄醉骂潘巧云，石秀智杀裴如海”、“三打祝家庄”、“时迁偷甲”、“时迁火烧翠云楼”、“梁山泊英雄排座次”等。

七十一回以后为后半部分。后半部分由五个小部分组成，即征辽、平田虎、平王庆、平方腊及结局。其中平田虎、平王庆两部分是后来加的，今天有的百回本，征辽之后紧接平方腊，没有这两部分。后半部分中，梁山受朝廷招安，成为官军，南北征战，英雄们或死或伤，渐渐离散，很少有人善终。最终有以宋江、李逵服毒身亡结局。这一部分读来令人丧气，因此金圣叹“腰斩”《水浒传》时将他们都删了。

⊙作品特色

作为中国第一部成熟的白话长篇小说，《水浒传》在艺术上取得了很高的成就，这首先表现在它对人物形象的塑造上。施耐庵善于将人物置于具体环境中，紧扣人物身份、结合心理与细节描写来刻画人物各自的性格，成功地塑造了数十个性格鲜明的人物形象。其中，宋江的形象对于理解全书思

三打祝家庄　年画

这幅年画印自清代后期苏州，生动地展现了梁山义军与祝家庄地主豪强激战的情景。

名家点评

胡适在《〈水浒传〉考证》中说：“我想《水浒传》是一部奇书，在中国文学史占的地位比《左传》、《史记》还要重大得多。”

想内涵具有枢纽的作用。作为梁山起义军的领导人，宋江的性格中同时存在着革命性与妥协性、进步的一面与落后的一面。他是出身于地主阶级的知识分子，又做了个“刀笔精通、吏道纯熟”的押司，这样的阶级地位和身份，使他对包括君权、父权、法权在内的统治权威从内心里绝对遵从，形成了他性格中根深蒂固的“忠”的本质。但同时，他身上又非常富有正义感、仗义疏财、济困扶危、排难解纷，因此被人们称为“山东及时雨”,这是他身上的“义”的特征。 在这种“忠”和“义”的双重主导下，宋江的性格既矛盾又统一地曲折发展着：他一边与梁山好汉有着斩不断的关系，另一方面又严守“忠”的尺度，害怕自己被扯入造反者的行列中。即使是被逼无奈上了梁山后，他也始终抱定等待朝廷赦罪招安的念头，直到饮了朝廷的毒酒死在旦夕，还表白着自己的忠心。而他所坚持不肯放弃的“忠”，正是造成他自身以及梁山泊英雄悲剧的根源。对传统皇权的“忠”和对江湖的“义”组成了一个矛盾的宋江，这种矛盾性正是这个人物艺术魅力的体现，不过也反映出了作者历史观的局限。《水浒传》不是仅仅描写某一方面的特征，它抓住了人物性格中的矛盾冲突，使得它塑造人物的艺术性达到了同期小说艺术的最高水平。

《水浒传》人物图之
黑旋风李逵像　清

《水浒传》的语言也独具风格。施耐庵创造性地继承和发展了“说话”的语言艺术，以北方口语、山东一带口语为基础，形成了明快、洗炼、表现力非常强的《水浒传》语言。状人叙事时，多用白描，不用长段抒写，寥寥几笔就神情毕肖。同时，《水浒传》的语言开始从《三国演义》的类型化写法摆脱出来，走向初步个性化写法，这标志着传统的写实方法在古代小说创作上的重大发展。

⊙作品评价

《水浒传》的故事内容富有传奇性，情节跌宕起伏，变幻莫测，一波未平，一波又起。如“拳打镇关西”、“智取生辰纲”、“宋江杀惜”、“武松打虎”、“血溅鸳鸯楼”、“江州劫法场”、“三打祝家庄”等情节，数百年来脍炙人口。《水浒传》最精彩的是人物形象的塑造。作者把故事情节和人物性格融合在一起，用不同的情节来表现不同的性格。武松、林冲都受过官府的陷害，被充过军，但他们面对厄运时的反应却大不一样。林冲在路上受差人任意摆布，忍气吞声；武松则相反，充军恩州路上，收拾了要害死他的差人，还不解恨，一口气奔回孟州，血洗鸳鸯楼。这是因为，林冲是东京八十万禁军教头，是有地位懂法度的人，不幸遭受冤枉，只希望服刑期满，重振家声；而武松无家室之累，惯走江湖，性格强悍，无所顾忌，报复心强，手段也狠。作者对他们的性格特点把握得十分细致。

《水浒传》的语言特色是明快、洗炼、生动，无论是作者的描述，还是人物的语言，都惟妙惟肖，生活气息浓厚，写景、状物、叙事、表情，都很传神。《水浒传》善于白描，简洁明快，没有冗长的叙事，也没有繁琐的景物描写，比如“武松打虎”就写得简练而传神，简洁地写老虎一扑、一掀、一剪，一只活生生的老虎便跃然纸上。

《水浒传》人物语言准确而精练，能准确地表现出人物的性格、地位以及文化教养。如粗鲁而不懂得客套的李逵第一次见宋江，就问戴宗：“哥哥，这黑汉子是谁？”他刚上梁山便大发狂言：“便造反怕怎地，晁盖哥哥便作大宋皇帝，宋江哥哥便作小宋皇帝……杀去东京，夺了鸟位。”寥寥数语，便描画出活脱脱一个草莽英雄的形象。

西游记

/明/吴承恩/神魔之域中的世态万象

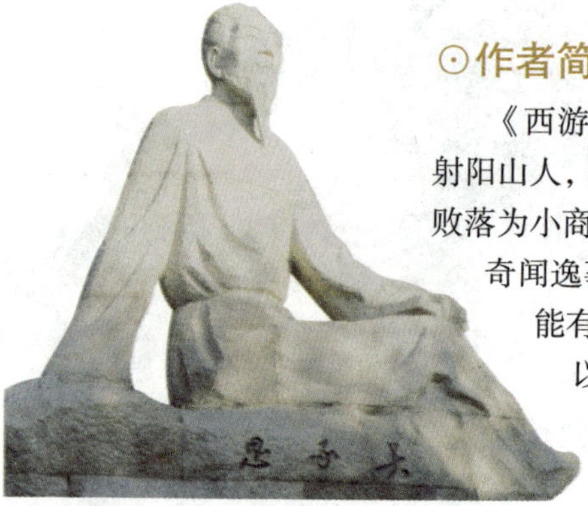
吴承恩雕塑

⊙作者简介

《西游记》的作者吴承恩（约1500～约1582年），字汝忠，号射阳山人，淮安山阳（今江苏淮安）人。吴家世代书香，到他父亲时败落为小商人。吴承恩自幼聪敏好学，博读群书，闻名乡里。他喜欢奇闻逸事，爱读稗官野史和唐人传奇，这对他创作《西游记》可能有很重要的影响。吴承恩屡次参加科举考试，然而屡试不中，以致于“迂疏漫浪”。中年当过长兴县丞，不久，因“耻折腰”而辞官。晚年归居故乡，放浪诗酒。《西游记》就是他晚年的作品。吴承恩另外还作有传奇小说集《禹鼎志》，篇幅很短。

⊙背景提示

《西游记》的故事经历了一个漫长的演变过程。《西游记》所写的唐僧取经故事是由玄奘的经历演绎成的。唐太宗贞观元年，和尚玄奘不顾禁令，偷越国境，费时17载，经历百余国，只身一人前往天竺（今印度）取回佛经657部。玄奘口述西行见闻，由弟子辩机写成《大唐西域记》。他的弟子慧立、彦琮又写成《大唐大慈恩寺三藏法师传》，记述玄奘西行取经事迹。为了宣传佛教并颂扬师父的业绩，他们不免夸张其辞，并插入一些带神话色彩的故事，如狮子王劫女为子、西女国生男不举，迦湿罗国“灭坏佛法”等。此后取经故事即在社会上广泛流传，愈传愈离奇。在《独异志》、《大唐新语》等唐人笔记中，取经故事已带有浓厚的神异色彩。南宋的说经话本《大唐三藏取经诗话》，开始把各种神话与取经故事串联起来，书中出现了猴行者。他原是“花果山紫云洞八万四千铜头铁额猕猴王”，化身为白衣秀士，来护送三藏。他神通广大、足智多谋，一路杀白虎精、伏九馗龙、降深沙神，使取经事业得以“功德圆满”。这是取经故事的中心人物由玄奘逐渐变为猴王的开端。猴行者的形象源于我国古代的志怪小说。《吴越春秋》、《搜神记》、《补江总白猿传》等书中都有白猿成精作怪的故事，而李公佐的《古岳渎经》中的淮涡水怪无支祁的“神变奋迅”和叛逆性格同取经传说中的猴王尤为接近。书中的深沙神则是《西游记》中沙僧的前身，但还没有出现猪八戒。到元代，又出现了更加完整生动的《西游记平话》，其主要情节与《西游记》已非常接近。由宋至明，取经故事也经常出现在戏曲舞台上。宋元南戏有《陈光蕊江流和尚》，金院本有《唐三藏》，元代吴昌龄有《唐三藏西天取经》杂剧，元末明初有《二郎神锁齐天大圣》杂剧和杨景贤的《西游记》杂剧。吴承恩创作《西游记》以前，取经故事已经以各种形式在社会上长期流传。吴承恩就是在前代传说和平话、戏曲的基础上，创作出这部规模宏大的神话小说《西游记》的。

⊙内容提要

《西游记》全书一百回，大致可分为三个部分：第一部分是前七回，写孙悟空“大闹天宫”。孙悟空原是破石而生的美猴王，占领花果山水帘洞后，海外拜师，学得七十二般变化。他不愿受冥府、天界管束，大闹“三界”，自封“齐天大圣”，与玉皇大帝分庭抗礼，搅得天昏地暗。第二部分为八至十三回，交代取经的缘由，写魏征斩龙、唐太宗入冥、观音访求高僧和唐僧出世，为取经作了铺垫。第三部分为十四至一百回，由41个小故事组成，写了孙悟空在猪八戒、沙僧的协助下保护唐僧前往西天取经，一路克服了八十一难，斩妖除怪，历尽艰险，终于取回真经，师徒四人也都

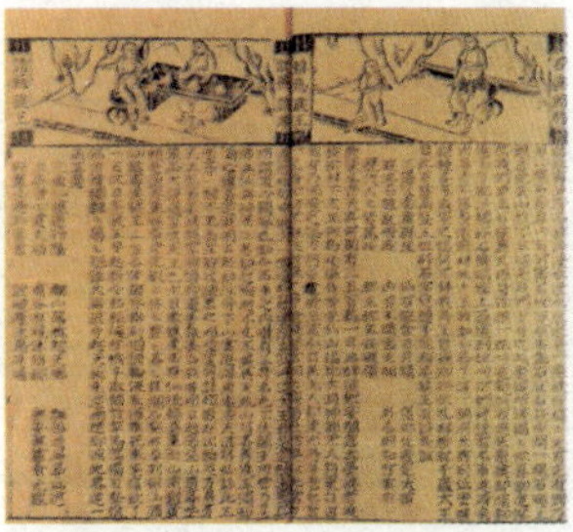

插图本《西游记》明万历刻本

修成正果。其中著名的情节有“黑风山怪窃袈裟”、“高老庄”、“黄风岭”、“大战流沙河”、“五庄观行者窃人参果”、“三打白骨精”、“红孩儿”、“车迟国显法”、“大闹金山兜洞”、“女儿国”、“火焰山”、“盘丝洞”、“大战青龙山”等。

《西游记》中的主要人物性格鲜明。唐僧恪守宗教信条，善良慈悲，胆小懦弱；孙悟空叛逆大胆，急躁敏捷，足智多谋；猪八戒粗夯莽撞，好吃懒做，嫉妒心强，好拨弄是非，但是心肠倒也不坏，某些方面还有可爱之处；沙僧则任劳任怨，忠厚勤恳。

⊙作品特色

《西游记》中的艺术形象，既以现实的人性为基础，又加上作为其原形的各种动物的特征，再加上浪漫的想象，写得生动活泼，令人喜爱。如孙悟空的热爱自由、不受拘束、勇于反抗等特点，体现着人性的欲求，这已经在前文作了分析。而他的神通广大、变化无穷，则是人们自由幻想的产物；他的机灵好动、淘气捣蛋，又是猴类特征和人性的混合。猪八戒的形象也颇值得注意。他行动莽撞、贪吃好睡、懒惰笨拙等特点，既与他错投猪胎有关，又是人性的表现。自然，猪八戒也有些长处，如能吃苦，在妖魔面前从不屈服，总记得自己原是“天蓬元帅”下凡等等。但他的毛病特别多，除了上述几项，他还贪恋女色，好占小便宜，对孙悟空心怀嫉妒，遇到困难常常动摇，老想着回高老庄当女婿，在取经的路上，还攒着一笔小小的私房钱。他在勇敢中带着怯懦，憨厚中带着奸滑。猪八戒的形象，体现了人类普遍存在的欲望和弱点。但在作者笔下，这一形象不仅不可恶，而且很有几分可爱之处。比起孙悟空的形象多有理想化成分，猪八戒的形象更具有日常生活中人物的真实性，读起来让人觉得亲切。这一种人物形象，是过去的文学中未曾有过的，他的出现，显示出作者对于人性固有弱点的宽容和承认，也显示了中国文学中的人物类型进一步向真实、日常和复杂多样的方向发展。

《西游记》虽是由众多零散故事传说汇聚成的一部大书，但经过再创作，结构却相当完整；它的文字幽默诙谐，灵动流利，善于描写各种奇幻的场面，都显示了相当高的艺术水平。

《西游记》图册　清　陈奕禧

⊙作品评价

《西游记》虽然是神话小说，但是正如鲁迅在《中国小说史略》中说的，《西游记》“讽刺揶揄则取当时世态，加以铺张描写”。《西游记》神话实际上表现了丰富的社会内容，

名家点评

鲁迅在《中国小说史略》中称《西游记》：“述变幻恍惚之事，亦每杂解颐之言，使神魔皆有人情，精魅亦通世故。”

胡适则说：“这部书的结构，在中国归小说中，要算最精密的了。”

相关链接

《西游补》：南潜作。南潜是董说出家后的法名。董说字若雨，乌程人。生于万历年间。明亡后，隐居灵岩，三十余年不入城市，成为一代高僧。本书叙述悟空化斋，被鲭鱼精迷惑，渐渐进入梦境，打算找秦始皇借驱山铎，徘徊之间，进入万镜楼，于是时而见过去，时而见未来，忽而化作美人，忽而化作阎罗，被虚空主人呼唤，才离开梦境，才得知鲭鱼本来与悟空同时出世，住在“幻部”，自称“青青世界”，所有境界，都是他创造的，并不是实有的。因此“悟通大道，必先空破情根，破情根必先走入情内，走入情内见得世界情根之虚，然后走出情外认得道根之实”。书中所说的鲭鱼精、青青世界、小月王，都指的是“情”。本书情节恍惚奇幻，常常惊人；夹杂徘谐，也很俊逸，很值得一读。

《后西游记》：作者不详。叙述花果山再生石猴，也神通广大，称为小圣，辅助大颠和尚再往西天，求取佛经的真解。途中收猪一戒，得沙弥，屡次路遇妖魔，陷于危难，最终到达灵山，得到真解，返回中华。这部书情节与《西游记》过于接近，缺少独创，比较而言价值不高，偶尔有可读之处。

曲折地反映出明代社会的黑暗，有很明显的现实批判意义。唐僧师徒取经路上遇到的妖魔鬼怪很多都是菩萨或天神的坐骑，当孙悟空打败妖魔、准备灭杀的时候，它们的主人往往就出来说情，将它们救走。从这里，我们可以看出明代社会有势力的宦官庇护他们的干儿子干孙子们贪赃枉法的影子。另外，一些神圣的人物在《西游记》中形象很恶劣。如玉皇大帝是一个优柔寡断、软弱无能的形象，遇到事情拿不出什么解决的办法；而如来佛祖则贪图小利，向唐僧一行人索要贿赂，甚至把唐僧化缘用的紫金钵都要走了。这些细节描写都折射出当时当权者的所作所为，有很强的讽刺意味。

《西游记》创造了神奇绚烂的神话世界。情节生动、奇幻、曲折，具有非凡的想像力和强烈的浪漫色彩。天上地下、龙宫冥府、八十一难、七十二变、各种神魔都充满幻想色彩。他们使用的武器法宝都具有超自然的惊人威力：孙悟空的金箍棒重一万三千五百斤，缩小了却可以藏在耳朵里；“芭蕉扇”能灭火焰山上的火，缩小了就能够噙在口里。而且“一生必有一克”，任何武器法宝都有厉害的对手：孙悟空的金箍棒可以一变千条、飞蛇走蟒一般打向敌人；可是青牛怪却能用白森森的“金钢琢”一古脑儿套去。“芭蕉扇”能将人扇出八万四千里，孙悟空噙了“定风丹”，就能在漫天盖地的阴风前面巍然不动。这些宝贝五花八门，让人惊叹不已。

《西游记》图册　清

明代吴承恩的《西游记》问世后，各种表现唐僧师徒取经故事的艺术形式相继涌现，如诗歌、绘画、书法、雕塑、建筑等，不仅有巨大的美学价值，而且在民俗学、社会学上也有不小成就。《西游记》图册由清代康熙时期的四大书法家之一的陈奕禧书写了简单的文字说明，图画生动传神，富有想象力，图文并茂，使故事情节经过图片与文字得到更好的体现和延伸。

《西游记》的语言生动流利，尤其是人物对话，富有鲜明的个性和浓烈的生活气息，富有幽默诙谐的艺术情趣。吴承恩提炼民众生活中的口语，吸收其中的新鲜词汇，利用它富有变化的句法，熔铸成优美的文学语言。敌我交锋时，经常用韵文表明各自的身份；交手后，又用韵文渲染炽烈紧张的气氛。它汲取了民间说唱和方言口语的精华，在人物对话中，官话和淮安方言相互融汇，如“不当人子”、“活达”、“了帐”、“断根”、“囫囵吞”、“一骨辣”这些词语，既不难理解，又别有风趣。往往只用寥寥几笔，就能将人物写得神采焕发，写出微妙的心理活动。如猪八戒吃人参果、狮陀国三妖设谋、孙悟空以金箍棒指挥风云雷电的描写，都精彩纷呈。

金瓶梅

/明/兰陵笑笑生/中国第一部文人独创的长篇小说

⊙作者简介

《金瓶梅》作者署名兰陵笑笑生。兰陵笑笑生到底是何许人？三百多年来众说纷纭，直到现在还没有定论。据考查，涉及的作者竟有十二位之多，连李笠翁、徐渭、李卓吾等都被列为考疑的对象，但说法最多的不外兰陵笑笑生与王世贞两人。有人论定为兰陵笑笑生，仅仅因为兰陵笑笑生是山东人，与小说中之方言有诸多相同。很显然，这个根据是远远不足以说明问题的。

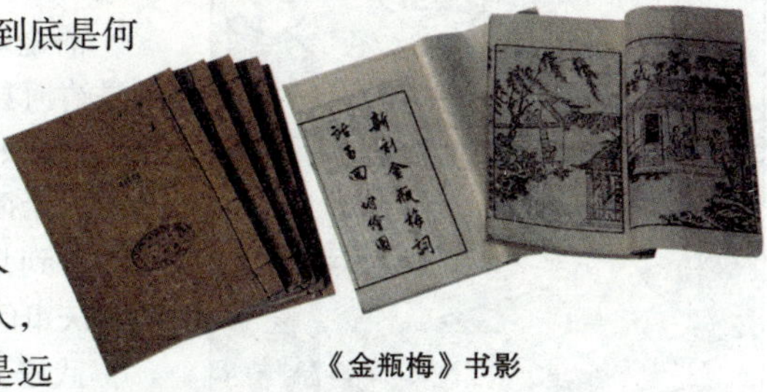

《金瓶梅》书影

据《野获编》记载，《金瓶梅》的作者是王世贞。王世贞（1526 ~ 1590 年），明文学家。字元美，号凤洲、弇州山人，太仓（今属江苏）人。嘉靖进士，官至南京刑部尚书。与李攀龙同为“后七子”领袖，主张“文必秦汉，诗必盛唐”，倡导诗文复古风气，在文学史上很有影响。据说，他作《金瓶梅》乃出于为父报仇。王世贞是出名的大孝子，其父被奸相严嵩所害，传说严嵩好读奇书，王世贞于是著《金瓶梅》，在书角蘸以砒霜毒液，然后将书卖给严嵩，严嵩读完此书，遂毒发而死。这个故事很有传奇色彩，但依然没有确证，仅仅是传说而已。

⊙背景提示

明代从正德年间开始，整个社会即呈现出末世的征兆。嘉靖、隆庆之后，整个社会奢靡淫纵，拟饰娼妓之风气更为猖獗。宪宗成化年间，大臣竞献“秋石方”以媚上。上行下效，举世若狂，纵谈服食采战，闺帏亵事，全无羞耻感。街市上公然出售春宫画和淫具。“男风”时尚亦于此时兴盛。

晚明及清初的文献史料记载，文人士大夫的“名士风流”俯拾皆是：王世贞作诗赞“鞋杯”；李开先宿妓染疥；袁中道津津乐道于自己的流连“游冶之场，倡家桃李之蹊”；钱谦益与柳如是“兰汤共浴”，一时也传为佳话；冯梦龙沉湎秦楼楚馆，为品评金陵妓女的《金陵百媚》一书撰写书评，其《情史》颇多对妓女浓情的歌颂。它们传达了一个普遍的价值虚无主义的信念。

但是，我们应该知道，晚明文人颓然自放，浪荡风月场，表现的只是表面的放荡。表面的玩世不恭掩饰不住内心的苦闷，传统的价值观念已经幻灭，他们把人生的寄寓从原先的仕途转向了市井曲巷的声色犬马；而摆脱了名缰利索的束缚，又使他们在做人为文上失落了可以凭依的准则。于是，他们的作品在涉及两性关系时，展现出了旷古的自主意识。历代人做得说不得的事，晚明文人做了也说了，而且更为狂放。正是在这样的社会风气和文化氛围中，产生了《金瓶梅》等世情小说。

⊙内容提要

《金瓶梅》成书于明朝万历年间（1573 ~ 1620 年），是我国第一部文人独创的长篇小说，又是我国第一部家庭生活题材的长篇小说，有“第一才子书”之称，清代被列为禁书。世传的版本有两个系统：《金瓶梅词话》和《金瓶梅》。《金瓶梅》是《金瓶梅词话》的改编本。书中除西门庆外，还着重写了潘金莲、李瓶儿和春梅，《金瓶梅》的书名，就是从这三个人名字中各取一字联缀而成的。其情节梗概如下：

山东阳谷县人武植，人称大郎，因饥荒，搬到清河县，卖炊饼度日。邻居张大户的妻子余氏厌恶使女潘金莲妖艳，把她嫁与武大。

《金瓶梅》插图　王婆子贫嘴说风情

一日大郎遇见失散的兄弟武松。原来武松在景阳冈打死猛虎，在清河县做了巡捕都头。潘金莲见武松体格雄壮，备酒招待武松，想撩逗他，可是却被武松严厉训斥了一番，讨了一个没趣。不久因本县知县到任一年有余，捞到许多金银，派武松送到东京亲眷处。

潘金莲由邻居媒婆王婆牵线与西门庆勾搭上了。这西门庆是清河县一个财主，在县城开着个生药铺，是个浮浪子弟。武大得知奸情，便去捉奸，被西门庆一脚踢伤，后又被潘金莲毒死。西门庆买通仵作，将武大火化，不留痕迹。武松回县后，到县里告状。因上下官吏都与西门庆有来往，不允拿西门庆审问。

武松只好亲自找西门庆报仇。找到狮子楼，西门庆跳窗逃走，武松打死在场的李外传。西门庆买通官吏，把武松刺配两千里充军。西门庆见已无事，就娶潘氏来家做了第五房妻妾。娶潘氏之前还娶了富孀孟玉楼，为第三房妾。第四房妾叫孙雪娥。吴月娘为了拉拢潘金莲，让自己的丫头春梅服侍潘氏。潘金莲为了收服她，又让西门庆收用了她。

西门庆有个结义兄弟名叫花子虚。西门庆勾搭上了花子虚的妻子李瓶儿，借官司侵吞了花子虚的财产，把他气成重病，不久死去。

当时西门庆的亲家因事被参劾，要发边充军。女婿陈经济带了财物和西门大姐来投西门庆。西门庆派家人进京找蔡京的儿子蔡攸打通关节。李瓶儿见西门庆家中出事，便招赘了医生蒋竹山。西门庆祸事已脱，逼打了蒋竹山，娶李瓶儿做第六房妾。西门庆又勾搭家人来旺的妻子宋蕙莲。来旺乘醉怒骂西门庆，西门庆与潘金莲设计诬陷来旺，买通夏提刑，将来旺递解原籍为民。宋蕙莲悲痛万分，上吊自尽。

蔡太师生日，西门庆奉送重礼。蔡太师大喜，送了西门庆山东提刑所理刑副千户的五品官职。正好李瓶儿又生了一个儿子，便取名叫官哥儿。第二年蔡京生日，西门庆又亲自进京拜寿，拜蔡京为干爹，以父子相称。

西门庆有了官衔，朝中又有了大靠山，更加贪赃枉法，大胆妄为。又曾伙同夏提刑，庇护见财起意、杀死主人的苗青。

西门庆家中妻妾之间成天争宠斗强，通奸卖俏。李瓶儿生官哥儿后，潘金莲心怀妒忌，常在家内挑拨是非。潘金莲特地养了一只猫，把官哥儿惊吓成病而亡。李瓶儿痛不欲生，加上潘金莲常在

相关链接

《歧路灯》：李绿园（1707 ~ 1790 年）著。《歧路灯》以康乾盛世社会生活为背景，讲述一世家子弟谭绍闻因交结“匪类”而堕落以至倾家荡产，后来悔过自新而终于成就功名的故事。此书中多直接宣扬理学、标榜封建伦理观念的文字，在作者看来，这就是挽救社会道德危机的“明灯”。在描述谭绍闻堕落的过程中，小说较多地反映了当时的社会风貌，较为生动地刻画了一批市井浮浪子弟的形象，这是其值得一读的地方。这是中国小说史上仅有的以“浪子回头”为题材的长篇白话小说。

《姑妄言》：林钝翁著。主要讲述阮大铖一家的荒淫故事，描写的是明代万历至清初顺治年间南京秦淮河畔下层都市生活。书中着力于性行为的描写，不但是赤裸裸的，而且其中的男男女女几乎个个都是色情狂或性变态者。作者再三说明，这部书是劝戒荒淫之作。这部书文笔粗犷，对人物事件的描写，喜欢用漫画式的调侃笔法。

名家点评

鲁迅在《中国小说史略》中评《金瓶梅》称："作者之于世情，盖诚极洞达，凡所形容，或条畅，或曲折，或刻露而尽相，或幽伏而含讥，或一时并写两面，使之相形，变幻之情，随在显见，同时说部，无以上之。"

袁宏道说："《金瓶梅》从何得来？伏枕略观，云霞满纸，胜于枚生《七发》多矣！"

那边百般称快的暗骂，痛上加气，得了重病，不久病亡。

李瓶儿死后不久，西门庆又奸了奶妈如意儿，又与王招宣家的私通。后来酒醉多服了胡僧给他的淫药，贪欲得病，33岁纵欲而亡。当天吴月娘生子，取名孝哥儿。李娇儿乘乱偷去5锭元宝，随后嫁人去了。潘金莲与春梅一起同陈经济通奸。月娘先将春梅卖给周守备做二房，又叫王婆领潘金莲出去嫁人，随后又将女婿陈经济赶了出去。

陈经济往东京去取银子要娶潘金莲。这时武松遇赦回清河县，依旧在县里当都头。他假说要娶潘金莲，趁机杀了潘金莲和王婆，祭了武大的灵牌，便投十字坡张青夫妇去了。

不久孟玉楼改嫁给本县知县儿子李衙内。孙雪娥被月娘卖给周守备。春梅本来就与孙雪娥作对，便将孙打下厨房做厨娘。陈经济从东京回来结交上了无赖铁指甲杨先彦，娶了娼妓冯金宝，把妻子西门大姐逼死。做生意的本金又被铁指甲骗走，一贫如洗，乞食街头，后到晏公庙做道士，却又偷老道士的钱去嫖妓，被抓到守备府，在周守备公堂上被春梅认出，认为姑表兄弟。春梅为了与陈经济姘居，借故将孙雪娥卖给了私娼家。后来陈经济被孙雪娥的姘头张胜所杀，孙雪娥也自缢身亡。不久，周守备升任统制，与金国兵马作战，中箭身亡。春梅在家纵欲无度，29岁身死。

兵荒马乱中，吴月娘带孝哥儿往济南府投奔云离守，想为孝哥儿成亲。在城郊遇见雪洞老和尚普静。月娘此时已经感悟，遂让孝哥儿随雪洞老和尚为徒，取法名明悟。

⊙作品评价

读《金瓶梅》，我们最应该注重的是它的世情描写。它描写了朝廷、官场、市井，各行各业，各种人物，各种场景。作者对于他所描绘的世态人情，都持一种冷眼观世的态度。这些描述，在他的笔下那样详细无遗、毫发毕现，总给人一种极端冷静的感觉，嘲讽的味道。

我们也应该注意他所刻画的女性的形象与性格。《金瓶梅》中刻画了十余位性格鲜明的女性形象，她们虽然或淫荡，或狠毒，或猾黠，然而实际上都是弱者，甚至只是男人的玩物，她们的命运的悲苦也正源于此。

正如张竹坡《批评第一才子书读法》中所说："《金瓶梅》不可零星看，如零星便只看其淫处也。故必尽数日之间，一气看完，方知作者起伏层次，贯通气脉，为一线穿下来也。"

《金瓶梅》故事图　清

此是清初人依据《金瓶梅词话》第六十三回所绘的图画。画面中央艺人正在表演海盐腔，右下方的伴奏乐队有胡琴、三弦、笙、笛、云锣等乐器，两旁是饮酒看戏的宾客，左上方是掀帘看戏的女眷。

封神演义 / 明 / 许仲琳 / 家喻户晓的神魔小说

⊙作者简介

《封神演义》的作者是许仲琳。许仲琳，号钟山逸叟，明应天府（今江苏南京）人，生平不详。本书有原刊本藏于日本内阁文库，卷二题有“钟山逸叟许仲琳编辑”，这就是认定本书最初作者为许仲琳的根据。成书的年代大概在明天启年间。

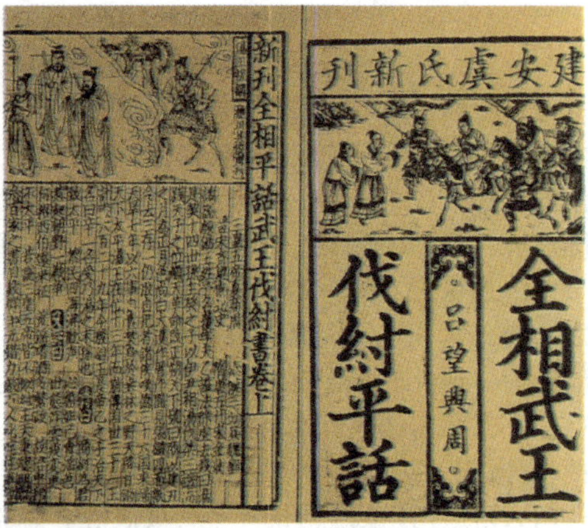

《全相武王伐纣平话》书影

⊙背景提示

我国古典长篇小说都是章回小说形式，它是宋元讲史话本渐渐发展而成的。讲史说的是历代兴亡的故事，比如《五代史平话》、《宣和遗事》等。因为历史事实头绪复杂，讲史不能把一段历史有头有尾地在一两次说完，必须分若干次连续讲，每讲一次，就相当于后来的一回。在每次说书之前，都要用题目向听众揭示本次说书的主要内容，这就慢慢演变成章回小说的回目。章回小说中经常出现的“话说”、“看官”等字样，显示出它和话本之间有继承关系。元末明初出现了一些章回小说，如《三国志通俗演义》、《残唐五代史演义》、《水浒传》等。这些小说都是长期在民间流传，经说书艺人加工补充，最后由作家改写而成的。它们已经包括了作家的大量创作。它们的篇幅比讲史更长，分为若干卷若干节，每节前面有一个简洁的题目。很显然，这种小说已经主要是供读者阅览的了。明中叶以后，章回小说更加成熟，出现了《西游记》、《金瓶梅》等作品。这些章回小说的故事情节更为复杂，描写也更为细腻，它们体式上保持了“讲史”的痕迹，但是内容上已经与“讲史”没有什么联系了。这时章回小说已经不再分节了，而是明确地分成多少回，回目也采用工整的对偶句。本书也是一部章回小说。

姜子牙辅佐武王伐纣的故事，很早就成为民间说书的材料，元代的《新刊全相平话武王伐纣书》，已包含不少神怪故事。明代后期，许仲琳将它改编成《封神演义》。

鹿台赴宴，纣王妲己请仙年画

⊙内容提要

《封神演义》全书一百回，写武王灭商的故事。大致可以分为两部分：前三十回重点写商纣王的荒淫暴虐；后七十回写武王伐纣。演义叙述纣王进香，题诗亵渎神明，于是女娲命令三个妖怪迷惑纣王，帮助周国兴起。纣王、妲己荒淫暴虐，作恶多端。姜子牙晚年遇文王，帮助文王武王谋划伐纣。武王起兵反商，商周之战过程曲折，其间神怪迭出，各有匡助。神仙们也分成两派，阐教支持武王，有道、释两家；截教支持纣王。双方各逞法术，互有死伤，截教最终失败。诸侯孟津会盟，牧野大战，纣王自焚，商朝覆灭，周武王分封列国，姜子牙将双方战死的重要人物——封神。其中著名的情节有“哪吒闹海”、“姜子牙七死三难”、“十绝阵”、“诛仙阵”等。

《洪锦伐岐》年画

《封神演义》的作者信仰的是神道。不论人事还是国家兴衰成败都是劫数。劫数在天，即使是神魔鬼怪亦不能逃脱劫数的安排。“成汤气数已尽，周室当兴”，每个参加商周之争的人不过是“完天地之劫数，成气运之迁移”而已。作者是个正统思想很重的人，从书中的一些描写看，他认为商是正统，反商就是叛乱。比如两军对阵，交手之前都有一番辩论。这时纣王的将官都是理直气壮，而周的将官往往有理亏之嫌。作者通过设炮烙、剖孕妇、敲骨髓等情节，描写纣王的残暴不仁，从而为武王反商寻找道义上的借口。作者把武王伐纣写成“以臣伐君”、“以下伐上”，是“灭独夫”之举，姜子牙则以“天下者，非一人之天下，乃天下人之天下也”的主张，号召诸侯“吊民伐罪”，突出了双方的正义与非正义的道义对立。哪吒剔骨还父、黄飞虎反商归周等情节也强调了“父逼子反”、“君逼臣反”不得不反的寓意。这些内容显然一方面是维护君主的神圣地位的忠君思想，一方面也说出了民众希望君主施仁政的愿望。作者还宣扬“青竹蛇儿口，黄蜂尾上针，两般由自可，最毒妇人心”的“女祸”思想，这是很消极的。

⊙作品评价

这部小说最能吸引人的地方，是它奇特的想象。它发挥神话传说善于想象夸张的特长，赋予各类人物以奇特的形貌，其中的人物，如杨任手掌内生出眼睛，雷震子胁下长有肉翅，哪吒有三头六臂；仙术道法也神奇莫测，如土行孙等的土遁、水遁之法，陆压的躬身杀人之术，还有的或者有千里眼，或者有顺风耳，或者有七十二变，又各有各的法宝相助，显得光怪陆离，幻奇无比，从中可以感受到浪漫色彩。小说在人物描绘上有一定成就，如妲己的阴险残忍，杨戬的机谋果敢，闻仲的耿直愚忠，申公豹的恶意挑拨等，都写出了一定的性格。其中写得最好的是哪吒的故事。《封神演义》写他大闹龙宫，剔骨还父，后以莲花为化身。这一神话人物以儿童的形象出现，别具可爱之处。但总观全书，人物大都是概念化的，他们在天数的绝对支配之下，大部分缺乏鲜明的性格特征。此外，在故事情节上，许多场面显得呆板，后七十回中每次破阵斗法的描写，显得千篇一律。这是本书的一些不足之处。

相关链接

《三宝太监西洋记通俗演义》：明代罗懋登撰。写的是郑和七下南洋、征服外夷三十九国的事情。从中可以多少看到一些外国的风土人情。但描写的神魔故事非常荒诞，文字也较杂乱。

《绿野仙踪》：清代乾隆年间李百川作。这部小说以明代嘉靖朝为历史背景，写冷于冰看破红尘弃家修道以及度脱连城璧、金不换、温如玉、周琏等人的故事。这部小说相当真切地描摹出当时社会的人情世态。小说对官场的描写也有成功之处。小说还杂有一些神怪和秽亵的描写。

□菜根谭

/明/洪应明/为人处世之典，养性育德之教

⊙作者简介

洪应明（生卒年不详），字自诚，号还初道人。洪应明的籍贯、事迹，都无从考证，从他的作品推测应当是一位勤于耕耘稼穑的布衣之士。洪应明著有《仙佛奇踪》。他与金坛（今属江苏省镇江市）人于孔兼是好朋友。于孔兼于明万历年间进士及第，官至礼部仪制郎中，后来因为直言极谏而遭贬谪，罢官后隐居田里长达20余年。屏居茅舍，日与渔夫、田夫朗吟唱和。或许洪应明就是此时此地与于孔兼结为挚友的。于孔兼应洪应明的请求，给他所写的《菜根谭》写了“题词”，在“题词”中于孔兼称赞这部书：“其谭性命直入玄微，道人性曲尽岩险。俯仰天地，见胸次之夷犹；尘芥功名，知识趣之高远。笔底陶铸，无非绿树青山：口吻化工，尽是鸢飞鱼跃。”他认为这本书“悉砭世醒人之吃紧，非入耳出口之浮华也”。

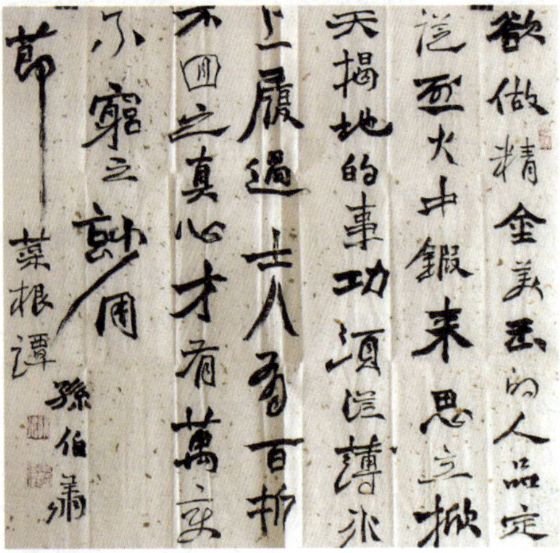

《菜根谭》书法

清朝乾隆年间，三山病夫重刻《菜根谭》一书，给它作了一个序言：“其间有持身语，有涉世语，有隐逸语，有显达语，有迁善语，有介节语，有仁语，有义语，有趣语，有学道语，有见道语，词约意明，文简理诣。”三山病夫很看重这部书，认为《菜根谭》可以“启迪天下后世”。读者如果能“熟习沉玩而励行之，其于语默动静之间，穷通得失之际，可以补过，可以进德，且近于律，亦近于道矣”。清朝中叶以后，《菜根谭》逐渐得到重视，人们不断翻刻，各种版本流行于世，把它看成修身处世的通俗课本。

⊙背景提示

明朝是中国封建社会高度发展的时期，商品经济已经有了长足的发展，在江南地区已经开始出现资本主义因素的萌芽，主要体现在商业、农业和手工业等领域，在政治上，封建专制统治进一步加强，专制主义更为突出，各种社会矛盾日益尖锐，整个社会处于激烈的斗争之中。

⊙内容提要

《菜根谭》一书共有6篇，篇目依次是：《修身》、《应酬》、《评议》、《闲适》、《概论》、《补遗》。

该书以“菜根”来命名，蕴含着作者的深刻含义。其含义大致有以下三点：一、努力培养处世之根。蔬菜是人类得以生存的必不可少的东西，是营养极其丰富的佐餐佳品。菜可能是甘甜美味，也可能是清醇爽口，还可能是又辛又辣，但这都是由根产生的。一般老农都知道这个道理，所以他们在种菜的时候必定重点放在菜根上。人生在世，为人处世，也必须厚培其根，这根就是对人生真谛的探求和理解。二、不可轻视菜根。与菜叶、菜茎相比，菜根多被人们所遗弃，很多人认为，处世的道理就如同菜根，根本不值得重视。洪应明却认为处世之道不能等闲视之。三、菜根自有菜根的妙处。根与菜相比，远远比不上，但一些贫困人家常常把菜根当作菜蔬来食用。只要不存在太多的奢望，不贪求更多，菜根吃起来其实也是很香的。或许洪应明就是嚼着菜根谈“菜根”，他希望世人阅读《菜根谭》如同咀嚼菜根，能从中体味出一些为人处世的滋味来。

深度阅读

《菜根谭》融道、释、儒于一炉，充分地展现了它的处世原则、方法和手段，被人看成修身处世的通俗课本。自台湾著名漫画家蔡志忠把《菜根谭》编绘成漫画行世，在世界华人圈内得到广泛流传。现代人对《菜根谭》更为熟悉，也有了更深入的了解，把它视为铸造民族魂的教科书，看成为人处世的规范。当然，由于受到时代的局限，其中也有儒、道两家消极的思想。

《菜根谭》所提倡的处世原则、处世方法、处世手段是十分广博的，涉及人际交往中的方方面面。《菜根谭》提倡的处世哲学主要有三点：首先，提倡安贫乐道，淡泊名利。安贫乐道，是治国、平天下的大经络；淡泊名利，是修身处世的做人原则。作为一名普通的百姓，应该要学会安于清贫的生活，甘心处于窘迫的境地，乐于接受人们共同遵守的道德，不存非分之想，也不做非分之事。名和利就如镜中花，水中月。洪应明在《修省》篇中反复强调不要把富贵名利看得太重，而要耐得住贫寒寂寞。惟有这样，才能在纷繁复杂的世界中优游自处，如鱼得水，游刃有余。如同他在《评议》篇中告诫的那样："富贵是无情之物，看得它重，它害你越大；贫贱是耐久之交，处得它好，它益你反深。"其次，提倡克己博爱，厚以待人。《菜根谭》所有的篇章都闪耀着这一处世思想的光芒。"克己"的内容非常广泛，但首要的是要节制欲望，要能制怒。要清心寡欲，抑制各种欲望，各种怒火要抑而不发。洪应明在《修省》篇中形象地说："人欲从初起处剪除，便以新刍剧斩，其功夫极易；天理自乍明时充拓，便如尘镜复磨，其光彩更新。"在《应酬》篇中提供了一种节欲制怒的方法："己之情欲不可纵，当用逆之之法以制之，其道只在一忍字；人之情欲不可拂，当用顺之之法以调之，其道只在一恕字。"人食五谷杂粮，接触千人万物，不可能不产生种种欲望，关键在于要肯于并善于控制，把"欲"消灭在萌芽之中。薄以待己，宽以待人，是人际交往、处世酬人时不可或缺的原则之一。最后，提倡心地坦白，慎于独处。"慎独"是儒家一贯提倡的修身处世的原则，今日也被人们所接受，承认这是应该具有的美好的道德品质。为人处事要心地坦白，光明磊落，要做一个正人君子，对自己心安理得，无所愧悔，也就无偏私，无畏惧，对人则开诚布公，无隐瞒，无避讳。如果当面一套，背后一套，见人说人话，见鬼说鬼话，就会失掉朋友，在人世中也难以容身。正如《概论》篇中所言，只有"不昧己心，不拂人情，不竭物力"，才能"可以为天地立心，为生民立命，为子孙造福"。

⊙作品评价

正如洪应明给此书命名一样，他希望读者阅读《菜根谭》时如同咀嚼菜根，从中体味出一些为人处世的滋味。而菜根的咀嚼则应该嚼得时间越长，越能品味出菜根的与众不同，品味出菜根的另一番景致。所以在阅读时，要细细品味，慢慢体会，宁慢勿滥，心若止水，道自然就从中来。

慧剑斩魔图

《菜根谭》中，大多数语句都可成为人们修身处世的标准。

□本草纲目 /明/李时珍/东方医学巨典

⊙作者简介

李时珍像

李时珍（1518 ~ 1593 年），字东璧，湖北蕲州（今湖北蕲春）人，出生于医学世家，祖父和父亲都是医生。他自幼受到医药知识的熏陶，喜爱研究医药，立下了治病救人的志愿。李时珍 14 岁考取秀才，但是 17 岁、20 岁、23 岁三次参加乡试都没有考中举人，于是他便决心放弃科举途径，专心研究医药学。他拜名医顾日岩为师，苦读 10 年，以后开始给人看病。34 岁时，他被楚王府聘为奉祠，掌管良医所的事，得有机会饱览藏书，以后曾被推荐到京城太医院任职，不及一年便辞官回乡，一面行医，一面开始编写《本草纲目》（1552）。李时珍“搜罗百氏，访采四方”，一面“渔猎群书”，一面实地考察访问。“步历三十稔，书考 800 余家，稿凡三易”。可见付出了多么大的艰苦劳动。1578 年在李时珍 61 岁的时候，书稿完成，共 52 卷，但 1590 年才开始由南京刻书家胡承龙出钱刻印，直到 1596 年首次出版。而李时珍已经于三年前去世，未能亲眼看到了。除医药学外，李时珍对生物、矿物、化学、地学、天文等也有研究。传世著作还有《濒湖脉学》和《奇经八脉考》。

⊙背景提示

明代中叶开始，在商品经济繁荣的江南地区，已出现了资本主义因素的萌芽，它反映在手工业、商业和农业生产等各个领域。由于手工业和商品经济的发展，城市的日益繁荣，出现了以手工工人、小商品生产者、工场主和中小商人为主体的市民阶层，这使社会矛盾呈现出更加尖锐和错综复杂的状况，除地主阶级和农民阶级这一对基本矛盾以及地主阶级内部的矛盾外，还出现了新兴市民阶层反对封建势力压制和摧残的斗争。

⊙内容提要

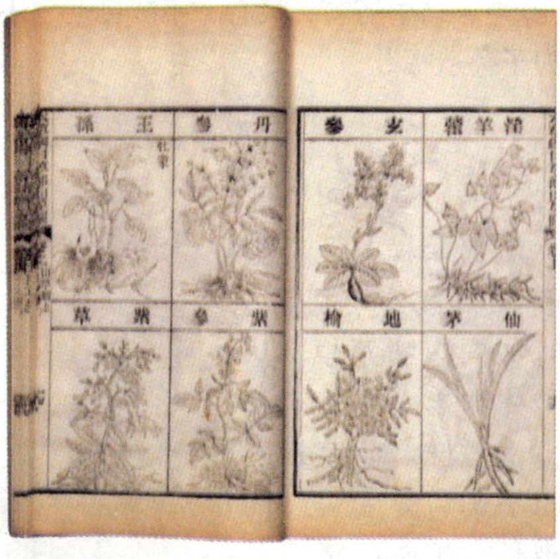
《本草纲目》书影

《本草纲目》共收录了中药 1892 种，共 52 卷。卷一至卷四是全书的附录，收入序言、凡例、目录、附图、引用书目、资料及一些医药基础理论等等。卷五以后是全书的主体部分，李时珍把所有药物分为 16 部：水部、火部、土部、金石部、草部、谷部、菜部、果部、木部、服器部、虫部、鳞部、介部、禽部、兽部、人部。每一部又分为若

名家点评

英国的李约瑟在《中国科学技术史》中高度评价了李时珍的成就。他说：“明代的伟大科学成就是李时珍那部攀登到本草著作顶峰的《本草纲目》……李时珍达到了伽利略——维萨里的科学活动所隔绝的任何科学家所不能达到的最高水平。”

相关链接

四诊八纲指的是中医诊断疾病的手段。四诊即四种诊察疾病的方法，是搜集临床资料的主要方法。

四诊即望、闻、问、切。“望”就是观察病人的精神状态、体质情况、皮肤或其他部分的色泽，以及五官、舌苔等。“闻”一是听病人发出的声音（言语、呼吸、咳嗽等），一是闻病人的气味（呼吸、口腔、分泌物，排泄物等）。“问”就是询问病人发病经过和症状。“切”就是号脉和触诊。脉诊虽然排在最后，但它是中医诊断学中最重要、起决定性作用的一环。八纲即表、里、寒、热、虚、实、阴和阳。它是在四诊的结果的基础上概括出来的，用来明确疾病的主要矛盾或矛盾的主要方面。中医认为，人之所以得病是因为六因，即风、寒、暑、湿、燥、火，但这些都是属于外因，是致病的条件，至于是否发病与否，主要取决于内因，即人的身体状况。

干类，共计 62 类。其中植物 1195 种，动物 340 种，矿石 357 种。

书中更有历代医家临床验方 11096 种，其中 8100 多个为新增，另附各种矿物植物插图 1127 幅。

在药物解说方面，《本草纲目》包括八个部分：第一，释名，罗列典籍中药物的异名，并解说诸名的由来；第二，集解，集录诸家对该药产地、形态、栽培、采集等的论述；第三，修治，介绍该药的炮制法和保存法；第四，气味，介绍该药的药性；第五，主治，列举该药所能治的主要病症；第六，发明，阐明药理或记录前人和自己的心得体会；第七，正误，纠正过去本草书中的错误；第八，附方，介绍以药为主的各种验方及其主治。

《本草纲目》的分类是先无机物而后有机物，先植物而后动物。

在植物类药物中，则先草、谷、菜而后果、木；在动物类药物中，则先虫、鳞、介而后禽、兽，最后则叙述人类药物。该书首先是对矿物药之科学分类，这在无机化学方面也已具备一定的水平。李氏记述的每一物质，均评论其来源、鉴别其化学性质。该书以单体元素为纲，对各化合物作了比较全面的论述和分类，大体上对前代所存在的混乱作了澄清。

在生物药的分类方面，可以说是划时代的，基本上采用了“双名法”。其法虽不能达到现代所应用的拉丁系统双名法那么科学精确，但在明代却是世界上最为先进的。其次在关于动物药之分类方面，基本上有以下之特点，例如书中的虫类相当于无脊椎动物，鳞类相当于鱼类和部分爬行类，介类则相当于两栖类和少数软体动物类，禽类则为鸟类，兽类系哺乳类动物。其分类方法富有科学性，代表了当时的先进水平，近代中外学者称赞其有着生物进化论思想，为把人为分类法推向自然分类法做出了重要贡献。

在药物学发展方面，也做出了卓越的贡献。不但考订了前人 1518 种药物，并以自己的亲身实践，调查研究，搜询访验，为中国医药宝库增加新药 374 种。

在药物鉴别方面，《本草纲目》纠正了明代之前《本草》中的许多错误和非科学内容。关于水银的记述，更能说明李时珍严肃认真求实的科学态度和无畏精神；他的认识在当时达到科学发展的最新水平，对彻底根除服水银以求长生的荒谬做法产生了积极的作用。

关于生物对生活环境的适应，《本草纲目》也有独到见解。以动物药的描述为例，《纲目》对每一动物药的动物都有概括性的定义，多能抓住各类动物的生物学属性特征。《本草纲目》在有关药物的论述上，还强调了生物受到人工方法的干预而在生活习性方面发生改变的特性。

在制药化学和实验研究方面，《本草纲目》所载制药化学包括蒸馏、蒸发、升华、重结晶、风化、沉淀、干燥、烧灼、倾泻等许多的方法，较之以前也有着突出的发展。

李时珍采药图

三言

/明/冯梦龙/中国白话短篇小说的高峰

⊙作者简介

“三言”的编者冯梦龙是明代著名的通俗文学家、戏曲家，字犹龙，又字子犹，别号龙子犹、墨憨斋主人、顾曲散人、词奴等，长洲（今江苏苏州）人。冯梦龙出生于书香门第，与兄梦桂、弟梦熊兄弟三人并称“吴下三冯”。冯梦龙很有才情，博学多识，为人旷达，不拘一格。但他自从少年中秀才之后，多次参加科举考试不中，落魄奔走，曾经坐馆教书。五十七岁时才选为贡生，崇祯年间做过几年福建寿宁知县。清兵渡江后，他辗转浙闽之间，刊行《中兴伟略》等书，宣传抗清。南明政权覆亡后，忧愤而死。冯梦龙一生主要从事通俗文学的整理与创作，成就卓著。他曾改编长篇小说《三遂平妖传》、《新列国志》；推动书商刻印《金瓶梅词话》；刊行民间歌曲集《挂枝儿》、《山歌》；编印《笑府》、《古今谈概》、《情史类略》；编辑有散曲集《太霞新奏》；也写作传奇剧本，并刻印了《墨憨斋传奇定本》十种；他最重要的成就，是编著“三言”。

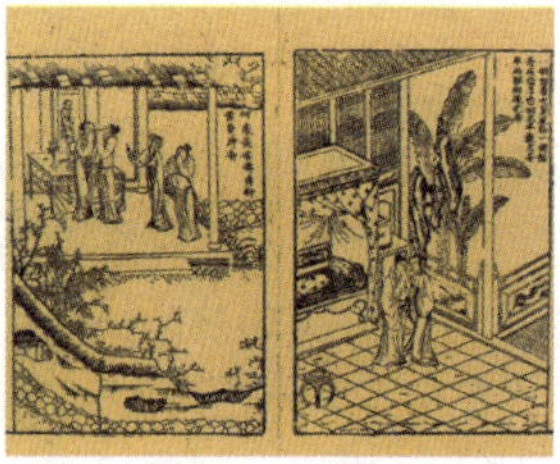

明本《警世通言》插图（左）

明本《喻世明言》插图（上）

⊙背景提示

话本原来是说书艺人的底本，是伴随着民间说书技艺而发展起来的。说书这一民间技艺中唐就已经产生了。段成式《酉阳杂俎》中有“市人小说”的记载，而且流传下来《庐山远公话》、《韩擒虎话本》和《叶净能话》等唐话本。上世纪初，敦煌藏经洞发现一批中古史料，其中也有唐代的话本。尽管唐话本还很粗糙，情节还不够集中，语言还不够通俗，但无疑是宋元话本的先驱。

话本直到宋元时代才渐趋成熟。在宋代汴京、杭州等工商业繁盛的都市里，市民阶层兴盛，各种瓦肆技艺应运而生（“瓦肆”也就是“瓦子”或“瓦舍”，取易聚易散的意思），各种民间技艺有了固定的演出地点。《东京梦华录》记载，北宋汴京城“街南桑家瓦子，近北则中瓦，次里瓦，其中大小勾栏五十余座。内中瓦子莲花棚、牡丹棚，里瓦子夜叉棚、象棚最大，可容纳数千人”。《武林旧事》也记载南宋杭州演出的技艺有五十多种，瓦子二十三处。在这些瓦肆技艺中，说书有四种：小说、讲史、讲经、合生或说诨话。其中以小说、讲史两家最为重要。“小说”原名银字儿，最初也用乐器伴奏，后来逐渐减少了音乐歌唱的成分。宋代说话艺人还有书会、“雄辩社”等组织，用来出版书籍、切磋技艺。

话本在体裁上很多地方残留着说唱的遗迹。说话人在讲正文之前，为了延迟正文开讲时间，等候听众,并且稳定早到听众的情绪,往往吟诵几首诗词或讲一两个小故事,这就是“入话”。这些诗词、小故事大都和正文意思相关，可以互相引发。说话人为渲染故事场景或人物风貌，往往在话本中穿插骈文或诗词。话本结尾也常用诗句总结全篇，劝戒听众。说话人为吸引听众再来听讲，往往选择故事引人入胜处突然中止，这是后来章回小说分回的起源。

⊙内容提要

“三言”指《喻世明言》、《醒世恒言》、《警世通言》，其中所录话本和拟话本有一部分是宋、元、明人的旧作，有一部分是冯梦龙自己创作的。现分别介绍如下：

《喻世明言》原名《古今小说》。本书所收话本，多数为宋、元旧作，少数为明人拟作。《史弘肇龙虎君臣会》、《宋四公大闹禁魂张》等是宋、元旧作，《蒋兴哥重会珍珠衫》、《沈小霞相会出师表》等是明人拟作。还有一些作品可能是明人改编宋、元旧作而成的，如《新桥市韩五卖春情》、《闹阴司司马貌断狱》等。这些小说中，以描写市井民众的作品最引人注目，比如《宋四公大闹禁魂张》写东京开当铺的张富爱财如命，欺凌一个乞讨为生的穷苦人，引起“小番子闲汉”宋四公的不平，夜间即去偷取张富的财宝，终致张富破产自杀。《沈小官一鸟害七命》，写一个机户的儿子爱鸟被杀的“公案”故事。

《警世通言》收作品四十篇，其中宋、元旧作占了将近一半，如《陈可常端阳仙化》、《崔待诏生死冤家》等，但它们多少都经过冯梦龙的整理、加工。其中《老门生三世报恩》、《宋小官团圆破毡笠》、《玉堂春落难逢夫》、《唐解元一笑姻缘》、《赵春儿重旺曹家庄》、《杜十娘怒沉百宝箱》、《王娇鸾百年长恨》等篇，大概是冯梦龙作的。爱情描写在《警世通言》中占有相当大的比例，比如，《小夫人金钱赠年少》与《白娘子永镇雷峰塔》都是通过爱情悲剧表现妇女不顾礼教，对于自由幸福的大胆追求。《警世通言》中描写的妓女命运往往很悲惨，《杜十娘怒沉百宝箱》中，杜十娘见李布政公子李甲“忠厚老诚”，决计以身相许，共谋跳出火坑。但是她的妓女身份却不能被官宦人家接受，她终于被李甲出卖，于是愤而投江。《警世通言》中描写爱情的较好作品还有《乐小舍弃生觅偶》、《宋小官团圆破毡笠》等。

《醒世恒言》的纂辑时间晚于《喻世明言》与《警世通言》，其中所收的宋、元旧作也比前“二言”少一些，只占六分之一左右。可以确定为宋、元旧作的有《小水湾天狐贻书》、《勘皮靴单证二郎神》、《闹樊楼多情周胜仙》、《金海陵纵欲亡身》、《郑节使立功神臂弓》、《十五贯戏言成巧祸》等篇。冯梦龙纂辑宋元旧作时，已经作了一些整理加工。《大树坡义虎送亲》、《陈多寿生死夫妻》、《佛印师四调琴娘》、《赫大卿遗恨鸳鸯绦》、《白玉娘忍苦成夫》、《张廷秀逃生救父》、《隋炀帝逸游召谴》、《吴衙内邻舟赴约》、《卢太学诗酒傲王侯》、《李汧公穷邸遇侠客》、《黄秀才徼灵玉马坠》等篇，可能就是出自冯梦龙的手笔。在《醒世恒言》的明人拟作中，关于爱情、婚姻、家庭的描写占有突出的位置，比如《钱秀才错占凤凰俦》、《乔太守乱点鸳鸯谱》等篇，借闹剧方式，嘲弄了扼杀青年男女幸福爱情的封建婚姻制度。

⊙作品评价

在艺术方面，“三言”中的优秀作品，故事完整，情节曲折，细节丰富，调动了多种表现手段刻画人物性格。话本小说迎合的是市民的趣味，富有世俗生活气息，语言新鲜活泼，富于生命力。从与文言小说的对比中，我们能更清楚地看到白话小说的优势与特点。

文言小说的语言是一种书面语，是与生活中的口语相脱离的，简练是其基本要求。活生生的、直接呈现的生活场景在文言小说中不太可能得到。文言小说是不用细致的笔触来写人物心理活动的，这既与史传传统的影响有关，也与文言讲究简洁有关。而“三言”在这方面却有突出的成绩，如《蒋兴哥重会珍珠衫》中写蒋兴哥得知妻子与人私通时，描写了他又恼又恨又悔的心理活动过程，长达五六百字。在以前的小说中，没有出现过如此细致的心理描写。

《金玉奴棒打薄情郎》年画

这个故事出自冯梦龙的《喻世明言》，主要内容是：团头金老大将女儿玉奴嫁与穷秀才莫稽，后莫稽中举得官，嫌弃玉奴门第贱卑，在上任途中将金玉奴推坠江中，玉奴幸遇淮西转运使许德厚相救，向许公夫妇诉说原委，被许公认为义女，后许公以嫁女之名，将玉奴配于莫稽，莫稽欢喜异常，洞房之夜，玉奴棒打薄情郎，在许公调解下，最终夫妻和好。年画所表现的就是莫稽推妻坠江一节。

□二拍 /明/凌濛初/市井意识高度集中的杰作

《初刻拍案惊奇》插图

⊙作者简介

“二拍”的作者凌濛初（1580 ~ 1644 年）是明末小说家，字玄房，号初成，别号即空观主人，浙江乌程（今湖州）人。他和冯梦龙一样科场不利，五十五岁才以优贡得任上海县丞，六十三岁任徐州通判。明末天下大乱，他对抗农民军，最后呕血而死。凌濛初著作有拟话本小说集《拍案惊奇》初刻和二刻；戏曲《虬髯翁》、《颠倒姻缘》、《北红拂》、《乔合衫襟记》和《蓦忽姻缘》等;此外还著有《圣门传诗嫡冢》、《言诗翼》、《诗逆》、《诗经人物考》、《左传合鲭》、《倪思史汉异同补评》、《荡栉后录》、《国门集》、《国门乙集》、《鸡讲斋诗文》、《燕筑讴》、《南音之籁》、《东坡禅喜集》、《合评选诗》、《陶韦合集》、《惑溺供》和《国策概》等著作。

⊙背景提示

到了明代，有的文人开始采用话本的形式创作小说，这种形式的作品被称为“拟话本”。“二拍”的作者凌濛初是创作“拟话本”最多的作家。

话本和“拟话本”有着共同的特点，它们注重趣味性和虚构。话本主要是叙述故事，为了使故事有趣，它们设计精巧的情节，如《一窟鬼癞道人除怪》，写书生吴洪与友人夜间从郊外返归，在一处坟地里遇到了鬼，两人拼命奔逃，不料所到之处都有鬼，而且连吴洪新娶的妻子及其陪嫁等人原来也都是鬼，在当夜一起出现，两人心胆俱裂。同时，在叙述时注重诙谐，如《简帖和尚》写皇甫殿直怀疑妻子与人私通，吊打使女迎儿以逼问口供，迎儿痛得受不了，只好说他妻子在那期间是“夜夜和个人睡”，皇甫殿直以为她已招认，细问她却说那和他妻子睡的人就是她自己。这些情节具有幽默感，很吸引人。

话本小说叙事明晰，对话也较生动，其中《十五贯戏言成巧祸》、《一窟鬼癞道人除怪》、《崔待诏生死冤家》等作品比较有代表性，这是与文人的参与分不开的，“三言”中宋元话本里的细腻描写很可能就是明代人加工的结果。

⊙内容提要

“二拍”指的是《初刻拍案惊奇》与《二刻拍案惊奇》，这是凌濛初根据野史笔记、文言小说和当时社会传闻创作的两部“拟话本”小说集。

从《初刻》的序言里，可以知道是由于“肆中人”看到冯梦龙所编辑的“三言”行世很畅销，因而怂恿凌濛初写的。

在小说的取材上，宋元旧本已被冯梦龙“搜括殆尽”，剩下的都是“沟中之断芜，略不足陈”的东西，所以他“取古今来杂碎事，可新听睹、佐谈谐者，演而畅之”。

“二拍”包括小说七十八篇。其中有些篇章反映了商人的经济活动,如《转运汉巧遇洞庭红》、《叠居奇程客得助》，都用欢快的文笔描述商人的奇遇，流露出对冒险求财富的赞赏。

与“三言”一样，爱情与婚姻也是“二拍”中最重要的主题，但两者有不同的偏向，“三言”每每把“情”看作人伦关系的基础；而“二拍”则更多地把“情”与“欲”即性爱联系在一起，并且对女性的情欲作肯定的描述。如《闻人生野战翠浮庵》写女尼静观爱上闻人生，便假扮和尚，在夜航船上主动引诱闻人生，最后成就完美婚姻。

和“三言”一样，“二拍”在描写爱情与婚姻故事时，常常肯定妇女的权利。如《满少卿饥附饱飏》中作者明白地指出，男子续弦再娶、宿娼养妓，世人不以为意，而女子再嫁或稍有外情，便万口訾议，这是不公平的。

作者在两性关系上的平等意识表达得相当明确。“二拍”在肯定情与欲时，每每直露地描写性行为。比如《任君用恣乐深闺》一篇，指斥富贵之家广蓄姬妾是对女性的不公平，认为“男女大欲，彼此一般”。其见识是高明的，但故事情节的描绘，则多淫词秽语，显得过于庸俗。这样的段子“二拍”中俯拾皆是。

⊙作品评价

“二拍”格外值得注意的是其中反映出的凌濛初的小说观，他反对小说的传奇性。《拍案惊奇序》说：“语有之：‘少所见，多所怪。’今之人但知耳之外牛鬼蛇神之为奇，而不知耳止之内日用起居，其为谲诡幻怪非可以常理测者固多也。”他又批评当时小说“失真之病，起于好奇。——知奇之为奇，而不知无奇之所以为奇”。他的理想是写一种“无奇之奇”，如《韩秀才趁乱聘娇妻》、《恶船家计赚假尸银》、《懵教官爱女不受报》等篇，没有神奇鬼怪或大奸大恶之类，也没有过于巧合的事件。这就是凌濛初“无奇”观念的初衷。小说摆脱传奇性，这是艺术上的重要进步，因为这样小说就更贴近人们的日常生活，更有利于深入开掘人性内涵。后世《儒林外史》、《红楼梦》等优秀作品，就沿袭了这一发展方向，而且获得更大的成功。

《二刻拍案惊奇》插图

“二拍”中的故事大多写得情节生动、语言流畅。“二拍”善于组织情节，因此多数篇章有一定吸引力，如前所述，“二拍”不在情节的奇巧上下功夫，情节的生动，主要靠巧妙的叙述手法。读者细心阅读，自然会有所体会。

相关链接

《西湖二集》：明末拟话本小说集。周楫著。共三十四卷，每卷一篇。都是与西湖有关的故事，大部分出自《西湖游览志馀》、《皇明从信录》。作者著此书的目的是“借他人之酒杯，浇自己之磊块”，其中有些故事写得很好，如《胡少保平倭战功》，写“纱帽财主的世界”里，“糊涂贪赃的官府多，清廉爱百姓的官府少”。《祖统制显灵救驾》中痛骂那些“诈害地方邻里，夺人田产，倚势欺人”的“黄榜进士”们连“猪狗也不值”。《巧妓佐夫成名》写妓女也能识破那些高官往往是“七上八下”、“文理中平”，甚至“一窍不通”之徒，非常辛辣。另外，本书描绘杭州的社会风俗，很有兴味。

□牡丹亭

/明/汤显祖/人类自我发现的庄严仪式

汤显祖像

⊙作者简介

《牡丹亭》的作者是明代伟大的戏剧家、文学家汤显祖。汤显祖（1550～1616年），字义仍，号若士，又号海若，又号清远道人，别号玉茗堂主人。江西临川人。汤显祖一生蔑视权贵，不肯趋炎附势，经常得罪人。早年参加进士考试，因拒绝内阁首辅张居正的招致而落选。直到三十三岁时才中进士。中进士后，拒绝当时执掌朝政的张四维、申时行的拉拢。仕途坎坷，很不得志。汤显祖晚年潜心佛学，自称“偏州浪士，盛世遗民”，说“天下事耳之而已，顺之而已”，后又自号“茧翁”。汤显祖的主要创作成就在戏曲方面，代表作是《牡丹亭》，它和《邯郸记》、《南柯记》、《紫钗记》合称“玉茗堂四梦”，又称“临川四梦”。他生前有《玉茗堂文集》刊行。汤显祖也是世界文化伟人之一，日本学者青木正儿在《中国近世戏曲史》中，将他和莎士比亚并称，为东西方交相辉映的两颗明星，被誉为“东方的莎士比亚”。

⊙背景提示

汤显祖所生活的时代——明王朝正走向衰落。两千年来作为社会思想基础的儒学，已经日益迂腐固执，禁锢着人们的思想发展，扼杀人性。女性受到礼教的束缚就更为残酷。《丛杂记》记载说：明时，“以家有烈女贞妇为荣，愚民遂有搭台死节之事。女有不愿，家人或诟骂辱之，甚至有鞭打使从者”。可见当时妇女遭受的摧残是多么严重。

然而，时代毕竟在变化。16世纪，新的商业城市在兴起，市民阶层逐渐形成。这样，社会上出现了一些新的思想，比如反对超经济的榨取方式，主张个人主义的国民之富；反对君主专制的政体，主张没有皇帝的民主政治；反对迷信和正统思想的束缚，要求个性解放等等。在文学上，出现了以市井人物为主角的文艺作品。

在这样的历史条件下，汤显祖创作《牡丹亭》，塑造了一个背叛礼教的形象，反对束缚人的个性，呼吁给妇女做“人”的权利，不能不说是进步社会思想的反映。这也是《牡丹亭》的意义和价值的重要方面。

⊙内容提要

《牡丹亭》共五十五出，写杜丽娘和柳梦梅的爱情故事。本剧不少情节取自话本《杜丽娘慕色还魂》。剧情梗概是：贫寒书生柳梦梅梦见在一座花园的梅树下站着一位佳人，说同她有姻缘之份，从此经常思念她。南安太守杜宝之女名丽娘，才貌端庄美丽，跟从师傅陈最良读书。她由读《诗经·关雎》章而产生伤春的情绪，于是由丫环陪同，去后花园游赏。回来后，在昏昏睡梦中，见一书生持半枝垂柳前来求爱，两人在牡丹亭畔幽会。杜丽娘从此愁闷消瘦，一病不起。她在弥留之际要求母亲把她葬在花园的梅树下，嘱咐丫环春香将她的自画像藏在太湖石底。其父升任淮阳安抚使，委托陈最良葬女并修建“梅花庵观”。三年后，柳梦梅赴京应试，借宿梅花观中，在太湖石下拾得杜丽娘画像，发现就是梦中见到的佳人。杜丽娘魂游后花园，和柳梦梅再度幽会。于是，柳梦梅

《牡丹亭》（明汤显祖著）书影及插图

掘墓开棺，杜丽娘起死回生，两人结为夫妻。这个故事感人至深，汤显祖在本剧《题词》中写道："如丽娘者，乃可谓之有情人耳。情不知所起，一往而深，生者可以死，死可以生。生而不可与死，死而不可复生者，皆非情之至也。"

《牡丹亭》年画　清

⊙作品特色

《牡丹亭》塑造了封建社会中为了真情而冲破封建礼教的束缚，大胆地走向人性解放的青年女子杜丽娘的形象，并以此折射出了吃人的封建礼教对人性的摧残和压抑。杜丽娘从小得到父母的疼爱，而疼爱的方式却是竭力把她塑造成一个绝对符合于礼教规范的淑女。杜宝夫妇以自己的"爱"给予女儿以最大的压迫。杜丽娘的老师陈最良"自幼习儒"，穷酸潦倒；更可怜的是除了几句经书，他就不知道人生是什么；但他也不是"坏人"，他只是拿社会教导他的东西教导杜丽娘，这同样给杜丽娘以深重的压迫。作品深刻地揭示了杜丽娘所面临的对手不是某些单个人物，而是由这些人物所代表着的整个正统意识和正统社会势力。 她所作的只是徒然的抗争，她的现实的结局只能是含恨而死。显然，如果作品只是到此结束，也有相当的艺术魅力和现实意义，但作者的目的并不止于此。他通过积极的浪漫主义手法，让杜丽娘复活。这种复活，不是简单生命的复原，而是爱情意识的觉醒和胜利，也是新思想对旧思想的觉醒和胜利。作者所追求的并非情节的离奇，而是要通过离奇的情节来表现人们追求自由与幸福的意志无论如何也不能被彻底抹杀，它终究要得到一种实现。

《牡丹亭》是一部美丽的诗剧，它的抒情气氛极为浓厚。构成这种抒情气氛的主要因素，一是众多的浪漫的幻想场景，一是大量的内心独白，再就是显示出作者富赡才华的优美文辞，像《惊梦》、《寻梦》两出，把春日园林的明媚风光、杜丽娘的伤春情怀和内心深处的隐秘融为一体，用艳丽而精雅的语言写出，非常动人。前面所录《皂罗袍》便是一支名曲。还有《闹殇》、《冥誓》、《玩真》诸出，都富于诗情，其中《闹殇》写杜丽娘临终之际凄凉的景象，充满伤感。总体上说，明传奇的语言比之元杂剧有较多的人工雕琢的痕迹，在辞采方面追求过重。另外，《牡丹亭》也有卖弄才情的倾向，比起《西厢记》的既优美又老练爽朗，还是略为逊色。

⊙作品评价

《牡丹亭》在艺术上的最大特色是它的浪漫色彩。它的浪漫色彩最重要的表现是"梦而死"、"死而生"的幻想情节。杜丽娘所追求的爱情在当时的现实环境里几乎是不可能实现的；可是在梦想、魂游的境界里，她终于摆脱了礼教的种种束缚，改变了一个大家闺秀的软弱性格，实现了梦寐以求的美好愿望。例如在《惊梦》里，杜丽娘在梦里和柳梦梅相见，"真个是千般爱惜，万种温存"。又如在《冥判》里，杜丽娘还敢于向阎王殿下的胡判官诉说她感梦而亡的全部经过，得到判官的允许自由自在地去寻找梦里的情人。作者用这些富有奇情异彩的艺术创造突出了现实和理想的矛盾，也表现了青年妇女对自由幸福生活的强烈追求。本剧采用抒情诗的手法，抒写人物内心的感情，《惊梦》、《寻梦》、《闹殇》、《冥誓》等出更多地像抒情诗，而不太像剧本。用写诗的手法写戏曲是我国戏曲作家的传统，汤显祖正是这方面的代表人物。

《牡丹亭》以文词典雅秀丽著称。如《惊梦》的几支曲子一向为人称道。这些曲子写杜丽娘对春光的欣赏和叹惜，透露了她爱情上的苦闷。这种典丽的曲文用来刻画杜丽娘这样出身官宦人家的小姐的情态是很适合的。《牡丹亭》的曲文并不单纯是典丽，在描写下层人物如农夫、牧童和桑妇时，比较通俗。在宾白的运用上，语言比较精练，也较通俗，在描写陈最良等人物时，尤为出色。不过《牡丹亭》曲文也表现出它的弱点，比如使用冷僻的典故过多，甚至有晦涩生硬之病。

□闲情偶寄

/明末清初/李渔/中国人生活艺术的袖珍指南

李渔像

⊙作者简介

《闲情偶寄》的作者李渔（1611 ~约 1679 年）是明末清初戏曲作家、戏曲理论家，字笠鸿，号湖上笠翁，生于雉皋（今江苏如皋）。出身富有之家，在明代考取过秀才，清兵南下后，家道衰落，遂移居杭州，又迁南京，入清后不曾应试做官。开芥子园书铺，刻售图书，并从事著述。他又组织剧团，以自己的姬妾为主要演员，行遍大江南北，在达官贵人府邸演出自编的戏曲。著有剧本《笠翁十种曲》，即《奈何天》、《比目鱼》、《蜃中楼》、《怜香伴》、《风筝误》、《慎鸾交》、《巧团圆》、《凤求凰》、《意中缘》、《玉搔头》；小说《无声戏》、《十二楼》、《肉蒲团》等；杂著《闲情偶寄》和诗文集《笠翁一家言》等。

李渔的戏曲创作数量虽多，但大都为滑稽剧和风情剧，且多情趣低下，甚至流于猥亵之病。就思想内容言，《十种曲》中只有《比目鱼》和《蜃中楼》较为可取。前者写谭楚玉和刘藐姑的爱情故事，刻画出他们对爱情的忠贞；后者把柳毅传书和张羽煮海两个故事糅合在一起，歌颂了男女主角为了维护爱情的反抗精神和行为。但自清代以来，通常认为《风筝误》是李渔的代表作，此剧写韩世勋与詹淑娟的婚姻故事，情节曲折，误会丛生。论者认为它关目布置很工，宾白言谈得当，曲词本色平易，但也批评它有堕入恶趣的严重缺点。

⊙背景提示

在晚明的文学界，散文富于个性，不受形式的拘束，成就显著。入清以后，散文中固有的“载道”传统又重新抬头，一些具有反清思想的人提倡经世致用的文章。这一类散文家以顾炎武、王夫之、黄宗羲三人为代表。顾、王的文章，大多是单纯的政论和学术论文，大多风格平实，而黄宗羲的散文就比较有文采，富于感情。侯方域等人的创作反映了明清之际的文风转变。他的散文有向“韩柳古文”传统靠拢的趋势，他的作品以人物传记类最为出色，取法于司马迁、韩愈的笔法，也讲求优美的辞采。与他类似的作家还有魏禧与汪琬。到清中叶，“文以载道”的传统得到进一步的强化，这方面的代表是桐城派。桐城派著名的散文家有方苞、刘大櫆等。他们用“义法”阐释了自己的散文理论系统。义，就是“言有物”；法，就是“言有序”。义法就是说散文要言之有物而文有条理。

这一时期，李渔的《闲情偶寄》是其中比较特殊、比较富于情趣的作品。与他们相比较起来看，我们能更清楚地看到李渔的价值与可贵之处。

名家点评

林语堂说：“李笠翁的著作中，有一个重要部分，是专门研究生活乐趣，是中国人生活艺术的袖珍指南。”

⊙内容提要

《闲情偶寄》是李渔的一部杂著，内容包含戏曲理论、饮食、营造、园艺、养生等，在中国传统雅文化中享有很高声誉，被誉为古代生活艺术大全，名列“中国名士八大奇著”之首。下面选取两部分内容加以介绍。

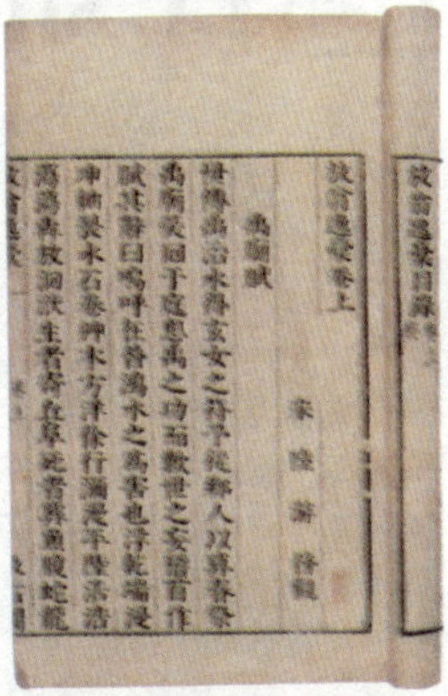

《笠翁偶集五卷》书影

《闲情偶寄》中的《饮馔部》，是李渔讲求饮食之道的专著。他主张在俭约中求饮食的精美，在平淡处寻生活的乐趣。他的饮食原则可以概括为二十四字诀，即：重蔬食，崇俭约，尚真味，主清淡，忌油腻，讲洁美，慎杀生，求食益。这正表现了中国传统文化对饮食的美的追求。

《闲情偶寄》的《词曲部》、《演习部》实际上是戏曲理论专著。曾有人抽出单独印刷，取名《李笠翁曲话》或《笠翁剧论》。《词曲部》论戏曲创作，包含结构、词采、音律、宾白、科诨、格局六项；《演习部》论戏曲表演，李渔在编剧技巧方面作了系统、丰富而精到的论述。他十分重视戏曲作为一种舞台表演艺术的特征，强调“填词之设，专为登场”，要求编剧之时，“手则握笔，口却登场，全以身代梨园，复以神魂四绕，考其关目，试其声音，好则直书，否则搁笔”。他认识到戏剧结构在剧本创作中的重要性，声称“填词首重音律，而予独先结构”，并就结构问题提出了“立主脑”、“密针线”、“减头绪”等具体方法。他强调宾白的个性化，即所谓“语求肖似”，“欲代此一人立言，先以代此一人立心”，“务使心曲隐微，随口唾出，说一人，肖一人，勿使雷同，弗使浮泛”。他又提出戏曲的格局要求“小收煞”处，须“令人揣摩下文，不知此事如何结果”，最后的“大收煞”既要使重要角色“大团圆”，又要“自然而然，水到渠成”，“最忌无因而至、突如其来，与勉强生情、拉成一处”。他要求戏曲语言应浅显，他说：“传奇不比文章，文章做与读书人看，故不怪其深；戏文做与读书人与不读书人同看，故贵浅而不贵深。”并且认为“自古来圣贤所传之经传亦只浅而不深”，“能从浅处见才，方是文章高手”。他反对语言的“迂腐”、“艰深”、“隐晦”、“粗俗”、“填塞”，要求语言“尖新”、“洁净”和有“机趣”，主张少用方言。在音律方面，他主张“恪守词韵”、“凛遵曲谱”。他说：“只求文字好，音律正，即牌名旧杀，终觉新奇可喜；如以极新极美之名，而填以庸腐乖张之曲，谁其好之。善恶在实，不在名也。”关于科诨，他提出“戒淫亵”、“忌俗恶”、“重关系”、“贵自然”，主张科诨合于生旦净丑的身份，自然包孕事理之中。诸如此类，都堪称卓识。

《闲情偶寄》不仅熏陶、影响了周作人、梁实秋、林语堂等一大批现代散文大师，开现代生活美文之先河，而且对我们今天提高生活品位、营造艺术的人生氛围仍有借鉴价值。

⊙作品评价

现代人的生活忙忙碌碌，生活节奏越快，就越需要悠闲的心境，品味生活的乐趣。忙里偷闲读《闲情偶寄》，是很有趣的事情。周作人曾说：“得半日之闲，可抵十年的尘梦。”恰恰是忙人更需要在小憩之时，品玩一下生活的艺术。李渔的《闲情偶寄》把日常生活变成艺术化的享受，有许多话题，都说得很新鲜。比如《菜》一文谈菜花虽贱，因其至多至盛而可贵，有如“君轻民贵”，这种联想很奇特，很有意思。这一类文章有真实的感情，有活泼的美感。李渔最可贵的一点是追求日用平常事物的本真之美。他的审美由事物细微处谈起，最见切实。他谈论戏曲，丝丝入扣。谈选择演员，从肌肤开始说起，细到鞋袜、盥沐。谈居室更是考虑到物力的艰难，所以能使“贫无卓锥者亦可行”。谈论家居日用器物，描状之详尽细腻，让人叹为观止。这不仅需要闲情，更需要兴致与情趣。这种切近物质本身的审美方式正是我们现今社会所缺少的，无怪乎李渔的《闲情偶寄》至今仍备受欢迎。《闲情偶寄》的语言清新隽永，叙述娓娓动人，读后留香齿颊，余味无穷。

□日知录 /明末清初/顾炎武/中国思想启蒙的先驱

顾炎武像

⊙作者简介

顾炎武（1613 ~ 1682 年）与黄宗羲、王夫之在 20 世纪初被并称为明末清初“三大家”。原名忠清，学名绛，字宁人，号亭林，人称亭林先生，又曾署名蒋山傭，江苏昆山人，出生于“乡宦豪绅”家庭，到他祖父、父亲时，家道中落，但藏书还是很多。他的祖父是一个很留心时事的人，顾炎武从小就受到祖父和母亲的严格教育，六岁时母亲就教他读《大学》，7 岁跟老师学《四书》，9 岁读《周易》，11 岁读《资治通鉴》。顾炎武自 14 岁入昆山县学，学习、自修 18 年，在这期间，他在祖父的指导培养下，打造了有关传统文化典籍及当时政治、经济构架的深厚与坚实的基础。自清顺治元年至十三年（1644 ~ 1656 年）他在江南地区对清军入主中原的统治，作了旗帜鲜明以及秘密串联的反抗活动。自清顺治十四年至康熙二十一年（1657 ~ 1682 年），他离开江南，到北方的齐、燕、鲁、赵以及秦、晋等地，做了许多带政治性的学术活动和人际活动，进行了若干调查研究工作，写出了大量具有很高价值的专著和诗文。顾炎武还有许多经济活动，如开垦荒地，兴办水利，创办票号等。顾炎武一生著作甚多，其中有代表性的是《音学五书》、《日知录》和《天下郡国利病书》。

⊙背景提示

在明末之际，轰轰烈烈的农民大起义，很快冲垮了明王朝的反动统治，起义风暴几乎席卷了北部中国。在清军入关以后，各地又掀起了大规模的抗清复明斗争。顾炎武在 14 岁时就同好友一起参加了一个由知识分子组织的吟诗作文、议论时政的复社，这对他后来研究社会问题有深刻的影响。同时顾炎武誓不与清军合作的态度也对他的作品有一定的影响。

⊙内容提要

《日知录》书名取之于《论语·子张篇》，含有深刻的寓意：要每天学习自己未知的新知识，每月复习它们，就算得上好学了。顾氏于初刻本卷首对此有说明，以示其笃学之志。在顾炎武生前，《日知录》只有 8 卷本行世，是康熙九年在江苏淮安付刻的，称为符山堂本。顾炎武去世后，潘耒从其家取出书稿，稍事整理，删改了触犯时忌的字眼，于康熙三十四年在福建建阳刊刻，32 卷，是为遂初堂本。

名家点评

哲学家魏长宝说：“顾炎武自幼熟读经史，于各种史籍，无论正史稗说，无不广泛涉猎，对二十一史，尤其精熟，加上又有亲修史书的实际经验，因此，他对各家史书之优劣短长，皆能详加称举，对修史撰书之事状情实，了然心中。在长期的治史生涯中，他总结了历代史学之经验得失，对史料、史笔、史论等各个方面都提出了自己的见解。”

相关链接

《天下郡国利病书》也是顾炎武的代表作之一，主要论述财政经济。该书内容侧重于政治、经济和军事，故有人称之为经济地理学。分为沿革、山川、城池、古迹、市镇、风俗、赋役、屯垦、水利、兵防、马政、盐政等门类，对于各地的兵防、兵要地理以及赋税和水利状况尤为重视。全书体现出作者经世致用的指导思想，取材主要为实录、邸抄、文集及各种史料，也包括一些罕见或已经失传的碑刻及地方史志资料。

《日知录》内容宏富，贯通古今。32卷本《日知录》有条目1019条（不包括黄侃《校记》增加的2条），长短不拘，最长者《苏淞二府田赋之重》有5000多字；最短者《召杀》仅有9字。这与作者立志学术创新有密切的联系。

《日知录》书影

潘耒把《日知录》的内容大体划为8类，即经义、史学、官方、吏治、财赋、典礼、舆地、艺文。《四库全书总目》则分作15类，即经义、政事、世风、礼制、科举、艺文、名义、古事真妄、史法、注书、杂事、兵及外国事、天象术数、地理、杂考证。

这两种划分都有其价值。前者重视了《日知录》的经世意义，抓住了其主要的方面，并说这书只有宋元时期的名儒能做出来，明朝三百年来没有这样的书，将来治国者采用其说，会大有益于“世道人心”，如果仅叹服其考据的精辟、文辞的博辨，那不是作者著书的本意。后者则偏重其学术意义，划分虽更为细致却不免得其体而遗其神，评价也与前者相左，盛称顾氏考据之学而贬低其经世思想，认为“其说或迂而难行，或愎而过锐”。

关于写作此书的目的，顾炎武本人说得很明白，他说：“别著《日知录》，上篇经术，中篇治道，下篇博闻，共30余卷。有王者起，将以见诸行事，以跻斯世于治古之隆。”撰写《日知录》，“意在拨乱涤污，法古用夏，启多闻于来学，待一治于后王”。这说明，《日知录》是寄托作者经世思想的一部书，内容大体分为三类：经术、治道、博闻，而核心则是“治道”。

《日知录》中的经世思想丰富。顾氏提出社会风气的好坏决定社会兴衰的观点，说：“目击世趋，方知治乱之关，必在人心风俗。”他认为“风俗衰”是乱之源，并列举大量事例，说明奢靡浮华的社会风气，是导致国家衰亡的重要原因。他说评价君主的功绩首先要看社会风气：“论世而不考其风俗，无以明人主之功。”他不但从政治上提出了整顿“人心风俗”的具体措施，如重流品、崇厚抑浮、贵廉、提倡耿介和俭约等，还从经济上分析了“人心风俗”败坏的原因，认为要使风俗变好，必须有让百姓安居乐业的物质条件：“今将静百姓之心而改其行，必在治民之产，使之甘其食，美其服，而后教化可行，风俗可善乎！”

除正面倡导培养人心风俗、加强礼治，他还强调法制，主张严惩败坏世风的贪官奸臣，说：“法不立，诛不必，而欲为吏者之勿贪，不可得也。”

顾炎武看到了“势”在事物发展过程中的作用，主张进行社会变革，提出要顺势而行，“物来而顺应”的变革思想。对于君主的地位，君主与臣下的关系，顾炎武也作了新的解释。在《周室班爵禄》条中，他说，天子、公、侯、伯、子、男，并不是天生的尊贵，他们管理国家事物，与老百姓一样，也是靠劳动吃饭。“禄”是他们为老百姓工作，取之于百姓的报酬。所以，君主不应该肆虐于上以自尊，不应该厚取于民以自奉。他列举出大量的历史上“称臣下为父母”、“人臣称人君”、“人臣称万岁”的例子，以淡化至高无上的君权，为建立新型的君臣关系提供历史根据，表现出初步的民主思想。

⊙作品评价

《日知录》阐发了唯物主义的思想，在当时是进步的，但由于受到时代的局限性，以现在的观点看有些问题是过时的，我们在阅读时应该汲取精华、剔除糟粕。

□聊斋志异

/清/蒲松龄/花妖狐魅的笑影与诗情

蒲松龄像

此像为其临终前两年所绘，自题云："尔貌则寝，尔躯则修；行年七十有四，此两万五千余日所成何事，而忽白头？奕世对尔孙子，亦孔之羞。"颇见其性格。

⊙作者简介

《聊斋志异》的作者蒲松龄（1640 ~ 1715年），字留仙，又字剑臣，别号柳泉居士，世称聊斋先生，山东省淄川县人，清代杰出文学家。蒲松龄自幼聪慧好学，十九岁参加科举考试，县、府、道三考皆第一，名闻乡里，但后来却科场不利，直到七十一岁时才成岁贡生。为生活所迫，他曾给宝应县知县孙蕙做了数年幕宾，一生大部分时间在官宦人家做塾师，前后将近四十年。他一生怀才不遇，穷困潦倒，少年时起就"雅好搜神"、"喜人谈鬼"，并且热心地记录、加工，集成《聊斋》一书。除《聊斋志异》外，蒲松龄还有大量诗文、戏剧、俚曲以及有关农业、医药方面的著述存世。计有文集十三卷，四百余篇；诗集六卷，一千余首；词一卷，一百余阕；戏本三出（《考词九转货郎儿》、《钟妹庆寿》、《闹馆》）；俚曲14种（《墙头记》、《姑妇曲》、《慈悲曲》、《寒森曲》、《翻魇殃》、《琴瑟乐》、《蓬莱宴》、《俊夜叉》、《穷汉词》、《丑俊巴》、《快曲》、《禳妒咒》、《富贵神仙复变磨难曲》、《增补幸云曲》）；以及《农桑经》、《日用俗字》、《省身语录》、《药崇书》、《伤寒药性赋》、《草木传》等多种杂著，总计近二百万言。

⊙背景提示

《聊斋志异》是一部"不平而鸣"的作品。"不平而鸣"是中国文人中一种长久流传的心态。汉代，司马迁就发过这样的见解。他在《报任安书》里，对中国古代历史上的许多士人和政治家的不平而鸣作了描述："盖西伯拘而演《周易》；仲尼厄失明，厥有《国语》；孙子膑脚，《兵法》修列；不违迁蜀，世传《吕览》；韩非囚秦，《说难》、《孤愤》。《诗》三百篇，大抵圣贤发愤之所为作也。此人皆意有所郁结，不得通其道，故述往事，思来者。……以舒其愤，思垂空文以自见。"唐代古文家韩愈在他的《送孟东野序》里有一段相当精辟的话："大凡物不得其平则鸣：草木之无声，风挠之鸣。水之无声，风荡之鸣。……其于人也亦然，人声之精者为言，文辞之于言，又其精也。尤择其善鸣者而假之鸣：其在唐、虞，咎陶、禹，其善鸣者也，而假以鸣；夔弗能以文辞鸣，又自假于韶以鸣；夏之时，五子以其歌鸣；伊尹鸣殷，周公鸣周。凡载于《诗》、《书》、六艺，皆鸣之善者也。"

蒲松龄早年醉心于科举，可是命途多舛，屡试不第，他一直考到五十岁，也未能金榜题名。长达30年的应举路途换来的除了失望之外，更多的就是愤愤不平。他说："仕途黑暗，公道不彰，

名家点评

郭沫若称蒲松龄"写鬼写妖高人一等，刺贪刺虐入骨三分"。

鲁迅在《中国小说史略》中提到《聊斋志异》时说它"描写委曲，叙次井然，用传奇法，而以志怪，变幻之状，如在目前；又或易调改弦，别叙畸人异行，出于幻域，顿入人间；偶述琐闻，亦多简洁，故读者耳目，为之一新"。

相关链接

神魔小说是明清之际的一种小说体裁，又称志怪小说。明代中期以后，通俗小说主要分作两类，一类讲述现实世情，一类讲神怪斗争，鲁迅先生在《中国小说史略》中将后者命名为神魔小说。神魔小说同样起源于宋元之际的平话，第一本神魔小说《西游记》便是吴承恩在宋元平话的基础上加工整理而成的。因此书风行一时，获巨大成功，其后作家纷纷效仿，产生了《封神演义》、《东游记》、《三宝太监西洋记》、《镜花缘》等众多神魔小说。这类小说一般是依托历史事件，或依托流行的神怪故事，也有少数是文人纯粹凭想象写出来的，如《镜花缘》。神魔小说大多没有复杂的思想和严肃的主题，主要着力讲述神魔鬼怪之间的斗争，有很强的娱乐性，即使有一些讽喻现实的意图，普通读者也因为被故事所吸引而很难领会。总体上，除《西游记》、《镜花缘》等少数经典，大多神魔小说写得比较粗糙，缺乏艺术创造。

非袖金输璧，不能自达于圣明，真令人愤气填胸，欲望望然哭向南山而去！”又说：“集腋为裘，妄续幽冥之录；浮白载笔，仅成孤愤之书，寄托如此，亦足悲矣！”他把满腔的孤愤，倾注在一部《聊斋志异》中。

⊙内容提要

《聊斋志异》共16卷，计400余篇。《聊斋志异》的故事来源很广泛，有的是作者的亲身见闻，有的出自过去的题材，有的采自民间传说，有的为作者自己的虚构。有些故事，虽有摹拟的痕迹，但作者以丰富的想象和生活经验，推陈出新，充实了这些故事的内容。《聊斋志异》的作品内容主要有以下几类：

暴露现实社会的黑暗。当时社会政治腐败、官贪吏虐、豪强横行、生灵涂炭，都在《聊斋志异》内有所反映，如《促织》写成名一家为捉一头蟋蟀“以塞官责”而经历的悲欢坎坷，《席方平》则写席方平魂赴地下、代父伸冤的曲折。这些作品虽然写的是狐鬼，其实是黑暗现实的投影。《聊斋志异》有很多作品写贪官暴吏的恶行，如《梅女》中的典史为了三百钱的贿赂，便逼死人命;《书痴》中的彭城邑宰贪爱别人妻子的美貌，竟利用职权，捕人入狱。

揭露科举考试的种种弊端。蒲松龄一生科举不利，非常熟悉科场的黑暗与对士人的摧残，如《素秋》、《神女》等篇章写科举考试中的营私作弊；《司文郎》、《于去恶》等篇章讽刺考官的不学无术。有些作品生动描写被科举考试戕害了的读书人，如《叶生》中的叶生、《于去恶》中的陶圣俞和于去恶、《三生》中的兴于唐、《素秋》中的俞慎和俞士忱等人。

《聊斋志异·促织》插图

描写人与狐鬼的爱情。《聊斋志异》中数量最多的是人和人、人和狐鬼精灵的恋爱故事，如《娇娜》、《青凤》、《婴宁》、《莲香》、《阿宝》、《巧娘》、《翩翩》、《鸦头》、《葛巾》、《香玉》等，都写得十分动人。《香玉》中的黄生爱上了白牡丹花妖香玉，不幸花被人移走，黄生日日哭吊，结果感动了花神，使香玉复生。《青凤》写狐女青凤与耿去病相恋，两人不顾礼法与险恶，互相爱慕，终于获得幸福。有些作品写了青年男女爱情生活对压抑他们爱情的人与事的反抗。如《连城》写乔生与连城相爱，因为父亲阻挠，连城含恨而死，乔生也悲痛而亡，两人在阴间相会，结为夫妻。《晚霞》写龙宫中的歌伎阿端和晚霞，不顾龙宫中的王法，互相爱慕，拼死逃

相关链接

《虞初新志》：清初短篇小说集。新安人张潮编。传说“虞初”是人名，后来用作小说的代称。《虞初新志》所收均为明末清初人的作品，故事的题材很广泛，一般都带有一些奇异的情节，或者有不寻常的事件和人物，如王士祯的《剑侠传》、彭士望的《九牛坝观戏记》等。又如卷十九收比利时传教士南怀仁的《七奇图说》，介绍世界“七大奇迹”。有些记鬼神的小说人情味浓厚，如李清的《鬼母传》，写一怀孕女子暴死后，墓中生子，鬼魂每日清晨到市场买饼育儿，母子之情生死难绝，极为感人。《虞初新志》有的篇章写真人真事，如魏禧《姜贞毅先生传》、王思任《徐霞客传》、吴伟业《柳敬亭传》和侯方域的《郭老仆墓志铭》。

《夜谭随录》：清代笔记小说集，乾隆年间和邦额著。全书四卷，包括传奇和志怪小说一百六十余篇。《夜谭随录》大部分作品写的是鬼狐怪异、人妖艳遇的故事。《夜谭随录》极力摹拟《聊斋志异》，以描写平民女子见长，塑造了一些带有“村野”气的少女形象，她们开朗大方、天真活泼，如《碧碧》中的碧碧、《香云》中的香云、《白萍》中的白萍、《娄方华》中的收香、《王侃》中的白氏等。其中有些较长的篇章，情节诡异，叙述婉曲，也很可观。

出龙宫，在人间做了夫妻。人们数百年来喜爱《聊斋》，有一部分原因就是里面的爱情描写。

《聊斋志异》能获得如此高的成就，主要源于作者高超的艺术创造力，他能够把真实的人情和幻想的场景、奇异的情节巧妙地结合起来，从中折射出人间的理想光彩。

《聊斋志异》既结合了志怪和传奇两类文言小说的传统，又吸收了白话小说的某些长处，形成了独特的叙事风格。作者能以丰富的想象力建构离奇的情节，同时又善于在这种离奇的情节中进行细致的、富有生活真实感的描绘，塑造生动活泼、人情味浓厚的艺术形象，使人沉浸于小说所虚构的恍惚迷离的场景与气氛中。小说的叙事语言是一种简洁而优雅的文言，而小说中人物的对话虽亦以文言为主，但较为浅显，有时还巧妙地融入白话成分，既不破坏总体的语言风格，又在一定程度上克服了通常文言小说的对话难以摹写人物神情的毛病，这是很难得的成就。

⊙作品评价

《聊斋志异·姊妹易嫁》插图

《聊斋志异》的作品具有惊人的想象力。它说狐谈鬼，无奇不有，如书中所写红莲变成美女、裙子可作帆船、襟袖间飞出花朵、天空飘落彩船、诵诗治病等情节。写鬼写狐，不仅怪异，而且在怪异之外写出了人情味，这是《聊斋志异》较一般志怪小说高明的地方。正如鲁迅所说，“《聊斋志异》独于详尽之外，示以平常，使花妖狐魅，多具人情，和蔼可亲，忘为异类。”这些描写大大增强了故事情节的感染力。

《聊斋志异》的叙事语言是简洁优雅的文言，小说中人物的对话虽然也是文言，但比较浅显，有时还融入了白话成分，摹写人物神情声口更加逼真。作者还融会了当时的方言俗语，形成了典丽而活泼的语言风格，不管是抒情写景，还是叙事状物，都绘声绘色，惟妙惟肖。比如《刘姓》中恶霸的流氓腔调，《邵女》中媒婆的神态，《阎王》中村妇的口吻，《小翠》中姑娘们斗嘴的情致，都写得神采飞扬，如在眼前。

阅微草堂笔记

/ 清 / 纪昀 / 仿《聊斋志异》的笔记小说集

⊙作者简介

《阅微草堂笔记》的作者纪昀，字晓岚，直隶献县（今属河北）人。纪晓岚出身书香门第，父亲纪客舒是著名的考据学家。纪晓岚4岁开始读书，24岁中顺天府乡试解元，31岁中进士，点翰林。后因事发配新疆，三年后回京，受命任《四库全书》总纂官。《四库全书》的编纂历时13年才完成。《四库全书》修成后，纪晓岚官运亨通，曾五次主持都察院，三次担任礼部尚书。

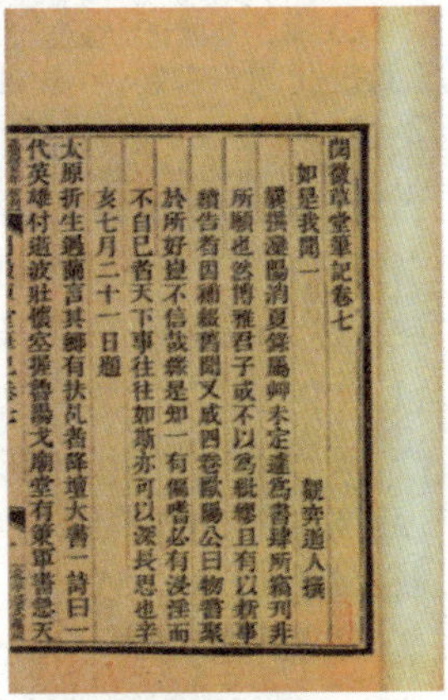
閱微草堂筆記卷七
如是我聞一　觀弈道人撰
曩撰灤陽消夏錄屬草未定遽為書肆所竊刊非
所願也然博雅君子或不以為紕繆且有以新事
續告者因補綴舊聞又成四卷歐陽公曰物嘗聚
於所好豈不信哉緣是知一有偏嗜必有浸淫而
不自已者天下事往往如斯亦可以深長思也辛
亥七月二十一日題
太原折生遇蘭言其鄉有扶乩者降壇大書一詩曰一
代英雄付逝波壯懷空握魯陽戈廟堂有策軍書急天

《阅微草堂笔记》书影

纪昀学问渊博，擅长考证训诂。乾隆年间修《四库全书》，他任总纂官，并主持修定《四库全书总目》。《四库全书》分经、史、子、集四部，收书3503种，计79337卷，对于搜集、整理历史文化遗产有极大的作用；《四库全书总目》200卷，论述各书宗旨与源流，考证得失，辨析文字，是清代目录学的最高成就。

纪昀像

⊙背景提示

本书是模仿《聊斋志异》创作出来的，但是我们读起来却能感觉到两者之间的差异，这种差异主要是由于蒲松龄和纪昀的身世造成的。蒲松龄参加科举考试，屡战屡败，一生落魄；纪昀则出身官宦家庭，自己也曾做到正二品的尚书，而且很受乾隆皇帝的宠爱。他的家庭背景对他创作《阅微草堂笔记》有很大的影响。纪昀从他父亲那里得到了崇实黜虚、经时济世思想的熏陶。他父亲纪客舒治学态度严谨，著有《杜律疏》。纪昀目濡耳染，倍受影响。他始终以“以实心励实行，以实学求实用”的思想作为准则。门人盛时彦在《阅微草堂笔记序》中称纪昀“天性孤直，不喜以心性空谈，标榜门户，亦不喜才人放诞，诗坛酒社，夸名士风流”。在《阅微草堂笔记》中，他对那些浮言虚饰而无实行者加以辛辣的嘲讽，对那些实事求是者加以推崇，他的崇尚实事求是、经世致用的思想观念是渊源有自的。他也从他的家族那里继承了崇尚儒学、恪守礼法的思想。自从纪昀的曾祖开始，纪氏家族就出仕朝廷，诗礼传家。这种传统使他形成了以儒家道德为轴心的思想，而对于佛、道，尽管他认为可以与儒家思想相互补充，但对它们还是持否定、贬抑态度。这一思想从他在《阅微草堂笔记》中对释道之徒的虚伪、狡诈的嬉笑怒骂及酣畅淋漓的讽刺、鞭挞中明显表现出来。鲁迅先生在《中国小说史略》中评论《阅微草堂笔记》说：“不安于仅为小说，

名家点评

曾国藩在《纪代嘉言序》中称：“……所著《阅微草堂笔记》五种，考献征文，搜神志怪，众态毕具，其大旨归于劝善惩恶。”

更欲有益人心。”他的学生盛时彦也有过类似的说法。正是因为纪昀家族历代官宦、诗书传家的背景，他在看问题时与蒲松龄角度就很不一样，眼光也不如蒲松龄尖刻犀利。细心的读者一定会对此深有体会。

⊙内容提要

《阅微草堂笔记》这部笔记小说集是纪昀在创作上的主要成就。这部书包括《滦阳消夏录》6卷，《如是我闻》4卷，《槐西杂志》4卷，《姑妄听之》4卷，《滦阳续录》6卷，共24卷，有笔记1200余则。这是他晚年追寻旧闻的作品，自乾隆五十四年（1789年）至嘉庆三年（1798年）陆续写成，嘉庆五年他的学生盛时彦合刊印行，总名《阅微草堂笔记五种》，后来通称为《阅微草堂笔记》。该书的材料，一部分来自于纪昀本人的亲身经历，或者是他耳闻目睹的事情；一部分来自于他人提供或转述。小说涉及的社会生活领域，从文人学士到妓女乞丐，从三教九流到花妖狐魅，几乎无所不包。内容广博、无所不涉，是《阅微草堂笔记》的特点，这使它具有较强的知识性和趣味性。

《阅微草堂笔记》在思想倾向上具有“正统”的立场。纪昀自序说：“缅昔作者如王仲任、应仲远引经据古，博辨宏通，陶渊明、刘敬叔、刘义庆简淡数言，自然妙远，诚不敢妄拟前修，然大旨期不乖于风教。”盛时彦《序》说本书“大旨要归于醇正，欲使人知所劝惩”。虽然如此，纪昀毕竟是一位博达的学者，他的思想有一定的包容性，在“理”与“欲”之间，他反对不近人情的顽固与偏执，每每讥刺“道学家”的苛刻、虚伪。他写的鬼神故事大都反映了人情世态，如《如是我闻》卷三中写一个因私情怀孕的女子向郎中买堕胎药，没有买到，后来孩子生下来，被杀死，她自己也被逼着悬梁自尽。这个女子变成鬼之后，向阎罗状告郎中杀人，说他本来可以“破一无知之血块，而全一待尽之命”，结果“欲全一命，反戕两命”，阎罗也指责郎中不应该“固执一理”。《滦阳消夏录》卷四中写两个“以道学自任”的私塾教师讲学，高谈性理，“严词正色”，忽然有纸片吹落，掉在台阶下面，学生拾起一看，原来是两位教师商量夺取寡妇田产的信札。这一类故事揭露出道学家的虚伪，反映出纪昀的胸襟。他有时借狐鬼抒发自己的感想，往往机智有趣，颇值一读。

⊙作品评价

与《聊斋志异》的名篇相比，《阅微草堂笔记》在艺术上又自成一格。《聊斋志异》效法唐人传奇，铺陈描绘，有浓厚的浪漫风格；《阅微草堂笔记》效法六朝志怪，“尚质黜华，叙述简古”，往往表现出严谨的手法，其中优秀的篇章继承了六朝简古的神韵，读后余味悠长。本书语言质朴、简明、精炼、传神，也与六朝作家“简淡数言，自然妙远”的风格相似。如《柳青》中写柳青相貌，只用“颇有姿”三字，没有正面的描写，而是从主人一再追求这个侧面烘托，使人想象她的美貌。写柳青两次拒绝嫁人，也不正面描写具体的情态，只用两个“誓死不肯”，略繁就简，在词语重复中强化了柳青爱情的忠贞与态度的坚决。本书在谋篇布局方面也颇具匠心，最突出的是善于应用“空白”艺术。还是用《柳青》作例子，作者按时间顺序写柳青一生，笔墨集中在柳青与益寿的婚姻曲折上，对次要情节则一笔带过，作“空白”处理。作者没有详写主人如何用富贵引诱柳青，而只是写柳青被主人“遣之”时，送还“主人数年私给”，“纤毫不缺”，从这个细节可以推想出主人的所作所为。这种稍加点染的笔法收到了“简淡数笔，自然妙远”的艺术效果。从这些地方，《阅微草堂笔记》的艺术成就可见一斑。

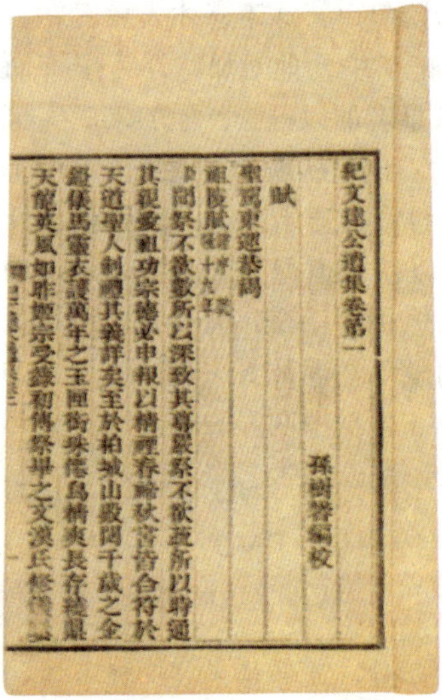
紀文達公遺集卷第一
孫樹馨編校
賦
聖駕東巡恭謁
祖陵賦

《纪文达公集》书影

□红楼梦

/清/曹雪芹/一枕幽梦向谁诉，千古情人独我痴

⊙作者简介

《红楼梦》的作者曹雪芹（1715 ~ 1763 年），名霑，字梦阮，“雪芹”是他的别号，又号芹圃、芹溪。他出生在官宦世家。曹家的先世原是汉族人，后为满洲正白旗“包衣”人。清初时他的高祖父曹振彦随清兵入关，立有军功，家族开始发达起来。曾祖父曹玺曾任江宁织造，曾祖母做过康熙帝玄烨的保姆，祖父曹寅做过玄烨的伴读和御前侍卫，后继任江宁织造，兼任两淮巡盐监察御史，此后曹雪芹的伯父与父亲相继袭任此职，祖孙三代四人担任此职前后达 60 余年。康熙六下江南，其中四次由曹寅负责接驾，并住在曹家。曹雪芹就是在这种繁盛荣华的家境中度过了他的少年时代。雍正初年，曹家备受打击。父亲被以“苛索繁费，苦累驿站”、“织造款项亏空甚多”等罪名革职，家产被抄没，全家迁回北京。乾隆初年，曹家彻底败落，子弟们沦落到社会底层。曹雪芹曾在一所宗族学堂“右翼宗学”里当过掌管文墨的杂差，境遇潦倒，生活困顿，晚年流落到北京西郊的一个小山村。

曹雪芹画像

曹雪芹“身胖，头广而色黑”。他性格傲岸，愤世嫉俗，豪放不羁，酷爱喝酒，才气纵横，善于谈吐。他是一位诗人，也是一位画家，喜欢画突兀奇峭的石头。他最重要的作品当然是《红楼梦》。

⊙背景提示

《红楼梦》又名《金陵十二钗》、《石头记》，整个故事是以南京为背景。学者们历来对《红楼梦》的故事来源有很多种猜测，现简要介绍几种：

有人认为《红楼梦》写的是纳兰容若的故事。这个说法相信的人很多。陈康祺《燕下乡脞录》中说：“小说《红楼梦》一书，即记故相明珠家事，金钗十二，皆纳兰侍御所奉为上客者也，宝钗影高澹人；妙玉即影西溟先生：‘妙’为‘少女’，‘姜’亦妇人之美称；‘如玉’‘如英’，义可通假。”侍御指的是明珠的儿子纳兰性德，字容若。纳兰容若是清初著名的词人，才华横溢，词作缠绵凄婉，至今为人喜爱。

有人认为是写顺治皇帝与董鄂妃的故事。王梦阮、沈瓶庵合著之《红楼梦索隐》中说：“盖尝闻之京师故老云，是书全为清世祖与董鄂妃而作，兼及当时诸名王奇女也。”又说董鄂妃就是明末秦淮名妓董小宛，清兵下江南，带回北京，得到清世祖宠爱，不久夭亡，世祖哀痛不已，于是往五

名家点评

鲁迅评《红楼梦》道：“单是命意，就因读者的眼光而有种种，经学家看见《易》，道学家看见淫，才子看见缠绵，革命家看见排满，流言家看见宫闱秘事……在我眼下的宝玉，却看见他看见许多死亡。”“说到《红楼梦》的价值，可是在中国小说中实在是不可多得的。真要点在敢于如实描写，并无讳饰，和从前的小说叙好人完全是好，坏人完全是坏的，大不相同，所以其中所叙的人物都是真的人物。总之，自有《红楼梦》出来以后，传统的思想和写法都打破了。”

《红楼梦》书影　乾隆年抄本

《红楼梦》为曹雪芹毕生心血所注，代表了我国古典长篇小说的最高成就。曾有人评曰："字字看来皆是血，十年辛苦不寻常。"

台山出家为僧。

有人认为写的是康熙朝的政治状态。蔡元培的《石头记索隐》说："《石头记》者，清康熙朝政治小说也。作者持民族主义甚挚，书中本事，在吊明之亡，揭清之失，而尤于汉族名士仕清者寓痛惜之意。"认为，"红"影射"朱"字；"石头"指金陵；"贾"意在指责伪朝；"金陵十二钗"暗指清初江南的名士：林黛玉影射朱彝尊，王熙凤影射余国柱，史湘云影射陈维崧，宝钗、妙玉也各有所指。

还有人认为本书是作者自叙。胡适经过考证后认同这种观点。曹雪芹的家世与书中描写的内容很相似，这种说法也很有说服力。

⊙内容提要

《红楼梦》写的是贾宝玉与林黛玉之间的爱情悲剧，同时写了贾、王、史、薛四大家族的兴衰。贾宝玉前生是女娲补天时剩下的一块顽石，曾化作神瑛侍者，用水浇灌一株绛珠草，使其脱去草木之质，幻化为女形。绛珠仙子为了报答神瑛侍者的浇灌之恩，在神瑛侍者投胎下凡时也往生人间，要还他一生的眼泪。林黛玉因为母亲亡故，被外祖家收留。与表兄贾宝玉从小生活在一起，渐渐产生爱情。这是本书故事的前世因缘。宝黛故事凄恻动人，读者可以从容细心体会，这里不多叙说，只简要介绍一下主要的几个人物。

贾宝玉、林黛玉、薛宝钗是本书的主要人物。贾宝玉是荣国府嫡派子孙，他出身不凡，又聪明灵秀。他因自己生为男子而感到遗憾，他觉得只有和纯洁美丽的少女们在一起才惬意。他憎恶和蔑视男性，亲近和尊重女性。他说"女儿是水做的骨肉，男子是泥做的骨肉。我见了女儿便清爽，见

大观园图

了男子便觉浊臭逼人”。他企求过随心所欲、听其自然的生活，即在大观园女儿国中斗草簪花、低吟悄唱、自由自在地生活。“我此时若果有造化，趁着你们都在眼前，我就死了，再能够你们哭我的眼泪，流成大河，把我的尸首漂起来，送到那鸦雀不到的幽僻去处，随风化了，自此再不托生为人，这就是我死的得时了。”贾宝玉对个性自由的追求集中表现在爱情婚姻方面。他爱林黛玉，因为林黛玉的身世处境和内心品格集中了所有女孩子的一切能使他感动的美好。他对待身边的女孩子们的态度也是同情和亲爱。他爱林黛玉，但遇着温柔丰韵的薛宝钗和飘逸洒脱的史湘云，却又不能不眩目动情。

林黛玉像

林黛玉出身在一个已衰微的家庭。她父亲是科甲出身,官做到巡盐御史。林黛玉没有兄弟姐妹，母亲的早逝使她从小失去母爱。她保持着纯真的天性，爱自己之所爱，憎自己之所憎，我行我素，很少顾及后果得失。因父母相继去世，她不得不依傍外祖母家生活。林黛玉的羸弱的身体、孤傲的脾性以及自定终身的越轨行为，贾母是不会喜欢的。贾母要给贾宝玉说亲，曾托过清虚观的张道士，后来又留意打量过薛宝琴，她就是没有选择林黛玉的意思。最后，林黛玉的幻想破灭了，眼泪流尽了，怀抱纯洁的爱离开了尘世，实现了她的誓言：“质本洁来还洁去，不教污淖陷渠沟。”

薛宝钗出身在一个富商家庭。薛家是商人与贵族的结合，既有注重实利的商人市侩习气，又有崇奉礼教的倾向。薛宝钗幼年丧父，兄长薛蟠是个没有出息的酒色流氓。出身于这样一个家庭，薛宝钗有着与林黛玉截然不同的性格。她们同样都博览诗书，才思敏捷，但林黛玉一心追求美好丰富的精神生活，薛宝钗却牢牢把握着现实的利益。“好风凭借力，送我上青云”，薛宝钗孜孜以求的是富贵荣华。薛宝钗也深爱着贾宝玉。她在初次和贾宝玉单独相处时，热衷于贾宝玉脖子上的“通灵宝玉”，又急切地让贾宝玉认识自己项上的金锁。搬进大观园后，她还常常到贾宝玉的怡红院玩到深夜；她去探视被贾政打伤的贾宝玉时压抑不住内心的爱怜之情。

《红楼梦》是一部百科全书式的长篇小说，它在描写宝黛爱情的同时，也描写了广阔的社会生活，上至皇妃国公，下至贩夫走卒，都有生动的描画。它对贵族家庭的饮食起居各方面的生活细节都进行了真切细致的描写，比如园林建筑、家具器皿、服饰摆设、车轿排场等等。它还表现了作者对烹调、医药、诗词、小说、绘画、建筑、戏曲等等各种文化艺术的丰富知识和精到见解。《红楼梦》的博大精深在世界

《红楼梦》插画

文学史上是罕见的，因此很早就有人研究它。现在，研究《红楼梦》已经成为一门独立的学问——“红学”。可见《红楼梦》的魅力之大、影响之深。

《红楼梦》在艺术上取得了巨大的成就，它塑造出成群的有血有肉的个性化人物形象。例如贾宝玉、林黛玉、薛宝钗、王熙凤就成为千古不朽的典型形象。作者对人物独特的性格反复皴染，给人以深刻的印象。贾宝玉的叛逆性格以各种“似傻如狂”、“行为乖张”的形式表现出来，作者总是通过日常的生活细节，惟妙惟肖地写出了他对黛玉、宝钗、晴雯、袭人、平儿等不同类型女性所持有的不同感情和态度，着力刻画了他“爱博而心劳”的性格特征。

曹雪芹善于将相近人物进行复杂性格之间的全面对照，使他们的个性在对比中凸显出来。如薛宝钗和林黛玉两个人，都是美丽多才的少女，但一个“行为豁达，随分从时”，有时则矫揉造作；一个“孤高自许”、“目无下尘”，不免尖酸任性。一个倾向理智，喜怒不形于色，“任是无情也动人”；一个执着于感情，宁愿为纯洁的爱情付出全部的生命。一个城府很深，顺从环境，既会对上迎奉，又会对下安抚；一个我行我素，以感情的追求作为人生的目标。这样两个难以调和的性格在对比中就鲜明地呈现出其独特性。

《红楼梦》一改过去古代小说中人物类型化、绝对化的描写，写出了人物性格的丰富性。作者把王熙凤放在广阔的社会生活中，从各个侧面去描写，构成了她性格的丰富性、完整性，达到了典型化的高度。作者一方面写出了这位管家奶奶治家的才干，她似乎是支撑这座将要倾塌的大厦的顶梁柱；另一方面她舞弊营私，真正是蚀空贾府内部的大蛀虫。她的阴险毒辣令人胆寒，而幽默诙谐、机智灵巧又让人叹服。这是一个充满活力，既使人觉得可憎可恨，又让人感到可亲可近的人物形象。

⊙作品评价

《红楼梦》代表了我国古典小说最高的艺术成就，在人物描绘、情节安排、细节描写等方面都非常出色，堪称一绝，其中的美妙难以用语言传达，读者当在细细品味中体悟《红楼梦》的博大精深。这里只拈出其中的一个特色稍作讲解：

《红楼梦》很大的一个特点就是好用谶语。在第五回中，警幻仙子给宝玉看的金陵十二钗画册上的题诗和十二支《红楼梦》曲子分别暗示了每一位佳丽的身世，如【终身误】曲“都道是金玉良姻，俺只念木石前盟。空对着，山中高士晶莹雪；终不忘，世外仙姝寂寞林。叹人间，美中不足今方信。纵然是齐眉举案，到底意难平。”就暗示了宝黛爱情的悲剧结局。作者善用“谐音寓意”的手法，他把贾家四姐妹命名为元春、迎春、探春、惜春，这是谐“原应叹息”的音；在贾宝玉神游太虚幻境时，警幻仙姑让他饮的茶“千红一窟”，是“千红一哭”的谐音，又让他饮的酒“万艳同杯”，这酒名是“万艳同悲”的谐音，这样的手法几乎贯穿了全书。小说的行文中也往往暗示以后的情节，这为索隐派的红学家提供了很多考证的蛛丝马迹，寻找和思索这些谶语也许是一件很有意思的事情，有心的读者可以试试。

□东周列国志

/清/蔡元放/史实与文学创作的完美结合

⊙作者简介

本书编定者蔡元放，名奡，号七都梦夫、野云主人，江宁（今南京）人，乾隆年间通俗文学家。生平不详。其主要业绩为润色增删冯梦龙的长篇历史演义小说《新列国志》，修订原书一些讹误之处，并附上序、读法、详细的评语和简要的注释，改名为《东周列国志》刊行。

⊙背景提示

本书的成书经历了三个阶段。关于春秋战国故事的平话，最早产生在元代。明代嘉靖、隆庆年间，余邵鱼（字畏斋）撰《列国志传》，分节不分回，共八卷，二百二十六节，每节随事立题。内容起于武王伐纣，终于秦统一天下，比较全面地记载了列国故事。其中若干章节，把流传在民间的神话故事穿插进去，如“苏妲己驿堂被魅”、“穆王西游昆仑山”等，但并未改变历史演义的简朴面貌，文字也稍显粗糙。

到了明代末年，冯梦龙“本诸左史，旁及诸书”，加以改编，改名为《新列国志》，凡余邵鱼疏忽或遗漏的地方，都根据史书作了订正。全书共一百零八回，篇幅较原书大为扩充；在文字、故事情节、人物描绘等方面也做了许多艺术加工，使原书的艺术水准大大提高。《新列国志》比较重视史实，故事基本上都根据《左传》、《国语》、《战国策》、《史记》等史籍展开。它的长处在于文字通畅，能够把春秋战国纷繁复杂的历史编排得有条不紊，有些故事因在史籍中就有较丰富的素材和一定的戏剧性，经过作者的加工，更显得有声有色，如“郑庄公掘地见母”、“晋重耳周游列国”、“孙武子演阵斩美姬”等。但总的说来，此书文学创作的成分较少，过于平铺直叙，很多地方只是史料的联缀。它在历史知识的传播方面有较大的功用，文学性虽然不强，但在明代同类小说中，仍然可以算是上乘之作。

清代乾隆年间，蔡元放对《新列国志》做了一番修改，并加了序、读法、详细的评语和简要的注释，改名为《东周列国志》，二十三卷，一百零八回。这实际上是冯梦龙《新列国志》的评点本，叙事起于周宣王，止于秦始皇，删去了《新列国志》中某些虚构情节，改正了谬误，更符合史实，同时“敷衍不无增添，形容不无润色”。

穆王骏骑图轴　明　张龙章

⊙内容提要

《东周列国志》叙述春秋战国五百年间的历史故事。所有的情节、人物都是从《左传》、《国语》、《战国策》、《史记》等书中汲取来的。它将分散的历史故事、人物传记，按照时间的先后串联起来，熔铸成一部结构完整的历史演义。全书一百零八回，前八十三回写春秋

名家点评

蔡元放在《东周列国志读法》中说：“若说是正经书，却毕竟是小说样子……但要说他是小说，他却件件从经传上来。”

晋文公复国图　南宋　李唐

李唐，河阳孟县人。《晋文公复国图》是根据《左传》中晋文公重耳奔走六国，最终称霸诸侯的故事绘制的。在《东周列国志》一书中，对晋文公复国的故事也描写得相当精彩，极具特色。

五霸，后二十五回写战国七雄。小说叙写幽王残暴无道，引起西戎之乱。平王东迁，从此周王室逐渐衰弱，诸侯国互相兼并，互相争霸。在诸侯国内部，大夫的势力也越来越大，他们之间也互相兼并，致使有的诸侯国为大夫所瓜分。接着出现了七雄并峙的局面，各国征战不断。其间谋臣摇唇鼓舌，武将东征西讨，天下多事。最终秦王嬴政灭六国，一统天下。其中包括许多脍炙人口的历史故事。如：烽火戏诸侯、曹刿论战、弦高退敌、赵氏孤儿、二桃杀三士、伍子胥过昭关、勾践复国、商鞅变法、西门豹治邺、孙庞斗法、苏秦合纵相六国、屈原投汨罗江、田单复国等。

⊙作品评价

春秋战国时期，周王朝共分封有大小诸侯国数百个，这一时期的历史纷繁复杂，头绪繁多。要将这一段历史有条理地叙述出来，是一件很不容易做到的事，需要很高超的艺术技巧。本书就做到了这一点。本书结构主次分明、繁简得当，虽然头绪纷繁，矛盾错综复杂，但来龙去脉交代清楚，不仅整个历史时代的发展变化得到如实的反映，各诸侯国的发展、变化，各国之间的关系，都条分缕析，写得井井有条。本书故事性强，每个故事既有相对的独立性，又是全书的一部分。许多故事描述得娓娓动听，引人入胜。如“卫懿公好鹤亡国”、“西门豹乔送河伯妇”、“伍子胥微服过昭关”等等。

本书讲述了五六百年的历史，不可能有贯穿始终的人物形象，但在不少篇章里，人物形象描绘得还相当生动，如管夷吾的博学奇才、齐小白的王霸之度、鲍叔牙的苦心荐贤等等。又如晋重耳、伍子胥、介子推、孙膑、庞涓、廉颇、蔺相如、文种、范蠡等等，个个都写得个性鲜明。本书谴责了那些昏聩、残暴、荒淫、愚昧的帝王、诸侯，以及贪婪、狡诈、阴险的佞臣；本书同时也赞扬了从善如流、赏罚严明、胸怀大度的王侯和忠贞、勇敢、有才干的将相，也颂扬了那些见义勇为、机智果敢的豪侠。

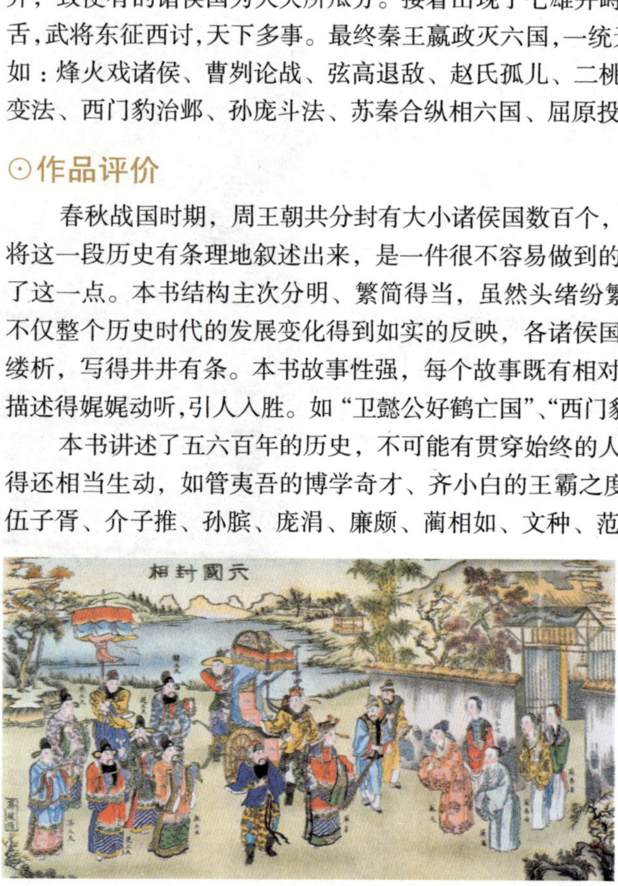

苏秦六国封相　年画

本书用语简洁、通畅，不过因为汲取了多种史书的内容，本书语言风格有前后不同的地方，文字繁简也有的地方不一致。

□随园诗话

/清/袁枚/“诗写性情，惟吾所适”

⊙作者简介

《随园诗话》作者袁枚(1716～1797年)，字子才，号简斋，钱塘(今浙江杭州)人。袁枚幼年家境贫困，但他聪颖好学。乾隆四年中进士，入翰林院。乾隆七年之后做过溧水、江浦、沭阳、江宁等地的知县。乾隆十三年辞官，定居江宁(今江苏南京市)，在小仓山筑随园，从此不再出仕，从事诗文著述，世称随园先生。

袁枚像

袁枚才情高致，少年时就表现出超乎常人的禀赋，九岁时袁枚曾游杭州吴山，登高远望，吟成一首五律，其中一联是:“眼前两三级，足下万千家。”后来他晚年重游吴山回忆此联，仍“觉童语终是真语”。袁枚嗜书如命，他曾自述“我年十二三，爱书如爱命。每过书肆中，两脚先立定。苦无买书钱，梦中犹买归。至今所摘记，多半儿时为”。当时人称赞他“以才运情，使笔如舌”，而且“话必惊人总近情”。他的诗文集“家弦户诵，有志观摩者无不奉为圭臬”。他与蒋士铨、赵翼并称“江右三大家”，赵翼赞他“子才果是真才子”。

袁枚之所以为人敬仰，还在于他奖掖后学，培育诗才。袁枚广收门生弟子，“方外缁流，青衣红粉，无所不备”。他还“广收女弟子三十余人”，与其女弟子关系密切，有很多趣事流传。乾隆五十七年，77岁的袁枚在杭州望湖楼招女弟子七人作诗会，轰动杭州城，连太守明希哲也打桨访问；又留下所乘的玻璃画船供群女游山，而独自骑马回衙。袁枚专门刻印了《女弟子诗选》以及女弟子张瑶英的《绣墨诗集》等。

⊙背景提示

谈一个时代的诗歌理论，不可不了解一个时代的诗歌创作。清初的诗坛上，钱谦益、吴伟业和龚鼎孳被称为“江左三大家”。他们的人生经历颇为相似，但诗歌的作风和对诗歌的看法却有显著的区别，他们各自代表了不同的趋向。钱谦益晚年的《投笔集》多抒发反对清朝、恢复故国的心愿。吴伟业并没有很强烈的用世之心，他不得不出仕清朝，又感受到传统“名节”观念的负担，心情十分痛苦。他的名作《圆圆曲》烟水迷离，百感交集，富于艺术魅力。顾炎武年少时与同乡归庄参加“复社”，又曾在昆山、嘉定一带抗清，他的诗透露出内心沉郁的情感。屈大均也曾参加抗清武装，失败后削发为僧，不久还俗。屈大均以英雄自许，他的诗热烈奔放。从康熙初期到中期，天下大势已定，清王朝笼络汉族文人的政策也逐渐奏效，但社会的心理已经发生了变化。新的诗坛领袖人物是王士禛。王士禛论诗主张“神韵说”，他要求诗歌应有高妙的意境和天然的韵致，富有言外之味。王士禛还多次提出诗歌应有清亮的音节，这也是“神韵”的一个因素。和王士禛同时驰名诗坛的还有朱彝尊，当时有“南朱北王”之称。他是一个典型的学者文人。清诗中有重学问而抑制激情的风气，这很接近宋诗。公开崇尚宋诗的诗人是查慎行。查慎行的诗大多写社会民生问题，表现士大夫“忧国忧民”的责任感，因此叙述多而激情少。当时的著名诗人还有沈德潜，沈德潜论诗主张“格调说”。

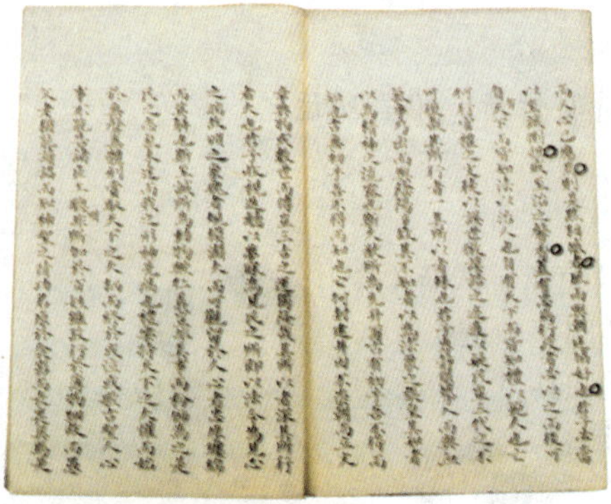
袁枚《袁太史文选》书影

所谓"格调"，本意是指诗歌的格律、声调，同时也指由此表现出的高华雄壮、富于变化的美感。他论诗有一个前提，就是要求合于"温柔敦厚"的"诗教"。与王、沈相对应的，乾隆诗坛上影响最大的，是袁枚所倡导的"性灵说"。

⊙内容提要

《随园诗话》共有26卷，其中《诗话》16卷，《诗话补遗》10卷，近57万字。《随园诗话》的核心是袁枚的"性灵说"，主旨是强调创作主体应具有的条件主要在于三要素：真情、个性、诗才。他以这三要素为轴心导引出一些具体观点，从而建构起包括真情论、个性论与诗才论在内的"性灵说"体系。其具体内容是：

真情论：《随园诗话》认为真情是诗人创作首先应该具备的。他说："诗人者，不失其赤子之心也"。诗自然应该"自写性情"。《随园诗话》尤其推崇诗"言男女之情"。诗应该写真情，因此他大力标举诗的美感功能，强调"诗能入人心脾，便是佳诗"。

个性论：《随园诗话》认为诗人创作需有个性。他说："作诗，不可以无我"。认为"有人无我，是傀儡也"。突出"我"即是强调诗人特有的秉性、气质在创作中的作用。因为有"我"，才能独抒性灵，"出新意，去陈言"，写出与众不同的佳作。不同的个性自然形成不同的风格，他主张诗歌风格的多样化，"诗如天生花卉，春兰秋菊，各有一时之秀……无所谓第一、第二也"。

诗才论："性灵"既指性情，也包括"笔性灵"，即才思敏捷。他说："诗文之道，全关天分，聪颖之人，一指便悟。"又说："凡多读书为诗家要事，所以必须胸有万卷者"。但是他的目的不在以书卷代替灵性，而是"欲其助我神气耳"。他声称"天籁最妙"，赞赏"劳人思妇，静狡童矢口而成"的歌谣。

袁枚的诗论是结合选诗阐发的，《诗话》内容的基础正是大量的选诗。袁枚曾说过："枚平生爱诗如爱色，每读人一佳句，有如绝代佳人过目，明知是他人妻女，于我无分，而不觉中心藏之，有忍俊不禁之意，此《随园诗话》之所由作也。"《随园诗话》包括了大量的选诗。

选诗的标准必须是抒写性灵之佳作，能印证他的"性灵说"的理论。他选诗的作者面很广。入选者既有公卿将军，也有布衣寒士；既有僧尼道士，也有青衣童子；既有命妇闺秀，也有妓女歌姬；既有劳人思妇，也有小贩工匠。尤其值得注意的是，他大量选取女子所作诗歌，袁枚声称："余作《诗话》，录闺秀诗甚多。"其中有女弟子的诗，也有其他的闺秀、寡妇，乃至无名妓女的诗作。当时有人据此批评袁枚"乃名教罪人"，可见袁枚的胆识。

⊙作品评价

《随园诗话》在论述诗歌理论的同时，选取了大量诗歌作为其理论的说明与补充，这是一个很突出的特点，我们读《诗话》的时候务必要注意袁枚所选的诗，注意将他所选的诗与他的理论结合起来理解。袁枚选诗的标准就是他所标举的"性灵"，他说："村童牧竖，一言一笑，皆吾之师，善取之皆成佳句。"袁枚自已做诗的取材也很广泛，随时随地都能找到灵感。据《随园诗话》卷二记载，"随园中有一担粪者，一日在梅树下喜报云：'有一身花矣！'"敏感的袁枚将这句话加工成警句："月映竹成千'个'字，霜高梅孕一身花。"有一次，袁枚出门，有野僧送行说："可惜园中梅花盛开，公带不去！"袁枚即就此创作了"只怜香雪梅千树，不得随身带上船"这样风趣盎然的诗句。我们从这里可以领会到袁枚的才情，加深对"性灵说"的理解。

曾国藩家书

/清/曾国藩/末世圣贤的肺腑之言

⊙作者简介

曾国藩像

曾国藩（1811 ~ 1872 年），字伯涵，号涤生。1811 年出生于湖南省双峰县井字镇荷叶塘的一个豪门地主家庭。祖辈以农为主，生活较为宽裕。祖父曾玉屏虽少文化，但阅历丰富；父亲曾麟书身为塾师秀才，满腹经纶，作为长子长孙的曾国藩，自然得到二位先辈的爱抚，他们望子成龙心切，便早早地对曾国藩进行封建伦理教育了。曾国藩 6 岁时入私塾读书，8 岁能读八股文诵五经，14 岁时能读《周礼》、《史记》、《文选》，并参加长沙的童子试，成绩俱佳列为优等，可见他自幼天资聪明，勤奋好学。至 1832 年他考取秀才，并与欧阳沧溟之女成婚，踏上了人生的一大台阶。曾国藩刚 28 岁便考中了进士，从此之后，他一步一阶地踏上仕途之路，并成为军机大臣穆彰阿的得意门生。在京十多年间，他先后任翰林院庶吉士，侍读，侍讲学士，文渊阁直阁事，内阁学士，稽察中书科事务，礼部侍郎及署兵部，工部，刑部，吏部侍郎等职，步步升迁到二品官位。他一生严于治军、治家、修身、养性，实践了立功、立言、立德的封建士大夫的最高追求。曾国藩一生经过了清王朝衰朽的过程，就其本人而言，早年精专学问，学作圣贤，着实取得不少成绩，后从戎理政，也不失终有成。1872 年 3 月 12 日，曾国藩死于两江总督任上，终年 61 岁。

⊙背景提示

曾国藩所处的时代，是清王朝由盛而衰、内忧外患的动荡年代，由于曾国藩等人的力挽狂澜，一度出现所谓“同治中兴”的局面，曾国藩正是这一过渡时期的中心人物，在政治、军事、文化、经济等各个方面产生了令人瞩目的影响。这种影响不仅仅作用于当时，而且一直延至今日。因而也使之成为近代中国最显赫和最有争议的历史人物。

⊙内容提要

《曾国藩家书》反映了曾国藩一生的主要活动和他治政、治家、治学、治军的主要思想，是研究曾国藩其人及这一时期历史的重要材料。该书收集及整理了曾国藩家书中的精华部分，按年代顺序并合为：修身篇、劝学篇、治家篇、理财篇、交友篇、为政篇及用人篇等部分，基本包括了曾国藩一生的主要思想。

曾国藩作为晚清著名政治家，对清王朝的腐败衰落，洞若观火，他说：“国贫不足患，惟民心涣散，则为患甚大。”他认为“吏治之坏，由于群幕，求吏才以剔幕弊，诚为探源之论”。基于此，曾国藩提出，“行政之要，首在得人”，危急之时需用德器兼备之人，要倡廉正之风，行礼治之仁政，反对暴政、扰民，对于那些贪赃枉法、渔民肥己的官吏，一定要予以严惩。至于关系国运民生的财政经济，曾国藩认为，理财之道，全在酌盈济虚，脚踏实地，洁己奉公，“渐求整顿，不在于求取速效”。曾国藩将农业提到国家经济中基础性的地位。受两次鸦片战争的冲击，曾国藩对中西邦交有自己的看法，一方面他十分痛恨西方侵略中国，认为卧榻之旁，岂容他人鼾睡，并反对“借师助剿”，以借助外国为深愧；另一方面又不盲目排外，主张向西方学习其先进的科学技术。

在治学论道方面，曾国藩说：“盖真能读书者，良亦贵乎强有力也。”要有“旧雨三年精化碧，

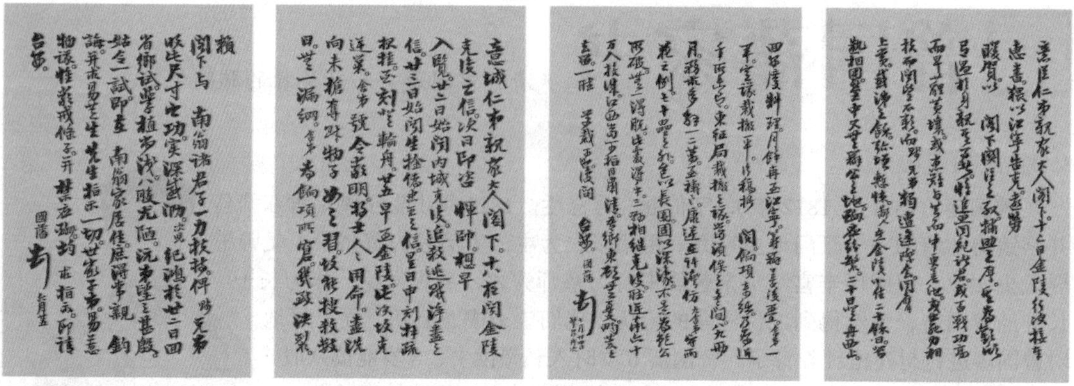

曾国藩手札

孤灯五夜眼常青”的精神。写字或阳刚之美，或阴柔之美。文章写作，需在气势上下工夫，要注意详略得当，详人所略，略人所详，为文贵在自辟蹊径。

曾国藩认为持家教子主要应注意以下十事：勤理家事，严明家规；尽孝悌，除骄逸；“以习劳苦为第一要义”；居家之道，不可有余财；联姻“不必定富室名门”；家事忌奢华，尚俭；治家八字：考、宝、早、扫、书、蔬、鱼、猪；亲戚交往宜重情轻物；不可厌倦家常琐事；择良师以求教。

曾国藩的军事思想内涵极丰，他认为，兵不在多而在于精，“兵少而国强”，“兵愈多，则力愈弱；饷愈多，则国愈贫”。主张军政分理，各负其责。他购买洋枪、洋炮、洋船，推进中国军队武器的近代化。治军以严明军纪为先，同时着意培养“合气”，将士同心，他认为“将军有死之心，士卒无生之气”。其中最丰富并值得今人借鉴的是其战略战术。如“用兵动如脱兔，静如处子”；主客奇正之术，“扎硬寨，打死仗”，水师不可顺风进击，善择营地，“先自治，后制敌”，深沟高垒，地道攻城之术，水陆配合，以静制动，“先拔根本，后翦枝叶”等。

曾国藩认为交友贵雅量，要“推诚守正，委曲含宏，而无私意猜疑之弊”。“凡事不可占人半点便宜。不可轻取人财”。要集思广议，兼听而不失聪。为人须在一“淡”字上着意。曾国藩写有格言十二首，基本上概括了他的处世交友之道。

进士题名碑

曾国藩总结了修身十二款：敬、静坐、早起、读书不二、读史、谨言、养气、保身、日知所亡、月无亡不能、作字、夜不出门。他认为古人修身有四端可效：“慎独则心泰，主敬则身强，求人则人悦，思诚则神钦”。曾国藩不信医药，不信僧巫，不信地仙，主张守笃诚，戒机巧，抱道守真，不慕富贵，“人生有穷达，知命而无忧”。曾国藩认为：“养生之法约有五事：一曰眠食有恒，二曰惩贪，三曰节欲，四曰每夜临睡前洗脚，五曰每日两饭后各行三千步。”养生之道，“视”、“息”、“眠”、“食”四字最为要紧，养病须知调卫之道。

⊙作品评价

阅读时，首先要抛开历来从历史课本上得来的对曾国藩的印象，持实事求是的态度，定会受益匪浅。

□三十六计

/清/汇集兵家奇谋方略之兵书

⊙作者简介

据调查，国内流行本《三十六计》（以下简称“流行本”）一书最早来源于民国三十年，即1941年由成都瑞琴楼发行、四川兴华印刷所用土纸排印本。1943年，北京的一名教师叔和在成都的祠堂旧街一地摊上无意购得瑞琴楼版的《三十六计》，该书旁注小字“秘本兵法”，无作者姓名且后三页被撕毁。现在通行的《三十六计》版本是叔和发现的。内地与港台地区近年来出版的有关三十六计方面的书籍，基本上以叔和本为依据。叔和本无准确的著作年代，也无作者姓名可考。但据推测，该书成书约在明清之际，其作者很可能是一位深谙兵法理论、悉通《易经》、满腹经纶的中下层失意的知识分子。名姓现今尚无确考。近日，西安一位姓张的民间收藏家向媒体披露了一个震撼性的消息：他收藏有其父原著的《秘本兵法》手定稿，社会上流传的《三十六计》一书仅有2797字，其源自《秘本兵法》的早期草创本，内容也只是《秘本兵法》中的“第六行”即第六卷万余字中的一部分。如果情况属实，有关专家认为，《秘本兵法》的出现，是《三十六计》在版本学上的一个重要发现，也为探究《三十六计》的原作者提供了一个新线索。

⊙背景提示

水陆攻战画像石

水上、陆地，刀光、剑影在狭小的空间里得到充分体现，反映了当时战争的一个侧面。

《三十六计》是根据我国古代卓越的军事思想和丰富的斗争经验总结而成的兵书。“三十六计”一语，先于著书之年，语源可考自南朝宋将檀道济（？～436年），据《南齐书·王敬则传》：“檀公三十六策，走为上计，汝父子惟应走耳。”意为败局已定，无可挽回，惟有退却，方是上策。此语后人赓相沿用，宋代惠洪《冷斋夜话》：“三十六计，走为上计。”及明末清初，引用此语的人更多。于是有心人采集群书，编撰成《三十六计》。

原书按计名排列，共分六套，即胜战计、敌战计、攻战计、混战计、并战计、败战计。前三套是处于优势优域所用之计，后三套是处于劣势所用之计。每套各包含六计，总共三十六计。其计名，有的来源于历史典故，如“围魏救赵”等；有的来源于古代军事术语，如“以逸待劳”等；有的来源于古代诗人的诗句，如“擒贼擒王”等；有的借用成语，如“金蝉脱壳”等；还有出自其他方面的。其中每计名称后的解说，均系依据《易经》中的阴阳变化之理及古代兵家刚柔、奇正、攻防、彼己、虚实、主客等对立关系相互转化的思想推演而成。解说后的按语，多引证宋代以前的战例和孙武、吴起、尉缭子等兵家的精辟语句。全书还有总说和跋。

原书广引《易经》语辞，或以《易经》为依据。《三十六计》正是在前人的基础上进一步研究《易经》中的阴阳变化，推演出兵法的刚柔、奇正、攻防、彼己、主客、劳逸等对立关系的互相转化，使每一计都体现出极强的辩证哲理。全书三十六条计，引用《易经》二十七处，涉及六十四卦中二十二

相关链接

自《孙子兵法》问世以来，兵书丛集，洋洋大观。见于记载的多达三千余种，保存至今的也在千种以上，而《三十六计》则独树一帜，雄踞一流。其用途之广博，即使是《孙子兵法》也难以企及。世界上许多国家很早就对《三十六计》进行了认真深入的研究。在日本，该书不仅是军事领域的必修教材，更是工商企业人士的制胜法宝。

现今传世的《三十六计》被称为“益智之荟萃、谋略之大成”的兵学奇书。

古书中称：“用兵如孙子，策谋《三十六》。”

法国海军上将拉科斯也曾发表文章赞誉《三十六计》描述的方法和计谋“既适用于小小的战术，也适用于重大政治抉择，各行各业领导人都能从中找到新的秘诀”。

个卦。例如第三计“借刀杀人”，原文为“敌已明，友未定。引友杀敌，不自出力，以损推演”，也就是说，“借刀杀人”之计与损卦密切相关。先定计，后推卦，这是三十六计的特色所在。从某种意义上可以说，三十六计的理论基础就是《周易》的阴阳法则。三十六计原文运用阴阳变化之理，论证刚柔、奇正、攻防、虚实、劳逸等相反相成的关系，包含着丰富的辩证法思想。

《三十六计》作为一部兵书，所涉及的内容仅局限于古代战争的领域。然而，其丰富的内涵已经远远超出了军事斗争的范畴，被人们广泛应用于政治、经济、外交、管理、科技、体育乃至人生哲学等许多领域，成为人们排难解疑、克敌制胜的重要智慧源泉。人们今天研究三十六计应当遵循古为今用、兵为民用的原则，根据社会的进步与发展来不断发掘其无穷的思想价值。

《三十六计》是我国古代兵家计谋的总结和军事谋略学的宝贵遗产，为便于人们熟记这三十六条妙计，有位学者在三十六计中每计取一字，依序组成一首诗：金玉檀公策，借以擒劫贼。鱼蛇海间笑，羊虎桃桑隔。树暗走痴故，釜空苦远客。屋梁有美尸，击魏连伐虢。 全诗除了檀公策外，每字包含了三十六计中的一计，依序为：金蝉脱壳、抛砖引玉、借刀杀人、以逸待劳、擒贼擒王、趁火打劫、关门捉贼、混水摸鱼、打草惊蛇、瞒天过海、反间计、笑里藏刀、顺手牵羊、调虎离山、李代桃僵、指桑骂槐、隔岸观火、树上开花、暗渡陈仓、走为上、假痴不癫、欲擒故纵、釜底抽薪、空城计、苦肉计、远交近攻、反客为主、上屋抽梯、偷梁换柱、无中生有、美人计、借尸还魂、声东击西、围魏救赵、连环计、假道伐虢。

⊙作品评价

鉴于《三十六计》原书的原解部分的文字过于艰深晦涩，难于理解，按语部分具体例证较少，因此，读者在阅读时最好找现代版的《三十六计》：书里首先对“原解”中较难理解的词句尽可能地加以注释；接着参照原书“按语”对每计意思作了解析；然后对每一计的计名来源作了介绍；最后每一计还各举一历史上有关的生动故事，以加深印象。

连环计　年画

本图绘王允利用美貌的貂蝉来离间董卓和吕布的感情，从而达到诛杀董卓的目的。

□长生殿 /清/洪昇/帝王家的爱情誓盟

⊙作者简介

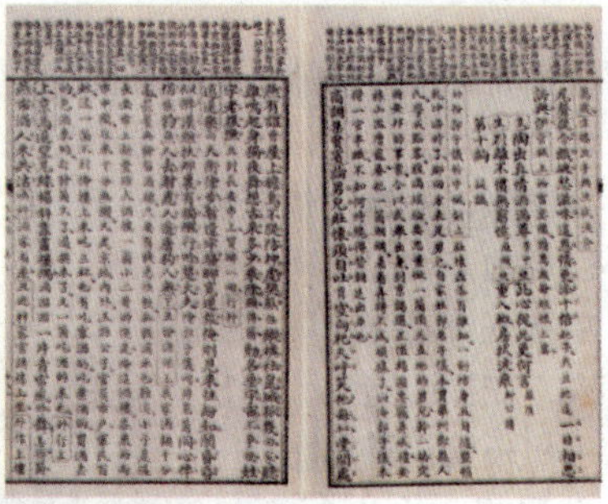

《长生殿》书影

《长生殿》的作者洪昇（1645 ~ 1704年），字昉思，号稗畦，又号稗村、南屏樵者，钱塘（今浙江杭州市）人。洪氏是钱塘的望族，书香门第，家里藏书很多，有“学海”之称。洪昇少年时期，受过正统的儒家教育，很早就开始显露才华。二十四岁时，洪昇到北京的国子监学习，想求取功名。二十七岁左右回到杭州，与父母关系变得恶劣，为父母所不容，被迫离家别居，贫困到断炊的地步。他只好再度前往北京谋生，两年以后，他的诗集《啸月楼集》编成，受到王士祯等名流的赏识，诗名大起，开始卖文过活。康熙二十七年，他把旧作《舞霓裳》传奇戏曲改写为《长生殿》，一时广为传诵。次年八月间，正值孝懿皇后佟氏死后一个月，洪昇在家中排演《长生殿》，被以大不敬的罪名弹劾。洪昇因此下狱，同时被国子监除名。不得已，于康熙三十年返回故乡杭州。他疏狂如故，往来于吴越山水之间，写诗填词作曲，过着放浪潦倒的生活。康熙四十三年，江宁织造曹寅集会演出《长生殿》，演毕洪昇回杭州，经过乌镇，不幸酒后落水而死。洪昇的著作现存六种：《诗骚韵注》，诗集《稗畦集》、《稗畦续集》、《啸月楼集》，杂剧《四婵娟》，传奇《长生殿》。

⊙背景提示

《长生殿》的故事来自于唐朝开元天宝年间的史实。唐明皇杨贵妃的故事在安史之乱以后便开始在民间流传，并经常为文人的创作所采用。晚唐的诗人白居易就写过长诗《长恨歌》，同时的陈鸿写过传奇《长恨歌传》，这些都是有高度艺术成就的作品。《长恨歌》首先把有关唐明皇杨贵妃爱情的传说和安史之乱联系起来描写，对他们的爱情悲剧给以同情；宋乐史的《杨太真外传》描述更为详细；元明以来，无论诸宫调、院本、杂剧、南戏、传奇、弹词、鼓词中，都有有关这个故事的创作，其中著名的有元人白朴的杂剧《梧桐雨》。《梧桐雨》在写爱情的同时，有意通过他们的宫廷生活写出国家兴亡的历史教训；明人吴世美有传奇《惊鸿记》。在这些作品中，有的着重描写他们荒淫的宫廷生活，有的侧重描写他们的爱情，具有浓厚的悲剧意味。元杂剧在清代已无法直接演出，而《惊鸿记》中“涉秽”的情节让人不满，所以，为这样一个人所熟知的历史故事编写一种较为完美的演出剧本，是《长生殿》创作的主要动因。《长生殿》继承了前人的成就而有所发展，热烈地歌颂唐明皇杨贵妃的爱情，并联系他们的爱情生活，反映了复杂的社会矛盾。洪昇在《长生殿》例言中，清楚地说明了他的创作过程：“忆与严十定隅坐皋园，谈及开元、天宝间事，偶感李白之遇，作《沈香亭》传奇。寻客燕台，亡友毛玉斯谓排场近熟，因去李白，入李泌辅肃宗中兴，更名《舞霓裳》，优伶皆久习之。后又念情之所钟，在帝王家罕有。马嵬之变，已违夙誓；而唐人有玉妃归蓬莱仙院，明皇游月宫之说，因合用之，专写钗盒情缘，以《长生殿》题名，诸同人颇赏之。乐人请是本演习，遂传于时。盖经十余年，三易稿而始成，予可谓乐此不疲矣。”由于经历了明朝的覆亡，人们的民族意识有所加强，对于历史兴亡也更加感慨，《长生殿》隐晦地表达了作者的历史思考，在艺术表现上达到清代戏曲创作的最高成就。它与当时另一部历史剧孔尚任写的《桃花扇》堪称双璧，洪昇与孔尚任则并称“南洪北孔”。

⊙内容提要

本剧的大致情节是：唐明皇与杨贵妃在长生殿用金钏、钿盒定情。幽州节度使裨将安禄山失

名家点评

徐麟在《长生殿序》中写道："若夫措词协律，精严变化，有未易窥测者。自古作者大难，赏者亦复不易。试杂此剧于元人之间，直可并驾仁甫，俯视赤水。"吴舒凫称"其词之工，与《西厢》、《琵琶》相掩映矣"。

机当斩，解送京师。因贿赂杨国忠，不仅没有被杀，而且升官。后来，杨贵妃与唐明皇关系一度紧张，不过很快恢复，而且比以往更加亲密。其间，郭子仪因功被任命为安德军使。后来，安禄山造反，明皇逃出长安，打算往蜀中避祸。大军行至马嵬驿，军士兵谏，要求诛杀杨贵妃兄妹。明皇无奈，命高力士缢死贵妃。后来郭子仪等人率军平定了叛乱，唐明皇返回长安。杨贵妃死后，神登仙界，依然思念唐明皇。唐明皇将贵妃改葬，又遣道士寻觅贵妃的灵魂。最终唐明皇和杨贵妃在月宫相会。

明皇游月宫图　明　周臣

唐明皇李隆基游月宫的故事在唐代已广为流传。后代的众多文学家、书画家更是将这一故事作为常用的表现题材，唐代白居易的《长恨歌》、元代白朴的《梧桐雨》就是其中的代表作。在清代，洪昇对前代有关的文学作品润色加工并加以创造，衍生成戏剧《长生殿》。

本剧与《汉宫秋》等剧作在情节上的差别是，没有提及杨贵妃与寿王及安禄山的关系，使唐明皇与杨贵妃的感情显得更加纯洁，也更加合乎后代人的伦理观念。这里可见洪昇的良苦用心。

⊙作品评价

本剧结构奇巧。作者将李、杨爱情和安史之乱两条情节线索互相纠结而有条不紊，在布局和结构上也安排得很巧妙。一方面从《定情》到《密誓》，他们的爱情在发展；一方面从《贿权》到《陷关》，安禄山慢慢酿成大祸。场次与场次之间互相对照，交错发展。他运用了对比的手法，使宫廷内外、朝野上下、天上人间交相辉映，一齐展现在观众和读者的眼前，形成强烈的对照，发人深思，这正是作者的用心所在。

本剧有强烈的感情色彩和鲜明的倾向性，作者把自己的理想熔铸在他所创造的人物形象之中。郭子仪、雷海青、郭从谨、李龟年、李謩等人物形象都在不同程度上表现了作者自己的思想和爱憎。作者又善于从发展角度塑造人物，他细致地描述了唐明皇杨贵妃爱情曲折发展的过程，从而表现了他们对爱情的忠贞。

《长生殿》的曲词清丽流畅，充满诗意。例如《弹词》一出中，【转调货郎儿】九支曲子，低回深郁，曲折动人。《惊变》、《骂贼》、《闻铃》等折子更能结合剧情的需要，运用不同的格调，酝酿环境气氛，突出人物性格特征。

洪昇深通音律，又得到当时的音律专家徐麟的订正，在全剧中，前一折和后一折的宫调决不重复，遣词用韵方面，字字审慎。所以《长生殿》在音律方面的成就一向受到曲家的推崇，这也是本剧值得注意的艺术成就。

儒林外史

/ 清 / 吴敬梓 / 古典讽刺小说的奠基之作

⊙作者简介

吴敬梓（1701 ~ 1754 年），字敏轩，又字粒民，号秦淮寓家。安徽全椒人。因家有文木山房，晚年自称“文木老人”。他出身于诗礼传家、科甲鼎盛的官宦世家，又资质卓逸、才思敏捷，但由于孤标脱俗、蔑视富贵的性格，喜欢沉浸在诗赋词章、稗官野史中，而不喜八股举业，对科举制度也充满了怀疑与不满。吴敬梓曾亲眼目睹许多“举业无凭”的怪现象：周遭的许多亲友，为着科举，而糊涂昏聩、摧残灵魂、虚耗一生。他的舅舅，临死还念兹在兹，不忘举业；他的表兄屡试屡败，还执迷不悟地“长鸣望伯乐”。他看透了举业所带来的世态炎凉、人心鄙陋愚昧、读书人的道貌岸然、士大夫的堕落无耻等现象，而这些也成了他日后写作《儒林外史》的最佳素材。

吴敬梓像

⊙背景提示

《儒林外史》表面上写明代生活，实际上展示了一幅 18 世纪中国社会的风俗画。它以封建士大夫的生活和精神面貌为描写对象，以揭露科举制度以及在这个制度下士大夫的丑恶灵魂作为切入路径，深刻揭露和讽刺了整个封建礼教制度的腐朽和不堪救药。

⊙内容提要

元朝末年，诸暨县的一个村子里有一个少年叫王冕，因家境贫寒，他从小替人放牛，但他聪明颖悟，勤奋好学，他画的荷花惟妙惟肖，呼之欲出，并且他博览群书，才华横溢。明朝立国，推行八股取士制度，王冕不禁感叹：这种以八股文形式取士的制度不仅不会为国家选到真正的人才，而且将来的读书人恐怕也只有这一条荣身之路了，他们因此会把学问、道德、做官、退隐的准则都看得轻了。

明宪宗成化末年，山东兖州府汶上县有一位教书先生，名叫周进，他为了能够出人头地，荣耀乡里，屡次参加科举考试，可是六十多岁了，却连秀才也未考上。一天，他与姐夫来到省城，走进了贡院。他触景生情，悲痛不已，一头撞在了号板上不省人事，被救醒后，满地打滚，哭得口中鲜血直流。几个商人见他很是堪怜，于是凑了二百两银子替他捐了个监生。不久，周进凭着监生的资格竟考中了举人。顷刻之间，不是亲的也来认亲，不是朋友的也来认作朋友，连他教过书的学堂居然也供奉起了“周太老爷”的“长生牌”。过了几年，他又中了进士，升为御史，被指派为广东学道。在广州，周进发现了范进。为了照顾这个五十四岁的老童生，他把范进的卷子反复看了三遍，于是将范进取为秀才。过后不久，范进又去应考，中了举人。

《儒林外史》书影

此书是中国古典讽刺小说的杰作。

当时，范进因为和周进当初相似的境遇，在家里备受冷眼，妻子对他呼西唤东，老丈人对他更是百般呵斥。当范进一家正在为揭不开锅，等着卖鸡换米而发愁时，传来范进中举的喜报，范进从集上被找了回来，知道喜讯后，他高兴得发了疯。好在他的老丈人胡屠户给了他一耳光，才打醒了他，治好了这场疯病。转眼工夫，范进时来运转，不仅有了钱、米、房子，而且奴仆、

科举考试图　宋

科举考试自隋唐以来，就成为文人通往仕途的必经之路。随着社会的发展，到明清两代，科举逐渐成为戕害知识分子的利器。这幅科举考试图表现的是皇帝亲自进行殿试的情形。

丫环也有了。范进母亲见此欢喜得一下子胸口接不上气，竟一命归了西天。后来，范进入京拜见周进，由周进荐引而中了进士，被任为山东学道。范进虽然凭着八股文发达了，但他所熟知的不过是四书五经，当别人提起北宋文豪苏轼的时候，他却以为是明朝的秀才，闹出了天大的笑话。

科举制度不仅培养了一批庸才，同时也豢养了一批贪官污吏。进士王惠被任命为南昌知府，他上任的第一件事，不是询问当地的治安，不是询问黎民生计，不是询问案件冤情，而是查询地方人情，了解当地有什么特产，各种案件中有什么地方可以通融；接着定做了一把头号的库戥，将衙门中的六房书办统统传齐，问明了各项差事的余利，让大家将钱财归公。从此，衙门内整天是一片戥子声、算盘声、板子声。衙役和百姓一个个被打得魂飞魄散，睡梦中都战战兢兢。

高要县知县汤奉，为了表示自己为政清廉，对朝廷各项法令严加执行。朝廷有禁杀耕牛的禁令，汤奉不问因由，竟然将做牛肉生意的老师傅活活枷死，闹得群众义愤填膺，鸣锣罢市。事发后，按察司不仅没有处罚汤奉，反而将受害的老师傅问成“奸发挟制官府，依律枷责”之罪。如此“清廉”的知县，一年下来居然也搜刮了八千两银子。

官吏们贪赃枉法，而在八股科举之下，土豪劣绅也恣意横行。举人出身的张静斋，是南海一霸，他勾通官府，巧取豪夺。为了霸占寺庙的田产，他唆使七八个流氓，诬陷和尚与妇女通奸，让和尚不明不白地吃了官司。

高要县的监生严致和是一个把钱财看作是一切的财主，家财万贯。他病得饮食不进，卧床不起，奄奄一息，还念念不忘田里要收早稻，打发管庄的仆人下乡，又不放心，心里只是急躁。他吝啬成性，家中米烂粮仓，牛马成行，可在平时猪肉也舍不得买一斤，临死时还因为灯盏里多点了一根灯草，迟迟不肯断气。他的哥哥贡生严致中更是横行乡里的恶棍，他强圈了邻居王小二的猪，别人来讨，他竟行凶，打断了王小二哥哥的腿。他四处讹诈，本来没有借给别人银子，却硬要人家偿付利息；他把云片糕说成是贵重药物，恐吓船家，赖掉了几文船钱。严监生死后，他以哥哥的身份，逼着弟媳过继他的二儿子为儿子，谋夺兄弟家产，还声称这是“礼义名分，我们乡绅人家，这些大礼，却是差错不得的”。

科举制度造就了一批社会蛀虫，同时也毒害着整个社会。温州府的乐清县有一农家子弟叫匡超人，他本来朴实敦厚。为了赡养父母，他外出做小买卖，流落杭州。后来遇上了选印八股文的马二先生。马二先生赠给他十两银子，劝他读书上进。匡超人回家后，一面做小买卖，一面用功读八股文，很快他就得到了李知县的赏识，被提拔考上了秀才。为追求更高的功名利禄，他更加刻苦学写八股文。不料知县出了事，为避免被牵累，他逃到杭州。在这里，他结识了冒充名士的头巾店老板景兰江和衙门里当吏员的潘三爷，学会了代人应考、包揽讼词的本领。又因马二先生的关系，他成了八股文的“选家”，并吹嘘印出了九十五本八股文选本，人人争着购买，五省读书的人，家家都在书案上供着“先儒匡子之神位”。不久，那个曾提拔过他的李知县被平了反，升为京官，匡超人也就跟着去了京城。为了巴结权贵，他抛妻弃子去做了恩师的外甥女婿，他的妻子在贫困潦倒中死在家乡。这时，帮助过他的潘三爷入了狱，匡超人怕影响自己的名声和前程，竟同潘三爷断绝了关系，甚至看也不肯去看一下。对曾经帮助过他的马二先生他不仅不感恩图报，还妄加诽谤嘲笑，完全堕落成了出卖灵魂的衣冠禽兽。

科举制度不仅使人堕落，同时也是封建礼教的帮凶。年过六十的徽州府穷秀才王玉辉，年年科举，屡试不中，但他却恪守礼教纲常。他的三女婿死了，女儿要殉夫，公婆不肯。他反而劝亲家让女儿殉节。但事过之后，当他女儿的灵牌被送入烈女祠公祭的时候，他突然感到了伤心。回家看见老妻悲痛，他也心上不忍，离家外出散心。一路上，他悲悼女儿，凄凄惶惶，到了苏州虎丘，见船上一个身穿白衣的少妇，竟一下想起了穿着孝服殉夫的女儿，心里哽咽，那热泪直滚下来。

凡此种种从明朝成化年间以来形成的风气，到了万历年间则愈演愈烈。科场得意，被认为才能出众；科场失意的任你有李白、杜甫的文才以及颜渊、曾参的品行，都被看成愚笨无能。大户人家讲的是升官发财，贫贱儒生研究的是逢迎拍马。儒林堕落了，社会更加腐败。看来，要寻找不受科举八股影响的“奇人”，只能抛开儒林，放眼于市井小民之中了。

哪知市井中间，真的出了几个奇人。一个是会写字的，这人姓季，名遐年，自小无家无业，总在些寺院里安身。他的字写得最好，却又不肯学古人的法帖，只是按自己创出来的格调，由着笔性写了去。又一个是卖火纸筒子的，这人姓王，名太，他自小儿最喜下围棋。他无以为生，每日到虎踞夫一带卖火纸筒过活。像他们这样淡泊功名利禄的隐士在市井中还有，只不过在那些达官贵人看来，追求功名利禄才是正道。

⊙作品评价

“十载寒窗无人问，一举成名天下知”，这是形容中国读书人生涯最常用的一句话。在科举取士的时代里，只有进业中举，才能够步入升官发财的坦途。于是天下的读书人莫不终其一生，埋头于八股文章，什么进德修业的理想，都在追求名利的欲望之下丧失殆尽了。

《儒林外史》就是暴露知识分子的丑陋面貌和官场黑暗、社会炎凉的一部讽刺小说。一个务农的子弟，终生以孝道奉养双亲，终日待人以礼，夜夜苦读诗书，有朝一日获得提拔高中状元，从此便改变了一生的命运。

这种例子，是戏曲小说中最常见的故事背景，也是《儒林外史》所描述的典型之一。中国有一句传统俗语叫“万般皆下品，唯有读书高”，这句话表现的是过去的读书人在社会上的崇高地位。读书人也就是高居士农工商之首的儒士，而这也正是清代讽刺小说《儒林外史》当中的主角。在中国传统观念里，一个读书人最高的理想应该是救国救民，为天下苍生尽一己之力，所以政治舞台才是他们发挥才能的地方。然而在明清两代，想要登上仕途只有一个途径，那就是要通过科举考试。但是当科举制度过于僵化，不仅命题范围狭小，而且讲究所谓八股格律，使得科举成为文字的游戏时，就已难选拔社会所需要的人才，而考生专就应试的科目用功，也难培养真正的能力。虽然八股取士的弊病如此大，但是当时的读书人几乎统统陷入科举的泥淖里面了！《儒林外史》所描写的，正是在这个时代悲剧中载沉载浮的读书人。作者吴敬梓以婉曲讽刺的手法，写出正史所不及记载的、另一面更真实的人性历史。

名家点评

鲁迅在《中国小说史略》中称：“迨吴敬梓《儒林外史》出，乃秉持公心，指摘时弊，机锋所向，尤在士林。其文又戚而能所谐，婉而多讽，于是说部中始有足称讽刺之书。”

□镜花缘

/ 清 / 李汝珍 / 以小说炫耀学问的最突出的作品

⊙作者简介

《镜花缘》的作者李汝珍（约 1763 ~ 约 1830 年），字松石，直隶大兴（今属北京市）人。曾经在河南做过县丞。乾隆四十七年，他的兄长到江苏海州做官，他跟随前往，此后一生大多数时间在海州生活。在海州，他拜凌廷堪为师，学文章的闲暇，也学习音韵学，因此对音韵学特别精通。他博学多才，读书不屑于章句之学，不屑作八股文，而对杂学特别感兴趣，如壬遁、星卜、象纬、书法、弈道之类，无不通达。晚年贫困潦倒，作小说打发时光。他的著作有《镜花缘》、《李氏音鉴》、《受子谱》。

⊙背景提示

《镜花缘》是清代以小说炫耀学问的一派中最突出的作品。清代小说中出现这一派，与清代的学术风气有关。自从汉武帝独尊儒术以来，中国学术基本上一直以经学一统天下。自汉唐以至宋明，文字音韵、训诂考证、金石考古、算学历法等学术门类渐渐萌生和兴起。顾炎武之后，乾嘉学者对各门学问进行了专门而精深的研究。梁启超在《中国近三百年学术史》中认为，乾嘉诸儒所做的工作约有十三个方面：一、经书的笺释；二、史料之搜补鉴别；三、辨伪书；四、辑佚书；五、校勘；六、文字训诂；七、音韵；八、算学；九、地理；十、金石；十一、方志之编纂；十二、类书之编纂；十三、丛书之校刻。上列分类大致可以看出乾嘉学术的规模和气象。乾嘉学者中有专攻一门之士，也不乏博学通儒。据江藩《国朝汉学师承记》记载，吴派学术的先导者惠士奇“博通六艺、九经、诸子及《史》、《汉》、《三国志》，皆能阇门颂”。吴派中坚惠栋“自经史、诸子、百家、杂说及释道二藏，靡不穿穴。……乾隆十五年，诏举经明行修之士，两江总督尹文端公继善、黄文襄公廷桂交章论荐，有‘博通经史，学有渊源’之语”。皖派的代表人物戴震，更是精研经学、史学、小学、音韵、训诂，博通天文、历算、地理、水利之学，其多闻博学之名饮誉学界。皖派的分支扬州派的学者治学惟是为求，不守门户，其学术范围更为广博，江藩称其代表人物汪中“博综群籍，谙究儒墨，经耳无遗，触目成诵，遂为通人焉”。其另一个领袖人物焦循专研经书，博览典籍，于经史、历算、声韵、训诂之学无所不究。可见，乾嘉学者在学术气象上弘扬了广博的学风。李汝珍受当时风气的影响，也力求博学，从《镜花缘》中，我们可以看到他对音韵学、中医学，甚至对水利的研究。

镜花缘图册　清　孙继芳

名家点评

胡适说《镜花缘》“是一部讨论妇女问题的小说，他对于这个问题的答案，是男女应该受平等的待遇，平等的教育，平等的选举制度”。

⊙内容提要

镜花缘图册　清　孙继芳

《镜花缘》是李汝珍晚年的作品，一百回。前五十回写秀才唐敖和林之洋、多九公三人出海游历各国，以及唐小山寻找父亲的故事：严冬时节，女皇武则天乘醉下诏，要百花齐放，当时百花仙子不在洞府，众花神不敢违抗，只得按期开放。因此，百花仙子同九十九位花神被罚，贬到人间。百花仙子托生为秀才唐敖的女儿唐小山。唐敖仕途不顺，产生隐遁的想法，抛妻别子，跟随妻兄林之洋到海外经商游览。他们路经几十个国家，见识了许多奇风异俗、奇人异事、野草仙花、野岛怪兽，并且结识了由花仙转世的十几名秀外慧中的妙龄女子。唐小山跟着林之洋寻父，直到小蓬莱山。依父亲的意见改名唐闺臣，上船回国应考。后五十回着重表现众女子的才华：武则天开科考试，录取一百名才女。她们多次举行庆贺宴会，并表演了书、画、琴、棋、赋诗、音韵、医卜、算法、灯谜、酒令以及双陆、马吊、射鹄、蹴球、斗草、投壶等种种技艺，尽欢而散。唐闺臣第二次去小蓬莱寻父。最后则写到徐敬业、骆宾王等人的儿子，起兵讨伐武则天，在仙人的帮助下，他们打败了武氏军队设下的酒色财气四大迷魂阵，使得中宗继位。

李汝珍在《镜花缘》中有意显示自己的博学多识，比如他对中医医理的阐释有相当高的水平，他对小儿惊风的医理作如下分析：“小儿惊风，其症不一，并非一概而论，岂可冒昧乱投治惊之药？必须细细查他是因何而起。如因热起则清其热；因寒起则去其寒；因风起则疏其风；因痰起则化其痰；因食起则消其食。如此用药，不须治惊，其惊自愈，这叫做‘釜底抽薪’。再以足尾俱全的活蝎一个，用鲜薄荷叶四片裹定，火上炙焦，同研为末，白汤（米汤）调下，最治惊风抽掣等症。盖蝎产于东方，色青属木，乃是厥阴经之要药。凡小儿抽掣，莫不因染他疾引起风木所致，故用活蝎以治风，风息则惊止，如无活蝎，或以腌蝎泡去咸味也可，但不如活蝎有力。”从中可见辨证清楚，用药细腻，辨证与辨病有机地结合而选药极为恰切。他在《镜花缘》中记录的药方，至今还有人抄出来治病，据说很有效，可见他确实精通医道，而且是用心在结纂这部小说。

⊙作品评价

本书凭借高超的想象力，根据我国古代神话资料《山海经》中提供的线索，加以发挥补充，描写了君子国、大人国、两面国、黑齿国、白民国、淑士国、无肠国、毛民国、翼民国等地的奇闻异事、风土人情，令人目不暇接，忍俊不禁，读来仿佛置身于一个神奇的海外神话世界。

李汝珍在本书中炫耀他的博学。比如第九十六回粉牌上列举了五十余种酒，大致都是清朝中期的名酒：山西汾酒、江南沛酒、真定煮酒、潮洲濒酒、湖南衙酒、饶州米酒、徽州甲酒、陕西权酒、湖南浔酒、巴县咋酒、贵州苗酒、广西瑶酒、甘肃乾酒、浙江绍兴酒、镇江百花酒、扬州木瓜酒、无锡惠泉酒、苏州福贞酒、杭州三白酒、直隶东路酒、卫辉明流酒、和州苦露酒、大名滴溜酒、济宁金波酒、云南包裹酒、四川路江酒、湖南砂仁酒、冀州衡水酒、海宁香雪酒、淮安延寿酒、乍浦郁金酒、福建院香酒、海州辣黄酒、栾城羊羔酒、河南柿子酒、泰州枯陈酒、茂州锅疤酒、山西潞安酒、芜湖五毒酒、成都薛涛酒、山阳陈坛酒、清河双辣酒、高邮豨莶酒、绍兴女儿酒、琉球白酌酒、楚雄府滴酒、贵筑县夹酒、南通州雪酒、嘉兴十月白酒、盐城草艳浆酒、山东谷辘子酒、广东瓮头春酒、琉球蜜林酎酒、长沙洞庭春色酒、太平府延年益寿酒。这本书囊括了李汝珍的毕生所学，一片苦心，值得珍视，但是将学问写在小说里，写太多了自然会招致反感。这也是本书的一个瑕疵。

孽海花

/清/曾朴/一幅晚清社会生活的历史画卷

金一像

曾朴像

⊙作者简介

《孽海花》的作者曾朴（1872～1935年），字孟朴，笔名东亚病夫，江苏常熟人。出身于官僚地主家庭。1891年中举人，捐了个内阁中书。他早年受西方思想文化的影响，1895年在京师同文馆学习法文，又曾参加变法维新运动。1896年回到家乡，在常熟当小学校长，同时翻译雨果等人的作品。1903年，到上海经营丝业，不料血本无归。1904年，同徐念慈等创立小说林书社，翻译、出版小说，并开始重新撰写。（金一只写了小说《孽海花》的前六回）。1907年初，创办月刊《小说林》杂志，《孽海花》的一部分就是发表在这个刊物上的。1908年，小说林书店因资金困难倒闭。次年，曾朴在两江总督端方幕中任财政文案。辛亥革命后，江苏宣告独立，他被选为江苏临时议会议员。1915年袁世凯称帝期间，曾朴与蔡锷等反袁人士密切往来，并资助陈其美、钮永建等人反袁。1927年，他与长子曾虚白在上海开真美善书店，11月创办《真美善》杂志。《孽海花》的很大一部分就发表在这个杂志上。回到常熟后，潜心园艺，游憩养病，直到病故。曾朴创作的小说有《孽海花》、《鲁男子》等；译作有法国名著《九十三年》、《笑面人》、《吕克兰斯鲍夏》、《欧那尼》（以上作品皆为雨果原著），《南丹与奈侬夫人》（左拉），《夫人学堂》（莫里哀）等。

⊙背景提示

本书的主角之一傅彩云的原型赛金花是清末的风云人物。赛金花原姓赵，小名三宝，又叫灵飞，苏州人。她从小聪明伶俐，秀雅婉柔，非常讨人喜爱。后来赵家家道中落，十三岁的赛金花化名曹梦兰，流落风尘。苏州的好事嫖客起哄，选拔花魁，把赛金花选为“花国状元”，一时传为美谈。这时，苏州城内张家巷洪钧中了状元，看上赛金花，娶她为第三房姨太太。洪钧把她改名叫赵梦鸾。光绪十二年，洪钧被任命为出使德、奥、俄、荷的四国钦使，带着赛金花飘洋过海。在俄国圣彼得堡，赛金花与德国驻俄陆军中尉瓦德西有一段风流韵事。光绪十六年，洪钧任满回国，三年后病死。赛金花到上海重操妓女生涯。光绪二十四年夏天，赛金花来到天津，招募一批较漂亮的女子，组成了南方韵味的“金花班”。“赛金花”的名号也就是从这时开始的。后来，金花班转移到北京城。

1900年7月21日，八国联军侵入北京城，劫掠、烧杀、奸淫，无所不为，使京华之地变成黑暗的人间地狱。八国联军进占北京之初，疯狂烧杀掳掠，清廷的留守大臣，却束手无策。赛金花目睹了这场浩劫。她听说联军的司令是瓦德西，于是找了去，在紫禁城内的仪銮殿上见到了昔日的情人。赛金花督促瓦德西整饬纪律，制止士兵的淫乱抢掠，凡有关联军想使中国人难堪的事，她一定在瓦德西面前力争，使北京城的治安获得相当程度的恢复，北京城百姓的生命财产，因此保全了不少。此时的赛金花几乎成了人们心目中救苦救难的观世音菩萨，名公巨卿，王孙公子，纷纷对赛金花礼敬有加。赛金花对达成和议、八国联军退出北京城一事，出力尤其多。谁料朝局的转变，民生的利钝，不在王公大臣之手，竟然系在一个妓女的手中。

慈禧太后与光绪皇帝由西安回銮后，赛金花没有得到应有的褒奖，知道自己已难容于“清议”，于是改名傅玉莲，重起炉灶，再次成为妓女。赛金花已被当作肮脏无用的东西被抛弃，她离开京城，回到苏州，两年后，开始了她的第二度婚姻。辛亥革命后，丈夫曹瑞忠因病去世。1917 年，她改用赵灵飞的闺名，又与民国政府参议员魏斯灵在上海举行了新式婚礼。1922 年，赛金花再度丧夫。魏斯灵死后，魏家将她逼出家门。1926 年冬天，赛金花辞世，享年六十五岁，葬在北京陶然亭香冢。当时报上登了一幅挽联：

救生灵于涂炭，救国家如沉沦，不得已色相牺牲，其功可歌，其德可颂；

乏负廓之田园，乏立锥之庐舍，到如此穷愁病死，无儿来哭，无女来啼。

这幅挽联总结了她的一生，也寄托了世人的惋惜。著名学者刘半农和学生商鸿逵合作，亲自访问赛金花本人，晤谈十多次，写成《赛金花本事》一书，记载她一生的经历，颇值得参看。

⊙内容提要

本书写同治年间，苏州名流陆如、潘胜之、钱唐卿等在雅聚园谈论国运科举，品评人物。顾肇廷、何珏斋在梁聘珠家为陆如饯行，邀大家回去赴宴。新科状元金雯青受薛淑云大人邀请，也来聚会。席间众人议论风生，都讲西洋学问，雯青暗暗惭愧。时光如水，宝青、陆如玩过了端阳，结伴回苏州。唐卿、珏斋、公坊相约而来，饮酒叙谈。四人十年前是患难之交。雯青十年前认识的京师名妓傅珍珠，后嫁给龚孝琪为妾。孝琪的父亲与明善的福晋西林春有私情，事发后被毒死，孝琪怀恨在心，投靠英国领事，据说火烧圆明园就是他的主意。后来孝琪落魄潦倒。过了两年，陆如也中状元。公坊考了两次未中，雯青为他捐了个礼部郎中。

雯青大考中名列一等，不久做了江西学政。公坊也中了进士，但他知道自己不是官场中人物，也南归过逍遥自在的生活。江西巡抚兴达是个纨绔官僚，他拉拢雯青，雯青顾及同僚面子，勉强敷衍。一日兴达请雯青观赏苗女绳上歌舞，雯青大饱耳目之福。到了秋天，雯青坐船游览江景，遇到祝宝廷。宝廷做浙江学政，因与船女妹儿的风流韵事成为话柄，不久革职，正好携妹儿北归，两人不免畅饮一番。雯青忽闻母亲病逝，急忙回乡奔丧。一年后清明节，山芝、孝亭等邀请雯青出外散心，同僚次芳引来花榜状元傅彩云，两人一见倾心。自此，雯青无日不来彩云的大郎巷。

《孽海花》封面

光阴如梭，雯青满了服，回到京城。恰好朝廷选派雯青出使德、俄等国。雯青回乡，择吉日将彩云娶过门来。到了德国，雯青觐见了德皇，不想彩云也要觐见，适逢德皇身体不适，赴俄的日子便耽搁了。彩云却很高兴，跳舞聚会，游玩得很快乐。就在彩云见德皇的第二天，俄国画家毕叶来找雯青，向他出售一张中俄交界图。雯青为整理国界，也为自己的《元史补正》找确实证据，便出八百英镑买下。雯青等

名家点评

鲁迅在《中国小说史略》中评价《孽海花》道：“惟结构工巧，文采斐然，则其所长也。”阿英则称“最值得惊异的，是反映在书中的作者的思想。在专制的淫威之下，竟毫无顾忌的同情革命”。

相关链接

《苦社会》：近代小说。作者不详。全书共四十八回。本书写阮通甫、鲁吉园、李心纯三位知识分子出国谋生，备受欺凌。在途中，阮通甫夫妇即不堪凌辱而死，鲁吉园遇友人搭救，在轮船上管账。李心纯辛勤经商，最后被迫回国。本书是一部深刻感人的华工血泪史。

《负曝闲谈》：晚清谴责小说。作者欧阳巨源。全书共三十四回。本书描写了广阔的社会场景，涉及众多的人物阶层和活动场所：人物有士子、佐杂、买办、出洋随员、维新派、官宦子弟、朝廷大臣等；活动场所有公园、烟馆、学堂、集市、戏院、妓院、县府衙门、皇宫朝廷等。本书广泛反映了晚清腐败的社会风气和黑暗的政治状况。本书文笔灵活简洁，缺点是有时失之夸张。

人乘火车赴俄国，觐见沙皇，便写一封信，连同交界图，让黄翻译带回国，交给唐卿，再由庄小燕呈送总理衙门。雯青开始专心做《元史补正》。一天彩云在阳台上唱起《十八摸》，顿时使馆门前挤满了人，都来听中国公使夫人的雅调。彩云见人群中有柏林见到的日耳曼少年，陆军装束，丰彩夺人，顿时心荡神摇，不想头簪掉落，正好被这青年拾得。自此，彩云和这位瓦德西中尉频频幽会。不久，雯青任满，清廷派许镜澄接任。雯青离开俄国，经柏林乘船回国。彩云在俄国未能和瓦德西道别，闷闷不乐，船主质克常逗她开心，于是彩云和质克明来暗去，又弄出许多风流韵事。

雯青回京后便大病一场。一日唐卿来访，说雯青所呈献的地图将国土错划归了俄国七八百里，被御史参奏，皇上震怒。唐卿为雯青地图事件，找潘、龚两尚书调和。雯青又写信给薛淑云、许祝云，求他们在英、俄两政府间交涉。清廷又派工部杨谊前往帕米尔勘察国界。依靠英国的压力，中俄重新判定国界，地图事件于是平息。雯青与小燕不和，小燕常借事讥笑雯青。一日回家，偶闻彩云与孙三儿的风流韵事，气得昏倒，竟然一病不起。

时值中日争端，不久两边开战，清军兵败，海军也在大东沟海战中遭惨败。唐卿升总理衙门大臣，国势日衰，他寝食不安。何珏斋来电请求率湘军对日作战。珏斋训练二十营乡勇，开赴关外。不料日军长驱直入，旅顺等地先后陷落，刘公岛之战，大清舰队全军覆灭。何珏斋全然不顾儒将的体面，弃甲丢兵，败退石家庄。朝廷与日本和谈，签马关条约，割让台湾，赔偿白银。

傅彩云不辞而去，改名曹梦兰，在上海燕庆里挂牌。这时，革命党人陈千秋准备起义。孙波在广州改组青年会为兴中会，因为走漏消息，起义夭折。

赛金花像

赛金花是《孽海花》主角之一傅彩云的原型。

⊙作品评价

全书的结构是把许多短篇故事联缀成长篇，但与《儒林外史》、《官场现形记》并不完全相同。作者自己说："《儒林外史》等是直线穿珠，是一根珠链；而自己则是蟠曲回旋地穿，时收时放，东交西错，不离中心，是一朵珠花。"

作品中人物大多是在真人真事的基础上稍作加工点染而成的，作者熟悉这些人的生活，写得都很有生气，讽刺的味道表现得淋漓尽致。曾朴描写达官名士，与刘鹗、李伯元和吴趼人不同，他并不着眼于描写其凶残或贪鄙，而是着重刻画他们精神颓废的要害，他们有的崇尚空谈，有的师心自用，还自命风雅，其实都是迂腐无用的人。曾朴刻画了这群人的精神世界，入木三分。

本书的语言也很有特色，优美而诙谐，官僚、名士的对话都半文半白，旁征博引，完全是当时士大夫阶层的口吻。

老残游记

/清/刘鹗/小说艺术由古典向现代的转变

⊙作者简介

刘鹗像

《老残游记》的作者刘鹗（1857 ~ 1909 年），字铁云，别号洪都百炼生，江苏丹徒（今镇江市）人。刘鹗出身官僚家庭，自小聪敏，四岁开始识字。刘鹗不喜欢科举文字，却爱结交三教九流的朋友，涉猎了治河、天算、乐律、词章、医学、儒经、佛典、诸子百家、基督教等各方面的知识。刘鹗 20 岁时，在扬州碰到了太谷学派的第二代传人李光炘。太谷学派自称直接继承孔孟心法，主张以教养二途救国救民。刘鹗钦佩李光炘的学说，拜他为师。这期间，刘鹗在淮安开过烟草店，在上海办过印书局，都先后亏本，也曾正式挂牌行医。刘鹗 34 岁时，赴郑州协助总督吴大澂治理黄河，测绘出"豫、直、鲁三省黄河图"，撰写了《历代黄河变迁图考》、《治河五说》、《治河续二说》、《勾股天玄草》、《弧角三术》等著作。此后，他又曾经开工厂、办商场，不幸都以失败告终。1900 年义和团起事，八国联军侵入北京，刘鹗向联军购得太仓储粟，设平粜局赈济北京饥困。1908 年，清廷以"私售仓粟"的罪把他充军新疆。1909 年，因中风逝世于乌鲁木齐。刘鹗也是著名的学者，他编辑出版的《铁云藏龟》是我国第一部著录甲骨文资料的书，对甲骨学的发展有很大贡献。

⊙背景提示

鸦片战争前后，长期闭关的国门被外国侵略者用鸦片和坚船利炮强行打开，一时间"海警飙忽，军问沓至"，中国社会出现了数千年未有的危机，整个社会以及思想文化界处于"万马齐喑"的状况，社会危机日益积重难返。鸦片战争前后的社会情景，正如时人所论析："今日之时势，观其外犹一浑全之器也，而内之空虚无一足以自固。"清朝社会已是百孔千疮，穷途末路。清朝统治阶层到嘉庆、道光时期，已经完全腐化败坏。当时皇宫"一日之餐，费至十余万"，"三年清知县，十万雪花银"则是官场的真实写照。当时卖官鬻爵公行，贪污贿赂成风。政府的统治已经连维持政治秩序的能力也没有了，社会矛盾迅速激化。小农经济日益破产，大批农民丧失赖以生存的土地，酿成彼伏此起的农民起义。就在农民起义不断爆发之际，西方殖民势力又不断入侵。这些现象表明，当时的中国已处于内忧外患的夹击之中，整个社会已是风雨飘摇。

⊙内容提要

《老残游记》是刘鹗晚年撰写的长篇小说。从 1903 年开始，先在上海商务印书馆的半月刊《绣像小说》上连载，后来在《天津日日新闻报》上继续连载。本书写江湖医生老残在山东一带游历过程中的所见所闻所为。

老残姓铁名英，读过几句诗书，做不通八股文章，没中过秀才，也没人要他教书，拜了一个道士为师，也摇起串铃，靠替人治病糊口，奔走江湖近 20 年。山东博兴县有个姓黄的大户，得了一种浑身溃烂的奇病，无人能医。老残用古药方治好了黄大户的病。黄家感激不尽，设宴招待三天。老残和黄大户告辞，前往济南大明湖去看风景。到了大明湖，听说有位说鼓书的白妞很不寻常。于是老残来到明湖居，听了白妞的鼓书，大饱耳福，颇有"三月不绝"的感觉。接着他又游览了济南的四大名泉：趵突泉、金钱泉、黑虎泉、珍珠泉。在衙门机要幕宾的江苏人高绍殷之妾得了喉蛾，已滴水不进，经老残医治，三四天就好了。从此，找老残看病的人越来越多。

有一天，老残在饭馆听人议论玉贤办强盗案办得好，受到巡抚赏识，保荐他为知府。老残想实地考察玉贤的“政绩”。可是山东省巡抚把老残看作是奇才，授予官职。老残无奈，只好半夜离开济南，赶往曹州。一路上听说了不少玉贤“政绩”。如于家屯的财主于朝栋家父子三人被栽赃，被关进站笼，全站死了。于朝栋的二儿媳妇就在府衙门口自尽了。

《老残游记》书影

一桩冤案，屈死四人。最后强盗倒是抓住了，但是给于家移赃的三个案犯却被玉贤放了！老残气愤酷吏加衔晋升，决心为民伸冤，打算去省城。路上滞留在齐河县的一个旅店里，刚巧遇上好友监察御使黄人瑞。经黄人瑞撮合，老残用几百两银子，从火坑中救出了妓女翠环，纳为妾。

老残听黄人瑞说，眼下齐河县有个清廉得格登登的县官名叫刚弼，实际上这个人也和玉贤一样，刚愎自用，主观断案，百姓有冤无处伸。齐河县东北齐东镇的贾老翁，生有二男一女。大儿子30岁刚过就病死了，儿媳妇心情悲痛，就常回娘家去住。有一天贾魏氏回娘家，这边贾家13口人却平白无故猝然死去。贾老翁新过继的儿子贾干告到官府，说吃了魏家送来的月饼中毒而死。刚弼把魏家父女二人关入大牢，动刑逼供，贾魏氏不忍心看父亲受屈而死，就屈打成招。刚弼为此很是得意，准备了结此案。但衙内一些人都觉得这样办案不妥，不满意“瘟刚”的一意孤行。黄人瑞向老残请教办法。老残火速写信给山东巡抚，结果一封信救活了两条性命。贾家13口人死因不明，还是疑案，老残决心搞明真相。他东奔西走，几经周折，才侦知原来是贾老翁的女儿贾探春的情夫吴二浪子干的，他用的是一种香草“千日醉”，其实这不是毒药，千日之内若寻来另一种药草“还魂香”，这些人仍能复活。老残让官府押吴二浪子入监牢，然后亲自往泰山找道士青龙子，寻“还魂香”。寻来“还魂香”立即救活贾家13口人。贾、魏两家都很感激老残，招来戏班子、大摆宴席款待老残。老残没有久留，带着翠环离开齐河县，回江南老家去了。

⊙作品评价

作品的主人公老残——一个摇串铃走四方的走方郎中，实际上是作者的自况。老残给自己取号“补残”，是因为他希望自己能像传说中唐代的神僧懒残一样，能够推演社会治乱，预测国家兴亡。小说以老残的行踪为线索，展示了他在中国北方土地上所见、所闻、所思、所感。而所有这些，都是围绕“补残”这一深刻的寓意来进行的。

作者对于“补残”的追问与探索，主要从两条线索来进行。一方面，它立足现实，以老残为主线，描写玉贤、刚弼、庄宫保等所谓“清官”的本质。小说破天荒地把“清官”之恶揭示在众人的面前，豁人耳目，掀动人心，为众多读者激赏。除以上主线外，小说在第八至第十一回中，撇开主线人物老残，插入申子平夜访桃花山的故事。作者煞费苦心地把桃花山描绘成一个“桃花源”——这里风景如画，环境幽美，人们过着无拘无束、安逸闲适的生活。他们精通物理，洞察世运，超尘脱俗，逍遥自在，在这里自由地宣讲教义，纵论时局。

《老残游记》在小说中掺入散文和诗的艺术笔法，使得小说读来文笔清丽潇洒，意境深邃高远，大大地开拓了小说审美空间。

刘鹗生在乱世，亲眼目睹国事的糜烂不堪，再加上自己一生事业上的失败，《老残游记》事实上也是刘鹗个人情感的寄托。他在书中说：“吾人生今之时，有身世之感情，有国家之感情，有社

相关链接

《市声》：近代小说。作者姬文。最初发表在文学刊物《绣像小说》上，全书共二十五回。《市声》是一部以工商界为题材的小说，写华达泉、李伯正、范慕蠡等民族资本家，热心创办实业，不惜工本，购置机器，研究工艺，开办学堂，训练工人，但结果资金耗尽，事业无成。

《邻女语》：近代小说。作者署名忧患余生。最初发表在文学刊物《绣像小说》上，全书共十二回。《邻女语》的题材是"庚子事变"。小说写官宦子弟金坚北上见闻与官僚轶事，勾勒了当时社会的混乱面貌：一面是田园荒芜，城镇凋敝；一方面是官僚们无恶不作。本书暴露了清末政治的腐败，官僚的昏聩无能。

会之感情，有宗教之感情，其感情愈深者，其哭泣愈痛，此洪都百炼生所以有老残游记之作也。棋局已残，吾人将老，欲不哭泣也得乎？"由此可知，《老残游记》为当时中国社会之缩影，也是作者寄托自己理想与思考的著作。这番感情，读者需认真体会。本书的独特之处是揭露了"清官"的暴政，作者说："赃官可恨，人人知之。清官尤可恨，人多不知。盖赃官自知有病，不敢公然为非，清官则自以为不要钱，何所不可？刚愎自用，小则杀人，大则误国，吾人亲目所见，不知凡几矣。……历来小说皆揭赃官之恶，有揭清官之恶者，自《老残游记》始"。刘鹗笔下那些清官，其实是一些急于升官的人，他们杀人邀功，用人血染红顶子。玉贤署理曹州府不到一年，衙门前 12 个站笼内便站死了 2000 多人。本书在这方面的描写，与为清官大唱赞歌的传统相悖，揭示出清廉面纱掩盖下的罪恶，眼光犀利，观点深刻，触及到了国家政治制度的根源，足以发人深省。

本书中所写的人物和事件有些是影射真人真事的。刘鹗说："野史者，补正史之缺也。名可托诸子虚，事须征诸实在。"如姚云松影射姚松云，玉贤影射毓贤，张宫保影射张曜，史钧甫影射施少卿，王子谨影射王子展，刚弼影射刚毅，申东造影射杜秉国，柳小惠影射杨少和等，都能一一指实。有的完全是实录。如黑妞、白妞是当时真实的艺人。白妞又名小玉，在明湖居说书，人称"红妆柳敬亭"。

《老残游记》是晚清小说中艺术成就比较高的。本书在语言运用方面更是艺高一筹。比如在写景方面，能做到自然逼真，书中描写千佛山的景色，描写桃花山的月夜，都显得清新明朗。在写明湖居王小玉唱大鼓时，作者更是运用烘托手法，辅以一连串生动贴切的比喻，将她的高超技艺绘声绘色地描摹出来，给人以身临其境的感觉。这一段美文和其他很多文段一样，是脍炙人口的优美散文，甚至被选进中学语文教材。

审案图

图中所表现的是清末官员在光天化日之下审理案件，以示天日昭昭不可欺。然而吏狠官毒，百姓仍生活在有天无日的世界中。

二十年目睹之怪现状

/清/吴沃尧/离奇光怪的社会诸相写真

⊙作者简介

《二十年目睹之怪现状》作者是广东佛山人吴沃尧(1866 ~ 1910年),字小允,号趼人,亦作茧人,别号我佛山人、野史氏、老上海、抽筋主人等。他出身小官吏家庭,曾祖父吴荣光官至湖广总督,祖父、父亲都是小官吏。吴沃尧17岁丧父,家境窘困。1883年,18岁的吴沃尧离家来到上海,先在茶馆做伙计,后到江南制造局作抄写工作。1897年,吴沃尧开始创办小报,先后主持了《字林沪报》、《采风报》、《奇新报》、《寓言报》等报纸。1906年,担任《月月小说》杂志总撰述。他不满意清末政治的腐败、官僚的腐朽、社会风气的堕落、帝国主义的侵略、尤其憎恶惧洋媚外思想,在小说中一一予以揭露鞭挞。他主张要开化,要进步,要维新,力求借小说"改良社会","佐群治之进化",挽救"道德沦亡"的风气。吴沃尧一生清贫,囊中常常羞涩,工作劳累,而生活困窘。吴沃尧著有《二十年目睹之怪现状》、《痛史》、《瞎骗奇闻》、《恨海》、《新石头记》、《九命奇冤》、《糊涂世界》、《劫余灰》、《上海游骖录》、《发财秘诀》、《近十年之怪现状》等长篇小说,《黑籍冤魂》、《立宪万岁》、《光绪万年》、《平步青云》等短篇小说。其中以《二十年目睹之怪现状》最为著名。

吴沃尧像

⊙背景提示

晚清时期,在现代西方文明的压力和示范下,中国开始了现代化的进程,社会的各个方面发生了质的变化。在文学领域,由于旧的社会体制趋于松动,非官方的报刊等现代传媒在19世纪下半叶就已经出现,到了1906年,仅上海出版的报刊就达到66种,这时全国出版的报刊总数达到239种之多。这些报刊发表政论新闻,也发表诗歌和娱乐性质的文章,后来这些内容演变成副刊,最初的文学刊物就是以副刊的形式出现的。当时并称为四大文学刊物的是梁启超创办的《新小说》(1902),李嘉宝主编的《绣像小说》(1903),吴沃尧、周桂笙编辑的《月月小说》(1906),吴摩西编辑的《小说林》(1907)。1902年,梁启超提出"小说界革命"的口号,他认为小说是开启民智最有力的手段,他宣称"小说是文学之最上乘",它与人生息息相关,"如空气,如菽麦,欲避不得避,欲屏不得屏,而日日相与呼吸之餐嚼之矣"。他还宣称,"今日欲改良群治,必自小说界革命始;欲新民,必自新小说始"。梁启超的话如平地惊雷,震撼了无数知识分子,并很快激起了强烈的社会反响。别士、楚卿、松岑、陶佑曾等人纷纷发表文章,他们赞同梁启超的"小说界革命"观点,鼓吹"新小说",强调小说改造社会的功用和价值。这一运动刺激了小说的发展。辛亥革命以后,报刊杂志又一次大增,仅1911年新办的报刊杂志就达500种。据统计,从晚清到1917年文学革命之前,单是以"小说"命名的文学杂志就已近30种。文学刊物的出版呈现出繁荣的局面,"小说界革命"刺激了小说的革新,这种局势为小说创作的繁荣提供了土壤,这时出现了以写作为生的文人,也就是职业作家。晚清四大谴责小说最初都是在这些文学刊物上发表的,它们的作者有的也是报人。正是这些文学杂志催生了这些小说。

⊙内容提要

《二十年目睹之怪现状》从1903年开始在梁启超主编的《新小说》上连载。全书共108回。

名家点评

阿英在《阿英说小说》中称本书"描写最好的部分,是摹画知识分子的丑态"。

本书写“九死一生”从1884年中法战争以来所见所闻的各种怪现状。

我15岁那年，父亲从杭州连发四封急信，说病危，叫我到杭州去。我坐了三日航船，方才到杭州，父亲竟在一小时前咽了气。父亲大殓之后，我盘了一个店铺，账上的银洋、黄金数目可观。我托父亲的好友云岫给母亲捎回132元银洋，余下的5000银子由伯父存到钱庄里。半年后，我才知道托云岫捎的钱竟被他贪了。家里生计困难，我到南京伯父那里支取利钱，公馆的人说他下乡办案，伯母又不肯见我，只好做了大关吴继之的书启。在当书启的日子里，我见到、听到了许多事情：一个乡下人靠娼妓当上道台；年轻的候补道台为升官，让自己的妻子出卖色相，巴结臬台；候补县太爷因撤职去做贼；珠宝店的东家诈骗伙计19000两银子；落魄官员苟才为求高升，穷摆架子。伯父终于与我见面了。有一日，一个40多岁的女人求见继之。她的丈夫是个候补知县，没有升迁路子，7年没有差事，因穷困自缢身亡。家徒四壁，安葬丈夫成了难事。继之送给她100两银子，并答应找人帮忙。

家乡来电报，称母亲病危。我急忙回故乡。原来是族中长辈修宗族祠堂摊派银两，把我诓回来的。我安抚了族中长辈，变卖了田产，与母亲、婶婶和新寡的堂姊，离家到南京定居。行程中，我遇到了远亲王伯述。他曾官至山西大同府，精明强干，关心民间疾苦。在微服私访时，遇到了也微服私访的抚台，因为眼睛近视，未认出抚台，口无遮拦地指斥抚台的弊政，得罪了对方，被撤职察看。两日后到了南京，继之已为我们租了房子，我和继之分别拜各自的母亲为干娘，继之母亲也收堂姊为干女儿。一日，听关上的多师爷说了做贼的当了臬台的事：这个臬台本是一个飞檐走壁的贼，他听了一位算命先生的话，偷了一笔钱，捐了一个知县。在任时，仍没断了偷。后来，居然做了安徽臬台。

几个月后，继之说：为了将来有一个退路，他在上海开了家商号，其中有我2000股本。他让我去上海一趟，给他买一样送礼的东西，同时去对对账。我次日便坐船去上海。一日早晨，伯父家原来的一个伙计叫黎景翼的来见我，说他弟弟亡故，无钱安葬，求我资助。我答应了他。他走后，商号里的人告诉我：黎景翼不是个好人，为了得到长辈的遗产，他逼死了自己的亲弟弟，又把他的弟妇秋菊卖给了妓院。继之来信，叫我到苏州再开一个坐庄，以便两头接货。

一年后，我又到上海稽查，继之叫我速回南京。他得了一个新差事，要在科考之前到科场里面等待阅卷，请我给他帮忙。科考到了，我便以随从的身份入了内帘。外面早把大门封了，加上封条。傍晚时，我看见一只鸽子站在檐上，鸽子尾巴上竟缚着一张纸，拆开却是一张科考题目纸。继之大吃一惊，说是有人在作弊。他吩咐手下人把鸽子埋掉，把题目纸烧了。他说：历年科考作弊的都千奇百怪，传递文章的、换卷的、偷题目的……层出不穷。初十以后，就有卷子送了进来。我和继之从中批出了一些好卷，拿过去推荐给主考官。不久，继之拒绝新藩台仆人的索贿，得罪了上峰，被撤职。我们把两家都搬到了上海。继之的商号愈益兴旺，我替他在各处稽查，一晃几年。在南京，我遇到了苟才。他的大儿媳妇容貌很美。苟才被撤职，为了复职，苟才让儿媳给制台做姨太太，以换取制台欢心，不出十天，他得到了苏州抚台的职务。到任不几天便被革职。不久，就被他的小儿子毒死了。

官吏出巡图

官吏出巡，往往全副仪仗，官气十足，且美其名曰亲民、爱民、理讼。然而到了清末，官吏一出，则百姓四骇，其所行所做，无非是扰民、害民、吓民、诈民而已。所谓“匪来如梳，兵来如篦，官来如剃”，足见官吏为害之甚且大。

又过了几年，一天，我接到了好友文述农的信，说我的叔父和婶母过世，

迎官图

清末官场是最为黑暗与腐败的，外崇洋人，内侮百姓，视上官如爷娘，视百姓如草芥，官做贼，贼做官，真可谓一塌糊涂。吴沃尧是深知官场三昧的，所以在他的小说中，大小官员的一举一动，皆被刻画得入木三分。

遗下两个幼子，让我做安排。行途中，我听说我们的商号垮了。这时，又接到了伯父在宜昌病故的消息，我赶紧去安葬。到了此时，我除了带两个小兄弟回家乡去之外，束手无策。

⊙作品评价

《二十年目睹之怪现状》是一部带有自传性质的作品。作者通过主人公“九死一生”在20年中耳闻目见的怪现状，揭示了在封建社会的总崩溃时期，整个统治阶级的腐败、堕落，以及封建社会的黑暗、丑恶和必然灭亡的命运。它就像晚清社会的一面镜子，反映了清王朝在覆灭前的概况。

作者的批判，首先从对封建官僚机构开始。统治机构的每一个毛孔里，都渗透着贪污盗窃、男盗女娼的毒菌。知县做贼，按察使盗银，学政大人贩卖人口……整个上流社会，充斥着流氓、骗子、烟鬼、赌棍、讼师、泼皮、和尚、道士、婊子、狎客……。为了升官发财，他们不惜出卖故交，严参僚属，冒名顶替，窜改供词，甚至把自己的女儿、媳妇、老婆去“孝敬”上司。总之，上自慈禧太后、王爷，中至尚书、总督、巡抚，下至未入流的佐杂小官，宫里的大小太监，官僚的幕客、差役、姨太太、丫环，全都置国家的危亡和人民苦难于不顾，赤裸裸地干着强盗、骗子、娼妇的勾当。

如果说作者对封建官僚机构腐败的揭露，是力图从政治的角度来展示末代封建王朝崩溃前兆的话，那么作者对于封建家庭的罪恶与道德的沦丧，则是从赖以维系一个社会存在的文化机制的角度来揭示封建大厦的必然坍塌。吏部主事符弥轩满口“孝悌忠信”，却自己成天花天酒地，而让祖父到处行乞。九死一生的伯父平时道貌岸然，动辄对子侄加以训斥，可是他竟乘料理丧事之机吞没了亡弟家产。作品抹去了封建制度“天意”“永恒”的神圣灵光，将它腐败不堪的丑恶面貌彻底暴露在世人面前。

在辛辣地批判现实的同时，作者也塑造了蔡侣笙、吴继之等正直、贤良而又恪守封建道德的正面人物。吴继之由地主、官僚转化为富商，是我国小说中最早出现的新型资产阶级形象。他与九死一生所经营的大宗出口贸易曾经兴旺一时，与昏庸腐败的官场群丑形成鲜明对比。然而，在当时的社会环境里，在帝国主义和封建主义的双重挤压下，他们最后还是不可避免地走向破产的命运，这种命运也正是半殖民地半封建时代的中国新兴资产阶级命定的归宿。书中的正面人物无一例外地被人欲横流的尘嚣浊浪所吞没，既真实地折射了时代的悲剧，也反映出作者改良主义理想的幻灭。

⊙作品评价

本书结构精巧，虽然转述故事较多，题材庞杂，但是却并不显得零散，虽然是单篇故事的串联，但始终以“九死一生”的见闻为线索，很有连贯性，正如《〈二十年目睹之怪现状〉评语之总评》中所说：“举定一人为主，如万马千军，均归一人操纵”，又说“且开卷时几个重要人物，于篇终时皆一一回顾到，首尾联络”，独具匠心，颇见功力。

本书用第一人称叙述，这是过去的长篇小说从来没有过的，这标志着中国小说叙事角度开始向多元化转变。以前中国的小说都是全知全能的叙事角度创作的，作家对于他所描写的每一个人物都无所不晓，他知道每一个人物的心理，可以随意点染，随时引出另一个人物。本书则有所不同，作者用第一人称展开叙述，总是从自己这个角度来描写别的人物的言语与行动，而很少写到眼睛所看不到的心理活动。虽然这种手法在他这里还不成熟，但是也是一个全新的尝试，读者不妨将它和别的作品比较起来阅读。

□官场现形记

/清/李宝嘉/封建社会崩溃前夕的官场群丑图

⊙作者简介

《官场现形记》的作者李宝嘉，字伯元，别号南亭亭长，笔名游戏主人、讴歌变俗人、二春居士等。江苏武进（今属江苏常州市）人。李宝嘉出身官宦家庭，3岁丧父，由伯父李翼清抚养教育，多才多艺，能写八股文，曾考中秀才；也擅长书画篆刻，又曾向传教士学习英文。1896年到上海，编撰《指南报》，1897年创办《游戏报》。1901年创办《世界繁华报》，“假游戏之说，以隐寓劝惩”，在谈风月的同时，也嘲笑腐败的官僚，暴露社会黑暗。1903年，主编《绣像小说》。李宝嘉痛恨清王朝的腐败与列强的侵略，在小说《活地狱》的“楔子”里说：“世界昏昏成黑暗，未知何日放光明；书生一掬伤时泪，誓洒大千救众生。”李宝嘉的作品有《官场现形记》、《文明小史》、《中国现在记》、《活地狱》、《海天鸿雪记》、《南亭笔记》以及《庚子国变弹词》、《爱国歌》、《芋香宝印谱》等。他与吴沃尧、刘鹗、曾朴并称清末四大小说家。

李宝嘉像

⊙背景提示

中国人习惯把政府官员结成的关系网叫官场，把担任政府官员、踏入这个关系网叫做混迹官场。官场也是一种社会关系，官吏们为了自己利益不受侵害，或者使自己利益越来越大，结成这么一个关系网。官员们或者官官相护，或者互相倾轧，巧妙地维持着微妙的关系。历朝历代，官场都很难得干净，晚清官场的腐败更是自不待言。这种腐败除了官吏的道德败坏之外，主要还是封建专制政体自身有问题，是制度的腐败。中国自从秦始皇统一天下，建立一套中央集权的官制以来，历代沿袭，只是稍加修改，并没有任何本质的变革。官员作为一个对全体人民开放但是相对独立的阶层，有它自身特殊的利益，它们处在社会的上层，享受民众的奉养，是一个既得利益阶层。又因为中国皇帝的地位远远超过官员，官员们与皇帝之间也有一道利益的鸿沟，皇帝考虑的是他的家族利益，而官员们考虑的则是自身阶层的利益，这两者虽然不是对立关系，但是也很微妙。历朝历代，最高统治者没有谁不希望自己的江山社稷能传之万世而不朽，为此他们必然要制定律例，惩治贪赃枉法，遏制官场恶习。但是官员们有官员们的手段，他们既要敷衍皇帝，又要保证自身阶层的利益尽量不受损害，结果使得皇帝们淳清吏治的宏伟构想无一例外地失败。腐败之所以横行而难以根除，很重要的原因就在于，人们并不觉得拉关系、讲人情在道德上有什么危险，它甚至是社会道德伦理的一部分。专门

官员审人图　法国

这幅欧洲人的油画形象地表现了晚清下级官吏审训犯人的情形，可以说是当时官场的一个侧面反映。

描写晚清官场的小说有李宝嘉的《官场现形记》，作者自诩熟知“官之龌龊卑鄙之要凡，昏聩糊涂之大旨”，所以能“以含蓄酝酿存其忠厚，以酣畅淋漓阐其隐微”，风行一时。《官场现形记》虽然只是一部小说，但是它揭示出官场的黑暗，可以带给我们关于社会的思索。

官员打牌图　法国

在中国游历的欧洲传教士将晚清腐朽的官僚机构用略带幽默和嘲笑的笔触赤裸裸地表现在画面上。

⊙内容提要

《官场现形记》最初连载于《世界繁华报》，全书共六十回。本书写陕西同州府朝邑县赵温中举捐官，他的同伴钱典史捐派江西。江西代理巡抚何某，绰号“荷包”，“荷包”平生爱钱。他的三弟绰号“三荷包”。两个“荷包”分赃不均失和，抖出许多卖官鬻爵的旧账。“三荷包”带着卖官所得的银子，买得山东胶州知州的位子。到任后，千方百计巴结山东巡抚。外国人劝巡抚做生意，候补通判陶子尧趁机大讲“整顿商务”，被巡抚派往上海购买机器。陶到上海，被骗子与妓女捉弄，狼狈不堪。幸好山东试用府经周因从中帮忙，才算了结。周因得陶谢礼，前往浙江，协助旧交浙江巡抚刘中丞办洋务。周与文案戴大理勾心斗角，互相拆台。上司委胡统领带着周因等人前往剿捕严州一带土匪，官兵上下避匪不战，骚扰民众，却个个立功受赏。御史参劾刘中丞，两名钦差来浙江巡查。副钦差傅理堂署理浙江巡抚，外表廉明，暗地卖官。浙江粮道贾筱芝用6000两银子买得一个密保，升任河南按察使。贾的大少爷贾润孙趁黄河决口，任河工总办，赚了10万两银子，进京谋职，先后结识了钱席掌柜黄胖姑、宗室博四爷、书铺掌柜黑白果、开古董铺的刘厚守、试用知府时筱仁，通过太监黑大叔、内阁大学士华中堂等权贵，谋求放缺，因有人作梗，未能办成。

时筱仁与广西提督舒军门、户部王博高、军机徐中堂、江南记名道余小观等人交往。余小观到南京候职，结识了牙厘局总办余荩臣、学堂总办孙国英、洋务局会办潘金士、保甲局会办唐六轩、旗人乌额拉布等候补道，一起赌博、狎妓。一起鬼混的还有南京统带防管的统领羊紫辰。羊统领好色，家中现有八个姨太太。一个名叫冒得官的船哨官，为保官职，逼诱亲生女儿，给羊统领做第九个小老婆。湖广总督也是一位旗人，名叫湍多欢，原有十个姨太太，人称“制台衙门十美图”。有个属员为谋官职，又特地在上海买了两个绝色女子送他，湖北人改称为“十二金钗”。得宠的九姨太与十二姨太，先后插手卖官捞钱。经常惹乱子的唐二乱子，通过制台的十二姨太，一夜之间变成了银元局总办。连制台的女儿宝小姨也放手卖官。湍制台奉旨进京，署理直隶总督。湖北巡抚贾世文升任湖广制台。此人自称生平有两桩绝技：一是画梅花，一是写字。其实一概不通。下属想要趋奉他，便借此讨他的好。他平日号令不常，起居无节。候补知县卫瓒，藩台噶扎腾额，远方表弟萧秃子，蕲州州官区奉仁，撤任兴国州官瞿耐庵，蕲州吏目随凤占，府经申守尧，秦梅士，代理蕲州吏目钱琼光等人先后前来拜见，这些人互相牵扯，搅起许多污泥浊水。北京派署理户部尚书童子良来湖北清查财政。童钦差最厌恶的是洋人。无论什么东西，只要带一个“洋”字，他决不肯亲近。听人说鸦片是洋烟，便摔掉烟灯、烟枪。做官要钱，专要银子，不要洋钱。出京之后，一路上捞到近100万两。安徽一个候补知府刁迈彭，得到童子良的赏识，进京引见，平空里得了一个“特旨道”，安徽人叫他“二抚台”，后来又署了芜湖关道。刁迈彭到任后，插手外路缙绅张守财家事，赚了几十万两银子。后来奉使外洋。当时有许多人与洋人打交道。江南制台文明，景慕维新，对下级傲慢粗暴，对洋人却卑躬屈膝。六合县知县梅仁谄媚洋人，得到文制台格外赞赏。枪炮制造厂总办傅博

名家点评

鲁迅称本书"故凡所叙述，皆迎合、钻营、蒙混、罗掘、倾轧等故事，兼及士人之热心于作吏，及官吏中之隐情"。

万，因为出过洋，归国后到处招摇，也得到文制台赏识。当时的吏治，已经不可收拾。

⊙作品评价

《官场现形记》是我国第一部在报刊上连载、直面社会而取得轰动效应的长篇章回小说。在作者笔下，上至尚书、军机大臣，下至州县吏役佐杂，无不在为升官发财而奔走。他们一个个或钻营诈骗，或狂嫖滥赌；或吸鸦片，或玩相公；或妄断刑狱，或明码买缺。总之，整个官场上全都是见钱眼开，视钱如命，蝇营狗苟，排挤倾轧，谄媚逢迎，道德败坏之徒。用作者自己的话来说，就是"妖魔鬼怪，一齐都有"。这些国家的蛀虫、社会的败类，一方面掌握着国家的命脉，对人民百姓作威作福，极尽欺压剥削之能事；另一方面，却又在帝国主义面前奴颜婢膝，丑态百出。他们无论在什么场合，只要听到洋人或碰到洋人，马上便手忙脚乱，面容失色。如第五十三回，两江制台一听到洋人来拜，"顿时气焰矮了半截"。一听到百姓反对洋人，便马上派兵去"弹压"。作者以犀利的笔锋刻画了官场的丑态，表达了对那些崇洋媚外的帝国主义奴才的鄙视，充分展示了一个觉醒的中国人强烈的民族自尊心。作者在小说中大胆地影射当时的很多权要人士，书中故事很多都以真人真事为蓝本，如书中的黑大叔影射李莲英，华中堂影射荣禄，周中堂影射翁同龢。他所揭示的，正是穷途末路的清王朝无官不贪，无吏不污的现状。而且，在清政府淫威下，他居然秉笔直刺最高统治者，借宫廷掌权太监的口吻道破天机：

佛爷早有话"通天底下一十八省，那里来的清官。"但是御史不说，我也装糊涂罢了；就是御史参过，派了大臣查过，办掉几个人，还不是这么一回事。前者已去，后者又来，真正能惩一儆百吗？

这赤裸裸的揭示，正说明了清代社会末年的官场普遍贪污，实在是在最高统治者的纵容下进行的，而腐朽的社会制度又是滋养这些贪官污吏的温床。作者以极大的注意力去观察着污浊的心灵世界，并将之形象地刻画出来，揭发了这个统治阶级集团道德情操的极端堕落，明示着曾经辉煌的大清帝国，实际上已经是一片废墟。

本书的写法受《儒林外史》影响很大，由一些相对独立的短篇组成，但又相互勾联。全书从西北写到东南，写到北京；从一个尚未当官的士子（赵温）和一个州县佐杂小官（钱典史）写起，写到州府长吏（黄知府、郭道台）、藩台（"荷包"）、督抚（山东巡抚，浙江巡抚刘中丞、傅理堂，湖广总督湍多欢、贾世文，江南制台文明）、钦差（童子良）、太监（黑大叔）、军机（徐大军机）、大学士（华中堂、沈中堂）等。他们的丑恶嘴脸一个个跃然纸上。

本书笔锋犀利刚劲，深刻中有含蓄，嘲讽中有诙谐，书中许多章节，写得有声有色。如第二回、第三回，写钱典史如何巴结新贵赵温，"暗里赚他钱用，然而面子上总是做得十分要好"，又想通过赵温巴结吴赞善。后来见吴赞善冷淡赵温，"就把赵温不放在眼里"。可是，"忽然看见他有了银子捐官，便重新亲热起来；想替他经经手，可以于中取利"，"后见赵温果然托他，他喜的了不得，今天请听戏，明天请吃饭。"把这官场上小人物的曲折心理刻画得精细入微。又比如第四十六回、第四十七回写钦差大人童子良忌讳"洋"字，第五十三回写江南制台文明谄媚洋人，都活灵活现，令人发笑。

官员见外国军官漫画　法国

这幅漫画形象地揭露了晚清官员对外国人卑躬屈膝、奴颜媚骨的丑态。

□人间词话 / 清末民初 / 王国维 / 自由之思想，独立之精神

王国维像

⊙作者简介

《人间词话》的作者王国维（1877 ~ 1927 年）是近代著名的学者、词人。字静安，号观堂，浙江海宁人，清末秀才。1898 年前往上海，在梁启超主编的改良派报纸《时务报》任职。1901 年，王国维赴日本留学，就学于东京物理学校。次年回国，曾任通州、苏州等地师范学堂教习，讲授哲学、心理学、伦理学，并致力于文学研究。1906 年到北京，集中精力研究宋词元曲。1907 年起在学部任职。1911 年 12 月随罗振玉移居日本京都，研究甲骨文、金文和汉简。1916 年，受犹太富商哈同聘请，回上海编辑《学术丛编》。1918 年，任哈同创办的仓圣明智大学教授。1922 年，受聘为北京大学通讯导师。1923 年，任清故宫南书房行走，成为末代皇帝溥仪的老师。1925 年，任清华大学国学研究院导师，与梁启超、陈寅恪、赵元任并称国学院四大导师。1927 年 6 月，投北京颐和园内的昆明湖自杀，年仅五十岁，遗书中说："五十之年，只欠一死，经此世变，义无再辱。"

王国维的政治思想是保守的，然而学术上，他在哲学、教育、文学、史学、文字学和考古学等方面取得了卓越的成就，他是近代学术界最早把乾嘉学派的治学传统和西方治学方法融会贯通的代表人物之一。王国维一生的主要精力花在史学研究上，著有《殷卜辞中所见先公先王考》、《殷周制度论》等论文，利用甲骨文探求、论证历史，被认为是"新史学的开山"。在文学领域，他吸收西方哲学与美学理论法研究中国文学，对"五四"以后的新文学有过启蒙作用。王国维在文学方面的重要著作有：《叔本华之哲学及教育学说》、《〈红楼梦〉评论》、《文学小言》、《屈子文学之精神》、《人间词话》、《宋元戏曲史》以及《观堂长短句》等。王国维的部分考证文章及诗词收入《观堂集林》；他死后，后人将他的著作编成《海宁王静安先生遗书》。

⊙背景提示

王国维生活的时代，正是我国内忧外患日益加剧、国家民族处于危亡关头的时代。自从 1840 年以来，中国的知识分子就开始觉醒，他们看到了我们固有的文化存在某些弱点，需要向外国学习先进的技术和思想。19 世纪六七十年代，清政府的一些封疆大吏发起了一场旨在强兵富国的洋务运动，开办工厂、邮局，修筑铁路，开设新式学堂，举办印书译书馆，并且派遣留学生去外国留学。中国与西方国家的联系加强了，西方的政治思想、学术思想也随之大量流入中国，这种现象被称为西学东渐。

西学东渐使国人对于我们固有的文化有了新的看法，一批有识之士开始用西方的学术思想来整理中国固有的学术，或者将西方的学术思想与中国的传统学术思想结合起来，使学术研究达到一个新的高度。王国维先生就是这个背景下造就出的大学者，他的研究方法兼有中西两面的长处，堪称中西合璧，成就斐然。

⊙内容提要

《人间词话》是一部札记式的诗歌理论著作，共六十四条，又有后人整理了他自己原稿中删掉的一些条目，集成一百余条。本书的中心概念是"意境"。《人间词话》的前九条是有关意境基本理论的论述；第十条至第五十二条是对历代词人及其创作的评论；第五十三条至第六十四条论述词与

其他诗歌形式的联系与区别。

王国维总结了古代有关意境的论述，并且运用西方文艺美学的观点进行理论分析。他认为意境是词的创作的中心问题，境界是心与物互相统一的表现，“词以境界为最上。有境界则自成高格，自有名句。”他认为，词要真实自然，“能写真景物、真感情者，谓之有境界，否则谓之无境界”，要具有“言外之意”。他在评论姜夔时说：“无言外之味，弦外之响，终不能与于第一流之作者也”。他将意境分为“有我之境”与“无我之境”两类。“有我之境”指“以我观物，故物皆着我之色彩”，“无我之境”指“以物观物，故不知何者为我，何者为物”。他又说：“无我之境，人惟于静中得之。有我之境，于由动之静时得之。故一优美，一宏壮也”。王国维认为，判别意境优劣的原则是“不隔”。“不隔”指真实自然、生动传神而又有“言外之意”的境界。他又说：“古今之成大事业、大学问者，必经过三种之境界：‘昨夜西风凋碧树，独上高楼，望尽天涯路。’此第一境也。‘衣带渐宽终不悔，为伊消得人憔悴。’此第二境也。‘众里寻他千百度，蓦然回首见那人却在灯火阑珊处。’此第三境也。”这就是要写出有意境的作品需要经历的三个阶段。第一境是认识学习阶段，第二境是艰难训练阶段，第三境是功到自然成的阶段。

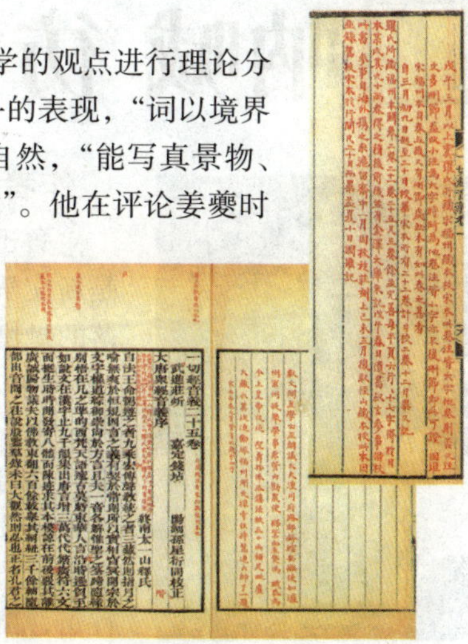
王国维《一切经音议》校记

本书对理想与现实的关系、主观与客观的关系、景与情的关系、观察事物与表现事物的关系等文学创作中一些带有规律性的问题，都有精辟的见解，这部著作也表现了叔本华等西方美学思想的影响。

⊙作品评价

本书融合了中国古典文学与西方美学，提出了以“意境”为核心的理论，可以说这是对我国古典美学意境论的一个总结。阅读这样一部作品，最重要的是领悟其理论的内涵。王国维每阐述一个理论观点，总是以大量的例子来证明自己的论述，甚至用古人诗歌的例证来说明观点，而不展开理论的论述。比如他论“隔”与“不隔”，就没有理论阐述，而是引用了大量的例子：“陶谢之诗不隔，延年则稍隔已。东坡之诗不隔，山谷则稍隔矣。‘池塘生春草’、‘空梁落燕泥’等二句，妙处唯在不隔，词亦如是。即以一人一词论，如欧阳公〔少年游〕咏春草上半阕云：‘阑干十二独凭春，晴碧远连云。二月三月，千里万里，行色苦愁人。’语语都在目前，便是不隔。至云：‘谢家池上，江淹浦畔’则隔矣。白石〔翠楼吟〕‘此地，宜有词仙，拥素云黄鹤，与君游戏。玉梯凝望久，叹芳草、萋萋千里。’便是不隔。至‘酒祓清愁，花消英气’则隔矣。然南宋词虽不隔处，比之前人，自有浅深厚薄之别。”王国维对历代词人的评论很精彩，可以帮助我们领会以境界为中心的美学思想。

当然，就理论思维方式和理论术语来说，20世纪初王国维在《人间词话》中主要运用的依然是中国古典美学的思维方式，也就是以形象性、象征性的思维来阐发个人的直观感悟，而没有采用西方的思辨方式；他使用的术语也是中国传统的美学术语，如“境界”、“景语”、“情语”等等，与传统的“风骨”、“气韵”等术语很相似。这种术语体系缺乏明晰性和准确性，犹如雾里看花，没有明确的概念界定，可能很不适合现代人的思维方式，这样就要求读者抛开量化或者数据化的思维方式，调动自己的情感，用心去体会古典诗词的美，领悟古典诗词“意境”，从而理解王国维的理论。

名家点评

朱光潜称：“近二三十年来，就我个人所读过的来说，似以王静安先生的《人间词话》为最精到。”

呐喊 彷徨

/ 现代 / 鲁迅 / 寂寞中的呐喊，战斗后的彷徨

鲁迅像

⊙作者简介

鲁迅（1881 ~ 1936 年），中国现代伟大的文学家、思想家和革命家，是新文学运动的奠基人。原名周树人，字豫才，浙江绍兴人，出身于破落的封建家庭。

1902 年去日本留学，原学医，后从事文艺等工作，企图用以改变国民精神。1909 年回国，先后在杭州、绍兴任教。辛亥革命后，曾任南京临时政府和北京政府教育部部员、佥事等职，兼在北京大学、女子师范大学等校授课。1918 年 5 月，首次以“鲁迅”为笔名，发表中国现代文学史上第一篇白话小说《狂人日记》，对人吃人的制度进行猛烈的揭露和抨击，奠定了新文学运动的基石。五四运动前后，参加《新青年》杂志的工作，站在反帝反封建的新文化运动的最前列，成为“五四”新文化运动的伟大旗手。1918 ~ 1936 年间，陆续创作出版了《呐喊》、《坟》、《热风》、《彷徨》、《野草》、《朝花夕拾》、《华盖集》、《华盖集续编》等杂文、散文、诗歌专集，表现出爱国主义和彻底的民主主义的思想特色。其中，1921 年 12 月发表的中篇小说《阿 Q 正传》，是中国现代文学史上杰出的作品之一。从 1927 ~ 1936 年，创作了《故事新编》中的大部分作品和大量的杂文，这些杂文作品收录在《而已集》、《三闲集》、《二心集》、《南腔北调集》、《伪自由书》、《准风月谈》、《花边文学》、《且介亭杂文》等杂文集中。鲁迅的一生，对中国的文化事业做出了巨大的贡献；他领导和支持了“未名社”、“朝花社”等进步的文学团体；主编了《国民新报副刊》、《莽原》、《奔流》、《萌芽》、《译文》等文艺期刊；热忱关怀、积极培养青年作者；大力翻译外国进步的文学作品和介绍国内外著名的绘画、木刻；搜集、研究、整理了大量古典文学，批判地继承了古代文化遗产，编著《中国小说史略》、《汉文学史纲要》、《唐宋传奇集》、《小说旧闻钞》等等。1936 年 10 月 19 日病逝于上海。

⊙背景提示

辛亥革命爆发之后，中国的社会状况并没有发生根本的变化。那些曾经在革命前是奴隶的人们一旦掌握了政权，便又把广大人民群众当作自己的奴隶来对待了。袁世凯称帝、张勋复辟等一系列复辟活动的发生，把中国社会思想的陈腐性、落后性更充分地暴露出来。鲁迅从 1909 年回国至“五四”新文化运动爆发的整个阶段，是他的思想沉淀期。辛亥革命的失败从一个侧面证明了他对国民性问题的重要性的基本估计，使他对中国国民性问题的思考更加深入和细致了。1919 年爆发的“五四”新文化运动给鲁迅带来了新的希望，他在对封建传统的自觉反叛中受到鼓舞。1918 年，他以“鲁迅”为笔名在《新青年》第 4 卷第 5 号发表了他的第一篇白话小说《狂人日记》，这是中国现代文学史

相关链接

鲁迅一生写了大量杂文，他自编和他人为之编订的杂文集共有 16 部（如果加上后来发现的鲁迅译文编成的《集外集拾遗补编》共有 17 部）。杂文在鲁迅的全部创作中占有最大的比重，是鲁迅一生的主要文化和文学业绩。鲁迅是对现代杂文的发生和发展具有最敏锐感受和最清醒认识的一位现代作家。他自觉以“杂文家”的身份积极从事杂文创作，并且在理论上加以说明，在实践上予以护卫、扶持，为中国杂文文体的形成和发展做出了巨大的贡献。可以说，现代杂文这种文体形式是鲁迅创造的，是他对中国现代散文文体的一个重大贡献。

上的第一篇白话小说，揭开了中国小说史新的一页。1923年，鲁迅将1918至1922年所作的15篇短篇小说辑为《呐喊》，由新潮社出版（后来再版时抽去《不周山》一篇，改入《故事新编》），它是中国现代小说的奠基之作。

⊙内容提要

《狂人日记》描写一个“迫害狂”患者的心理状态，并把作者对社会生活的深刻揭示和狂人特有的内心感受，巧妙地结合起来。狂人所说的每一句话，都是疯话，但又都真实地揭露了生活的真象，从而显示了“家族制度和礼教的弊害”。它剥开了“仁义道德”的伪装，控诉了“易子而食”、“食肉寝皮”、“割股疗亲”等残酷的罪行，尖锐地指出中国几千年来的历史是人吃人的历史。

《孔乙己》以鲁镇的咸亨酒店为背景，通过“我”（小伙计）的眼光，表现了在科举制度毒害下，具有迂腐而善良性格的孔乙己的悲剧，控诉了封建教育、封建科举的罪行。

《药》描写了两条故事线索，一条是革命者夏瑜的英勇牺牲，一条是华老栓夫妇为了医治儿子疾病所表现的落后无知，并通过“药”——人血馒头而联结起来，深刻有力地表现了所谓“国民性”的痼弊，表现了革命者的悲剧，表现了资产阶级旧民主主义革命的历史教训。

《明天》描写单四嫂子的孤寡及其失子的惨痛，并对封建统治下人与人的冷漠关系进行了挖掘和批判。

《一件小事》通过“我”乘人力车所遭遇的一个意外事故，对比地描写了劳动人民与知识分子的行为和思想。作者歌颂劳动人民的正直无私的品质，揭示并批判知识分子的个人主义的劣根性。

《风波》取材于1917年张勋复辟的历史事件，直接联系到1911年的辛亥革命。小说通过一根辫子的去留问题，反映社会生活的巨大风波。

《故乡》通过第一人称“我”回乡的见闻和回忆，展示了当时农村的萧瑟、凄凉的生活图景，塑造了闰土这样一个饱受反动统治者剥削和压迫的淳朴、勤劳的农民形象。

《阿Q正传》真实而深刻地塑造出一个在精神和物质上受到严重摧残和盘剥的落后农民的典型。他的思想性格比较复杂，而“精神胜利法”是其主要的性格特征。这种不正视失败与痛苦、运用各种方式以求精神慰藉的病态，在半殖民地半封建社会里普遍存在。

《社戏》以浓郁的抒情笔调，描写“我”和农村少年朋友看戏的情景。

《白光》描写了陈士成疯狂追求功名利禄的卑污心理，他是科举制度的殉葬品。

《在酒楼上》以“我”在S城的小酒楼上偶遇旧友入笔，描写了吕纬甫的不幸遭遇和痛苦经历。这个过去敢于向旧礼教挑战的人，经过时间的消磨、旧制度的腐蚀，到后来完全丧失了斗志，成了一个过了明日不知如何的麻木的人。

《孤独者》记述了魏连殳的一生。这个曾经是“新党”的知识分子，曾经毫无顾忌地写文章、发议论，和黑暗社会进行斗争。然而旧势力却不允许他这样活着，各种无形的箭向他袭来，他渐渐地消沉了。后来竟和旧势力完全妥协，成了一个军阀师长的顾问，最终也毁灭了自己。

《伤逝》中的涓生和子君较多接受了西方的资产阶级民主主义思想，反抗封建主义的思想则更为强烈。子君毅然冲破封建家庭的牢笼，与主张男

《呐喊》初版封面

《彷徨》初版封面

女平等、婚姻自主的涓生同居。可是在冷酷的社会现实面前，两人最终被迫分离，涓生又回到了冷寂和空虚的会馆破屋，子君也不得不回到父亲那里，最后悲惨地死去。

《祝福》描写了祥林嫂曾经被迫与比自己小十岁的男人结婚，丈夫死后又被迫卖进深山野坳；再婚不久，丈夫病死，孩子也被狼吃掉，又被赶出门外；她只能又回到鲁四老爷家帮工，受尽了嘲笑和奚落；她用血汗钱捐了门槛，本以为从此有了希望，然而无情的现实把她最后的一点希冀完全粉碎，最终冻死在雪地里。

《离婚》的主人公爱姑虽然是一个农村妇女，但她在丈夫与人姘居而要求和她离婚时，不甘心驯从于封建夫权的摆布，敢于轻视偏袒丈夫的慰老爷和七大人。

《肥皂》描写了一个表面上满口仁义道德，极力维护封建礼教的四铭先生，他反对儿子学洋文，反对女儿进学堂，反对新文化思想，他有着极其肮脏下流的心理，做着见不得人的美梦。

《高老夫子》讽刺了高尔础这个所谓的文人。他自命不凡，鼓吹国粹，然而却不学无术，知识甚少，他到学堂只不过是为了去看女学生。

《幸福的家庭》描写了文学青年在资产阶级思想的诱惑下，梦想以自己的笔，开出通向“幸福家庭”的路，但最终不过是自我嘲讽。

《长明灯》刻画了一个试图吹熄“不灭之灯”的疯子，不断地传出“熄掉它罢”的呼声，最后疯子被关了起来，但他那“我放火”的呼喊已深入人心，由孩子们歌唱。

《示众》描绘了城市马路一角“示众”的场面，“一个巡警押着犯人示众，围观的市民围得水泄不通。他们神情麻木，表现得毫无灵魂，这不仅包括看客，也包括那个犯人”。

《弟兄》描写了张沛君一方面对于弟弟染病非常关心，另一方面又因弟弟生病引起自私的考虑，从而真实地反映了一个小知识分子在当时的社会环境中形成的复杂性格。

⊙作品评价

《呐喊》和《彷徨》通过具体的人物和事件，写出了一个时代。在这个时代里，封建势力虽然日趋崩溃但暂时还很强大，人民群众灾难深重而尚未普遍觉醒，知识分子在追求中充满着怀疑与希望。虽然近代中国工人阶级的力量在鲁迅的作品里没有得到反映，但他还是从自己熟悉的生活出发，对中国革命力量做了深入的巡视和考察。他宣判了封建势力的死刑，揭示了资产阶级的软弱无力，要求知识分子摆脱“空虚”和“动摇”，改造自己的思想和生活，同时对农民寄予殷切的希望。出现在他小说里的农民即使落后，却仍然在苦难中保持着坚韧的性格，深厚地蕴藏着一种终将爆发的革命的潜力。由于鲁迅的现实主义植根于彻底的革命民主主义思想，时时自觉地与革命前驱者取同一的步调，因而在严峻的现实解剖中不断地闪烁着理想主义的光芒。

《阿 Q 正传》漫画

从《呐喊》到《彷徨》，每一篇作品的题材内容和艺术构思都不一样，这不仅由于鲁迅在创作过程中经过反复的酝酿，而且也是他长期的生活考察和艺术探索的结果。在表现上，有时多用白描，如《肥皂》，如《高老夫子》；有时侧重抒情，如《故乡》、《伤逝》；有时则是白描和抒情的有机的结合，如《祝福》、《在酒楼上》、《孤独者》等。小说都从多方面做了尝试和创造。同时，鲁迅小说又富于独创性，具有非常突出的个人风格：丰满而又洗练，隽永而又舒展，诙谐而又峭拔。

□女神

/现代/郭沫若/中国的第一部新体诗集

⊙作者简介

郭沫若(1892～1978年),原名郭开贞,又名郭鼎堂。四川乐山人。作家、诗人、剧作家、历史学家、考古学家、古文字学家、社会活动家。郭沫若出生在一个中等地主兼商人的家庭。早年留学日本，先学医，后从文。

郭沫若旧照

郭沫若或许是中国现当代文学史上命运升沉起伏最为剧烈的一位作家。生前的显贵与身后的寂寞形成的反差如此之大，足以引起世人关于人生和命运的深沉思索。然而现在他的被冷落与被遗忘并不能否定他的一切，放在中国现代文学史的坐标上来看，他仍然是一位足以代表一个时代的杰出诗人。

在小学和中学时代，郭沫若即对中国古典文学经典有着深厚的积淀，深受庄子的奇诡恣肆和屈原的浪漫想象的影响。1913年他到天津求学，同年底赴日本留学。在日本的十年时间里，他的阅读十分广泛，从孔子哲学、老庄哲学一直读到明代的王阳明的哲学；从印度诗人泰戈尔一直读到德国诗人海涅和歌德；此外还有西方现代哲学家康德、尼采与弗洛伊德等人的著作。广博的阅读使他的思想呈现出异常复杂的情况。1916年他开始新诗的创作，1921年诗集《女神》出版。这部诗集不仅确立了郭沫若在中国现代文学史上的卓越地位，而且也为中国的新诗开辟了一个崭新的时代。这一年，郭沫若和郁达夫等人一起在日本创立了创造社。1923年，郭沫若从九州帝国大学医科毕业回国，积极从事于创造社的文艺活动。

从文艺思想上看，郭沫若以浪漫主义为主，同时吸收了西方现代主义的某些因素。其主要特征是尊崇自我，偏重主观，认为艺术是自我的表现，是艺术家的一种内在的冲动，是不得不发的表现，在这个发而为诗的过程中，作家的天才、灵感与激情又是非常重要的。他的这些思想，在其作品中都有鲜明的体现。

1926年郭沫若南下广州，同年七月参加北伐战争。1927年参加南昌起义，在起义部队南下途中参加中国共产党。1928年因受蒋介石通缉，旅居日本，从事中国古代史和古文字学的研究工作，著有《中国古代社会研究》、《甲骨文研究》。1941年皖南事变后，创作了《屈原》、《棠棣之花》、《虎符》、《孔雀胆》等历史剧和战斗诗篇《战声集》。抗战爆发以后，他只身归国，投入到抗日战争的大潮中，同时进行历史剧的创作。新中国成立以后，郭沫若由一位出色的文学家，转变为一位重要的社会活动家。历任中央人民政府委员、政务院副总理兼文化教育委员会主任、中国科学院院长、中国科学院哲学社会科学部主任、历史研究所第一所所长、中国科技大学校长、中国文联主席、中日友好协会名誉会长等职。1978年6月12日，在北京逝世，终年86岁。所著《甲骨文字研究》、《两

相关链接

《星空》：郭沫若继《女神》之后出版的第二部诗文集。在这部诗集中，我们仍然会看到与《女神》中那些富有激情的诗歌相类似的主题和风格，但它们在内在精神上却再也不能与《女神》中的诗歌相媲美。在这些诗里，郭沫若仍然想追回青春时的热情和理想，但它内心的情绪却再也不能够承担起它们的艺术表现——节奏和旋律的平滑难以将读者带入《女神》中那些优秀诗篇的境界中去。但这也说明，郭沫若诗歌的力的美已经转向静的美，同时也隐隐含有对现实的失望和淡淡的悲哀情绪了。

周金文辞图录考释》、《金文丛考》、《卜辞通纂》等，曾在学术界引起震动。生平著述有《郭沫若文集》（17 卷）和《郭沫若全集》。

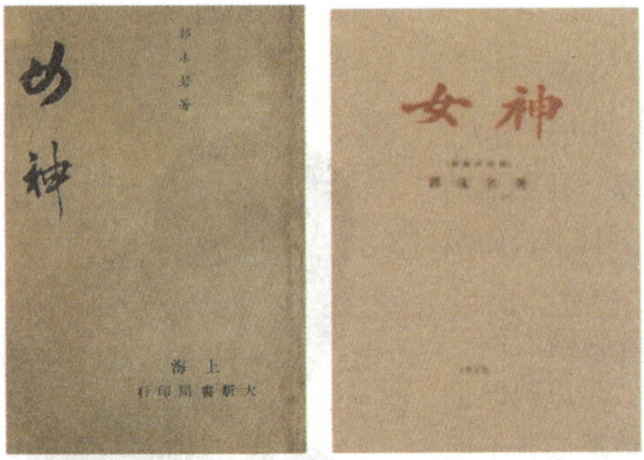

《女神》书影
郭沫若的《女神》以崭新的内容与形式开一代诗风。

⊙背景提示

《女神》除序诗外共收诗 56 首。诗集中最早的诗写在 1918 年初夏。除一小部分为 1921 年归国后所作外，其余均写于诗人留学日本期间，绝大部分完成在 1919 和 1920 两年里。这时俄国十月革命的炮声震醒了古老的中国，五四运动的浪潮正在国内汹涌澎湃。人们在漫漫长夜中看到了新的希望。旧道德、旧礼教、专制制度和一切封建偶像受到猛烈的抨击和破坏；科学、民主、社会主义和一切新事物则受到了自觉的热烈的追求。这是一个生气蓬勃的时代，一个充满着反抗和破坏、革新和创造的时代。《女神》对于封建藩篱的勇猛冲击，改造社会的强烈要求，追求和赞颂美好理想的愿望，都鲜明地反映了“五四”革命运动的特征，传达出“五四”时代精神的最强音。

⊙内容提要

《凤凰涅槃》以有关凤凰的传说作素材，借凤凰“集香木自焚，复从死灰中更生”的故事，象征着旧中国以及诗人旧我的毁灭和新中国以及诗人新我的诞生。除夕将近的时候，在梧桐已枯、醴泉已竭的丹穴山上，“冰天”与“寒风凛冽”，一对凤凰飞来飞去地为自己安排火葬。临死之前，它们回旋低昂地起舞，凤鸟“即即”而鸣，凰鸟“足足”相应。它们诅咒现实，诅咒了冷酷、黑暗、腥秽的旧宇宙，把它比作“屠场”，比作“囚牢”，比作“坟墓”，比作“地狱”，怀疑并且质问它“为什么存在”。它们从滔滔的泪水中倾诉悲愤，诅咒了五百年来沉睡、衰朽、死尸似的生活，在这段悠长的时间里，有的只是“流不尽的眼泪，洗不尽的污浊，浇不息的情炎，荡不去的羞辱”；在这段悠长的时间里，看不到“新鲜”和“甘美”，看不到“光华”和“欢爱”，年轻时的生命力已经消逝。于是它们痛不欲生，集木自焚。在对现实的谴责里，交融着深深郁积在诗人心头的民族的悲愤和人民的苦难。凤凰的自我牺牲、自我再造形成了一种浓烈的悲壮气氛。当他们同声唱出“死期已到了，死期已到了”的时候，一场漫天大火终于使旧我连同旧世界的一切黑暗和不义同归于尽。

《女神》中许多重要的诗篇，都饱含着郭沫若眷念祖国、颂扬新生的深情，这也正是对“五四”的礼赞。五四运动是一次新的爱国运动，标志着中国近百年来民族革命运动在新形势下的新高涨。五四运动首先激起身居异国的郭沫若的，正是这种深切的爱国之情。从这些爱国诗篇奔腾澎湃着的热情里，始终可以看到再生女神和火中凤凰的身影。《晨安》和《匪徒颂》是两首格调相近的名诗，气势磅礴，笔力雄浑。《晨安》写诗人在“千载一时的晨光”里，向着“年青的祖国”，“新生的同胞”，向着革命的先驱，艺苑的巨擘，向着壮丽的山河，向着世界上一切美好的事物，一口气喊出了二十七个“晨安”。《匪徒颂》则是为反对日本新闻界对中国青年的诬蔑而作的。他们称五四运动后的中国学生为“学匪”，诗人满怀愤怒地写下了抗议的名篇，对历史上曾经起过革新作用的一些“古今中外的真正的匪徒们”作了由衷的赞扬。在这些诗篇中，最能表达他对祖国眷恋深情的是《炉中煤》。郭沫若在《创造十年》里说过：“‘五四’以后的中国，在我的心目中就像一位很聪俊的有进取气象的姑娘，她简直就和我的爱人一样……‘眷念祖国的情绪’的《炉中煤》便是我对于她的恋歌。《晨安》和《匪徒颂》都是对于她的颂词。”恋歌没有颂歌的奔放，却别具一种深婉含蓄的美。

颂富有叛逆精神的自我形象，表现与万物相结合的自我的力量，是《女神》的另一重要内容。

收在《女神》里的诗作，无论是反抗、破坏或者创造，几乎处处透过抒情形象表现了鲜明的自我特色；而在一部分诗篇里，更对作为叛逆者的自我唱出了激越的颂歌。这个自我气吞日月、志盖寰宇，“是全宇宙的能底总量”，它“如烈火一样地燃烧”，“如大海一样地狂叫”，“如电气一样地飞跑”；这个自我无视一切偶像和封建权威，公开宣称“我又是个偶像破坏者哟”；这个自我俨然是“可与神祇比伍”的“雄伟的巨制”，“便是天上的太阳也在向我低头”；这个自我还与“全宇宙的本体”融合起来，引起诗人高唱“我赞美这自我表现的全宇宙的本体”。这种对自我的极度夸张，透露出强烈的个性解放的要求。

对于劳动、对于工农群众的敬仰和颂扬，这是《女神》中很多诗篇的一个十分引人注目的地方。在《三个泛神论者》里，他把三个泛神论者都作为靠劳动吃饭的人来赞美。在《地球，我的母亲！》里，他认为“田地里的农人”是“全人类的保姆”，“炭坑里的工人”是“全人类的普罗美修士”。在《西湖纪游》里，他更想跪在雷峰塔下一个锄地的老人面前，“把他脚上的黄泥舐个干净。”这种对劳动人民恳挚真诚的感情正是诗人阶级觉醒的征兆，就像他在《巨炮之教训》中所写的那样，时代的霹雳把他“从梦中惊醒了”。

郭沫若对于大自然怀着深情。《女神》中有不少歌咏大自然的诗篇。诗人当时正受泛神论思想影响，认为“全宇宙的本体”只是万物的“自我表现”，而人则是自然界的一个组成部分。因此，他喜欢讴歌自然，并把自己溶解在广阔的大自然里，达到“物我无间”的境界。这在《光海》、《梅花树下醉歌》等诗里可以很明显地看出来。这些歌咏大自然的诗篇，不仅倾心大自然的伟大和美丽，它们又和《女神》中的其他诗歌一样，向往光明和新生，向往劳动和创造，渗透着积极向上的精神。诗人歌唱的是“日出”和“春之胎动”，赞美的是“太阳”和“雪朝”。他在“无限的大自然”里感受到“生命的光波”和“新鲜的情调”，他从在他“头上飞航”的“雄壮的飞鹰”想到他“心底里翱翔着的凤凰”。在这一部分诗里，有气象宏伟、壮阔飞动的描画，也有笔致婉约、清丽幽静的篇章；但无论是礼赞“波涛汹涌着”的大海、“新生的太阳”和“天海中的云岛”，或是歌咏“池上几株新柳，柳下一座长亭”，以及“含着梦中幽韵”的“醉红的新叶，青嫩的草藤，高标的林树”，总是流转着一股清新的气息和足以使人愉悦、奋发的乐观主义色彩，洋溢着“五四”时代蓬勃进取的精神和诗人自己的飞扬凌厉的朝气。

在《女神》里，人的自我价值得到肯定，人的尊严得到尊重，人的创造能力得到承认。这是一个伟大的解放与觉醒。诗人郭沫若在这里显示出了一种极度自由的精神状态，人的一切情感都被引发出来，奔放无拘地自在表演，无所顾忌地追求天马行空的心灵世界。对于习惯于含蓄，习惯于压抑自己的精神和情感的中国人，这是一个爆炸式的、全新的心灵境界。彻底破坏的意志，大胆创新的精神，加上丰富的想象，神奇的夸张，激越的音调，成就了现代诗歌的奠基之作——《女神》。今天的读者阅读这部诗集，也许会觉得写得有些粗糙，艺术上不够成熟。这些都是毋庸讳言的。然而《女神》自有其不可磨灭的价值，那就是它集中而强烈地表现了冲破封建樊篱，扫荡旧世界的五四精神，而且其艺术上的奇特雄伟的浪漫主义特色，也为新诗的发展开辟了广阔的道路。作为社会活动家的郭沫若，随着历史的推移，也许会渐渐地被人们遗忘；而作为文学家的郭沫若，自会与他的《女神》青春常在。

《女神》体现出了浓重的泛神论思想，《女神》的艺术想象与形象体系就是建筑在泛神论的思想基础上。郭沫若从16、17世纪泛神论哲学及中国、印度古代哲学那里吸取泛神论思想，他曾经将其内容概括为：“泛神便是无神。一切的自然只是神的表现”，“我就是神，一切自然都是我的表现”。从这样的哲学思想出发，诗人把整个大自然都作为自己的书写对象，于是，宇宙地球、日月星辰、山岳海洋、风云雷雨、草木飞禽等统统奔入笔底，构成了囊括宇宙万物的极其壮阔的形象体系，而居于中心位置的是：包容一切的地球、汹涌浩瀚的海洋、光芒万丈的太阳，甚至诗中的比喻、联想也离不开地球、海洋、太阳的形象。《女神》形象的基本特色是壮阔性、奇异性与飞动性，由此形

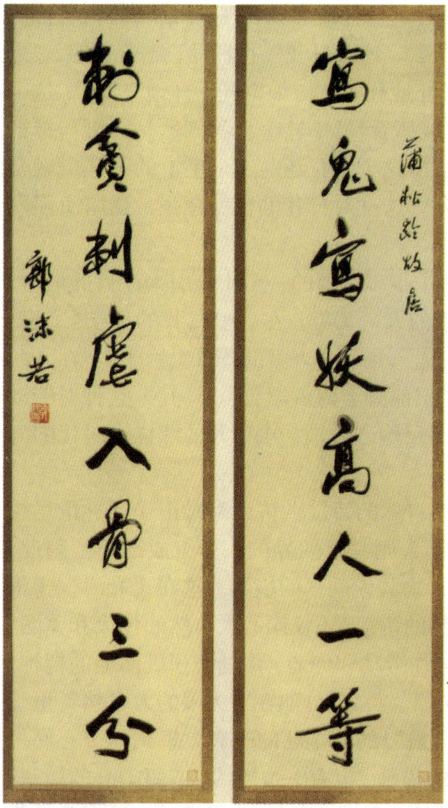

题蒲松龄故居对联　现代　郭沫若

成了《女神》雄奇的艺术风格。

郭沫若的诗风深受美国诗人惠特曼的影响，雄浑豪放。诗人在诗歌中极力地张扬自我,突出自我的力量，激情澎湃，是豪情万丈的肯定和褒扬，显示了新一代人大无畏的精神。而且，诗人采用直抒胸臆的爆发性的抒情方式，使得作品中的诗句几乎都是脱口而出，没有经过沉淀和思考，保留了它最原始的情绪状态，如《凤凰涅槃》里“火便是你 / 火便是我 / 火便是他 / 火便是火”，《天狗》里每句都是“我是……”的重复句势。

《女神》中也体现着“五四”时期的“暴躁凌厉”，回响着真正的“男性的声音”。忽视形式的精致，直率地呼喊，在词汇、句式上不忌讳重复，虽然构成了紧张热烈的节奏与激昂的音调，但有些诗篇不无空泛粗糙之憾。

⊙作品评价

综观郭沫若的文学创作，他的最大成就乃是他的第一部诗集《女神》。这部诗集之所以在今天依然能够获得如此高的评价，在于诗人将五四时代的精神与自身的创作个性高度地融合在一起，表现出了一种历久弥新的五四精神。《女神》共分为三辑。第三辑主要是受泰戈尔的影响而作的一些清新恬淡的抒情小诗，表现的是诗人渴望爱情，热爱自然而又烦闷寂寞的灵魂。第一、二辑是这部诗集的主体，鲜明地体现了五四狂飙突进的时代精神，格调雄壮豪放，唱出了民主与科学时代的最强音。

《女神》的抒情主人公是一位“开辟鸿荒的大我”，或谓之为“五四”时期初步觉醒的中华民族的自我形象。郭沫若最先感受到了伟大的五四运动中祖国的新生和中华民族的觉醒，《凤凰涅槃》就是一首庄严的时代颂歌，凤凰所象征的古老的中华民族正经历着“从死灰中更生”的历史过程，诗中的“凤歌”和“凰歌”以悲壮的葬歌结束了中华民族历史上最为黑暗的一页，“凤凰更生歌”以热诚而和谐的欢唱预示着生动、自由、净朗、华美的民族振兴的新时代的到来。

《女神》出版于 1921 年 8 月，是郭沫若的第一部新诗集，也是我国现代文学史上一部具有突出成就和巨大影响的新诗集，尽管在《女神》出版以前已经有新诗集出现，但真正以崭新的内容和形式为中国现代诗歌开拓一个新天地的，除《女神》外，在当时却没有第二部。郭沫若实在是中国的第一个新诗人,《女神》实在是中国的第一部新诗集。

《女神》所表达的思想内容，首先是“五四”狂飙突进时代改造旧世界、冲击封建藩篱的要求。主人公以一个追求个性解放的叛逆者形象出现，要求打破一切封建枷锁，歌唱一切破坏者。其次，是对祖国深情的热爱和对美好明天的憧憬。诗中歌唱太阳、光明、希望,处处洋溢着积极进取的欲望。

《女神》在艺术上取得了新诗最辉煌的成就，它是“五四”时期浪漫主义的瑰丽奇峰。《女神》的格式追求“绝对自由，绝对自主”，而不受任何一种格式的束缚。它的形式自由多变，依感情的变化自然地形成“情绪的节奏”。

《女神》的浪漫主义特征主要表现在：诗中采用了比喻、象征的手法，并常借助神话传说、历史故事表达感情。

《女神》的诗风豪迈、雄健，颇具阳刚之美。郭沫若的诗可以说是新诗中豪放派的先驱。

□繁星 春水 /现代/冰心/爱与美的哲学

⊙作者简介

《繁星》书影

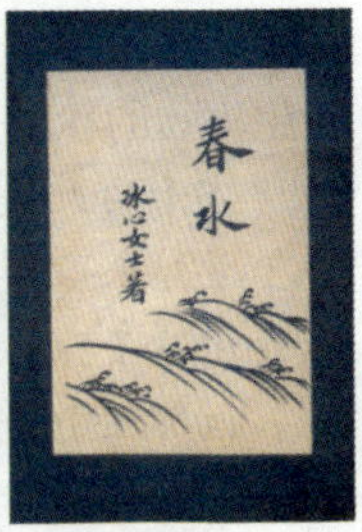

《春水》书影

冰心（1900 ~ 1999 年），原名谢婉莹，笔名有冰心女士、男士等。1900 年生于福建省福州市，原籍福建长乐县。1911 年进女子师范学校学习，1914 年入北京教会学校贝满女子中学学习，1918 年入北京协和女子大学预科。“五四”运动爆发后，她积极参加反帝反封建的宣传活动。她发表的第一篇作品是《两个家庭》，开始了以社会、家庭、妇女为主题的“问题小说”的创作。随后发表了《斯人独憔悴》、《庄鸿的姊姊》等。1921 年后，出版了小说集《超人》，诗集《繁星》、《春水》等，作品多以“母爱”或“人类之爱”为解决社会人生问题的理想。1923 年，她从燕京大学毕业后赴美国留学，专攻英国文学，同时把旅途和异邦的见闻写成散文寄回国内发表，结集为《寄小读者》。1926 年回国后，冰心先后在燕京大学、清华大学女子文理学院任教。1931 年写了小说《分》，标志着作家对社会现实有了进一步的认识。1932 年北新书局开始分集出版《冰心全集》。抗战爆发后，她于 1938 年到昆明，1940 年到重庆，曾以“男士”的笔名写了散文《关于女人》。抗战胜利后，曾在日本东京大学教授“中国新文学”课程。1951 年秋回国，她写了散文《归来以后》等作品，创作上揭开了新的一页。1956 年出版了《陶奇的暑期日记》。1958 年 3 月《人民日报》开始刊登她的《再寄小读者》，内容多是介绍国外见闻、歌颂友谊以及勉励儿童努力上进。此外，还出版了《我们把春天吵醒了》、《樱花赞》、《拾穗小札》、《小橘灯》，以及《冰心小说散文选》等。“文化大革命”期间，香港朝阳出版社还出版了她的散文集《樱花和友谊》、《我们这里没有冬天》。粉碎“四人帮”以后，她开始在《儿童时代》上发表《三寄小读者》。建国以后，冰心曾以很多的时间和精力从事社会活动。

⊙背景提示

“五四”时期，多种书刊如雨后春笋般涌现，冰心在如饥似渴地阅读报刊上的文学作品和翻译、介绍外国文学作品时，随时将心中的感触记在笔记本的眉批上；后来读到印度泰戈尔的诗集《飞鸟集》，受到启发，就从自己 1920 年至 1921 年陆续写下的三百多首小诗中，选出“更有诗意的，更含蓄的”一百六十四段合为一集，这就是冰心第一部诗集《繁星》。《春水》写于 1922 年，这两本书都在 1923 年出版。作者说：“我自己写《繁星》和《春水》的时候，并不是在写诗，只是受了泰戈尔《飞鸟集》的影响，把自己许多‘零碎的思想’，收集在一个集子里而已。”

⊙内容提要

总的说来，它们大致包括三个方面的内容。

一是歌颂母爱与童真。冰心是中国现代文学史上第一位著名女作家，她一步入文坛，便以宣扬“爱的哲学”著称。而母爱，就是“爱的哲学”的根本出发点。她认为，母爱是孕育万物的源泉，是推动世界走向光明的根本动力。冰心小诗中的母爱往往有双重内涵：一是母爱对诗人的浸润；二是诗人对母爱的深情颂赞。它们抒发儿女对慈母的眷眷依恋之情，唱出了对慈母的爱的赞歌。这些诗比喻新颖，语言清丽，感人至深。在《繁星》《春水》中，她把母爱视为最崇高最美好的东西，反复加以歌颂：

母亲啊！
天上的风雨来了，

鸟儿躲到它的巢里；
心中的风雨来了，
我只躲到你的怀里。

诗人以生动形象的比喻，把母爱之情传达出来，写得情真意切，感人肺腑。

这种对母爱的颂歌，在《繁星》《春水》里占了相当大的比重。可以说，正是对母爱的深情赞颂，奠定了这两部作品深沉细腻的感情基调。与颂扬母爱紧密相连的，便是对童真、童趣、童心及一切新生事物的珍爱：

万千的天使，
要起来歌颂小孩子；
小孩子！
他那细小的身躯里，
含着伟大的灵魂。

在诗人的眼里，充满纯真童趣的世界才是人间最美的世界。

二是对大自然的崇拜和赞颂。在冰心看来，人类来自自然，归于自然，人与自然应该是和谐一致的：

我们都是自然的婴孩，
卧在宇宙的摇篮里。

冰心还将母爱、童真、自然融为一体：

造物者，
倘若在永久的生命中，
只容有一次极乐的应许，
我要至诚地求着：
"我在母亲怀里，
母亲在小舟里，
小舟在月明的大海里。"

这首诗把对母爱的歌颂、对童真的呼唤、对自然的咏叹完美地融合在一起，营造出一个至善至美的世界，感情诚挚深沉，语言清新典雅，给人以无穷的回味和启迪，是冰心小诗中最美的篇章之一。

三是对人生的思考和感悟。我们称这部分诗为"哲理诗"。这类诗简练而隽永：

成功的花，
人们只惊慕她现时的明艳！
然而当初她的芽儿，
浸透了奋斗的泪泉，
洒遍了牺牲的血雨。

在艺术上，《繁星》《春水》兼采中国古典诗词和泰戈尔哲理小诗之长，善于捕捉刹那间的灵感，以三言两语抒写内心的感受和思考，形式短小而意味深长。特别是在语言上，清新淡雅而又晶莹明丽，明白晓畅而又情韵悠长，具有独特的艺术魅力。

名家点评

胡适说："冰心女士曾经受过中国历史上伟大诗人的熏陶，具有深厚的古文根底，因此她给这一新形式带来了一种柔美和优雅，既清新，又直截。""不仅如此，她还继承了中国传统对自然的热爱，并在她写作技巧上善于利用形象，因此使她的风格既切实无华又优美高雅。"

□朝花夕拾

/现代/鲁迅/中国现代散文中深沉隽永的作品

⊙背景提示

《朝花夕拾》写于1926年9月18日，当时鲁迅在厦门。鲁迅曾屡屡谈及创作本文时“所处的社会状态”。在《故事新编·序言》中说,写作《朝花夕拾》是“一个人住在厦门的石屋里，对着大海，翻着古书，四近无生人气，心里空空洞洞的时候”。在《朝花夕拾·小引》中他还说：“后五篇（指《从百草园到三味书屋》、《父亲的病》等）却在厦门大学图书馆的楼上，已经被学者们挤出集团之后了。”为了“在纷扰中寻出一点闲静来”，鲁迅只能借回忆旧时的美好事物，来寄一丝安慰，排解一些苦闷；“便是现在心目中的离奇与芜杂,我也还不能使他即刻幻化,转成离奇与芜杂的文章”。在这样的思想状态中，“回忆在心里出土了”，著文即以“朝花”的艳丽与单纯，来安慰“夕拾”（即现时，此时）“离奇与芜杂”的思绪。

《朝花夕拾》初版封面

⊙内容提要

在《朝花夕拾》中，鲁迅用夹叙夹议的方式，以青少年时代的生活经历为线索，真实而动人地抒写了从农村到城镇、从家庭到社会、从国内到国外的一组生活。《狗·猫·鼠》、《二十四孝图》、《无常》三篇议论与叙述并重，隐寓作家对当时现实生活的针砭，写来挥洒自如，庄谐杂陈。《阿长与山海经》、《五猖会》、《从百草园到三味书屋》、《父亲的病》、《琐记》等五篇，以亲切动人的笔墨，分别记录了社会生活的一面，几乎每篇都是一幅浓淡相间、色彩鲜明的风俗画或世态画。《藤野先生》和《范爱农》本意在追怀旧日的师友，却也写出了海外生活和革命运动的片断，境界更为开广。正如他的小说一样，鲁迅在这些散文里也创造了许多富有个性的人物——爽朗而多嘴的长妈妈，她有许多麻烦的礼节，却能够做别人不肯做或不能做的事情；藤野先生纯然是一个诚笃而不拘小节的学者；范爱农生性狷介，他自己的理想，却总是落落寡合。作品往往只用几段故事，便烘托出了人物的性格，使他们跃然纸上。例如长妈妈，当她切切察察地向人低声絮说的时候，“竖起第二个手指在空中上下摇动，或者点着对手或自己的鼻尖”。这一段便很生动。再加上睡觉时伸开手脚，占领全床，以及终于买来了《山海经》，她的性格就表现得十分全面了。藤野先生对于生活很随便，上讲堂“忘记带领结”，“冬天是一件旧外套，寒颤颤的”；对于学术却又认真，严肃，一个字一个字地改讲义，订正血管的位置，探询足骨的变形。在对比中，人物的个性便突显出来。范爱农的反对发电，时常瞪着多白的眼睛，自然都和他的个性有关，但真正使人感动的，也是几笔对比的描写；革命以前，他喝酒，说些“愚不可及的疯话”；革命以后，“还是那件布袍子，但不大喝酒了”，“他办事，兼教书，实在勤快得可以”。这是他性格中最本质的一点，写来朴素而又鲜明。不仅长妈妈、藤野先生、范爱农是这样，便是三味书屋里“将头仰起，摇着，向后拗过去，拗过去”，大声朗读着的先生；爱用奇特的药引，说“舌乃心之灵苗”，“医能医病，不能医命”的陈莲河；在孩子面前怂恿打旋子，从旁计数，看见大人来了就说“你看，不是跌了么？不听我的话。我叫你不要旋，不要旋……”的衍太太；以至纵使“空着手，也一定将肘弯撑开，像一只螃蟹”一样走路的目空一切的大学生。这些都着墨不多，而能情态逼真，说明鲁迅在艺术创作上卓越的本领。

《朝花夕拾》中所写的事和人，往往饱含着作家强烈的爱憎，闪烁着社会批判的锋芒，在平淡的叙述中寓有褒贬，在简洁的描写中分清是非，使回忆与感想，抒情与讽刺和谐地结合起来。固然，鲁迅有时也采取直接批评的方式，例如《狗·猫·鼠》里反对繁文缛节的婚礼，《二十四孝图》里

名家点评

王瑶说："以儿童的天然的、正常的兴趣和爱好作为对人和事的评价的尺度的，它提供了一个关于风俗、琐事和人物的美丑的价值观念……《朝花夕拾》在平静朴素的叙述中渗透了作者真挚的感情，在简洁洗炼的文笔中有深长的韵味；虽为个人回忆，但有丰富深刻的社会内容。在为数众多的现代散文创作中，它的艺术成就是创造性的，并且具有一定的典范意义。"

反对矫揉造作的孝行，以及对自称维持"公理"的绅士、一味妨害白话的文人，大都口诛笔伐，色严词厉。然而更多的时候，这种批评却不是表现在字面的论述上，而是深入到内容和情节里。《父亲的病》写两个医生自高身价，毫无实学；《琐记》写衍太太教唆作歹，散布流言；《五猖会》写出发看会前，父亲忽然叫他背书，全篇都是叙述，到结尾加上一句："我至今一想起，还诧异我的父亲何以要在那时候叫我来背书。"《父亲的病》写临终前，衍太太按照当地风俗，要他大声叫喊。这一段也是客观叙述，结尾又加上一句："我现在还听到那时的自己的这声音，每听到时，就觉得这却是我对于父亲的最大的错处。"出语似极平静，感情却很强烈。譬如他反对不恰当地讲礼节，分尊卑，写一群读书人在国外的客车上让座，"甲要乙坐在这位上，乙让丙去坐，揖让未终，火车已开，车身一摇，即刻跌倒了三四个。"(《朝花夕拾·范爱农》)又譬如他反对空疏而没有效果的教育，略带谦虚地以自己为例，说明学海军爬了几次桅杆，学开矿下了几次矿井，接下去道："爬上天空二十丈和钻下地面二十丈，结果还是一无所能，学问是'上穷碧落下黄泉，两处茫茫皆不见'了。"(《朝花夕拾·琐记》)流畅自然，用古见新，在平淡的叙述中包含着深刻的批评。

⊙作品评价

《朝花夕拾》中的十篇散文，是"回忆的记事"(《三闲集·〈自选集〉自序》)，比较完整地记录了鲁迅从幼年到青年时期的生活道路和经历，生动描绘了清末民初的生活画面，是研究鲁迅早期思想和生活以至当时社会的重要艺术文献。这些篇章，文笔深沉隽永，是中国现代散文中的经典作品。

《朝花夕拾》给人们留下了一幅幅色彩鲜明、浓淡相宜的风俗画和世态画，其中浸透着作者深切的人生感受和对中国社会生活、中国国民精神的解剖。同时，书中许多栩栩如生的人物，如长妈妈的淳朴、"先生"的方正、藤野先生的亲切、范爱农的孤傲，都给人留下了深刻的印象。《朝花夕拾》的另一特点是将大量的议论融于记叙之中，这些议论有的用于讽刺，有的用于针砭时事，有的用于评述生活和人物，但总的目的都在于赋予所记叙的生活现象和人物以新的视点，从而起到化腐朽为神奇、由平凡见哲理、从特殊到一般的升华作用。

三味书屋

金粉世家

/现代/张恨水/民国时期的《红楼梦》

⊙作者简介

张恨水像

张恨水，原名张心远，生于江西广信的一个小官吏家庭，祖籍安徽潜山。青年时期的张恨水成为一名报人，并开始创作。他自1914年开始使用“恨水”这一笔名，其名取自李煜“自是人生长恨水长东”之句。到1919年为止，这时期他创作的作品，如《青衫泪》、《南国相思谱》等，以描写痴爱缠绵为内容，消遣意味浓重，均可列入鸳鸯蝴蝶派小说中。1924年4月张恨水开始在《世界晚报·夜光》副刊上连载章回小说《春明外史》，这部长达九十万言的作品在此后的五十七个月里，风靡北方城市，使张恨水一举成名。1926年，张恨水又发表了另一部更重要的作品《金粉世家》，从而进一步扩大了他的影响。但真正把张氏声望推到最高峰的是将言情、谴责及武侠成分集于一体的长篇《啼笑因缘》，这部小说至今已有二三十个版本，在发表的当时就因各大电影公司争先要将之拍摄为电影而几成新闻，由它改编成的戏剧和曲艺也不在少数，因《啼笑因缘》而作的续书之多更是民国小说中之最。1934年，张恨水到陕西和甘肃一行，目睹陕甘人非人类的艰苦生活，而大受震动，其后写作风格发生重大变化，士大夫作风渐渐减少，开始描写民间疾苦（如小说《燕归来》）。抗战爆发后，他将很大精力放在写作抗战小说上，其中最受后人重视的是长篇小说《八十一梦》和《魍魉世界》（原名《牛马走》）。抗战胜利后，他的一些作品致力于揭露国统区的黑暗统治，创作了《五子登科》等小说，但均未产生重大影响。1967年初，张恨水在北京去世，终年73岁。

⊙背景提示

《金粉世家》以国务总理一家的日常生活为重心，揭示上流社会家庭生活的众生相。小说以“家”为本位叙述故事，这触及到中国文化的本质，因为中国的传统人伦是以家为本位的。虽然表面上，时序更迭，历史由封建王朝转入到民国共和，可其文化根底并没因王朝更迭就全然与西方文化接轨，内在的文化命脉很难短期内彻底换血。《金粉世家》借助家庭这个舞台，来揭示社会，通过炙手可热的国务总理的家庭命运写社会，揭示人生的热与冷。

⊙内容提要

《金粉世家》通过描写京城上层贵族之家的生活，淋漓尽致地展现了国务总理金铨家骄奢淫逸、糜烂堕落的寄生虫式的生活和腐朽透顶的灵魂，解剖了中国传统社会的宗法家族模式。在这个冠冕堂皇的大家庭中，人与人之间本来应有的、美好的、温柔的关系被扭曲异化，代之而起的是父子之间、母子之间、夫妻之间、嫡庶之间勾心斗角的利害算计。在煊赫、辉煌的漂亮外衣下，掩藏着肮脏的人际关系；在表面歌舞升平、衣香鬓影的繁华绮丽中，满含着肮脏、丑恶的种种秽行。金太太与金铨的小妾翠姨明争暗斗；金燕西结婚不几天，就又去追逐别的姑娘；老大凤举恰恰被自己的夫人吴佩芳放了高利贷；老三璐振的媳妇王玉芬瞒着丈夫把自己的私房钱投资于一家天津万发公司，后听说该公司行将倒闭，不得已才告诉丈夫，并借钱给丈夫，要他到天津打探消息，将款子抽回，做丈夫的却趁机带情妇去天津享乐，而把任务忘得一干二净。待媳妇打电话询问时，又“谎报军情”。结果公司倒闭，玉芬气得吐血……金铨的几个儿子，一个个游手好闲、不学无术、坐享祖业，过着醉生梦死、挥金如土的生活；他们泡在“金粉之香”中，逛窑子，娶小妾，捧坤角，跑舞场，是一伙行尸走肉似的浪荡公子，一伙吃喝嫖赌无所不为的纨绔子弟。

金铨在封建社会活了大半辈子，受封建文化的影响较深，因而他也娶妻纳妾，对子女教育时，也总端出封建家长的“严肃”面孔，是一副正人君子的嘴脸。但是，由于他同时又接受了资产阶级文化的影响，他有学识，留过洋，西方资本主义文明社会新的思想观念在他脑海中产生了影响，所以有时他也并不十分讲究封建伦理道德秩序。比如，他对于金燕西要娶平民之女冷清秋，就没有使用门当户对的封建伦理观念来压服他们，相反，他很看重冷清秋的才学，还担心儿子配不上她；在他高兴时，也发表人权平等的言论，让丫头与主人一起就坐；他甚至还在金燕西和冷清秋的婚典上，当众发表见解非凡的关于婚姻讲究门第的弊端的演说。两种阶级的文化思想在金铨身上交互体现，使这一人物形象具有多重性格，有别于同时代其他的封建家长形象。

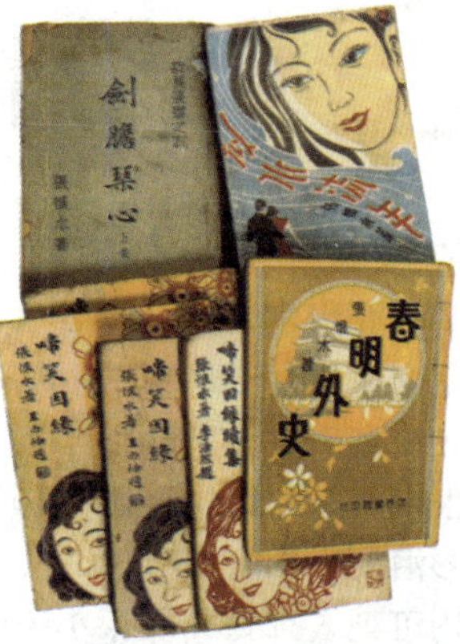

张恨水部分小说书影

金燕西虽与贾宝玉一样有着喜欢向妇女献殷勤的心理，但他已经是一个现代青年。他可以与丫头一道谈自由、平等，口头上也不断标榜“我是很以出身于资产阶级自愧的”，但他见一个爱一个，玩坤角、玩交际花，他不想在脂粉群中找一个知音，不顾一切地追求冷清秋，是因为冷清秋漂亮、有才气，是个旧式女子。他认为交女朋友是交际场的好，结为伴侣还是朴实的好，旧式女子比新式女子更牢靠。

冷清秋是个出身于家道中落的书香门弟的穷学生，是个才貌双全的平民少女。初遇金燕西，她美丽的容貌和清雅的气质就像磁石一样吸引了这个纨绔子弟，并成了金燕西千方百计追求的目标；而涉世未深的经历以及金燕西的甜言蜜语和殷勤的举动，又使冷秋清很快落入情网之中，并以身相许，最终只得与金燕西匆匆结婚。冷清秋以为自此便可过上幸福、安宁的生活，可谁知，经过婚后不长时间的共同生活，金燕西便露出了他纨绔子弟的真面目，这个以女性为玩物的浪荡公子，把妻子认同陌路，依旧与风流戏子、时髦女郎日夜厮混，过着挥金如土、花天酒地的生活。心高气傲的冷清秋面对这种屈辱的生活，陷入深深的烦恼和悔恨之中。由于传统观念的束缚，她没有采取断然行动，她对燕西还抱有一份幻想，企图通过劝说、忍让，等待他回心转意。等到金铨暴死，燕西与白秀珠旧情萌发，并打算抛妻弃子跟着白秀珠一同去德国时，冷清秋方觉自己的人格和自尊受到了致命的伤害。她禁不住一次次在内心喊“离婚！离婚”！她下定决心同金燕西决裂。于是她先是带着孩子躲进小楼学佛，随后又在一场大火中抱着孩子悄然遁去，宁可过自由的贫困生活。

⊙作品评价

《金粉世家》的精彩之处是细腻真切的家庭生活，这与中国传统世情小说《红楼梦》、《金瓶梅》有共通之处。作家的才情和叙述的智慧体现在不徐不疾地展示家庭日常生活中。小说不怎么刻意渲染日常生活的非常性，而从人们的惯常经验中寻找灵感。小说中大量的日常生活细节按生活的可然性逻辑连缀下来，给人以身临其境的真切幻觉效果。当然，小说也并不仅仅是拾掇生活细屑，作家在安排细节时，注意到细节的“小”中之“大”，于“无声”处见“精神”。作家甚至在不起眼的细节处，潜伏着关涉故事大局的叙述机心。大家庭环境中的各色人物，他们的行为表现，怨声笑语，也均能从各自的性格逻辑中寻得依据，看上去平平淡淡，可细加回味，却颇有深意。

名家点评

徐文滢在《民国以来的章回小说》中说：“承继着《红楼梦》的人情恋爱小说，在小说史上我们看见《绘芳园》、《青楼梦》等等的名字，则我们应该高兴地说，我们的‘民国红楼梦’《金粉世家》成熟的程度其实远在它的这些前辈之上。”

□背影 /现代/朱自清/“五四”时代的春江花月夜

⊙作者简介

朱自清像

朱自清（1898 ~ 1948 年），字佩弦，江苏扬州人，原籍浙江绍兴。现代著名散文家、诗人、学者、民主战士。1920 年毕业于北京大学哲学系。在大学读书后期，受五四运动的影响，开始写新诗，一直持续到毕业后在江浙一带当中学教师的时期。1926 年任清华大学教授，转而从事散文创作，成为名噪一时的散文作家。1931 年留学英国，漫游欧洲，次年回国，仍至清华大学任教授。抗战期间，在昆明西南联大任教。

⊙背景提示

《背影》一书于 1925 年出版，当时作者还只是一个二十几岁的青年人，但对人生的体验已经相当深刻了。在内忧外患、兵连祸接严重困扰下的旧中国，作者凭着自己敏锐的洞察力，看透了时代和社会的沉疴，将哀伤和愤懑凝聚于笔端，淋漓尽致地描绘出一幅光景惨淡的社会图画。在这幅图画中展示了小资产阶级和知识分子在中外反动派的残酷压榨下朝不保夕的苦况，深刻地反映了这一时期处在社会下层的小私有者日趋破产的生活真实。

⊙内容提要

《背影》是朱自清散文的代表作。1928 年 10 月由上海开明书店出版。该书收集作家早期优秀散文 18 篇，分为两辑：甲辑和乙辑。

甲辑文章有《女人》、《白种人——上帝的骄子》、《背影》、《阿河》、《哀韦杰三君》、《飘零》、《白采》、《荷塘月色》、《一封信》、《〈梅花〉后记》、《怀魏握青君》和《儿女》。

乙辑：《旅行杂记》一《殷勤的招待》、二《躬逢其盛》、三《第三人称》、四《说梦》、五《海行杂记》。

《女人》描写日常生活中的女性，说他自己喜欢什么样的女性，也用各种各类的形容词和比喻来表现女性的体态美，并且对美丽女性的不幸寄予了哀伤的思绪。

《白种人——上帝的骄子》写于“五卅”惨案之后，通过在电车上对西洋小孩的一瞥，表现反帝国主义的思想和忧愤的情怀。

《背影》写作者离开南京到北京大学去，父亲送他到浦口车站，照料他上车，并替他买橘子的

相关链接

《踪迹》：朱自清的诗和散文合集，1924 年 12 月由上海亚东图书馆出版。第一辑收诗，第二辑收散文。诗篇有《光明》、《新年》、《煤》、《送韩伯画往俄国》、《羊群》、《小舱中的现代》等。他的诗或热切地追求光明的未来，或有力地批判黑暗的世界，揭露悲惨的人生，洋溢着反帝反封建的革命精神，记录了大时代在一代知识分子心灵上的投影。集中的散文有《匆匆》、《桨声灯影里的秦淮河》、《温州的踪迹》、《航船中的文明》等。有的写景抒情，有的记叙写实，创造了一种风景画和抒情诗相结合的艺术境界。

名家点评

叶圣陶在《文章例话》中说："这篇文章通体干净，没有多余的话，没有多余的字眼。即使一个'的'字，一个'了'字，也是必须用才用。"

吴晗在《他们走到了它的反面——朱自清颂》说："《背影》虽然只有一千五百字，却历久传诵，有感人至深的力量，这篇短文被选为中学国文教材，在中学生心目中，'朱自清'三个字已经和《背影》成为不可分割的一体了。"

情形。在作者脑海里印象最深刻的，是他父亲替他买橘子时在月台爬上攀下时的背影。作者用朴素的文字，把父亲对儿女的爱，表达得深刻细腻，令人感动。作者能够从平凡的事件中，体味父亲的关怀和爱护。

《白采》这篇文章是写一个叫白采的人。白采在朱自清心目中是一个不可捉摸的人，突然收到熏宇来的信说白采死了，遗下很多文学作品和四包女人的头发！带来一连串的故事。

《荷塘月色》原文有九段，散文集节录了六段。本文写于 1927 年 7 月。他感觉到时局不安，加上工作上遇到不如意的事，弄得心绪不宁，于是借观赏在北京清华园西院古月堂附近的荷塘，以丰富的想象力、流利优美的文笔写出如诗如画的荷塘月色。

《怀魏握青君》是怀念去世的朋友的作品。

《儿女》叙说了旧中国知识分子家庭中儿女无法团聚的悲苦。

⊙作品评价

朱自清的散文有着深沉的艺术造诣。《背影》集中既有以至情传世的叙事抒情散文，又有充满诗意，以宁静幽远的意境取胜的写景抒情散文。

他的散文结构完整，布局和谐，精心修饰而不露雕琢的痕迹。例如经典名篇《背影》写的是家庭遭遇变故的情况下父亲送别远行的儿子时的一番情景。作者通过朴实真切的记叙，抒写了怀念老父的至情，表现了当时社会中小有产者虽然屡经挣扎仍不免破产的可悲境遇，以及由此而生的感伤情绪。闪耀在泪光中的父亲的身影，曾经引起经济上同样处于风雨飘零状况中的许多小资产阶级读者的感叹。从这类散文可以看出，作者善于把自己的真情实感，通过平易的叙述表达出来；笔致简约，朴素，亲切，文字多用口语而加以锤炼，读来有一种娓娓动人的风采。

《背影》初版封面

朱自清于中国古典文学造诣颇深。他的散文时时透露出一种浓郁的古典气质。这突出表现在他具有传统文人的灵心善感的情意和略带忧郁的心理特征。写于早年的《匆匆》，一开头是这样写的：

> 燕子去了，有再来的时候；杨柳枯了，有再青的时候；桃花谢了，有再开的时候。但是，聪明的，你告诉我，我们的日子为什么一去不复返呢？

世间美好的事物似乎都有重来的时候，除了时间。普通的人们也天天都在过日子，为什么就没有感到日子仿佛有灵性，就像长了腿脚似的匆匆地从身边溜走了呢？偏偏朱自清有这种感觉，他因而把无迹可寻的时间流逝写得若有其形，就好象在生活中一直陪伴着我们的朋友，有那么一天忽然挽留不住地挥袖作别。

家

/现代/巴金/对封建大家庭的控诉与批判

⊙作者简介

巴金旧照

他为现代文学贡献了“现代长篇家庭小说”。

巴金（1904～2005年），原名李尧棠，字芾甘，笔名佩竿、余一、王文慧等。四川成都人。1920年考入成都外国语专门学校。1923年从封建家庭出走，就读于上海和南京的中学。1927年初赴法国留学，写成了处女作长篇小说《灭亡》，发表时始用巴金的笔名。1928年底回到上海，从事创作和翻译。从1929年到1937年中，创作了主要代表作长篇小说“激流三部曲”中的《家》，以及《海的梦》、《春天里的秋天》、《砂汀》、《萌芽》（《雪》）、《新生》、“爱情三部曲”（《雾》、《雨》、《电》）等中长篇小说，出版了《复仇》、《将军》、《神·鬼·人》等短篇小说集和《海行集记》、《忆》、《短简》等散文集。其间任文化生活出版社总编辑，主编有《文学月刊》等刊物和《文学丛刊》等丛书。

抗日战争爆发后，巴金在各地致力于抗日救亡文化活动，编辑《呐喊》、《救亡日报》等报刊，创作有《家》的续集《春》和《秋》，以及长篇小说《抗战三部曲》（又名《火》），出版了短篇小说集《还魂草》、《小人小事》，散文集《控诉》和《龙·虎·狗》等。在抗战后期和抗战结束后，巴金创作转向对国统区黑暗现实的批判，对行将崩溃的旧制度做出有力的控诉和抨击，艺术上很有特色的中篇小说《憩园》、《第四病室》，长篇小说《寒夜》便是这方面的力作。

中华人民共和国成立后，巴金曾任全国文联副主席、中国作家协会主席、中国笔会中心主席、全国政协副主席等职，并主编《收获》杂志。他热情关注和支持旨在繁荣文学创作的各项活动，多次出国参加国际文学交流活动，首倡建立中国现代文学馆。出版有短篇小说集《英雄的故事》、报告文学集《生活在英雄们中间》、散文集《爝火集》、散文小说集《巴金近作》、随笔集《随想录》五集，以及《巴金六十年文选》、创作《回忆录》等多种。中华人民共和国成立前的作品大都收集在14卷《巴金文集》内，新编的《巴金全集》于1986年起陆续出版。他的作品已被译成多种外文出版。多年来他还出版了大量译作。

巴金《家》封面

⊙背景提示

“激流三部曲”写的是一个溃败的封建大家庭悲欢离合的故事。这部小说的创作，曾受到左拉的长篇小说《卢贡家族的命运》及曹雪芹的《红楼梦》的影响；然而，当巴金的《家》以“激流”的篇名在《时报》出现时，却显示出自己的特点。时代的赐予和作家的生活感知，使他把艺术的视点集中在对封建家族制度的解剖上。家，在中国，是礼教的堡垒。巴金说，他写《家》的目的，就是要“宣告一个不合理的制度的死刑”。到了20世纪40年代，他在进行《秋》的创作时，全民族已进入抗击日寇的战争，然而巴金仍然认为“抗战中要反封建，抗战以后也要反封建”。在《家》、《春》、《秋》这一相互关联的三部曲中，他不停地解剖着在中国现代社会史上新旧历史转变时期封建大家族的种种矛盾，毫不可惜它的溃败，并且以热切的感情展现出生活中的“激流”在破败的家庭中成长起来，充满了自信和勇气，充满了爱和恨的力量，在腐败崩溃的事物中，看到了希望，看到了充满朝气的叛逆的人物。

⊙内容提要

五四运动后，新文化的浪潮也冲击了古老的四川省城。十八岁的高觉民和弟弟高觉慧是两个热衷于新思想的青年。这天傍晚，他俩刚从学校回到高公馆，十六岁的婢女鸣凤就告诉他们来了客人。原来是姑母张太太和她的女儿琴。琴在省立一女师三年级读书，正与觉民相爱，是一个富有反抗性格的新女性。望着琴开朗活泼的美丽面庞，觉慧不由想起了自己的心上人——鸣凤。

觉新是觉民兄弟的大哥，也是这个家庭的长房长孙。他深爱着表妹梅，可父亲却为他选定了李家的姑娘瑞珏。他没有反抗，也想不到反抗，订婚和结婚，他都像傀儡似地被人玩弄着。婚后一个月，他到父亲做董事的西蜀实业公司做事去了。这时他才十九岁。过了一年，父亲死了，觉新挑起了整个家庭的重担。

觉慧因为与同学们一道向督军请愿，被高老太爷训斥了一顿，不许他再出门。

旧历年过去，转眼就是元宵节，由于军阀混战，张太太的公馆被军队占据了，她只好带着琴和来张家玩的梅逃到了高公馆。为了躲避炮击，大家疏散到花园里。觉新与梅相遇了。他们互诉衷肠，泪流满面。

两天后，街上又传来要发生抢劫的消息。大家纷纷外出躲难，高公馆里只剩下觉新这一房人。过了三四天，抢劫并未发生，避难的人都陆续回来了。这天下午，梅和觉新等人在打牌，觉新的心完全不在牌上，他时常发错牌。梅推说有事回到房里痛哭起来，瑞珏赶来安慰了她。她们相对泣诉了心事，两人成了好朋友。

战争结束后，觉慧瞒着家人参加《黎明周报》的工作，撰文介绍新文化运动，抨击不合理的旧制度和旧思想。觉慧觉得自己与家庭更疏远了，只有想到鸣凤，他才感到一些亲切。高老太爷决定把鸣凤送给六七十岁的冯乐山做小妾。鸣凤怀着一线希望来找觉慧，觉慧正在专心写文章，没注意到鸣凤脸色的变化。鸣凤几次欲言又止。正在这时，觉民来了，鸣凤流着泪消失在门外。觉民把鸣凤的事告诉了觉慧。觉慧冲出门去寻找鸣凤，但没有找到。鸣凤已经喊着觉慧的名字，跳进湖里自尽了。鸣凤的悲剧使觉慧无限悲哀，他深深自责，同时更加憎恨这个黑暗的社会。

高老太爷的66寿辰到了，公馆里演了三天大戏。高家的亲朋好友都来了，冯乐山和婉儿也来看戏。鸣凤自尽后，高老太爷把三房的丫头婉儿送给了冯家。婉儿向淑华等人哭诉了自己在冯家所受的苦处。

高老太爷刚过了寿辰，就主张觉民和冯乐山的侄女成婚。觉民不甘充当傀儡，他跑到同学家躲

相关链接

《复仇》、《光明》：如果以巴金的中长篇小说作为参照系的话，那么，他的短篇小说的生活和艺术空间，显然更为丰富和开阔。在早期的短篇小说集《复仇》、《光明》中，自然有我们熟悉的人物——青年的群体形象，但东西方的社会人生，中国社会中不同社会层面的展示，则构成了显著的特色。作者以人道主义精神揭露、诅咒着不合理的制度，追慕着希望和光明的社会理想。巴金称《复仇》“是我的悲哀”，《光明》“是我底诅咒”，总之，强烈的激情、社会责任感和人道主义精神，在作品中不断地倾泻出来。

名家点评

程光炜曾说："……尤其是长篇小说《家》，对封建礼教家庭进行全景式的描述，激励了年轻人挣脱束缚，追求自由的新生活。这部作品深深地影响了好几代中国青年。"

了起来。高老太爷知道了觉民逃婚的消息，勃然大怒。他威胁着要和觉民断绝关系，并命觉新立即找回觉民。觉新找不到觉民，他让觉慧捎信，劝觉民回家。觉民却回信劝他不要制造出第二个梅表姐来。觉新的眼泪流了下来，他感到没有一个人谅解他。有时他觉得应该帮觉民的忙，但向祖父讲情的结果只换来了一顿臭骂。高老太爷的权威受到了打击，非用严厉的手段恢复过来不可，他已不再需要理性了。觉新不敢再说什么，他又找到觉慧，劝他去找回觉民。然而觉慧却嘲笑他懦弱无用。觉新正在生气，梅的母亲钱太太差人报说梅去世了。这对觉新是个沉重的打击。他急忙赶到钱家，对着梅的尸体绝望地哭起来。觉慧没有哭，他只有对这个社会的愤怒。

一天，觉慧听到祖父房里闹成一片。原来他的五叔在外面讨小老婆的事传开了，五婶哭诉到老太爷面前。高老太爷大发雷霆，重重责罚了克定。然而一种从来没有感到过的悲哀突然袭过来，高老太爷第一次感到了失望和幻灭。觉慧也看到了这个空虚的大家庭正一天天往衰落的路上走，没有什么力量可以拉住它。

高老太爷病倒了，但他的病并没有给这个家庭带来大的骚动，人们依旧在笑，在哭，在吵架，在争斗。对于他的病，医药已无多大效力了。陈姨太和克明三兄弟便借助迷信，这反而加重了老太爷的病。觉慧坚决不让在自己房间里捉鬼，还痛骂了克明和觉新。

病中的高老太爷显得非常衰弱、可怜。由于濒临死亡，他变得慈祥和亲切了。他夸奖了觉慧，并让觉慧叫回觉民，答应和冯家的亲事不提了。觉民、觉慧怀着胜利的喜悦归来了。高老太爷勉慰了他们几句，就垂着头去世了。第二天晚上，克字辈的弟兄们就为家产的分配发生了纠纷。

瑞珏生产的日子近了。陈姨太有一天对克明兄弟严肃地讲起"血光之灾"来。唯一免灾的方法是把产妇迁到城外去生产。大家都不愿意承担不孝的名声，纷纷赞成陈姨太的办法。他们要觉新照办。瑞珏搬到了城外一间阴暗潮湿的小屋里。不远的庙里停着梅的灵柩。瑞珏说她真想去看看，觉新感到了不吉。四天后，觉新照常来看瑞珏。听见瑞珏在房里凄惨叫痛，觉新想冲进去，但陈姨太吩咐过不准觉新进产房，没有人敢给他开门。瑞珏痛苦地叫着觉新的名字死去了，没能见到他最后一面。觉新突然明白了，夺去他妻子的是整个封建礼教。

觉慧再也不能忍受这个家庭的一切了。他要出走，觉新却去征求长辈们的意见。长辈们一致反对。觉慧不愿屈服，他要做一个旧礼教的叛徒，走出家庭、走向社会。"我是青年，我不是畸人，我不是愚人，我要给自己把幸福争过来"。觉慧眼里闪烁着坚定的光芒。觉新经过仔细考虑，决定帮助觉慧成功，并为他筹备了路费。

黎明，觉慧瞒着高家其他人，告别了大哥觉新、二哥觉民和《利群周报》社的朋友们，乘船离家到上海去了。在那里新的一切正在生长。

⊙作品特色

《家》的主要情节，是由觉新与梅、瑞珏，觉民与琴，觉慧与鸣凤的爱情故事构成的。由于各自的处境与选择不同，他们的爱情故事各有各的结局。觉新，这个封建家庭和礼教制度的受害者，他既清楚封建伦理道德对包括他本人在内的青年一代的残害，又不能不担负起封建家庭的长子责任，逆来顺受，委曲求全，实行"作揖主义"，结果却于一切无补，徒然牺牲了自己的爱情。他时时处于思想与行动的矛盾中，在无所适从中承受精神煎熬。就人物形象塑造来说，觉新是《家》的人物形象中性格内涵最为复杂的悲剧性典型。

《家》是把觉新"作揖"与觉慧的反抗对照着表现的。觉慧是高家最早的觉醒者，他认识到，封建家庭"是埋葬青年人青春和幸福的坟墓"，他不肯象觉新那样忍受，他要"做自己的主人"，走出家庭，勇敢地追求新的光明的人生道路。作者在这部小说的序言里曾说，尽管"周围是无边的黑暗，但是我并不孤独，并不绝望，我无论正在什么地方总能看见一股生活的激流在动荡，在创造它自己的道路"。可以说，作者的希望和理想，主要寄予在觉慧这一形象里。

巴金对地主阶级残暴、凶狠、荒淫的阶级本性的淋漓尽致的揭露，对生活在这种家庭里的青年一代的遭遇的清晰透彻的描绘，对劳苦大众的深切同情和怜悯，都立足于暴露这种社会制度的腐朽和衰亡上，立足于他渴望以革命来改造中国社会的宏伟志向上。因此我们必须从反映一个时代的社会面貌的角度去认识《家》的伟大意义，而不仅仅停留在把它看作反映了一个家庭的衰亡史上。

在中国现代文学领域里，巴金的《家》是一部永生的杰作，具有永久的艺术生命力。

⊙作品评价

"激流三部曲"是现代文学史上描写封建大家庭生活最优秀的作品之一，其中尤以《家》成就最高，影响最大。1931 年在上海《时报》上连载时就赢得了广大的读者；开明书店在 1933 年 5 月出版《家》的单行本之后，到 1951 年共出了 33 版，可见其持久的魅力。《家》的成功似乎在说，"五四"以后的文学非常需要一本题名为"家"的作品。在中国现代文学史上，要说反映现代中国半殖民地半封建社会的衰亡史，《家》是一部独一无二的相当优秀的作品。这部小说在鼓舞青年反封建斗争、激励青年革命热情方面，曾经发挥了很大的作用。

"激流三部曲"突出的特点是，作者将一个如此庞大的封建家庭衰败的历史，描写得十分细腻动人。它为我们展开了大幅的封建家庭的生活图画："仇恨的倾轧和斗争掀开平静的表面爆发了。势力代替了公道。许多可爱的年轻的生命在虚伪的礼教的囚牢里挣扎、受苦、憔悴、呻吟以至于灭亡"。从这方面说，"激流三部曲"具有强烈的反封建精神。这主要表现为作者对这个家庭内部的秩序的彻底否定，对统治者的淋漓尽致的暴露，以及对青年一代的叛逆者和牺牲者的深切同情。这部优秀的长篇小说在 20 世纪 30 年代出现，虽然描写的是"五四"时期的社会生活，但在现实斗争中起了进步作用，在现代文学史上占有重要的位置。

电影《家》剧照

电影《家》由巴金同名小说改编，上海电影制片厂 1956 年出品。导演为陈西和、叶郎，主要演员有孙道临（饰觉新）、张瑞芳（饰瑞珏）等。

《家》的突出的成就是，通过一个封建大家庭由兴旺到衰落的历史，集中控诉了封建专制制度的罪恶。《家》中有很浓郁的古典小说的意味，但读起来却显得自然、亲切，而字里行间洋溢着的不甘沉沦的躁动、执着上进的决心，又富有浓厚的现代气息。我们在学习上一定要注意它的丰富的艺术性与深刻的内涵性，并要做到理论与现实的统一。只有把握了这一点才有可能真正理解小说的主人公。

□子夜 /现代/茅盾/中国第一部写实主义长篇小说

⊙作者简介

茅盾像

茅盾（1896 ~ 1981 年）原名沈德鸿，字雁冰，曾化名方保宗、沈明甫，常用笔名还有佩韦、方壁、玄珠、郎损等。生于浙江桐乡。1913 年考入北京大学预科，1916 年毕业，进入上海商务印书馆编译所工作。

1920 年开始文学活动，曾与郑振铎、叶圣陶等人一起组织文学研究会。1921 年接编《小说月报》，倡导现实主义，翻译介绍外国文艺，对我国新文学运动产生了巨大的影响。1927 年发表第一部中篇小说《幻灭》，它与相继问世的《动摇》（1928）、《追求》（1928）合为总名《蚀》的三部曲，引起强烈的反响。中篇小说《虹》发表于 1930 年，1933 年的长篇小说《子夜》是他最重要的代表作。

1948 年 12 月，参加中国人民政治协商会议，并筹备第一次全国文艺工作者代表大会，被选为中国文联主席、中华全国文学工作者协会主席。建国后出任第一任文化部长，当选为历届全国人民代表大会代表，历届政协全国委员会常务委员和第四、五届政协全国委员会副主席。

⊙背景提示

《子夜》是我国现代文学史上一部杰出的革命现实主义的长篇小说。它从 1931 年 10 月写起，至 1932 年 12 月完稿。在动笔以前，还经历了一个较长的准备和构思的过程。茅盾对于 30 年代初期的中国社会有比较深刻的研究和了解。在他的朋友中有做实际工作的革命者，有自由主义者，同乡故旧中有企业家、公务员、商人、银行家，并且常和他来往。他很熟悉上海工商业界的情况，有一段时间把“看人家在交易所里发狂地做空头，看人家奔走拉股子，想办什么厂”当作是“日常课程”（《我的回顾》，见《茅盾自选集》上海天马书店 1933 年 4 月初版）。当时学术界正在展开关于中国社会性质的论战，茅盾将亲自看到的社会现象同论战中一些理论对照，这就增加了他写作《子夜》的兴趣，决定通过生动具体的艺术形象，回答托派散播的中国已是资本主义社会的谬论。在写作《子夜》的时候，作家又充分地运用了他在第一次国内革命战争时期获得的社会经验。他说：“当时在上海的实际工作者，正为了大规模的革命运动而很忙，在各条战线上展开了激烈的斗争。我那时没有参加实际工作，但是 1927 年以前我有过实际工作的经验，虽然 1931 年不是 1927 年了，然而对于他们所提出的问题以及他们工作的困难情形，大部分我还能了解。”（《〈子夜〉是怎样写成的》，1939 年 6 月 1 日《新疆日报》副刊《绿洲》）过去的这段经历，以及这一时期参加左翼文艺运动，接近革命者所得来的具体感受和间接经验，不但丰富了他的创作素材，同时也使他有可能对客观现实作出较为全面而深入的分析。

⊙内容提要

20 世纪 30 年代初，民族资本家吴荪甫开的丝织厂是硕果仅存的几项民族工业之一。他遇到了多方面的挑战。最近，有公债界魔王之称的赵伯韬找到他和他姐夫杜竹斋，要联合做一笔多头生意，也就是用低价买进股票，再以高价卖出，从中牟取暴利。亟待资金的吴荪甫虽然知道赵为人阴毒，但是也冒险干了一家伙，好在赚了一笔钱。他和孙吉人、王和甫又办了一个银行，他们的宗旨不是利用资本从事股票生意，而是要发展几个厂房，加强民族工业的实力。随后，成立益中公司，伺机兼并那些经营无方的小型企业。

《子夜》书影

如意算盘打好了，可吴荪甫却觉得生不逢时。工厂的工潮此起彼伏，使得他不能全力生产。这不，工厂女工姚金凤挑头，组织女工们罢了工。一肚子气的吴荪甫降了怯懦的老账房的职，起用一个年轻人屠维岳，他暗中收买了闹事者姚金凤，瓦解了工潮。谁知，原来一个被收买的女工醋意大发，向其她女工告了密，结果姚金凤被当成了资本家的走狗，身败名裂，工潮复兴，不可抑止。火冒三丈的吴荪甫赶到工厂，兴师问罪。处于很不利地位的屠维岳却仍是那么沉着。他在厂门外迎接吴荪甫。随后，他将他的布置汇报给吴荪甫。他的计策狠毒，要三先生假令开除姚金凤，反而提升出卖了姚金凤的那一个吃醋女工。如此一来，姚金凤在女工眼里反而是被冤枉的姐妹了，这个决定女工必不接受，于是，可以作为让步，三先生再收回成命，不开除姚，并且给女工放假一天。这样，不但平息工潮，而且能将姚金凤这个钉子插在女工当中。吴荪甫依计而行。果然，罢工平息。

公债上的成功和工厂的再次稳定使吴荪甫踌躇满志。他和孙吉人、王和甫成立了一个银行。重视民族工业的吴荪甫此举并不是要利用筹措来的资本从事股票生意，他看不起姐夫杜竹斋之流买空卖空的做法，他要扩大民族工业资本，发展几个工厂。他的事业在一波三折中较顺利地发展着。他性格坚定，做起事来大刀阔斧，雷厉风行。他最看不起他家的那些艺术家们。就在吴荪甫的事业渐渐有所发展的时候，赵伯韬出面捣乱来了。他的背景极为复杂，不仅有政界做后台，军界也与他有很深的关联。赵伯韬盯上了吴荪甫这块肥肉，想把他的企业吞食掉。他看准吴荪甫最大的困难就是资金短缺，于是就广布流言，说吴荪甫组建的银行将不按时付息，鼓动股民将存款提出来。吴荪甫又岂是白痴，他当机立断，贴出告示，告知股民，凡在半个月内谁要提取没到期的款子，可以特别通融，利息照日子算。只此一招，就扑灭了流言。

但是，资金对吴荪甫来说日益吃紧。家乡双桥镇又生变故，农民的反抗使得他在家乡的一些产业蒙受巨大的损失，所以不得不使出全部的伎俩来筹资。他开始恶毒地盘剥工人的劳动，不但增加了工作量，同时还要扣除20%的工资。工人大哗，新的罢工即将开始。新的罢工意味着新的危险，很快，吴荪甫就将内外交迫了。

在他和赵伯韬斗法的当儿，赵的一位姘头投靠了他。她自愿当他的耳目。于是，吴荪甫决定迎战。

赵向吴亮出了底牌。他要向吴的银行投资300万，实际是为了控制住吴企业的股份。如果不接受赵的建议，吴的资金将无法维持各个企业的改建，也无法坚持到商品销路好转的那一天。吴和孙吉人、王和甫商量后，决心与赵拼一把。他们将8个厂房全部抵押出去，凑齐了60万，吴又抵押了房产，这些钱都用来作公债，也就是股票生意。果然，吴得到确实消息，赵也全力以赴。僵局形成了，赵也感到了极大的压力，资金也周转不灵了。

吴荪甫紧张到了极点，他终于知道在中国这么个社会里要想发展民族工业是何等困难。不知不觉，他也被卷入到买空卖空的投机市场来了。他不得不依靠典当他的心爱的工厂来与金融资本家赵伯韬做殊死一搏。在金融、企业和家乡投资三线作战使他精疲力竭。平生第一次，他离开了他的工作，和朋友及妓女消磨了一个晚上。

在厂房，罢工的热潮重新燃起，这次是全市有组织的总罢工。工人在共产党的领导下，十分团结。屠维岳又重演分化瓦解的伎俩，却阻碍重重。一群吴荪甫的亲戚为了削弱屠维岳的权柄，暗地里拉

名家点评

鲁迅说：“国内文坛，除我们仍受压迫及反对者趁势活动外，亦无甚新局。但我们这面，……茅盾作一小说曰《子夜》，挤三十余万字，是他们所不及的。”瞿秋白则称：“这是中国第一部写实主义的成功的长篇小说。”

相关链接

文学研究会1921年1月成立于北京，它是最早成立的新文学社团之一。发起人有郑振铎、沈雁冰、叶圣陶、许地山等，后来陆续发展的会员有冰心、朱自清、老舍、徐志摩等，主要刊物是《小说月报》，此外还陆续出版了《文学旬刊》。该会“以研究介绍世界文学、整理中国旧文学、创造新文学为宗旨”，积极提倡“为人生”的文学和现实主义文学的创作，对新文学产生了巨大影响。在创作方法上，文学研究会继《新青年》之后，进一步高举现实主义的旗帜，强调“新文学上的写实主义，于材料上最注重精密严肃，描写一定要忠实”。成员的创作大都以现实人生问题为题材，产生了一批所谓“问题小说”。文学研究会在介绍外国进步的现实主义文学方面做出了很大努力，他们的目的一方面是为了介绍外国的文艺以促进中国新文学的发展，一方面是为了介绍世界的现代思想（茅盾《新文学研究者的责任与努力》）。由于主客观方面的原因，1932年初《小说月报》停刊后，该会活动即基本停顿。

襟掣肘，寻衅捣乱。好好的一个厂子，刚刚费尽心机使女工们复工，自己人之间的一场打架斗殴事件使局面又急转直下。焦头烂额的吴荪甫，不得不暂时放下其他重要的事情，亲自赴厂视察。而此时的吴在屠维岳的眼里，已不像以前的镇静自若的三先生了，他仿佛失去了自信心。他怀疑一切人。他万万想不到将自己的亲戚安插在厂中，竟会恶化厂子的局势。

根据茅盾同名小说改编成的电影《春蚕》剧照（夏衍改编，程步高导演，1933年明星影业公司出品）

且放下厂里乱子不表，公债已经做到关键的时候了。力气不支的赵伯韬又亮出了他的王牌。他利用“国内公债维持会”的名义电请政府禁止卖空。正好做着卖空方的吴荪甫听后并不相信，王和甫则苦笑着回答说，赵伯韬的手腕不光如此，他还直接去运动交易所理事会和经纪人会，怂恿他们发文要增加卖方的保证金，要增加一倍多。这等于是使得赵伯韬一分钱可以顶吴荪甫的两分钱使。至此，几乎绝望的吴荪甫还剩下最后一个希望，就是请杜竹斋老姐夫加盟，把他的强大的资金投入卖空中，或可一搏。

他担心在最后的收盘时刻，杜竹斋不去交易所。他的担心是多余的。吴荪甫在交易所突然晕倒后，被送回家去。他的汽车驶出交易所时，杜竹斋的汽车恰好缓缓驶进。杜竹斋终于露面了。吴荪甫从电话中得知杜的到临，才长出一口气。他感到老赵的末日到了。也许民族资本家的梦想又开始飞舞到他的脑海中了。

但是，等待这位民族资本家的结局是十分不幸的。被他视为救星的姐夫杜竹斋进入公债交易市场后，他不是站在吴荪甫一边作空头，而是背叛了他的妻弟，作了多头。吴荪甫彻底破产了。

⊙作品评价

《子夜》创造了一系列经典性的人物。一提到民族资本家吴荪甫，立刻会想到他的刚毅果断，想到他的容貌：魁梧，紫脸多疮。他被描写成20世纪机械工业时代的英雄骑士和“王子”。阴险毒辣的买办资本家赵伯韬，作品从来没有正面描写过他，然而，运用反衬法，赵伯韬便栩栩如生了，人们想到他，阴森之气似乎便从头罩到脚。《子夜》是以人物众多、结构复杂、反映生活面广著称的，被它描写的人物上百个，基本都有个性，能看出来作者深受托尔斯泰影响。

《子夜》的语言具有简洁、细腻、生动的特点。它没有过度欧化的语言，偶尔运用古代成语，也是恰到好处，趣味盎然。人物的语言和叙述者的语言，都能随故事和人物的性格发展变化而具有不同特色，使读者能如闻其声，如见其人，如临其境。

□骆驼祥子

/现代/老舍/“京味”十足的现实小说

老舍先生像

⊙作者简介

老舍（1899 ~ 1966 年），现、当代作家。原名舒庆春，字舍予，另有笔名絜青、鸿来、非我等。满族，北京人。出生于一个贫民家庭。1918 年北京师范学校毕业后任小学校长和中学教员。1924 年赴英国任伦敦大学东方学院汉语讲师，阅读了大量英文作品，并从事小说创作。1926 年加入文学研究会。1930 年回国后任济南齐鲁大学、青岛山东大学教授。抗日战争爆发后南下赴汉口和重庆。1938 年中华全国文艺界抗敌协会成立，他被选为理事兼总务部主任，主持文协日常工作。在创作上，以抗战救国为主题，写了各种形式的文艺作品。1946 年应邀赴美国讲学 1 年，期满后旅居美国从事创作。中华人民共和国成立后不久应召回国。曾任中国文联副主席、中国作家协会副主席、中国民间文艺研究会副主席等职。参加政治、社会、文化和对外友好交流等活动，注意对青年文学工作者的培养和辅导，曾因创作优秀话剧《龙须沟》而被授予“人民艺术家”称号。老舍一生写了约计 800 万字的作品，主要著作有：长篇小说《老张的哲学》、《赵子曰》，《二马》、《猫城记》、《离婚》、《牛天赐传》、《文博士》、《骆驼祥子》、《火葬》、《四世同堂》、《鼓书艺人》、《正红旗下》（未完），中篇小说《月牙儿》、《我这一辈子》，短篇小说集《赶集》、《樱海集》、《蛤藻集》、《火车集》、《贫血集》，剧本《龙须沟》、《茶馆》，另有《老舍剧作全集》、《老舍散文集》、《老舍诗选》、《老舍文艺评论集》和《老舍文集》等。

⊙背景提示

1930 年老舍从新加坡踏上了归程，面对满目疮痍的祖国，他的笔变得沉重起来。《骆驼祥子》是其在这个时期的代表作。它揭示了“小人物”的奴隶心理和无法实现的希望的最终破灭。随着祥子心爱的女人小福子的自杀，祥子熄灭了个人奋斗的最后一朵火花，成为这个衰朽社会的殉葬品。《骆驼祥子》出版后，影响很大，被誉为“抗战前夕中国最佳的长篇小说”。1945 年该书英译本在纽约出版，立即风靡美国。

⊙内容提要

祥子是一个从农村流落到北京城里的二十多岁的青年。到了城里，他选中了拉车这一行。他觉得拉洋车是件容易挣钱的事。祥子对社会没有非分之想，只希望买一辆属于自己的洋车，做一个高等车夫。

整整三年，他不吸烟，不喝酒，不赌钱，没有任何嗜好，凑足了 100 块钱，买了一辆新车。没想到好景不长，北平城外军阀开始了混战，大兵到处抓人抓车。祥子明知危险，但为了多挣两块钱，还是抱着侥幸心理拉客出城了。走到半路，连人带车就被十来个兵捉去了。祥子的衣服鞋帽甚至系腰布带，都被抢了去。他每天给大兵们扛行李、挑水烧水喂牲口。这些祥子都不怕，他只是心疼那辆自己用血汗挣来的车。后来大兵们吃了败仗，祥子乘黑从兵营里偷跑回来，还顺手拉了三匹骆驼，卖了 35 块钱。从此他落下“骆驼祥子”的外号。

祥子的铺盖一直在西安门大街的人和车厂放着。车厂老板刘四爷，年轻时设过赌场、买卖过人口、放过高利贷、打过群架、抢过良家妇女，是土混混出身，懂得怎样对付穷人。他开的车厂有 60 多辆车，女儿虎妞协助他管理。虎妞长得虎头虎脑，是个三十七八岁的老姑娘。她什么都和

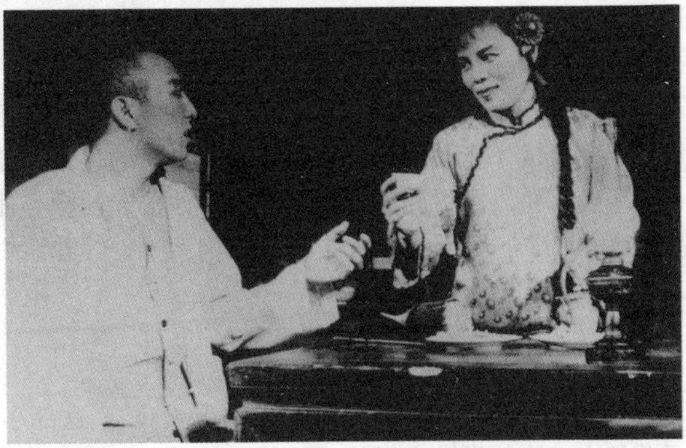

话剧《骆驼祥子》剧照

男人一样，连骂人也有男人的爽快，有时候更多一些花样。刘四爷管外，虎妞管内，父女俩把人和车厂治理得铁桶一般。厂子里常住有 20 来个车夫，收了车，大家不是坐着闲谈，便是蒙头大睡。只有祥子不愿闲着，他擦车、打气、晒雨布、抹油……干得高高兴兴，仿佛是一种极好的娱乐。刘家父女很喜欢他住在车厂里，因此有时祥子虽然不拉刘四爷的车，刘四爷仍允许他一直住在厂里。祥子回到人和车厂，把卖骆驼的 35 块钱交给刘四爷存着，他要从头做起，再买一辆自己的车。即使今天买上，明天丢了，他也得去买。这是他的志愿、希望，甚至是宗教。祥子一天到晚思索着这回事，算计着他的钱。每天早出晚归、省吃俭用。有一天从杨宅回到人和车厂时，已是深夜 11 点多。虎妞的屋里仍亮着灯，打扮得有些妖媚的虎妞把祥子叫进屋，强迫他喝了酒，然后和祥子同居了一夜。

自从和虎妞发生了关系，祥子心里十分憋闷。年关越来越近了，祥子对新年充满了新的希望。然而虎妞出现了，她挺着肚子说已怀了祥子的孩子，威胁祥子和她结婚。祥子只好听从她的摆布。

祭灶那天晚上，祥子拉曹先生回家，路上被侦缉队盯上了。原来曹先生经常宣传社会主义言论，他被一个叫阮明的学生告发了。曹先生赶忙远走避难，他让祥子回家送信。一到家，祥子就被孙侦探抓住了。孙侦探敲榨去了他的全部积蓄，买车的计划又一次肥皂泡似的破灭了。

祥子没有别的路，只好又回到人和车厂。虎妞与祥子的关系，引起车夫们的讥笑。刘四不能容忍自己的女儿和臭拉车的勾搭上，他要女儿在他和祥子中间选择一个，虎妞要祥子。刘四当时就与虎妞翻了脸，并把祥子撵出门去。虎妞索性自己租房子、雇花轿，嫁给了祥子。

婚后，祥子才明白，虎妞并没有怀孕。她在裤腰上塞了个枕头，故意诱祥子上圈套。祥子不愿陪虎妞玩乐，一心想去拉车。虎妞要他去向刘四告软服输，祥子不去。后来刘四卖掉了车厂，不知到哪里玩乐去了，虎妞打探不出消息，这才绝了回家的心。她用自己的私房钱给祥子买了一辆车。

不久，虎妞真的怀孕了。祥子拼命拉车、干活儿，累得病倒了。这场大病不仅使他体力消耗过大，而且把虎妞的积蓄也用光了。为了生活，祥子硬撑着去拉车，二强子的女儿小福子也帮忙买东西做饭。但虎妞还是因为难产死去了。为了置办虎妞的丧事，祥子卖掉了车。

埋葬了虎妞，祥子一头倒在炕上，眼泪一串串流下来。车、车、车是自己的饭碗。买，丢了；再买，卖出去；三起三落，像个鬼影，永远抓不牢，而空受那些辛苦与委屈。小福子对祥子有情有意，祥子也很喜欢她，可负不起养她两个弟弟和一个醉爸爸的责任。祥子只好对小福子说："等着吧！等我混好了，我一定来娶你。"然后离开了小福子，他又找了一个车厂，拉车去了。

过去那个要强、忠厚、努力的祥子不见了。他开始混日子，抽烟、喝酒、赌钱。在夏宅拉包月时，年轻的夏太太引诱祥子，使他染上了淋病。祥子不再爱惜车了，他还跟巡警吵嘴打架，成了巡警眼中头等的"刺儿头"。

但祥子并没完全堕落，他常想照旧去努力自强，小福子的存在也常给祥子某种希望。曹先生避难回来，要祥子再来拉包月，还答应他把小福子接来同住。祥子高兴极了，他带着这个好消息去找小福子，却得知了小福子被卖进妓院后自尽的消息。祥子在街上丧魂落魄地走，遇见了小马的祖父老马。老人因没钱买药，眼睁睁看着小马死在自己怀里。他叹道："我算是明白了，干苦活儿的打算独自一个人混好，比登天还难。"

祥子从此之后彻底变了。他没有回到曹先生那里，却变着法串宅门去骗钱花。最后，祥子的信用丧失得已赁不出车来，他的病也渐渐严重。于是，他又靠给红白喜事做杂工来维持生命，他成了个还有口气的死鬼。

人把自己从野兽中提拔出，可是到现在人还把自己的同类驱逐到野兽里去。祥子还在那文化之城，可是变成了走兽。这一点也不是他自己的过错。他停止住思路，不再有希望，就那么迷迷糊糊地往下坠，坠入那无底的深坑。他吃、他喝、他嫖、他赌、他懒、他狡猾，因为他没有了心，他的心被人摘了去。他只剩下那个高大的肉架子，等着溃烂，预备着到乱坟岗子去。这是社会病胎的产儿，个人主义的末路鬼。

⊙作品评价

老舍自称《骆驼祥子》是他的“重头戏”。这部小说最初连载于《宇宙风》杂志，1939 年出版了单行本。为他带来盛誉的，就是现代小说名篇《骆驼祥子》。《骆驼祥子》的主要艺术成就在于它的人物典型形象的成功塑造。其中尤其以主人公祥子和虎妞的形象最为突出。祥子的不幸命运是依照“精进向上——不甘失败——自甘堕落”三部曲展开的。在小说开头，祥子初到北平，怀着寻求新的生路的希望，开始了他的个人奋斗史。他年轻力壮，善良正直，乐于帮助与他命运相同的人。他坚忍顽强，风里雨里地咬牙，追求自己的生活目标，用孤苦的挣扎编织着美丽的梦想。但是不久他即连遭厄运。他想拥有自己的一辆车的梦想总是那么遥远，而他如避瘟神的虎妞却牢牢地控制了他。尽管如此，面对失败他依然作了一定程度的反抗，不改自己做一个独立的劳动者的初衷，不愿意在老婆手里讨饭吃。但是这样的日子也过不了多久。虎妞因为难产而死，祥子只得卖掉车子来料理丧事。此生不再有买车的希望，但是他还有意中人小福子。但是当他得知小福子也已经不在人世的时候，祥子终于不堪这最后的沉重一击，向着命运的深渊沉沉地堕落下去。长久以来潜藏内心的劣性全都发作，吃喝嫖赌，打架占便宜，甚至连原来作为立身之本的拉车，他也讨厌了。残酷的现实扭曲了他的性格，把一个曾经有着顽强生存能力的人变成了一堆行尸走肉。祥子的悲剧，是强者沉沦的悲剧，也是性格和命运的悲剧。除了人物形象方面的成就，这部小说的语言也达到了很高的成就。老舍创造性地运用北京口语，并融化狄更斯、契诃夫、莫泊桑、等外国小说家幽默而洗练的语言风格，形成了他自己的“斯文”而“雅谑”的京味：平易而不粗俗，精致而不雕琢，这就是他被人们尊为“语言大师”的原因。

《骆驼祥子》全书充满了北京地区的生活风光，不少描写点染出一幅幅色彩鲜明的北京风俗画和世态画。但作品关于时代背景的描写比较薄弱，与那个时代的社会重大变化缺少联系。故事的结局低沉，弥漫着一种阴郁绝望的气氛。一方面表现了那个时代的悲惨气氛，加强了对于当时社会的批判力量，另一方面也反映出老舍在认识了旧社会黑暗势力的强大和个人奋斗的无能为力以后，还未找到劳动人民自我解放的正确道路的情况下所产生的彷徨苦闷的心情。老舍十分熟悉作品所描写的各种人物，他用一种朴素的叙述笔调，生动的北京口语，简洁有力地写出了富有地方色彩的生活画面和具有性格特征的人物形象。在写实手法的运用和语言的凝炼上，都取得了成功。《骆驼祥子》是一部优秀的现实主义小说。

相关链接

《老张的哲学》：本书是老舍独特艺术个性形成的一个起点。他的创作，以长于描写北京市民生活并具有浓厚的北京味儿而在文坛独树一帜，这部小说就显露了这一端倪，作品以青年的爱情悲剧为线索，广泛地描写了 20 世纪 20 年代前后北京各阶层市民的生活及其思想感情。从创作《老张的哲学》开始，老舍就立意要幽默，把幽默作为一种美学品格来追求。老舍的幽默有自己的特征，既非辛辣的，也非无聊的。他的幽默是使人啼笑皆非的幽默，是微笑中藏着苦涩的幽默，是唤起人们同情的幽默，是具有丰富语言技巧的幽默。

□雷雨 /现代/曹禺/现代话剧艺术的高峰

⊙作者简介

曹禺，1910年生于天津一个没落的官僚家庭，名添甲，学名万家宝。童年时，父亲常常告诫他，不要忘记自己是“窭人之子”。他自幼天资聪慧，但性格孤僻。他受过较好的启蒙教育，还很早地涉猎了大量的古典小说，并且是个小戏迷，觉得戏剧是“一个美妙迷人的东西”。1922年曹禺考入南开中学，首次以“曹禺”笔名发表了小说《今宵酒醒何处》。同时，还崭露戏剧表演的天赋，先后演过《少奶奶的扇子》、《打渔杀家》、《南天门》、《国民公敌》等多部戏。最为成功和为他带来莫大声誉的是他男扮女装演的《玩偶之家》女主角娜拉。1928年曹禺被保送进入南开大学政治系学习，后又考入清华大学西洋文学系。在清华期间，他仍积极参加戏剧演出，有时还集导、编、演于一身。1933年，23岁的曹禺创作了《雷雨》，成为中国剧坛上升起的一颗光芒四射的新星。随后，陆续发表《日出》、《原野》、《北京人》。期间，担任了国立南京戏剧学院教授。抗战爆发后，前往重庆、江安。1947年奔向解放区。解放后，长期任文艺界领导职务。1951年，北京人民艺术剧院成立，担任首任院长。

曹禺像

曹禺《雷雨》的大获成功，标志着中国的城市观众终于接受了完全陌生的现代话剧。

⊙背景提示

《雷雨》以1924年的中国社会为背景。这时正是第一次大革命的前夕，阶级斗争处于十分尖锐的状态。一方面，中国无产阶级已经登上政治舞台，在共产党的领导下，掀起了蓬勃的工农革命运动；另一方面，中国封建势力在帝国主义的支持下，对人民大众进行着残酷的压迫和剥削。面对这样的现实，作者在自己的创作里，“发泄着被抑压的愤懑，抨击着中国的家庭和社会”。

《雷雨》封面

⊙内容提要

周公馆的老爷周朴园从矿上回来两天了，由于矿上闹罢工，所以一直忙于处理公务，没有见到太太繁漪。繁漪对周朴园也不关心。她从楼上下来，向四凤打听昨天大少爷是什么时候回家的。

最近一段时间，自从四凤和大少爷有了秘密之后，繁漪对四凤的态度好像好了许多。四凤只是刚才从她爹鲁贵那里得知，大少爷和他继母繁漪之间原来有段私情。现在太太这么一问，心里便紧张起来。更令她担心的是，她的母亲今天才从外地做工回来，而太太立刻就要请她来，不知道安的是什么心。

四凤把老爷让太太喝的药端上来，繁漪勉强喝了一口，终于嫌苦，让四凤给倒掉了。

繁漪的儿子、大少爷周萍的弟弟周冲，这时欢跳着进屋来。他用17岁孩子特有的活泼语气向母亲请安。他告诉母亲，他爱

相关链接

新中国成立之前，解放前曹禺的戏剧创作可以划分为两个阶段。从《雷雨》到《日出》、《原野》是其创作道路的第一个阶段。在这三部剧中，反封建和个性解放的思想不断深化和发展着，《雷雨》写的是一个资产阶级化的封建家庭的悲剧，《日出》进一步抨击了半封建、半殖民地金钱化社会的罪恶，《原野》表现的是一个在精神和肉体上遭受双重压迫的农民奋起复仇的故事。曹禺的戏剧艺术风格和悲剧艺术才华在这些剧中得到淋漓尽致的表现。抗战之后，曹禺的戏剧创作进入第二阶段。《北京人》和《家》代表了他这一时期的最高成就，前者追求平淡、深沉、悠远的艺术境界，后者在朴素的写实风格中传达出了具有抒情诗般的戏剧美。

上了年轻美丽的姑娘四凤。繁漪很吃惊。但是，当她见周冲连父亲的反对也不怕，反而得到许多欣慰。四凤想起周萍把自己、他的继母勾引到手后，由于害怕父亲，又厌弃了自己，不禁悲从中来。老爷周朴园处理完公务，踱进屋来。他对儿子们的恭敬和礼貌很满意。但他看到繁漪没有喝药，便强迫繁漪喝下去。周公馆闷得透不过气来。是雷雨要来了。一间屋子，不论春夏秋冬，周朴园都不许打开窗户。里面的家具摆设也都是30年前的旧式样，还有一张年轻女人的照片，她长得有些像四凤，一直放在桌上。

30年前，周朴园的第一个妻子为周家生了两个儿子，但不被周家所容，最后留下长子周萍，带着刚刚生下的二儿子，被周家赶出了门。因为这个女子是周家的佣人，周家老太爷不同意这桩有辱门楣的婚姻。年轻女子离开周家，便投河自尽。30年以来，周朴园心中一直纪念着她，这间屋子的摆设是完全按照那个女子的喜好布置的。

繁漪是周朴园的第二个太太，她只比周萍大7岁。在周朴园眼里，她不是个女人，而是有神经症的病人，她得不到任何温情。病态的她爱上了软弱的周萍。他们的幽会和疯狂的情感被佣人鲁贵发现了。这之后，周萍却开始逃避这乱伦式的偷情。繁漪让四凤的母亲鲁妈来，就是要赶走四凤，重新得到周萍。

四凤的母亲鲁妈来到周公馆。她，不是别人，正是30年前那个投河自杀却没有死去的周萍的母亲侍萍。她认出了周公馆，她决定立刻带四凤离开。然而这时周朴园却来到她们面前，认出了她。侍萍拒绝了周朴园的钱。她提出见周萍的要求。周朴园答应了。

说来真巧，这次闹工运的领袖是侍萍的儿子，也是周朴园抛弃的儿子，现在叫鲁大海。闻得实情，周朴园觉得是对自己作孽的报应。

既是仇人又是父子的周朴园和鲁大海在周公馆见面了。鲁大海知道工人罢工被周朴园破坏了，怒不可遏地扑向周朴园。于是侍萍看到了父子、兄弟势不两立的惨剧。

四凤不知其中原委，她不愿意同母亲离开周公馆，因为她把爱情已经献给了大少爷周萍。看见女儿犹豫的神色，侍萍不得不疑心女儿是否和周公馆的少爷有了隐情。一会儿，四凤抽泣起来，侍萍便问她有什么话好好告诉妈。鲁贵岔开了话题。

年轻单纯的周冲，很不满意白天父亲对工人鲁大海的态度。当他知道鲁大海是四凤的哥哥时，便来到鲁侍萍家，送来100元钱。恰好，侍萍和鲁大海出门去了，贪财的鲁贵接过钱来，欢喜得不得了。白天的一场变故，也把鲁贵的饭碗给砸了。在家里，他正骂咧咧的。他知道二少爷周冲也喜欢四凤，所以他故意让周冲和四凤单独待在一起，自己则出门买酒肉打牙祭去了。大海却正好这时回家，他一见周家的人就怒火中烧，他恨自己妹妹不争气，还在勾引周家少爷。

侍萍撞见逃走的周冲，她心惊肉跳，盘问四凤，到底和周家少爷发生了什么事情。四凤心绪繁乱，一天发生的事情是她所承受不了的。但她无论如何不能说出她和周萍的关系。四凤哭倒在母亲怀里，她只能说："妈，您为什么不相信自己的女儿啊。"侍萍让女儿发誓，今后不再见周家的人。深夜，周萍悄悄来看四凤。四凤不见。周萍用计赚开四凤的窗户，爬了进去。情人哭作一团。外面大雨倾盆，黑暗中隐隐传来女人的哭泣。谁能想到，这是繁漪的哭声。她跟踪周萍而至，目睹昔日的情人投入他人的怀抱，自己就像是被随便遗弃的废物。怨恨充斥了她的内心。偶尔天幕中划过的闪电，映亮了窗外怨毒而苍白的脸。悲喜交加的情人却没有看见。

侍萍和大海进四凤的屋里来了。惊惶失措的四凤和周萍想逃跑，可是他们发现，刚才大开的窗户突然被人从外面紧紧封死了。偷情暴露了，四凤无脸见人，哭号夺门而出。

在周公馆,死一样的寂静。这是孕育最大悲剧前的寂静。浑身雨水淋淋的繁漪与周萍四目相对。繁漪企图用最后的力气挽救她和周萍的关系。她也是个软弱的女人，她希望周萍把她从这个地狱似的家救出去，只要她能和周萍在一起，就是将来接来四凤，她也心无怨言。她的乞求已打动不了周萍的铁石心肠。绝望中的繁漪完全丧失了理智。

四凤找到了周萍。这时，哥哥大海、母亲侍萍也来到周公馆。他们担心四凤想不开。但是，可怜的侍萍怎知道，她再也没有力量可以拆散这对情人了，因为四凤终于说出，她已经怀上了周萍的孩子。周萍满怀希望地对侍萍说，他将带四凤离开这里，去创建他们美满的生活。说这话时，四凤和周萍这对兄妹眼里闪烁着憧憬的光芒。侍萍敢在这个时候告诉他们真相吗？她同意了这对兄妹的私奔。

繁漪和周冲突然出现在楼道。她本意是让周冲从他哥哥手中抢过四凤。谁知，此时周冲发现，他对四凤的感情并不是爱情。这个可怜的周冲，他目睹了他所崇敬的母亲的丧心病狂。他的母亲用最具有破坏力的语言讲述了自己和周萍的偷情，她叫道，她已不是母亲，不是妻子，她只是被周萍激活的女人，一个闷死又活过来的女人，她喊周朴园，她要让他听到这一切。

这样闹，对周萍和四凤并无任何影响了。他们就要远走高飞了。可是，周朴园此时闻声而至，他误以为侍萍是来认亲子周萍来了，便轻巧地将这层性命攸关的纸捅破了。四凤哭号着奔出门外，周冲追了出去，他们在周家花园的漏电的电线上双双毙命。大少爷用枪自杀。

两个妇人疯了。黑夜中电闪雷鸣。

⊙作品评价

《雷雨》通过一个带有浓厚封建色彩的资本家家庭内部的尖锐冲突，以及周鲁两家错综复杂的矛盾纠葛，生动地展现了这个具有典型意义的剥削阶级家庭的全部罪恶历史，把旧社会人吃人的现象，把封建家庭的腐朽、没落、污浊的内幕，做了深刻而又精致的描绘。我们透过这个家庭，可以看到半殖民地半封建社会的罪恶和黑暗，和它必然灭亡的命运。

《雷雨》剧照（北京人民艺术剧院 1989 年演出）

此外，《雷雨》在艺术上具有独特的风格。结构的紧凑和精练，情节的紧张发展和矛盾的高度集中，构成《雷雨》的显著特点。作者善于把各种戏剧冲突在作品里高度集中起来，使繁复的生活内容通过特定的场景和有限的画面精巧地表现出来，从而显示了作者提炼生活素材的卓越才能。并且，剧中各种情节都有清晰的线索，而又环环紧扣。它没有穿插式的多余人物，每一个人物的出现都能适应情节的发展。此外，细节的描写，环境的安排，也都起了为主题思想服务的作用。这一切，使剧本在艺术上构成了一个浑然的整体。